Das neue Familienrecht

– Systematische Darstellung zum Kindschaftsrechtsreformgesetz,
Kindesunterhaltsgesetz, Eheschließungsrechtsgesetz und
Erbrechtsgleichstellungsgesetz –

Herausgegeben von
Prof. Dr. Dieter *Schwab*
unter Mitarbeit von Assessorin Andrea *Nagel*

1998

VERLAG ERNST UND WERNER GIESEKING · BIELEFELD

Die Deutsche Bibliothek – CIP-Einheitsaufnahme

Das **neue Familienrecht** : systematische Darstellung zum
Kindschaftsrechtsreformgesetz, Kindesunterhaltsgesetz,
Eheschließungsrechtsgesetz und Erbrechtsgleichstellungsgesetz / hrsg.
von Dieter Schwab. Unter Mitarb. von Andrea Nagel. – Bielefeld :
Gieseking, 1998
 (FamRZ-Buch ; 11)
 ISBN 3-7694-0559-5

1998

© Verlag Ernst und Werner Gieseking GmbH, Bielefeld

Dieses Werk ist urheberrechtlich geschützt. Jede Verwertung,
insbesondere die auch nur auszugsweise Vervielfältigung auf
photomechanischem oder elektronischem Wege sowie die Einstellung
in Datenbanken oder On-line-Dienste, ist nur insoweit zulässig,
als sie das Urheberrechtsgesetz ausdrücklich gestattet,
ansonsten nur und ausschließlich mit vorheriger
Zustimmung des Verlages.
Alle Rechte bleiben vorbehalten.

Druck: Graphischer Betrieb Ernst Gieseking GmbH, Bielefeld

FamRZ BUCH 11

*Herrn Albers
mit herzlichem
Dank und allen
guten Wünschen,*

[signature]

GIESEKING

Die

FamRZ-Bücher

werden herausgegeben von

Prof. Dr. Peter Gottwald
Dr. Ingrid Groß
Dr. Meo-Micaela Hahne
Prof. Dr. Dr. h. c. Dieter Henrich
Prof. Dr. Dieter Schwab
Dr. Thomas Wagenitz

VERLAG ERNST UND WERNER GIESEKING · BIELEFELD

Vorwort

Die im Jahre 1998 in Kraft getretenen Reformgesetze haben das deutsche Familienrecht gründlich verändert. Sieht man vom Scheidungs- und Scheidungsfolgenrecht ab, ist kaum ein Stein auf dem anderen geblieben. Die Kommentare zu BGB, FGG, ZPO und vielen weiteren Gesetzen müssen, was das Familienrecht betrifft, neu geschrieben werden.

In dieser Lage hat die FamRZ-Redaktion eine Reihe von erstrangigen Sachkennern dafür gewinnen können, die einzelnen Reformfelder in systematischen Abhandlungen darzustellen, um Rechtswissenschaft und -praxis rechtzeitig über die wesentlichen Rechtsänderungen und ihre Probleme zu informieren. Die Aufsätze sind als Serie in der FamRZ erschienen. Die positive Resonanz hat uns dazu angeregt, die Abhandlungen systematisch geordnet in einem FamRZ-Buch zusammenzufassen, um sie auch denjenigen Fachleuten, welche die FamRZ nicht regelmäßig lesen, zur Verfügung zu stellen. Aber auch für die Bezieher der FamRZ wird es von Nutzen sein, die Gesamtheit der Darstellungen griffbereit und erschlossen durch ein Stichwort- und Paragraphenverzeichnis zur Verfügung zu haben.

Den Autorinnen und Autoren danke ich sehr herzlich für die Zustimmung zur Aufnahme ihrer Beiträge in diesen Band. Besonderen Dank schulde ich Assessorin Andrea Nagel für die sorgfältige redaktionelle Betreuung und die Anfertigung der Register.

Regensburg, im August 1998

Dieter Schwab

Inhaltsverzeichnis

Reinhard Hepting
Das Eheschließungsrecht nach der Reform 1
FamRZ 1998, 713

Hans Friedhelm Gaul
Die Neuregelung des Abstammungsrechts durch das
Kindschaftsrechtsreformgesetz 49
FamRZ 1997, 1441

Thomas Wagenitz
Neues Recht in alten Formen: Zum Wandel des
Kindesnamensrechts 125

Martin Lipp
Das elterliche Sorgerecht für das nichteheliche Kind
nach dem Kindschaftsrechtsreformgesetz 151
FamRZ 1998, 65

Dieter Schwab
Elterliche Sorge bei Trennung und Scheidung der Eltern 187
FamRZ 1998, 457

Thomas Rauscher
Das Umgangsrecht im Kindschaftsrechtsreformgesetz 233
FamRZ 1998, 329

Rainer Frank
Die Neuregelung des Adoptionsrechts 273
FamRZ 1998, 393

Klaus Schumacher/Klaus-Jürgen Grün
Das neue Unterhaltsrecht minderjähriger Kinder 291
FamRZ 1998, 778

Hildegard Strauß
Probleme des Kindesunterhaltsgesetzes in der gerichtlichen
Praxis 349
FamRZ 1998, 993

Jutta Puls
Der Betreuungsunterhalt der Mutter eines nichtehelichen Kindes 385
FamRZ 1998, 865

Ulrich Büdenbender
Der Unterhaltsanspruch des Vaters eines nichtehelichen Kindes
gegen die Kindesmutter 421
FamRZ 1998, 129

Harald Scholz
Die Düsseldorfer Tabelle, Stand: 1. 7. 1998 451
FamRZ 1998, 797

Helmut Büttner
Änderungen im Familienverfahrensrecht durch das
Kindschaftsrechtsreformgesetz 471
FamRZ 1998, 585

Bernd Künkel
Neue Zuständigkeiten des Familiengerichts ab 1. 7. 1998 499
FamRZ 1998, 877

Dieter Henrich
Kindschaftsrechtsreformgesetz und IPR 509
FamRZ 1998, 1401

Wilfried Schlüter/Susanne Fegeler
Die erbrechtliche Stellung der nichtehelichen Kinder und
ihrer Väter nach Inkrafttreten des Erbrechtsgleichstellungs-
gesetzes 527
FamRZ 1998, 1337

Stichwortverzeichnis 549

Paragraphenverzeichnis 561

Das Eheschließungsrecht nach der Reform

Von Prof. Dr. Reinhard Hepting, Mainz

Übersicht

A. Einführung
  I. Das EheschlRG als Abschluß der aktuellen Familienrechtsreform
  II. Die Systematik der Neuregelung
    1. Die Einordnung des Eheschließungsrechts in das BGB und das PStG
    2. Die präventive und repressive Wirkung von Eheschließungshindernissen
    3. Die Einheitlichkeit der Eheaufhebungsgründe
B. Die Vorbereitung der Eheschließung
  I. Die Anmeldung der Eheschließung
    1. Die Anmeldung
    2. Der zuständige Standesbeamte
    3. Der Umfang der Prüfung
  II. Die Prüfung der Eheschließungsvoraussetzungen nach deutschem Recht
    1. Die persönlichen Ehevoraussetzungen
    2. Die Eheverbote
      a) Welche Eheverbote sind weggefallen?
      b) Welche Eheverbote sind geblieben?
  III. Die Prüfung der Eheschließungsvoraussetzungen bei Ausländern
    1. Die Regelungsgrundsätze zum Ehefähigkeitszeugnis
    2. Neuerungen
      a) Die systematische Einordnung der Vorschrift
      b) Der betroffene Personenkreis
      c) Die Voraussetzungen einer Anerkennung ausländischer Ehefähigkeitszeugnisse
      d) Die Zuständigkeit des OLG-Präsidenten für die Befreiung
  IV. Die Feststellung des Willens zur Lebensgemeinschaft
    1. Rechtsentwicklung
      a) Ausgangspunkt: Die Eheschließung als formaler Erklärungsakt
      b) Die Zunahme der „Aufenthaltsehen" als rechtspolitisches Problem
      c) Das Gesetzgebungsverfahren zum EheschlRG
    2. Die Prüfung des Willens zur Lebensgemeinschaft in der Praxis
    3. Das Zusammenwirken von Standesämtern und Personenstandsgerichten

4. Die kollisionsrechtliche Anknüpfung des Rechtsmißbrauchs
   5. Die Abgrenzung der „Aufenthaltsehe" von anderen Scheinehen
 V. Der Abschluß des Anmeldeverfahrens
   1. Fürsorgemaßnahmen für das Vermögen vorehelicher Kinder
   2. Die Mitteilung an die Verlobten, § 6 I PStG
   3. Klärung der konkreten Eheschließungszuständigkeit, Bescheinigung der Ehefähigkeit
   4. Vorbereitung der Bestimmung eines Ehenamens
C. Die Eheschließungshandlung
 I. Die Systematik der Eheschließungserfordernisse
 II. Der Ehekonsens
 III. Die Form
   1. Die Eheschließungserklärungen
   2. Die Mitwirkung des Standesbeamten
     a) Die Mitwirkungshandlung
     b) Die Zuständigkeit
   3. Das Eheschließungszeremoniell
D. Die fehlerhafte Ehe
 I. Die Nichtehe
   1. Der Tatbestand der Nichtehe
   2. Die Heilung nichtstandesamtlicher Nichtehen
     a) Die Vorgeschichte
     b) Die Neuregelung und ihre Umsetzung in der standesamtlichen Praxis
     c) Kritik
 II. Die aufhebbare Ehe
   1. Die Tatbestände der aufhebbaren Ehe
   2. Die Heilung aufhebbarer Ehen
   3. Die Folgen der Aufhebbarkeit
     a) Das Aufhebungsverfahren
     b) Die Aufhebungsfolgen
 III. Der Sonderfall der Wiederheirat nach Todeserklärung
E. Überleitungsvorschriften
F. Gesamtwürdigung

A. Einführung

I. Das EheschlRG als Abschluß der aktuellen Familienrechtsreform

Lange hat die juristische Öffentlichkeit auf eine Reform gewartet, die das Eheschließungsrecht neu regeln und bei dieser Gelegenheit vom EheG in das BGB zurückführen sollte. Erster sichtbarer Anlauf hierzu war das „erste" Eherechtsreformgesetz v. 14. 6. 1976, das zunächst nur das Ehewirkungs- und Ehescheidungsrecht änderte, dem aber alsbald ein „zweites" über die Eheschließung folgen sollte[1]). Nunmehr ist es soweit: Am 1. 7. 1998, mehr als zwanzig Jahre später, tritt das Gesetz zur Neuordnung des Eheschließungsrechts [Eheschließungsrechtsgesetz, EheschlRG] in Kraft, freilich ohne die Kennzeichnung als „zweites"; zu lang ist der seither verstrichene Zeitraum, vielleicht auch zu wenig spektakulär der Inhalt der Reformen.

Am 9. 2. 1996 wurde der Regierungsentwurf[2]) dem Bundesrat zugeleitet, der am 22. 3. 1996 Stellung nahm[3]). Nach reger Diskussion im Schrifttum[4]) erhielt das Gesetz in der Sitzung des Rechtsausschusses v. 10. 12. 1997[5]) seine endgültige Fassung und wurde am 4. 5. 1998 vom Bundestag beschlossen[6]).

Das EheschlRG ist ein Teil der umfassenden familienrechtlichen Reformen der 13. Legislaturperiode. Es tritt zusammen mit dem Gesetzespaket der Kindschaftsrechtsreform[7]) am 1. 7. 1998 in Kraft. Die Gesetze bauen aufeinander auf, so daß sie zwar gleichzeitig, aber dennoch innerhalb einer logischen Sekunde in einer bestimmten Reihenfolge in Kraft treten. Art. 1 des EheschlRG, der die Änderungen des BGB enthält, setzt ausdrücklich voraus, daß das KindRG schon in Kraft getreten ist.

---

[1]) Erstes Gesetz zur Reform des Ehe- und Familienrechts v. 14. 6. 1976, BGBl I 1421; vgl. hierzu den Regierungsentwurf v. 1. 6. 1973, BT-Drucks. 7/650; auch *Böhmer*, StAZ 1975, 5; *Bosch*, FamRZ 1976, 402. Das 2. EheRG kam nie über einen Entwurf hinaus; vgl. BT-Drucks. VI/3453, und hierzu *Bosch*, FamRZ 1982, 862; *Finger*, JZ 1983, 125.

[2]) Gesetzentwurf der Bundesregierung (Entwurf eines Gesetzes zur Neuordnung des Eheschließungsrechts) [RegE] v. 13. 6. 1996, BT-Drucks. 13/4898.

[3]) Stellungnahme des Bundesrates, BR-Drucks. 79/96, ebenso abgedruckt in BT-Drucks. 13/4898 (Anlage 2); vgl. hierzu auch die Gegenäußerung der Bundesregierung, BT-Drucks. 13/4898 (Anlage 3).

[4]) *Barth/Wagenitz*, FamRZ 1996, 833; *Bornhofen*, StAZ 1997, 362; *Bosch*, FamRZ 1997, 65 ff., 138 ff.; *Finger*, FuR 1996, 124; *Hepting*, StAZ 1996, 257. Dabei gibt der Beitrag von *Barth/Wagenitz* am ehesten die Ansicht des „historischen Gesetzgebers" wieder, da beide Autoren am Gesetzgebungsverfahren federführend mitgewirkt haben.

[5]) Beschlußempfehlung und Bericht des Rechtsausschusses, BT-Drucks. 13/9416.

[6]) BGBl I 833.

[7]) Gesetz zur Reform des Kindschaftsrechts [KindRG] v. 16. 12. 1997, BGBl I 2942, ergänzt durch das Beistandschafts-, das Erbrechtsgleichstellungs- und das Unterhaltssicherungsgesetz; näher hierzu *Schwab/Wagenitz*, FamRZ 1997, 1377; *Coester*, RdJB 1996, 430; *Schubert*, NJ 1997, 232; *Walter*, FamRZ 1995, 1538.

Wer das neue Gesetz vorstellen will, muß Schwerpunkte setzen, über deren Gewichtung man zwangsläufig streiten kann. Fürs erste sinnlos erscheint eine Fortsetzung des rechtspolitischen Streits über angeblich Verfehltes und Versäumtes[8]); jetzt geht es darum, das Gesetz so zu erläutern, wie es geraten ist. Rechtspolitische Wertungen sind freilich dann relevant, wo sie in die konkrete Anwendung und Auslegung positiver Vorschriften einfließen.

Der Gang der Darstellung orientiert sich an der praktischen Anwendung des Gesetzes, nämlich am Verlauf eines Eheschließungsverfahrens vor dem Standesbeamten.

II. Die Systematik der Neuregelung

1. Die Einordnung des Eheschließungsrechts in das BGB und das PStG

Das EheG 1938[9]) gliederte das Eheschließungsrecht aus dem BGB aus; mit dem EheschlRG wird es wieder ins BGB und in dessen ursprüngliche durchgängige Gliederung eingefügt. Auf den Ersten Titel des Abschnitts über die Bürgerliche Ehe, der wie bisher das Verlöbnis regelt, folgen als Zweiter Titel die Eheschließung, als Dritter Titel der actus contrarius der Eheaufhebung sowie als Vierter Titel die – sonst kaum einzuordnenden – Sonderregeln über die Wiederverheiratung im Falle der Todeserklärung, bevor es – wie bisher – mit dem Fünften Titel über die Allgemeinen Ehewirkungen weitergeht.

Auch innerhalb der einzelnen Titel ist die systematische Ordnung einleuchtender als bisher. So war das Ehefähigkeitszeugnis bisher fälschlich bei den Eheverboten geregelt; nunmehr bekommt es wenigstens einen eigenen Gliederungspunkt, auch wenn diese Einordnung

---

[8]) Siehe z. B. den umfangreichen und durch die Reform nicht erfüllten Wunschkatalog von *Bosch*, FamRZ 1997, 65, 67 ff.: Das Gesetz sieht keine Ehen verschiedenen Typs vor, keine „mindere" Ehe für nichteheliche Lebensgemeinschaften, keine Sonderregelungen für die besonderen Eheschließungsformen der Ferntrauung, Handschuhehe und postmortalen Eheschließung, keine Notklerikalehe und auch nicht die (vielfach geforderte) alternative kirchliche Eheschließung; zu letzterer s. auch *Bosch/Hegnauer/Hoyer*, FamRZ 1997, 1313; *Renck*, NJW 1996, 907.

[9]) Ehegesetz v. 6. 7. 1938, RGBl I 807, formell aufgehoben (§ 79 EheG 1946), aber in den nicht typisch nationalsozialistischen Regelungen weitestgehend inhaltsgleich weitergeführt durch das Gesetz Nr. 16 des Kontrollrats v. 20. 2. 1946 [EheG 1946], KRABl. S. 77, ber. S. 294, BGBl III 404-1, vgl. *MünchKomm/Wolf*, BGB, 3. Aufl. 1993, vor 1564 Rz. 7 f.

immer noch nicht überzeugt[10]). Bei den Vorschriften über die Eheschließung gingen bisher materielle und formelle Erfordernisse, Unwirksamkeits- und Nichtigkeitsgründe durcheinander; sie sind nunmehr nach der Fehlerfolge systematisiert[11]).

Einfacher wird vor allem die Gliederung des Dritten Titels. Der Gegensatz zwischen der – im Gesetz ohnehin nie ausdrücklich normierten – Nichtehe und der nur fehlerhaften Ehe bleibt bestehen, doch fällt bei den fehlerhaften Ehen die Unterscheidung von Nichtigkeit und Aufhebbarkeit weg[12]). Ferner wird die bisherige schwerfällige und unübersichtliche Parallelregelung von Verletzungstatbestand und Fehlerfolge (z. B. in den Paragraphenkombinationen §§ 1, 3 und 30, §§ 2 und 18, §§ 4 und 21, §§ 5 und 20, §§ 13 und 17 EheG) durch eine schlichte Verweisung ersetzt (§ 1314 I BGB) – dies freilich nicht mit letzter Konsequenz[13]).

Ebenfalls neu geordnet worden ist das Verhältnis von BGB und PStG. Bei der bisherigen Regelung war die Grenzziehung oft fragwürdig; so waren etwa die rein verfahrensrechtlichen Fragen des Aufgebots oder der Zuständigkeit des Standesbeamten in §§ 12, 15 EheG geregelt. In das BGB gehören die materiellen Ehevoraussetzungen sowie die Eheschließungsform[14]), also die äußere Gestaltung der die Ehe begründenden Erklärungen, soweit ihre Verletzung Fehlerfolgen nach sich zieht. Zuständigkeits-, Verfahrens- und Registrierungsvorschriften, ferner der Ablauf und die äußere Gestaltung der Eheschließungszeremonie, sofern sie nicht die Abgabe der Eheschließungserklärungen selbst betreffen und keine Wirksamkeitsvoraussetzungen sind, gehören hingegen in das PStG. Konsequent sind die an die Stelle des Aufgebots getretene Anmeldung und die Zuständigkeit nunmehr in §§ 4, 6 PStG n. F. eingestellt; sinnvollerweise hätte auch das Ehefähigkeitszeugnis im PStG geregelt werden sollen[15]). Mittelbare Folge der gesetzgebungstechnischen Verklammerung mit der Kindschaftsrechtsreform ist die Änderung der gerichtlichen Zuständigkeiten. Das KindRG hat zahlreiche Aufgaben vom Vormundschaftsgericht auf das

---

[10]) S. näher unten bei Fn. 61.
[11]) S. näher unter C I.
[12]) S. unten D II.
[13]) S. dazu unten bei Fn. 25.
[14]) Vgl. *Barth/Wagenitz*, FamRZ 1996, 833.
[15]) S. unten bei Fn. 61.

Familiengericht übertragen[16]); dies führte zur entsprechenden Anpassung der §§ 1303 II bis IV, 1308 II, 1315 I S. 1 Nr. 1, S. 3 BGB.

2. Die präventive und repressive Wirkung von Eheschließungshindernissen

Stellt der Standesbeamte im Vorfeld ein Eheschließungshindernis fest, so darf er die Ehe nicht schließen. Insoweit hat es eine präventive Funktion.

Wenn der Standesbeamte das Eheschließungshindernis übersieht und die Ehe dennoch schließt, kommt es zu einer fehlerhaften Ehe, an die das Gesetz – je nach der Schwere des Fehlers – unterschiedliche Folgen knüpft, die Nichtexistenz, Auflösbarkeit, aber auch Sanktionslosigkeit bedeuten können[17]). Hier kann man von der repressiven Bedeutung der Eheschließungshindernisse sprechen.

Das Nebeneinander dieser beiden Aspekte tritt jetzt deutlicher hervor als bisher. Die Präventivfunktion war bisher in §§ 5 II S. 1, 6 I PStG a. F. angesprochen: Wenn der Standesbeamte ein Ehehindernis festgestellt hatte, durfte er kein Aufgebot erlassen bzw. die Eheschließung nicht vornehmen. Ausdrücklich erfaßt waren nur die fehlende Ehefähigkeit sowie Eheverbote. Bei Aufhebungsgründen sah das positive Recht i. d. R. nur die „repressive" Lösung der §§ 28 ff. EheG vor. Der Grund lag allerdings nicht darin, daß das EheG in einem solchen Fall dem Standesbeamten verboten hätte, seine Mitwirkung zu verweigern, sondern vielmehr darin, daß eine präventive Regelung auf den ersten Blick entbehrlich erschien oder sich zumindest nicht aufdrängte: Die gesetzlichen Fälle der Aufhebbarkeit betrafen Willensstörungen, die typischerweise erst nach der Eheschließung festgestellt wurden, weil der betroffene Ehegatte andernfalls die Ehe sowieso nicht geschlossen hätte. In Ausnahmefällen, in denen dem Standesbeamten bereits vor der Eheschließung ein Aufhebungsgrund bekannt wurde, hatte er nach ganz allgemeiner Meinung schon bisher die Befugnis, die Mitwirkung bei der Eheschließung zu verweigern[18]).

---

[16]) S. oben Fn. 7; *Schwab/Wagenitz*, FamRZ 1997, 1377, 1382.

[17]) Zur Nichtehe s. unten D I; zu den „trennenden" (Auflösbarkeit) und nur „aufschiebenden" (Sanktionslosigkeit) Ehehindernissen s. allg. *MünchKomm/Müller-Gindullis* [Fn. 9], vor § 4 EheG Rz. 3; *Palandt/Diederichsen*, BGB, 57. Aufl. 1998, vor § 4 EheG Rz. 1.

[18]) Vgl. hierzu etwa *Hepting/Gaaz*, Personenstandsrecht, Stand: 34. Lfg. 1997, § 11 EheG (vor §§ 3 ff. PStG) Rz. 11.

Im Gegensatz dazu stellt § 1310 I S. 2 Hs. 2 BGB nunmehr ausdrücklich klar, daß der Standesbeamte auch beim Vorliegen eines Aufhebungsgrundes befugt und verpflichtet ist, die Mitwirkung bei der Eheschließung zu verweigern. Diese Regelung war im RegE noch nicht vorgesehen; sie wurde erst im Rechtsausschuß eingefügt, wohl weil dieser, sensibilisiert durch die Scheinehenproblematik, der präventiven Kontrolle besondere Aufmerksamkeit widmete.

3. Die Einheitlichkeit der Eheaufhebungsgründe

Bisher hatten die Eheschließungsvoraussetzungen eine relativ komplizierte und unübersichtliche Systematik: Sie umfaßten die Ehefähigkeit als positives Erfordernis, §§ 1 bis 3 EheG, sowie das Nichtvorliegen eines Eheverbots als negatives Erfordernis, §§ 4 bis 10 EheG; letztere waren, sofern sie „trennende" Wirkung hatten[19]), noch einmal eigenständig als „Nichtigkeitsgründe" geregelt, §§ 16 bis 21 EheG. Schließlich gab es Aufhebungsgründe, die i. d. R. nur repressiv geregelt waren[20]), teilweise aber auch an präventive Ehevoraussetzungen anknüpften[21]). Die Begriffsbildung war uneinheitlich und unklar. Letztlich hatte die Differenzierung auf der Tatbestandsseite keine große Bedeutung; die angeblich dahinterstehenden inhaltlichen Unterschiede waren kaum klar faßbar[22]). Entscheidend war die Rechtsfolge, also die Unterscheidung von trennender und aufschiebender Wirkung, von Nichtigkeit und Aufhebbarkeit.

Mit der Abschaffung der Nichtigkeit und Vereinfachung der Fehlerfolgen ist die Notwendigkeit derartiger Differenzierungen entfallen. Zum einen führen jetzt alle „trennenden" Eheschließungsfehler, also auch der Verstoß gegen ein Eheverbot, einheitlich zur Aufhebbarkeit; zum anderen ist klar, daß alle Mängel, also auch die bisherigen Aufhebungsgründe, bereits präventiv berücksichtigt werden müssen. Dabei trifft die Formulierung des § 1310 I S. 2 Hs. 2 BGB, wonach der Standesbeamte „die Mitwirkung an der Eheschließung verweigern" muß, nur den typischen Fall, weil Aufhebungsgründe i. d. R. Mängel sind, die den Eheschließungsvorgang an sich betreffen. Die

---

[19]) Zu dem Begriff s. Fn. 17.
[20]) Etwa in den §§ 31 bis 34 EheG.
[21]) So § 30 EheG, der auf § 3 EheG aufbaute.
[22]) Vgl. RegE [Fn. 2], S. 14: Nichtigkeitsgründe betreffen mehr das öffentliche Interesse, Aufhebungsgründe mehr die Belange der Eheschließenden. Skeptisch gegenüber der Unterscheidung auch *Gernhuber/Coester-Waltjen*, Familienrecht, 4. Aufl. 1994, S. 116.

präventive Abwehr aufhebbarer Ehen ist aber nicht nur auf diese Weigerung beschränkt: Wenn der Standesbeamte bereits im Vorfeld feststellt, daß eine „Scheinehe" beabsichtigt ist, § 1314 II Nr. 5 BGB[23]), oder daß ein junger Mann durch massive Drohungen zur Ehe mit einem von ihm verführten Mädchen gezwungen werden soll, § 1314 II Nr. 4 BGB, wird er seine Weigerung auch schon beim Abschluß des Anmeldeverfahrens erklären können, § 6 I S. 1 PStG n. F.[24]).

Die Einheitlichkeit der Aufhebungsgründe hätte also im Gesetz noch stärker zum Ausdruck kommen können, als es geschehen ist. Man hätte bei der Überschrift vor § 1306 BGB statt des Begriffs „Eheverbote" die wertneutralere Formulierung „Eheschließungshindernisse" wählen und bereits dort den Katalog der Aufhebungsgründe in § 1314 II BGB einstellen können, jeweils mit der Formulierung „Eine Ehe darf nicht geschlossen werden, wenn …". Damit hätte man das Regelungsprinzip, „durch eine Bezugnahme auf die im Einzelfall verletzten Vorschriften … größere Rechtsklarheit" zu erreichen[25]), auch bei § 1314 II BGB verwirklicht. Die Chance wurde wohl deshalb nicht genutzt, weil eine ausdrückliche Vorschrift über die Präventivwirkung von Aufhebungsgründen erst im Rechtsausschuß aufgenommen wurde und eine systematische Einarbeitung nicht mehr möglich war.

B. Die Vorbereitung der Eheschließung

I. Die Anmeldung der Eheschließung

1. Die Anmeldung

Bisher hatten die Verlobten unter Vorlage aller notwendigen Urkunden das Aufgebot zu bestellen, § 5 I PStG a. F. Der Standesbeamte prüfte die Ehefähigkeit; danach erließ er das Aufgebot und hängte es eine Woche lang öffentlich aus, damit Dritte die Möglichkeit hatten, etwaige Einwände gegen die Eheschließung vorzubringen, § 5 II und § 3 S. 1 PStG a. F. Dieses Verfahren war auf vorindustriell-dörfliche Verhältnisse zugeschnitten und ist nicht mehr zeitgemäß[26]); das

---

[23]) Allg. zu dieser Problematik s. unter B IV.
[24]) Näher zur Entscheidung nach § 6 I PStG unten bei B V 2.
[25]) So zutreffend RegE [Fn. 2], S. 18 f. zu § 1314.
[26]) Vgl. etwa die Kritik von *Barth/Wagenitz*, FamRZ 1996, 833, 834; *Böhmer*, StAZ 1975, 6; *Giesen*, Familienrecht, 2. Aufl. 1997, Rz. 120; *Neuhaus*, FamRZ 1972, 61.

EheschlRG hat es durch die „Anmeldung der Eheschließung" ersetzt, § 4 PStG n. F.[27]).

Die Änderungen erscheinen auf den ersten Blick größer, als sie tatsächlich sind. Weggefallen ist nur der öffentliche Aushang. Alle anderen Verfahrensschritte sind geblieben und werden allenfalls anders bezeichnet. Die Anmeldung entspricht funktional der bisherigen Bestellung; verfahrensrechtlich ist sie ein förmlicher Antrag auf Durchführung der Eheschließung[28]). Die Ehevoraussetzungen sind ebenso zu prüfen wie bisher, § 5 II S. 1 PStG n. F.; an die Stelle des Erlasses des Aufgebots tritt die Mitteilung an die Verlobten, § 6 I S. 1 PStG n. F.[29]).

Die personenstandsrechtliche Praxis befürchtet, daß nach dem Wegfall der gesetzlichen Aushängefrist viele Verlobte bei der Anmeldung auf sofortige Eheschließung drängen werden, weil ihnen nicht bewußt ist, daß vorher die Feststellung der Eheschließungsvoraussetzungen notwendig – und ggf. auch zeitraubend – ist[30]). Dies freilich ist kein Grund, eine als inhaltlich sinnvoll erkannte Neuregelung zu unterlassen; es handelt sich nicht um ein Regelungs-, sondern nur um ein Informationsproblem.

2. Der zuständige Standesbeamte

Die örtliche Zuständigkeit des Standesbeamten folgt aus § 4 i. V. mit § 6 II und III PStG n. F. Bis zum EheschlRG befand sich die Zuständigkeitsvorschrift in § 15 EheG; die Reform hat sie ins PStG übernommen, wo sie auch systematisch hingehört.

Die beiden Abs. II und III des § 6 PStG scheinen aufgrund ihrer systematischen Stellung zu Abs. I unmittelbar den Anmeldungsstandesbeamten zu meinen, da dieser etwaige Ehehindernisse feststellen muß; doch zeigt die Verweisung in § 4 PStG n. F. klar, daß eigentlich die Eheschließungszuständigkeit gemeint ist. Sinnvoller wäre es wohl gewesen, die Anmeldungszuständigkeit in § 4 PStG vorrangig zu

---

[27]) In diesem Punkt waren sich RegE und Bundesrat einig; die Änderungen des § 5 IV und V PStG im Rechtsausschuß betrafen nicht das Anmeldungsverfahren, sondern folgten aus der Änderung von materiellen Ehevoraussetzungen. Zur Frage, ob die Abschaffung des Aufgebots gegen das UN-Eheschließungsübereinkommen v. 10. 12. 1962 verstößt, s. *Barth/Wagenitz*, FamRZ 1996, 833, 835.
[28]) *Bornhofen*, StAZ 1997, 368.
[29]) Hierzu s. näher unter B V 2.
[30]) S. hierzu schon *Hepting*, StAZ 1996, 257, 258.

regeln und bei der Eheschließungszuständigkeit darauf zu verweisen. Zum einen stellt sich die Zuständigkeitsfrage zum ersten Mal bei der Anmeldung, zum anderen ist es verwirrend, wenn § 6 II und III PStG zunächst die Eheschließungszuständigkeit regeln, Abs. IV PStG dann aber die Eheschließung vor einem Standesbeamten erlaubt, „der für die Eheschließung nicht zuständig ist". Der Bundesrat hat diese Formulierungen zu Recht beanstandet, sich aber mit seinen Änderungsvorschlägen nicht durchgesetzt[31]).

Für das Anmeldungsverfahren bedeutet die überkomplizierte Regelung jedenfalls, daß sich die Verlobten wahlweise bei einem der für ihre Wohn- bzw. Aufenthaltsorte zuständigen Standesbeamten anmelden können. Für die anschließende Eheschließung ist die Zuständigkeit neu zu bestimmen[32]).

3. Der Umfang der Prüfung

Im Rahmen des Anmeldungsverfahrens prüft der Standesbeamte das Fehlen von Ehehindernissen, § 5 II S. 1 PStG n. F., und zwar grundsätzlich umfassend.

Neu formuliert wurde die Vorschrift über die Noteheschließungen des § 7 PStG; aus der Eheschließung „ohne Aufgebot" wurde eine solche „ohne abschließende Prüfung nach § 5". Auf den ersten Blick könnte man meinen, daß die alte Vorschrift nur beim Erfordernis des Aushangs, die neue hingegen auch bei der Prüfung der Ehevoraussetzungen Erleichterung gewähre. Die standesamtliche Praxis befürchtet deshalb, daß Noteheschließende unter Hinweis auf § 7 S. 1 PStG n. F. künftig die sofortige Eheschließung ohne ausreichende Prüfung der Ehefähigkeit verlangen. Die Befürchtung ist jedoch rechtlich unbegründet. Die Prüfungsstrenge hat sich durch die Reform nicht geändert; § 7 S. 2 PStG verlangt nach wie vor, daß das Fehlen von Ehehindernissen glaubhaft gemacht wird[33]).

---

[31]) Stellungnahme des Bundesrats [Fn. 3], S. 7; RegE [Fn. 2], S. 34.
[32]) Hierzu näher unten C III 2 b.
[33]) Erforderlich ist also die „Feststellung überwiegender Wahrscheinlichkeit"; vgl. *Baumbach/Lauterbach/Albers/Hartmann*, ZPO, 54. Aufl. 1996, § 294 Rz. 1 ff.; *Hepting/Gaaz* [Fn. 18], § 7 PStG Rz. 9.

II. Die Prüfung der Eheschließungsvoraussetzungen nach deutschem Recht

Bei der Prüfung der Eheschließungsvoraussetzungen sind die Vorschriften des IPR zu beachten. Die Reform der im folgenden dargestellten deutschen Eheschließungsvorschriften wirkt sich also nur bei Verlobten aus, die entweder Deutsche sind, Art. 13 I EGBGB, oder aus anderen Gründen kraft Sonderanknüpfung dem deutschen Recht unterstehen[34]).

1. Die persönlichen Ehevoraussetzungen

Der RegE wollte die persönlichen Eheschließungsvoraussetzungen der §§ 1 bis 3 EheG als §§ 1303 bis 1305 unverändert ins BGB übernehmen; nur bei den Fehlerfolgen erstrebte er eine Änderung[35]).

Bisher mußten zur Befreiung vom Erfordernis der Ehemündigkeit, § 1 II EheG, sowie zu einer Ersetzung der Einwilligung des gesetzlichen Vertreters, § 3 III PStG, zwei getrennte vormundschaftsgerichtliche Verfahren durchgeführt werden, obwohl es beide Male um letztlich identische Interessenbewertungen und -abwägungen ging. Gegen die daraus folgende unnötige Belastung der Gerichte und Verzögerung der Eheschließungen wandte sich nicht nur das Schrifttum[36]), sondern auch der Bundesrat[37]); sie verlangten, den Befreiungsantrag des Minderjährigen und einen etwaigen Widerspruch des Personensorgeberechtigten in einem einzigen einheitlichen Verfahren zu prüfen. Der Vorschlag des Bundesrats hat sich im Rechtsausschuß als § 1303 II bis IV BGB n. F. durchgesetzt; konsequent ist der den § 3 EheG fortführende § 1305 BGB i. d. F. des RegE entfallen.

Durch § 1303 IV BGB hat die Reform die bisherige Prädominanz der elterlichen Einwilligung beseitigt, die sich allerdings erst bei den Fehlerfolgen zeigte: Hatte der gesetzliche Vertreter die Ehe mißbilligt und war seine Zustimmung nicht gerichtlich ersetzt worden, so war die Ehe nach § 30 I S. 1 EheG aufhebbar, auch wenn sie das Vormund-

---

[34]) Hierzu s. näher *MünchKomm/Sonnenberger*, BGB, Bd. 10, 3. Aufl. 1998, Art. 5 EGBGB Rz. 18 ff. und Anh. I und II.
[35]) Zu den diesbezüglichen Änderungsvorschlägen des RegE [Fn. 2], S. 18 f. zu § 1314 BGB.
[36]) S. etwa *Bosch*, FamRZ 1997, 65, 72 f.
[37]) S. die Stellungnahme des Bundesrates [Fn. 3], S. 2 f., sowie die ablehnende Gegenäußerung der Bundesregierung [Fn. 3], S. 34; zur Stellungnahme des Rechtsausschusses [Fn. 5], S. 29.

schaftsgericht genehmigt hatte. Die vom gesetzlichen Vertreter gebilligte Ehe war hingegen bestandskräftig, auch wenn sie das Vormundschaftsgericht nicht genehmigt hatte. Der RegE sah hier die Notwendigkeit, Minderjährige vor einer zu frühen Verheiratung durch ihre Eltern zu schützen[38]).

Nach wie vor ist die Geschlechtsverschiedenheit der Partner vorausgesetzt, aber nicht ausdrücklich vorgeschrieben. Sähe man in ihr eine persönliche Ehevoraussetzung, so müßte sie in den §§ 1303 ff. BGB geregelt sein. Der Gesetzgeber wie auch die h. M. sehen in ihr jedoch eine nicht regelungsbedürftige Selbstverständlichkeit, da die Definition des Begriffs „Ehe" eine gleichgeschlechtliche Partnerschaft ausschließe[39]).

2. Die Eheverbote
a) Welche Eheverbote sind weggefallen?

Die allmähliche Liberalisierung des Eherechts macht auch vor den Eheverboten nicht halt. Das Eherecht im BGB kannte etwa noch die Eheverbote der Geschlechtsgemeinschaft (§ 1310 II BGB a. F.[40])), des Ehebruchs (§§ 1312, 1328 BGB a. F.[41])), des Mangels der behördlichen Eheerlaubnis (§ 1315 I BGB a. F.) und der Namensehe (§ 1325a BGB a. F.[42])). Das EheG 1938 stellte zahlreiche weitere spezifisch nationalsozialistische Eheverbote auf und erreichte so einen vorübergehenden unrühmlichen Regelungshöhepunkt[43]). Seit der Entnazifizierung durch den Kontrollrat und dem Inkrafttreten des Grundgesetzes ist eine gegenläufige Entwicklung zu beobachten; die verfassungsgerichtliche Rechtsprechung[44]) und der Wandel rechtspolitischer Anschauun-

---

[38]) RegE [Fn. 2], S. 19.
[39]) Für einen klarstellenden Hinweis spricht sich hingegen *Bosch*, FamRZ 1997, 65, 72, aus.
[40]) Fortgeführt durch § 4 II EheG 1946; aufgehoben durch das 1. EheRG v. 14. 6. 1976 (Art. 3 Ziff. 1).
[41]) Fortgeführt durch § 22 EheG i. V. mit § 6 EheG 1946; aufgehoben durch das 1. EheRG v. 14. 6. 1976 (Art. 3 Ziff. 1).
[42]) § 1325a BGB a. F. wurde eingeführt durch das Ehemißbrauchsgesetz v. 23. 11. 1933 (RGBl I 979); vom EheG 1938 wurde er als § 19 übernommen und um das Verbot der Staatsangehörigkeitsehe erweitert. Die Vorschrift wurde aufgehoben durch Art. 3 Nr. 1 des 1. EheRG v. 14. 6. 1976 [Fn. 1].
[43]) Vgl. etwa die Eheverbote des Gesetzes zum Schutze des deutschen Blutes und der deutschen Ehre v. 15. 9. 1935, RGBl 1935 1146.
[44]) Vgl. die Entscheidung *BVerfGE* 36, 146, 161 ff. = FamRZ 1974, 122, zum Eheverbot der Geschlechtsgemeinschaft (ehemals § 4 II EheG 1946).

gen haben geradezu zu einer Erosion der Eheverbote geführt. Das EheschlRG ist als Abschluß dieser Entwicklung anzusehen, hat es doch die „trennenden" Eheverbote auf ein nicht mehr zu unterbietendes Minimum, nämlich auf die Verbote der Doppel- und der Verwandtenehe, reduziert[45]). Weggefallen ist das Eheverbot der Schwägerschaft, § 4 I S. 1 Variante 3 EheG, ferner die sanktionslosen Eheverbote der Wartezeit, § 8 EheG, und des fehlenden Auseinandersetzungszeugnisses, § 9 EheG. Das Ehehindernis der Wartezeit ist nicht mehr zeitgemäß[46]), da medizinisch sinnlos, und zudem nicht sanktionsbewehrt. Es widerspricht nicht nur dem bisherigen § 1600 BGB[47]), sondern erst recht den §§ 1593 I S. 1, 1592 Nr. 1 BGB i. d. F. des KindRG[48]), die ein nach der Scheidung geborenes Kind generell nicht mehr dem Ehemann der Vorehe zuordnen. Das Auseinandersetzungszeugnis verfolgt zwar ein sinnvolles Ziel, jedoch mit einer Regelung, die dafür, daß sie ebenfalls sanktionslos ist, zuviel Aufwand verlangt[49]); man kann darauf verzichten, wenn sich das Ziel mit angemesseneren Mitteln erreichen läßt[50]).

Umstritten war jedoch die Abschaffung des Eheverbots der Schwägerschaft. Der RegE hat sie damit begründet, daß das Eheverbot weder aus medizinischen noch aus erbbiologischen Gründen zu rechtfertigen sei und wegen der großzügigen Befreiungspraxis kaum Bedeutung habe[51]). Der Einwand, daß es nicht nur um pragmatische Zweckmäßigkeitsgesichtspunkte, sondern auch um elementare ethische Erwägungen gehe[52]), wiegt schwer, hat sich aber nicht durchgesetzt. Die Neuregelung ist nicht notwendig „revolutionärer Umsturz"

---

[45]) Das Eheverbot der Adoptivverwandtenehe ist ebenfalls geblieben, aber nur „aufschiebend" und sanktionslos, s. unten B II 2 b cc.
[46]) Allg. zur Kritik am Eheverbot der Wartezeit *Barth/Wagenitz*, FamRZ 1996, 833, 835; *Böhmer*, StAZ 1991, 129 f.; *Gernhuber/Coester-Waltjen* [Fn. 22], S. 99 f.
[47]) So ausdrücklich RegE [Fn. 2], S. 13 unter A 2.
[48]) KindRG v. 16. 12. 1997 [Fn. 7]; zu § 1593 I BGB s. etwa *Schwab/Wagenitz*, FamRZ 1997, 1377, 1378; *Gaul*, FamRZ 1997, 1441, 1447.
[49]) Vgl. RegE [Fn. 2], S. 13; zur Kritik s. *Barth/Wagenitz*, FamRZ 1996, 833, 836; *Böhmer*, StAZ 1975, 5, 8; *MünchKomm/Müller-Gindullis* [Fn. 9], § 9 EheG Rz. 1: „Kanonenschuß auf Spatzen".
[50]) Wie es jetzt durch die Mitteilung nach § 5 V PStG n. F. geschieht; dazu näher unten B V 1. Zustimmend *MünchKomm/Müller-Gindullis* [Fn. 9], § 9 EheG Rz. 1; *Barth/Wagenitz*, FamRZ 1996, 833, 836, und sogar *Bosch*, FamRZ 1997, 65, 74.
[51]) RegE [Fn. 2], S. 13; so auch *Barth/Wagenitz*, FamRZ 1996, 835; *MünchKomm/Müller-Gindullis* [Fn. 9], § 4 EheG Rz. 11.
[52]) So nachdrücklich *Bosch*, FamRZ 1997, 65, 75.

mit dem Ziel „weiterer Dekadenz der Werte"[53]), sondern möglicherweise auch Ausdruck der Resignation: In einer Zeit, in der die gesellschaftliche Bedeutung der bürgerlichen Ehe schwindet und sie mit anderen Lebensformen konkurrieren muß, ist das staatliche Eheschließungsrecht kein geeignetes Mittel mehr, um der „Gefahr sexueller Enthemmung im engeren Familienbereich"[54]) entgegenzusteuern[55]).

b) Welche Eheverbote sind geblieben?

aa) Mit gleichem Regelungsgehalt, aber im Detail neu formuliert übernimmt § 1306 BGB das bisherige Eheverbot der Doppelehe. Die Neufassung ist in zwei Punkten klarer als die Vorgängervorschrift des § 5 EheG. Zunächst erfaßt sie jetzt beide „Personen, die die Ehe miteinander eingehen wollten", und bringt damit zum Ausdruck, daß es sich um ein sogenanntes „zweiseitiges Ehehindernis" handelt, was in internationalprivatrechtlichen Fällen wichtig sein kann[56]). Ferner setzt das Eheverbot eine bestehende Ehe mit einer „dritten Person" voraus; eine zweite Eheschließung desselben Ehepaares wird also nicht gehindert und kann dann sinnvoll sein, wenn die Ehegatten Zweifel an der Gültigkeit ihrer ersten Eheschließung haben[57]).

bb) Unverändert übernommen wurde das Eheverbot der Verwandtschaft, § 1307 BGB. Obwohl es – ähnlich wie das Eheverbot der Schwägerschaft – rational-pragmatisch kaum begründbar ist[58]), gehört es doch – anders als dieses – zu den elementaren, unangezweifelten Grundsatznormen aller Rechtsordnungen und zeigt, daß sich auch ein modernes staatliches Recht dem Einfluß fundamentaler ethischer Normen und Tabus nicht entziehen kann.

---

[53]) *Bosch,* FamRZ 1997, 65, 74, 75.
[54]) *Bosch,* FamRZ 1997, 65, 74, 75.
[55]) Vgl. hierzu auch *Hepting,* StAZ 1996, 257, 264.
[56]) S. näher *Hepting/Gaaz* [Fn. 18], Vorbem. EheG (vor §§ 3 ff. PStG) Rz. 94, 51.
[57]) Insoweit greift § 1306 BGB n. F. die Regelung in § 13 der 1. DVOEheG v. 27. 7. 1938, RGBl I 923, auf; an ihrer Stelle gilt in den Ländern der ehemaligen britischen Besatzungszone die gleichlautende VO des Zentraljustizamts für die britische Zone v. 12. 7. 1848, VOBlBrZ S. 210 = BGBl III 404-4, im Saarland das Rechtsangleichungsgesetz v. 22. 12. 1956, SaarlAbl. S. 1667. Diese Vorschriften werden durch Art. 13 EheschlRG aufgehoben; s. a. RegE [Fn. 2], S. 15; zum Inhalt dieser Vorschriften s. *MünchKomm/Müller-Gindullis* [Fn. 9], § 5 EheG Rz. 10 f.
[58]) Vgl. *Gernhuber/Coester-Waltjen* [Fn. 22], S. 93.

cc) Ebenfalls im wesentlichen unverändert aus § 7 EheG übernommen wird das Eheverbot der Adoptivverwandtschaft, § 1308 BGB, das freilich nach wie vor als Sollvorschrift formuliert, sanktionslos und daher ein nur „aufschiebendes" Ehehindernis ist: Schließen Ehegatten entgegen diesem Eheverbot die Ehe, so wird das Adoptionsverhältnis – selbst die Adoptivverwandtschaft in gerader Linie, von deren Verbotswirkung nach § 1308 II BGB nicht befreit werden könnte – gemäß § 1766 S. 1 BGB aufgelöst.

III. Die Prüfung der Eheschließungsvoraussetzungen bei Ausländern

1. Die Regelungsgrundsätze zum Ehefähigkeitszeugnis

Das bisher Gesagte gilt, soweit für die materiellen Eheschließungsvoraussetzungen das deutsche Recht maßgeblich ist. Ob dies der Fall ist, richtet sich nach Art. 13 I EGBGB, ggf. i. V. mit Art. 5 II EGBGB bzw. den Sonderregeln über das Personalstatut der Flüchtlinge, Asylberechtigten und vergleichbarer Personengruppen[59]). Auf Ausländer ist grundsätzlich deren Heimatrecht anzuwenden. Dies bedeutet, daß die bisher dargestellten Regeln für sie nicht gelten; bei der Prüfung ihrer Ehefähigkeit muß grundsätzlich fremdes Recht herangezogen werden.

Um den Standesbeamten bei dieser Aufgabe zu entlasten, sieht der bisherige § 10 EheG einen Regelungsmechanismus vor, dessen Grundprinzip auch in der Reform erhalten bleibt. § 1309 I BGB verlangt von dem ausländischen Verlobten die Vorlage eines Ehefähigkeitszeugnisses, in dem eine Behörde seines Heimatstaats bestätigt, daß kein Ehehindernis besteht. Der Standesbeamte kann sich bei der Prüfung der Ehefähigkeit darauf stützen, ist allerdings nicht daran gebunden.

Ist die Vorlage eines Ehefähigkeitszeugnisses nicht möglich, so kann der OLG-Präsident von diesem Erfordernis Befreiung erteilen. Dies bedeutet nicht, daß er nur formal von der Beibringung befreit; vielmehr überprüft er selbst umfassend die Ehefähigkeit des Antragstellers und entscheidet gleichsam an Stelle der Heimatbehörde, so

---

[59]) Allg. zur Anknüpfung der Ehefähigkeit s. *Palandt/Heldrich* [Fn. 17], Art. 13 Rz.4 f., und Anhang zu Art. 5.

daß der Befreiungsbescheid stets die Feststellung enthält, daß der Antragsteller materiell ehefähig ist[60]).

2. Neuerungen

Die dargestellte grundsätzliche Regelungs- und Verfahrensstruktur bleibt in der Reform erhalten; doch hat sich im Detail bei kaum einer Vorschrift so viel geändert wie gerade bei § 1309 BGB.

a) Die systematische Einordnung der Vorschrift

Das Ehefähigkeitszeugnis will die richtige Anwendung ausländischen materiellen Eheschließungsrechts sicherstellen. § 1309 BGB betrifft daher das die Eheschließung vorbereitende Verfahren. Nach bisherigem Recht war das Fehlen des Ehefähigkeitszeugnisses verfehlt als (aufschiebendes) Eheverbot normiert; das EheschlRG weist ihm wenigstens einen eigenen Gliederungspunkt zu. Richtigerweise hätte man die Regelung in das PStG einstellen sollen[61]).

b) Der betroffene Personenkreis

§ 10 I EheG verlangte das Ehefähigkeitszeugnis pauschal von „Ausländern", also gemäß § 15 der 1. DVO zum EheG[62]) von „Personen, die keine deutsche Staatsangehörigkeit besitzen".

Damit war der betroffene Personenkreis nach einhelliger Meinung zweckwidrig weit gezogen; er erfaßte nämlich auch Staatenlose, Asylberechtigte und Flüchtlinge, deren Ehefähigkeit sich nach deutschem Recht bestimmte, so daß die Prüfung ausländischen Eherechts gar nicht erforderlich war[63]). Gewiß konnte man dieser Regelung, wenn sie denn schon bestand, auch den einen oder anderen positiven

---

[60]) Vgl. *BGHZ* 56, 180 = FamRZ 1971, 366; *Barth/Wagenitz*, FamRZ 1996, 833, 839; *MünchKomm/Müller-Gindullis* [Fn. 9], § 10 EheG Rz. 11 ff.
[61]) So etwa § 37 des IPR-Gesetzentwurfs von *Kühne*, StAZ 1981, 168, 172, der das Ehefähigkeitszeugnis in § 5a PStG regeln wollte; s. auch *OLG Hamm*, StAZ 1974, 210.
[62]) § 15 der 1. DVOEheG bzw. der an ihre Stelle getretenen regionalen Sonderregelungen (s. näher Fn. 57); zum Inhalt des § 15 der 1. DVOEheG s. *MünchKomm/ Müller-Gindullis* [Fn. 9], § 10 EheG Rz. 3 ff.
[63]) S. hierzu allgemein *Palandt/Heldrich* [Fn. 17], Anhang zu Art. 5.

Aspekt abgewinnen; so nahm das – in diesen Fällen i. d. R. notwendige[64] – Befreiungsverfahren dem Standesbeamten andere Probleme ab, etwa die oft schwierige Feststellung von im Ausland eingetretenen Tatsachen oder die Beurteilung komplizierter und zweifelhafter Staatsangehörigkeits- und Vorfragen[65]). Doch bringt die Neufassung eine sicherlich zweck- und systemkonformere Regelung; sie verlangt das Ehefähigkeitszeugnis nur noch von einem Verlobten, der „hinsichtlich der Voraussetzungen der Eheschließung ... ausländischem Recht unterliegt". Gemeint ist auch ausländisches Kollisionsrecht; ein Ehefähigkeitszeugnis ist also auch dann beizubringen, wenn das ausländische Heimatrecht des Verlobten im konkreten Fall auf deutsches Sachrecht zurückverweist[66]).

c) Die Voraussetzungen einer Anerkennung ausländischer Ehefähigkeitszeugnisse

§ 10 I EheG verlangte das mit einer konsularischen Zuständigkeitsbescheinigung versehene Ehefähigkeitszeugnis einer „inneren Behörde"; andere – insbesondere von Konsulaten ausgestellte – Zeugnisse genügten nicht, sondern konnten allenfalls im Befreiungsverfahren nach § 10 II EheG berücksichtigt werden. Diese Regelung war aus mehreren Gründen unzweckmäßig und unbefriedigend[67]), so daß eine Neuregelung nahelag. Eine alternative Formulierung zu finden war freilich nicht einfach; in einer für alle Staaten der Welt geltenden abstrakt-generellen Regelung „zuverlässige" von „unzuverlässigen" Behörden und Zeugnissen zu unterscheiden ist praktisch unmöglich und zudem eine potentielle Quelle politischer Verstimmungen.

Die Reform erleichtert die Problematik zunächst dadurch, daß sie bei den Zeugnissen „innerer Behörden", die weiterhin als Ehefähigkeitszeugnisse akzeptiert werden, künftig auf die konsularische Zuständigkeitsbescheinigung verzichtet. Ferner akzeptiert § 1309 I BGB zusätzlich auch solche Bescheinigungen, die nach Maßgabe „eines mit dem Heimatstaat geschlossenen Vertrages" erteilt worden

---

[64]) Es fehlte bei Staatenlosen bereits begrifflich, bei Flüchtlingen meist faktisch an einer Heimatbehörde, die ein Ehefähigkeitszeugnis ausstellen konnte; vgl. *MünchKomm/Müller-Gindullis* [Fn. 9], § 10 EheG Rz. 5.

[65]) So vor allem *Ferid*, Internationales Privatrecht, 3. Aufl. 1986, Rz. 8-49; ähnlich auch *Hepting/Gaaz* [Fn. 18], § 10 EheG (vor §§ 3 ff. PStG) Rz. 22.

[66]) *Hepting/Gaaz* [Fn. 18], § 10 EheG (vor §§ 3 ff. PStG) Rz. 35; *Barth/Wagenitz*, FamRZ 1996, 833, 837.

[67]) Einzelheiten bei *Barth/Wagenitz*, FamRZ 1996, 833, 837.

sind. Hierbei dachte der Gesetzgeber ganz konkret an das CIEC-Abkommen Nr. 20 v. 5. 9. 1980 über die Ausstellung von Ehefähigkeitszeugnissen, das Deutschland im Zuge der Eheschließungsreform ratifiziert hat[68]). Einerseits gewährleistet dieses Abkommen eine relativ hohe Zuverlässigkeit der Ehefähigkeitszeugnisse; andererseits überläßt es jedem Vertragsstaat die Befugnis, die Behördenzuständigkeit autonom zu regeln. Die neue Vorschrift bringt sicher eine Verbesserung, kann aber nicht alle Probleme ausräumen[69]).

d) Die Zuständigkeit des OLG-Präsidenten für die Befreiung

§ 1309 II S. 1 BGB knüpft die Zuständigkeit des OLG-Präsidenten für die Befreiung an den Amtssitz des Anmeldungsstandesbeamten.

Bisher war der OLG-Präsident zuständig, in dessen Bezirk die Ehe geschlossen werden sollte. Dies war schon systematisch falsch; die Prüfung der Ehefähigkeit ist Teil des vorbereitenden Verfahrens, nicht aber der Eheschließung; es mochte eine Folge des Umstands sein, daß das Ehefähigkeitszeugnis selbst fälschlich bei den Eheschließungshindernissen geregelt war[70]). Die Zuständigkeitsregelung führte aber auch zu praktisch höchst unbefriedigenden Ergebnissen, da der Eheschließungsort von den Verlobten frei wählbar, die Befreiungszuständigkeit also beliebig manipulierbar war[71]). Der Aufenthaltsort, über § 6 II PStG mittelbar maßgeblich, ist hingegen ohne einen gewissen Aufwand, insbesondere ohne eine vorausschauende Planung, nicht relevant veränderbar.

---

[68]) Gesetz v. 5. 6. 1997, BGBl II 1086. Das Abkommen ist abgedruckt in: Commission Internationale de l'Etat Civil, Conventions et Recommandations, Secretariat Général, Straßburg 1988, S. 268 ff.; auszugsweise auch in: *Quester/Büchner/Bornhofen*, Gesetzessammlung für die Standesbeamten und ihre Aufsichtsbehörden, Stand 1997, Nr. 214; s. näher *Lewenton*, StAZ 1980, 225; ausführlich *Gaaz*, StAZ 1996, 289 f.
[69]) Skeptisch etwa *Hepting*, StAZ 1996, 257, 260 unter 4 a. E.
[70]) Vgl. oben bei Fn. 61.
[71]) Zur Bestimmung und Ermächtigung des Eheschließungsstandesbeamten s. unten B V 3.

IV. Die Feststellung des Willens zur Lebensgemeinschaft

1. Rechtsentwicklung

a) Ausgangspunkt: Die Eheschließung als formaler Erklärungsakt

Die Eheschließung ist ein rechtsgeschäftlicher Akt[72]). Mit ihren Willenserklärungen erklären die Eheschließenden nach altem wie neuem Recht, „die Ehe eingehen zu wollen", § 13 I EheG und § 1310 I S. 1 BGB.

Die Erklärung zielt also nur auf die „Eingehung", d. h. die Begründung des Ehebandes. Der Wille, den so geschaffenen formalen Rahmen mit Inhalten zu füllen und eine eheliche Lebensgemeinschaft zu begründen, gehört nicht zum objektiven Tatbestand der Eheschließungserklärung; eine entsprechende Verpflichtung tritt nicht ein, „weil sie gewollt ist"[73]), sondern ist von § 1353 I BGB angeordnete gesetzliche Folge. Auch die Eheschließungserklärung eines Paares, das keine eheliche Lebensgemeinschaft beabsichtigt, begründet daher eine Ehe.

b) Die Zunahme der „Aufenthaltsehen" als rechtspolitisches Problem

Damit ist die Möglichkeit eines Mißbrauchs der Eheschließungsform zu ehefremden Zwecken dem deutschen Eheschließungsrecht systemimmanent. Daß sie offensichtlich schon früh erkannt und ausgenützt wurde, zeigen die historischen Beispiele der „Namensehe" und der „Staatsangehörigkeitsehe"[74]); sie zeigen ferner, daß der Gesetzgeber, um den Mißbrauch zu verhindern, ein ausdrücklich normiertes Ehehindernis für notwendig hielt.

Die Mißbrauchsproblematik erhielt im Laufe der siebziger und achtziger Jahre eine unerwartete Aktualität, als sich Eheschließungen zwischen Ausländern und Deutschen, durch die der ausländische Partner ausschließlich aufenthaltsrechtliche Vorteile erlangen wollte,

---

[72]) S. statt vieler *Gernhuber/Coester-Waltjen* [Fn. 22], S. 110: „familienrechtlicher Vertrag"; a. A. *Palandt/Diederichsen* [Fn. 17], vor § 11 EheG Rz. 1.

[73]) So das zentrale Kriterium der Definition des Rechtsgeschäfts, vgl. statt vieler *Larenz/Wolf*, Allgemeiner Teil des deutschen Bürgerlichen Rechts, 8. Aufl. 1997, § 22 Rz. 3.

[74]) S. hierzu schon oben bei Fn. 42; näher *Kartzke*, Scheinehen zur Erlangung aufenthaltsrechtlicher Vorteile, 1990, S. 12 f.

zu einem Massenphänomen entwickelten. In der Praxis setzte sich hierfür das – nicht ganz treffende[75]) – allgemeine Schlagwort „Scheinehen" durch; genauer wäre es, von „Aufenthaltsehen" zu sprechen. Bemerkenswert ist, daß es sich hierbei keineswegs um ein auf Deutschland beschränktes Phänomen handelt. „Aufenthaltsehen" sind ein allgemeines Problem aller Länder, die aufgrund ihres Wohlstands und ihrer liberal-rechtsstaatlichen Rechtsordnung einwanderungswillige Ausländer anziehen. Der bekannte Film „Green Card" stellt die Problematik aus US-amerikanischer Sicht dar[76]); Frankreich hat 1993 eine verdeckte[77]), die Niederlande haben 1994 eine ausdrückliche Regelung[78]) zur Abwehr von Aufenthaltsehen erlassen. Daß es sich um ein europäisches Problem handelt, zeigt eine Entschließung des Rates der Europäischen Union über Maßnahmen zur Bekämpfung von Scheinehen[79]).

In Deutschland entwickelte sich eine heftige und kontroverse Diskussion, ob und wie derartige Aufenthaltsehen mit den Mitteln des Eheschließungsrechts verhindert werden könnten und sollten. Insbesondere die Standesbeamten – als Rechtsanwender der „vordersten Front" – verweigerten immer wieder die Mitwirkung bei Eheschließungen, die sie für evident rechtsmißbräuchlich hielten. Das rechtspolitische Anliegen war verständlich, die dogmatische Begründung blieb jedoch stets problematisch und zweifelhaft[80]). Daß es sich bei einer

---

[75]) Die darin angedeutete Parallele zum „Scheingeschäft" trifft die Situation nicht, weil hier nicht eine tatsächlich nicht gewollte Ehe zum Schein geschlossen wird. Vielmehr wollen die „Ehegatten" das formale Band der Ehe wirklich, weil sich ja sonst der mittelbar erstrebte aufenthaltsrechtliche Zweck nicht erreichen ließe; vgl. auch bei Fn. 119.

[76]) Zum US-amerikanischen Recht s. näher *Kartzke* [Fn. 74], S. 33 ff., 130 ff.

[77]) Art. 175-2 Cc in der Fassung des Gesetzes 93-1417 v. 30. 12. 1993 i. V. mit Art. 146 Cc; die Abwehr von Aufenthaltsehen wird nicht ausdrücklich als Normzweck und -voraussetzung genannt. S. hierzu näher *Laroche-Gisserot*, Gaz.Pal. 1994.1. doctr. 629.

[78]) Art. 53 III, 56, 71a BW i. d. F. des Gesetzes v. 2. 6. 1994, Stb. 405; s. *Bergmann/ Ferid*, Internationales Ehe- und Kindschaftsrecht, Stand 128. Lfg. 1997, S. 66, 68.

[79]) Entschließung des Rates v. 4. 12. 1997, EG-Amtsblatt C 382/1 v. 16. 12. 1997; zum Inhalt s. Fn. 95.

[80]) Zu der im folgenden dargestellten Diskussion s. *Dieckmann*, Familienrechtliche Probleme sogenannter Scheinehen, 1991; *Kartzke* [Fn. 74]; *Kretschmer*, Scheinehen, 1993; *Bosch*, FamRZ 1982, 1074; *Coester*, StAZ 1996, 33; *Finger*, StAZ 1984, 89; *Henrich*, IPRax 1982, 251; *Jayme*, IPRax 1982, 251; *Lüderitz*, FS Oehler 1985, S. 487; *Marcks*, StAZ 1981, 364; *Sturm*, FS Ferid 1988, S. 519; *Pawlowski*, FamRZ

"Scheinehe" tatbestandlich nicht um eine Eheschließung i. e. S. handle, war wegen des formalen Charakters der Eheschließungserklärung nicht vertretbar. Die Ansicht, daß es sich zwar um eine Eheschließung handle, die so geschlossene Ehe jedoch fehlerhaft sei, hätte einen neuen ungeschriebenen Nichtigkeits- oder Aufhebungsgrund geschaffen und mußte zwangsläufig mit §§ 16, 28 EheG in Konflikt geraten, die eine Analogie oder Rechtsfortbildung ausschlossen. Zu dem Analogieverbot kam hinzu, daß der Gesetzgeber die letzte Regelung, die als Analogiegrundlage hätte dienen können, nämlich das Eheverbot der Namensehe, 1976 abgeschafft hatte[81]). Trotz dieser Probleme fanden die Standesbeamten schließlich Unterstützung bei den Obergerichten; die ganz überwiegende Rechtsprechung gestattete es ihnen, im Falle einer evidenten Aufenthaltsehe die Mitwirkung bei der Eheschließung zu verweigern. Begründet wurde dies mit zwei Argumenten: Zum einen sei die „Aufenthaltsehe" ein Mißbrauch der Eheschließungsform und der Institution der Ehe, der schon nach allgemeinen Rechtsgrundsätzen abgewehrt werden könne, ohne daß deswegen ein neuer und von §§ 16, 28 EheG verbotener Nichtigkeits- oder Aufhebungsgrund geschaffen werden müsse[82]); zum anderen impliziere die Zweckbestimmung als „Aufenthaltsehe" typischerweise eine inhaltliche Bedingtheit und zeitliche Begrenztheit der geschlossenen Ehe, so daß in Fällen, in denen ihr Charakter bei der Eheschließung evident hervortrete, der Tatbestand des – mit dem künftigen § 1311 S. 2 BGB identischen – § 13 II EheG erfüllt sei[83]).

Auch wenn zwischen Standesbeamten und Gerichten insoweit ein breiter Konsens bestand, dürfte es allen Rechtsanwendern bewußt gewesen sein, daß die Argumentation ergebnisorientiert war und dog-

---

1991, 501; *Spellenberg*, StAZ 1987, 33; *Weismann*, FamRZ 1985, 74; *Schneider*, MDR 1984, 636; *Reichard*, StAZ 1982, 281; *Hepting/Gaaz* [Fn. 18], Vorbem. vor §§ 1 ff. EheG (vor §§ 3 ff. PStG) Rz. 87–90; *Staudinger/v. Bar/Mankowski*, BGB, 13. Bearb. 1996, Art. 13 EGBGB Rz. 328 ff.

[81]) S. oben Fn. 42.

[82]) Vgl. *OLG Karlsruhe*, FamRZ 1982, 1210; *OLG Celle*, StAZ 1982, 308; *OLG Stuttgart*, StAZ 1984, 99; *AmtsG Kempten*, StAZ 1981, 298, 299; *AmtsG Freiburg*, StAZ 1981, 274, 275; *AmtsG Bonn*, IPRax 1984, 42; *AmtsG Lübeck*, StAZ 1980, 339; *AmtsG Lübeck*, IPRax 1982, 29.

[83]) So *BayObLG*, FamRZ 1982, 603, 605; FamRZ 1984, 1014, 1015; FamRZ 1985, 475, 476; *OLG Hamburg*, FamRZ 1983, 64, 65; *LG Lübeck*, StAZ 1985, 164, 165; ablehnend gegenüber der Anwendbarkeit von § 13 II EheG auf Scheinehen *Kartzke* [Fn. 74], S. 60; *Beitzke*, StAZ 1983, 3; *Spellenberg* [Fn. 80], 41 ff.; *Lüderitz* [Fn. 80], S. 492; *Sturm* [Fn. 80], S. 535.

matisch auf tönernen Füßen stand. Hinzu kam, daß die Formulierung eines tragfähigen allgemeinen Regelungsgrundsatzes nur der erste und wohl einfachere Schritt zur Lösung konkreter Einzelfälle war, die Subsumtion hingegen der schwierigere zweite. Auch Gerichte, die dem Rechtsgrundsatz prinzipiell zustimmten, sahen sich bei der Frage, wann denn die Mißbrauchsabsicht evident sei, unüberwindbaren Beweisproblemen gegenüber und waren in der praktischen Rechtsanwendung sehr viel zurückhaltender, als man es auf der Grundlage der allgemein formulierten Rechtsgrundsätze hätte annehmen sollen[84]). Angesichts dieser Schwierigkeiten war es klar, daß nur das Eingreifen des Gesetzgebers zu einer Klärung führen konnte, sei es in der Form eines positiv normierten eheschließungsrechtlichen Fehlertatbestands ähnlich der „Namensehe" alten Rechts[85]), sei es durch eine Verlagerung aus dem Eheschließungs- in das Ausländerrecht, wo man schon den Anreiz zum Eingehen einer Aufenthaltsehe dadurch beseitigen müßte, daß man an sie keine begünstigende Wirkung mehr knüpfte[86]).

c) Das Gesetzgebungsverfahren zum EheschlRG

Der RegE folgte der zuletzt genannten Lösung und sah keine ausdrückliche Regelung vor: Sachlich ungerechtfertigte aufenthaltsrechtliche Vorteile zu versagen sei „Sache der begünstigenden Norm, nicht des Eheschließungsrechts"[87]). Wäre der Entwurf Gesetz geworden, so hätte man dies dahin verstehen können, daß eine eheschließungsrechtliche Lösung des Problems durch bewußtes und daher „beredtes Schweigen" für die Zukunft ausgeschlossen sein sollte. So sah es offensichtlich auch der Bundesrat, der in einer „Prüfbitte" zu § 6 PStG anfragte, ob denn dieses Ergebnis wirklich gewollt sei[88]). Die Bundesregierung erwiderte, daß eine in der gesamten Rechtsordnung geltende allgemeine „Rechtsmißbrauchslehre" durch den Entwurf

---

[84]) So etwa *BayObLG*, FamRZ 1984, 475 = StAZ 1985, 70; *BayObLG*, FamRZ 1984, 477 = StAZ 1984, 200; *BayObLG*, FamRZ 1984, 1014 = StAZ 1984, 341; *OLG Frankfurt/M.*, FamRZ 1995, 1409 = StAZ 1995, 139.

[85]) S. etwa die Forderung nach einer gesetzlichen Regelung bei *Bosch*, FamRZ 1997, 138, 139.

[86]) So *Hepting*, StAZ 1996, 257, 261; *Barth/Wagenitz*, FamRZ 1996, 833, 839. In Frankreich wird die eherechtliche mit der ausländerrechtlichen Lösung kombiniert; vgl. einerseits oben Fn. 76, andererseits die Gesetze v. 22. 7. 1993 und 24. 8. 1993; hierzu *Guimezanes*, JCP 1994.I.3728.

[87]) *Barth/Wagenitz*, FamRZ 1996, 833, 839.

[88]) Stellungnahme des Bundesrats [Fn. 3], S. 8.

ohnehin nicht berührt werde, also wohl vom Gesetzeswortlaut unabhängig sei; sie gab ferner zu bedenken, daß eine positivrechtliche Regelung zum einen das bereits angedeutete schwierige Subsumtionsproblem, zum anderen das Problem der Abgrenzung zu anderen Formen der Scheinehe aufwerfe[89]).

Der Bundesverband der Standesbeamten schlug eine Regelung vor, wonach eine Ehe nicht geschlossen werden dürfe, wenn an der Ernsthaftigkeit des Ehewillens Zweifel bestünden; in einem solchen Fall sei eine gerichtliche Entscheidung herbeizuführen. Dieser Vorschlag hätte die bestehende Rechtslage nicht wesentlich verbessert. In der Sache hätte man mit der bloßen Verweisung vom Standesbeamten an das Gericht das Problem nur verlagert, nicht gelöst[90]). Bedenklich war auch das Abschwächen der tatbestandlichen Voraussetzungen: Ein beachtlicher Rechtsmißbrauch muß evident sein, sich geradezu aufdrängen; bloße „Zweifel an der Ernsthaftigkeit" genügen nicht.

Der entscheidende Durchbruch erfolgte im Rechtsausschuß, der sich für eine eherechtliche Lösung entschied und den Rechtsmißbrauch zum förmlichen Eheaufhebungsgrund aufwertete, §§ 1310 I S. 2 Hs. 2, 1314 II Nr. 5, 1315 I Nr. 5 BGB, § 5 IV PStG. Damit hat der Rechtsausschuß die bisherige Rechtsmißbrauchslehre geradezu zur „Maximallösung" weiterentwickelt. Der alte Einwand, man dürfe praeter legem keine ungeschriebenen Eheschließungshindernisse formulieren, ist nunmehr ausgeräumt; die Neuregelung in § 1314 II Nr. 5 BGB genügt dem § 1313 S. 3 BGB. Außerdem hat der neue Eheaufhebungsgrund Anteil an der sowohl präventiven als auch repressiven Wirkung der Eheschließungshindernisse[91]); es ist also nur konsequent, wenn § 5 IV PStG n. F. den die Eheschließung vorbereitenden Standesbeamten zur Nachforschung berechtigt.

2. Die Prüfung des Willens zur Lebensgemeinschaft in der Praxis

Damit ist freilich nur das Regelungsproblem ausgeräumt; das Subsumtionsproblem ist geblieben[92]). Abstrakte Regeln über die Ermittlung des Willens zur Lebensgemeinschaft lassen sich leicht formulieren; die eigentlichen Schwierigkeiten liegen in der praktischen Anwendung auf den konkreten Fall. Den Ehewillen eines Paares

---

[89]) [Fn. 3], S. 35.
[90]) Zu diesem Vorschlag und zur Kritik s. *Hepting*, StAZ 1996, 257, 261.
[91]) S. dazu oben A II 2.
[92]) Vgl. schon oben bei Fn. 84.

anzuzweifeln, bringt den Standesbeamten in eine heikle Situation, und zwischen legitimer Abwehr mißbräuchlicher Eheschließungen und plumper Ausländerdiskriminierung bleibt nur ein schmaler Grat. Der Rechtsausschuß hat versucht, mit § 5 IV PStG n. F. abzuhelfen; seiner Ansicht nach eröffnet die Vorschrift „dem Standesbeamten die Möglichkeit, sich durch Nachfrage vom Nichtvorliegen von Aufhebungsgründen zu überzeugen"[93]). Im einzelnen sollte der Standesbeamte folgende Grundsätze beachten:

a) Die gewollte Ehe ist der Regelfall, die Scheinehe die Ausnahme. Der Standesbeamte hat also zunächst davon auszugehen, daß die Eheschließenden ehewillig sind. Auf diesem Grundsatz baut auch § 5 IV PStG n. F. auf; er erlaubt nähere Ermittlungen nur dann, wenn bereits „konkrete Anhaltspunkte" für einen Rechtsmißbrauch vorliegen, also ein Verdacht, der in etwa dem „Anfangsverdacht" im Strafverfahrensrecht[94]) entspricht. Vorschneller inquisitorischer Übereifer ist unzulässig.

Bei der Frage, welche Tatsachen einen Verdacht nahelegen, kann man die erwähnte Ratsentschließung[95]) als Hilfsmittel heranziehen. Dabei darf man die einzelnen Verdachtsmomente nicht isoliert betrachten, sondern nur im Gesamtzusammenhang; es kommt auf das Gesamtbild an[96]). So kann z. B. der bloße Umstand, daß der Bräutigam aus einem typischen „Asylbewerberland" kommt, allein für sich nie Ermittlungen nach § 5 IV PStG n. F. rechtfertigen; generalisierender Pauschalverdacht ruft zwangsläufig den Eindruck von miß-

---

[93]) Beschlußempfehlung und Bericht des Rechtsausschusses [Fn. 5], S. 35.
[94]) Hiernach müssen zureichende tatsächliche Anhaltspunkte (§ 152 II StPO) vorliegen; bloße Vermutungen genügen nicht. Vgl. näher *Pfeiffer/Fischer*, StPO, 1995, § 152 Rz. 3.
[95]) S. oben Fn. 79. Faktoren, die den Verdacht einer Scheinehe begründen, sind hiernach etwa das Fehlen einer für beide Partner verständlichen Sprache; der Umstand, daß sich die Partner vor der Eheschließung nie begegnet sind; widersprüchliche Angaben hinsichtlich der Personalien, der Umstände des beiderseitigen Kennenlernens oder sonstiger sie betreffender wichtiger Informationen; die Zahlung eines Geldbetrages für die Eingehung der Ehe; ferner der Umstand, daß ein oder beide Partner bereits früher Scheinehen eingegangen sind oder sich unbefugt in einem Mitgliedstaat aufgehalten haben.
[96]) Insoweit handelt es sich nicht um eine begriffliche Subsumtion i. e. S., sondern um eine typologische Gesamtbetrachtung; vgl. hierzu allgemein *Larenz*, Methodenlehre der Rechtswissenschaft, 4. Aufl. 1979, S. 199, 449.

trauischer Schnüffelei und Diskriminierung hervor. Erst wenn weitere Indizien hinzutreten, liegen die vom Gesetz geforderten „konkreten Anhaltspunkte" vor.

b) Erst wenn derartige Anhaltspunkte bestehen, ist der Standesbeamte zu weiteren Ermittlungen berechtigt, allerdings auch verpflichtet. Dies steht zwar nicht in § 5 IV PStG n. F. selbst, der nur als Kann-Vorschrift formuliert ist; es folgt aber mittelbar aus § 1310 I S. 2 Hs. 2 BGB, da der Standesbeamte bei offenkundiger Aufhebbarkeit der Ehe seine Mitwirkung bei der Eheschließung verweigern muß.

Ziel der Ermittlungen ist die von § 1310 I S. 2 Hs. 2 BGB verlangte Offenkundigkeit eines Aufhebungsgrundes nach § 1314 II Nr. 5 BGB. Der Begriff der Offenkundigkeit bedarf näherer Erörterung. Er kann nicht – etwa i. S. von § 291 ZPO – bedeuten, daß die Absicht zur Scheineheschließung sofort erkennbar sein muß; denn dann wären die Ermittlungen nach § 5 IV PStG – die zudem nur einen konkreten Verdacht voraussetzen – überflüssig. Daß die Offenkundigkeit das Ziel der Ermittlung sein sollte, kann aber ebenfalls nicht überzeugen. Geht man von der oben dargestellten Vermutung aus, daß Eheschließende grundsätzlich ehewillig sind, so muß es genügen, diese Vermutung zu widerlegen. Hierfür muß jener „für das praktische Leben brauchbare Grad von Gewißheit"[97]) erreicht werden, den die Rspr. für einen Hauptbeweis[98]) verlangt. Die Offenkundigkeit als besonders intensive Form von Gewißheit zu interpretieren macht wenig Sinn, da die Definition der „normalen" Gewißheit kaum noch eine Steigerung zuläßt[99]).

Richtigerweise ist beim Begriff der Offenkundigkeit nicht auf den Grad der Gewißheit abzustellen, sondern auf die Leichtigkeit, mit der man sich die Gewißheit verschaffen kann. Hinter dem Offenkundigkeitserfordernis verbergen sich Abwägungsprobleme, die mit den verfahrensrechtlichen Beweiserhebungs- und Beweisverwertungsver-

---

[97]) *BGH*, FamRZ 1993, 668 = NJW 1993, 935; ähnlich *BGHZ* 53, 245, 256; *BGH*, NJW-RR 1994, 567; *Thomas/Putzo*, ZPO, 20. Aufl. 1997, Vorbem. § 284 Rz. 7.

[98]) Der Beweis des Gegenteils einer Vermutung ist Hauptbeweis, *Thomas/Putzo* [Fn. 97].

[99]) Die Anforderungen an den Beweis sind auch dann dieselben, wenn das Gesetz ausdrücklich die „Offenkundigkeit" eines Tatbestandsmerkmals verlangt; *BGHZ* 7, 120 (zu § 1591 BGB); *Thomas/Putzo* [Fn. 97], § 286 Rz. 2; *Stein/Jonas*, ZPO, 21. Aufl. 1997, § 286 Rz. 4.

boten[100]) und damit mit den verfassungsrechtlichen Grundsätzen der Verhältnismäßigkeit und des Übermaßverbots[101]) in Zusammenhang stehen: Der Standesbeamte darf nur Erkenntnisse sammeln, die „offenkundig", also relativ leicht zugänglich sind und bei deren Auswertung er nicht unzumutbar weit in die – ohnehin erheblich tangierte! – Privat- und Intimsphäre der Eheschließenden eindringen muß. Andere Nachforschungen darf er selbst dann nicht durchführen, wenn sie theoretisch möglich und erfolgversprechend wären. Auch hier kann die erwähnte Ratsentschließung[102]) zunächst als Orientierungshilfe dienen. Sie gibt Hinweise, welche Fragen man noch als zumutbar ansehen kann; darüber hinausgehende Maßnahmen – etwa „Hausbesuche" bei den Ehewilligen, Fragen, die in die Intimsphäre eindringen, o. ä. – dürften unzulässig sein. Die Einzelheiten wird man der Klärung durch die Gerichte überlassen müssen.

3. Das Zusammenwirken von Standesämtern und Personenstandsgerichten

Die Feststellung, ob Eheschließende den Willen zur ehelichen Lebensgemeinschaft haben oder nicht, erfordert – wie jede Ermittlung eines subjektiven inneren Vorgangs – einen hermeneutischen Prozeß, in dem zunächst das tatsächliche Erklärungsverhalten festgestellt und anschließend von diesen Tatsachen auf den Willen rückgeschlossen wird. Beides gehört zur Ermittlungspflicht des Standesbeamten. Er muß also das von § 5 IV PStG zur Verfügung gestellte Instrumentarium so lange einsetzen, bis er endgültig feststellen kann, ob die Ehe rechtsmißbräuchlich ist oder nicht. Eine Situation, in der er sich weder für die eine noch für die andere Lösung entscheiden kann, ist nicht denkbar. Hat er Zweifel, ob er den Sachverhalt bereits vollständig durchschaut, so zeigt dies zunächst nur, daß er die Ermittlungen nach § 5 IV PStG nicht weit genug vorangetrieben hat; er muß dann weitere Nachforschungen anstellen. Hat er alle vertretbaren

---

[100]) Zum Zivilverfahrensrecht s. etwa allgemein *Stein/Jonas* [Fn. 99], § 284 Rz. 56; *Baumbach/Lauterbach/Albers/Hartmann* [Fn. 33], Übers. § 371 Rz. 10 ff.; noch größere Bedeutung hat das Problem seit jeher im Strafverfahrensrecht, wo die Abwägungsprobleme denen bei der Scheinehe wohl noch ähnlicher sind; s. allgemein *Roxin*, Strafverfahrensrecht, 24. Aufl. 1995, § 24 Rz. 13 ff.; *Karlsruher Kommentar/Pfeiffer*, StPO, 3. Aufl. 1993, Einl. Rz. 117 ff.
[101]) Hierzu s. allgemein *Benda/Maihofer/Vogel*, Handbuch des Verfassungsrechts, 2. Aufl. 1994, § 17 Rz. 53; *Ekkehart/Stein*, Staatsrecht, 14. Aufl. 1993, § 29 V.
[102]) S. oben Fn. 95.

Ermittlungen durchgeführt und bleiben dennoch unausräumbare Zweifel an der Mißbrauchsabsicht, so muß er nach Beweislast entscheiden und die Ehe schließen; denn dann bewendet es bei der nicht widerlegten Vermutung, daß Eheschließende grundsätzlich auch Ehewillen haben.

Dies hat Rückwirkungen auf das Zusammenwirken von Personenstandsbehörden und Gerichten. § 45 II PStG erlaubt dem Standesbeamten, in Zweifelsfällen von sich aus die Entscheidung des Amtsgerichts darüber herbeizuführen, ob eine Amtshandlung vorzunehmen ist. Unter dem bisherigen, nicht positiv niedergelegten Recht konnte ein Standesbeamter den Verdachtsfall einer Aufenthaltsehe dem Personenstandsgericht vorlegen und dies zulässig damit begründen, daß er angesichts der ungeklärten Rechtslage Zweifel habe, ob er eine Scheineheschließung überhaupt ablehnen bzw. ob er Nachforschungen über die Absichten der Eheschließenden anstellen dürfe. Dies ist jetzt nur noch eingeschränkt möglich: Rechtliche Zweifel sind angesichts der klaren Regelung in §§ 1310 II S. 2 Hs. 2, 1314 II Nr. 5 BGB kaum noch vorstellbar, und wenn tatsächliche Zweifel bleiben, ist es Sache des Standesbeamten selbst, sie durch weitere eigene Nachforschungen nach § 5 IV PStG n. F. auszuräumen. Zweifelsfälle können allenfalls dann auftauchen, wenn der Standesbeamte z. B. eine konkrete Nachforschungsmaßnahme ergreifen will und nicht sicher ist, ob er damit gegen den Verhältnismäßigkeitsgrundsatz verstößt, oder wenn er Beweismittel heranziehen müßte, deren Erhebung nur den Gerichten vorbehalten ist.

Der Standesbeamte bleibt also im Regelfall allein auf sich gestellt. Er wird durch die Neuregelung stärker gefordert als bisher – ganz im Gegensatz zum Vorschlag des Bundesverbands der Standesbeamten, der die Verantwortung lieber den Gerichten zugeschoben hätte[103])!

4. Die kollisionsrechtliche Anknüpfung des Rechtsmißbrauchs

Ein in der Praxis wenig beachtetes Problem liegt in der kollisionsrechtlichen Qualifikation und Anknüpfung des Scheinehenverbots. Eine in Deutschland geschlossene Ehe mit Ausländerbeteiligung kommt dann vollwirksam zustande, wenn die vom Heimatrecht der Verlobten geforderten materiellen Ehevoraussetzungen vorliegen, Art. 13 I EGBGB, und wenn die Inlandsform gewahrt ist, Art. 13 III S. 1 EGBGB. Der innere Vorbehalt, keine eheliche Lebensgemein-

---

[103]) S. oben bei Fn. 90.

schaft begründen zu wollen, betrifft nicht die äußere Gestaltung des Eheschließungswillens, ist also keine Formfrage. Konsenserfordernisse und der Einfluß von Willensdefiziten zählen zum materiellen Eherecht[104]); es bewendet daher bei Art. 13 I EGBGB, der auf das Heimatrecht des jeweiligen Verlobten verweist.

Der die Aufenthaltsehe schließende Ausländer untersteht also nicht dem deutschen § 1314 BGB, sondern seinem eigenen Recht[105]), das in den allermeisten Fällen den Aufhebungsgrund der Scheinehe nicht kennt. Die Ehe ist aber i. d. R. dennoch aufhebbar, weil bei einer Aufenthaltsehe typischerweise beide Partner den inneren Vorbehalt haben, also auch der Deutsche, auf den § 1314 BGB anwendbar ist, und weil sich bei Art. 13 I EGBGB das „ärgere Recht" durchsetzt. Nur in dem theoretischen Fall, daß der deartsche Partner den Willen zur Lebensgemeinschaft hat, der ausländische hingegen nicht[106]), wäre § 1314 II Nr. 5 BGB unanwendbar, doch dürfte eine solche Situation kaum jemals praktisch relevant werden, insbesondere kaum jemals nachweisbar sein. Sollte ein Standesbeamter wirklich einmal die feste Überzeugung gewinnen, daß ein Ausländer seinen gutgläubigen und ehewilligen deutschen Partner zur Eingehung einer bloßen Aufenthaltsehe mißbrauchen will, läge ein Fall des § 1314 II Nr. 3 BGB vor, so daß man ohnehin nicht auf die Nr. 5 zurückgreifen müßte. Praktische Bedeutung dürften solche Denkspiele freilich kaum jemals gewinnen.

5. Die Abgrenzung der „Aufenthaltsehe" von anderen Scheinehen

Nicht bedachte und nicht beabsichtigte Probleme wirft § 1314 II Nr. 5 BGB dadurch auf, daß er zu weit geraten ist. Erklärtermaßen wollte der Gesetzgeber nur diejenigen Scheinehen treffen, mit denen aufenthaltsrechtliche Vorteile erlangt werden sollen[107]). Anders als etwa die Regelung im niederländischen Burgerlijk Wetboek, das in Art. 53 III, 56, 71a diesen Zweck ausdrücklich nennt[108]), oder auch die

---

[104]) S. hierzu allg. v. Bar, Internationales Privatrecht, Bd. 2, 1991, Rz. 126-155; Kegel, Internationales Privatrecht, 7. Aufl. 1995, S. 596; Kropholler, Internationales Privatrecht, 3. Aufl. 1997, S. 304; MünchKomm/Coester [Fn. 34], Art. 13 Rz. 7, 25 ff.
[105]) Allg. zur Anknüpfung der Ehefähigkeit s. oben Fn. 59; zur kollisionsrechtlichen Problematik der Scheinehen Kartzke [Fn. 74], S. 96 ff.
[106]) Vgl. Kartzke [Fn. 74], S. 103 ff.; Spellenberg [Fn. 80], S. 36.
[107]) Beschlußempfehlung und Bericht des Rechtsausschusses [Fn. 5], S. 30.
[108]) S. oben Fn. 78.

Entschließung des Rates der EU[109]), übt sich der deutsche Gesetzgeber in vornehmer Zurückhaltung; er legt seine Regelungsabsicht nicht offen, sondern stellt – in lediglich negativer Umschreibung – darauf ab, ob die Eheschließenden „keine Verpflichtung gemäß § 1353 I begründen wollten".

Damit erfaßt die Vorschrift weit mehr, als der Gesetzgeber eigentlich wollte. In § 1314 II Nr. 5 BGB leben geradezu die alten Ehehindernisse der Namensehe und der Staatsangehörigkeitsehe[110]) wieder auf. Doch geht die Neuregelung noch darüber hinaus; während man diese beiden Scheinehentatbestände als nicht analogiefähige Sondervorschriften interpretieren konnte, erfaßt § 1314 II Nr. 5 BGB in geradezu generalklauselartiger Weite alle denkbaren Fälle von Scheinehen. Wollte man die Vorschrift wirklich in diesem umfassenden Sinne verstehen, würden sich die Definitions- und Subsumtionsprobleme potenzieren: Was gilt künftig bei der sog. „Versorgungsehe"[111])? Wie soll die Rechtsordnung reagieren, wenn junge Leute pro forma heiraten, nur um eine Wohnung zu bekommen, in der sie anschließend lediglich eine Wohngemeinschaft begründen[112])? Was gilt bei einer Eheschließung auf dem Sterbebett? Daß eine lebensbedrohende Krankheit die Eheschließung nicht hindert und die Ehe vom Gesetzgeber nicht mißbilligt sein kann, folgt mittelbar bereits aus § 7 S. 1 PStG n. F.; doch stellt sich die zugegeben etwas makabre Frage, ob bei einer Eheschließung im Angesicht des Todes ein Wille zur *Lebens*gemeinschaft bestehen kann.

Diese Beispielsfälle seien im folgenden weder weiter vermehrt noch weiter vertieft; jedenfalls genügen sie, um durch eine „reductio ad absurdum" zu zeigen, daß die neue Vorschrift diesen Inhalt nicht

---

[109]) S. oben Fn. 79.
[110]) S. hierzu oben Fn. 42.
[111]) Zum Phänomen s. § 19 I Beamtenversorgungsgesetz (BGBl 1994 I 3858); einer solchen Ehe wird also nur die erstrebte mittelbare Folge verweigert. Eherechtlich handelt es sich um eine wirksame Ehe, vgl. *MünchKomm/Wacke* [Fn. 9], § 1353 Rz. 11.
[112]) Vgl. *AmtsG Bückeburg* und *AmtsG Bielefeld*, StAZ 1962, 168. Derartige Fälle beträfen allerdings kaum den präventiven § 1310 I S. 2 Hs. 2 BGB n. F. Bei einer derartigen Sachverhaltskonstellation würde der Scheinehencharakter kaum jemals „offenkundig", weil dem Standesbeamten schon keine „konkreten Anhaltspunkte" i. S. des § 5 IV PStG auffallen dürften (es sei denn, die Eheschließenden geben ihre Motivation offen zu erkennen). Diese Fälle könnten aber praktisch relevant werden, wenn die „Eheleute" statt der Scheidung „nur" die Aufhebung betreiben, sobald die Scheinehe ihren eigentlichen Zweck erfüllt hat.

haben kann und nicht haben sollte. Das Problem ist nur dadurch befriedigend zu lösen, daß man den § 1314 II Nr. 5 BGB teleologisch radikal auf das rechtspolitisch tatsächlich Gewollte reduziert. Der historische Gesetzgeber des EheschlRG hat nur an die Abwehr von Aufenthaltsehen gedacht; die Anwendung der Vorschrift ist daher zunächst auf diese Sachverhalte zu beschränken. Sollten im Lauf der Zeit andere Tatbestände bekannt werden, die der Aufenthaltsehe vergleichbar sind und bei denen der Ruf nach Gegenmaßnahmen laut wird[113]), könnten die Gerichte immer noch auf § 1314 II Nr. 5 BGB zurückgreifen; wenigstens müßten sie sich dann nicht mehr mit den Analogieverboten des bisherigen Rechts auseinandersetzen. Entscheidend ist, daß nicht nur der Tatbestand des § 1314 II Nr. 5 BGB vorliegt, sondern daß – als insoweit ungeschriebenes Tatbestandsmerkmal – ein nicht hinnehmbarer Mißbrauch der Eheschließungsform bezweckt ist.

V. Der Abschluß des Anmeldeverfahrens

1. Fürsorgemaßnahmen für das Vermögen vorehelicher Kinder

Bei der Vorbereitung der Eheschließung hat der Standesbeamte jeden Verlobten zu befragen, ob er ein Kind hat, für dessen Vermögen er verantwortlich ist, § 5 V PStG. Liegt einer der konkret genannten Fälle vor, so hat der Standesbeamte die Eheschließung dem Familiengericht bzw. Vormundschaftsgericht mitzuteilen.

Diese Mitteilungspflicht ersetzt das bisherige Ehehindernis des fehlenden Auseinandersetzungszeugnisses. Materiellrechtliche Grundlage sind die §§ 1493 II, 1683 I BGB, wonach ein Elternteil in bestimmten Fällen eine zwischen ihm und einem Abkömmling bestehende Vermögensgemeinschaft auseinandersetzen muß, bevor er eine Ehe schließt. Der bisherige § 9 EheG sicherte die Durchführung dieses Verfahrens, indem er die Vorlage eines entsprechenden vormundschaftsgerichtlichen Zeugnisses zu einem aufschiebenden Ehehindernis machte. Diese Regelung wurde durchweg als zu weitgehend kritisiert, insbesondere deshalb, weil sie mit dem Schutz von Kindesinteressen einen ehefremden Zweck verfolgte und ein Zeugnis selbst

---

[113]) Zu denken wäre etwa an entgeltlichen „Namensschacher", *Gernhuber/Coester-Waltjen* [Fn. 22], S. 93; ähnlich *Bergerfurth*, Das Eherecht, 9. Aufl. 1990 Rz. 35; *Beitzke/Lüderitz*, Familienrecht, 26. Aufl. 1992, S. 63.

dann vorzulegen war, wenn der heiratende Elternteil nicht vermögenssorgeberechtigt war und deshalb gar keine Verpflichtungen aus § 1683 I BGB haben konnte[114]).

Da etwaige konkrete Schutzmaßnahmen zugunsten des Kindes in die Verantwortung des Gerichts fallen, hielt es der RegE für ausreichend, dem Standesbeamten im Rahmen des Anmeldungsverfahrens eine Mitteilung an das Vormundschaftsgericht vorzuschreiben. Im Rechtsausschuß wurde die Vorschrift um den Hinweis auf betreute Kinder ergänzt und mit der – hier besonders komplizierten – neuen Zuständigkeitsverteilung zwischen Familien- und Vormundschaftsgericht abgestimmt; sachliche Änderungen erfolgten nicht mehr.

Nach ihrem Sinn und Zweck muß die Mitteilung bereits vor der Eheschließung erfolgen. Dies ergibt sich zum einen aus dem materiellen Recht; denn gemäß §§ 1493 II S. 3, 1683 II BGB ist dem Vormundschaftsgericht bereits die Eheschließungs*absicht* mitzuteilen; ferner ist die Auseinandersetzung *vor* der Eheschließung der Regelfall, danach ist sie die gestattungsbedürftige Ausnahme. Es ergibt sich ferner aus dem Verfahrensrecht selbst; § 5 V PStG spricht von „Verlobten", nicht schon von „Ehegatten", und steht im systematischen Zusammenhang mit der „Anmeldung der Eheschließung", die der Eheschließung vorangeht.

Man hat daher in den § 5 V S. 1 PStG n. F. ergänzend „die *bevorstehende* Eheschließung" hineinzulesen. Der Einwand der Praxis, daß dann Mitteilungen auch in solchen Fällen ergehen würden, in denen die beabsichtigte Eheschließung unterbleibt, betrifft ausschließlich die Verfahrensökonomie; er kann gegenüber den zahlreichen sachlichen und systematischen Gegenargumenten nicht überzeugen.

2. Die Mitteilung an die Verlobten, § 6 I PStG

Wenn der Standesbeamte feststellt, daß kein Ehehindernis besteht, so hat er den Verlobten gemäß § 6 I S. 1 PStG n. F. mitzuteilen, daß er die Eheschließung vornehmen kann. Im bisherigen Recht fehlte eine entsprechende Bestimmung. Dies hatte seinen Grund darin, daß die Entscheidung des Standesbeamten bereits früher fiel: Er durfte das Aufgebot erst erlassen, wenn er festgestellt hatte, daß kein Ehehindernis bestand, § 5 II S. 1 PStG a. F. Nachdem die Reform das Aufgebot

---

[114] Allg. zur Kritik *MünchKomm/Müller-Gindullis* [Fn. 9], § 9 EheG Rz. 1; *Staudinger/Strätz*, BGB, Bd. IV, 12. Aufl. 1993, § 9 EheG Rz. 4; *Böhmer*, StAZ 1975, 8; *Gernhuber/Coester-Waltjen* [Fn. 22], S. 100 ff.; *Beitzke/Lüderitz* [Fn. 113], S. 62.

abgeschafft hat, tritt die Mitteilung nach § 6 I S. 1 PStG n. F. an die Stelle der bisherigen Entscheidung über den Erlaß des Aufgebots. Demzufolge sind die zum bisherigen § 5 II PStG a. F. entwickelten Grundsätze auf § 6 I PStG n. F. zu übertragen.

Stellt der Standesbeamte fest, daß ein Ehehindernis besteht, so teilt er den Verlobten in konsequenter Umkehr der Vorschrift mit, daß er die Eheschließung nicht vornehmen werde; dies gilt auch bei einem offenkundigen Aufhebungsgrund[115]). Er hat die Ablehnungsgründe möglichst genau zu bezeichnen und die Mitteilung mit einer Rechtsmittelbelehrung zu versehen. Gegen diese Entscheidung können die Verlobten, ggf. auch die Aufsichtsbehörde, das Amtsgericht anrufen, § 45 I PStG.

Nach einer positiven Mitteilung kann die Ehe innerhalb von sechs Monaten ohne erneute Prüfung der Ehefähigkeit geschlossen werden. Dies bedeutet, daß ein Standesbeamter, der die Ehe ohne erneute Prüfung schließt, keinen Verfahrensverstoß begeht. Weitergehende Wirkungen hat die Mitteilung nicht, insbesondere begründet sie kein subjektives öffentliches Recht der Verlobten auf Eheschließung. Stellt der Standesbeamte nach erfolgter Mitteilung fest, daß ein bisher nicht entdecktes Ehehindernis oder ein Aufhebungsgrund besteht, so kann er die Eheschließung verweigern; daß dies zulässig ist, ergibt sich aus § 1310 I S. 2 Hs. 2 BGB.

3. Klärung der konkreten Eheschließungszuständigkeit, Bescheinigung der Ehefähigkeit

Die Grundsatzregelung des § 6 I PStG n. F. geht davon aus, daß der Standesbeamte, bei dem sich die Verlobten angemeldet haben, später auch die Ehe schließt. Dies ist jedoch keineswegs zwingend; Verlobte können den Wunsch haben, vor einem anderen Standesbeamten zu heiraten, etwa am Wohnort der Eltern, in Verbindung mit einem Urlaubsaufenthalt oder an einem Ort, der wegen eines besonders repräsentativen oder originellen Trauungsraums bekannt ist. Grundsätzlich sind Anmeldungs- und Eheschließungszuständigkeit jeweils gesondert zu bestimmen. Im einzelnen sind folgende Fallgruppen zu unterscheiden:

---

[115]) S. oben bei Fn. 24.

a) Ist der Standesbeamte, vor dem die Ehe geschlossen werden soll, nach § 6 II und III PStG n. F. nicht zuständig, so erteilt der Anmeldungsstandesbeamte die Ermächtigung zur Eheschließung sowie eine Bescheinigung, daß ein Ehehindernis nicht festgestellt worden ist, § 6 IV PStG.

b) Soll die Ehe von einem Standesbeamten geschlossen werden, der gemäß § 6 II oder III PStG n. F. zuständig ist, aber das Anmeldungsverfahren nicht durchgeführt hat, so bedarf es keiner Ermächtigung. Statt dessen stellt der Anmeldungsstandesbeamte nach § 6 V PStG n. F. nur eine Bescheinigung aus, daß ein Ehehindernis nicht festgestellt worden ist.

c) In dem vom Gesetz nicht geregelten Fall, daß der Anmeldungsstandesbeamte auch die Ehe schließen soll, in der Zwischenzeit aber durch Wohnsitzwechsel eines Verlobten seine Zuständigkeit verloren hat, nimmt die bisher h. M. an, daß einer der nunmehr zur Eheschließung zuständigen Standesbeamten in entsprechender Anwendung des § 6 IV PStG n. F. den Anmeldungsstandesbeamten zur Eheschließung zu ermächtigen hat; zwangsläufig unterbleibt in diesem Falle die Bescheinigung, daß kein Ehehindernis festgestellt worden ist[116]).

Diese Lösung ist schwerfällig und unnötig kompliziert. Sehr viel zweckmäßiger wäre es, eine einmal zutreffend in Anspruch genommene Anmeldungszuständigkeit bis zu der späteren Eheschließung fortwirken zu lassen, sofern diese innerhalb der Frist des § 6 I S. 2 PStG n. F. erfolgt. § 6 I PStG n. F. ist so unklar gefaßt, daß er eine solche Lösung jedenfalls nicht eindeutig ausschließt[117]). Materiellrechtliche Probleme sind nicht zu befürchten, da die Wirksamkeit der Eheschließung von der Zuständigkeit des Standesbeamten ohnehin nicht abhängt[118]).

4. Vorbereitung der Bestimmung eines Ehenamens

Ergänzend und ohne inneren Zusammenhang mit dem Vorhergehenden schreibt § 6 I S. 3 PStG n. F., die Nachfolgevorschrift zu § 13a I EheG, dem Standesbeamten vor, die Verlobten zu befragen, ob sie

---

[116]) *Hepting/Gaaz* [Fn. 18], § 6 PStG Rz. 18.
[117]) Wenn die Verlobten nach der Anmeldung, aber noch vor der Mitteilung nach § 6 I PStG n. F. ihren Wohnsitz verlegen, geht die Praxis auch davon aus, daß der Standesbeamte für die Mitteilung zuständig bleibt; *Hepting/Gaaz* [Fn. 18], § 4 PStG Rz. 17. Dieser Gedanke läßt sich auch auf die folgende Eheschließung erstrecken.
[118]) S. unten bei Fn. 122.

einen Ehenamen bestimmen wollen. Seiner systematischen Stellung nach richtet er sich eher an den Anmeldungsstandesbeamten, dem Wortlaut – „vor der Eheschließung" – nach eher an den Eheschließungsstandesbeamten. Die Unklarheit ist zu verschmerzen, weil die Bedeutung der Vorschrift ohnehin gering ist: Eine Ehenamensbestimmung im Vorfeld der Eheschließung vorzubereiten hat keine i. e. S. rechtlichen Konsequenzen, sondern dient allein der Zweckmäßigkeit und Vereinfachung des Verfahrens; auch handelt es sich nur um eine Sollvorschrift. Man kann daher sagen, daß sich die Vorschrift an beide gleichermaßen wendet; was der Anmeldungsstandesbeamte versäumt hat, kann und soll der Eheschließungsstandesbeamte nachholen. Selbst wenn die Frage vollständig vergessen werden sollte, sind die Folgen gering, da die Bestimmung des Ehenamens auch noch nach der Eheschließung möglich ist, § 1355 III S. 2 BGB.

C. Die Eheschließungshandlung

I. Die Systematik der Eheschließungserfordernisse

Bei der Eheschließungshandlung sind die materiellen von den formellen Erfordernissen zu trennen.

Das EheG hat diese Unterscheidung nicht immer genau beachtet. So hatte etwa § 13 EheG die – zum amtlichen Gesetzestext gehörende! – Überschrift „Form der Eheschließung", obwohl nur die persönliche und gleichzeitige Anwesenheit der Verlobten als Formelemente, die Eheschließungserklärungen selbst wie auch das Fehlen inhaltlicher Einschränkungen hingegen als materielle Erfordernisse zu qualifizieren waren; dementsprechend unrichtig war auch die Bezugnahme auf die „durch § 13 vorgeschriebene Form" in § 17 I EheG. Bei genauem Hinsehen zeigt sich, daß auch das neue Recht Form und Inhalt nicht genau trennt. In § 1310 BGB n. F. sind die Erklärungen ein materiellrechtliches, die Anwesenheit des Standesbeamten ein formelles Erfordernis; in § 1311 BGB betrifft die persönliche und gleichzeitige Anwesenheit die Form, die Beschränkung der Erklärungswirkungen durch Bedingung oder Befristung hingegen den Inhalt. Der Grund ist, daß das BGB nicht nach materiellen und formellen Erfordernissen, aber konsequenter als bisher nach der Fehlerfolge systematisiert. § 13 I EheG enthielt z. B. nebeneinander Erfordernisse, deren Verletzung teilweise zu einer Nichtehe führten (Eheschließungserklärung, Mitwirkung des Standesbeamten), teilweise auch nur zu Nichtigkeit (persönliche und gleichzeitige Anwesenheit i. V. mit dem –

auch insoweit ungenauen – § 17 I EheG). Nunmehr führen Verstöße gegen § 1310 BGB – gleich ob formell oder materiell – zu einer Nichtehe, Verstöße gegen § 1311 BGB zur Aufhebbarkeit, § 1312 BGB – der ausschließlich Formregeln aufstellt – bleibt völlig sanktionslos. Diese Systematisierung nach Fehlerfolgen ist sachrechtlich sinnvoll, da das konkrete Ergebnis einer Rechtsverletzung für die Praxis wichtiger ist als die dogmatische Einordnung.

Nur im Kollisionsrecht steht der Gegensatz von materiellen und formellen Voraussetzungen im Vordergrund: Für erstere gilt gemäß Art. 13 I EGBGB das Heimatrecht eines jeden Verlobten, für letztere gemäß Art. 13 III S. 1 EGBGB grundsätzlich deutsches Recht.

II. Der Ehekonsens

Die Eheschließungserklärungen der Verlobten sind materielle Erfordernisse der Eheschließung und für den ehebegründenden Konsens sowohl notwendig als auch hinreichend: notwendig, weil ohne Jawort keine Ehe zustande kommt, hinreichend, weil das Jawort als formaler Akt die Ehe auch dann begründet, wenn der Eheschließungswille gestört ist. Irrtum, Täuschung und Drohung machen die Ehe lediglich aufhebbar.

Bei einer Scheinehe ist der Eheschließungstatbestand nicht einmal fehlerhaft[119]): Die beiden Verlobten erklären, die Ehe zu schließen, und wollen diese Rechtsfolge auch, da sie ja den eigentlichen aufenthaltsrechtlichen Zweck ohne die Begründung des formalen Bandes nicht erreichen können. Die Verpflichtung aus § 1353 I BGB, die sie nicht begründen wollen, ist kein „essentiale negotii" der Eheschließung und tritt nicht kraft rechtsgeschäftlicher Erklärung ein, „weil sie gewollt ist", sondern ist eine vom Gesetz daran geknüpfte Folge.

An all diesen Grundsätzen hat sich durch das EheschlRG nichts geändert.

III. Die Form

1. Die Eheschließungserklärungen

Hinsichtlich der Erklärungen selbst haben sich die Formerfordernisse nicht wesentlich geändert, abgesehen davon, daß sie systema-

---

[119]) Zum folgenden s. schon oben bei Fn. 75.

tisch neu geordnet worden sind; erforderlich ist nach wie vor die persönliche Abgabe der Eheschließungserklärungen durch gleichzeitig anwesende Verlobte, § 1311 S. 1 BGB.

2. Die Mitwirkung des Standesbeamten
a) Die Mitwirkungshandlung

Die Mitwirkung eines hierzu bereiten Standesbeamten, seit dem PStG 1875 ein wesentliches Element der Eheschließungshandlung[120]), ist durch die Reform nicht in Frage gestellt worden; alternative Eheschließungsmodelle[121]) hat der RegE überhaupt nicht erwogen.

b) Die Zuständigkeit

Bei der Zuständigkeit des Standesbeamten sind zwei Aspekte zu unterscheiden:

In § 6 II und III PStG n. F. positiv geregelt ist die örtliche Zuständigkeit zur Eheschließung eines konkreten Paares. Sie ist keine Wirksamkeitsvoraussetzung der Ehe[122]). Durch die Übernahme der Zuständigkeitsregelung aus dem EheG in das PStG ist deutlicher als bisher klargestellt, daß die Regelung nur den Verfahrensgang betrifft und ein Verstoß ohne Fehlerfolgen bleibt.

Hiervon zu unterscheiden ist die allgemeine Zuständigkeit des Standesbeamten für seinen Bezirk. Sie ist für seine Funktion als Standesbeamter konstitutiv[123]); außerhalb seines Bezirks hat er nur dieselbe Stellung wie jeder Privatmann.

Dies hat folgende Konseqenzen: Ein Standesbeamter kann innerhalb seines Amtsbezirks eine wirksame Ehe schließen, auch wenn er nicht nach § 6 II und III PStG zuständig ist[124]). Außerhalb seines Amtsbezirks ist er hingegen kein „Standesbeamter" i. S. des § 1310 I S. 1 BGB, so daß die Ehe selbst dann eine Nichtehe ist, wenn die Verlobten in diesem Bezirk wohnen, § 6 II PStG[125]). Diese letztgenannten

---

[120]) Zur historischen Entwicklung der obligatorischen Zivilehe s. *Staudinger/Strätz* [Fn. 114], Vorbem. zu §§ 11 ff. EheG Rz. 3 ff.; *Gernhuber/Coester-Waltjen* [Fn. 22], S. 105 f.; *Beitzke/Lüderitz* [Fn. 113], S. 46; vgl. auch BVerfGE 29, 166, 176.
[121]) S. oben Fn. 8.
[122]) *Hepting/Gaaz* [Fn. 18], § 15 EheG (vor §§ 3 ff. PStG) Rz. 4.
[123]) *Hepting/Gaaz* [Fn. 18], § 15 EheG (vor §§ 3 ff. PStG) Rz. 4.
[124]) Vgl. *Barth/Wagenitz*, FamRZ 1996, 833, 839.
[125]) *MünchKomm/Müller-Gindullis* [Fn. 9], § 11 EheG Rz. 8; *Bingel*, StAZ 1989, 382.

Fälle werden in der Praxis allerdings durch die Fiktion des § 1310 II BGB abgemildert, die den bisherigen § 11 II EheG inhaltlich unverändert übernimmt.

3. Das Eheschließungszeremoniell

Die bisherige Sollvorschrift des § 14 EheG über das Eheschließungszeremoniell wird in § 1312 BGB übernommen.

Die auffälligste Änderung betrifft die Trauzeugen, deren Mitwirkung nicht mehr notwendig, sondern nur noch fakultativ ist, § 1312 I S. 2 BGB. Sie geht zurück auf einen Vorschlag des Bundesrats[126]), dem die Bundesregierung zunächst mit dem Hinweis auf die wünschenswerte Feierlichkeit der Eheschließung widersprochen hatte[127]). In der Sache bedeutete der Vorstoß keine große Änderung, weil § 14 EheG Ordnungsvorschriften enthielt und das Fehlen von Trauzeugen auch bisher schon die Wirksamkeit der Ehe unberührt ließ. Der Rechtsausschuß hat sich dem Bundesrat angeschlossen[128]).

Daß ihm die Feierlichkeit der Eheschließung ohnehin kein besonderes Anliegen gewesen zu sein scheint, zeigte der Rechtsausschuß in einer weiteren Änderung: Daß die Eheschließung in Zukunft nur noch „würdig", nicht – wie bisher –„würdig und feierlich" erfolgen soll, vermeidet seiner Ansicht nach etwaige „als nicht mehr zeitgemäß empfundene Festlegungen zur Art und Weise der Eheschließung"[129]). Derartige sprachliche Subtilitäten übersehen, daß das Zeremoniell nach wie vor mehr vom individuellen Stil und Fingerspitzengefühl des Standesbeamten als von gesetzlicher Anordnung abhängt. Vielleicht verbirgt sich dahinter auch ein nicht offen eingestandenes Nachgeben gegenüber dem zunehmenden „Eheschließungstourismus", der spektakuläre Eheschließungsorte – z. B. ein Schiff oder eine Theaterbühne – sucht[130]), an denen man bestenfalls noch „würdig", aber nicht mehr „feierlich" heiraten kann.

---

[126]) Stellungnahme des Bundesrats [Fn. 3], S. 4.
[127]) Gegenäußerung der Bundesregierung [Fn. 3], S. 30, 34.
[128]) *MünchKomm/Müller-Gindullis* [Fn. 9], § 14 EheG Rz. 8.
[129]) Vgl. Beschlußempfehlung und Bericht des Rechtsausschusses [Fn. 5], S. 35.
[130]) Allg. zu diesem Problem s. neuerdings etwa *Mählmann*, StAZ 1997, 184. Neben ausgefallenen Orten zeigen sich die Standesämter zum Teil auch flexibel hinsichtlich der Zeiten (Eheschließungen an Sonnabenden oder gar rund um die Uhr) oder auch hinsichtlich der Sprache (Eheschließung auf Plattdeutsch).

§ 1312 II BGB sieht die „Eintragung", § 9 PStG die „Beurkundung" im Heiratsbuch vor. Der Anregung des Bundesrats, die Regelung im BGB deshalb als „entbehrlich" zu streichen[131]), ist der Rechtsausschuß nicht gefolgt. In der Tat haben beide Vorschriften unterschiedliche Funktionen: § 1312 II BGB betrifft – wenn auch sanktionslos – die zivilrechtliche Form der Eheschließung, § 9 PStG hingegen den mit der Beweiswirkung des § 60 PStG zusammenhängenden personenstandsrechtlichen Grundsatz, daß in die Bücher das, aber auch nur das eingetragen werden muß, was vom PStG vorgeschrieben wird[132]).

D. Die fehlerhafte Ehe
I. Die Nichtehe
1. Der Tatbestand der Nichtehe

Die Reform suchte die Folgen fehlerhafter Eheschließungen zu vereinfachen; der Unterschied zwischen einer nur fehlerhaften Ehe und einer Nichtehe ist freilich geblieben. Wenn so wesentliche Elemente fehlen, daß schlichtweg schon der Tatbestand einer Eheschließung nicht erfüllt ist, kann das Recht nicht anders reagieren als mit dem Verdikt der völligen rechtlichen Unwirksamkeit.

Bei der Frage, welche Elemente das Gesetz für so wesentlich hält, hat sich durch die Reform nichts geändert: Es sind dies die beiden Eheschließungserklärungen, die Mitwirkung eines hierzu bereiten Standesbeamten sowie die – neuerdings diskutierte – Geschlechtsverschiedenheit der Verlobten.

2. Die Heilung nichtstandesamtlicher Nichtehen
a) Die Vorgeschichte

Einen großen Fortschritt bringt § 1310 III BGB, der die Heilung nichtstandesamtlicher Eheschließungen ermöglicht. Daß die Mitwirkung des Standesbeamten im deutschen Eheschließungsrecht überragende Bedeutung hat, ist historisch bedingt[133]), schließt aber eine Heilung keineswegs zwingend aus; auch der Gesetzgeber des BGB von 1896 hatte in § 1324 II BGB eine Heilungsmöglichkeit für nicht standesamtlich geschlossene Ehen vorgesehen. Erst der nationalsozialistische Gesetzgeber des EheG hat die Vorschrift gestrichen, der Kon-

---

[131]) RegE [Fn. 2], S. 30.
[132]) S. hierzu *Hepting/Gaaz* [Fn. 18], § 2 PStG Rz. 6.
[133]) S. oben bei Fn. 120; zum folgenden s. auch *Hepting*, IPRax 1994, 355.

trollrat sie bedauerlicherweise nicht wieder aufgenommen. Die Art, wie die Gerichte auf diesen Rechtszustand reagierten, gehört zu den trübsten Kapiteln der deutschen Rechtsprechung[134]). Einzelheiten erneut aufzugreifen ist an dieser Stelle nicht veranlaßt. Daß eine Heilungsvorschrift seit langem überfällig war, dürfte allgemeine Meinung sein; jetzt geht es darum, zunächst die Reichweite der neuen Vorschrift auszuloten und zu untersuchen, ob sie künftig wirklich alle Problemfälle angemessen lösen wird.

b) Die Neuregelung und ihre Umsetzung in der standesamtlichen Praxis

aa) Der RegE hatte die Heilung an zwei Voraussetzungen geknüpft. Die erste war das Vertrauen in einen amtlich gesetzten Vertrauenstatbestand, nämlich eine Eintragung in einem deutschen Personenstandsbuch. Der Rechtsausschuß übernahm diese Regelung mit zwei Modifikationen: Zum einen ersetzte er die nicht besonders übersichtlich formulierten Sätze des Entwurfs durch drei klar durchnumerierte Alternativen; zum anderen mußte er den RegE dort, wo er auf die Eintragung eines gemeinsamen ehelichen Kindes abgestellt hatte, redaktionell an die Kindschaftsrechtsreform anpassen, die den Begriff der Ehelichkeit abgeschafft hat. In der Sache kommen hauptsächlich vier Fälle in Betracht: Die Ehegatten heiraten im Inland (Nr. 1 Alt. 1 i.V. mit § 9 PStG); für Ehegatten, die nicht im Inland geheiratet haben, wird auf Antrag ein Familienbuch angelegt (Nr. 1 Alt. 2 i.V. mit § 15a PStG); Ehegatten, bei denen Nr. 1 nicht zutrifft, bekommen im Inland ein Kind (Nr. 2 i.V. mit § 21 PStG) oder geben eine – i. d. R. namensrechtliche – Erklärung ab (Nr. 3 i.V. mit § 1355 BGB, Art. 10 II EGBGB).

bb) Die zweite – im Lauf des Gesetzgebungsverfahrens nicht geänderte – Voraussetzung ist der Zeitfaktor; das eheliche Zusammenleben mußte mindestens zehn Jahre, beim Tod eines Ehegatten mindestens fünf Jahre gedauert haben.

cc) Bemerkenswert ist § 1310 III Nr. 2 BGB. Die vom RegE ursprünglich vorgesehene Eintragung eines gemeinsamen Kindes – im Regelfall also der Geburtseintrag im Geburtenbuch – hat keine Indizfunktion mehr, weil sie nach dem KindRG die Ehelichkeit nicht mehr erkennen läßt. Als Vertrauenstatbestand verlangt § 1310 III Nr. 2

---

[134]) Vgl. etwa *BSGE* 10, 1 = FamRZ 1959, 278; *BSG*, FamRZ 1972, 131; FamRZ 1978, 240; FamRZ 1981, 767, m. Anm. *Bosch*.

BGB deshalb einen ausdrücklichen „Hinweis auf die Eheschließung" im Geburtenbuch.

Nun sah der bisherige § 33 S. 2 PStV in der Tat einen derartigen Hinweis vor, der am unteren Rand des Geburtseintrags eingetragen wurde. Allerdings hatte er bisher eine sehr eingeschränkte Bedeutung; er sollte nur für die Zukunft den reibungslosen Informationsfluß zwischen dem Geburtenbuch- und dem Familienbuchführer sicherstellen. Seine Eintragung oder Nichteintragung hatte keinerlei materielle Konsequenzen; insbesondere nahm er nicht an der Beweiswirkung des § 60 PStG teil. Dementsprechend war er an keine Form gebunden, wurde nicht vom Standesbeamten unterschrieben und konnte jederzeit formlos berichtigt werden[135]).

Bezieht sich § 1310 III Nr. 2 BGB auf diesen Hinweis? Dies ist nicht unbedenklich, weil er dadurch weitreichende materielle Folgen an einen rein personenstandstechnischen Vermerk knüpft, dessen Inhalt nicht mit derselben Sorgfalt und Verfahrensstrenge geprüft wird wie bei den Beurkundungen, die die Beweiswirkung des § 60 PStG entfalten. Noch weniger akzeptabel, weil mit dem System des Personenstandsrechts völlig unvereinbar, wäre es freilich, § 1310 III Nr. 3 BGB als Grundlage einer eigenen, neuartigen und mit materieller Vermutungswirkung ausgestatteten Eintragung im Geburtenbuch anzusehen: Das PStG bestimmt das „Ob" eines Eintrags, das BGB nur den einzutragenden Inhalt; außerdem kann das Geburtenbuch nur die Geburt und die „darüber gemachten näheren Angaben" beweisen, zu denen Ehelichkeit und Elternehe nach dem KindRG gerade *nicht* mehr gehören. Man sollte das Problem pragmatisch lösen und den Hinweis nach § 33 PStV künftig als materiellen Vertrauenstatbestand ansehen, der den § 1310 III BGB auszufüllen vermag. Zwar ist das *Geburten*buch nicht für Hinweise vorgesehen, die materiell-*ehe*rechtliche Konsequenzen haben[136]); doch wird man diese Inkonsequenz im System des Personenstandsrechts angesichts der ausdrücklichen gesetzgeberischen Anordnung hinnehmen müssen und können.

---

[135]) *Gaaz*, Die Führung der Personenstandsbücher in Musterbeispielen, Stand 15. Lfg. 1998, Teil I S. 22 f.; auch *Hepting/Gaaz* [Fn. 18], § 21 PStG Rz. 313.

[136]) Allg. zur Frage des zulässigen Inhalts der Personenstandseintragungen s. *Hepting/ Gaaz* [Fn. 18], § 2 PStG Rz. 6; zu den „näheren Angaben" zur Geburt gehören zwar die Angaben zur Abstammung, doch sind diese nach dem KindRG „eheneutral" zu formulieren, weil die Zuordnung zum Vater jetzt – trotz faktisch weiterhin unterschiedlicher Vaterschaftsvoraussetzungen – *rechtlich einheitlich* ist, vgl. *Gaul*, FamRZ 1997, 1441, 1445 f.

c) Kritik

Die Kritik, daß § 1310 II Nr. 2 BGB den formalen Vertrauenstatbestand des „Hinweises" unglücklich geregelt hat, ist berechtigt, bleibt aber an der Oberfläche. Schwerer wiegt, daß die Heilungsvorschrift überhaupt an einen formalen Vertrauenstatbestand anknüpft statt an den materiellen Tatbestand der gutgläubig gelebten Ehe[137]). Der RegE hat den Grundsatz, daß „der tatsächlich gelebten Ehe die rechtliche Anerkennung nicht rückwirkend versagt werden darf"[138]), bei der Aufhebbarkeit der Ehe beachtet – warum nicht auch bei der anfänglichen Nichtehe? Daß die standesamtliche Eheschließung „keine bloße Förmlichkeit" ist (was denn dann?) und der Vertrauenstatbestand von einem deutschen Standesbeamten gesetzt sein muß[139]), setzt Kulturkampfdenken fort[140]). Die grundsätzliche Kritik sei hier nicht erneut ausgebreitet; hinzuweisen ist jedoch auf die künftigen praktischen Auswirkungen. Zuzugeben ist, daß ein Großteil der problematischen Fälle von der Neuregelung erfaßt und befriedigend gelöst wird, weil der formale Vertrauenstatbestand und die materiell gutgläubig gelebte Ehe parallel laufen. Ob es zu dieser Parallelität kommt, ist freilich ein Zufall. Wenn es daran fehlt, stellt sich das Problem nach wie vor in unverminderter Schärfe. Fälle dieser Art sind nach wie vor denkbar: Eine auch-deutsche Doppelstaaterin mit effektiver ausländischer Staatsangehörigkeit heiratet einen ausländischen Landsmann vor dem Konsul. Sie übersieht dabei in entschuldbarer Weise[141]), daß ihre deutsche Staatsangehörigkeit, obgleich nicht effek-

---

[137]) Auf den etwa *Coester*, StAZ 1988, 128 f., abstellt; zustimmend *Hepting*, IPRax 1994, 355, 360; umfassend zur Problematik der Heilung nichtstandesamtlicher Eheschließungen *Müller-Freienfels*, Sozialversicherungs-, Familien- und Internationalprivatrecht und das Bundesverfassungsgericht, 1984; *ders.*, JZ 1983, 230; *Steding*, Der rechtliche Schutz nichtstandesamtlich geschlossener Ehen, 1985; *Schmidt-Röntsch*, IPRax 1983, 112; *Neuhaus*, FamRZ 1973, 583; *ders.*, FS Schwind 1978, S. 223; *Staudinger/v. Bar/Mankowski* [Fn. 80], Art. 13 EGBGB Rz. 497 ff.; *v. Bar*, NJW 1983, 1929 ff.; *ders.*, JZ 1984, 128; *Behn*, NJW 1984, 1014; *Böhmer*, FS Firsching 1985, S. 41.

[138]) RegE [Fn. 2], S. 18.

[139]) *Barth/Wagenitz*, FamRZ 1996, 833, 843.

[140]) So schon *Hepting*, StAZ 1996, 257, 262; in der Sache zustimmend *Bosch*, FamRZ 1997, 138, 139.

[141]) Wenn Art. 5 I S. 2 EGBGB schon im IPR-Schrifttum als unzulänglich kritisiert wird, ist es einem Laien nicht vorzuwerfen, wenn er sich an seiner effektiven Staatsangehörigkeit orientiert; vgl. *MünchKomm/Sonnenberger* [Fn. 34], Art. 5 EGBGB Rz. 10: „Die Vorschrift widerspricht dem erklärten Sinn der Anknüpfung an die Staatsangehörigkeit als Ausdruck der Heimatverbundenheit."

tiv, gemäß Art. 5 I S. 2 EGBGB vorrangig ist und die standesamtliche Inlandsform erzwingt. Die „Eheleute" weisen ihre Eheschließung stets nur mit einer gemäß Art. 13 III S. 2 Hs. 2 EGBGB erteilten beglaubigten Abschrift nach und stellen daher keinen Antrag auf Anlegung eines Familienbuchs, § 15a I S. 2 Nr. 2 PStG; sie geben ferner niemals namensrechtliche Erklärungen ab und bekommen keine Kinder. Wenn der Mann nach 30jähriger glücklicher und gesellschaftlich allseits anerkannter „Ehe" stirbt, ist die Situation künftig nicht anders als in dem Fall, der das *BVerfG* in seiner „Witwenrenten-Entscheidung" v. 30. 11. 1982[142]) beschäftigt hat: Da kein formaler Vertrauenstatbestand geschaffen wurde, ist die materiell gelebte Ehe nicht existent und rechtlich irrelevant. Daß man einen solchen Fall auch künftig mit den von der bisherigen Rspr. entwickelten Hilfskonstruktionen retten kann[143]), ist tröstlich; daß dies aber überhaupt nötig ist, zeigt die Lückenhaftigkeit einer halbherzig-formalistischen Neuregelung.

II. Die aufhebbare Ehe

1. Die Tatbestände der aufhebbaren Ehe

§ 1313 S. 3 BGB betont – nicht anders als bisher §§ 16, 28 EheG – den abschließenden Charakter der Aufhebungsgründe. Nach der Abschaffung der Nichtigkeit erfaßt das Aufhebungsrecht die ganze Bandbreite der Eheschließungsfehler zwischen Nichtehe und sanktionslosen Sollvorschriften[144]).

§ 1314 I BGB verweist zunächst auf ausdrücklich geregelte Eheschließungsvoraussetzungen und erklärt ihr Fehlen zum Aufhebungsgrund. Dies ist der Fall bei Verstößen gegen die Regeln über die persönlichen Eheschließungserfordernisse der Ehemündigkeit und Geschäftsfähigkeit, §§ 1303, 1304 BGB, bei einem Verstoß gegen die Eheverbote der Doppelehe und der Verwandtschaft, §§ 1306, 1307 BGB, sowie bei den in § 1311 BGB genannten Mängeln des Eheschließungsvorgangs. Mit Ausnahme des § 1303 BGB, der den Aufhebungsgrund des § 30 EheG fortführt, betreffen diese Vorschriften Nichtig-

---

[142]) *BVerfG*, Beschluß v. 30. 11. 1982, BVerfGE 62, 323 = FamRZ 1983, 251, m. Anm. *Bosch* = IPRax 1984, 88; *Bayer/Knörzer/Wandt*, FamRZ 1983, 770.
[143]) So ausdrücklich *Barth/Wagenitz*, FamRZ 1996, 833, 844 bei Fn. 209.
[144]) Kritisch hierzu *Bosch*, FamRZ 1997, 138, 141.

keitsgründe alten Rechts, §§ 17, 18, 20, 21 EheG. Im RegE hatte § 1314 I noch auf § 1305 verwiesen; doch ist diese Vorschrift im Rechtsausschuß gestrichen worden[145]).

Demgegenüber bedient sich § 1314 II BGB nicht der Verweisungstechnik, sondern umschreibt die Aufhebungsgründe selbst. Im wesentlichen handelt es sich hier um Fehler bei der Bildung des Eheschließungswillens. § 1314 BGB führt in seinen Nrn. 2 bis 4 die bisherigen §§ 31 I S. 1 Alt. 1, 33 I und II sowie 34 I EheG fort; in Nr. 1 greift er einen Willensmangel auf, den das EheG in § 18 I bei den Nichtigkeitsgründen geregelt hatte. Wer die Tatbestände liest, muß den Eindruck gewinnen, daß – wie bisher – das Recht des Irrtums bei der Eheschließung zu den lebensfremdesten Regelungen des Zivilrechts gehört. Der Gesetzgeber hat hier auf die theoretische Vollständigkeit der Irrtumsfälle, kaum auf die Bedürfnisse der Praxis geachtet. Bei zwei Fallvarianten des § 31 I EheG war er mit seiner Geduld allerdings am Ende: Der RegE wollte sowohl dem Erklärungsirrtum wie auch dem Irrtum über die Identität des anderen Ehegatten „keine praktische Bedeutung zumessen"[146]). Die Fälle des § 32 I EheG hielt er zwar für praxisrelevant, aber systematisch falsch eingeordnet: Wenn sich jemand „über persönliche Eigenschaften des anderen Ehegatten geirrt" habe, bedeute dies letzlich nur, daß er im Verlauf der Ehe feststellen müsse, daß er sich von seinem Partner ein falsches Bild gemacht habe. Dies sei vom „normalen" Scheitern einer Ehe nicht überzeugend abzugrenzen, so daß diese Fallgestaltung dem Scheidungsrecht zu unterstellen sei[147]). Konsequent findet man für den bisherigen § 31 I S. 1 Alt. 2 und S. 2 sowie für § 32 I EheG keine Nachfolgevorschrift.

Neu eingefügt wurde der Aufhebungsgrund der rechtsmißbräuchlichen Scheinehe, § 1314 II Nr. 5 BGB[148]); hier handelt es sich nicht um einen Fall von Störung des Eheschließungswillens, sondern um ein vom Gesetz mißbilligtes und sanktioniertes Eheschließungsmotiv.

Kein Eheaufhebungsgrund ist das nur aufschiebende Ehehindernis der Adoptivverwandtschaft, § 1308 I BGB; die verbotswidrige Eheschließung führt wie bisher nur zur Auflösung des Adoptionsverhältnisses, § 1766 BGB. Das Ehefähigkeitszeugnis, § 1309 BGB, ist ein

---

[145]) S. hierzu näher bei B II 1.
[146]) RegE [Fn. 2], S. 19.
[147]) Vgl. hierzu auch *Barth/Wagenitz*, FamRZ 1996, 833, 840.
[148]) S. näher oben B IV 1 c und 2.

Verfahrenshilfsmittel zur Feststellung von Ehehindernissen, so daß sein Fehlen ebenfalls keine Fehlerfolgen nach sich zieht. Auch die Verletzung der Sollvorschrift des § 1312 BGB bleibt ohne Folgen, wenn nur die §§ 1310, 1311 BGB beachtet sind.

2. Die Heilung aufhebbarer Ehen

Die Heilung der aufhebbaren Ehen ist zwar – anders als bisher – nicht auf die Einzelvorschriften verteilt, sondern in einer einzigen Vorschrift zusammengefaßt; sie unterscheidet aber immer noch kasuistisch nach einzelnen Fehlertatbeständen.

Soweit die Aufhebbarkeit auf Minderjährigkeit oder einer Störung des Eheschließungswillens – also auf „klassischen" Aufhebungsgründen[149]) – beruht, wird sie durch „Bestätigung" geheilt, § 1315 I Nrn. 1 bis 4 BGB. Entsprechendes gilt, wenn die Ehegatten zunächst eine Scheinehe geschlossen haben, § 1315 I Nr. 5 BGB. § 1315 II BGB regelt die Aufhebungsgründe, die bis zum EheschlRG zur Nichtigkeit geführt haben; er führt die bisherigen §§ 17 II, 20 II EheG unverändert weiter.

3. Die Folgen der Aufhebbarkeit

a) Das Aufhebungsverfahren

Nach bisherigem Recht erfolgten Nichtigerklärung ex tunc wie auch Aufhebung ex nunc durch Klage und Urteil. Nach der Reform sieht § 1313 S. 2 BGB konsequent nur ein für die Zukunft auflösendes Gestaltungsurteil vor; § 1313 S. 1 BGB bestätigt das Aufhebungsmonopol der Gerichte und setzt an die Stelle der Klage – in Anlehnung an die Scheidungsvorschriften, § 1564 S. 1 BGB – den Antrag[150]).

Bei der Antragsbefugnis bleibt die unterschiedliche Wertigkeit der früheren Nichtigkeits- und Aufhebungsgründe auch nach der Reform spürbar. Wäre die Ehe nach früherem Recht nichtig gewesen, sind beide Ehegatten sowie die Verwaltungsbehörde – früher: die Staatsanwaltschaft – antragsbefugt, bei einer Doppelehe auch der frühere Ehe-

---

[149]) Bereits das EheG 1938 reagierte bei Minderjährigkeit (§ 35 EheG 1938) und einer Störung des Eheschließungswillens (§§ 36–39 EheG 1938; vormals typische Anfechtungsfälle gemäß §§ 119 ff. BGB) mit einer Aufhebbarkeit der Ehe (§ 33 EheG 1938).
[150]) S. näher *Barth/Wagenitz*, FamRZ 1996, 833, 842 f. Die Regelung wird entsprechend ergänzt durch § 631 ZPO n. F.

gatte, § 1316 I Nr. 1 BGB; dies setzt im wesentlichen den bisherigen § 24 EheG fort. Auch der neu geschaffene Aufhebungsgrund der Scheinehe wird hier eingeordnet, entsprechend der früheren Nichtigkeitsvorschrift des § 19 EheG. Neu ist insbesondere, daß auch die fehlende Ehemündigkeit nunmehr an dieser Stelle erfaßt ist[151]), daß an die Stelle der bisher nach § 24 I S. 1 EheG klagebefugten Staatsanwaltschaft die Verwaltungsbehörde tritt[152]) und daß diese durch § 1316 III BGB nachdrücklicher als bisher angehalten wird, bei grob fehlerhaft zustandegekommenen Ehen die Aufhebung zu beantragen. Insbesondere nach einer Scheineheschließung wird i.d.R. nur die Behörde bereit sein, den Antrag zu stellen.

Die Fristregelung des § 1317 BGB setzt im wesentlichen den bisherigen Rechtszustand fort.

b) Die Aufhebungsfolgen

Bei den Aufhebungsfolgen hatte der RegE eine Lösung vorgeschlagen, die die bisherigen §§ 26, 37 EheG aufgegriffen, aufeinander abgestimmt und in ein überschaubares Regel-Ausnahme-System gebracht hätte. Nach § 1318 I RegE sollten sich alle – nicht nur die vermögensrechtlichen – Aufhebungsfolgen grundsätzlich nach Scheidungsrecht bestimmen, entsprechend dem pragmatischen Gedanken, daß einer zunächst „tatsächlich gelebten Ehe die rechtliche Anerkennung nicht rückwirkend versagt werden dürfe"[153]). Die Abs. II und III sahen differenzierende Ausnahmen für den Fall einseitiger oder beidseitiger Bösgläubigkeit vor[154]).

Der Bundesrat regte in seinen Prüfbitten an, die nach § 1318 II S. 1 RegE durch Erklärung des gutgläubigen gegen den bösgläubigen Ehegatten ausschließbaren vermögensrechtlichen Folgen näher zu konkretisieren und den Unterhaltsanspruch des zwar bösgläubigen, aber die gemeinsamen minderjährigen Kinder betreuenden Ehegatten besonders zu berücksichtigen[155]).

---

[151]) Dies hängt zusammen mit der Neustrukturierung der persönlichen Ehevoraussetzungen, s. schon oben B II 1.
[152]) Hierzu *Barth/Wagenitz*, FamRZ 1996, 833, 843; kritisch *Bosch*, FamRZ 1997, 138, 142.
[153]) RegE [Fn. 2], S. 18.
[154]) S. ausführlich *Barth/Wagenitz*, FamRZ 1996, 833, 841 f.
[155]) Stellungnahme des Bundesrats [Fn. 3], S. 5.

Der Rechtsausschuß griff diese Prüfbitten auf und gab dem § 1318 BGB seine endgültige, erheblich kompliziertere und unübersichtlichere Fassung. Die Rechtsfolgen der Aufhebung wurden gegenüber dem RegE stärker vom Scheidungsfolgenrecht abgegrenzt und, nach den jeweiligen Wirkungen getrennt, differenziert geregelt. Im Ergebnis hat das Recht der Aufhebungsfolgen einen spezifischen eigenen Inhalt bekommen, der zudem derartig detailliert geregelt ist, daß der Rechtsausschuß in seiner Begründung zutreffend ausführt, „angesichts dieser ausführlichen Regelung könne die dogmatische Frage, ob ... die Ehe als von Anfang an unwirksam anzusehen sei ... oder ob die gerichtliche Aufhebungsentscheidung ... nur für die Zukunft wirke, hintanstehen"[156]). Freilich ist damit zu rechnen, daß man nicht in allen künftigen Sonderfällen die Ergebnisse direkt aus dem Gesetz ableiten kann; dann mag es immer noch hilfreich sein, sich zu vergegenwärtigen, daß die Aufhebung grundsätzlich ex nunc wirkt.

III. Der Sonderfall der Wiederheirat nach Todeserklärung

Die Wiederheirat nach einer Todeserklärung des Ehepartners kommt selten vor; noch seltener ist der Fall, daß der für tot Erklärte noch lebt. Doch muß sich jede Rechtsordnung, die die Doppelehe verbietet, der Vollständigkeit halber mit diesem Problem auseinandersetzen. Die §§ 1319, 1320 BGB übernehmen im wesentlichen die bisherigen §§ 38, 39 EheG mit dem Inhalt, den ihnen ergänzende Vorschriften und Rechtsprechung gegeben hatten[157]). Das Zusammenspiel der beiden Aufhebungsvorschriften § 1319 I und § 1320 I BGB wirkt jetzt sinnlos aufwendig und unklar, da der frühere Kontrast von hier Nichtigkeit, dort Aufhebbarkeit weggefallen ist. Als einzige substantielle Änderung wurde das in § 39 II S. 1 EheG vorgesehene Verbot der Eheschließung mit einem Dritten abgeschafft. Wer auf eine ethische Fundierung des Eheschließungsrechts Wert legt[158]), wird dies beklagen: Nach der Rückkehr des für tot erklärten ersten Ehegatten die Aufhebung der zweiten Ehe zu beantragen, um alsbald einen Dritten heiraten zu können, erscheint auf den ersten Blick als grob unanständig. In den Motiven klingt denn auch weniger die Billigung eines derartigen Verhaltens an, sondern Resignation vor einer nicht generell

---

[156]) Beschlußempfehlung und Bericht des Rechtsausschusses [Fn. 5], S. 31.
[157]) Siehe die Ergänzung durch § 19 I der 1. DVOEheG bzw. der an ihre Stelle getretenen regionalen Sonderregelungen [Fn. 57]; zum Inhalt dieser Vorschriften s. *MünchKomm/Müller-Gindullis* [Fn. 9], § 39 EheG vor Rz. 1.
[158]) Zu dieser Diskussion s. oben bei Fn. 52.

regelbaren Problematik: Es gebe auch Fälle, in denen sich die anfangs vorgesehene Wiederheirat des Zurückgekehrten erst nach erfolgter Eheaufhebung zerschlagen habe[159]); außerdem könne das Eheverbot ohnehin durch Scheidung umgangen werden[160]). Hinter dieser Argumentation steht eine kalte, in der Sache freilich plausible Pragmatik.

E. Überleitungsvorschriften

Mit der Einordnung des Übergangsrechts in das EGBGB verfolgt der Gesetzgeber einen sinnvollen Zweck[161]): Er macht es leicht auffindbar.

Von den drei Absätzen des neuen Art. 226 EGBGB enthält Abs. III den Regelungsgrundsatz: Neues Recht gilt auch für Altehen. Für die zeitliche Einordnung maßgeblich ist die Eheschließung.

Bei der Aufhebbarkeit von Altehen weichen die Abs. I und II vom Grundsatz ab. Abs. I enthält eine „Aufhebungsbremse": Neue Aufhebungsgründe wirken nicht zurück. War die Ehe nach altem Recht nicht nichtig oder aufhebbar, so hat es damit sein Bewenden. Andernfalls ist sie aufhebbar, und zwar – da Abs. I eben nur „bremst" – nach neuem Recht, Art. 226 III EGBGB. Nur wenn eine Nichtigkeits- oder Aufhebungsklage bereits vor dem 1. 7. 1998 erhoben war, bleibt für ihre Voraussetzungen und Folgen sowie für das Verfahren das alte Recht auch noch nach dem Inkrafttreten des neuen maßgeblich, Art. 226 II EGBGB.

Bei der Aufhebung einer Altehe muß man also zwei Fragen unterscheiden: Ist sie überhaupt aufhebbar, und wenn ja, nach welchem Recht?

So war z. B. eine Scheinehe nach altem Recht unangreifbar; sie bleibt es wegen Art. 226 I EGBGB auch nach dem 1. 7. 1998. Die Ehe zwischen Verschwägerten war hingegen nach altem Recht nichtig, §§ 21 I, 4 I EheG, so daß die „Bremse" nicht greift. Hier dringt man zur zweiten Frage vor; die Aufhebung ist jedoch nicht möglich, weil das Eheverbot mit dem 1. 7. 1998 wegfällt.

---

[159]) RegE [Fn. 2], S. 21 f.; s. auch *MünchKomm/Müller-Gindullis* [Fn. 9], § 39 EheG Rz. 10; *Gernhuber/Coester-Waltjen* [Fn. 22], S. 141.
[160]) RegE [Fn. 2], S. 21 f.
[161]) RegE [Fn. 2], S. 27.

Eine Scheinehe zwischen Verschwägerten wird man aufheben können. Sie ist nach altem wie nach neuem Recht aufhebbar, nur jeweils aus einem anderen Grund. Art. 226 I und III EGBGB setzen jedoch nicht voraus, daß der Fehler vor und nach dem 1. 7. 1998 derselbe ist.

F. Gesamtwürdigung

Eine Gesamtwürdigung des Gesetzeswerkes fällt schwer: Die Regelungen sind zu heterogen, als daß man sie in einem auf einige Grundgedanken komprimierten Resümee zusammenfassen könnte.

Prima facie wohl positiv zu bewerten ist, daß die Systematik einfacher und vielfach auch sinnvoller geworden ist und daß unzeitgemäße oder nicht mehr effektive Regelungen abgeschafft wurden; zu denken ist hier etwa an das Eheschließungsverfahren, das Ehefähigkeitszeugnis und an die aufgehobenen Eheverbote.

Manche Neuregelung ist zweischneidig; bei der Scheinehenregelung wird der eine froh sein, daß der Gesetzgeber überhaupt tätig geworden ist, der andere hingegen beklagen, daß ungeeignete Vorschriften an der falschen Stelle geschaffen wurden. Vieles spricht dafür, daß dieser Teil des Reformgesetzes in den nächsten Jahren für rechtspolitischen Aufruhr sorgen wird. Auch bei der Vereinheitlichung der Folgen fehlerhafter Eheschließungen mag man zweifeln: Einerseits ist jede Vereinfachung zu begrüßen, andererseits fragt man sich, ob eine Regelung, die Ehehindernisse, Eheverbote und Störungen im Eheschließungswillen im Ergebnis gleich behandelt, in sich stimmig ist.

Manches ist auch unbefriedigend: Die Heilung der nichtstandesamtlich geschlossenen Nichtehe ist mit einer Zurückhaltung geregelt, als hätte es die negativen Erfahrungen mit den Witwenrentenfällen der sechziger und siebziger Jahre nicht gegeben.

Doch ist es müßig, aus den Stellungnahmen zu den einzelnen Regelungsmaterien noch einmal eine abstrakte Quintessenz zu ziehen: Das Gesetz ist da, so wie es ist, und zunächst interessiert vor allem seine konkrete Umsetzung in der Praxis. Wenn die ersten Erfahrungen vorliegen, wird eine umfassende Bewertung des EheschlRG leichter und auch sinnvoller sein als jetzt.

Die Neuregelung des Abstammungsrechts durch das Kindschaftsrechtsreformgesetz

Von Prof. Dr. Hans Friedhelm Gaul, Bonn

Übersicht

I. Die Ausrichtung am neuen Reformziel
II. Die verfassungsrechtlichen Vorgaben
   1. Der bisherige Gesetzgebungsauftrag aus Art. 6 V GG in bezug auf das neue Abstammungsrecht
   2. Die Akzentverlagerung auf das Persönlichkeitsrecht
III. Supranationale und rechtsvergleichende Aspekte
IV. Innerdeutsche Rechtsangleichung
V. Das neue System der Vaterschaftszurechnung
   1. Die Enumeration der Vaterschaftstatbestände
   2. Die weiterhin unterschiedlichen Vaterschaftsvoraussetzungen
   3. Die Beibehaltung der pater-est-Regel für ehelich geborene Kinder
   4. Die Einschränkung der Vaterschaftszurechnung für nachehelich geborene Kinder
   5. Vaterschaftstatbestände und „Rechtsausübungssperre"
   6. Möglicher Ausschluß der Vaterschaftszurechnung für während des Scheidungsverfahrens geborene Kinder bei Drittanerkennung
   7. Die Vaterschaftsanerkennung
      a) Beibehaltene Grundregeln
      b) Zustimmung der Mutter anstelle der Kindeszustimmung
      c) Form, Frist, Widerruf und Wirksamkeit der Anerkennung
   8. Die gerichtliche Vaterschaftsfeststellung
      a) Die übernommene Regelung
      b) Die neue Klagebefugnis der Mutter
      c) Der unbenannte Vaterschaftstatbestand und die Vaterschaftsvermutung
VI. Die Vaterschaftsanfechtung als künftig einheitlicher Klagerechtsbehelf zur Statusänderung
   1. Beibehaltung des Anfechtungsklageprinzips
   2. Einschränkung des Anfechtungsprinzips durch außerprozessualen Dispositivakt bei nach Scheidungsantrag geborenen Kindern

3. Das Anfechtungsrecht des Mannes
4. Das neue Anfechtungsrecht der Mutter
5. Das erweiterte Anfechtungsrecht des Kindes
   a) Die verfassungsrechtliche Beanstandung des bisher eingeschränkten Anfechtungsrechts des volljährigen Kindes
   b) Das künftig vereinheitlichte uneingeschränkte Kindesanfechtungsrecht
   c) Erneutes Aufleben des Anfechtungsrechts bei „Unzumutbarkeit der Folgen der Vaterschaft"
   d) Anfechtung für das minderjährige Kind und Kindeswohl
6. Abschaffung des subsidiären Anfechtungsrechts der Eltern des Mannes
7. Kein Anfechtungsrecht des Erzeugers des Kindes
8. Einheitliche Anfechtungsfrist
9. Die Vaterschaftsvermutung im Anfechtungsverfahren und ihre Widerlegung

VII. Die neue Bestimmung der Mutterschaft
VIII. Verfahrensfragen
IX. Unbewältigte Fragen
X. Gesamtwürdigung

I. Die Ausrichtung am neuen Reformziel

Im Rahmen der Reform des Kindschaftsrechts hat sich der Gesetzgeber „die Vereinheitlichung des Abstammungsrechts für eheliche und nichteheliche Kinder" zum Ziele gesetzt[1]). Demgemäß bildet die Neuregelung des Abstammungsrechts einen Schwerpunkt in dem neuen „Kindschaftsrechtsreformgesetz" [KindRG][2]). Die noch durch das Nichtehelichengesetz [NEhelG] v. 19. 8. 1969 im „Zweiten Abschnitt: Verwandtschaftsrecht" des „Vierten Buchs" des BGB vorgenommene Untergliederung des „Zweiten Titels" in „1. Eheliche Abstammung" (§§ 1591 bis 1600o BGB) und „2. Nichteheliche Abstammung" (§§ 1600a bis 1600o BGB) wird aufgegeben und in einem einheitlichen „Zweiten Titel: Abstammung" (§§ 1591 bis 1600e BGB n.F.) zusammengefaßt.

---

[1]) So die amtliche Begründung zum Regierungsentwurf, BT-Drucks. 13/4899 v. 13. 6. 1996, S. 52; ähnlich der Bundesjustizminister *Schmidt-Jortzig,* Kindschaftsrecht: Reform tut not – zur ersten Lesung des Regierungsentwurfs am 20. 6. 1996 im Deutschen Bundestag, ZfJ 1996, 444.

[2]) Zum Regierungsentwurf s. schon den Bericht von *Ute Walter,* Das Kindschaftsreformgesetz, FamRZ 1995, 1538 ff.; ferner *Mutschler,* Interessenausgleich im Abstammungsrecht – Teilaspekte der Kindschaftsrechtsreform, FamRZ 1996, 1381 ff.; *Tobias Helms,* Reform des deutschen Abstammungsrechts. Zum Entwurf des Kindschaftsreformgesetzes aus rechtsvergleichender Perspektive, FuR 1996, 178 ff.; *Stefan Edenfeld,* Das neue Abstammungsrecht der Bundesrepublik Deutschland im nationalen und internationalen Vergleich, FuR 1996, 190 ff.

Hatte das NEhelG mit Streichung des sachwidrigen § 1589 II BGB a.F., nach welchem „ein uneheliches Kind und dessen Vater nicht als verwandt" galten, bereits klargestellt, daß die Rechtsbeziehung der „Verwandtschaft" gleichermaßen durch eheliche [ehel.] wie durch nichteheliche [ne.] Geburt begründet wird und damit der gemäß § 1589 BGB auf „Abstammung" beruhende Begriff der „Verwandtschaft" für ehel. wie für ne. Kinder einheitlich gilt[3]), so vollzieht das KindRG mit Vereinheitlichung des Rechts der „Abstammung" den systematisch nächsten Schritt. Auf der Basis des unverändert durch § 1589 BGB definierten Begriffs der „Verwandtschaft" regeln die neugefaßten §§ 1591 bis 1600e BGB die grundsätzlich weiterhin an der „Abstammung" orientierten Statusvoraussetzungen und die gerichtliche Anfechtung des zum „Vater" erlangten Status. Neu ist die statusmäßige Zuordnung zur „Mutter" in § 1591 BGB n.F. Die Zuordnung zum „Vater" ist – unter Vermeidung der bisherigen Statusmerkmale „ehelich" oder „nichtehelich" – danach geregelt, ob „der Mann zum Zeitpunkt der Geburt mit der Mutter des Kindes verheiratet ist" (§§ 1592 Nr. 1, 1593 BGB n.F.) oder nicht (§§ 1592 Nr. 2 und 3, 1594 bis 1598, 1600d und 1600e BGB n.F.). Die „Vaterschaftsanfechtung" ist künftig als einheitliches Rechtsinstitut vorgesehen, indem nicht mehr danach unterschieden wird, ob die Eltern des Kindes miteinander verheiratet sind oder nicht (§§ 1599 bis 1600c und 1600e BGB n.F.).

II. Die verfassungsrechtlichen Vorgaben

1. Der bisherige Gesetzgebungsauftrag aus Art. 6 V GG in bezug auf das neue Abstammungsrecht

Ob die Reform speziell des Abstammungsrechts verfassungsrechtlich noch als „Restschuld" des Verfassungsauftrags aus Art. 6 V GG geboten war, erscheint allerdings zweifelhaft. Die amtliche Begründung zum Entwurf des KindRG [KindRGE] geht bemerkenswerterweise davon aus, daß bereits das NEhelG von 1969 mit seiner „grundlegenden Neuregelung der rechtlichen Stellung der nichtehelichen Kinder" an sich den Verfassungsauftrag von Art. 6 V GG „erfüllt"

---

[3]) Zur veränderten Gesetzessystematik seit dem NEhelG vgl. *Soergel/Gaul*, BGB, 12. Aufl. 1987, vor § 1589 Rz. 1 bis 4, 6 und 7; dort auch zum umstrittenen „Verwandtschaftsbegriff"; s. insoweit ferner *MünchKomm/Mutschler*, BGB, 3. Aufl. 1993, vor § 1589 Rz. 1, 2, und § 1589 Rz. 1, m.w.N.; – abweichend *Gernhuber/ Coester-Waltjen*, Lehrbuch des Familienrechts, 4. Aufl. 1994, § 4 I 1 zu Fn. 3.

habe[4]). Selbst nach der Einschätzung der *Präsidentin des BVerfG* hat „diese auf das nichteheliche Kind bezogene Verfassungsnorm ihre historische Aufgabe weitgehend erfüllt", weshalb man sich „heute von Art. 6 V GG in der alten Form als einem Stück geglückten Verfassungsrechts verabschieden" könne; daher sei heute die Aufmerksamkeit „weniger auf den Status des Kindes als vielmehr auf schutzwürdige und -bedürftige Sozialisationslagen" zu richten und insoweit „gleiche Bedingungen für die leibliche und seelische Entwicklung der Kinder zu schaffen" verbleibende Aufgabe der zu erwartenden Reform des Kindschaftsrechts[5]).

Die Judikatur des *BVerfG* rechtfertigt diesen Befund allerdings noch nicht. Auch in jüngerer Zeit hat das *BVerfG* noch auf Art. 6 V GG als Maßstab der Verfassungsmäßigkeit familienrechtlicher Normen zurückgegriffen. Nur betraf die Judikatur nicht das Abstammungsrecht. In einem Fall betraf sie das Eltern-Kind-Verhältnis in bezug auf das nach bisherigem Recht im Falle der Ehelichkeitsklärung ausgeschlossene gemeinsame Sorgerecht der mit dem ne. Kind in freier Partnerschaft zusammenlebenden Eltern. Mit dem Ausspruch eines Anwendungsverbots für den betreffenden § 1738 BGB und der Aussetzung der zugrunde liegenden Verfahren bis zur Neuregelung setzte das *BVerfG* insoweit den Gesetzgeber allerdings unter unmittelbaren Reformdruck[6]). In seiner letzten Entscheidung hat das *BVerfG* sein Verdikt gegen § 1747 II BGB zur Kindesadoption ohne Einwilligung des ne. Vaters allein auf Art. 6 II GG ohne zusätzliche

---

[4]) BT-Drucks. 13/4899, S. 39; *Ramm,* Kindschaftsrechtsreform?, JZ 1996, 987, 988, meint deshalb, nach „Erfüllung" des Verfassungsauftrags aus Art. 6 V GG betrete das KindRG „verfassungsrechtliches Neuland".

[5]) *Jutta Limbach,* Familienrecht und sozialer Wandel, FuR 1995, 200, 202; dieser Äußerung bescheinigt *Giesen,* Familienrecht, 2. Aufl. 1997, Rz. 21 Fn. 21, einen in Hinsicht auf die ausstehende Kindschaftsrechtsreform „unverwüstlichen, aber nicht unsympathischen Optimismus". Vgl. auch *Helga Seibert,* Verfassung und Kindschaftsrecht – Neue Entwicklungen und offene Fragen, FamRZ 1995, 1457, 1461, nach welcher die Folgerungen aus Art. 6 V GG „bis heute nicht abschließend geklärt" sind, und zwar namentlich seine „Auswirkungen auf die Ausgestaltung von Ansprüchen im Verhältnis der Eltern zueinander" wie zum Betreuungsunterhalt. Soweit etwa noch *A. Roth,* FamRZ 1991, 139 ff., die „aktuelle Bedeutung des Art. 6 V für das Recht des nichtehelichen Kindes" betonte, ging dieser Autor im Hinblick auf die Vaterschaftsvermutung der §§ 1591, 1592 BGB für das ehel. Kind von dem „interessanten" Befund aus, daß insoweit „Art. 6 V GG eine ungleiche Behandlung erfordert" (a.a.O., S. 143 zu Fn. 47).

[6]) *BVerfGE* 84, 168 ff. = FamRZ 1991, 913 ff.

Heranziehung des Art. 6 V GG gestützt und dem Gesetzgeber zur Beseitigung der Verfassungswidrigkeit Frist „spätestens bis zum Ende dieser Legislaturperiode" gesetzt[7]). Nur soweit das *BVerfG* in einer zweiten Entscheidung noch einmal Art. 6 V GG als Prüfungsmaßstab für den unterschiedlichen Instanzenzug bei Unterhaltsstreitigkeiten ne. und ehel. Kinder gemäß § 23b I S. 2 Nr. 5 GVG zugrunde gelegt hat, war es nachsichtiger. Zwar bejahte das *BVerfG* eine aus Art. 6 V GG folgende Verpflichtung, insoweit „eine Gleichstellung der nichtehelichen mit den ehelichen Kindern herbeizuführen", meinte aber zum Entscheidungszeitpunkt i. J. 1991 einen „Verstoß gegen Art. 6 V GG noch nicht feststellen" zu können; im Hinblick auf die bereits geplante Kindschaftsrechtsreform sah es von einer Fristsetzung ab[8]).

Auch wenn die „Vereinheitlichung des Abstammungsrechts" nicht mehr zwingend aus dem verfassungsrechtlichen Gleichstellungsauftrag des Art. 6 V GG geboten sein mag, so erfüllt sie doch ein überfälliges rechtspolitisches Postulat aus einer seit längerem währenden Reformdiskussion.

2. Die Akzentverlagerung auf das Persönlichkeitsrecht

Den Anstoß speziell zur Revision des Ehelichkeitsanfechtungsrechts gaben indessen zwei Entscheidungen des *BVerfG*, auf welche die amtliche Begründung zum KindRGE ausdrücklich die Neugestaltung des Anfechtungsrechts des Kindes stützt[9]).

In seinem ersten heiß diskutierten Urteil v. 31. 1. 1989 erklärte das *BVerfG*[10]) die §§ 1593, 1598 i.V. mit § 1596 I BGB insoweit für verfassungswidrig, als sie dem volljährigen Kind, von den gesetzlichen Anfechtungstatbeständen abgesehen, nicht nur die Änderung seines

---

[7]) *BVerfGE* 92, 158 ff. = FamRZ 1995, 789, 794; dazu *Coester,* Elternrecht des nichtehelichen Vaters und Adoption, FamRZ 1995, 1245 ff.
[8]) *BVerfGE* 85, 80 ff. = FamRZ 1992, 157, 160.
[9]) BT-Drucks. 13/4899, S. 55: „Umsetzung der Rechtsprechung des BVerfG zum Recht des Kindes auf Kenntnis seiner Abstammung."
[10]) *BVerfGE* 79, 256 ff. = FamRZ 1989, 255 ff. = JZ 1989, 335 ff. (m. zust. Anm. *Starck);* grds. zust. *Giesen,* Genetische Abstammung und Recht, JZ 1989, 364 ff.; krit. *Ramm,* Ehelichkeitsanfechtung und Bundesverfassungsgericht, NJW 1989, 1594 ff.; *Smid,* Recht auf Kenntnis der eigenen Abstammung?, JR 1990, 221 ff.; *Deichfuß,* Abstammungsrecht und Biologie, 1991, S. 125 ff.; *Gaul,* Ehelichkeitsstatus und Recht des volljährigen Kindes auf Klärung der eigenen Abstammung, in: Familienrecht in Geschichte und Gegenwart, hrsg. von H. F. Gaul, Bielefeld 1992, S. 23 ff.

familienrechtlichen Status, sondern auch die gerichtliche Klärung seiner Abstammung ausnahmslos verwehren; dies beeinträchtige das „Recht des Kindes auf Kenntnis der eigenen Abstammung" als Bestandteil des allgemeinen Persönlichkeitsrechts aus Art. 2 I i.V. mit Art. 1 I GG. Mangels eindeutiger Rechtsfolgenanordnung aus der bloßen „Unvereinbarkeitserklärung" hinterließ dieser Spruch des *BVerfG* eine große Rechtsunsicherheit[11]). Zuvor hatte schon derselbe Senat durch einen – allerdings wegen Nichtannahme der Verfassungsbeschwerde nicht bindenden – Kammerbeschluß v. 18. 1. 1988[12]) ein „Recht des nichtehelichen Kindes auf Kenntnis seines Vaters" aufgrund Art. 6 V GG sowie aus Art. 2 I GG bejaht. Dieses Recht hat indessen wiederum der *1. Senat des BVerfG* neuerdings in seinem Beschluß v. 6. 5. 1997[13]) erheblich relativiert. Danach ist weder durch das nach Art. 2 I i.V. mit Art. 1 I GG geschützte Recht des Kindes auf Kenntnis seiner Abstammung noch durch Art. 6 V GG ein bestimmtes Ergebnis auf die Frage vorgegeben, ob ein ne. Kind einen Anspruch gegen seine Mutter auf Benennung des Vaters hat, sondern die Entscheidung nur in Abwägung mit dem Recht der Mutter auf Achtung der Privat- und Intimsphäre als ebenfalls vom Persönlichkeitsrecht aus Art. 2 I i.V. mit Art. 1 I GG umfaßtes widerstreitendes Grundrecht zu finden.

Ein zweites Mal beanstandete der *1. Senat des BVerfG* das bisher geltende Recht der Ehelichkeitsanfechtung in seinem Beschluß v. 26. 4. 1994[14]), indem er auch § 1598 Hs. 2 BGB für verfassungswidrig erklärte. Es sei mit dem allgemeinen Persönlichkeitsrecht des Kindes gemäß Art. 2 I i.V. mit Art. 1 I GG und dem daraus folgenden Recht auf Kenntnis der eigenen Abstammung unvereinbar, daß die dort vorgesehene Zweijahresfrist unabhängig von der Kenntnis des Kindes

---

[11]) Vgl. dazu *Gaul* [Fn. 10], S. 23, 27 ff., 30 ff.; – so hat das *AmtsG Hamburg* im Urteil v. 13. 10. 1989 – 10 C 419/86 –, im Vorlagefall nicht etwa aufgrund des Urteils des *BVerfG* v. 31. 1. 1989 das Verfahren ausgesetzt, sondern durchentschieden; vgl. ferner die Beschlüsse des *OLG Düsseldorf* v. 14. 2. und 16. 2. 1990, FamRZ 1990, 796 f., welche weiterhin von der Möglichkeit einer „verfassungskonformen" Rechtsanwendung des § 1596 BGB ausgehen; vgl. ferner *OLG Rostock*, FamRZ 1996, 238, 239; *OLG Nürnberg*, FamRZ 1996, 1155, 1156; *Palandt/Diederichsen*, BGB, 56. Aufl. 1997, § 1596 Rz. 3.

[12]) *BVerfG, 1. Kammer des 1. Senats*, FamRZ 1989, 147.

[13]) *BVerfG*, FamRZ 1997, 869 ff. = JZ 1997, 777 ff. (m. krit. Anm. *Starck*); dazu zuletzt krit. *Frank/Helms*, Der Anspruch des nichtehelichen Kindes gegen seine Mutter auf Nennung des leiblichen Vaters, FamRZ 1997, 1258 ff.

[14]) *BVerfGE* 90, 263 ff. = FamRZ 1994, 881 ff.

mit dem Eintritt der Volljährigkeit zu laufen beginne. Das Verdikt wäre allerdings nicht notwendig gewesen, hätte das *BVerfG* die insoweit bereits zum geltenden Recht vertretene „verfassungskonforme Auslegung" des § 1598 Hs. 2 BGB im Sinne einer „kenntnisabhängigen" Frist[15]) für möglich gehalten. Statt dessen setzte das *BVerfG* dem Gesetzgeber zur Beseitigung des verfassungswidrigen Zustands eine Frist bis zum Ablauf der 13. Legislaturperiode. In die Fristsetzung bezog es jetzt ausdrücklich auch – in Nachbesserung seines insoweit unklaren Urteils v. 31. 1. 1989[16]) – die frühere Beanstandung des § 1596 BGB ein[17]).

Bei größerer Aufgeschlossenheit des *BVerfG* gegenüber einer „verfassungskonformen Rechtsfortbildung"[18]) hätte es einer Mobilisierung des Gesetzgebers durch das *BVerfG* möglicherweise gar nicht bedurft, zumindest nicht in bezug auf das Reformziel der „Vereinheitlichung des Abstammungsrechts" im neuen KindRG. Die punktuelle verfassungsrechtliche Akzentuierung des „Rechts des Kindes auf Kenntnis der eigenen Abstammung" ist sogar eher geeignet, das Gesamtkonzept einer harmonischen Neuordnung des „Abstammungsrechts" empfindlich zu stören. Indem das *BVerfG* erstmals in seinem Urteil v. 31. 1. 1989 dem Gesetzgeber anheimstellte, dem Kenntnisrecht des Kindes statt durch Erweiterung der Ehelichkeitsanfechtung auch durch „von § 1593 BGB bisher ausgeschlossene Klagemöglichkeiten" Geltung zu verschaffen[19]), und in seinem Beschluß v. 26. 4. 1994 nochmals die Alternative einer „Klärung der Abstammung ohne Auswirkungen auf das Verwandtschaftsverhältnis" aufzeigte[20]), brachte es die

---

[15]) So schon *Soergel/Gaul*, BGB, 11. Aufl., § 1598 Rz. 4, sowie 12. Aufl. 1987, § 1589 Rz. 4, mit 2. Nachtrag 1992 zu § 1594 Rz. 4; ebenso mit eingehender Begründung *Becker-Eberhard*, FamRZ 1984, 78 ff., gegen *OLG Köln*, FamRZ 1984, 77 f.; *Beitzke/Lüderitz*, Familienrecht, 26. Aufl. 1992, § 22 I 1c a.E.; *Gernhuber/Coester-Waltjen* [Fn. 3], § 51 V 7; vgl. auch *BayObLG*, FamRZ 1993, 840, 841; offenlassend *OLG Bremen*, FamRZ 1994, 122 f.

[16]) Vgl. oben zu Fn. 11.

[17]) *BVerfGE* 90, 263 = FamRZ 1994, 881, 884, mit ausdrücklicher Einbeziehung „der früheren Beanstandungen (BVerfGE 79, 256 = FamRZ 1989, 255)" in die Fristsetzung.

[18]) Zur Möglichkeit einer „verfassungskonformen Rechtsfortbildung" s. näher *Gaul* [Fn. 10], S. 32 ff., m.w.N.; s. auch oben die Instanzrechtsprechung in Fn. 11; ferner *Gernhuber/Coester-Waltjen* [Fn. 3], § 51 V („nach derzeitiger Rechtslage" für „Einzelfallabwägung").

[19]) *BVerfGE* 79, 256, 274 = FamRZ 1989, 255, 259.

[20]) *BVerfGE* 90, 263 = FamRZ 1994, 881, 882, 884.

im bisherigen Recht neben der Ehelichkeitsanfechtung unbekannte „isolierte Abstammungsfeststellungsklage" ohne Statusfolgen ins Spiel und trug damit erheblich zur Verwirrung der Reformdiskussion bei[21]).

Aus guten Gründen hat der Gesetzgeber des KindRG die Alternative einer „rechtsfolgenlosen Vaterschaftsfeststellung" neben der „Vaterschaftsanfechtung" verworfen[22]) und trotz der nochmaligen Anregung des Bundesrats, die Aufnahme einer „ergänzenden Vorschrift" hinsichtlich des Rechts des Kindes auf „Kenntnis seiner biologischen Abstammung" im Sinne des *BVerfG* zu prüfen[23]), daran festgehalten[24]). Doch geht der Gesetzgeber des KindRG mit der Erweiterung des Anfechtungsrechts des Kindes über die Beanstandung des *BVerfG* im Urteil v. 31. 1. 1989 insofern weit hinaus, als er die kasuistische Ausgestaltung des Anfechtungsrechts nach dem bisherigen § 1596 I BGB ganz aufgibt und dem volljährigen Kind in den §§ 1600, 1600b III BGB n.F. nunmehr ein uneingeschränktes Anfechtungsrecht einräumt. Damit verläßt der Gesetzgeber des KindRG die verfassungsrechtlichen Weisungen des *BVerfG*, die es noch aus einer Güterabwägung zwischen dem Schutz von Ehe und Familie aus Art. 6 I GG und dem Persönlichkeitsrecht des Kindes aus Art. 2 I i.V. mit Art. 1 I GG bezogen hat, in erheblichem Maße. Deshalb lautete die Vorgabe des *BVerfG* nur auf „Erweiterung der Gründe" für eine zulässige

---

[21]) Vgl. dazu, daß die „isolierte Abstammungsfeststellungsklage" als auf die „Wahrheit einer Tatsache" gerichtete Klage mit dem Wesen des Richterspruchs und den geltenden Grundsätzen des Zivilprozesses unvereinbar ist, näher *Gaul* [Fn. 10], S. 35 ff.; ebenso *R. Frank*, Gedanken zu einer isolierten Abstammungsfeststellungsklage, Gedächtnisschrift für P. Arens, 1993, S. 65 ff.; *ders.*, Zwangsweise körperliche Untersuchung zur Feststellung der Abstammung, FamRZ 1995, 975, 980 f.; *Helms* [Fn. 2], S. 178, 188 zu Fn. 114; *v. Sehte*, Die Durchsetzbarkeit des Rechts auf Kenntnis der eigenen Abstammung aus der Sicht des Kindes, Diss. Münster 1995, S. 350 ff.; *Henrich*, Familienrecht, 5. Aufl. 1995, § 17 III 4 (S. 195 f.); – a.A. – ohne Auseinandersetzung mit der Problematik – *Gernhuber/Coester-Waltjen* [Fn. 3], § 51 I 9, m.w.N.; ferner *Edenfeld* [Fn. 2], S. 190, 195 f.

[22]) BT-Drucks. 13/4899, S. 56 f., unter Zurückweisung des diesbezüglichen Vorschlags des 59. DJT, IV 1 (FamRZ 1992, 1275), und mit Hinweis auf eine näher aufgelistete „Vielzahl schwer zu beantwortender Fragen", die eine „isolierte Abstammungsfeststellungsklage" aufwerfen würde, wie das Verhältnis zu einer später erfolgreichen regulären Vaterschaftsanfechtung bis hin zur Wiederaufnahme des Verfahrens oder einer Klage aus § 826 BGB auf Unterlassung der Vollstreckung aus einem Unterhaltstitel gegen den Scheinvater sowie sonstiger sich aus der Zweispurigkeit ergebender verfahrensrechtlicher Verwicklungen.

[23]) Vgl. die Stellungnahme des Bundesrats, BT-Drucks. 13/4899, S. 147.

[24]) Vgl. die Gegenäußerung der Bundesregierung, BT-Drucks. 13/4899, S. 166.

Anfechtung, nicht aber auf die Einführung eines uneingeschränkten Anfechtungsrechts des Kindes, „welches die Ehe der Mutter zerstören oder den Familienfrieden gefährden könnte"[25]).

Es ist zwar eine Stilfrage, ob man es so formuliert, wie es ein bekannt kritischer Autor ausdrückt: „Die Regelungen des KindRG basieren auf der Zerstörung der Ehe durch die Vaterschaftsanfechtung . . . Objektiv wird die Ideologie der Familiengemeinschaft auf das nichteheliche Kind erstreckt, doch wird sie selbst durch einen extremen Individualismus zerstört – nicht einmal den ‚Familienfrieden' behält das KindRG als Korrektiv."[26]) In der Sache trifft die Analyse trotz ihrer polemischen Schärfe und Übertreibung das KindRG gewiß in einem kritischen Punkt.

III. Supranationale und rechtsvergleichende Aspekte

In der Tat beschreitet das KindRG mit seiner starken, am Persönlichkeitsrecht orientierten Tendenz zur Klärung der „biologischen Wahrheit" als Basis des Anfechtungsrechts des Kindes im internationalen Vergleich einen „Sonderweg"[27]). Immerhin ist bemerkenswert, daß schon das vom *BVerfG* zum Urteil v. 31. 1. 1989[28]) eingeholte, aber nicht ausgewertete Gutachten des *Max-Planck-Instituts* zu dem aufschlußreichen Ergebnis gelangt war, daß „außerhalb der Bundesrepublik von einem Persönlichkeitsrecht wenig die Rede" sei, „in vielen europäischen Ländern das Kind gar kein eigenes Anfechtungsrecht" habe oder doch bei seiner Gewährung „dem Schutz des Familienfriedens und der Ehe der Mutter große Bedeutung beigemessen" werde und deshalb „die Regelung der §§ 1596 bis 1598 BGB in der Fassung von 1961 immer noch als gemäßigt fortschrittlich zu bezeichnen" sei[29]).

---

[25]) *BVerfGE* 79, 256, 267, 270, 272 f. = FamRZ 1989, 255, 258.
[26]) *Ramm* [Fn. 4], S. 987, 993, 994.
[27]) *Ramm* [Fn. 4]; ebenso namentlich *Helms* [Fn. 2], S. 178, 179, mit rechtsvergleichenden Hinweisen.
[28]) *BVerfGE* 79, 256, 263 = FamRZ 1989, 255, 256.
[29]) Vgl. *Dopffel*, in: Ehelichkeitsanfechtung durch das Kind, zwei rechtsvergleichende Gutachten, hrsg. vom Max-Planck-Institut 1990, S. 122, 124; ähnlich *Coester-Waltjen*, ebd., S. 167: Zwar sei „in zunehmendem Maße das Bedürfnis nach biologischer Wahrheit für das Kind" erkennbar, jedoch werde „ein eigenes außerhalb der Ehelichkeitsanfechtung liegendes Verfahren dabei nicht vorgeschlagen", namentlich sei im französischen Recht für die Zuordnung von Eltern und Kindern weniger die „biologische" als die „soziale Wahrheit" bestimmend (a.a.O., S. 137, 148 f.). Vgl.

Offensichtlich hat bei der neuen Ausgestaltung des „Abstammungsrechts" der Vergleich mit dem ausländischen Recht keine allzu große Rolle mehr gespielt. Das vom Bundesminister der Justiz beim *Max-Planck-Institut* in Auftrag gegebene Rechtsgutachten zur Reform des Kindschaftsrechts, das 1994 unter dem Titel „Kindschaftsrecht im Wandel" veröffentlicht wurde, bezieht sich nur auf die Themen Elterliche Sorge einschließlich Umgangsrecht und Amtspflegschaft, Adoptionsrecht, Unterhaltsrecht und Erbrecht[30]).

Zwar betont die amtliche Begründung zum KindRGE schon einleitend[31]), daß „Anstöße für eine Reform des Kindschaftsrechts auch aus dem internationalen Bereich" gekommen seien, und zwar namentlich auch aufgrund der seit dem 5. 4. 1992 in der Bundesrepublik in Kraft befindlichen UN-Kinderrechtskonvention von 1989 (BGBl 1992 II 990)[32]). Entgegen vereinzelten Äußerungen[33]) bezieht sich dieser allgemeine Hinweis jedoch nicht speziell auf die Neugestaltung des „Abstammungsrechts". Auch in der Sache stützt die Konvention nicht die Durchsetzung des Kindesrechts ohne Rücksicht auf das betroffene Familienverhältnis.

---

dazu auch schon *Gaul* [Fn. 10], S. 27 f.; ferner *R. Franck,* Die unterschiedliche Bedeutung der Blutsverwandtschaft im deutschen und französischen Recht, FamRZ 1992, 1365, 1368, der von einer „beängstigenden verfassungsrechtlichen Überhöhung der Kenntnis der eigenen Abstammung" spricht.

[30]) Vgl. *Dopffel,* Kindschaftsrecht im Wandel, 1994; dazu *Cornelia Inderst,* FamRZ 1995, 720; vgl. die Bezugnahme in BT-Drucks. 13/4899, S. 42 f.

[31]) BT-Drucks. 13/4899, S. 29.

[32]) Vgl. den Abdruck des Gesetzes zu dem Übereinkommen v. 20. 11. 1989 über die Rechte des Kindes v. 17. 1. 1992 (BGBl I 121) in FamRZ 1992, 253 ff., mit Vorbehaltserklärung der Bundesregierung, FamRZ 1992, 266 f.; zum Entwurf s. *D. Schwab,* FamRZ 1989, 104 f.; zur Bedeutung der Konvention für das deutsche Kindschaftsrecht s. *J. Wolf,* Konvention unter Vorbehalt, ZRP 1991, 374 ff.; *Stöcker,* Die UN-Kinderkonvention und das deutsche Familienrecht, FamRZ 1992, 245 ff.; dazu Erwiderung *Ullmann* und Schlußwort *Stöcker,* FamRZ 1992, 892 ff.; *Ebert,* Zur Konfiguration (Konfrontation?) von innerstaatlichem Recht und Völkerrecht in der aktuellen deutschen Familienrechtslage, FamRZ 1994, 273 ff.

[33]) So *Edenfeld* [Fn. 2], S. 190, 195, der meint, der Gesetzgeber habe mit der – Art. 6 I GG vernachlässigenden – unbeschränkten Ausgestaltung der „Vaterschaftsanfechtung des Kindes" (unabhängig vom Vorliegen „besonderer Gründe") der UN-Kinderrechtskonvention von 1989 „gerecht werden" wollen. Dagegen bezieht *Mutschler* [Fn. 2], S. 1384, zu Fn. 18, seinen beiläufigen Hinweis auf Art. 7 I der Konvention auf die Vaterschaftsfeststellungsklage des ne. Kindes.

Art. 3 II der UN-Kinderrechtskonvention macht den Vertragsstaaten nur zur Pflicht, „dem Kind unter Berücksichtigung der Rechte und Pflichten seiner Eltern, seines Vormunds oder anderer für das Kind gesetzlich verantwortlicher Personen den Schutz und die Fürsorge zu gewährleisten, die zu seinem Wohlergehen notwendig sind" und zu diesem Zweck „alle geeigneten Gesetzgebungs- und Verwaltungsmaßnahmen" zu treffen. Damit verlangt die Konvention eine Verwirklichung der Kindesrechte „ohne Diskriminierung" aufgrund „der Geburt oder des sonstigen Status" (Art. 2 und 4) durchaus nicht ohne Rücksicht auf die Achtung der Elternrechte und Elternverantwortung und des Familienlebens, wie auch Art. 5 der Konvention ausdrücklich bekräftigt[34]).

Allerdings gewährt Art. 7 I der UN-Konvention dem Kind auch „soweit möglich das Recht, seine Eltern zu kennen und von ihnen betreut zu werden", und Art. 8 I verpflichtet die Vertragsstaaten, „das Recht des Kindes zu achten, seine Identität, einschließlich seiner Staatsangehörigkeit, seines Namens und seiner gesetzlich anerkannten Familienbeziehungen, ohne rechtswidrige Eingriffe zu behalten". Wenn daraus neuerdings vereinzelt die Forderung abgeleitet wurde, „das Recht des Kindes auf eigene Identität und Kenntnis seiner Abstammung als Grundsatznorm im BGB den Abstammungsregelungen voranzustellen" [35]), so beruht das sowohl auf einer Verkennung des Sinngehalts der betreffenden Konventionsvorschriften als auch der Aufgaben des nationalen Gesetzgebers. Dieser hat Rechtsverhältnisse zu normieren und keine isolierten Postulate aufzustellen. Vor allem formuliert Art. 7 I der Konvention gerade kein unbedingtes und beziehungsloses Recht des Kindes auf Kenntnis seiner „biologischen Abstammung" unabhängig vom elterlichen Betreuungsverhältnis und noch weniger Art. 8 I ein solches auf Findung seiner Identität. Gemäß Art. 8 I soll vielmehr die vorhandene „Identität" des Kindes „einschließlich seiner gesetzlich anerkannten Familienbeziehungen" vor „rechtswidrigen Eingriffen" geschützt und bewahrt und demgemäß nach Art. 8 II, soweit dem Kind „seine Identität genommen" wurde, diese „so schnell wie möglich wiederhergestellt" werden.

---

[34]) Zum Ziel der Herstellung eines „Einklangs der Kinderrechte mit dem Anspruch auf Achtung des Familienlebens" mit zusätzlichem Hinweis auf Art. 8 EMRK s. namentlich *Ebert* [Fn. 32], S. 272, 278 ff., 280.

[35]) So *Gerstein* in der Stellungnahme der *Arbeitsgemeinschaft für Jugendhilfe* zur Anhörung im Rechtsausschuß am 4. 12. 1996, Protokoll der 67. Sitzung des BT-Rechtsausschusses, S. 76.

Die Bezugnahme in der amtlichen Begründung zum KindRGE auf die UN-Kinderrechtskonvention gilt auch gar nicht dem „Abstammungsrecht", sondern angesichts der Art. 9 III und Art. 18 der Konvention dem Sorge- und Umgangsrecht, auf das sich bereits die Vorbehaltserklärung der Bundesregierung bezog[36]) und auf dessen Neuregelung sich deshalb der von der UN-Konvention ausgehende Reformdruck konzentrierte[37]).

IV. Innerdeutsche Rechtsangleichung

Zur Reform des Kindschaftsrechts gab auch die deutsche Wiedervereinigung Anlaß gemäß der schon bei den Verhandlungen zum Einigungsvertrag gegebenen Zusage einer Novellierung des Nichtehelichenrechts[38]). Aufgabe der zu diesem Zweck am 1. 11. 1991 vom Bundesjustizminister eingesetzten Arbeitsgruppe war es demgemäß auch, das „Nichtehelichenrecht dem Recht der ehelichen Kindschaft möglichst weit anzugleichen"[39]). Die amtliche Begründung zum KindRGE bezieht die davon ausgehenden Impulse jedoch wiederum nicht speziell auf das „Abstammungsrecht", sondern allgemein auf das in den „Mittelpunkt der Reform des Kindschaftsrechts" zu stellende Wohl des Kindes: „Gemeinsame Sorge, einheitliches Umgangsrecht, ein verbessertes Unterhaltsrecht sowie die Aufhebung der gesetzlichen Amtspflegschaft sind dabei wichtige Bereiche"[40]).

In der Tat konnte das Recht der ehemaligen DDR der Neugestaltung des „Abstammungsrechts" kaum zum Vorbild dienen. Zwar regelten die §§ 54 bis 63 des FGB der DDR von 1965 die „Feststellung und Anfechtung der Vaterschaft" für die Kinder gemeinsam, doch konnte es den Schnitt zwischen ehel. und außerehel. Geburt so wenig vermeiden wie das Recht des BGB, indem es notwendigerweise den

---

[36]) Vgl. den Text der Erklärung in FamRZ 1992, 266 f.
[37]) Vgl. zur an die UN-Konvention anknüpfenden Reformdiskussion die Nachweise in Fn. 32; ferner *Ingeborg Schwenzer*, Empfiehlt es sich, das Kindschaftsrecht neu zu regeln?, Gutachten A zum 59. DJT, Hannover 1992, S. 16 f.; *Gernhuber/Coester-Waltjen* [Fn. 3], § 50 II.
[38]) S. die amtliche Begründung zum Einigungsvertrag, BT-Drucks. 11/7818 v. 10. 9. 1990, S. 36. – Zum Verwandtschafts- und Kindschaftsrecht nach dem Einigungsvertrag s. ausführlich *Soergel/Gaul*, BGB, Nachtrag zur 12. Aufl. 1992, vor § 1589 Rz. 25 bis 42, m.w.N.
[39]) S. die amtliche Mitteilung über die Einsetzung der Arbeitsgruppe „Nichtehelichenrecht" in: „recht" 6/1991, Informationen des BMJ v. 1. 11. 1991, S. 101 ff.
[40]) BT-Drucks. 13/4899, S. 29.

Unterschied zwischen dem „Kind, dessen Mutter nicht verheiratet ist" (§ 54 I FGB) und dem „Kind verheirateter Eltern" (§ 54 IV, V FGB) zugrunde legen mußte[41]). Vor allem versagt das ehemalige DDR-Recht deshalb als Vorbild, weil es dem Kind das Anfechtungsrecht gänzlich vorenthielt, indem es statt dessen – neben dem Anfechtungsrecht des Ehemanns und der Mutter nur binnen Jahresfrist – dem Staatsanwalt das in Westdeutschland aus guten Gründen schon durch FamRÄndG 1961 abgeschaffte Anfechtungsrecht „jederzeit" einräumte (§ 62 II FGB).

Bemerkenswerterweise sollte zwar nach der Gesetzesfassung das Anfechtungsrecht des Staatsanwalts dem „Interesse des Kindes" dienen, doch sollte dabei nach der amtlichen Lehrmeinung die Entscheidung der Mutter und ihres Mannes, „das Kind als gemeinsames Kind in der Familie aufwachsen zu lassen", und damit der „Gesichtspunkt des Schutzes und der Erhaltung der familiären Bindung" stets besondere Beachtung finden[42]). Und obwohl man die „Diskriminierung" durch „die Einteilung der Kinder in solche ehelicher und nichtehelicher Abstammung" nach dem Muster des NEhelG Westdeutschlands vermeiden wollte[43]), betonte man letztlich doch den in der „Ehelichkeit" begründeten Unterschied für das Kind und die übrigen von der Anfechtung betroffenen Beteiligten: „Der spezifische Wert der auf der Ehe beruhenden Gemeinschaft der Eltern bei der Gestaltung der Erziehung des Kindes geht verloren. U.U. besteht die Gefahr, daß für das Kind dann nur noch die Mutter da sein kann oder daß eine später festgestellte Vaterschaft eines anderen Mannes doch für die Entwicklung des Kindes nur sehr begrenzt wirksam wird." Deshalb sollte das bestehende Rechtsverhältnis zum Ehemann der Mutter nur im Wege der gerichtlichen Anfechtung und nur „bei Vorhandensein bestimmter Voraussetzungen aufgehoben werden" können[44]).

---

[41]) Vgl. dazu eingehend *Gaul*, Die pater-est-Regel der §§ 1591, 1592 BGB in ihrer herkömmlichen Bedeutung und in der Reformdiskussion, FS Gernhuber 1993, S. 619, 624 ff.
[42]) Vgl. *A. Grandke* und Autorenkollektiv, Familienrecht, Lehrbuch, Staatsverlag der DDR, 3. Aufl., Berlin 1981, S. 217.
[43]) Vgl. *Grandke/Orth*, Zum Gesetz über die rechtliche Stellung der nichtehelichen Kinder (Nichtehelichengesetz), NJ 1970, 550, 552, mit aufschlußreicher ideologischer Stellungnahme zum „spätkapitalistischen" NEhelG.
[44]) *Grandke* [Fn. 42], S. 215 f.

Eine am Persönlichkeitsrecht des Kindes orientierte Diskussion um das Anfechtungsrecht hat in der ehemaligen DDR nie stattgefunden. Dies konnte auch von einer Rechtsordnung, die die Wahrnehmung der Belange des Kindes allein dem Staatsanwalt überließ, nicht erwartet werden.

V. Das neue System der Vaterschaftszurechnung

Das vom KindRG angestrebte Ziel der „Vereinheitlichung des Abstammungsrechts" erfordert – wie schon eingangs erwähnt (I.) – eine neue Gesetzessystematik. Der „Zweite Titel: Abstammung" regelt nach der neuartigen Legaldefinition der „Mutterschaft" (§ 1591 BGB n.F.) unter Aufgabe der bisherigen Zweiteilung zwischen „ehelicher" und „nichtehelicher Abstammung" die Zuordnung zum Vater jetzt einheitlich.

1. Die Enumeration der Vaterschaftstatbestände

Demgemäß lautet die gemeinsame Eingangsbestimmung des § 1592 BGB n.F.:

„Vater eines Kindes ist der Mann,

1. der zum Zeitpunkt der Geburt mit der Mutter verheiratet ist,

2. der die Vaterschaft anerkannt hat oder

3. dessen Vaterschaft nach § 1600d gerichtlich festgestellt ist."

Mit dieser bündigen Vorschrift meint der Gesetzgeber zugleich klargestellt zu haben, daß „grundsätzlich ein Mann nur als Vater angesehen werden darf, wenn eine dieser Voraussetzungen vorliegt"[45]).

Mehr als eine abschließende Aufzählung der – unverändert am Verwandtschaftsbegriff infolge „Abstammung" orientierten (§ 1589 S. 1 BGB) – Voraussetzungen, die zur Begründung des rechtlichen Status der Vaterschaft zu einem Kind geeignet sind, gibt die gemeinsame Eingangsbestimmung des § 1592 BGB n.F. zunächst nicht. Mit ihr soll allerdings im Interesse der Statusklarheit zugleich zum Ausdruck kommen, daß ausschließlich unter diesen Voraussetzungen eine Vater-Kind-Zuordnung im Rechtssinne bestehen kann, die Inanspruchnahme der Vaterschaft ohne eine dieser Voraussetzungen also grundsätzlich ausgeschlossen ist[46]). Da das Vaterschaftsverhältnis not-

---

[45]) So die amtliche Begründung, BT-Drucks. 13/4899, S. 83.
[46]) Vgl. dazu die amtliche Begründung zu § 1592 BGB-E in BT-Drucks. 13/4899, S. 83.

wendigerweise ein „Ausschließlichkeitsverhältnis" ist[47]), markieren die in § 1592 I BGB aufgezählten Fälle geeigneter Vaterschaftszuordnung aber ebenso die Grenzen untereinander in dem Sinne, daß die Vaterschaft, solange sie aus einem Grunde besteht, nicht zugleich aus einem anderen Grunde bestehen kann.

2. Die weiterhin unterschiedlichen Vaterschaftsvoraussetzungen

Der Gesetzgeber des KindRG war sich durchaus bewußt, daß es „weiterhin unterschiedliche Vaterschaftsvoraussetzungen" geben muß und die angestrebte „Vereinheitlichung des Abstammungsrechts" in bezug auf die Zuordnung des Kindes zum Vater nicht die Unterscheidung aufheben kann, ob das Kind aus einer Ehe hervorgegangen ist oder nicht. Zutreffend verwirft er deshalb den Gedanken, die Vaterschaft bereits auf eine „nichteheliche Lebensgemeinschaft" zu gründen, weil sie im Unterschied zur Ehe keinen „klaren Anknüpfungspunkt" bietet, der für eine eindeutige Vaterschaftszurechnung unerläßlich ist. Ebenso verschloß sich der Gesetzgeber aber auch umgekehrt der Idee einer radikalen „Angleichung" in dem Sinne, auch die Vaterschaft des Ehemanns der Mutter nur „individuell" durch Anerkennung oder richterliche Vaterschaftsfeststellung bestimmen zu lassen und damit den Kindesstatus statt der sicheren Anknüpfung an die Ehe einem unerträglichen Schwebezustand preiszugeben[48]).

3. Die Beibehaltung der pater-est-Regel für ehelich geborene Kinder

Das KindRG hält deshalb in § 1592 Nr. 1 BGB n.F. an der traditionellen Rechtsregel der Digesten 2, 4, 5 fest: „Pater vero is est, quem nuptiae demonstrant"[49]), und zwar jetzt sogar noch klarer als in den §§ 1591, 1592 BGB a.F. in fast wörtlicher Übernahme der Regel:

---

[47]) Zum „Ausschließlichkeitsverhältnis" der Vaterschaft s. *Soergel/Gaul* [Fn. 3], § 1593 Rz. 19, vor § 1600a Rz. 5.

[48]) Vgl. die zutreffenden Erwägungen zu den „weiterhin unterschiedlichen Vaterschaftsvoraussetzungen" aufgrund des „Ehe"-Kriteriums, das ihrer „Angleichung" in beiden Richtungen entgegensteht, in der amtlichen Begründung BT-Drucks. 13/4899, S. 52; dies ausdrücklich bekräftigend Beschlußempfehlung und Bericht des Rechtsausschusses, BT-Drucks. 13/8511, S. 81: Die „unterschiedlichen Vaterschaftsvoraussetzungen" sind „unvermeidbar".

[49]) Vgl. zur traditionellen und künftig fortbestehenden Bedeutung der pater-est-Regel näher *Gaul* [Fn. 41], S. 619, 629 ff.; 637 ff.

„Vater eines Kindes ist der Mann, der zur Zeit der Geburt mit der Mutter verheiratet ist." Daran anknüpfend wird gemäß § 1600c I BGB n.F. „in dem Verfahren auf Anfechtung der Vaterschaft vermutet, daß das Kind von dem Mann abstammt, dessen Vaterschaft nach § 1592 Nr. 1 (und Nr. 2) besteht".

Die bloße Umformulierung der bisherigen „Ehelichkeitsvermutung" in eine „Vaterschaftsvermutung", nämlich in die „Vermutung der Vaterschaft des Ehemanns der Mutter" bedeutet gegenüber dem bisherigen Recht keine sachliche Änderung, sondern nur die erwünschte terminologische Angleichung zur Vermeidung unnötiger „Diskriminierungs"-Merkmale. Dies zu tadeln besteht an sich trotz Aufgabe der „Vorzüge der Kürze und Prägnanz der herkömmlichen Terminologie"[50]) kein Anlaß, zumal auch andere europäische Länder wie namentlich die Schweiz (Art. 255 I ZGB) und auch die ehemalige DDR längst unter Inkaufnahme sprachlicher Umständlichkeiten zur Umformulierung in eine „Vaterschaftsvermutung" übergegangen sind[51]). Es gilt also für das neue deutsche Recht dasselbe, was man für das schweizerische Recht betont: „Pater est quem nuptiae demonstrant – der Ehemann gilt als Vater. Für die Begründung des Kindschaftsverhältnisses zum Vater ist also nach wie vor die Ehe von zentraler Bedeutung."[52])

Es ist nicht nur die „deutsche Rechtstradition", mit der namentlich die amtliche Begründung zum KindRGE die Beibehaltung der auf die Ehe der Mutter begründete pater-est-Regel motiviert[53]), sondern es sind die zwingenden Sachgründe, die der Regel „universelle Gültigkeit" *(Dölle)* verschafft haben. In der Tat erkennen heute weltweit alle Rechtsordnungen die Regel an, indem sie für die Bestimmung der

---

[50]) So *Dopffel* [Fn. 29], S. 13; ebenso *Helms* [Fn. 2], S. 180.
[51]) Vgl. dazu *Gaul* [Fn. 41], S. 628, mit Hinweis insbesondere auf die Regelung in der Schweiz und in Griechenland.
[52]) So *Tour/Schnyder,* Das schweizerische Zivilgesetzbuch, 10. Aufl. 1986, S. 271; nach *Hegnauer,* Die Entstehung des Kindschaftsverhältnisses nach dem künftigen schweizerischen Kindschaftsrecht, FS Bosch 1976, S. 393, 395 f., kann sogar „für die Begründung des Kindschaftsverhältnisses zum Vater auch in Zukunft auf die Unterscheidung von Ehelichkeit und Außerehelichkeit nicht verzichtet" und mithin weiterhin die Bezeichnung „Ehelichkeitsvermutung" verwendet werden; vgl. zuletzt noch ders., Kindschaftsrecht in Deutschland und in der Schweiz, FamRZ 1996, 914, 915: „Die Ehe bleibt rechtlich bedeutsam . . . für die Begründung des väterlichen Kindschaftsverhältnisses, wenn die Mutter verheiratet ist, Art. 252 II ZGB."
[53]) So BT-Drucks. 13/4899, S. 52.

Vaterschaft danach unterscheiden, ob die Mutter verheiratet ist oder nicht, und diese Sonderung wird sachbedingt bestehen, „solange es die Ehe gibt"[54]).

Solange es Aufgabe des Familienrechts ist, die Rechtsstellung des Kindes zu seinen Eltern umfassend für alle Lebensverhältnisse zu ordnen, muß das Gesetz den Personenstand des Kindes, d.h. seinen „Status" schon von Anbeginn an auf eine feste und sicher feststellbare Grundlage stellen und damit möglichst auf Dauer gegen unkontrollierte Anzweiflungen sichern. Nichts liegt dafür näher als die Orientierung am „favor matrimonii" oder „favor nuptiae", um den Vorteil zu nutzen, den „die Geburt in der Ehe" in der Regel als Hinweis auf die Vaterschaft des Ehemanns der Mutter bietet. Es wäre töricht, wollte man dies als überholtes „Statusdenken" oder „Institutionendenken" diskreditieren[55]).

Interessanterweise ist das KindRG mit der vereinfachten Neuformulierung in § 1592 Nr. 1 BGB n.F. sogar wieder zur ursprünglich einheitlichen Paternitätsvermutung des gemeinen Rechts zurückgekehrt. Es hat die erst durch das BGB eingeführte komplizierte Aufspaltung in zwei getrennte Vermutungen, eine Beiwohnungsvermutung (§ 1591 II S. 1 BGB a.F.) und eine Empfängnisvermutung (§ 1591 I BGB a.F.), die erst gemeinsam die Vermutung der ehel. Vaterschaft, die sogenannte Ehelichkeitsvermutung begründeten[56]), wieder aufgegeben. In der Tat ist die Beiwohnungsvermutung, die ohnehin im Fall der vorehel. Empfängnis nur im Falle des ohne Anfechtung verstorbenen Mannes gelten sollte (§ 1591 II S. 2 BGB a.F.), nach heutigem Erkenntnisstand entbehrlich. Darin unterscheidet sich künftig die Regelung für das Kind einer nicht verheirateten Frau, indem „im Verfahren auf gerichtliche Feststellung der Vaterschaft" gemäß § 1600d II BGB n.F. – wie bisher gemäß § 1600o II BGB a.F. – wegen der dort offenen Zuordnungsfrage die Beiwohnungsvermutung fortgilt.

---

[54]) Vgl. *Gaul* [Fn. 41], S. 640, m.N.; s. insbes. schon *Gernhuber*, Neues Familienrecht, 1977, S. 71.
[55]) Vgl. *Gaul* [Fn. 41], S. 621, 639, mit Kritik an der in der Schrift von *Ingeborg Schwenzer*, Vom Status zur Realbeziehung, 1987, S. 228 ff., 234, zum Ausdruck gekommenen Tendenz.
[56]) Vgl. *Gaul* [Fn. 41], S. 629; auch *Soergel/Gaul* [Fn. 3], § 1591 Rz. 2, 3, 9, 11.

4. Die Einschränkung der Vaterschaftszurechnung für nachehelich geborene Kinder

Der Anwendungsbereich der ehebezogenen Vaterschaftszurechnung ist jedoch künftig eingeschränkt. Das kommt schon in der Neufassung der Grundnorm des § 1592 Nr. 1 BGB n.F. zum Ausdruck. Indem die Vorschrift nur noch auf die „Geburt" während der Ehe abstellt, werden zwar nach wie vor Kinder, die während der Ehe „geboren", aber vor der Eheschließung „empfangen" wurden, erfaßt, nicht aber mehr innerhalb der Empfängniszeit nachehel. geborene Kinder. Das war im bisherigen Recht anders, weil nach § 1591 I S. 1 BGB a.F. jedes „nach der Eheschließung geborene", von der Frau „vor oder während der Ehe empfangene" Kind in den Genuß der Ehelichkeitsvermutung kam.

Wird also die Ehe durch Scheidung aufgelöst, so soll künftig mit Rücksicht auf die meist schon vollzogene Trennung oder das eingetretene Zerwürfnis die auf die Ehe gegründete Vaterschaftszurechnung für das nach Eheauflösung geborene Kind nicht mehr eingreifen, ebenso im Falle der Geburt nach Nichtigerklärung oder Aufhebung der Ehe[57]). Hingegen kann die bloße Trennung der Ehegatten, auch wenn sie noch während der Ehe zu einer ne. Lebensgemeinschaft geführt hat, entgegen weitergehenden Vorschlägen die Aufhebung der Vaterschaftszurechnung nach § 1592 Nr. 1 BGB n.F. nicht bewirken[58]). Erst die Geburt des Kindes nach Auflösung der Ehe durch Richterspruch ist der dokumentarisch erfaßbare Akt, der die an das Eheband geknüpfte Vaterschaftsvermutung zu erschüttern vermag. Bedeutung erlangt diese Einschränkung jedoch nur, wenn das Kind innerhalb der – jetzt von 302 auf 300 Tage verkürzten – Empfängniszeit nach Auflösung der Ehe geboren wird. Kommt ein während des Scheidungsverfahrens gezeugtes Kind noch vor Rechtskraft der Scheidung zur Welt, bleibt es bei der Regel des § 1592 Nr. 1 BGB n.F. Angesichts der möglichen Dauer der Scheidungsverfahren, zumal bei Ausschöpfung von Versöhnungsaussetzungen (§ 614 ZPO), sollte man die erhoffte Einsparung von Anfechtungsprozessen nicht überschätzen[59]). Dieser steht nicht nur eine Zunahme von Vaterschaftsfest-

---

[57]) Vgl. dazu BT-Drucks. 13/4899, S. 52 f.
[58]) Vgl. BT-Drucks. 13/4899, S. 52.
[59]) Skeptisch auch *Helms* [Fn. 2], S. 183; vgl. ferner *Edenfeld* [Fn. 2], S. 192, mit Hinweis auf die insoweit jetzt weitgehende „Abweichung von den kindschaftsrechtlichen Reformen anderer Länder", insbes. von Art. 315 des belgischen ZGB, welcher weiterhin das nach Auflösung oder Nichtigerklärung der Ehe geborene

stellungsprozessen gegen den früheren Ehepartner, sondern vor allem gegen den jetzt oft erst noch zu ermittelnden außerehelichen Erzeuger gegenüber. Der vermeintliche „prozeßökonomische" Gewinn schlägt somit künftig womöglich eher ins Gegenteil um.

Wird hingegen die Ehe durch Tod aufgelöst, gilt – wie nach bisherigem Recht (§§ 1591 I, 1592 BGB a.F.) – auch künftig für das nachehel. geborene Kind die erweiterte Vaterschaftszurechnung zum früheren Ehemann der Mutter, soweit die gesetzliche Empfängniszeit zumindest teilweise noch in der Ehe liegt. Für diesen Fall erklärt § 1593 I S. 1 BGB n.F. ausdrücklich § 1592 Nr. 1 BGB n.F. für entsprechend anwendbar. Für den Fall der Verschollenheit ergibt sich nach wie vor das gleiche aus den Vermutungsvorschriften des Verschollenheitsgesetzes (§§ 9, 10, 44 VerschG). Der frühere Ehemann der Mutter gilt mithin auch dann als Vater, wenn sein festgestellter Todeszeitpunkt innerhalb von 300 Tagen vor der Geburt des Kindes liegt[60]).

Obwohl die Beiwohnungsvermutung als Bestandteil der früheren „Ehelichkeitsvermutung" mit ihrer Umwandlung in eine allein auf die „Geburt während der Ehe" gegründete „Vaterschaftsvermutung" entfallen ist, kann wegen ihrer Erstreckung auf das nachehel. geborene Kind des verstorbenen Ehemanns gemäß § 1593 I S. 1 BGB n.F. auf die Festlegung einer gesetzlichen Empfängniszeit hier so wenig verzichtet werden wie beim Kind einer nicht verheirateten Mutter wegen der dort weiterhin gültigen Beiwohnungsvermutung (§ 1600d II BGB n.F.). Im Hinblick auf die Regelung der meisten europäischen Länder hat das KindRG in § 1593 I S. 2 BGB n.F. die Empfängniszeit hinsichtlich ihres Beginns in Abweichung von § 1592 I BGB a.F. von 302 Tagen auf 300 Tage verkürzt[61]), ist damit im Grunde aber nur zum Rechtszustand des gemeinen Rechts und zur Entwurffassung des BGB zurückgekehrt[62]). Hinsichtlich des Endes der Empfängniszeit ist es bei 181 Tagen geblieben (§ 1600d III BGB n.F.).

Kind dem Ehemann zurechnet; vgl. jüngst noch *Pintens*, Die Reform des belgischen Kindschaftsrechts aus vergleichender Sicht, FamRZ 1997, 457, 460 ff. (mit Beschränkung allerdings auf die Sorgerechtsproblematik).

[60]) Vgl. BT-Drucks. 13/4899, S. 84; zur Behandlung der Verschollenheit und Todeserklärung s. *Soergel/Gaul* [Fn. 3], § 1591 Rz. 5.

[61]) Vgl. BT-Drucks. 13/4899, S. 83 f.

[62]) Die noch in § 1467 I des Entwurfs I „von dem 181. bis zu dem 300. Tage" festgelegte Empfängniszeit ist erst in der Neufassung des § 1487 I (= § 1592 I BGB) „bis zu dem 302. Tage" erweitert worden, vgl. zu den Gründen die Motive und Protokolle bei

Steht allerdings fest, daß das Kind mehr als 300 Tage vor seiner Geburt empfangen wurde, so ist gemäß § 1593 I S. 2 BGB n.F. – wie bisher nach § 1592 II BGB a.F. – dieser Zeitraum maßgebend. Für den Nachweis einer längeren Tragzeit gelten somit dieselben Grundsätze wie nach bisherigem Recht[63]).

Für den Fall der Wiederverheiratung der Mutter innerhalb der Empfängniszeit bleibt es unverändert bei der bisher in § 1600 BGB a.F. enthaltenen Vaterschaftsvermutung zugunsten des „neuen Ehemanns" mit der Möglichkeit der Vaterschaftsanfechtung und der Folge der Vaterschaftszuweisung wiederum zum „früheren Ehemann" (§ 1593 I S. 3 und 4 BGB n.F.).

5. Vaterschaftstatbestände und „Rechtsausübungssperre"

Wie schon erwähnt will der Gesetzgeber des KindRG mit der Aufzählung der Tatbestandsalternativen in § 1592 Nr. 1 bis 3 BGB n.F. zugleich zum Ausdruck bringen, daß „ausschließlich" unter diesen Voraussetzungen eine Vater-Kind-Zuordnung im Rechtssinne bestehen kann[64]). „Losgelöst von den genannten Voraussetzungen darf eine Vaterschaft (im Wege der Inzidentfeststellung) künftig – ebenso wie im bisher geltenden Recht – nur angenommen werden, wenn schutzwürdige Interessen es erfordern", wie es in der amtlichen Begründung zu § 1592 BGB-E heißt[65]). Damit sind die bisher schon anerkannten Ausnahmen einer inzidenten Abstammungsüberprüfung gemeint, die den Status des Kindes und die sich daraus ergebenden Rechtsfolgen nicht unmittelbar berühren[66]).

Nach bisherigem Recht bestimmte deshalb § 1593 BGB a.F. ausdrücklich, daß die Nichtehelichkeit eines Kindes nur geltend gemacht werden kann, wenn die Ehelichkeit erfolgreich gerichtlich angefochten ist. Auffälligerweise fehlt es jetzt an einer entsprechenden „Sperrvorschrift" für den Fall des § 1592 Nr. 1 BGB n.F. gegen Anzweiflung

---

Mugdan, Die gesamten Materialien zum BGB, IV. Bd., Familienrecht 1899, S. 345 f., 934 ff.; zum Rechtszustand im gemeinen Recht s. *Gaul* [Fn. 41], S. 630 ff.

[63]) Vgl. dazu *Soergel/Gaul* [Fn. 3], § 1592 Rz. 3.
[64]) Vgl. schon oben zu Fn. 45 und 46.
[65]) BT-Drucks. 13/4899, S. 83.
[66]) Vgl. *Soergel/Gaul* [Fn. 3], § 1593 Rz. 31 bis 41; ferner *Feuerborn*, Sperrwirkung des § 1593 BGB bei Schadensersatzklagen wegen fehlgeschlagener Sterilisation, FamRZ 1991, 515, 519 ff.

Die Neuregelung des Abstammungsrechts 69

des Status[67]). Dagegen hat das KindRG für die Fälle des § 1592 Nr. 2 und 3 BGB n.F. die entsprechende (positive) „Rechtsausübungssperre" des § 1600a S. 2 BGB a.F. unverändert übernommen, indem nach § 1594 I BGB n.F. „die Rechtswirkungen der Anerkennung" erst, wenn diese „wirksam wird", und nach § 1600d IV BGB n.F. die „Rechtswirkungen der Vaterschaft" erst vom Zeitpunkt ihrer „Feststellung an geltend gemacht werden" können.

Im bisherigen Recht maß man dem § 1593 BGB a.F. als Schutznorm gegen unkontrollierte „Inzidentanzweiflungen" der auf die Ehe gegründeten Vaterschaft besondere Bedeutung bei[68]), als einer „Norm, die klare und für jedermann verbindliche Personenstandsverhältnisse" sichern will[69]). Offenbar scheute man jetzt jegliche Hervorhebung des Status des Kindes „verheirateter" Eltern. Solche Sorge ist jedoch grundlos, denn selbst § 63 III S. 1 FGB der ehemaligen DDR schloß – ebenso wie § 1593 BGB a.F. – die Geltendmachung, „daß der Ehemann der Mutter nicht der Vater des Kindes ist", aus, „solange keine rechtskräftige Entscheidung" darüber vorlag und ebenso die Feststellung der Vaterschaft des wirklichen Vaters (§ 54 I FGB)[70]).

In der Sache hat sich jedoch insoweit an der bisherigen Rechtslage nichts geändert. Das folgt schon aus § 1599 I BGB n.F. Danach gelten § 1592 Nr. 1 und 2 BGB n.F. über die Vaterschaftszurechnung kraft Ehe oder Anerkennung sowie die erweiterte Vaterschaftszurechnung nach § 1593 BGB n.F. zum verstorbenen Ehemann dann „nicht, wenn aufgrund einer Anfechtung rechtskräftig festgestellt ist, daß der Mann nicht der Vater des Kindes ist". Vor rechtskräftig gewordener Vaterschaftsanfechtung soll also nach wie vor die Nichtvaterschaft des Ehemanns der Mutter grundsätzlich nicht geltend gemacht werden können. Daß § 1599 I BGB n.F. zugleich die Funktion des bisherigen § 1593 BGB a.F. übernehmen soll, ergibt eindeutig die amtliche Begründung zum KindRGE, indem sie die Abweichung des § 1599 I BGB n.F. vom Wortlaut des § 1593 BGB a.F. damit rechtfertigt, „für die Widerlegung der Vaterschaftsvermutung" sei „entscheidend allein die gerichtliche Feststellung" und weniger die ihr zugrunde liegende

---

[67]) Dies kritisiert auch *Helms* [Fn. 2], S. 181, der lediglich aus der „Exklusivität des Statusverfahrens" (§ 640 I i.V. mit §§ 616 f. ZPO) zur Abstammungsüberprüfung schließt, daß sich „an der bisherigen Rechtslage nichts geändert" habe.
[68]) Vgl. *Soergel/Gaul* [Fn. 3], § 1593 Rz. 2, m.N.; dort auch § 1593 Rz. 21 bis 31 zu den bisher schon anerkannten Ausnahmen.
[69]) So *Gernhuber/Coester-Waltjen* [Fn. 3], § 51 I 6.
[70]) Vgl. zur Bedeutung des § 63 III S. 1 FGB der DDR näher *Gaul* [Fn. 41], S. 619, 626.

„Anfechtung"[71]). Insoweit ist nichts einzuwenden, bedeutet diese Klarstellung doch die jetzt auch im Gesetzestext vollzogene Aufgabe der längst überwundenen Lehre von der Anfechtungsklage als „Doppeltatbestand (Rechtsgeschäft und Staatsakt)", denn maßgebend für den Verlust der bisher bestehenden Vaterschaftszurechnung ist in der Tat allein der richterliche Gestaltungsakt[72]).

6. Möglicher Ausschluß der Vaterschaftszurechnung für während des Scheidungsverfahrens geborene Kinder bei Drittanerkennung

Völlig neu ist allerdings die dem bisherigen Recht unbekannte Ausnahme des § 1599 II BGB n.F., nach der die Vaterschaftszuordnung zum Ehemann der Mutter gemäß §§ 1592 Nr. 1, 1593 BGB n.F. für ein während des Scheidungsverfahrens geborenes Kind dann nicht mehr gelten soll, wenn ein Dritter die Vaterschaft mit Zustimmung der Mutter und des Ehemanns spätestens bis zum Ablauf eines Jahres nach Rechtskraft des Scheidungsurteils anerkennt. Für diesen Fall suspendiert § 1599 II S. 1 Hs. 2 BGB n.F. zugleich von § 1594 II BGB n.F., nach welchem eine Vaterschaftsanerkennung nicht wirksam ist, „solange die Vaterschaft eines anderen Mannes besteht", insbesondere also gemäß § 1592 Nr. 1 BGB n.F. dem Ehemann der Mutter zugerechnet wird[73]). Dieser Vorbehalt erfolgte wohl auch im Hinblick auf die nach bisherigem Recht bestehende Streitfrage zur vorsorglichen Vaterschaftsanerkennung für den Fall erfolgreicher Ehelichkeitsanfechtung[74]). Jedoch erlischt die Vaterschaft des Ehemanns der Mutter

---

[71]) So BT-Drucks. 13/4899, S. 86, zu § 1599 I BGB-E mit ausdrücklicher Bezugnahme auf § 1593 BGB a.F.

[72]) Vgl. dazu schon *Gaul,* Randbemerkungen zum Wesen der Ehelichkeitsanfechtung, FamRZ 1963, 630, 632 ff., gegen die seit *Seckel* tradierte Lehre; ferner *Soergel/Gaul* [Fn. 3], § 1593 Rz. 4; ebenso zuletzt klarstellend *MünchKomm/Mutschler* [Fn. 3], § 1593 Rz. 3; vgl. auch *Mutschler,* Emanzipation und Verantwortung, FamRZ 1994, 65, 68 (für die Anfechtungsklage aus § 1600 I BGB a.F.); – a.A. zuletzt noch *Gernhuber/Coester-Waltjen* [Fn. 3], § 51 VI 1; *Palandt/Diederichsen* [Fn. 11], § 1599 Rz. 1.

[73]) Vgl. dazu BT-Drucks. 13/4899, S. 86.

[74]) Vgl. *BGHZ* 99, 236 ff. = FamRZ 1987, 375 ff. (dazu *Göppinger,* FamRZ 1987, 764 ff.); *KG,* FamRZ 1995, 631; dagegen kritisch die wohl h.M.; vgl. nur *Soergel/Gaul* [Fn. 3], § 1593 Rz. 20, und § 1600b Rz. 4 mit Nachtrag 1992, § 1593 Rz. 20, und § 1600b Rz. 4; ebenso *MünchKomm/Mutschler* [Fn. 3], § 1600b Rz. 2 und 10, m.w.N.; eingehend zur Problematik *Becker-Eberhard,* Die Anerkennung der Vaterschaft eines ehelich geborenen Kindes vor erfolgreicher Ehelichkeitsanfechtung, FS Gitter 1995, S. 53 ff.

ohne rechtskräftig durchgefochtene Anfechtung gemäß § 1599 II BGB n.F. auch künftig nur, falls alle Wirksamkeitsvoraussetzungen der Vaterschaftsanerkennung durch den Dritten hinzutreten und überdies das Scheidungsurteil rechtskräftig geworden ist (§ 1599 II S. 2 und 3 BGB n.F.).

Mit dieser potentiellen Einschränkung der Vaterschaftszuordnung nach §§ 1592 Nr. 1, 1593 BGB n.F. bringt § 1599 II BGB n.F. die wohl wichtigste, aber auch problematischste Neuerung des KindRG zum Abstammungsrecht. Sie bedeutet die zumindest teilweise Freigabe des Status an die rechtsgeschäftliche Privatautonomie, obwohl auch weiterhin das bestehende Statusverhältnis zum Ehemann der Mutter gemäß §§ 1599 I, 1600c I BGB n.F. grundsätzlich nur durch einen vom Offizial- und Untersuchungsprinzip (§§ 640, 640d ZPO n.F.) beherrschten Statusprozeß mit richterlichem Gestaltungsausspruch in Frage gestellt und beseitigt werden kann. Das läßt sich kaum widerspruchsfrei miteinander vereinbaren[75]). Darauf wird noch näher einzugehen sein (s. unten VI. 2.).

7. Die Vaterschaftsanerkennung

Für ne. Kinder bleibt es bei der Vater-Kind-Zuordnung durch Anerkennung gemäß § 1592 Nr. 2 BGB n.F. als Alternative zur gerichtlichen Vaterschaftsfeststellung nach § 1592 Nr. 3 BGB n.F. Die näheren Voraussetzungen regeln jetzt die §§ 1594 bis 1598 BGB n.F., welche die bisherigen Vorschriften der §§ 1600b bis 1600f BGB a.F. ersetzen. Sprachlich ist die Neufassung bemüht, die Mehrdeutigkeit des Begriffs „Anerkennung" im bisherigen Recht zum einen als (wirksame) Anerkennung (vgl. §§ 1600c I, 1600f I BGB a.F.)[76]) und zum anderen als Anerkennungserklärung (§§ 1600b, 1600e BGB a.F.) zu vermeiden. Künftig soll „Anerkennung" nur noch gleichbedeutend sein mit der „Anerkennungserklärung" des Mannes[77]). Die Anerkennung ist wie bisher als einseitiges und zustimmungsbedürftiges Rechtsgeschäft aufzufassen; sie hat auf der Basis des unveränderten

---

[75]) S. zur vorausgegangenen Reformdiskussion vorerst nur *Gaul* [Fn. 41], S. 619, 622 f., 634 ff., 637 ff., 647 ff.; die „Ausdehnung der rechtsgeschäftlichen Privatautonomie" im Bereich des Statusrechts und das „Einrücken (des ne. Vaters) in eine Art subsidiäre Elternschaft" kritisiert auch *Ramm* [Fn. 4], S. 991, 993; – keine Bedenken sieht dagegen offenbar *Helms* [Fn. 2], S. 183.

[76]) Vgl. zum Begriff der „Anerkennung" in § 1600f BGB a.F. *Soergel/Gaul* [Fn. 3], § 1600f Rz. 5.

[77]) So BT-Drucks. 13/4899, S. 84; s. aber nachfolgend Fn. 79.

§ 1589 BGB keine „statusbegründende", sondern nur „statusfestigende" Wirkung[78]).

a) Beibehaltene Grundregeln

Auch wenn das Gesetz jetzt nicht mehr wie bisher in § 1600a S. 1 BGB a.F. sagt, es werde „die Vaterschaft durch Anerkennung ... mit Wirkung für und gegen alle festgestellt", sondern in § 1592 Nr. 2 BGB n.F. apodiktisch formuliert, „Vater ist der Mann, der die Vaterschaft anerkannt hat", ändert dies an der Wirkung der Anerkennung nichts[79]). Eine stärkere Wirkung als für den Fall, daß gemäß § 1592 Nr. 3 BGB n.F. „die Vaterschaft gemäß § 1600d gerichtlich festgestellt ist", kommt jedenfalls der Anerkennung nicht zu.

Wie bisher nach § 1600a S. 2 BGB a.F. können allerdings gemäß § 1594 I BGB n.F. „die Rechtswirkungen der Anerkennung, soweit sich nicht aus dem Gesetz anderes ergibt, erst von dem Zeitpunkt an geltend gemacht werden, zu dem die Anerkennung wirksam wird". Das bedeutet jedoch nicht, daß sie erst ab dann zur Entstehung gelangen[80]). Vielmehr folgt das Gegenteil schon aus der Grundnorm des § 1589 BGB sowie daraus, daß das Gesetz selbst in § 1594 I BGB n.F. nach wie vor Ausnahmen „vorzeitiger" Geltendmachung von Rechtsfolgen der Vaterschaft vorbehält wie etwa weiterhin in § 1615o BGB oder in § 641d ZPO. Die Vorschrift hindert also nicht die Entstehung von Rechten, sondern nur ihre Ausübung im Sinne einer „Rechtsausübungssperre"[81]).

---

[78]) Vgl. *Soergel/Gaul* [Fn. 3], vor § 1589 Rz. 7, und § 1600b Rz. 1; ebenso *Jauernig/ Schlechtriem*, BGB, 7. Aufl. 1994, §§ 1600b bis 1600f, Anm. 1; ähnlich *Gernhuber/ Coester-Waltjen* [Fn. 3], § 52 II 1 („statuskonkretisierender Akt"); auch *Staudinger/ Göppinger*, BGB, 12. Aufl. 1993, § 1600a Rz. 31; i.E. ebenso *MünchKomm/Mutschler* [Fn. 3], vor § 1600a Rz. 3; – a.A. *Giesen*, Familienrecht [Fn. 5], Rz. 524 („konstitutiv"); *Palandt/Diederichsen* [Fn. 11], § 1600a Rz. 5; nicht eindeutig *Beitzke/ Lüderitz* [Fn. 15], § 23 I 1 („Vaterschaftsbegründung"), II („feststellende Erklärung").

[79]) Übrigens kann entgegen der Intention des Gesetzgebers zur Vereinheitlichung des Begriffs die „Anerkennung" in § 1592 Nr. 2 BGB n.F. nicht als deren „Erklärung", sondern nur als (wirksame) „Anerkennung" gemeint sein.

[80]) A.A. *Holzhauer*, Verwandtschaftliche Elternstellung, FamRZ 1982, 109 f.

[81]) Vgl. *Soergel/Gaul* [Fn. 3], § 1600a Rz. 3, m.w.N.; dort auch dazu, weshalb die Bezeichnung „Rechtsausübungssperre" eine gewisse Verkürzung enthält; wie hier auch *Staudinger/Göppinger* [Fn. 78], § 1600a Rz. 30, 31; ebenso *BSG*, FamRZ 1983, 270, 271, gegen *Beitzke*, Familienrecht, 25. Aufl. 1988, § 23 I 2 (ebenso noch *Beitzke/Lüderitz* [Fn. 15], § 23 I 1), wo von „anfänglicher juristischer Vaterlosigkeit" aufgrund von § 1600a S. 2 BGB ausgegangen wird.

Nach § 1594 II BGB n.F. ist eine Vaterschaftsanerkennung „nicht wirksam, solange die Vaterschaft eines anderen Mannes besteht". Das entspricht dem bisherigen § 1600b III BGB a.F., umfaßt mit seiner allgemeineren Fassung aber jetzt nicht nur eine entgegenstehende frühere Anerkennung oder gerichtliche Feststellung der Vaterschaft, sondern auch eine bestehende Vaterschaftszurechnung zum Ehemann der Mutter. Deshalb muß jetzt § 1599 II S. 1 Hs. 2 BGB n.F. von § 1594 II BGB n.F. für den neuartigen Fall „vorzeitiger" Anerkennung eines während des Scheidungsverfahrens geborenen Kindes wiederum suspendieren (s. oben zu 6.), weil dies zugleich auf eine „Aberkennung der Vaterschaft" hinausläuft[82]).

Indem § 1594 II BGB n.F. die Anerkennung für „nicht wirksam" erklärt, „solange" das Hindernis einer bestehenden Vaterschaft entgegensteht, soll abweichend von der Interpretation des § 1600b III BGB a.F. („ist unwirksam") klargestellt werden, daß eine dennoch abgegebene Anerkennung nicht nichtig, sondern nur schwebend unwirksam ist[83]).

Unverändert ist nach § 1594 III BGB n.F. (früher: § 1600b I BGB a.F.) „eine Anerkennung unter einer Bedingung oder Zeitbestimmung unwirksam", hingegen eine pränatale Anerkennung „zulässig" (§ 1594 IV BGB n.F. wie § 1600b II BGB a.F.).

b) Zustimmung der Mutter anstelle der Kindeszustimmung

Die gravierendste Änderung gegenüber dem bisherigen Recht der Vaterschaftsanerkennung besteht darin, daß die nach § 1600c I BGB a.F. stets erforderlich gewesene Zustimmung des Kindes zur Anerkennung künftig grundsätzlich nicht mehr verlangt wird. Statt dessen bedarf die Anerkennung jetzt gemäß § 1595 I BGB n.F. stets der Zustimmung der Mutter und nach § 1595 II BGB n.F. nur dann noch zusätzlich der Zustimmung des Kindes, wenn insoweit der Mutter die elterliche Sorge nicht zusteht.

---

[82]) Vgl. zu den entsprechenden früheren Reformvorschlägen schon *Gaul* [Fn. 41], S. 647; auch *Helms* [Fn. 2], S. 180.
[83]) Vgl. die amtliche Begründung zu § 1594 II BGB-E; vgl. dazu, daß eine nach § 1600b III BGB a.F. „unwirksame" Anerkennung nicht heilbar war, sondern der Neuvornahme bedurfte, *Soergel/Gaul* [Fn. 3], § 1600b Rz. 7; ebenso *MünchKomm/ Mutschler* [Fn. 3], § 1600b Rz. 9; *Staudinger/Göppinger* [Fn. 78], § 1600b Rz. 18, 24; – zum dogmatischen Unterschied von „Nichtigkeit" und „nachholbarer Wirksamkeitsvoraussetzung" s. eingehend *Becker-Eberhard* [Fn. 74], S. 53, 55 ff.

Nach bisherigem Recht wurde die Zustimmung des Kindes für unerläßlich gehalten, weil es durch die Anerkennung in seinem Personenstand unmittelbar betroffen ist. Seine Zustimmung sollte zugleich eine Richtigkeitskontrolle gewährleisten, um zu verhindern, daß dem Kind ein anderer Mann als „Vater" aufgedrängt oder mißbräuchlich unterschoben wird, etwa auch, um eine formgerechte Adoption zu umgehen[84]). Für das geschäftsunfähige oder noch nicht 14 Jahre alte Kind wurde die Zustimmungserklärung durch das Jugendamt als gesetzlichen Vertreter abgegeben; das über 14 Jahre alte Kind konnte nur selbst zustimmen mit Genehmigung des Jugendamts (§ 1600d II BGB a.F.). Dadurch wurde das Selbstbestimmungsinteresse des Kindes gewahrt[85]). Teilweise wurde die Zustimmung des Kindes sogar „aus verfassungsrechtlichen Gründen (Art. 1 I, 2 I GG) als notwendig" erachtet, weil ohne ein eigenes Mitspracherecht „das Persönlichkeitsrecht des Kindes verletzt" werde[86]).

Eine Zustimmung der Mutter hielt der Gesetzgeber des NEhelG 1969 entgegen entsprechenden Anregungen aus vornehmlich praktischen Gründen, wie einer unnötigen Verzögerung der Anerkennung, für entbehrlich mit Verweisung auf ihr Anfechtungsrecht aus § 1600g I BGB a.F.[87]). Vor allem befürchtete man aber einen Interessenkonflikt: Es könnte die Mutter aus eigensüchtigen Motiven ungeachtet der wirklichen Vaterschaft die Anerkennung verhindern oder fördern[88]).

Über die für die bisherige Regelung maßgebenden Gesichtspunkte setzt sich der Gesetzgeber des KindRG diskussionslos hinweg. Für ihn ist die Ersetzung der Zustimmung des Kindes durch die Zustimmung der Mutter nur eine Konsequenz aus der Abschaffung der Amtspflegschaft durch das Beistandschaftsgesetz und die damit verbundene Zuweisung der „uneingeschränkten elterlichen Sorge" an die Mutter gemäß § 1626a II BGB n.F.[89]). In der zusätzlichen Zustim-

---

[84]) Vgl. die amtliche Begründung zum NEhelG in BT-Drucks. V/2370, S. 27; dazu *Soergel/Gaul* [Fn. 3], § 1600c Rz. 1; *MünchKomm/Mutschler* [Fn. 3], § 1600c Rz. 1; *Staudinger/Göppinger* [Fn. 78], § 1600c Rz. 1; *Beitzke/Lüderitz* [Fn. 15], § 23 II 3; *Henrich* [Fn. 21], § 17 IV 2a.

[85]) *Schwab*, Familienrecht, 8. Aufl. 1995, Rz. 571.

[86]) So *Staudinger/Göppinger* [Fn. 78], § 1600c Rz. 1.

[87]) Vgl. BT-Drucks. V/2370, S. 27; dazu *Soergel/Gaul* [Fn. 3], § 1600c Rz. 1, m.w.N.

[88]) So insbes. *Beitzke/Lüderitz* [Fn. 15], § 23 II 4; *Henrich* [Fn. 21], § 17 IV 2a; *Giesen* [Fn. 5], Rz. 526 Fn. 19.

[89]) Vgl. die amtliche Begründung, BT-Drucks. 13/4899, S. 54.

mung des Kindes sieht er nurmehr einen „sinnlosen Formalismus" in Gestalt von zwei Erklärungen der Mutter, zum einen im eigenen Namen, zum anderen als gesetzliche Vertreterin im Namen des Kindes. Die Alternative, die Kindeserklärung wegen Interessenkollision an einen gerichtlich bestellten Pfleger zu übertragen, wird gar nicht in Betracht gezogen. Statt dessen wird nur pauschal auf den – in Fällen der vorliegenden Art kaum praktizierbaren – extremen Eingriff des Sorgerechtsentzugs nach § 1666 BGB als Korrektiv verwiesen[90]).

Die für das Zustimmungserfordernis der Mutter sprechenden Gründe, daß sie nämlich „von der Anerkennung betroffen werden kann" und ihr deshalb statt des Rechts auf Anfechtung der Vaterschaft nach § 1600 BGB n.F. besser schon „beim Entstehungsvorgang" ein Mitwirkungsrecht gegeben werde[91]), hätten erst recht für die Aufrechterhaltung des Zustimmungsrechts des Kindes gesprochen. Warum das sonst so betonte „Recht des Kindes auf Kenntnis seiner Abstammung" nur noch für das erweiterte Anfechtungsrecht des Kindes nach § 1600b BGB n.F. – zudem bei der verheirateten Mutter ohne Rücksicht auf ihr Interesse an Erhaltung der Ehe – gelten soll, nicht aber mehr bei der „Auswahl" des Anerkennungsvaters zur Vermeidung von Scheinanerkennungen, erscheint kaum plausibel.

Das Kind hat nur noch ein subsidiäres Zustimmungsrecht nach § 1595 II BGB n.F., jedoch nicht anstelle der nicht sorgeberechtigten Mutter, sondern nur zusätzlich neben ihrer stets erforderlich bleibenden – konsequenterweise nicht ersetzbaren[92]) – Zustimmung. Das soll nach der amtlichen Begründung selbst dann gelten, „wenn für das Kind wegen Volljährigkeit keine elterliche Sorge mehr besteht"[93]). Es ist aber kein berechtigtes Interesse der Mutter erkennbar, entgegen dem Willen des volljährigen Kindes die Zustimmung zur Vaterschaftsanerkennung zu verweigern[94]). Damit befindet die Mutter letztlich darüber, ob das Kind einen kostenträchtigen Vaterschaftsfeststellungsprozeß nach § 1600d BGB n.F. betreiben muß. Soweit das Gesetz für

---

[90]) Vgl. BT-Drucks. 13/4899, S. 54, 84; – gegen die Eignung des § 1666 BGB zur Lösung der Konfliktlage schon *Richter*, Soll die gesetzliche Amtspflegschaft abgeschafft werden?, FamRZ 1994, 5, 8.
[91]) So BT-Drucks. 13/4899, S. 54.
[92]) In der Tat macht ein gerichtliches Ersetzungsverfahren mit „Inzidenter"-Prüfung der Vaterschaftswahrscheinlichkeit neben dem direkt zu betreibenden Vaterschaftsfeststellungsverfahren keinen Sinn, insoweit zutreffend BT-Drucks. 13/4899, S. 54.
[93]) Vgl. die amtliche Begründung zu § 1595 II BGB-E, BT-Drucks. 13/4899, S. 84 f.
[94]) Ebenso *Helms* [Fn. 2], S. 184.

diesen Fall der Klageveranlassung, weil „die Mutter der Anerkennung der Vaterschaft nicht zugestimmt hat", bei Klageerfolg gemäß § 93c II S. 2 ZPO n.F. eine Kostenabwälzung auf die Mutter nach billigem Ermessen vorsieht, ist dies ein praktisch kaum taugliches Korrektiv. Denn man wird der Mutter die Einlassung, sie habe die Zustimmung wegen Zweifeln an der Vaterschaft verweigert, nur selten widerlegen können[95]).

Bei allem Verständnis für eine „Stärkung der Rechte der Mutter", der sich das KindRG verschrieben hat[96]), darf diese nicht derart auf Kosten der Rechte und Interessen des Kindes gehen. Da es im Grunde um den Status des Kindes geht, darf seine Rechtsstellung nicht solchermaßen zur Disposition seiner „Eltern" gestellt werden. So muß sich der Gesetzgeber des KindRG vorhalten lassen, er habe die „Objektstellung des Kindes" noch dadurch „verstärkt, daß es künftig Gegenstand von Familienrechtsgeschäften der ‚Eltern' wird"[97]). Wurde das Zustimmungsrecht des Kindes nach bisherigem Recht sogar „aus verfassungsrechtlichen Gründen (Art. 1 I, 2 I GG)" für notwendig erachtet[98]), so muß seine Beseitigung im künftigen Recht auf entsprechende Bedenken stoßen. Auch soweit der Gesetzgeber des KindRG erklärtermaßen die UN-Kinderrechtskonvention zum Maßstab der Neuregelung genommen hat[99]), muß er § 1595 II BGB n.F. wenn nicht schon an Art. 7 I der Konvention (Recht auf Kenntnis der Eltern) so doch an Art. 12 (Berücksichtigung des Kindeswillens je nach Alter und Reife) messen lassen[100]).

---

[95]) Vgl. auch *Helms* [Fn. 2], S. 184.
[96]) Vgl. die amtliche Begründung, BT-Drucks. 13/4899, S. 54: „Die Stellung der Mutter soll sowohl bei der Anerkennung als auch bei der Anfechtung der Vaterschaft verstärkt werden."
[97]) So *Ramm* [Fn. 4], S. 992; vgl. auch *Richter* [Fn. 90], S. 8: „Der Entwurf macht die Vaterschaftsfeststellung praktisch zur Privatsache der Mutter."
[98]) Vgl. zu diesem Standpunkt von *Staudinger/Göppinger* [Fn. 78], § 1600c Rz. 1, schon oben zu Fn. 86. – Vgl. dazu, daß eine entsprechende Regelung im belgischen Recht für verfassungswidrig erklärt wurde, *Helms* [Fn. 2], S. 183 zu Fn. 59, mit Hinweis auf *Pintens*, Auf dem Weg zu einem europäischen Kindschaftsrecht – das Beispiel Belgiens, in: *Will* (Hg.), Schriftenreihe deutscher Jura-Studenten in Genf, Bd. 2, 1992, S. 32 ff.
[99]) Vgl. oben zu Fn. 31 f.
[100]) So vertrat *Gerstein* für die Arbeitsgemeinschaft für Jugendhilfe bei der Anhörung im Rechtsausschuß den Standpunkt, Art. 12 der UN-Kinderrechtskonvention erfordere die Zustimmung des Kindes zur Vaterschaftsanerkennung zumindest ab dem vollendeten 12. Lebensjahr, vgl. [Fn. 35], S. 76.

Diese schwerwiegenden Bedenken hätte der Gesetzgeber leicht durch Beibehaltung des bisherigen Zustimmungsrechts des Kindes vermeiden können[101]). Der einzig angeführte Sachgrund, das Absehen von der Kindeszustimmung werde „viele Probleme lösen, die sich bislang bei Vaterschaftsanerkennungen im Ausland" im Hinblick auf Art. 23 EGBGB ergeben haben[102]), ist demgegenüber eher pragmatischer Art und vermag die Beseitigung des bisherigen Mitwirkungsrechts des Kindes bei der Vaterschaftsanerkennung nicht zu legitimieren. Angesichts der Schwierigkeiten der Rechtsverfolgung im Ausland, etwa bei ausstehendem Unterhalt, erscheint zudem fraglich, ob eine erleichterte Vaterschaftsanerkennung durch Ausländer letztlich wirklich dem „Kindeswohl" dient[103]).

Soweit das KindRG ausnahmsweise für das nicht unter mütterlicher Sorge stehende Kind gemäß § 1595 II BGB n.F. am Erfordernis der Kindeszustimmung festhält, entspricht die Regelung des § 1596 II BGB n.F. wörtlich dem bisherigen § 1600d II BGB a.F. Danach kann für das geschäftsunfähige oder noch nicht 14 Jahre alte Kind nur sein gesetzlicher Vertreter die Zustimmung erklären, das über 14 Jahre alte Kind – mit Zustimmung des gesetzlichen Vertreters – nur selbst der Anerkennung zustimmen. Auch bezüglich der übrigen rechtsgeschäftlichen Voraussetzungen der Anerkennungs- und Zustimmungserklärung übernimmt § 1596 BGB n.F. die bisherige Regelung des § 1600d BGB a.F. unverändert. In § 1596 I S. 4 BGB n.F. wird die Regelung nur auf die jetzt stets erforderliche Zustimmung der Mutter erstreckt.

---

[101]) So sah noch der SPD-Entwurf, BT-Drucks. 13/1752, S. 3, die zusätzliche Zustimmung des Kindes vor, vgl. auch den Abdruck aus BT-Drucks. 12/4042, FamRZ 1993, 278, 279: „Verwandtschaft und Abstammung: I. 5. Zur Anerkennung ist die Zustimmung des Kindes und seiner Mutter erforderlich." – Bei der Anhörung im BT-Rechtsausschuß wandte sich auch *Henrich* gegen den Wegfall der Zustimmung des Kindes wegen der Gefahr von „Scheinanerkennungen", vgl. Protokolle der 77. Sitzung des BT-Rechtsausschusses v. 24. 2. 1997, S. 56; im Bericht des Rechtsausschusses, BT-Drucks. 13/8511, S. 83, heißt es dazu schlicht, daß „die Anerkennung der Vaterschaft vom Kindeswohl unabhängig nur mit Zustimmung der Mutter wirksam sei".

[102]) So die amtliche Begründung zu § 1595 II BGB-E, BT-Drucks. 13/4899, S. 85.

[103]) Diese Kehrseite übersieht *Edenfeld* [Fn. 2], S. 193, wenn er meint, der Verzicht auf die Kindeszustimmung liege in den Ausländerfällen im „Wohl des Kindes".

c) Form, Frist, Widerruf und Wirksamkeit der Anerkennung

Die Vorschrift des § 1597 I BGB n.F. sieht jetzt einheitlich für die Anerkennung und Zustimmung – unter Einschluß der Zustimmungserklärung des gesetzlichen Vertreters (insoweit abweichend von § 1600e I S. 2 BGB a.F.) - öffentliche Beurkundung vor. § 1597 II BGB n.F. erweitert (über § 1600e II BGB a.F. hinausgehend) die Benachrichtigungspflicht in beglaubigter Form auf „alle Erklärungen" und bezieht in den Empfängerkreis jetzt zusätzlich auch den Vater ein.

Eine wesentliche Neuerung enthält § 1597 III BGB n.F., der anstelle der früheren 6-Monats-Frist (§ 1600 III BGB a.F.) keine Befristung für die Zustimmungserklärung mehr vorsieht, statt dessen jedoch dem Mann das Recht einräumt, die Anerkennung zu widerrufen, falls sie innerhalb eines Jahres nach ihrer Beurkundung noch nicht wirksam geworden ist. Diese sinnvolle Änderung begünstigt das wirksame Zustandekommen der Anerkennung im Kindesinteresse, indem die Anerkennung nicht mehr nach relativ kurzer Frist automatisch als „unwirksam" verfällt (§ 1600f I BGB a.F.), sondern dem Mann das Recht vorbehalten bleibt, einen längeren Schwebezustand durch Widerruf zu beenden[104]).

Aus Gründen des besonderen Bestandsschutzes ist die Anerkennung auch künftig „nur unwirksam", wenn sie den speziellen Erfordernissen der §§ 1594 bis 1597 BGB n.F. nicht genügt. Doch erstreckt jetzt § 1598 I BGB n.F. klarstellend gegenüber § 1600f I Alt. 1 BGB a.F. die Regelung auch auf die Zustimmung[105]) sowie auf den jetzt zusätzlich möglichen Widerruf der Anerkennung.

Eine bloße Klarstellung bringt auch § 1598 II BGB n.F., wenn er die Anerkennung ohne Rücksicht auf ihre Mängel für „wirksam" erklärt, falls seit der Eintragung ins deutsche Personenstandsbuch fünf Jahre verstrichen sind. Soweit nach früherem Recht die Unwirksamkeitsgründe lediglich „nicht mehr geltend gemacht werden" konnten (§ 1600f II BGB a.F.), wurde dies schon von der bisher h.M. als heilender Wirksamkeitseintritt mit der Folge verstanden, daß die Anerkennung nur noch durch Anfechtung wegen Nichtbestehens der

---

[104]) Vgl. dazu BT-Drucks. 13/4899, S. 85.
[105]) Zum Einschluß der „Zustimmungserklärung" in § 1600f I BGB a.F. infolge umfassender Interpretation des Begriffs „Anerkennung" s. *Soergel/Gaul* [Fn. 3], § 1600f Rz. 5, m.N.; vgl. schon oben zu Fn. 76.

Vaterschaft beseitigt werden konnte, ohne daß der *BGH*[106]) dagegen verfassungsrechtliche Bedenken gelten ließ.

8. Die gerichtliche Vaterschaftsfeststellung

Die in § 1592 Nr. 3 BGB n.F. als letzte Alternative der Vaterschaftszuordnung genannte gerichtliche Feststellung der Vaterschaft ist der verbleibende Weg, um die Vaterschaft in bezug auf ein ne. Kind oder – nach neuem Sprachgebrauch – „Kind einer nicht verheirateten Mutter" zu klären, falls die Vaterschaft nicht nach § 1592 Nr. 2 I BGB n.F. anerkannt ist.

a) Die übernommene Regelung

Die betreffende Regelung enthält jetzt § 1600d BGB n.F., der auf den ersten Blick ohne wesentliche sachliche Änderungen die früheren Vorschriften zur Subsidiarität der gerichtlichen Vaterschaftsfeststellung gegenüber der Anerkennung (§ 1600d I BGB n.F. entsprechend § 1600n I BGB a.F.), zur Vaterschaftsvermutung (§ 1600d II BGB n.F. entsprechend § 1600o II S. 1 und 2 BGB a.F.), zur Empfängniszeit (§ 1600d III BGB n.F. entsprechend § 1600o II S. 3 i.V. mit § 1592 BGB a.F.) und hinsichtlich der Rechtsausübungssperre (§ 1600d IV BGB n.F. entsprechend § 1600a S. 2 BGB a.F.) zusammenfassend übernimmt.

Hinzu tritt § 1600e BGB n.F., der sowohl für die Feststellung wie für die Anfechtung der Vaterschaft jetzt gemeinsam die jeweilige Klagebefugnis und Parteistellung im Prozeß regelt (§ 1600e I BGB n.F. entsprechend § 1600l und § 1600n I BGB a.F.) sowie im Falle des Todes der Passivpartei die Antragsbefugnis im Verfahren der freiwilligen Gerichtsbarkeit (§ 1600e II BGB n.F. entsprechend § 1600l II und § 1600n II BGB a.F.). Für beide Verfahrensarten ist künftig im Zuge der Vereinheitlichung des Abstammungsverfahrens das *Familiengericht* zuständig (§ 621 I Nr. 10 ZPO n.F., §§ 55b II, III, 56c I FGG n.F.).

b) Die neue Klagebefugnis der Mutter

Die bedeutendste Neuerung besteht darin, daß der Mutter jetzt eine eigene Klagebefugnis für die Klage auf Feststellung der Vater-

---

[106]) *BGH*, FamRZ 1985, 271, für den Fall der Anerkennung durch einen Geschäftsunfähigen; s. dazu auch *Soergel/Gaul* [Fn. 3], § 1600f Rz. 3.

schaft eingeräumt wird. Sie kommt im Gesetz allerdings eher unauffällig dadurch zum Ausdruck, daß es nach der Nennung der Klage des Mannes gegen das Kind in § 1600e I BGB n.F. heißt: „ ... oder auf Klage der Mutter oder des Kindes gegen den Mann entscheidet das Familiengericht über die Feststellung oder Anfechtung der Vaterschaft." Eine Begründung dafür, weshalb die Mutter nicht nur als gesetzliche Vertreterin des Kindes, sondern künftig auch im eigenen Namen die Klage auf Feststellung der Vaterschaft gegen den Mann soll erheben können, sucht man in der Begründung zum KindRGE vergeblich[107]). Offenbar meinte man, wenn die Mutter ein eigenes Zustimmungsrecht zur Vaterschaftsanerkennung und ein eigenes Recht auf Vaterschaftsanfechtung erhalte, müsse ihr mit Selbstverständlichkeit auch eine Klagebefugnis für die Vaterschaftsfeststellungsklage zuerkannt werden.

In der Tat erscheint die Erweiterung der Klagebefugnis auf die Mutter auch für die Vaterschaftsfeststellung zunächst ohne weiteres konsequent. Schon unter dem bisherigen Recht wurde ein eigenes Klagerecht der Mutter im Hinblick auf ihre von der Vaterschaftsfeststellung abhängigen Ansprüche aus §§ 1615k und 1615l BGB diskutiert[108]). Der Gesetzgeber des NEhelG verneinte jedoch ein entsprechendes Bedürfnis, da durch das Institut der gesetzlichen Amtspflegschaft für eine alsbaldige Ermittlung und Feststellung des Vaters hinreichend gesorgt sei[109]). Der Wegfall der Amtspflegschaft bringt insoweit jetzt eine neue Lage. Sie findet ihren konsequenten Ausdruck jedoch bereits in der der Mutter künftig zugewiesenen Eigenschaft als gesetzliche Vertreterin des Kindes (§ 1626a II BGB n.F.), so daß die zusätzliche Ausstattung mit einem eigenen Klagerecht auf Vaterschaftsfeststellung heute keineswegs zwingender erscheint als neben der früheren Amtspflegschaft[110]). Freilich liegt sie in dem vom KindRG verfolgten allgemeinen Trend der „Stärkung der Rechte der

---

[107]) Weder in der amtlichen Begründung zu § 1600e BGB-E, BT-Drucks. 13/4899, S. 89, noch in der Stellungnahme des Bundesrats zur (bloßen) Umformulierung der Vorschrift, a.a.O., S. 149, noch in der Zustimmung der Bundesregierung zu diesem Vorschlag, a.a.O., S. 167, findet sich zum neueingeführten Klagerecht der Mutter ein Wort; eine Begründung vermißt auch *Helms* [Fn. 2], S. 180, Fn. 28.
[108]) Vgl. *Soergel/Gaul* [Fn. 3], § 1600n Rz. 3, m.w.N.
[109]) Vgl. BT-Drucks. V/2370, S. 35.
[110]) Eine Beschränkung der Mutter auf ihre „Eigenschaft als gesetzliche Vertreterin" wäre deshalb nach *Helms* [Fn. 2], S. 184, mit Wegfall der Amtspflegschaft „sachgerechter gewesen".

Mutter"[111]). Immerhin läßt sich anführen, daß die Mutter bisher schon nach dem Tode des Kindes ein eigenes Antragsrecht auf Vaterschaftsfeststellung vor dem VormG hatte (§ 1600n II BGB a.F.)[112]) und ein solches weiterhin gemäß § 1600e II BGB n.F. vor dem FamG haben wird, das freilich als alleiniges Antragsrecht mit keinem anderen konkurriert. Im Ergebnis unterliegt demnach das eigene Klagerecht der Mutter keinen durchgreifenden Bedenken[113]).

Allerdings haben wir es künftig mit der nicht ganz so selbstverständlichen Besonderheit der gesetzlichen Einräumung eines eigenen Klagerechts an eine Person auf Feststellung eines Drittrechtsverhältnisses zu tun[114]). Denn das nach §§ 256 I, 640 II Nr. 1 ZPO n.F. festzustellende Rechtsverhältnis der Vaterschaft kann naturgemäß nur zwischen dem Vater und dem Kind bestehen. Die Mutter ist davon in ihrer Rechtsstellung nur mittelbar betroffen, namentlich in ihrem Sorgerecht wegen des Umgangsrechts des Vaters, aber auch wegen ihrer abgeleiteten Ansprüche aus § 1615l BGB n. F. und Antragsbefugnisse aus § 1615o BGB n. F.[115]).

Nimmt man den allgemeinen Hinweis der amtlichen Begründung wörtlich, es werde in § 1600e I BGB die „Aktiv- und die Passivlegitimation geregelt"[116]), so soll wohl auch der Mutter – wie dem Mann und dem Kind – die Feststellungsklage zu eigenem Recht zustehen

---

[111]) Vgl. oben zu Fn. 96.
[112]) Zu diesem Argument schon unter dem bisherigen Recht s. *Soergel/Gaul* [Fn. 3], § 1600n Rz. 3 und 24.
[113]) Dafür außer dem Nachweis in Fn. 108 namentlich *Schwenzer* [Fn. 37], S. 28 f.; Beschlüsse des DJT [Fn. 22], zu B I 2; *Mutschler* [Fn. 2], S. 1382; – kritisch dagegen mit rechtsvergleichenden Hinweisen *Helms* [Fn. 2], S. 184.
[114]) Vgl. dazu namentlich *G. Lüke*, Zur Klage auf Feststellung von Rechtsverhältnissen mit oder zwischen Dritten, FS W. Henckel 1995, S. 563 ff.; *Rosenberg/Schwab/Gottwald*, Zivilprozeßrecht, 15. Aufl. 1993, § 93 II 2, m.w.N.; *Stein/Jonas/Schumann*, ZPO, 21. Aufl. 1996, § 256 Rz. 37 ff.
[115]) Auch die amtliche Begründung zu § 640 II Nr. 1 ZPO-E, BT-Drucks. 13/4889, S. 124, geht davon aus, daß mit der Streichung der früheren Worte „zwischen den Parteien" Berücksichtigung finde, daß die künftig klageberechtigte Mutter bei der Klage auf Feststellung der Vaterschaft „nicht Teil des ‚Eltern-Kind-Verhältnisses' ist".
Der aufgehobene § 1615k BGB a. F. (Entbindungskosten) ist jetzt (umstrukturiert als Unterhaltsanspruch) in § 1615l I S. 2 BGB n. F. enthalten.
§ 1615o BGB wurde neugefaßt durch das KindUG v. 6. 4. 1998 (BGBl 1998 I 666).
[116]) BT-Drucks. 13/4899, S. 89.

und nicht etwa nur in „gesetzlicher Prozeßstandschaft"[117]). Das beschwört die Gefahr konkurrierender Feststellungsklagen der nicht sorgeberechtigten Mutter und des anderweitig gesetzlich vertretenen Kindes gegen verschiedene jeweils bevorzugte potentielle „Väter" herauf, die bei dem eigenen Klagerecht der Mutter auf Vaterschaftsanfechtung gegen ein und denselben „Scheinvater" als Passivpartei von vornherein ausgeschlossen ist. Immerhin beugt dem jetzt § 640c II ZPO n.F. vor, indem er bestimmt: „Während der Dauer der Rechtshängigkeit einer der in § 640 bezeichneten Klagen kann eine entsprechende Klage nicht anderweitig anhängig gemacht werden." Demnach sollen ein und dasselbe Kind betreffende Abstammungsverfahren – über die Rechtshängigkeitssperre des § 261 III Nr. 1 ZPO hinaus – auch bei Verschiedenheit der jeweils klageberechtigten Partei oder der Gegenpartei nicht anderweitig anhängig gemacht werden können[118]). Danach bleibt nur die Möglichkeit der gemeinsamen Klage oder des Beitritts zum Rechtsstreit der anderen Partei gemäß § 640e ZPO.

Da gemäß § 1600d IV BGB n.F. – wie schon bisher nach § 1600a S. 2 BGB a.F. – die Rechtswirkungen der Vaterschaft grundsätzlich „erst vom Zeitpunkt ihrer Feststellung an geltend gemacht werden können"[119]), besteht ein vitales Interesse des Kindes daran, daß die Vaterschaft alsbald nach seiner Geburt festgestellt wird. Dafür Vorsorge zu treffen war bisher schon ein Gebot aus dem Gleichstellungsauftrag des Art. 6 V GG, denn anders als beim Kind einer verheirateten Mutter fehlt es hier an dem dort von Geburt an bestehenden „klaren Anknüpfungspunkt der Ehe" für die Vaterschaftszuordnung[120]). Deshalb gilt es, den Zustand ungeklärter Vaterschaft möglichst schnell zu überbrücken. Die gleiche Lage ergibt sich für das Kind, das infolge erfolgreicher Vaterschaftsanfechtung seinen bisherigen Status verloren hat und dadurch zunächst in gleicher Weise in den Zustand der „Vaterlosigkeit" versetzt worden ist.

---

[117]) Vgl. zur Abgrenzung die Nachweise oben in Fn. 114.
[118]) Die amtliche Begründung zu § 640c ZPO-E erwähnt allerdings nur die Möglichkeit, „daß mehrere Klageberechtigte nach § 1600e I BGB-E parallel – gegebenenfalls an unterschiedlichen Gerichtsständen – entsprechende Klagen anhängig machen", und übersieht damit die weitere im Text erwähnte noch mißlichere Möglichkeit von Klagen gegen verschiedene „passive Vaterschaftsprätendenten".
[119]) Vgl. dazu schon oben Text nach Fn. 67.
[120]) Vgl. schon oben zu Fn. 48 und 55.

Nach bisherigem Recht gewährleistete die mit der Geburt des Kindes gemäß § 1709 BGB a.F. i.V. mit § 1706 Nr. 1 BGB a.F. automatisch eintretende Amtspflegschaft die möglichst unverzügliche Betreibung der Vaterschaftsfeststellung[121]. Mit Abschaffung des Rechtsinstituts der Amtspflegschaft durch das Beistandschaftsgesetz bei gleichzeitiger Zuweisung der uneingeschränkten elterlichen Sorge an die Mutter gemäß § 1626a II BGB n.F. kommt ihr – abgesehen von ihrem eigenen Klagerecht aus § 1600e I BGB n.F. – auch die gesetzliche Vertretung des Kindes im Vaterschaftsfeststellungsprozeß zu. Sie hat damit auch das alleinige Bestimmungsrecht darüber, ob überhaupt und gegen wen die Vaterschaftsfeststellung betrieben wird. Zwar wird vielfach das Interesse der Mutter und das Kindesinteresse an baldiger Feststellung des Vaters, etwa hinsichtlich des Unterhalts, übereinstimmen, es muß aber keineswegs stets so sein. Die verschiedensten Beweggründe, wie Schonung des möglicherweise verheirateten Mannes und seiner Familie oder gar Bedrohung durch den Mann, Verkehr mit mehreren Männern oder der Wunsch, das Kind ohne Vater aufziehen zu wollen, können leicht zum Interessenkonflikt führen.

Die nach bisherigem Recht möglich gewesene Konfliktlösung durch teilweisen Entzug der elterlichen Sorge und Bestellung eines Pflegers nach §§ 1796, 1909 BGB ist mit der Neufassung des § 1629 II S. 3 BGB, der künftig „nicht (mehr) für die Feststellung der Vaterschaft" gilt[122], ebenfalls entfallen. Die lediglich verbleibende Lösung des Sorgerechtsentzugs über § 1666 BGB ist – wie schon zur Ersetzung der Kindeszustimmung zur Vaterschaftsanerkennung durch das Zustimmungsrecht der Mutter ausgeführt[123], – unzureichend, da die „Eingriffsschwelle" dieser Vorschrift zu hoch ansetzt. Dies gilt zumal angesichts des jüngsten Judikats des *BVerfG*[124] zum Anspruch des ne. Kindes auf Benennung des Vaters, dem danach durchaus „beachtliche Interessen der Mutter auf Achtung der Privat- und Intimsphäre" als Abwehrgrundrecht aus Art. 2 I i.V. mit Art. 1 I GG entgegenstehen können. Die gleichen Gründe können die Mutter veranlassen, von der Erhebung einer Vaterschaftsfeststellungsklage abzusehen.

---

[121]) Vgl. insoweit zur bisherigen Rechtslage *Soergel/Gaul* [Fn. 3], § 1600n Rz. 2, und zu den Vertretungsverhältnissen § 1600n Rz. 3; auch *Soergel/Strätz* [Fn. 3], § 1706 Rz. 10.

[122]) Vgl. Beschlußempfehlung und Bericht des Rechtsausschusses zum Beistandschaftsgesetz, BT-Drucks. 13/8509, S. 4.

[123]) Vgl. oben zu Fn. 90.

[124]) *BVerfG,* Beschluß v. 6. 5. 1997 [Fn. 13].

Der unter dem Schlagwort „Zweite Welle" namentlich bei der Anhörung im Rechtsausschuß[125]) vieldiskutierte Vorschlag, anstelle des „Antragsmodells" auf Beistandschaft ein „Zeitschrankenmodell" im Sinne eines Wiedereintritts der gesetzlichen Amtspflegschaft bei Nichtbetreibung der Vaterschaftsfeststellung vorzusehen, das den Standesbeamten verpflichtet, das Jugendamt zu benachrichtigen, wenn der Vater des Kindes in geraumer Zeit (z.B. einem Jahr) nach der Geburt des Kindes noch nicht im Geburtenbuch beigeschrieben ist, ist aus guten Gründen nicht Gesetz geworden[126]). Doch ist die Aufgabe des Wegs über § 1796 BGB und der künftig nur verbleibende Rückgriff auf § 1666 BGB zwecks Sicherung der Vaterschaftsfeststellung höchst unbefriedigend.

c) Der unbenannte Vaterschaftstatbestand und die Vaterschaftsvermutung

Unerklärlich ist, weshalb das KindRG in § 1600d II BGB n.F. nur die auf die Beiwohnung gegründete Vaterschaftsvermutung des § 1600o II BGB a.F. übernommen hat und nicht auch den bisher in § 1600o I BGB a.F. enthaltenen positiven Tatbestand, nach welchem „als Vater der Mann festzustellen ist, der das Kind gezeugt hat". Eine Begründung dafür findet sich nirgends.

Der jetzt fehlende Tatbestand für die positive Vaterschaftsfeststellung läßt sich auch nicht etwa schon dem § 1600d I BGB n.F. entnehmen, der lediglich besagt, daß, soweit „keine Vaterschaft nach § 1592 Nr. 1 und 2" besteht, „die Vaterschaft gerichtlich festzustellen ist". Denn auch hier fällt die Tatbestandsverkürzung gegenüber der entsprechenden Vorschrift des § 1600n I BGB a.F. auf, der noch lautete: „Ist die Vaterschaft nicht anerkannt, so ist sie auf Klage des Kindes oder des Mannes, der das Kind gezeugt hat (!), gerichtlich festzustellen." Damit mangelt es in § 1600d I BGB n.F. an jedem Tatbestandskriterium für die Vaterschaftsfeststellung.

---

[125]) Vgl. dazu schon eindringlich *Mutschler* [Fn. 2], S. 1384 f.; zur Anhörung im Rechtsausschuß vgl. Anlagen zum Protokoll der 67. Sitzung im BT-Rechtsausschuß am 4. 12. 1996: Stellungnahme *Reglindis Böhm*, a.a.O., S. 11 f.; *Deutsches Institut für Vormundschaftswesen (Mutschler)*, a.a.O., S. 19 f., 21 f., *(Klinghardt)* S. 29 f., *(Mutschler)* S. 33 ff.; *Helga Oberloskamp*, a.a.O., S. 51 f., 53 f.; *Internationaler Sozialdienst Ffm. (Ingrid Baer)*, a.a.O., S. 70 f.; *Arbeitsgemeinschaft Jugendhilfe (Gerstein)*, a.a.O., S. 79.

[126]) Vgl. Begründung der Beschlußempfehlung des Rechtsausschusses [wie Fn. 122], S. 17 ff., sowohl gegen „Zeitschrankenmodell" wie gegen Modell „Zweite Welle".

Künftig bleibt nur der Rückgriff auf die unverändert fortbestehende Grundnorm des § 1589 BGB, die das Rechtsverhältnis der „Verwandtschaft" zwischen Personen darauf gründet, daß die „eine von der anderen abstammt". Bezeichnenderweise lautete die Fassung des Regierungsentwurfs zu § 1600o I BGB a.F. ursprünglich auch noch, es sei der als Vater festzustellen, von dem das Kind „stammt", und noch nicht, wer das Kind „gezeugt" hat. Mit der damals erst im Rechtsausschuß beschlossenen direkteren Fassung sollte noch stärker verdeutlicht werden, daß es allein auf die „biologische Vaterschaft" ankommt[127]). Dies kann freilich heute nicht mehr zweifelhaft sein, so daß aus heutiger Sicht die Anknüpfung der Vaterschaftsfeststellung an die „Abstammung" selbstverständlich erscheinen mag. Gleichwohl ist die verkürzte Bestimmung des § 1600d I BGB n.F., es sei „die Vaterschaft gerichtlich festzustellen", ohne auf das maßgebende Kriterium der „Abstammung" Bezug zu nehmen, kein Ersatz für die früher eindeutige Vorschrift über die positive Vaterschaftsfeststellung nach § 1600o I BGB a.F.

Möglicherweise wollte der Gesetzgeber des KindRG den Begriff der „Zeugung" vermeiden, um künftig neben der aus der Beiwohnung hervorgegangenen Vaterschaft auch Fälle der künstlichen Befruchtung der Mutter mit dem Samen eines bestimmten Mannes zu erfassen, die man allerdings bisher schon der Beiwohnung gleichstellte[128]). Für eine derartige Klarstellung hätte indessen bereits die Rückkehr zum umfassenderen Begriff der „Abstammung" genügt. Ob der Gesetzgeber überhaupt so weit gedacht hat, erscheint allerdings recht fraglich, da er mit § 1600d II S. 1 BGB n.F. schlicht die auf der „Beiwohnung" beruhende „Vermutung des (bisher) geltenden § 1600o II S. 1 BGB übernehmen" wollte[129]).

Offenbar ist dem Gesetzgeber des KindRG entgangen, daß aufgrund des bisher geltenden § 1600o BGB nach ständiger *BGH*-Rechtsprechung[130]) zwei Wege zur Vaterschaftsfeststellung gegeben sind, der unmittelbare und volle, sogenannte positive Vaterschaftsbeweis nach § 1600o I BGB und der mittelbare Vaterschaftsbeweis mit Hilfe

---

[127]) Vgl. BT-Drucks. V/4179, S. 2, und dazu *Soergel/Gaul* [Fn. 3], § 1600o Rz. 1 und Rz. 4 Fn. 3; auch *Staudinger/Göppinger* [Fn. 78], § 1600o Rz. 5.
[128]) Vgl. für die allg. M. *Soergel/Gaul* [Fn. 3], § 1591 Rz. 30, m.w.N.
[129]) Vgl. die amtliche Begründung zu § 1600d II BGB-E, BT-Drucks. 13/4899, S. 88.
[130]) *BGH*, FamRZ 1975, 683 f.; FamRZ 1976, 24, 25; FamRZ 1978, 586; FamRZ 1982, 691, 692; FamRZ 1991, 426, 427; dazu *Soergel/Gaul* [Fn. 3], § 1600o Rz. 5, 10, mit Nachtrag 1992 zu § 1600o Rz. 10; *Palandt/Diederichsen* [Fn. 11], § 1600o Rz. 4.

der Vaterschaftsvermutung aufgrund nachgewiesener Beiwohnung gemäß § 1600o II BGB[131]). Gewiß sollte durch § 1600d II S. 1 BGB n.F. in der Sache an der bisherigen Rechtslage nichts geändert werden. Die amtliche Begründung zu § 1600d II BGB-E geht sogar davon aus, daß „eine solche Vermutung in der Mehrzahl der Fälle, in denen ein Gutachten eingeholt wird, entbehrlich sein" werde[132]), eben weil dann schon der positive Vaterschaftsbeweis gelingen wird. Nur wenn „keine hinreichenden gutachtlichen Ergebnisse gewonnen werden können", soll weiterhin die Vermutung eingreifen, um das Kind trotz bewiesener Beiwohnung „rechtlich nicht vaterlos" zu lassen[133]). Bedauerlich ist allerdings, daß man den nach heutigem Erkenntnisstand wichtigsten Vaterschaftsbeweis im Wege der positiven Vaterschaftsfeststellung nicht mehr für regelungsbedürftig gehalten hat.

Eine unmotivierte Verkürzung enthält auch § 1600d II S. 2 BGB, indem nach der Neufassung die Vermutung schon nicht gelten soll, „wenn schwerwiegende Zweifel an der Vaterschaft bestehen", während nach § 1600o II S. 2 BGB a.F. die Vermutung erst entkräftet war, „wenn nach Würdigung aller Umstände schwerwiegende Zweifel an der Vaterschaft verbleiben". Insoweit ist wiederum unbeachtet geblieben, daß man zu der Fassung des § 1600o II S. 2 BGB a.F. aus wohlerwogenen Gründen bei den Beratungen des NEhelG erst im Rechtsausschuß gefunden hat, um klarzustellen, „daß die Vaterschaftsvermutung erst dann Geltung erlange, wenn sämtliche der Klärung dienenden Beweise erhoben sind und wenn nur noch geringe Zweifel an der Abstammung verblieben sind"[134]). Die Entkräftung der Vermutung sollte also erst das Ergebnis einer Gesamtwürdigung „aller Umstände" sein und nicht schon aus von vornherein „bestehenden" Zweifeln erfolgen, wie es die jetzige Fassung des § 1600d II S. 2 BGB vorgibt. Eine derartige Mißdeutung wird aber noch durch den knappen Hinweis in der amtlichen Begründung gefördert, die Vermutung aufgrund bewiesener Beiwohnung gelte dann nicht, „wenn schwerwiegende Zweifel an der Vaterschaft – etwa wegen Mehrverkehrs (!) – bestehen"[135]). Insoweit hat man offenbar vergessen, daß bei den Beratungen des § 1600o II BGB a.F. die noch im damaligen Regierungsentwurf [RegE] enthaltene Sonderregelung eines Abs. III bei „feststehen-

---

[131]) Vgl. dazu auch die übereinstimmende Kritik von *Mutschler* [Fn. 2], S. 1385 f.
[132]) BT-Drucks. 13/4899, S. 88.
[133]) BT-Drucks. 13/4899, S. 88.
[134]) Vgl. BT-Drucks. V/4179, S. 2, und dazu *Soergel/Gaul* [Fn. 3], § 1600o Rz. 12.
[135]) BT-Drucks. 13/4899, S. 88.

dem Mehrverkehr" gerade zugunsten der Endfassung des § 1600o II BGB fallengelassen wurde, um selbst dann der Vermutung noch Spielraum zu lassen[136]). Demgemäß war es unter dem bisher geltenden Recht anerkannt, daß selbst der sogenannte Dirneneinwand die Anwendbarkeit der Vaterschaftsvermutung des § 1600o II BGB noch nicht ohne weiteres ausschloß[137]). Angesichts der arg verkürzten Fassung des § 1600d II BGB n.F. wird es erhöhter Interpretationsbemühungen bedürfen, um den bisherigen Erkenntnisstand auch künftig aufrechtzuerhalten.

VI. Die Vaterschaftsanfechtung als künftig einheitlicher Klagerechtsbehelf zur Statusänderung

1. Beibehaltung des Anfechtungsklageprinzips

Die gemäß §§ 1592 Nr. 1, 1593 BGB n.F. auf ehel. Geburt oder gemäß § 1592 Nr. 2 BGB n.F. auf Vaterschaftsanerkennung beruhende Statuszuordnung des Kindes zum Vater kann gemäß § 1599 I BGB n.F. auch künftig grundsätzlich nur durch gerichtliche Vaterschaftsanfechtung beseitigt werden[138]). Der Statusverlust tritt demgemäß in beiden Fällen erst mit dem rechtskräftigen Gestaltungsausspruch des Familiengerichts ein (vgl. schon oben V. 5.). Das KindRG faßt jetzt jedoch die bisherige „Ehelichkeitsanfechtung" und die „Anerkennungsanfechtung" zu einer einheitlichen Anfechtungsklage der „Vaterschaftsanfechtung" in den §§ 1599 bis 1600c und 1600e BGB n.F. zusammen. Die letztgenannte Bestimmung des § 1600e BGB n.F. regelt wiederum einheitlich für die Anfechtungsklagen nach §§ 1599 ff. BGB n.F. und die Vaterschaftsfeststellungsklage nach § 1600d BGB n.F. die jeweilige Klagebefugnis und die Parteistellung (vgl. schon oben V. 8.b). Bezüglich der gerichtlichen Vaterschaftsfeststellung nach §§ 1592 Nr. 3, 1600d BGB n.F. bleibt es unverändert dabei, daß das die Feststellung aussprechende Statusurteil nur im Wege der Wieder-

---

[136]) Vgl. BT-Drucks. V/4179, S. 2 f., und dazu *Soergel/Gaul* [Fn. 3], § 1600o Rz. 2 und 19; auch *Staudinger/Göppinger* [Fn. 78], § 1600o Rz. 6.

[137]) Zur bisherigen Behandlung des sogenannten Dirneneinwands s. *Soergel/Gaul* [Fn. 3], § 1600o Rz. 21, m.N.; vgl. auch insoweit bereits die Kritik von *Mutschler* [Fn. 2], S. 1386.

[138]) Zu dem dem BGB zugrundeliegenden Anfechtungsprinzip zur Widerlegung der Ehelichkeitsvermutung s. *Gaul* [Fn. 41], S. 634 ff.

aufnahme des Verfahrens nach §§ 578 ff. ZPO und § 641i ZPO beseitigt werden kann[139]).

2. Einschränkung des Anfechtungsprinzips durch außerprozessualen Dispositivakt bei nach Scheidungsantrag geborenen Kindern

Wie schon erwähnt (vgl. oben V. 6.), kann die Statuszuordnung zum Ehemann der Mutter künftig auch ohne gerichtliche Vaterschaftsanfechtung unter den Voraussetzungen des § 1599 II BGB n.F. erlöschen, wenn nämlich ein Dritter mit Zustimmung der Mutter und des Ehemanns spätestens bis zum Ablauf eines Jahres nach Rechtskraft des Scheidungsurteils die Vaterschaft für ein nach Anhängigkeit eines Scheidungsantrags geborenes Kind anerkennt. Die Wirksamkeit der Anerkennung und damit das Erlöschen der Vaterschaft des Ehemanns der Mutter hängen zugleich stets vom Eintritt der Rechtskraft des Scheidungsurteils ab, um zu verhindern, daß das Kind trotz fortbestehender Ehe zum Kind eines Dritten wird.

Damit meint der Gesetzgeber des KindRG, einen akzeptablen Kompromiß gegenüber weitergehenden Reformvorschlägen nach dem Vorbild einzelner ausländischer Rechtsordnungen gefunden zu haben. Mit Recht verwirft er insbesondere die auf der Eigenart der „possession d'état" – der gelebten Eltern-Kind-Beziehung – beruhende französische Lösung mit Ausschluß der Ehelichkeitsvermutung bei Getrenntleben und Nichtangabe des Ehemanns als Kindesvater bei der Geburtsanmeldung durch die Mutter mit entsprechend

---

[139]) Der Gesetzgeber hat leider die Chance vertan, den Anwendungsbereich des § 641i ZPO durch eine klare systematische Eingliederung schon in die allgemeinen Vorschriften der §§ 640 ff. ZPO oder in § 580 ZPO oder durch entsprechende Umformulierung auf alle Kindschaftssachen zu erstrecken. Während der *BGH* nur eine eingeschränkte Analogie für Fälle vertritt, in denen das Kind durch erfolgreiche Ehelichkeitsanfechtungsklage „nicht ehelich geworden" ist (BGHZ 61, 186 ff. = FamRZ 1973, 594) und nicht auch für den umgekehrten Fall (BGH, FamRZ 1975, 483 ff.; offenlassend BGH, FamRZ 1994, 694 ff. = NJW 1994, 2697 ff.), tritt die h.M. für eine uneingeschränkte Analogie zu § 641i ZPO ein (vgl. *Gaul*, Zum Anwendungsbereich des § 641i ZPO, FS Bosch 1976, 241 ff.; w.N. s. BGH, FamRZ 1994, 694, 695). Diese Streitfrage hätte durch eine Klarstellung gemäß der mit dem KindRG verfolgten Zielsetzung der „Vereinheitlichung des Abstammungsrechts" behoben werden können. – Nur aus der Streichung des § 641 ZPO a. F. betreffend die nachfolgenden „Sondervorschriften" kann mittelbar und muß jetzt zwingend geschlossen werden, daß der unveränderte § 641i ZPO in Erweiterung seines Anwendungsbereichs künftig für alle „Kindschaftssachen" i. S. des § 640 II ZPO n. F. gelten soll.

freier Anerkennungsmöglichkeit durch Dritte (Art. 313-1, 334-8, 334-9 Cc)[140]. Sie hätte im Grunde der Mutter das Bestimmungsrecht über den Kindesstatus gegeben und zu einem völligen Systembruch im deutschen Kindschaftsrecht geführt[141].

Nicht zum Gesetz geworden ist allerdings auch der Vorschlag des *Bundesrats*, nach welchem schon die übereinstimmenden öffentlich beurkundeten Erklärungen der Mutter und des Ehemanns – ohne Vaterschaftsanerkennung des Dritten – genügen sollten, um die Vaterschaft des Ehemanns hinsichtlich des nach Anhängigkeit des Scheidungsantrags geborenen Kindes zu negieren[142]. In ihrer Gegenäußerung hielt es indessen die *Bundesregierung* für nicht „hinnehmbar, auch ohne gerichtliche Klärung der Abstammungsverhältnisse vom Prinzip der klaren rechtlichen Zuordnung zum Ehemann der Mutter abzuweichen", sofern „nicht gleichzeitig ein anderer Mann die Vaterstellung übernimmt"[143].

Aber auch gegen die in § 1599 II BGB n.F. gefundene Kompromißlösung verbleiben erhebliche Bedenken. Soweit die Befürworter dieser Lösung in der Reformdiskussion auf das vermeintliche Vorbild der skandinavischen Länder hingewiesen haben[144], hat man übersehen, daß dort das Vaterschaftsanerkenntnis des Dritten nach Überprüfung der Vaterschaftswahrscheinlichkeit der behördlichen Genehmigung bedarf, ein privatautonomer Anerkennungsakt mit Zustimmung des Ehemanns und der Mutter also nicht genügt[145]. Noch weniger kann man sich auf das vermeintliche Vorbild der Schweiz berufen. Gemäß Art. 256b I ZGB führt nämlich die Zeugung des Kindes zu einer Zeit, „da der gemeinsame Haushalt aufgehoben war", nur dazu, daß „die Anfechtung nicht weiter zu begründen" ist, während die Vaterschaftsvermutung im Prozeß wieder auflebt, „wenn glaubhaft gemacht wird, daß der Ehemann um die Zeit der Empfängnis der Mutter beigewohnt hat" (Art. 256b II ZGB). Die Regelung in der

---

[140]) Vgl. BT-Drucks. 13/4899, S. 53 f.
[141]) Gegen die Übernahme des französischen Systems schon richtungweisend *Beitzke*, Reform der Ehelichkeitsanfechtung?, FS Müller-Freienfels 1986, S. 31, 42 ff.; zuletzt auch *Schwenzer* [Fn. 37], S. 26, unter Aufgabe ihres früheren Standpunkts; vgl. dazu *Gaul* [Fn. 41], S. 621 f., 646, m.w.N.
[142]) Vgl. Stellungnahme des Bundesrats, BT-Drucks. 13/4899, S. 147.
[143]) Vgl. Gegenäußerung der Bundesregierung, BT-Drucks. 13/4899, S. 166; ebenso die Beschlußempfehlung des Rechtsausschusses, BT-Drucks. 13/8511, S. 83.
[144]) Vgl. etwa *Dethloff*, Reform des Kindschaftsrechts, NJW 1992, 2200, 2207.
[145]) Vgl. *Gaul* [Fn. 41], S. 623, 648, betr. Norwegen, Schweden und Dänemark; dazu schon näher *Dopffel* [Fn. 29], S. 57 f., 115.

Schweiz hält also am Anfechtungsprinzip uneingeschränkt fest, indem sie nur eine Beweiserleichterung im Anfechtungsprozeß vorsieht. Damit bleibt also die Statussicherheit bis zum rechtskräftigen Urteil über die Anfechtungsklage voll gewahrt[146]).

Mit § 1599 II BGB n.F. ist eine Regelung zum Gesetz geworden, wie man sie ähnlich schon vor über hundert Jahren bei den Kommissionsberatungen zum BGB vorgeschlagen, aber noch damals aus guten Gründen verworfen hatte. Nach dem damaligen Vorschlag sollte dem im Anfechtungsprozeß ergangenen Urteil eine mit Genehmigung des Vormundschaftsgerichts in öffentlicher Urkunde abgegebene übereinstimmende Erklärung des gesetzlichen Vertreters des Kindes und der Mutter gleichgestellt werden, daß das Kind nicht vom Ehemann der Mutter gezeugt sei. Und obwohl mit dem Vormundschaftsgericht immerhin eine gerichtliche Kontrolle eingeschaltet war, hielt man die Anheimgabe des Kindesstatus an private Erklärungen für unvereinbar mit dem die Regelung des BGB beherrschenden Gedanken, daß der Kindesstatus nur in einem vom „Offizialprinzip" bestimmten Anfechtungsprozeß angezweifelt und beseitigt werden dürfe[147]).

Unverständlich ist jedoch vor allem, weshalb in § 1599 II BGB n.F. – allerdings nach dem Vorschlag des *59. Deutschen Juristentags 1992*[148]) – die übereinstimmenden Erklärungen von Ehemann, Mutter und anerkennungsbereitem Dritten künftig genügen sollen, dem Kind seinen bisherigen Status abzuerkennen, ohne das unmittelbar betroffene Kind an diesem Vorgang zu beteiligen. Hingegen ging man bei den Beratungen zum BGB noch mit Selbstverständlichkeit davon aus, daß das betroffene Kind in erster Linie, und zwar durch seinen gesetzlichen Vertreter mit Genehmigung des Vormundschaftsgerichts, zu beteiligen sei, wenn es schon um die Disposition über seinen Status gehe. Obwohl in der Kritik an den Beschlüssen des Deutschen Juristentags auf die mangelnde Beteiligung des Kindes hingewiesen wurde[149]), hat sich der Gesetzgeber des KindRG dieser Einsicht verschlossen. Dies ist um so weniger verständlich, als er damit zu seinem eigenen Grundkonzept in inneren Widerspruch tritt. Während er nämlich

---

[146]) Vgl. *Gaul* [Fn. 41], S. 646, m.w.N.; zuletzt noch *Hegnauer*, FamRZ 1996, 914, 915; s. schon oben zu Fn. 52.
[147]) Vgl. die Beratungen der 1. Kommission vom 8. 1. 1886 bei *Jakobs/Schubert*, Die Beratung des Bürgerlichen Gesetzbuchs, Familienrecht II, 1889, S. 199 f.; dazu näher *Gaul* [Fn. 41], S. 634 f., 638, 647 f.
[148]) Vgl. Beschlüsse des 59. DJT [Fn. 22], zu B I 1 b.
[149]) Vgl. *Gaul* [Fn. 41], S. 647.

mit Rücksicht auf das vom *BVerfG* angemahnte Recht des Kindes auf Kenntnis der eigenen Abstammung dessen Anfechtungsrecht in den §§ 1600, 1600b III BGB n.F. erheblich erweitert hat, finden bei dem die Vaterschaftsanfechtung teilweise ersetzenden gemeinsamen Dispositionsakt von Ehemann, Mutter und Anerkennungswilligem über den Kindesstatus weder Kindeswohl noch Kindeszustimmung Berücksichtigung. War schon bei der Vaterschaftsanerkennung die Ersetzung der Kindeszustimmung durch die Zustimmung der Mutter als bedenkliche Zurücksetzung der Kindesinteressen zu kritisieren (vgl. oben V. 7.b), so wird durch das in § 1599 II BGB n.F. jetzt vorgesehene Familienrechtsgeschäft über den Kindesstatus die „Objektstellung des Kindes" auf die Spitze getrieben[150]). An den Anforderungen der UN-Kinderrechtskonvention hat der Gesetzgeber seine Regelung in § 1599 II BGB n.F. offenbar nicht gemessen[151]).

Zwar räumt die amtliche Begründung ein, es könnte gegen diesen Weg der Änderung des Kindesstatus eingewendet werden, „der Personenstand des Kindes sei für dieses von so zentraler Bedeutung, daß man es nicht der Disposition der Beteiligten überlassen könne, wer als Vater des Kindes zu gelten habe"[152]). Was sie dem entgegenhält, vermag indessen in keiner Weise zu überzeugen.

Soweit die amtliche Begründung nämlich darauf hinweist, es lasse sich „dieses Argument ebenso gegen die Anerkennung der Vaterschaft richten", weil auch insoweit eine „Dispositionsbefugnis der Beteiligten" bestehe[153]), wird verkannt, daß das Bekenntnis zum Kind mit positiver Statusfolge etwas grundlegend anderes ist als die Lossagung vom Kind mit negativer Statusfolge. Merkwürdigerweise sieht die amtliche Begründung zum Regierungsentwurf an anderer Stelle den Unterschied durchaus und legt dort genau die hier vertretene Wertung zugrunde. Sie rechtfertigt nämlich den Unterschied, daß bei der

---

[150]) Vgl. dazu schon oben zu Fn. 97 mit Hinweis auf die Formulierung von *Ramm* [Fn. 4], S. 992.
[151]) In Betracht kommt eine Unvereinbarkeit mit Art. 3 der UN-Konvention (Wohl des Kindes), Art. 7 (Recht auf Kenntnis der Eltern und Betreuung durch die Eltern) sowie Art. 12 (Berücksichtigung des Kindeswillens), vgl. schon oben zu Fn. 100, auch schon oben zu Fn. 32 ff.
[152]) Vgl. BT-Drucks. 13/4899, S. 53, möglicherweise in Abwehr des vom *Verf.* gegen den DJT-Beschluß erhobenen Einwands, die drei Beteiligten seien „nicht autorisiert, über den Personenstand des unbeteiligten Kindes zu disponieren", vgl. *Gaul* [Fn. 41], S. 647.
[153]) Vgl. BT-Drucks. 13/4899, S. 53.

Anfechtung durch die Mutter gemäß § 1600 II RegE eine Kindeswohlprüfung stattfinden sollte, bei der Vaterschaftsanerkennung gemäß § 1595 I BGB n.F. die Mutter aber ein uneingeschränktes Mitwirkungsrecht hat, mit folgender Begründung: „Bei der Zustimmung zur Vaterschaftsanerkennung geht es darum, das rechtliche Band zwischen dem Kind und dem Anerkennenden zu schaffen, während durch die Anfechtung dieses Band zerstört wird. Der zerstörende Rechtsakt ist für das Kind in der Regel mit einem weit höheren Risiko verbunden als der begründende"[154]. Zwar hat man sich schließlich auf Vorschlag des Bundesrats aus Gründen der Gleichbehandlung mit dem Anfechtungsrecht des Mannes zur Streichung des § 1600 II RegE entschlossen (s. unten VI. 4.), am Gehalt der hier zum Ausdruck gekommenen Wertung ändert dies jedoch im Grunde nichts.

Immerhin hält es die amtliche Begründung zu § 1599 II BGB n.F. für ein „gewichtigeres" Bedenken, „daß das Kind nicht ohne gerichtliche Prüfung einen Vater im Rechtssinne verlieren solle, weil dies nämlich auch dann ein Nachteil sein kann, wenn es durch die Anerkennung eines Dritten einen anderen Mann als Vater gewinnt"[155]. Ohne zu sehen, daß die Freigabe des Status an einen außerprozessualen Dispositivakt und die Statusänderung nur nach gerichtlicher Überprüfung im Anfechtungsprozeß ein und denselben Einwand betreffen[156], meint die amtliche Begründung dazu lediglich, es würden „diese Bedenken jedoch letztlich von den praktischen Vorteilen überwogen", die die Neuregelung biete[157].

Die „praktischen Vorteile" sieht die amtliche Begründung darin, daß „Anfechtungsprozesse in erheblichem Maße vermieden werden können", da davon auszugehen sei, daß bezüglich eines während des Scheidungsverfahrens geborenen Kindes „der (Noch-)Ehemann häufig nicht der wirkliche Vater ist"[158]. Die letztere Annahme ist gewiß nicht unbegründet. Allerdings konnte der Gesetzgeber auf eine zuverlässige Statistik über die vermeintliche Zunahme von Ehelichkeitsanfechtungsprozessen nicht zurückgreifen, weil eine solche nicht existierte, man vielmehr auf Spekulationen angewiesen war[159].

---

[154]) Vgl. BT-Drucks. 13/4899, S. 55.
[155]) Vgl. BT-Drucks. 13/4899, S. 53.
[156]) Vgl. *Gaul* [Fn. 41], S. 647 ff.
[157]) Vgl. BT-Drucks. 13/4899, S. 53.
[158]) Vgl. BT-Drucks. 13/4899, S. 53.
[159]) Vgl. dazu *Gaul* [Fn. 41], S. 649, m.N. in Fn. 196 und 197.

Indessen beruht die Erwartung, man werde durch den gemeinsamen Dispositivakt nach § 1599 II BGB n.F. sich in erheblichem Maße kostspielige Statusprozesse ersparen können, auf einem Trugbild. Der mehraktige, zeitlich gestreckte Vorgang der „Ablösung der Vaterschaft" bis zum Erlöschen der Statuszurechnung zum Ehemann der Mutter bei gleichzeitiger Neubegründung der Zuordnung zum Dritten mit Wirksamwerden seines Anerkenntnisses schließt es keineswegs aus, daß es zunächst zu einem Vaterschaftsanfechtungsprozeß kommt, falls noch nicht alle Beteiligten am gemeinsamen „Akkord" mitzuwirken bereit sind. Namentlich wird häufig nicht von vornherein feststehen, ob und wann es nach dem Scheidungsantrag letztlich zur rechtskräftigen Scheidung kommt und ob ein Dritter innerhalb eines Jahres nach Rechtskraft des Scheidungsurteils das Kind schließlich anerkennen wird. In welchem Stadium des stets möglichen und zur Fristwahrung u. U. notwendigen (vgl. unten VI. 8.) Anfechtungsprozesses alle Erfordernisse des § 1599 II BGB n.F. erfüllt sein werden, um den Prozeß in der Hauptsache zur Erledigung zu bringen, läßt sich bei Prozeßbeginn noch gar nicht absehen. Und nicht zu übersehen ist auch, daß während der Schwebezeit erhebliche unterhalts- und kindesbezogene Sozialleistungen anfallen können, bezüglich derer immer noch der Ehemann als Vater des Kindes gilt.

Vor allem ist die praktische Häufigkeit der Fälle, in denen das in § 1599 II BGB n.F. bezeichnete Terzett zum gemeinsamen Dispositivakt über den Personenstand des Kindes zusammenfinden wird, nicht so hoch einzuschätzen, um die Eröffnung eines solchen Weges neben dem Anfechtungsprozeß wirklich lohnend und damit die Durchbrechung des Anfechtungsprinzips gerechtfertigt erscheinen zu lassen. Das Personenstandsgeschäft kommt nur zustande, wenn die Mutter den Namen des als Vater in Betracht kommenden Dritten preiszugeben bereit ist. Die Mutter wird also in eine gewisse Zwangslage versetzt, den Vater zu nennen. Der Ehemann kann seine Zustimmungsbereitschaft als Druckmittel verwenden und es dennoch letztlich an ihr fehlen lassen. Auch kann der durch § 1599 II S. 1 Hs. 2 BGB n.F. von der Sperre des § 1594 II BGB n.F.[160]) befreite anerkennungswillige Dritte seinerseits die Initiative ergreifen und auf die Anerkennung hinwirken, bevor der Ehemann zur Freigabe des Kindes und die Mutter zur Zustimmung bereit sind, oder auch die Mutter zu Sorgerechtszugeständnissen nötigen. Vielfältige Varianten eines unerwünschten

---

[160]) Vgl. dazu schon oben zu Fn. 73 f. und Fn. 82.

Aushandelns lassen sich vorstellen, bis es schließlich zum einvernehmlichen Personenstandsgeschäft über das Kind kommt, und dies alles ohne Beteiligung des betroffenen Kindes.

Das Nebeneinander von außerprozessual freier Ab- und Anerkennung der Vaterschaft durch gemeinsamen Akt der Privatautonomie und Anfechtungsklage mit gerichtlicher Klärung der wahren Vaterschaft in einem vom Offizial- und Untersuchungsgrundsatz beherrschten Statusprozeß steht an sich schon in einem inneren Gegensatz. Denn die rechtsgeschäftliche Privatautonomie führt normalerweise zur Parteiherrschaft im Prozeß. Das KindRG hat aber in § 640d ZPO n.F. daran festgehalten, daß das Gericht unabhängig vom Parteivortrag alle Tatsachen von Amts wegen zu berücksichtigen hat, die der Anfechtung entgegenstehen und damit der Aufrechterhaltung des Status des Kindes dienen. Für die Wahrheitsfindung im Prozeß betont also das Gesetz den Bestandsschutz des Status. Das läßt sich schwerlich mit einer Dispositionsfreiheit außerhalb des Prozesses vereinbaren.

Es ist auch wenig einleuchtend, daß man ausgerechnet bei dem heutigen Erkenntnisstand naturwissenschaftlicher Beweismethoden zur Abstammungsfeststellung anstelle der zuverlässigen gerichtlichen Klärung die Bestimmung über den Status des Kindes den Beteiligten in einem weitaus unsichereren außerprozessualen Dispositivakt überläßt. Soweit auf die Vermeidung von „kostspieligen Abstammungsgutachten" hingewiesen wird[161]), sind keineswegs alle zu verwendenden Gutachten derart kostenträchtig. Vor allem hätten sich unnötige Kosten auch durch Beweiserleichterungen nach Schweizer Vorbild vermeiden lassen, ohne das Anfechtungsprinzip aufzugeben[162]).

Zu befürchten ist schließlich, daß es infolge der Neuregelung des § 1599 II BGB n.F. gar nicht zu einer „Eindämmung der Prozesse" kommt, sondern nur zu einer Verlagerung der Prozeßproblematik auf eine entsprechende Häufung von Anfechtungsklagen gegen die Vaterschaftsanerkennung und von Vaterschaftsfeststellungsklagen[163]). Denn dem bisher an dem Dispositivakt über seinen Status in keiner Weise beteiligten Kind bleibt gar keine andere Chance zur Wahrnehmung seiner Position, als die Vaterschaftsanerkennung des Dritten anschlie-

---

[161]) Vgl. BT-Drucks. 13/4899, S. 52 f.; – gegen das „Kostenargument" schon *Gaul* [Fn. 41], S. 649, mit Hinweis auf *BVerfG*, NJW 1979, 413 f.
[162]) Vgl. oben zu Fn. 146.
[163]) Vgl. *Gaul* [Fn. 41], S. 649.

ßend mit der Anfechtungsklage gemäß §§ 1600, 1600a III, 1600b III BGB n.F. anzufechten, sobald sich ihm ein Anlaß dafür bietet. Und ebenso bleibt es dem Dritten oder auch der Mutter unbenommen, die anerkannte Vaterschaft später wiederum anzufechten. Da das Gesetz für den Fall der erfolgreichen Anfechtung der Vaterschaftsanerkennung – anders als im Falle der Wiederverheiratung nach § 1593 I S. 4 BGB n.F. (vgl. oben V. 4. a.E.) – keine automatische Rückzuweisung an den Ehemann der Mutter vorsieht, kann die endgültige Klärung der Vaterschaft nur durch eine anschließend erhobene Vaterschaftsfeststellungsklage des Kindes oder der Mutter gegen deren früheren Ehemann oder auch gegen einen weiteren als Vater in Betracht kommenden Mann herbeigeführt werden – Weiterungen, vor denen zuvor offenbar vergeblich gewarnt wurde[164]).

Man muß daher schon die in § 1599 II BGB n.F. vorgesehene Statusänderung durch gemeinsames Privatrechtsgeschäft ohne Kindesbeteiligung als Alternative zur Anfechtungsklage mit gerichtlicher Klärung der Vaterschaft im Statusprozeß als mißglückt bezeichnen. (Vgl. noch unten VI. 7. und 8.)

3. Das Anfechtungsrecht des Mannes

Was das Anfechtungsrecht des Mannes gemäß §§ 1600, 1600a II BGB n.F. angeht, so wird infolge der künftigen Vereinheitlichung der Vaterschaftsanfechtung nicht mehr unterschieden zwischen dem Anfechtungsrecht des Ehemanns der Mutter (vgl. § 1594 I BGB a.F.) und dem Anfechtungsrecht des Mannes, der die Vaterschaft anerkannt hat (vgl. § 1600g BGB a.F.), sondern das Anfechtungsrecht steht jetzt ohne Unterschied dem Manne zu, „dessen Vaterschaft nach § 1592 Nr. 1 und 2, § 1593 BGB besteht" (§ 1600 BGB n.F.). Das Anfechtungsrecht des Mannes unterliegt nach wie vor keinen sachlichen Einschränkungen, weil ihm grundsätzlich – abgesehen von der durch das

---

[164]) Vgl. *Gaul* [Fn. 41], S. 623 und S. 647 ff., gegen die dort diskutierten Vorschläge, nach denen teilweise das „in die Nichtehelichkeit entlassene Kind" nach Anfechtung der Vaterschaftsanerkennung des Dritten wieder automatisch den Status des Kindes des Ehemannes zurückerlangen sollte, mit der Folge, daß dann dem Ehemann die Anfechtungsklage verblieb. Daß die Neuregelung des § 1599 II BGB n.F. zu einer derartigen „Odyssee" führen kann, räumt auch *Helms* ein [Fn. 2], S. 183, freilich ohne sich näher mit den Bedenken auseinanderzusetzen. *Edenfeld* [Fn. 2], S. 191, streift § 1599 II BGB n.F. nur mit einem Satz, ohne dessen Problematik anzusprechen. I.E. wie hier *Ramm* [Fn. 4], S. 992, und dazu schon oben zu Fn. 97 und Fn. 150.

KindRG noch nicht geregelten Problematik der konsentierten heterologen Insemination (s. unten IX.) – die uneingeschränkte Befugnis bleiben muß, die Rechtsbeziehung zu einem Kind, das nicht das seine ist, im Wege der Klärung durch die Vaterschaftsanfechtungsklage zu lösen und die damit verbundenen Rechtsfolgen abzuwenden. Ihm ist nicht zuzumuten, etwa mit Rücksicht auf das Kindeswohl, die Bürden einer Rechtsbeziehung aufrechtzuerhalten, nur weil die Geburt des Kindes während der Ehe auf seine Vaterschaft scheinbar hinwies, in Wahrheit aber das Kind von einem Dritten abstammt. Dann muß sich der Ehemann der Zurechnung des fremden Kindes erwehren können[165]).

4. Das neue Anfechtungsrecht der Mutter

Gemäß § 1600 BGB n.F. hat nunmehr auch die Mutter ein eigenes Recht auf Anfechtung der Vaterschaft. Der Gesetzgeber des KindRG ist damit einer in der Reformdiskussion zuletzt fast einmütig erhobenen Forderung gefolgt[166]). Zwar war die Einbeziehung der Mutter in den Kreis der Anfechtungsberechtigten nicht überdies aus ver-

---

[165]) Vgl. *Soergel/Gaul* [Fn. 3], § 1594 Rz. 3; ebenso *Edenfeld* [Fn. 2], S. 194; – nicht überzeugend hat sich bei der Anhörung im BT-Rechtsausschuß *Helga Oberloskamp* [Fn. 125], S. 46, ausgehend von der Überlegung, daß „ein Anfechtungsrecht nicht biologistisch sein" dürfe, sondern stets „die sozialen und psychologischen Bezüge berücksichtigen" müsse, für eine „Kindeswohlprüfung" auch in bezug auf das „Anfechtungsrecht des Scheinvaters" ausgesprochen; zumindest hält diesen Vorschlag für „diskussionswürdig" auch *Ingrid Baer* [Fn. 125], S. 67, weil „jede Anfechtung der Ehelichkeit ein Risiko i.S. des Verlustes einer bestehenden Rechtsposition" bedeute.

[166]) Vgl. *Soergel/Gaul* [Fn. 3], § 1594 Rz. 3, und Nachtrag 1992, § 1594 Rz. 3, m.w.N.; ferner insbes. *Schwenzer* [Fn. 37], S. 34 ff.; Beschlüsse des 59. DJT [Fn. 22], zu B V 1 e; – zurückhaltender noch *Beitzke/Lüderitz* [Fn. 15], § 22 II 1e („jedenfalls nach Scheidung"); wohl auch *Giesen* [Fn. 5], Rz. 504 Fn. 8; – zuletzt noch entschieden ablehnend *Deichfuß* [Fn. 10], S. 142 ff.; ebenso *Rüdiger Ernst*, Die Vater-Kind-Zuordnung aufgrund der Ehe der Mutter, 1993, S. 145 ff., 152: „Für ein Anfechtungsrecht der Mutter besteht kein sachliches Erfordernis. Geht man wie hier davon aus, daß im Kollisionsfall die Interessen der Mutter hinter denen der Kinder zurückzustehen haben, so bedeutete ein (also notwendigerweise unter den Vorbehalt des Kindeswohles gestelltes) Anfechtungsrecht der Mutter eine bloße symbolische Geste des Gesetzgebers." – Ablehnend weiterhin aus der Sicht des ZGB der Schweiz *Hegnauer*, FamRZ 1996, 914, 917.

Die Neuregelung des Abstammungsrechts 97

fassungsrechtlichen Gründen geboten[167]). Der Grundsatz der Gleichberechtigung von Mann und Frau aus Art. 3 II GG war nicht verletzt, da Ehemann und Mutter in unterschiedlichem Maße von der Statuszurechnung des Kindes zum Ehemann der Mutter betroffen sind. Die „Vaterschaftsanfechtung" betrifft unmittelbar nur die Vater-Kind-Beziehung. Der Ehemann ficht seine eigene Rechtsstellung als Vater des Kindes an, die Mutter interveniert nur gegen die Elternstellung ihres Mannes[168]). Deshalb war auch ein Verstoß gegen Art. 6 II GG wegen Verletzung des Elternrechts der Mutter durch Ausschluß von der Vaterschaftsanfechtung zu verneinen.

Rechtspolitisch konnte man der Mutter jedoch ein eigenes Recht zur Vaterschaftsanfechtung nicht länger vorenthalten. Immerhin wird sie durch die erfolgreiche Vaterschaftsanfechtung mittelbar auch in ihren eigenen rechtlichen Interessen tangiert, namentlich hinsichtlich der Auswirkungen auf den Umfang ihres ehel. und nachehel. Sorgerechts[169]). Auch stand der Mutter bisher schon ein eigenes Recht auf Anfechtung der Vaterschaftsanerkennung nach § 1600g I BGB a.F. zu, das allerdings zugleich als Ausgleich für das der Mutter bisher nicht gewährte Zustimmungsrecht zur Vaterschaftsanerkennung (§ 1600c BGB a.F.) gedacht war[170]). Ferner war das im früheren Recht der DDR gemäß § 61 I FGB – jedoch ohne konkurrierendes Kindesanfechtungsrecht[171]) – bestehende Anfechtungsrecht der Mutter durch den Einigungsvertrag gemäß Art. 234 §§ 1, 7 entfallen[172]), was in den neuen Bundesländern gewiß als Rückschritt empfunden wurde[173]). Grundsätzlich konnte also die Ausdehnung des Anfechtungsrechts auf die Mutter kaum noch fraglich sein.

---

[167]) So insbes. *Gernhuber/Coester-Waltjen* [Fn. 3], § 51 II 2: Verstoß gegen Art. 3 II GG; *Schwenzer*, FamRZ 1985, 1, 7: Verstoß gegen Art. 6 II GG; vgl. auch *Münch-Komm/Mutschler* [Fn. 3], § 1593 Rz. 13: Verstoß gegen Art. 2 I und Art. 6 I GG; – wie hier jedoch noch *BVerfG* (Kammerbeschluß), FamRZ 1993, 1422 f.
[168]) Vgl. schon oben zu Fn. 114 und 115 betreffend die künftige Klagebefugnis der Mutter zur Vaterschaftsfeststellung gemäß § 1600e I BGB n.F.
[169]) Vgl. schon oben zu Fn. 115.
[170]) Vgl. *Soergel/Gaul* [Fn. 3], § 1600g Rz. 4.
[171]) Vgl. oben zu IV.
[172]) Vgl. *Soergel/Gaul*, Nachtrag 1992, § 1594 Rz. 4.
[173]) Nach *Beitzke/Lüderitz* [Fn. 15], § 22 II 1 f., bedeutet sogar der Wegfall des in der früheren DDR der Mutter gewährten Anfechtungsrechts „– für schon geborene Kinder – ein unzulässiger Eingriff in das Elternrecht".

Hingegen war die Ausgestaltung des Anfechtungsrechts der Mutter bis zuletzt höchst umstritten. Die Reformvorschläge zielten ganz überwiegend auf ein durch das Kindeswohl eingeschränktes Anfechtungsrecht der Mutter, um den Interessen des Kindes an Aufrechterhaltung einer zum Ehemann der Mutter entstandenen Bindung Rechnung zu tragen[174]). Auch nach den Beschlüssen des 59. *Deutschen Juristentags* sollte „die Ausübung dieses Rechts ausgeschlossen" sein, „wenn dadurch eine gelebte Vater-Kind-Beziehung zerstört würde"[175]). Demgemäß sah § 1600 II RegE zunächst vor, daß die Mutter zu Lebzeiten des Kindes „die Vaterschaft nur anfechten" konnte, „wenn 1. das Kind minderjährig ist und die Anfechtung seinem Wohl dient oder 2. das Kind volljährig ist und der Anfechtung zustimmt".

Auf Vorschlag des *Bundesrats*[176]), dem die Bundesregierung bei gleichzeitiger Durchsetzung der Unanwendbarkeit der Fristerneuerungsbestimmung des § 1600b V RegE auf die Mutter zustimmte[177]), wurde § 1600 II RegE trotz nachdrücklicher Befürwortung der Beibehaltung der Kindeswohlprüfung noch in der Anhörung im Rechtsausschuß[178]) schließlich gestrichen[179]). Das ist zu bedauern, weil damit auf eine mögliche Interessenkollision zwischen Mutter und Kind keinerlei Rücksicht mehr genommen wird.

Die Erwartung allein, daß die Mutter mit Ausschluß einer nur noch dem Kind vorbehaltenen Fristerneuerung nach § 1600b V BGB n.F. von ihrem Anfechtungsrecht nur innerhalb der ersten zwei Lebensjahre des Kindes Gebrauch machen wird, in denen sich eine persönliche Bindung zum Scheinvater noch nicht entwickelt haben

---

[174]) Richtungweisend schon *Beitzke* [Fn. 141], S. 46 ff.; *Schwenzer* [Fn. 37], S. 36; *Gernhuber/Coester-Waltjen* [Fn. 3], § 51 II 2 a.E.
[175]) Beschlüsse des 59. DJT [Fn. 22], B V 1 f.
[176]) BT-Drucks. 13/4899, S. 148.
[177]) BT-Drucks. 13/4899, S. 166.
[178]) Vgl. Anlagen zum Protokoll der 67. Sitzung des BT-Rechtsausschusses [Fn. 125]: *Deutsches Institut für Vormundschaftswesen (Mutschler)*, a.a.O., S. 33; *Arbeitsgemeinschaft für Jugendhilfe (Gerstein)*, a.a.O., S. 76; *Bergau/Fiedler*, a.a.O., S. 85 (nur falls Mutter den wirklichen Vater benenne, könne Kindeswohlprüfung entfallen); – zum Vorschlag einer Kindeswohlprüfung auch beim Anfechtungsrecht des Scheinvaters s. oben Fn. 165.
[179]) Der Rechtsausschuß folgte „insoweit der Argumentation des Bundesrats", weil „dem Interesse der Mutter, die unzutreffende rechtliche Zuordnung des Kindes zu beseitigen, kein geringerer Wert beizumessen sei" als dem des Mannes oder des Kindes, BT-Drucks. 13/8511, S. 83.

wird[180]), vermag das Absehen von der Kindeswohlprüfung nicht zu rechtfertigen. Nicht stets weiß die Mutter schon mit der Geburt des Kindes, daß wegen ihres Verkehrs auch mit einem anderen Mann der Ehemann nicht der Vater des Kindes ist. Andernfalls hätte auch der in § 1600 II Nr. 2 RegE vorgesehen gewesene Fall, daß die Mutter nach Volljährigkeit des Kindes nur mit dessen Zustimmung sollte anfechten können, jede Realität verfehlt. Es genügt im Grunde schon, daß dem Kind durch die Anfechtung die Chance genommen wird, eine solche Beziehung aufzubauen und in der Familie aufzuwachsen, um den möglichen Interessenwiderstreit aufzuzeigen.

Vor allem besteht das mit der Anfechtung verbundene Risiko darin, daß das Kind seinen bisher rechtlich gesicherten Status unter Entlassung in eine noch ungewisse Zukunft verliert. Denn ob dem Verlust seiner Rechtsstellung ein neues und zudem gleichwertiges Vaterschaftsverhältnis folgt, ist häufig noch völlig ungewiß. Auch hängt dies wiederum davon ab, ob die Mutter, die die Unklarheit der Vaterschaft selbst veranlaßt hat, den wahren Vater zu benennen gewillt und in der Lage ist. Der Standpunkt des *Bundesrats*, es müsse „der Anschein eines stärkeren Bestandsschutzes" der ehel. gegenüber der ne. Vaterschaft vermieden werden[181]), verkennt, daß es um die Verdrängung eines bisher gesicherten durch einen häufig noch ungeklärten Status geht und dies allein schon eine unterschiedliche Wertung rechtfertigt. Auch geht das Gesetz an anderer Stelle, nämlich in § 640d ZPO n.F., durchaus noch vom Gedanken des Bestandsschutzes zur Wahrung des bisherigen Status des Kindes aus (vgl. oben VI. 2.).

Demgegenüber unterliegt die Anfechtung weiterhin der Kindeswohlprüfung, wenn sie die Mutter als gesetzliche Vertreterin des Kindes betreibt (§ 1600a IV BGB n.F.). Warum die Mutter nur bei der Anfechtung im Namen des Kindes auf die Kindesinteressen Rücksicht nehmen soll, nicht aber, wenn sie gemäß § 1600 BGB n.F. im eigenen Namen anficht, leuchtet nicht ein, da der potentielle Interessenkonflikt jeweils der gleiche ist. Vor allem wird die Aufgabe der ursprünglich noch in § 1600 II RegE angestrebten Konkordanz dazu führen, daß die Mutter nicht mehr namens des Kindes mit der Einschränkung der Kindeswohlprüfung klagen wird, sondern nur noch im eigenen Namen, weil ihre Anfechtung dann keinen Einschränkungen unter-

---

[180]) So die Gegenäußerung der Bundesregierung, BT-Drucks. 13/4899, S. 166; ebenso der Rechtsausschuß [Fn. 179].
[181]) Vgl. BT-Drucks. 13/4899, S. 148; wörtlich ebenso noch der Rechtsausschuß [Fn. 179].

liegt – ein Ergebnis, das wiederum zeigt, in welchem Maße die Kindesinteressen auch an dieser Stelle durch das KindRG zurückgesetzt worden sind.

Dem läßt sich auch nicht entgegenhalten, daß die Mutter bisher schon ein uneingeschränktes Recht auf Anfechtung der Vaterschaftsanerkennung nach § 1600g I BGB a.F. hatte, denn dieses sollte zugleich das ihr bisher versagte Zustimmungsrecht zur Vaterschaftsanerkennung kompensieren[182]). Nun aber ist gemäß § 1595 I BGB n.F. ihr Zustimmungsrecht zur Vaterschaftsanerkennung an die Stelle der bisher erforderlich gewesenen Kindeszustimmung getreten (vgl. oben V. 7.b). Das hätte nunmehr umgekehrt zu einer Einschränkung des Anfechtungsrechts der Mutter mit Rücksicht auf das Kindeswohl angesichts der entfallenen Kindesbeteiligung am Anerkennungsvorgang führen müssen. Dies belegt nur nochmals die innere Unausgewogenheit der Ausgestaltung des Anfechtungsrechts der Mutter auch hinsichtlich der Vaterschaftsanerkennung.

Damit ist der Gesetzgeber des KindRG auch hier seinem von ihm selbst an erster Stelle genannten Reformziel untreu geworden, wonach vornehmlich „die Rechte der Kinder verbessert und das Kindeswohl auf bestmögliche Art und Weise gefördert werden" sollen[183]).

5. Das erweiterte Anfechtungsrecht des Kindes
a) Die verfassungsrechtliche Beanstandung des bisher eingeschränkten Anfechtungsrechts des volljährigen Kindes

Gegenüber dem bisherigen Recht der Ehelichkeitsanfechtung ist das Vaterschaftsanfechtungsrecht des Kindes in den §§ 1600, 1600b III BGB n.F. allerdings erheblich erweitert worden, indem es künftig keinen tatbestandsmäßigen Einschränkungen mehr unterliegt. Nach bisherigem Recht konnte das Kind seine Ehelichkeit nur aus den Kataloggründen des § 1596 I Nr. 1 bis 5 BGB a.F., wie z.B. Eheauflösung der Eltern durch Tod des Mannes oder Scheidung oder Heirat der Mutter mit dem leiblichen Vater, anfechten. Die Anfechtung konnte – sofern sie nicht aus den Gründen des § 1596 I Nr. 4 und 5 BGB a.F.

---

[182]) Vgl. schon oben zu Fn. 170.
[183]) Vgl. die formulierte „Zielsetzung" in BT-Drucks. 13/4899, S. 1 und S. 29; ebenso noch der Rechtsausschuß, BT-Drucks. 13/8511, S. 68. – I.E. wie hier waren weiterhin für einen Kindeswohlvorbehalt beim Anfechtungsrecht der Mutter eingetreten außer den in Fn. 178 genannten Stimmen zuletzt noch *Mutschler*, FamRZ 1996, 1381, 1383; *Helms* [Fn. 2], S. 181; *Edenfeld* [Fn. 2], S. 194.

(schwere Verfehlungen des Mannes gegen das Kind oder schwere Erbkrankheiten) sittlich gerechtfertigt war – nur bis zur Vollendung des 20. Lebensjahres des Kindes geltend gemacht werden (§ 1598 BGB a.F.).

Eine Erweiterung des Anfechtungsrechts des Kindes war geboten, nachdem das *BVerfG* im Urteil v. 31. 1. 1989[184]) wegen des Rechts des Kindes auf Kenntnis der eigenen Abstammung es für unvereinbar mit Art. 2 I i.V. mit Art. 1 I GG erklärt hatte, dem volljährigen Kind – von den gesetzlichen Anfechtungstatbeständen abgesehen – nicht nur die Änderung seines familienrechtlichen Status, sondern auch die gerichtliche Klärung seiner Abstammung zu verwehren. Überdies bedurfte es einer Änderung des § 1598 Hs. 2 BGB a.F., nachdem das *BVerfG* mit seinem weiteren Beschluß v. 26. 4. 1994[185]) auch die dort gesetzte absolute 2-Jahres-Frist nach Volljährigkeitseintritt für die Kindesanfechtung als verfassungswidrig beanstandet hatte (vgl. schon oben II. 2.).

Der Gesetzgeber des KindRG ist jedoch mit der Einführung eines sachlich unbeschränkten Kindesanfechtungsrechts in den §§ 1600, 1600b III BGB n.F. weit über die Zielvorgaben des *BVerfG* hinausgegangen. Basis der Entscheidung des *BVerfG* war die Feststellung, daß die Beschränkung des Anfechtungsrechts durch § 1596 BGB a.F. ihren „verfassungsrechtlichen Rückhalt in Art. 6 I GG" finde, der danach gebotene besondere Schutz von Ehe und Familie indessen im Wege der Güterabwägung mit dem Persönlichkeitsrecht des Kindes auf Kenntnis seiner Abstammung in Einklang zu bringen sei. Danach fehle „die verfassungsrechtliche Rechtfertigung für eine derartige Beschränkung, wenn eine Gefährdung der Ehe und des Familienfriedens nicht zu erwarten ist und deshalb der Schutz von Ehe und Familie den Ausschluß des Anfechtungsrechts selbst bei Berücksichtigung eines abstrakten Gefährdungsprinzips nicht trägt"[186]). Als Beispielsfälle nannte das *BVerfG* das Einverständnis der gesetzlichen Eltern, die bereits vollzogene Hinwendung des Kindes zum leiblichen Vater und das Aufwachsen des Kindes in einer Pflegefamilie. In derartigen Fällen sei es dem „volljährigen Kind" – und nur um dieses ging es – nicht zuzumuten, „nach Erreichung der Volljährigkeit im Interesse der Ehe seiner Mutter" auf die Klärung seiner Abstammung zu verzichten[187]).

---

[184]) *BVerfGE* 79, 256 ff.; vgl. schon oben zu Fn. 10.
[185]) *BVerfGE* 90, 263 ff.; vgl. schon oben zu Fn. 14.
[186]) *BVerfGE* 79, 256, 272 ff. [Fn. 10].
[187]) *BVerfGE* 79, 256, 272 ff. [Fn. 10].

Nur weil das *BVerfG* zugleich die gemäß Art. 6 I GG gebotene Rücksicht auf den Schutz der Ehe und Familie im Auge hatte, hielt es dem Gesetzgeber die Alternative offen, ob er die Verfassungswidrigkeit „durch eine Erweiterung der Gründe für eine zulässige Anfechtung" oder durch eine nach dem bisherigen Recht „ausgeschlossene Klagemöglichkeit", die das rechtliche Band zwischen Kind und Vater aufrechterhält, beheben wolle[188]). Nachdem der Gesetzgeber – mit vollem Recht – eine in der Tat in das Rechtssystem nicht einzuordnende[189]), „isolierte Abstammungsfeststellungsklage" verworfen hat[190]), blieb aus der Sicht des *BVerfG* nur der Weg der „Erweiterung der Gründe" des bisherigen § 1596 I BGB a.F.

Für eine Erweiterung der Kataloggründe der Kindesanfechtung hatten sich im Anschluß an das Urteil des *BVerfG* auch die meisten Stimmen in der Reformdiskussion ausgesprochen[191]). Teilweise trat man auch in Verallgemeinerung des Gedankens des § 1594 I Nr. 4 und 5 BGB a.F. dafür ein, das Anfechtungsrecht des Kindes künftig nur noch generell unter den Vorbehalt „sittlicher Rechtfertigung" zu stellen[192]). Andere befürworteten eine differenzierte Lösung im Sinne einer Beibehaltung der Kataloggründe nur noch für das minderjährige Kind bei Freigabe des Anfechtungsrechts des volljährigen Kindes[193]) oder seiner Einschränkung nur noch im Falle des Rechtsmißbrauchs[194]). Vermittelnd war auch der Vorschlag des *Deutschen Juristentags,* nach welchem „dem volljährigen Kind ein sachlich unbeschränktes Anfechtungsrecht gewährt werden" sollte, „während der Minderjährigkeit des Kindes" dagegen „sein Anfechtungsrecht im Hinblick auf eine gelebte Eltern-Kind-Beziehung nur in Ausnahmefällen bestehen" sollte[195]).

---

[188]) *BVerfGE* 79, 256, 274 [Fn. 10].
[189]) Vgl. dazu im einzelnen *Gaul* [Fn. 10], und dazu schon oben zu Fn. 21, m.w.N.
[190]) BT-Drucks. 13/4899, S. 56 f., und dazu schon oben Fn. 22.
[191]) Vgl. *Gaul* [Fn. 10], S. 47, m.w.N. in Fn. 118; ferner *Frank* [Fn. 21], S. 82 ff., und FamRZ 1995, 975, 980 f.; *Henrich* [Fn. 21], § 17 III 4 (S. 196); *Helms* [Fn. 2], S. 179, 185.
[192]) So *Beitzke/Lüderitz* [Fn. 15], § 22 II 1 d; *Oberloskamp,* Recht auf Kenntnis der eigenen Abstammung, FuR 1991, 263, 267 f.
[193]) So *Schwenzer,* Gutachten [Fn. 37], S. 33 f.; *Mutschler,* Emanzipation und Verantwortung, FamRZ 1994, 65, 69.
[194]) So *Gernhuber/Coester-Waltjen* [Fn. 3], § 51 V 1.
[195]) Beschlüsse des 59. DJT [Fn. 22], zu B V 1 c und d.

b) Das künftig vereinheitlichte uneingeschränkte Kindesanfechtungsrecht

Mit der Neuregelung in den §§ 1600, 1600b III BGB n.F. hat der Gesetzgeber demgegenüber auf jegliche Beschränkung des Anfechtungsrechts des Kindes verzichtet. Die dafür gegebene Begründung ist nichts weiter als das Eingeständnis legislatorischer Unzulänglichkeit. Weil sich nämlich der Gesetzgeber außerstande sah, die „Fallgestaltungen, in denen eine Gefährdung der Ehe und des Familienfriedens nicht zu erwarten ist, ohne Rückgriff auf eine Generalklausel zu beschreiben" und weil ihm auch eine Konkretisierung durch „Regelbeispiele" zu problematisch erschien[196]), sah er von der vom *BVerfG* aufgegebenen „Erweiterung der Gründe für eine zulässige Anfechtung" ganz ab. Auch wenn durchaus einzuräumen ist, daß die vom *BVerfG* genannten Beispiele nicht in jeder Hinsicht überzeugen konnten[197]), durfte der Gesetzgeber nicht derart resignieren. Auch ist seine Einlassung wenig konsequent, denn von dem vermeintlich schwer überprüfbaren „Einverständnis der Eltern" macht er bereits den anstelle der Anfechtung möglichen Dispositivakt in § 1599 II BGB n.F. abhängig, und von einer noch bedenklicheren Generalklausel geht er in § 1600b V BGB n.F. aus, indem für das Kind eine neue Frist läuft, wenn „die Folgen der Vaterschaft für es unzumutbar werden".

Enthüllend ist denn auch die in der amtlichen Begründung enthaltene Schlußfolgerung: „Das künftige Anfechtungsrecht wird einheitlich für alle Kinder gelten, das heißt, es wird nicht mehr danach unterschieden, ob die Eltern des Kindes miteinander verheiratet sind (bzw. waren) oder nicht"[198]). Damit tritt offen zutage, daß entgegen der Weisung des *BVerfG* der Schutz der Ehe der Mutter und die Gefährdung des Familienfriedens künftig keine Beachtung mehr finden. Es läßt sich absehen, daß diese nivellierende Radikallösung zu einer Überprüfung am Maßstab des Art. 6 I GG geradezu herausfordert, der nach der Formulierung des *BVerfG* der bisherigen Ausgestaltung des Anfechtungsrechts des Kindes immerhin ihren „verfassungsrechtlichen Rückhalt" gab. Wenn jetzt nur noch das Recht des Kindes auf Kenntnis der eigenen Abstammung maßgebend sein soll, so läuft dies offenkundig der Wertung des *BVerfG* zuwider.

---

[196]) BT-Drucks. 13/4899, S. 56.
[197]) S. dazu kritisch *Gaul* [Fn. 10], S. 40 ff.
[198]) BT-Drucks. 13/4899, S. 56; wörtlich ebenso der Rechtsausschuß, BT-Drucks. 13/8511, S. 84.

Diese Bedenken erklären es auch, weshalb der *Bundesrat* zuletzt nochmals die „isolierte Abstammungsfeststellungsklage" als Alternative ins Spiel brachte[199]) und weshalb sich bis zuletzt noch Befürworter dieser Lösung fanden[200]). Allerdings erlaubt das geltende Recht keine reinen „Tatsachenfeststellungen", sondern nur die „Feststellung von Rechtsverhältnissen" (§§ 256, 640 II ZPO), und dem Richter würde damit auch etwas Unmögliches angesonnen, weil der Richterspruch nur bindend feststellen kann, was Rechtens ist (§ 322 ZPO). Auch wären die Verwicklungen, die sich aus dem Nebeneinander einer „rechtlichen" und einer „biologischen" und damit aus einer „doppelten Vaterschaft" ergeben würden – wie die amtliche Begründung zum RegE durchaus richtig erkennt –, nach allen Erfahrungen mit der früheren Zweigleisigkeit zwischen „Abstammungs- und Unterhaltsprozeß"[201]) völlig untragbar[202]). Vor allem würde sich eine „isolierte Abstammungsfeststellungsklage" noch eher störend auf die Ehe der Mutter und den Familienfrieden auswirken als eine im Sinne des *BVerfG* ausgeformte Vaterschaftsanfechtungsklage, die sich an Fällen orientiert, in denen „eine Gefährdung der Ehe und des Familienfriedens nicht zu erwarten ist"[203]).

c) Erneutes Aufleben des Anfechtungsrechts bei „Unzumutbarkeit der Folgen der Vaterschaft"

Gemäß § 1600b V BGB n.F. beginnt eine neue 2-Jahres-Frist für das Anfechtungsrecht des Kindes, wenn es später „Kenntnis von Umständen" erlangt, „aufgrund derer die Folgen der Vaterschaft für es unzumutbar werden". Diese ursprünglich im RegE noch allen Anfechtungsberechtigten eingeräumte Fristerneuerung ist zuletzt auf das Kind beschränkt worden. Dem Vorschlag des *Bundesrats,* die Vorschrift ganz zu streichen, weil es sowohl für die Frage der Abstammung wie für den Bestand der Ehe der Eltern unzuträglich sei, „den Schwebezustand länger als nötig andauern zu lassen"[204]), meinte der

---

[199]) Stellungnahme des Bundesrats, BT-Drucks. 13/4899, S. 147.
[200]) So *Oberloskamp* [Fn. 125], S. 45 f.; *Ernst* [Fn. 166], S. 175 ff.; *Edenfeld* [Fn. 2], S. 195 (betont ausgehend von Art. 6 I GG); – daß der dabei immer wiederholte Hinweis auf die vermeintliche Parallele zur Adoption als Beispiel einer „Zweigleisigkeit der Elternschaft" nicht trägt, wurde schon früher dargelegt, vgl. *Gaul* [Fn. 10], S. 34 f.
[201]) Vgl. *Gaul* [Fn. 10], S. 37 ff.; vgl. schon oben zu Fn. 21, m.w.N.
[202]) BT-Drucks. 13/4899, S. 56 f.
[203]) BVerfGE 79, 256, 272 ff. [Fn. 10].
[204]) Vgl. Stellungnahme des Bundesrats, BT-Drucks. 13/4899, S. 148 f.

Gesetzgeber „wegen des im allgemeinen Persönlichkeitsrecht des Kindes verankerten Rechts des Kindes auf Kenntnis der eigenen Abstammung" nicht folgen zu können[205]). Nicht ganz von der Hand zu weisen ist sein weiterer Hinweis, „daß das Anfechtungsrecht des Kindes ohne die zusätzliche Frist des § 1600b V BGB insoweit hinter dem geltenden Recht (§§ 1596, 1600i BGB) zurückbliebe, als in den dort genannten Fällen dieses Anfechtungsrecht über einen längeren Zeitraum bestehen kann"[206]). Gemeint ist das bisher unbefristete Anfechtungsrecht des ehel. Kindes aus den „sittlich gerechtfertigten" Gründen des § 1596 I Nr. 4 und 5 BGB a.F. sowie das Anfechtungsrecht des ne. Kindes aus dem entsprechenden Grunde des § 1600i V BGB a.F. und wohl auch aus den Gründen des § 1600i II und III BGB a.F. bei Anfechtung eines im Zusammenhang mit der Eheschließung der Mutter abgegebenen Vaterschaftsanerkenntnisses.

Überhaupt ist bemerkenswert, mit welcher Begründung der Gesetzgeber den Bedenken gegen die generalklauselartige Ausgestaltung der Zusatzfrist des § 1600b V BGB n.F. gemäß der „Unzumutbarkeit" begegnet. Er meint nämlich, die bisher „in § 1596 I BGB a.F. genannten Gründe" könnten „einen gewissen Anhaltspunkt für die Ausfüllung der Generalklausel geben"[207]). Dann fragt man sich doch, warum der Gesetzgeber nicht von vornherein am bisherigen Katalogprinzip für die Anfechtung festgehalten und dieses fortentwickelt hat, statt in den §§ 1600, 1600b V BGB n.F. auf jede tatbestandliche Ausformung zu verzichten. Sodann aber ausgerechnet die Zusatzfrist des § 1600b V BGB n.F. an die Generalklausel der „Unzumutbarkeit" der weiteren Hinnahme der Vaterschaftsfolgen anzuknüpfen, muß um so größere Bedenken erwecken, weil Fristbestimmungen aus Gründen der Rechtssicherheit feste Regeln erfordern.

d) Anfechtung für das minderjährige Kind und Kindeswohl

Für das minderjährige Kind kann gemäß § 1600a III BGB n.F. nur sein gesetzlicher Vertreter anfechten, wie es ebenso bisher in § 1597 I BGB a.F. vorgesehen war. Dadurch soll weiterhin zugleich vermieden werden, daß ein noch nicht voll geschäftsfähiges Kind etwa in der kritischen Entwicklungsphase Unfrieden in die Familie trägt. Während nach bisherigem Recht der gesetzliche Vertreter zur Anfechtung der

---

[205]) Vgl. Gegenäußerung der Bundesregierung, BT-Drucks. 13/4899, S. 166.
[206]) BT-Drucks. 13/4899, S. 167.
[207]) Amtliche Begründung zu § 1600b V BGB-E, BT-Drucks. 13/4899, S. 88.

vormundschaftsgerichtlichen Genehmigung bedurfte (§ 1597 I, III BGB a.F., ebenso § 1600k I S. 2, II BGB a.F. für die Anerkennungsanfechtung), ist die Anfechtung durch ihn künftig gemäß § 1600a IV BGB n.F. „nur zulässig, wenn sie dem Wohl des Vertretenen dient". Die bisher dem Vormundschaftsgericht obliegende Kindeswohlprüfung in einem vorgeschalteten Genehmigungsverfahren entfällt also künftig und ist nunmehr von dem mit der Anfechtungsklage befaßten Familiengericht selbst vorzunehmen. Die früher bei Vertretung durch einen Vormund oder Pfleger zusätzlich durch „Soll"-Vorschrift vorgesehen gewesene Einwilligung der Mutter (§ 1597 III BGB a.F.) hat das KindRG nicht übernommen, weil es davon ausgeht, daß „auch im Rahmen der Kindeswohlprüfung das Familiengericht die möglichen Auswirkungen des Anfechtungsverfahrens auf den Familienfrieden und die persönlichen Beziehungen zwischen Mutter und Kind zu berücksichtigen" hat[208]).

Es scheint demnach so, als ob wenigstens für das minderjährige Kind die Kindeswohlprüfung den Wegfall der bisherigen Kataloggründe des § 1596 I BGB a.F. ausgleichen könnte. Indessen läßt sich den bisherigen Anfechtungsgründen des § 1596 I Nr. 1 bis 5 BGB a.F. nicht einfach Indizfunktion für die Konkretisierung des Kindeswohls zuschreiben[209]). Denn auch im bisher geltenden Recht deckten sich keineswegs die erst vom Prozeßgericht zu prüfenden Anfechtungstatbestände des § 1596 I BGB a.F. mit dem zuvor vom Vormundschaftsgericht zu prüfenden Kindeswohl[210]). Zudem ist zu erwarten, daß angesichts der den §§ 1600, 1600b III BGB n.F. vom Gesetzgeber zugrunde gelegten starken Akzentuierung des Rechts des Kindes auf Kenntnis seiner Abstammung die Kindeswohlprüfung künftig einseitig zu Lasten des Schutzes der Ehe und Familie ausfallen wird; damit werden dann allerdings erneut die schon angesprochenen Bedenken aus Art. 6 I GG hervorgerufen.

Inwieweit die aus § 1618a BGB folgende gegenseitige Pflicht zu Beistand und Rücksicht zwischen Eltern und Kind im Rahmen der Kindeswohlprüfung in Zukunft noch als Korrektiv dienen kann[211]),

---

[208]) So die amtliche Begründung zu § 1600a IV BGB-E, BT-Drucks. 13/4899, S. 87.
[209]) So aber *Helms* [Fn. 2], S. 185, mit Hinweis auf *Erman/Holzhauer*, BGB, 9. Aufl. 1993, § 1597 Rz. 8.
[210]) Vgl. *Soergel/Gaul* [Fn. 3], § 1597 Rz. 9 a.E.; *Palandt/Diederichsen* [Fn. 11], § 1597 Rz. 14, 15.
[211]) Vgl. *Gaul* [Fn. 10], S. 42 f., m.N.

erscheint ebenso zweifelhaft, zumal das *BVerfG* dieser Vorschrift gegenüber dem Persönlichkeitsrecht des Kindes auf Kenntnis seiner Abstammung keine ausschlaggebende Bedeutung beigemessen hat[212]).

6. Abschaffung des subsidiären Anfechtungsrechts der Eltern des Mannes

In Übereinstimmung mit den meisten ausländischen Rechtsordnungen[213]) sah bisher § 1595a BGB a.F. ein Anfechtungsrecht der Eltern des Mannes vor, wenn der Sohn bis zu seinem Tod keine Kenntnis von der Geburt des Kindes erlangt hat oder innerhalb von zwei Jahren seit der Geburt des Kindes gestorben ist, ohne die Ehelichkeit des Kindes angefochten zu haben, sofern letzterenfalls kein gegenteiliger Wille des Sohnes zutage getreten ist. Eine ähnliche Bestimmung enthielt § 1600g II BGB a.F. für die Anfechtung der Vaterschaftsanerkennung. Der durch das FamÄndG 1961 eingeführte § 1595a BGB a.F. hatte teilweise zugleich Ersatzfunktion für das damals beseitigte Anfechtungsrecht des Staatsanwalts und trug bereits in seiner kurzbefristeten Ausgestaltung dem geringeren Interesse der Manneseltern an der Statusbeseitigung ihres Enkelkindes Rechnung[214]).

Obwohl die Abschaffung des Anfechtungsrechts der Eltern des Mannes in der Reformdiskussion weniger stark thematisiert wurde[215]) und sich im benachbarten Ausland zuletzt noch Stimmen für eine Beibehaltung aussprachen[216]), ist die Entscheidung des KindRG gegen dieses Sekundäranfechtungsrecht letztlich zu billigen[217]). Schon bisher wurde es teilweise heftig kritisiert, weil die Eltern die ihnen zugedachte Rolle als Sachwalter des Persönlichkeitsrechts des verstorbenen Sohnes leicht zu eigennützigen Zwecken aus rein wirtschaftlichen

---

[212]) Vgl. *BVerfGE* 79, 256, 271 f. [Fn. 10].
[213]) Vgl. die Nachweise bei *Schwenzer* [Fn. 37]; S. 29 f., mit Ausdehnung teilweise auf alle Erben oder doch Pflichtteilsberechtigten.
[214]) Vgl. *Soergel/Gaul* [Fn. 3], § 1595a Rz. 1, 2.
[215]) Vgl. immerhin *Gernhuber/Coester-Waltjen* [Fn. 3], § 51 IV 1; *Schwenzer* [Fn. 37], S. 30; Beschlüsse des 59. DJT [Fn. 22], zu B V 1 b.
[216]) So *Hegnauer*, FamRZ 1996, 914, 917, mit Hinweis auf die in der Schweiz bestehenden Bedenken gegen eine Abschaffung des Anfechtungsrechts der Manneseltern aus Art. 258 ZGB unter Anführung eines aktuellen Falles der Anfechtung durch die Eltern des von seiner Ehefrau und ihrem Geliebten und Erzeuger des Kindes ermordeten Mannes.
[217]) Ebenso *Mutschler* [Fn. 2], S. 1382; *Edenfeld* [Fn. 2], S. 194.

Gründen im Hinblick auf die Entledigung von Unterhalts- und Pflichtteilsansprüchen oder unnachsichtiger als der Sohn gar aus rachsüchtigen Motiven gegen die untreue Schwiegertochter mißbrauchen könnten[218]). Auch wenn sich für den Normalfall gewiß legitimere Gründe für die Ausübung des Sekundäranfechtungsrechts der Manneseltern vorstellen lassen, ist die vom KindRG mit seiner Beseitigung verfolgte Zielsetzung billigenswert: Die Klärung der Abstammungsverhältnisse sollte wegen der damit verbundenen Eingriffe in die Belange der Beteiligten und vornehmlich der des Kindes auf den Kernbereich der Familie beschränkt werden[219]).

Zwangsläufige Folge der Beseitigung des Anfechtungsrechts der Manneseltern ist allerdings, daß künftig nach dem Tode des Mannes das Anfechtungsrecht praktisch bei der Mutter monopolisiert wird, sei es in eigener Person, sei es als gesetzliche Vertreterin des Kindes. Diese Machtkonzentration auf die Mutter mag man bedauern[220]), sie richtet sich aber hier wenigstens nicht primär gegen die Kindesinteressen, sondern vornehmlich gegen die Interessen der Familie des verstorbenen Mannes.

Das KindRG sieht auch keine an sich naheliegende Ausnahme mehr für den Fall vor, daß der gesetzliche Vater noch zu seinen Lebzeiten das Anfechtungsverfahren angestrengt hat und während dessen Rechtshängigkeit verstirbt[221]). Folgerichtig hat das KindRG die Vorschrift des § 640g ZPO a.F., die den Eltern die Aufnahme des vom Sohne in Gang gesetzten Verfahrens eröffnete, beseitigt. Statt dessen gestattet künftig § 640g ZPO n.F. im Falle des Todes des Kindes oder der Mutter in ihrem Verhältnis zueinander die Fortführung des Anfechtungsprozesses durch den jeweils überlebenden anderen Klageberechtigten[222]).

7. Kein Anfechtungsrecht des Erzeugers des Kindes

Schon im bisherigen Recht war demjenigen, der als Erzeuger des Kindes die wirkliche Vaterschaft für sich in Anspruch nahm, die Anfechtung versagt. Er konnte sich lediglich als einfacher Nebeninter-

---

[218]) So *H. Lange*, Kritisches zur Anfechtung der Ehelichkeit, NJW 1962, 1697, 1699.
[219]) BT-Drucks. 13/4899, S. 57.
[220]) So *Ramm* [Fn. 4], S. 992.
[221]) Dafür hatte sich *Mutschler*, FamRZ 1994, 68, ausgesprochen.
[222]) Vgl. BT-Drucks. 13/4899, S. 126, allerdings ohne Hinweis auf die Änderung gegenüber dem bisher geltenden Recht.

venient gemäß § 66 ZPO am Verfahren beteiligen, gehörte jedoch nicht zum Personenkreis der nach § 640e ZPO a.F. Beizuladenden[223]). Sowohl beim Ausschluß des eigenen Anfechtungsrechts des Vaterschaftsprätendenten als auch beim Ausschluß der Beiladung soll es gemäß dem KindRG auch künftig bleiben[224]). Namentlich bekräftigt die amtliche Begründung zu § 640e I BGB n.F., daß „potentielle Väter" nicht dem Begriff des „Elternteils" im Sinne dieser Vorschrift unterfallen[225]).

Dieser Entscheidung des KindRG ist zuzustimmen. Zwar hatten namhafte Autoren für besonders gelagerte Ausnahmefälle, etwa, wenn sowohl die Mutter als auch ihr Ehemann verstorben sind oder beide Elternteile das Kind zur Adoption freigeben, ein Anfechtungsrecht des Erzeugers befürwortet[226]). Doch kann dann seinen beachtenswerten Interessen durch das nunmehr uneingeschränkte Anfechtungsrecht des Kindes hinreichend Rechnung getragen werden, von dem auch in diesen Fällen die Initiative ausgehen sollte[227]). Auch wäre es nach Streichung des Anfechtungsrechts der Manneseltern mit der Begründung, den Kreis der Anfechtungsberechtigten auf den „Kernbereich der Familie" zu beschränken, wenig konsequent gewesen, dennoch das Anfechtungsrecht dem außerhalb des Familienverbandes stehenden Erzeuger zu erteilen.

Eine gewisse Inkonsequenz liegt allerdings darin, daß das KindRG es künftig gemäß § 1599 II BGB n.F. in Durchbrechung des Prinzips des § 1594 II BGB n.F. „einem Dritten" mit Zustimmung der gesetzlichen Eltern gestattet, seine Vaterschaft bezüglich eines während des Scheidungsverfahrens geborenen Kindes ohne vorherige Durchführung eines Anfechtungsprozesses anzuerkennen und zu diesem Zweck eine von außen einwirkende Initiative zu entfalten. Das kann nur die bestehenden Bedenken gegen die in § 1599 II BGB n.F. ohne Kindesbeteiligung, aber mit Drittbeteiligung ermöglichte Parteidisposition über den Status des Kindes bekräftigen (vgl. dazu schon oben VI. 2.).

---

[223]) Vgl. dazu näher *Soergel/Gaul* [Fn. 3], § 1599 Rz. 12, m.w.N.
[224]) Vgl. BT-Drucks. 13/4899, S. 57.
[225]) BT-Drucks. 13/4899, S. 126.
[226]) So *Beitzke* [Fn. 141], S. 51 ff.; *Henrich* [Fn. 21], § 17 III 6; *Schwenzer*, Gutachten [Fn. 37], S. 37; Beschlüsse des 59. DJT [Fn. 22], zu B V 1 g.
[227]) Ebenso *Gernhuber/Coester-Waltjen* [Fn. 3], § 51 II 3.

8. Einheitliche Anfechtungsfrist

Für die Vaterschaftsanfechtung sieht jetzt § 1600b I BGB n.F. eine einheitliche Frist von zwei Jahren vor, die wie bisher mit dem Zeitpunkt beginnt, in dem der Berechtigte von den gegen die Vaterschaft sprechenden Umständen erfährt. Weder kürzer befristete noch unbefristete Anfechtungstatbestände wie bei der bisherigen Kindesanfechtung aus „sittlichen Gründen" (§§ 1596 I Nr. 4 und 5, 1600i V BGB a.F., vgl. dazu oben VI. 5.) wird es künftig noch geben. Obwohl die Vorschläge in der Reformdiskussion überwiegend im Anschluß an Vorbilder des benachbarten Auslands auf eine einheitlich verkürzte 1-Jahres-Frist zielten[228]), ist die Ausformung der früher schon auf zwei Jahre bemessenen Normalfrist zu einer einheitlichen Anfechtungsfrist gleicher Länge nicht zu beanstanden. Zu bedenken ist auch, daß bei einer allzu kurz bemessenen Frist sich der Anfechtungsberechtigte zu einer raschen Entscheidung gedrängt sehen könnte, während bei gründlicherer Überlegung der Status des Kindes und der Familienfrieden womöglich gewahrt worden wäre[229]).

Gemäß § 1600b II S. 1 BGB n.F. beginnt die Frist weiterhin nicht vor der Geburt des Kindes und nicht, bevor die Anerkennung wirksam geworden ist. Das gilt dann wohl auch für die nach § 1599 II BGB n.F. anstelle der Anfechtung mit Zustimmung des Ehemannes und der Mutter mögliche vorzeitige Vaterschaftsanerkennung, die erst mit Rechtskraft des Scheidungsurteils wirksam wird. Dieser Fristbeginn betrifft neben Mutter und Kind allerdings nur den Anerkennungsvater. Für den Ehemann der Mutter läuft die Frist für seine Vaterschaftsanfechtung völlig unabhängig von der nach § 1599 II BGB n.F. eröffneten Anerkennungsmöglichkeit durch einen Dritten ab dem Zeitpunkt, zu dem er von den gegen seine Vaterschaft sprechenden Umständen erfährt. Er muß also jedenfalls innerhalb seiner Anfechtungsfrist ohne Rücksicht auf die mögliche Anerkennungsbereitschaft eines Dritten Klage erheben, will er sein Anfechtungsrecht nicht einbüßen. Es zeigt sich also auch unter dem Aspekt der Fristwahrung die Problematik der durch § 1599 II BGB n.F. eröffneten Konkurrenz zwischen dem Dispositivakt über den Kindesstatus und

---

[228]) So namentlich *Schwenzer* [Fn. 37], S. 38, mit rechtsvergleichenden Hinweisen, auch *Mutschler*, FamRZ 1994, 69, anders wohl zuletzt *ders.*, FamRZ 1996, 1382.
[229]) Vgl. die eingehenden Erwägungen des *BVerfG*, FamRZ 1975, 82, 85, zur Verfassungsmäßigkeit der zweijährigen Anfechtungsfrist für den Ehemann nach § 1594 I und II BGB a.F.

der auf seine Beseitigung gerichteten Anfechtungsklage, die kaum zu einer „Eindämmung der Prozesse" führen wird (vgl. oben VI. 2.).

Für den Sonderfall der Wiederverheiratung der Mutter bestimmt § 1600b II S. 1 BGB n.F. in Übereinstimmung mit § 1600 III BGB a.F., daß die Anfechtungsfrist für den früheren Ehemann nicht vor der Rechtskraft der Entscheidung beginnt, die gemäß § 1593 I S. 4 BGB n.F. ausspricht, daß der neue Ehemann nicht der Vater des Kindes ist.

Für das eigene Anfechtungsrecht des volljährig gewordenen Kindes nach unterbliebener Anfechtung durch den gesetzlichen Vertreter stellt jetzt § 1600b III S. 2 BGB n.F. unter Berücksichtigung der Beanstandung des früher objektiv auf den „Eintritt der Volljährigkeit" abstellenden § 1598 Hs. 2 BGB a.F. BGB durch das *BVerfG* [230]) klar, daß die 2-Jahres-Frist nicht vor dem Zeitpunkt beginnt, in dem das Kind von den gegen die Vaterschaft sprechenden Umständen Kenntnis erlangt. Damit wird zum Gesetz, was bisher schon in verfassungskonformer Rechtsanwendung für richtig gehalten wurde[231]). Nach dieser Klarstellung auch für die 2-Jahres-Frist der Anfechtung durch den Volljährigen wird es künftig einheitlich nur noch kenntnisabhängige Fristen geben. Das ist zu begrüßen.

Von nur klarstellender Bedeutung ist auch § 1600b IV BGB n.F. für den entsprechenden Fall des Wegfalls der Geschäftsunfähigkeit gegenüber den früher mißverständlich gefaßten §§ 1595 II S. 4 und 1600k IV BGB a.F., die bisher schon richtigerweise so zu interpretieren waren, daß dem nunmehr selbst Anfechtungsberechtigten eine neue 2-Jahres-Frist zur Verfügung steht[232]).

Mit § 1600b V BGB n.F. hat der Gesetzgeber die problematischste Regelung zur Anfechtungsfrist getroffen, indem dem Kind nach Ablauf der regulären 2-Jahres-Frist nochmals eine neue 2-Jahres-Frist eröffnet wird, wenn es später Kenntnis von Umständen erlangt, welche ihm die Hinnahme der Folgen der Vaterschaft „unzumutbar" machen. Diese Vorschrift ist mißglückt. Insoweit ist auf schon in früherem Zusammenhang geäußerte Kritik zu verweisen (vgl. oben VI. 5.c).

---

[230]) *BVerfGE* 90, 263 ff., und dazu schon oben zu Fn. 14.
[231]) Vgl. die Nachweise oben in Fn. 15.
[232]) Vgl. BT-Drucks. 13/4899, S. 88, und zur bisherigen Rechtslage eingehend *Soergel/ Gaul* [Fn. 3], § 1595 Rz. 7, unter Zurückweisung der Gegenansicht, die den früheren Gesetzeswortlaut als Hinweis auf § 206 BGB deutete mit der Folge, daß für die Anfechtung nur noch eine Nachfrist von sechs Monaten nach Wegfall der Geschäftsfähigkeit blieb.

9. Die Vaterschaftsvermutung im Anfechtungsverfahren und ihre Widerlegung

Gemäß § 1600c I BGB n.F. wird im Verfahren auf Anfechtung der Vaterschaft vermutet, daß das Kind von dem Mann abstammt, dessen Vaterschaft nach §§ 1592 Nr. 1, 1593 BGB n.F. begründet ist, weil er zur Zeit der Geburt des Kindes mit der Mutter verheiratet war oder weil ihm das Kind wegen der Geburt innerhalb der Empfängniszeit nach seinem Tod zugerechnet wird, oder dessen Vaterschaft auf § 1592 Nr. 2 BGB n.F. beruht, weil er die Vaterschaft anerkannt hat.

Über die Voraussetzungen der Widerlegung der Vaterschaftsvermutung enthält das Gesetz keine besondere Bestimmung mehr[233]). Demgegenüber verlangte § 1591 I S. 2 BGB a.F. noch ausdrücklich den Nachweis, daß „es den Umständen nach offenbar unmöglich ist, daß die Frau das Kind von dem Manne empfangen hat". Indessen beruht diese Gesetzesformulierung noch auf den Schwierigkeiten des Vaterschaftsbeweises, die der historische Gesetzgeber des BGB damals vorfand. Angesichts des heutigen Erkenntnisstandes naturwissenschaftlicher Methoden des Abstammungsbeweises ist eine derartige Formulierung im Gesetz entbehrlich. Schon unter dem bisherigen Recht war anerkannt, daß der Beweis der „offenbaren Unmöglichkeit" der Vaterschaft kein höheres Beweismaß erfordert als das Maß der richterlichen Überzeugung nach § 286 ZPO[234]). Demgemäß hat bereits der Gesetzgeber des NEhelG davon abgesehen, in die dem § 1591 I BGB a.F. nachgebildete Vorschrift des § 1600m BGB a.F. für die Vaterschaftsvermutung aufgrund Anerkennung die Wendung „offenbar unmöglich" als Kriterium ihrer Widerlegung zu übernehmen[235]).

Der in § 1600c I BGB n.F. fehlende Anfechtungstatbestand ist gedanklich in dem Sinne zu ergänzen, daß die Vermutung widerlegt oder die Anfechtung begründet ist, „wenn das Kind nicht von dem Mann abstammt". Das ergibt sich im Grunde schon aus der Umkehrung der in § 1600c I BGB n.F. ausgesprochenen, an die Vaterschaftstatbestände der §§ 1592 Nr. 1 und 2, 1593 BGB n.F. anknüpfenden,

---

[233]) *Bentert*, Der Vater, aber nicht der Vater, FamRZ 1996, 1386 f., kritisiert deshalb, daß „schlechthin das Kriterium für die Vaterschaftsanfechtung fehlt", und hält die Neuregelung der Vaterschaftsanfechtung insgesamt gesetzestechnisch für mißglückt.
[234]) Vgl. *Soergel/Gaul* [Fn. 3], § 1591 Rz. 14, m.N.
[235]) Vgl. *Soergel/Gaul* [Fn. 3], § 1591 Rz. 15, und § 1600m Rz. 1, jeweils mit Hinweis auf BT-Drucks. V/2370, S. 35; – den legislatorischen Zwischenschritt des § 1600m BGB a.F. übersieht *Bentert* [Fn. 233].

"Vermutung der Abstammung". Das erklärt auch, weshalb bisher schon § 1600m S. 1 BGB a.F. neben der von der Anerkennung ausgehenden "Vermutung der Zeugung" keinen Anfechtungstatbestand mehr formulierte. Letztlich folgt auch hier das maßgebliche Kriterium schon aus der Grundnorm des § 1589 BGB, die das Rechtsverhältnis der "Verwandtschaft" zwischen Personen darauf gründet, daß die "eine von der anderen abstammt", so daß Mißverständnisse eigentlich nicht aufkommen können[236]). Solche gehen auch nicht von § 1599 I BGB n.F. aus, der nur die Rechtsfolge der urteilsmäßigen Negierung der auf §§ 1592 Nr. 1 und Nr. 2, 1593 BGB n.F. gründenden "Vaterschaft" im Rechtssinne betrifft, aber nichts über die dafür maßgebende Tatsache der "Nicht-Abstammung" als Entscheidungsgrundlage aussagt[237]). Im übrigen kommt dem § 1599 I BGB n.F. nur die Funktion zu, die im bisherigen Recht § 1593 BGB a.F. als "Sperrvorschrift" gegen jede Anzweiflung des Status außerhalb des Anfechtungsprozesses einnahm (vgl. oben V. 5.).

Es gilt also künftig das gleiche, was bisher das Verhältnis des § 1593 BGB a.F. zu § 1591 BGB a.F. kennzeichnete: Außerhalb des Anfechtungsprozesses ist § 1599 I BGB n.F. die maßgebende Norm, die den Status bestimmt. Kommt es sodann zum Anfechtungsprozeß, so gilt in diesem die Vaterschaftsvermutung des § 1600c I BGB n.F.[238]).

Zur Widerlegung der Vaterschaftsvermutung des § 1600c I BGB n.F. gibt es wie nach bisherigem Recht nur einen Weg, nämlich den, daß der volle Beweis des Gegenteils im Sinne der Nichtabstammung des Kindes von dem zunächst gesetzlich nach §§ 1592 Nr. 1 und Nr. 2, 1593 BGB n.F. als Vater vermuteten Manne erbracht wird[239]). Deshalb liegen die Dinge hier auch anders als bei der positiven Vaterschaftsfeststellung, für die nach bisherigem Recht zwei Wege zur Vaterschaftsfeststellung gegeben waren, der unmittelbare und volle, sogenannte positive Vaterschaftsbeweis nach § 1600o I BGB a.F. und der mittelbare Vaterschaftsbeweis mit Hilfe der Vaterschaftsvermutung aufgrund nachgewiesener Beiwohnung nach § 1600o II BGB a.F.

---

[236]) *Bentert* [Fn. 233], läßt § 1589 BGB unberücksichtigt.
[237]) Diesen Unterschied beachtet wohl nicht hinreichend *Bentert* [Fn. 233], S. 1387, bei seiner überspitzten Kritik, indem er "Vaterschaft" im Rechtssinne und "Abstammung" als tatsächliches Entscheidungskriterium im Anfechtungsverfahren nicht klar genug trennt.
[238]) Vgl. *Soergel/Gaul* [Fn. 3], § 1591 Rz. 2.
[239]) Zur insoweit weiterhin gültigen bisherigen Rechtslage s. *Soergel/Gaul* [Fn. 3], § 1591 Rz. 14 ff., und § 1600m Rz. 1 ff.

Daher ist dort die Reduzierung der Basis für die positive Vaterschaftsfeststellung auf die bloße Vaterschaftsvermutung in § 1600d II BGB n.F. als Mangel des Gesetzes zu kritisieren (vgl. oben V. 8.c), die Beschränkung auf die Vermutung in § 1600c I BGB n.F. dagegen hinnehmbar.

Die Ausnahme der an einem Willensmangel leidenden Anerkennung der Vaterschaft von der Vaterschaftsvermutung gemäß § 1600c II BGB n.F. entspricht ganz dem bisherigen § 1600m S. 2 BGB a.F. Insoweit hat sich also an der bisher gültigen Rechtslage nichts geändert.

VII. Die neue Bestimmung der Mutterschaft

Die bisher vom BGB für die Mutterschaft als selbstverständlich zugrunde gelegte Rechtsregel „semper certa est" (*Paulus*, Digesten 2, 4, 5) ist erschüttert, seitdem die moderne Fortpflanzungsmedizin das Problem der „gespaltenen Mutterschaft" hervorgebracht hat. Danach ist es heute insbesondere möglich, daß eine Frau eine befruchtete Eizelle austrägt, die nicht von ihr, sondern von einer anderen Frau stammt. Zwar sind die sogenannten Ei- und Embryonenspenden in Deutschland durch öffentlichrechtliche Vorschriften verboten, nämlich sowohl nach §§ 13c und 13d Adoptionsvermittlungsgesetz v. 27. 11. 1989 (BGBl I 2014) in bezug auf die Vermittlung als auch nach § 1 Nr. 1, 2, 6 und 7 Embryonenschutzgesetz v. 13. 12. 1990 (BGBl I 2746) hinsichtlich der medizinischen Assistenz. An einer besonderen Vorschrift über die statusrechtliche Zuordnung des Kindes zur Mutter fehlte es jedoch bisher. Mögliche verbotswidrige Eispenden im Inland oder solche im Ausland lassen aber die zunehmend geforderte Klarstellung der Mutterschaft im Zivilrecht notwendig erscheinen[240]).

Deshalb bestimmt – systematisch sinnvoll schon als Eingangsbestimmung zum Titel „Abstammung" – jetzt § 1591 BGB n.F.:

„Mutter ist die Frau, die das Kind geboren hat."

---

[240]) Vgl. die eingehende Darstellung der bisherigen Vorschläge der Bund-Länder-Arbeitsgruppe „Fortpflanzungsmedizin" (Stand 6. 1. 1989), des Entwurfs der SPD-Fraktion eines „Fortpflanzungsmedizingesetzes" (BT-Drucks. 11/5710) sowie der Vorschläge des Bundesrats (BT-Drucks. 11/5460, Anlage 2, S. 13 ff.) eines Gesetzes betreffend die „Ersatzmutterschaft" unter Einbeziehung auch des Adoptionsvermittlungsgesetzes v. 27. 11. 1989 und des Embryonenschutzgesetzes v. 13. 12. 1990 bei *Soergel/Gaul* [Fn. 3], Nachtrag 1992, § 1591 Rz. 48 bis 48 f.

Diese als Legaldefinition formulierte Zuordnungsnorm muß auf den ersten Blick überraschen, weil sie sich nicht nur zur vorausgehenden Titelüberschrift „Abstammung", sondern auch zu dem in der Grundnorm des § 1589 S. 1 und 2 BGB zugrunde gelegten Begriff der „Verwandtschaft" in Widerspruch setzt. Danach ist die Verwandtschaft zwischen Personen dadurch geprägt, daß die „eine von der anderen abstammt." Damit ist eindeutig die genetische Abstammung gemeint. Allerdings zeigt § 1589 S. 3 BGB, indem er für den Grad der Verwandtschaft auf die „sie vermittelnden Geburten" abstellt, daß für den historischen Gesetzgeber die Frau, die das Kind „empfangen" hat, mit der Frau, die es „geboren" hat, identisch war.

Nach bisherigem Recht konnte man sich bezüglich der nicht ausdrücklich geregelten Mutter-Kind-Zuordnung nur mit einer vorläufigen vermutungsweisen Zuordnung zu der Mutter behelfen, die das Kind geboren hat, sei es im Sinne einer rechtlichen Vermutung[241]), sei es doch im Sinne einer tatsächlichen Vermutung[242]), weil in Anlehnung an die überlieferte Regel „semper certa" nur der äußere Vorgang der Geburt, nicht aber der zugrunde liegende interne Vorgang der Eispende anstelle der normalen eigenen Befruchtung gewiß ist. Für eine definitive rechtliche Zuordnung zur gebärenden Frau als Mutter bot das Gesetz bisher keine entsprechende Zuweisungsnorm[243]). Vielmehr war letztlich maßgebend allein der in § 1589 S. 1 BGB vom Gesetz zugrunde gelegte, an der „Abstammung" orientierte Verwandtschaftsbegriff. Sehr streitig war allerdings, ob und wie die genetische Mutterschaft zur Geltung gebracht werden konnte. Soweit man vereinzelt eine Anfechtung der Mutterschaft seitens der gebärenden Frau analog § 1594 BGB für möglich hielt[244]), war dem nicht zu folgen; in Betracht kam nur eine an § 1589 S. 1 BGB orientierte Klage auf Feststellung

---

[241]) So die h.M., vgl. *MünchKomm/Mutschler* [Fn. 3], § 1591 Rz. 52, m.w.N.
[242]) So *Soergel/Gaul* [Fn. 3], § 1591 Rz. 39, m.w.N.
[243]) Soweit *Ramm*, JZ 1989, 861, 871, schon nach bisherigem Recht aus § 1617 BGB a.F. eine Entscheidung des Gesetzes für eine definitive Mutterschaft der gebärenden Frau meinte ableiten zu können, war dies unhaltbar, da die Vorschrift nur die Ordnung des Familiennamens des ne. Kindes betraf und zudem nicht den Fall einer verheirateten Tragemutter erfaßte, vgl. *Soergel/Gaul* [Fn. 3], Nachtrag 1992, § 1591 Rz. 38, 39; – neuerdings hält es dagegen *Ramm* [Fn. 4], S. 933, für „unverständlich, daß der KindRGE die Leihmutter zur ‚rechtlichen Mutter' erhebt und die Erforschung der ‚genetischen' Mutter zu verhindern sucht".
[244]) So insbes. zuletzt noch *Coester-Waltjen*, Künstliche Fortpflanzung und Zivilrecht, FamRZ 1992, 369, 371, m.w.N.; *Gernhuber/Coester-Waltjen* [Fn. 3], § 53 I 2; *MünchKomm/Mutschler* [Fn. 3], § 1591 Rz. 53.

des Nichtbestehens eines Mutter-Kind-Verhältnisses gemäß § 640 II Nr. 1 ZPO[245]), sofern man seit dem Verbot der Eispende zumindest der „Leihmutter" – im Unterschied zum Kind – dafür überhaupt noch ein Rechtsschutzinteresse zubilligen konnte. Die bisherige Rechtslage war daher höchst unbefriedigend.

Insoweit bringt § 1591 BGB n.F. jetzt Klarheit. Mit der Bestimmung: „Mutter ist die Frau, die das Kind geboren hat", durchbricht allerdings das KindRG nunmehr für das familienrechtliche Mutter-Kind-Verhältnis das gemäß § 1589 BGB bisher für die „Verwandtschaft" maßgebliche „Abstammungs"-Prinzip. Das ist mehr als eine bloße Klarstellung, weil § 1591 BGB n.F. jetzt eine gesetzliche Ausnahme von der Regel des § 1589 S. 1 BGB schafft. Das ist aber eindeutig gewollt[246]). Denn mit § 1591 BGB n.F. soll nicht nur eine Mutterschaftsvermutung aufgestellt, sondern eine definitive Zuweisungsnorm gesetzt werden. Die amtliche Begründung läßt insoweit im Grunde keine Zweifel, denn danach soll „nur die Frau, die das Kind zur Welt bringt, Mutter des Kindes im familienrechtlichen Sinne sein" und damit „die Mutterschaft der gebärenden Frau von vornherein unverrückbar feststehen"; mit dieser Norm soll künftig auch das Zivilrecht „der Verhinderung von Leihmutterschaften" dienen[247]).

Die Entscheidung des Gesetzgebers für die rechtliche Mutterschaft der gebärenden Frau war die einzig praktikable, wollte man nicht von vornherein einen ungeklärten, erst durch positive Feststellungsklage des Kindes oder der genetischen Mutter zu klärenden Status im Mutter-Kind-Verhältnis in Kauf nehmen. Eine gesetzliche Zuordnung zur genetischen Mutter kam schon um des Kindes willen nicht ernsthaft in Betracht, weil sie praktisch zunächst „Mutterlosigkeit" bedeutet hätte. Ob man die in der amtlichen Begründung für die gesetzliche Mutterschaft der gebärenden Frau angeführten Sachgründe mit dem

---

[245]) Vgl. *Soergel/Gaul* [Fn. 3], vor § 1589 Rz. 22, § 1591 Rz. 39, und § 1593 Rz. 10, m.w.N., und Hinweis insbes. auf *BGH*, FamRZ 1973, 26 f. = ZZP 86 (1973), 312 ff., m. Anm. *Wieser*; vgl. zuletzt noch ebenso *OLG Bremen*, FamRZ 1995, 1291, 1292 (eingehend).

[246]) Vgl. BT-Drucks. 13/4899, S. 51 f., 82.

[247]) BT-Drucks. 13/4899, S. 82; ebenso das „einstimmige" Votum des Rechtsausschusses, BT-Drucks. 13/8511, S. 80. – Soweit nach dem „Rohentwurf" der Bund-Länder-Arbeitsgruppe „Fortpflanzungsmedizin" (Stand 6. 1. 1989) und dem Vorschlag des Bundesrats (BT-Drucks. 11/5460, Anlage 2) ein neuer § 1589 S. 2 lauten sollte: „Die Abstammung von der Mutter wird durch die Geburt bestimmt", war dies ein innerer Widerspruch (vgl. dazu *Soergel/Gaul* [Fn. 3], Nachtrag 1992, § 1591 Rz. 48b und 48f).

Hinweis auf die durch Schwangerschaft und Geburt aufgebaute „körperliche und psychosoziale Beziehung" letztlich für durchschlagend hält, mag dahinstehen[248]). Jedenfalls ist die Frau, die das Kind in bewußter Übernahme der Mutterrolle austrägt und zur Welt bringt, diejenige, die der Veranwortung und Sorge für das neugeborene Kind am nächsten steht[249]) und die auch sonst von der Rechtsordnung aufgrund des von der Geburt ausgehenden ersten Anscheins als „Mutter" behandelt wird, wie etwa in bezug auf das Personenstandsregister oder den Mutterschutz[250]). Dies sprach dafür, an der einmal evident gewordenen Mutter-Kind-Beziehung auch rechtlich mit allen Konsequenzen festzuhalten.

Es ist daher durchaus folgerichtig, wenn der Gesetzgeber des KindRG sich abweichend vom Vorschlag des 59. *Deutschen Juristentags* gegen die Zulassung einer Anfechtung der Mutterschaft durch die genetische Mutter ausgesprochen hat[251]). Denn eine Statuskorrektur durch Mutterschaftsanfechtung wäre nur in Betracht gekommen, wenn man sich für eine bloße „Scheinmutterschaft" der gebärenden Frau aufgrund einer widerlichen Vermutung entschieden hätte. Indem jedoch § 1591 BGB n.F. definitiv die Frau zur „Mutter" bestimmt, „die das Kind geboren hat", kann die genetische Herkunft des Kindes keine Basis mehr für eine Widerlegung der derart „unverrückbar feststehenden" Statuszuordnung bilden[252]). Ein Rückgriff auf § 1589 S. 1 BGB ist künftig nicht mehr möglich, weil § 1591 BGB n.F. den auf die „Abstammung" gegründeten Verwandtschaftsbegriff in bezug auf die „Mutterschaft" außer Kraft gesetzt hat. Folglich ist auch dem Kind eine Mutterschaftsanfechtung verwehrt[253]).

---

[248]) Kritisch *Ramm* [Fn. 4], S. 989 Fn. 21: „nicht allzu überzeugend".
[249]) Ebenso *MünchKomm/Mutschler* [Fn. 3], § 1591 Rz. 52, und *Mutschler*, FamRZ 1994, 65, 66.
[250]) Ähnlich *Beitzke/Lüderitz* [Fn. 15], § 22 IV 5.
[251]) BT-Drucks. 13/4899, S. 52, namentlich gegen Beschlüsse des 59. DJT [Fn. 22], B II.
[252]) BT-Drucks. 13/4899, S. 82; wörtlich ebenso der Rechtsausschuß, BT-Drucks. 13/8511, S. 80.
[253]) Das übersehen *Mutschler* [Fn. 2], S. 1385, und *Helms* [Fn. 2], S. 188, wenn sie kritisieren, daß das KindRG keine Anfechtung der Mutterschaft zum Zwecke der Statuskorrektur vorsieht; unklar *Edenfeld* [Fn. 2], S. 192: Dem Kind sei „dadurch die Anfechtung der gesetzlichen Mutterschaft mit dem Ziele, seine Abstammung mütterlicherseits feststellen zu lassen, nicht verwehrt", dann aber wird auf „eine Feststellungsklage nach § 256 ZPO" verwiesen.

Ebenso konsequent ist es, wenn die amtliche Begründung zum KindRGE es in Zukunft für ausgeschlossen hält, die genetische Abstammung von der Eispenderin im Wege der Statusfeststellungsklage feststellen zu lassen. Denn insoweit fehlt es an einem familienrechtlichen Eltern-Kind-Verhältnis i. S. des § 640 II Nr. 1 ZPO, das Gegenstand einer solchen Statusklage sein könnte, weil dieses nur noch zur gebärenden Mutter besteht[254]).

Soweit der Gesetzgeber jedoch meint, daß dem Recht des Kindes auf Kenntnis der Abstammung in Fällen der Ei- und Embryonenspende durch eine normale „Feststellungsklage nach § 256 ZPO Rechnung getragen werden" könne[255]), verkennt er, daß auch dieser Weg nach geltendem Recht verschlossen ist.

Zunächst erscheint es widersprüchlich, daß der Gesetzgeber bezüglich der Vaterschaft eine „isolierte Abstammungsfeststellungsklage" verwirft[256]), in bezug auf die Mutterschaft aber eine solche für möglich hält. Denn mit ihrer Zulassung würde wiederum nur dem Phänomen zur rechtlichen Geltung verholfen, welches man gerade zu vermeiden trachtete: der „gespaltenen Mutterschaft".

Der Weg der „isolierten Abstammungsfeststellungsklage" in bezug auf die „wahre Mutterschaft" ist aber vor allem aus Rechtsgründen ausgeschlossen. Wenn § 1591 BGB n.F. nunmehr entgegen dem „Abstammungsprinzip" des § 1589 BGB „die Frau, die das Kind geboren hat", definitiv zur „Mutter" im Rechtssinne bestimmt, gibt es daneben kein Rechtsverhältnis der „genetischen Mutterschaft" mehr. Es gestattet aber § 256 ZPO nur die „Feststellung des Bestehens oder Nichtbestehens eines Rechtsverhältnisses". Die genetische Abstammung ist hingegen eine reine Tatsache, die zudem jetzt § 1591 BGB n.F. für rechtlich irrelevant erklärt hat. Nach der *BGH*-Judikatur[257]) entspricht es selbst für relevante Tatsachen „allgemeiner Rechtsüberzeugung", daß „Vorfragen oder Elemente eines Rechtsverhältnisses", wie die Wahrheit einer Tatsache, nicht Gegenstand rechtskräftiger Feststellung sein können. Mit Recht hat deshalb der *BGH* die „Klage auf Feststellung der Unwahrheit einer Tatsachenbehauptung" bei Persönlichkeitsrechtsverletzungen für unzulässig erklärt. Auch hat der *BGH* schon im Fall „Anastasia" treffend festgestellt: „Wer einen

---

[254]) Vgl. BT-Drucks. 13/4899, S. 83.
[255]) BT-Drucks. 13/4899, S. 83.
[256]) Vgl. oben zu Fn. 22, 190 und Fn. 202.
[257]) *BGHZ* 68, 331, 332, 334, und dazu näher *Gaul* [Fn. 10], S. 36, m.w. Rspr.-N.

Zivilprozeß gegen einen anderen Menschen mit der Frage seiner Identität verknüpft, ... muß sich an die Regeln des Zivilprozeßrechts (selbst dann) halten", wenn „Grundrechts- und Personenstandsfragen auf dem Spiele stehen"[258]).

Demgemäß kann der Richter nach § 322 ZPO mit Rechtskraftwirkung nur über eine geltend gemachte Rechtsfolge entscheiden. Ein Richterspruch kann nur bindend feststellen, was Rechtens ist, nicht aber sich anmaßen, über die Wahrheit oder Unwahrheit einer naturwissenschaftlichen Tatsache bindend zu befinden. Deshalb kann niemand ohne ein auf Rechtsfolgen gerichtetes Rechtsschutzinteresse ein Gerichtsverfahren in Anspruch nehmen. Der Zivilprozeß dient eben nicht der Identitäts- oder Selbstfindung, sondern allein der Rechtsfindung[259]).

Im übrigen wäre ein normaler Feststellungsprozeß nach § 256 ZPO auch deshalb untauglich, den ihm zugedachten Zweck zu erfüllen, weil er als der Dispositionsmaxime unterliegendes Verfahren mit der Möglichkeit des Anerkenntnisses des Beklagten (§ 307 ZPO) oder eines Versäumnisurteils (§ 331 ZPO) nicht das erwünschte Verfahrensergebnis sichern könnte. Auch wenn man in einem solchen Verfahren § 372a ZPO für anwendbar hält, bleibt fraglich, ob jeder Beteiligte die körperliche Untersuchung und den damit verbundenen Eingriff in seine persönliche Integrität auch dann hinnehmen muß, wenn es nur um die nackte Tatsache der genetischen Abstammung ohne jegliche Rechtsfolgen geht[260]).

Soweit es rechtlich ausnahmsweise noch auf die Blutsbande ankommt, wie beim Ehehindernis des § 4 EheG (künftig: § 1307 BGB n. F.) oder beim Straftatbestand der Blutschande nach § 173 StGB, müssen diese jeweils incidenter in den betreffenden Zivil- oder Strafverfahren, in denen sie als tatsächliche Vorfrage akut werden, mit Hilfe von Sachverständigengutachten geklärt werden. Sie können aber nicht rein prophylaktisch Anlaß für einen zivilgerichtlichen Feststellungsprozeß sein, um gleichsam für ein zukünftiges ungewisses Ereignis den Beweis zu sichern, das vielleicht einmal für das Kind eine mehr oder weniger verhängnisvolle Rolle spielen könnte.

Nach allem kann die genetische Mutterschaft auch nicht mit einer Feststellungsklage nach § 256 ZPO zur Geltung gebracht werden.

---

[258]) *BGHZ* 53, 245, 248, 250.
[259]) *Gaul* [Fn. 10], S. 37 f., 39 f.
[260]) *Gaul* [Fn. 10], S. 38 f.

Man darf gespannt sein, auf welchem Wege sich das vom *BVerfG* anerkannte Recht des Kindes auf Kenntnis seiner Abstammung vom Vater künftig dennoch auch bezüglich der genetischen Abstammung von einer Eispenderin Bahn bricht, obwohl § 1591 BGB n.F. ausdrücklich bestimmt, daß es für die Mutterschaft nur noch auf die „Geburt" und nicht mehr auf die „Abstammung" mit rechtlicher Relevanz ankommt.

VIII. Verfahrensfragen

Das KindRG hat auch das Verfahrensrecht neugestaltet, vor allem durch Schaffung eines für ehel. und ne. Kinder einheitlichen Verfahrens in Kindschaftssachen vor dem nunmehr mit erweiterter Zuständigkeit ausgestatteten Familiengericht (vgl. § 23b I Nr. 12 GVG n. F., § 621 I Nr. 10, §§ 640 ff. ZPO n. F., §§ 55b, 55c FGG n. F.). Im Abstammungsrecht wurde das Verfahrensrecht den Änderungen des materiellen Rechts insbesondere hinsichtlich des vereinheitlichten Vaterschaftsanfechtungsrechts sowie des erweiterten Klagerechts der Mutter angepaßt. Soweit diese Änderungen nicht bereits im Rahmen dieser auf das materielle Abstammungsrecht beschränkten Abhandlung berührt wurden, bedürfen sie einer eigenen Darstellung und müssen einer solchen vorbehalten bleiben.

IX. Unbewältigte Fragen

Nachdem das KindRG in Reaktion auf die durch die moderne Fortpflanzungsmedizin insoweit in § 1589 BGB ausgelösten Probleme ausdrücklich die gesetzliche Mutterschaft normiert hat, hätte man eigentlich um so eher eine entsprechende Regelung der statusrechtlichen Folgen der praktisch häufigeren heterologen Insemination erwartet[261]). Die *BGH*-Judikatur hat bis heute daran festgehalten, daß die Zustimmung des Ehemanns zur künstlichen Insemination mit dem Samen eines fremden Mannes sein Recht auf Anfechtung der Ehelichkeit des so gezeugten Kindes grundsätzlich nicht ausschließt[262]). Abmilderungen der Konsequenzen für das betroffene

---

[261]) Vgl. die entsprechende Kritik von *Mutschler* [Fn. 2], S. 1385; *Helms* [Fn. 2], S. 189; *Ramm* [Fn. 4], S. 993.

[262]) *BGHZ* 87, 169 ff.; *BGHZ* 129, 297, 301 = FamRZ 1995, 861 ff. = JuS 1995, 836 (m. Anm. *Hohloch); BGH*, FamRZ 1995, 865 = JuS 1995, 836 (m. Anm. *Hohloch),* und dazu ferner *Schlegel,* JuS 1996, 1067; *BGH,* FamRZ 1997, 1272 ff. = JuS 1996, 75 f. (m. Anm. *Hohloch)* = FuR 1995, 309 (m. Anm. *Kemper). –* Zur Gegenposition s. insbes. schon *Cordula Junghans,* Der familienrechtliche Status des durch artifizielle Insemination gezeugten Kindes, Diss. Bonn, 1987.

Kind durch Annahme einer vertraglich übernommenen Unterhaltspflicht des Ehemanns können nur eine übergangsweise Notlösung bieten[263]). An auf Ausschluß des Anfechtungsrechts des Ehemanns bei formgeschützter Zustimmungserklärung zielenden Gesetzgebungsvorschlägen hat es bisher nicht gefehlt[264]).

Noch im Gesetzgebungsverfahren zum KindRG hat der *Bundesrat* in seiner Stellungnahme zum RegE die Einführung eines § 1600 III vorgeschlagen, der lauten sollte: „Eine Anfechtung der Vaterschaft durch den Mann oder die Mutter ist ausgeschlossen, wenn beide in die Zeugung durch künstliche Befruchtung mittels Samenspende eines Dritten eingewilligt haben"[265]). Ein gleichlautender Antrag der SPD-Fraktion war sodann im Ausschuß für Familie, Senioren, Frauen und Jugend noch einmal gestellt, dort jedoch mehrheitlich abgelehnt worden[266]) und wurde schließlich im Rechtsausschuß nicht mehr eingebracht[267]). Der Vorschlag war indessen schon deshalb nicht annahmereif, weil er über Art und Form der „Einwilligung" keinerlei Bestimmung enthielt.

Die *Bundesregierung* lehnte in ihrer Gegenäußerung den Vorschlag des *Bundesrats* aber vor allem deshalb ab, weil es zunächst „einer vorrangigen Klärung schwieriger Rechtsfragen" wie der Zulässigkeit der Samenspende überhaupt bedürfe. Eine „isolierte Regelung" ihrer abstammungsrechtlichen Folgen, etwa durch Ausschluß der Anfechtung, empfehle sich deshalb zum jetzigen Zeitpunkt noch nicht. Sie sei vielmehr der künftigen Regelung des Gesamtkomplexes vorbehalten[268]). Damit schwebt dem Gesetzgeber offenbar die Regelung in einem „Fortpflanzungsmedizingesetz" vor, wie es von der Bund-Län-

---

[263]) Vgl. die Nachweise in Fn. 262; dazu ferner *A. Roth*, Die Zustimmung des Mannes zur heterologen Insemination bei seiner Ehefrau, FamRZ 1996, 769 ff.; *A. Spickhoff*, Vaterschaft und konsentierte Fremdinsemination, AcP 197 (1997), S. 398 ff.; zuletzt *J. Hager*, Die Stellung des Kindes nach heterologer Insemination, Schriften der Jur. Gesellschaft zu Berlin, Heft 153, 1997.
[264]) Vgl. die eingehende Darstellung bei *Soergel/Gaul* [Fn. 3], Nachtrag 1992, § 1591 Rz. 48 bis 48f; auch Beschlüsse des 59. DJT [Fn. 22], B III; ferner *Helms* [Fn. 2], S. 189, mit rechtsvergleichenden Hinweisen.
[265]) BT-Drucks 13/4899, S. 148.
[266]) Und zwar mit den Stimmen der Fraktionen der CDU/CSU und FDP gegen die Stimmen der Fraktion der SPD und der Gruppe der PDS bei Enthaltung der Fraktion von Bündnis 90/Die Grünen, vgl. BT-Drucks. 13/8511, S. 63.
[267]) Vgl. BT-Drucks. 13/8511, S. 81.
[268]) BT-Drucks. 13/4899, S. 166; auch schon in der Begründung zum RegE, a.a.O., S. 52.

der-Arbeitsgruppe vorgeschlagen worden ist[269]). Dieser bedauerliche Aufschub, dem sich zuletzt der Rechtsausschuß ausdrücklich anschloß[270]), kann angesichts der Aufnahme bereits der entsprechenden Normierung über die Mutterschaft wenig überzeugen. Vielmehr hätten die gegen eine isolierte Regelung der zivilrechtlichen Folgen der heterologen Insemination in der Tat sprechenden Bedenken den Gesetzgeber veranlassen müssen, parallel zum KindRG die Arbeiten am „Fortpflanzungsmedizingesetz" voranzubringen und beide Gesetze gleichzeitig zu verabschieden.

X. Gesamtwürdigung

Insgesamt kann das Urteil über das KindRG leider nur recht kritisch ausfallen. So sehr das Bemühen des Gesetzgebers um eine Vereinheitlichung und Modernisierung des Abstammungsrechts zu begrüßen ist, so wenig kann von einem großen Wurf die Rede sein. Das Gesetz ist durch Ausklammerung der dringend regelungsbedürftigen Fragen der abstammungsrechtlichen Folgen der heterologen Insemination nicht nur Stückwerk geblieben, es fehlt ihm auch die Ausgewogenheit einer ausgereiften und in sich geschlossenen Gesamtkonzeption.

Das bisher gemäß § 1589 BGB einheitlich auf dem „Abstammungsprinzip" beruhende „Verwandtschaftsrecht" des BGB ist künftig ein gespaltenes Recht. Es gilt nur noch für die Verwandtschaft zum Vater hin, während das Band der „Abstammung" von der Mutter ebenso radikal wie konsequent zerschnitten und durch die ausschließliche Maßgeblichkeit der „Geburt" ersetzt ist (§ 1591 BGB n.F.). Dieser Schritt ist geradezu revolutionär, aber unvermeidlich, will man mit dem Gesetzgeber des KindRG den Praktiken der „Leihmutterschaft" nunmehr auch durch die Normen des Zivilrechts den Garaus machen. Bemerkenswert sind allerdings die Folgen dieses Schnitts. Während das Gesetz dem Recht des Kindes auf Kenntnis seiner Abstammung zur Mutterseite hin konsequent den Weg verschließt, stößt es das Tor zur Vaterseite hin weit auf, indem es dem Kind künftig ein uneinge-

---

[269]) Vgl. die Wiedergabe der Vorschläge der Bund-Länder-Arbeitsgruppe „Fortpflanzungsmedizin" bei *Soergel/Gaul* [Fn. 3], Nachtrag 1992, § 1591 Rz. 48b.

[270]) Der Rechtsausschuß äußerte vor allem das Bedenken, „zivilrechtliche Teilregelungen würden (als) eine Billigung der heterologen Insemination durch den Gesetzgeber" gedeutet werden können, „ohne daß die Grenzen der Methode gesetzlich festgelegt werden" und eine gesetzliche Grundlage für die erforderliche „Dokumentation des Spenders" geschaffen ist, BT-Drucks. 13/8511, S. 81.

schränktes Anfechtungsrecht weit über die vom *BVerfG* gesetzten Zielvorgaben hinaus einräumt. Rücksicht auf die Ehe der Mutter und den Familienfrieden muß das Kind entgegen dem vom *BVerfG* zur Abwägung gestellten Art. 6 I GG nicht mehr nehmen. Das ist die Folge der Nivellierung des Anfechtungsrechts für alle Kinder, gleich ob die Eltern miteinander verheiratet sind oder nicht.

Andererseits sind im Zuge der Stärkung des Rechts der Mutter die Mitwirkungsrechte des Kindes arg beschnitten worden. Das Kindeswohl, das eigentlich im Mittelpunkt der Reform des Kindschaftsrechts stehen sollte, tritt gegenüber den Rechten der Mutter deutlich zurück. Das bisherige Zustimmungsrecht des Kindes zur Vaterschaftsanerkennung ist durch die Zustimmung der Mutter ersetzt, dem möglichen Interessenkonflikt wird nicht Rechnung getragen. Durch die neue Klagebefugnis der Mutter zur Vaterschaftsfeststellung ist es weitestgehend in ihre Hände gelegt, ob es alsbald nach der Geburt des Kindes zur Vaterschaftsfeststellung kommt. Der Sorgerechtsentzug erst durch die Mißbrauchsschranke bietet insoweit keine taugliche Konfliktlösung.

Ebenso wird bei dem neuen Anfechtungsrecht der Mutter auf das Wohl des Kindes und sein mögliches Interesse an Erhaltung des Status keine Rücksicht genommen. Nur wenn die Mutter als gesetzliche Vertreterin des Kindes auf Anfechtung der Vaterschaft klagt, unterliegt diese der Kindeswohlprüfung. Das wird dazu führen, daß die Mutter nur noch im eigenen Namen und nicht mehr im Namen des Kindes anfechten wird. Eine Kontrolle an den Kindesinteressen findet dann nicht mehr statt. Das Anfechtungsrecht des Kindes wird in der Konkurrenz mit dem eigenen Anfechtungsrecht der Mutter verkümmern.

Als mißglückt muß man namentlich die Freigabe des Status des Kindes an die rechtsgeschäftliche Privatautonomie bezeichnen, indem künftig ein während des Scheidungsverfahrens geborenes Kind durch einen Dritten mit Zustimmung der Mutter und des Ehemannes anerkannt werden kann, ohne daß dem Kind ein Mitwirkungsrecht zukäme. Mit dieser Disposition über den Status des Kindes ohne Kindesbeteiligung wird gleichsam die „Objektstellung des Kindes" auf die Spitze getrieben. Dieser freie Akt der außerprozessualen Ab- und Anerkennung der Vaterschaft steht auch im schroffen Gegensatz zur Klärung des Status in dem vom Offizial- und Untersuchungsgrundsatz beherrschten Anfechtungsprozeß. Er läßt zudem die Möglichkeit der gleichzeitigen Anfechtungsklage unberührt und wird nicht zu der erwünschten „Eindämmung der Prozesse", sondern nur zu einer Verlagerung der Prozeßproblematik führen.

Schließlich ist die unsorgfältige gesetzestechnische Ausgestaltung des KindRG durch sachwidrige Verkürzungen der Gesetzestatbestände zu bedauern, was die heutige Gesetzgebungskunst in keinem allzu hellen Licht erscheinen läßt.

Neues Recht in alten Formen: Zum Wandel des Kindesnamensrechts

Von Ministerialrat Dr. Thomas Wagenitz, Bonn

Übersicht

I. Zum neuen System
II. Der elterliche Ehename als Geburtsname des Kindes (§ 1616)
III. Die Bestimmung des Kindesnamens bei gemeinsamer Sorge (§ 1617)
    1. Kein Ehename der Eltern
    2. Gemeinsame Sorge
        a) Maßgebender Zeitpunkt
        b) Nachgeburtliche Änderungen des Sorgerechts
        c) Einzelfragen
    3. Zu den Grundzügen der Namenswahl
        a) Die zur Wahl stehenden Namen
        b) Bindung an einen Geschwisternamen
IV. Die gesetzliche Zuweisung des Kindesnamens und die Namenserteilung bei Alleinsorge (§ 1617a)
    1. Zum Anwendungsbereich
    2. Zur Namenszuweisung kraft Gesetzes (Abs. I)
    3. Zur Namenserteilung (Abs. II)
        a) Namensführung nach Abs. I
        b) Ledigkeit und Minderjährigkeit des Kindes
        c) Der erteilbare Name
        d) Namenserteilung und Einwilligungserfordernis
V. Änderung des Kindesnamens bei nachträglicher gemeinsamer Sorge oder Scheinvaterschaft (§ 1617b)
    1. Neubestimmung des Kindesnamens bei nachträglicher gemeinsamer Sorge (Abs. I)
    2. Änderung des Kindesnamens bei Scheinvaterschaft (Abs. II)
VI. Änderung des Kindesnamens bei Namenswechsel der Eltern (§ 1617c)
    1. Nachträgliche Wahl eines Ehenamens (Abs. I)
    2. Nachträgliche Änderung eines auch vom Kind geführten Elternnamens (Abs. II)
        a) Änderung des Ehenamens (Nr. 1)
        b) Änderung des Namens nur eines Elternteils (Nr. 2)
    3. Erstreckung einer Änderung des Geburtsnamens auf den Ehenamen (Abs. III)

VII. Einbenennung (§ 1618)
   1. Allgemeine Voraussetzungen
      a) Alleinsorge des einbenennenden Elternteils
      b) Der einbenennungsfähige Name
      c) Bisherige Namensführung des Kindes
   2. Substituierende und additive Einbenennung
   3. Erklärung und Wirksamwerden der Einbenennung
      a) Erklärung durch den alleinsorgeberechtigten Elternteil und seinen Ehegatten
      b) Einwilligung des nichtsorgeberechtigten Elternteils
      c) Einwilligung des Kindes
      d) Wirksamwerden und Wirkung
VIII. Würdigung

I. Zum neuen System

Die ehel. oder ne. Geburt taugt auch im Namensrecht nicht länger als Anknüpfungspunkt. Primär entscheidend wird, ob die Eltern einen (gemeinsamen) Ehenamen führen. Bejahendenfalls wird dieser auf gemeinsame Kinder tradiert (§ 1616)[1]). Verneinendenfalls entscheidet sich der Kindesname nach der elterlichen [elterl.] Sorge: Steht die Sorge für ein Kind beiden Elternteilen gemeinsam zu, können sie den Vater- oder den Mutternamen zum Geburtsnamen des Kindes wählen (§ 1617 I). Im Streitfall überträgt das Familiengericht das Namensbestimmungsrecht einem Elternteil allein (§ 1617 II). Bei Alleinsorge bewendet es von vornherein bei dem vom alleinsorgeberechtigten Elternteil geführten Namen (§ 1617a I).

Die Kontinuität der Namensführung ist ein wichtiger Kindesbelang. Der Kindesname wird deshalb grundsätzlich nach den namens- und sorgerechtlichen Verhältnissen im Zeitpunkt der Geburt festgeschrieben. Sicher: Manch nachgeburtliche Veränderung schafft für den Kindesnamen auch – kindeswohlorientierten – Anpassungsbedarf. Ihm wird – wie bisher – durch einen nach dem Alter des Kindes abgestuften Überwirkungsmechanismus Rechnung getragen (§§ 1617b, 1617c).

Die bislang auf ne. Kinder beschränkte Möglichkeit einer namensmäßigen Integration („Einbenennung") in die vom alleinsorgeberechtigten Elternteil gegründete Stieffamilie wird auf Scheidungswaisen ausgedehnt (§ 1618); die gesetzliche Zuweisung des Namens eines alleinsorgeberechtigten Elternteils bleibt – wie schon bisher für ne.

---

[1]) §§ ohne Bezeichnung sind §§ des BGB in der ab 1. 7. 1998 geltenden Fassung.

Kinder – durch einvernehmliche Wahl des Namens des anderen Elternteils korrigierbar (§ 1617a II).

II. Der elterliche Ehename als Geburtsname des Kindes (§ 1616)

Der Grundsatz entspricht dem bisherigen Recht: Der Ehename der Eltern wird zum Geburtsnamen des Kindes. Freilich knüpft die Neuregelung nur noch an die Führung des gemeinsamen Ehenamens durch die Eltern an. Eine ehel. Geburt des Kindes ist nicht länger vonnöten.

Der Unterschied wird praktisch, wenn ein Kind erst nach Auflösung der Ehe seiner Eltern geboren wird: Die Auflösung der Ehe berührt die rechtliche Qualität eines von beiden Eheleuten – im Falle der Eheauflösung durch Tod: von dem überlebenden Ehegatten – fortgeführten gemeinsamen Namens als „Ehenamen" nicht[2]). Sie kann folglich auch die Tradierung dieses Namens auf das gemeinsame Kind der früheren Ehegatten nicht hindern. Die Frage, wie lange die Auflösung der Ehe zurückliegt, bleibt ohne Belang. Allerdings muß die Vaterschaft des Ehemannes der aufgelösten Ehe – nach § 1593, kraft Anerkennung oder mittels gerichtlicher Entscheidung – feststehen. Mit der Anerkennung oder Feststellung wird ein vorangegangener Geburtseintrag des Kindes falsch; er ist zugunsten des elterl. Ehenamens zu berichtigen.

Daß die Eltern ihren Ehenamen – schon und noch – im Zeitpunkt der Geburt ihres Kindes führen, setzt § 1616 als selbstverständlich voraus; folgt doch dieses Erfordernis bereits zwanglos aus dem Zusammenhang der Normen: Ein von den Eltern erst nach der Geburt des Kindes bestimmter Ehename wird nicht nach § 1616 auf das Kind tradiert; er wirkt nur nach Maßgabe des § 1617c I auf dessen Geburtsnamen über. Hat ein geschiedener Ehegatte seinen Ehenamen abgelegt, tritt § 1616 hinter den §§ 1617, 1617a zurück, wenn die geschiedenen Eheleute – wieder versöhnt – Eltern werden: Zwar lebt der Ehename in der Person des anderen Ehegatten fort; es fehlt jedoch an der von § 1616 vorausgesetzten gemeinsamen Namensführung der Eltern.

---

[2]) *Wagenitz/Bornhofen*, Familiennamensrechtsgesetz, 1994, § 1355 Rz. 107 f.

III. Die Bestimmung des Kindesnamens bei gemeinsamer Sorge (§ 1617)

Die Möglichkeit namensverschiedener Eltern, für ihr Kind den Vater- oder den Mutternamen zum Geburtsnamen des Kindes zu wählen, ist seit dem KindRG nicht auf ehel. Kinder beschränkt; sie umfaßt nunmehr auch – und angesichts der geforderten Namensverschiedenheit der Eltern: gerade – die Kinder nicht miteinander verheirateter Eltern. Das Gesetz versteht das Namensbestimmungsrecht als Ausfluß des elterlichen Sorgerechts; eine den Eltern gemeinsam zustehende Namenswahl verlangt deshalb folgerichtig deren gemeinsame Sorge.

1. Kein Ehename der Eltern

Negativ setzt das Namenswahlrecht voraus, daß die Eltern im Zeitpunkt der Geburt des Kindes keinen – wie zu ergänzen ist: gemeinsamen – Ehenamen führen. Ein von beiden Eltern zu diesem Zeitpunkt geführter Ehename wird nach § 1616 zwingend „pur" tradiert – also auch dann, wenn ein Elternteil den Ehenamen mit einem Begleitnamen arrondiert hat. Ein erst nach der Geburt des Kindes bestimmter Ehename hindert umgekehrt das Namensbestimmungsrecht nach § 1617 grundsätzlich nicht: Zwar erstreckt sich der nach der Geburt bestimmte Ehename nach Maßgabe des § 1617c I auch auf das Kind – dies jedoch nicht rückwirkend, sondern nur ab der Bestimmung des Ehenamens pro futuro. Für die Vergangenheit bleibt es in solchem Fall bei der Notwendigkeit einer Namenswahl – dies freilich ausnahmsweise dann nicht, wenn die Geburt des Kindes bei der Bestimmung des Ehenamens noch gar nicht beurkundet ist: Hier können Eltern und Kind bereits im Geburtseintrag mit dem neuen (elterl. Ehe-)Namen verlautbart werden; einer besonderen Bestimmung des Kindesnamens für den naturgemäß kurzen Zeitraum zwischen Geburt und Beurkundung hält die Praxis mit Recht für verzichtbar (§ 265 IV DA)[3]).

2. Gemeinsame Sorge

Positiv verlangt das Namenswahlrecht, daß den Eltern die elterliche Sorge für ihr Kind gemeinsam obliegt. Ist nur ein Elternteil sorgeberechtigt, erhält das Kind – gemäß § 1617a I – dessen Namen kraft Gesetzes.

---

[3]) *Wagenitz/Bornhofen* [Fn. 2], § 1616a Rz. 7. Zur Rechtslage vor dem FamNamRG: *Hepting/Gaaz*, Personenstandsrecht, § 21 PStG Rz. 215.

a) Maßgebender Zeitpunkt

Auch über die sorgerechtliche Voraussetzung des Namensbestimmungsrechts entscheiden die Verhältnisse im Zeitpunkt der Geburt: Die Eltern müssen also bei der Geburt miteinander verheiratet sein oder vor der Geburt übereinstimmende Sorgeerklärungen abgegeben haben (§§ 1626 I S. 1, 1626a I Nr. 1, 1626b II). Diese zeitliche Fixierung ergibt sich zum einen aus dem Zusammenspiel mit § 1617a I. Zum anderen folgt sie aus der Entstehungsgeschichte der Vorschrift: Das Wahlrecht der namensverschiedenen Eltern war nach dem bisherigen § 1616 II BGB a.F. an die ehel. Geburt des Kindes geknüpft; § 1617 bindet dieses Wahlrecht nunmehr an die gemeinsame Sorge, ohne den zeitlichen Bezugspunkt – eben die Geburt des Kindes – zu ändern.

b) Nachgeburtliche Änderungen des Sorgerechts

Nach der Geburt eintretende Sorgerechtsänderungen sind daher für den Kindesnamen im Grundsatz egal; im Detail gilt es, zwei Fallgruppen zu sondern:

Führt das Kind bereits einen Geburtsnamen, behält es diesen Namen auch bei späterer Änderung der sorgerechtlichen Verhältnisse bei. Ein Wechsel von der gemeinsamen zur alleinigen Sorge kann deshalb den zuvor von den Eltern gemeinsam bestimmten Kindesnamen nicht tangieren. Umgekehrt bleibt der dem Kind vom Gesetz zugewiesene Name des ursprünglich alleinsorgeberechtigten Elternteils auch dann unberührt, wenn die Eltern nach der Geburt eine gemeinsame Sorge begründen. § 1617b I eröffnet den nunmehr gemeinsam sorgeberechtigten Eltern zwar ein Neubestimmungsrecht; doch bestätigt diese Befugnis nur als Ausnahme die Regel.

Probleme bereitet eine nachgeburtliche Veränderung der sorgerechtlichen Verhältnisse dann, wenn das Kind noch keinen Geburtsnamen führt. Das ist – angesichts der mit der Geburt einhergehenden gesetzlichen Namenszuweisung bei alleiniger Sorge – (nur) möglich, wenn die Eltern im Zeitpunkt der Geburt gemeinsam sorgeberechtigt sind, vor der Bestimmung eines Geburtsnamens aber die Sorge einem Elternteil allein anfällt – sei es, daß der andere Elternteil verstirbt, daß ihm die elterl. Sorge (gemäß § 1666) entzogen oder (gemäß §§ 1671, 1672) auf den anderen Elternteil übertragen wird oder daß seine Sorge (mit der Folge des § 1675) ruht. Das den Eltern von § 1617 eingeräumte Namenswahlrecht ist Bestandteil der (Personen-)Sorge[4]). Es wird deshalb nur von einem Elternteil ausgeübt, der Inhaber der elterl. Sorge ist, nach einem Sorgerechtswechsel also nur noch von dem jetzt allein sorgeberechtigten Elternteil. Entsprechendes gilt, wenn beide Eltern nach anfänglich gemeinsamer Sorge ihr (Personen)-Sorgerecht – sei es durch Tod, sei es durch Entziehung der elterl. Sorge – verlieren oder die elterl. Sorge beider Eltern ruht[5]): Das Namensbestimmungsrecht gründet zwar tatbestandlich auf die gemeinsame Sorge der Eltern im Zeitpunkt der Geburt; es ist aber, einmal entstanden, in seiner späteren Ausübung nicht an beide Eltern gebunden. Mit dem Verlust des (Personen-)Sorgerechts wird dem Kind ein Vormund oder Pfleger bestellt; als Teil der Personensorge obliegt ihm auch die – gemäß § 1617 zu treffende – Wahl zwischen dem vom Vater oder von der Mutter (zuletzt) geführten Namen.

c) Einzelfragen

Der Nachweis gemeinsamer Sorge wird durch die Heiratsurkunde geführt; im Zeitpunkt der Geburt (noch) nicht miteinander verheiratete Eltern benötigen eine Ausfertigung ihrer formgerechten – pränatalen – Sorgeerklärungen. Ist der Vater bei der Geburt bereits verstorben, bleibt – mangels gemeinsamer Sorge – für ein Namenswahlrecht kein Raum: Das Kind erhält den Namen der Mutter als Geburtsnamen ex lege (§ 1617a I). Was in Ansehung eines ehel. Kindes verblüfft, ist zwingend der neuen Systematik geschuldet: Der mit dem Vater nicht verheirateten alleinsorgeberechtigten Mutter wird ein Recht zur Wahl des Vaternamens verwehrt (§ 1617a I); ihr Kind muß sich mit der Chance einer vom Vater konsentierten Einbenennung bescheiden (§ 1617 a II). Auch für ein Kind miteinander verheirateter Eltern bleibt – bei Alleinsorge der Mutter – dieses Ergebnis notwendig gleich; die vom KindRG verordnete Egalisierung ehel. und ne. Geburt könnte eine unterschiedliche Behandlung auch schwerlich erlauben.

---

[4]) So bereits das bisherige Recht: BT-Drucks. 12/3163, S. 13; *Wagenitz/Bornhofen* [Fn. 2], § 1616 Rz. 40; *LG Freiburg*, FamRZ 1996, 1500 = StAZ 1997, 239. A. A. *Gernhuber/Coester-Waltjen*, Lehrbuch des Familienrechts, § 54 I 1.

[5]) *LG Freiburg*, FamRZ 1996, 1500 = StAZ 1997, 239 (zum bisherigen Recht).

3. Zu den Grundzügen der Namenswahl

Die Namenswahl selbst bleibt ihrem – freilich auf ehel. Kinder begrenzten – Vorbild im früheren § 1616 BGB a. F. treu. Ein Überblick darf sich deshalb auf einzelne Akzente beschränken:

a) Die zur Wahl stehenden Namen

Wählbar ist nur ein Name, den der Vater oder den die Mutter im Zeitpunkt des Wirksamwerdens der Namenswahl führt. Die Bestimmung eines aus ihren Namen zusammengesetzten Doppelnamens bleibt den Eltern – wie bisher – sorgsam verschlossen. Die Herkunft des Vater- oder Mutternamens ist dabei für das Wahlrecht ohne Belang. Es kann sich um den Geburtsnamen des Elternteils oder um einen – den Eltern (wegen des vorrangigen § 1616) allerdings nicht oder nicht mehr gemeinsamen – Ehenamen handeln. Die mit einem Dritten bestehende Ehe hindert die Begründung einer gemeinsamen Sorge nicht; folgerichtig ist auch der Ehename aus einer solchen Drittehe als Geburtsname des – obschon ehefremden – Kindes wählbar. Die Frage, ob dieser Ehename aus dem Geburtsnamen des Dritten hergeleitet ist, erscheint für das Wahlrecht bedeutungslos; ein kindzentriertes Recht schenkt dieser Frage schließlich auch bei der gesetzlichen Namenszuweisung im Falle der Alleinsorge traditionell keine Beachtung.

Vom Gesetz entschieden ist nunmehr ein alter Streit: Auch der aus einem (den Eltern nicht gemeinsamen) Ehenamen und einem Begleitnamen gebildete „unechte" Doppelname eines Elternteils ist in seiner Gesamtheit als Kindesname wählbar[6]). Das bisherige Recht enthielt dem ne. Kind den Begleitnamen seiner Mutter ausdrücklich vor; das Kind war so ausschließlich auf den „blutsfremden", weil „nur erheirateten" Ehenamen der Mutter verwiesen. Das KindRG hat diese wenig sinnvolle Beschränkung – auch für den Fall der Alleinsorge – als „überholt" eliminiert[7]); nur im Adoptionsrecht finden sich an versteckter Stelle noch ihre Spuren[8]). Die Wahl eines unechten Doppelnamens steht damit nunmehr gemeinsam sorgeberechtigten, aber

---

[6]) Anders zum bisherigen Recht: *Palandt/Diederichsen*, § 1616 Rz. 2; *Coester*, FuR 1994, 5.
[7]) Vgl. Begründung des Regierungsentwurfs [RegE] zum KindRG, BT-Drucks. 13/4899 S. 92.
[8]) § 1757 I S. 2; vgl. dazu unten sub VIII.

namensverschiedenen Eltern wohl zweifellos frei[9]). Streit könnte sich allenfalls an der Frage, ob solcher Doppelname zwingend nur als ganzer zum Kindesnamen bestimmt werden kann, entzünden. Für „echte", also durch Geburt erworbene Doppelnamen scheint eine bejahende Anwort klar, sind sie doch in ihrem Zusammenhalt – von der Ausnahme des § 1355 IV S. 3 abgesehen – für den Namensträger nicht disponibel. Unechte Doppelnamen lassen einer großzügigeren Handhabung Raum: Sie sind für ihren Träger selbst jederzeit auflösbar (vgl. § 1355 IV S. 4) und deshalb wohl auch in ihren Bestandteilen als Kindesname wählbar[10]).

b) Bindung an einen Geschwisternamen

Die von den Eltern getroffene Namenswahl gilt – wie bisher – auch für ihre weiteren gemeinsamen Kinder (§ 1617 I S. 3). Dabei schließt nicht nur der für ein Kind gewählte Name ein künftiges Wahlrecht aus; auch der einem Kind vom Gesetz zugewiesene Name macht ein Wahlrecht für weitere Kinder derselben Eltern zunichte[11]). So hat der einem Kind nach § 1616 tradierte Ehename für ein nachgeborenes Geschwister Bindungskraft, mag auch der eine Elternteil diesen Namen längst abgelegt haben. Die Namenseinheit der Geschwister rangiert vor der elterl. Gestaltungsmacht; mit der Anknüpfung des Wahlrechts an die changierende Sorge gewinnt dieser Vorrang an praktischer Bedeutung: So kann für ein erstgeborenes Kind bei der Geburt Alleinsorge begründet sein; sein nachgeborenes Geschwister erhält, auch wenn es bei der Geburt unter gemeinsamer Sorge steht, dessen – nach § 1617a I gebildeten – Namen. Für Übergangsfälle hält das Gesetz eine Sonderregelung bereit: Sie öffnet einem Kind, dessen Geschwister einen nach früherem Recht aus den Elternnamen gebildeten Doppelnamen führt, eine Option zur Wahl auch dieses – jetzt unzulässigen – Namens (Art. 224 § 3 II bis IV EGBGB). Das Gesetz weist freilich noch einen anderen Weg, um zur Einheit der Geschwisternamen zu gelangen: Der Doppelname des ersten Kindes wird austauschbar; die Eltern können ihn durch den Vater- oder Mutternamen

---

[9]) So schon zum bisherigen Recht: *Wagenitz/Bornhofen* [Fn. 2], § 1616 Rz. 38; *Wagenitz*, FamRZ 1994, 409, 413. Vgl. auch oben Fn. 6.
[10]) Zum bisherigen Recht: *Wagenitz/Bornhofen* [Fn. 2], § 1616 Rz. 39
[11]) *Wagenitz/Bornhofen* [Fn. 2], § 1616 Rz. 69.

– und zwar mit Wirkung für alle gemeinsamen Kinder – ersetzen (Art. 224 § 3 V EGBGB)[12].

c) Zum Streitentscheid

Die Namensbestimmung verlangt bei gemeinsamer Sorge Konsens; auch getrenntlebende Eltern müssen bei der Namenswahl, weil „für das Kind von erheblicher Bedeutung" (vgl. § 1687 I S. 1), zu einem Einvernehmen finden. Fehlt es daran, greift der aus dem bisherigen Recht bekannte Mechanismus Platz: Das Gericht überträgt einem Elternteil das Namensbestimmungsrecht allein – und entscheidet dabei mittelbar, im Regelfall anhand außerrechtlicher Kriterien, über den Geburtsnamen des Kindes[13].

IV. Die gesetzliche Zuweisung des Kindesnamens und die Namenserteilung bei Alleinsorge (§ 1617a)

Für den alleinsorgeberechtigten Elternteil hält das Gesetz kein vergleichbares Wahlrecht bereit: Sein Name wird nach § 1617a I zwingend zum Geburtsnamen des Kindes. Der Name des anderen Elternteils bleibt dem Kind damit freilich nicht vollends versperrt: Der alleinsorgeberechtigte Elternteil kann dem Kind diesen Namen nach § 1617a II – mit Zustimmung des anderen Elternteils – erteilen.

1. Zum Anwendungsbereich

Wie die §§ 1616, 1617 ist auch § 1617a auf die Verhältnisse im Zeitpunkt der Geburt des Kindes fixiert. Tatbestandlich verlangt er eine Abgrenzung nach zwei Seiten:
– Ein den Eltern bei der Geburt gemeinsamer Ehename schließt die Anwendung des § 1617a aus: Nach dem vorrangigen § 1616 wird hier nur der Ehename, nicht auch ein von einem Elternteil geführter Begleitname zum Geburtsnamen des Kindes.
– Eine bei der Geburt bestehende gemeinsame Sorge eröffnet den Eltern nach § 1617 die Namenswahl. Auch eine spätere Alleinsorge bringt dieses Wahlrecht nicht zum Erlöschen: Ein bereits zuvor

---

[12] Zur Begründung dieser erst durch den Rechtsausschuß des Deutschen Bundestags eingefügten Regelungen: Bericht des Rechtsaussschusses des Deutschen Bundestags zum RegE KindRG BT-Drucks. 13/8511, S. 80.
[13] Zum Charakter der Entscheidung: *Wagenitz*, FamRZ 1994, 409/414; *Wagenitz/ Bornhofen* [Fn. 2], § 1616 Rz. 83 ff.

gemeinsam bestimmter Kindesname bleibt vom Sorgerechtswechsel ohnehin unberührt; bei noch ausstehender Namenswahl erlangt der sorgeberechtigte Elternteil mit der alleinigen Sorge auch das Wahlrecht alleine[14]).

2. Zur Namenszuweisung kraft Gesetzes (Abs. I)

Mit seiner Geburt erhält das Kind den Namen, den der alleinsorgeberechtigte Elternteil in diesem Zeitpunkt führt. Die Herkunft dieses Namens ist dabei ohne Bedeutung. Geführt kann der ursprüngliche oder ein nachträglich erworbener[15]) Geburtsname sein. Auch ein vom alleinsorgeberechtigten Elternteil geführter Ehename aus einer Drittehe geht – wie schon bisher beim ne. Kind – auf das ehefremde Kind über. Ein mit einem solchen Ehenamen verbundener Begleitname wird dabei – zwingend – zugleich mit dem Ehenamen tradiert; der „unechte" Doppelname des Elternteils mutiert hier in der Person des Kindes zum „echten".

3. Zur Namenserteilung (Abs. II)

Abs. II ist auf Abs. I aufgebaut; er mildert dessen strikte Rechtsfolge durch ein Optionsrecht: Das Kind erhält nach Abs. I mit der Geburt den Namen des alleinsorgeberechtigten Elternteils. Der freilich kann ihm mit Zustimmung des anderen Elternteils sodann dessen Namen erteilen. Diese Namenserteilung wirkt ex nunc; sie bewirkt, daß der nach Abs. I – zumindest für eine „juristische Sekunde" – erworbene Geburtsname des Kindes sich ändert. Hier von „Einbenennung" zu sprechen erscheint kaum plakativ; diese Bezeichnung war bislang üblich, aber wohl nur dem äußeren Zusammenhang mit der „Einbenennung" des Stiefkinds (§ 1618 Alt. 1 BGB a. F.) geschuldet.

a) Namensführung nach Abs. I

Der Name des Kindes muß diesem nach Abs. I zugewiesen sein; nur dann ist eine Namenserteilung nach Abs. II möglich. Ein auf das Kind nach § 1616 tradierter Ehename bietet einer Namenserteilung kein Substrat, mag auch ein Elternteil diesen Namen inzwischen abgelegt haben. Auch ein gemäß § 1617 bestimmter Kindesname läßt einer Namenserteilung nach Abs. II keinen Raum – auch nicht, wenn auf die ursprünglich gemeinsame Sorge die Alleinsorge eines Elternteils

---

[14]) Vgl. dazu bereits oben sub III.2.b).
[15]) Etwa nach § 1617a II, §§ 1617b, 1618, 1757 BGB.

gefolgt ist. Ebenso bleibt für eine Namenserteilung nach § 1617a II kein Platz, wenn der alleinsorgeberechtigte Elternteil dem Kind bereits nach § 1618 seinen Ehenamen erteilt hat.

Diese Anknüpfung an Abs. I ist freilich nur systematisch bedingt; sie verlangt nicht, daß der nach Abs. I zugewiesene Name vom Kind noch unverändert geführt wird. Eine Änderung des elterl. Namens, die nach § 1617c II Nr. 2 auf den Kindesnamen überwirkt, steht deshalb einer Namenserteilung nach Abs. II nicht entgegen: Auch der geänderte Name leitet sich aus dem nach Abs. I zugewiesenen Namen her. Für die Fälle des § 1617b II gilt – im Ergebnis – nichts anderes: Das Kind kann sich nach dieser Vorschrift aus der namensrechtlichen Zuordnung zum Scheinvater befreien. Es erhält dann den von seiner Mutter im Zeitpunkt seiner Geburt geführten Namen ex lege. Diese gesetzliche Zuweisung des Mutternamens entspricht der Rechtsfolge des § 1617a I; ihr korrespondiert die – dem § 1617a II zu entnehmende – Möglichkeit, für den Namen des leiblichen Vaters zu optieren.

b) Ledigkeit und Minderjährigkeit des Kindes

Die Namenserteilung verlangt, daß das Kind unverheiratet – genauer: eine Ehe noch nicht eingegangen – ist. Maßgebend ist der Zeitpunkt des Wirksamwerdens der Namenserteilung. Minderjährigkeit setzt die Namenserteilung an sich nicht voraus: Freilich verlangt § 1617a II die Alleinsorge eines Elternteils und damit mittelbar auch die Minderjährigkeit des Kindes. Der Unterschied wird praktisch, wenn das Kind nach Zugang der Namenserteilungserklärung volljährig wird, eine erforderliche Einwilligung aber noch aussteht. Die Namenserteilung ist hier rechtsgültig erklärt; der Eintritt der Volljährigkeit kann ihr – nur noch an die Einwilligung geknüpftes – Wirksamwerden nicht hindern.

c) Der erteilbare Name

Erteilungsfähig ist nur ein Name, den der andere – nichtsorgeberechtigte – Elternteil führt. Maßgebend ist der Zeitpunkt des Wirksamwerdens der Namenserteilung. Die Gestaltungsmöglichkeiten sind insoweit für Namenserteilung und Namenwahl gleich. Ein echter Doppelname des anderen Elternteils ist nur insgesamt, ein unechter Doppelname auch in seinen Bestandteilen wählbar[16]. Die bestehende

---

[16]) Vgl. dazu bereits oben sub III.3.a).

Ehe dieses Elternteils mit einem Dritten hindert die Erteilung des aus ihr abgeleiteten Ehenamens nicht; wie beim Wahlrecht nach § 1617 rangiert auch hier vermeintliches Kindeswohl vor dem Persönlichkeitsschutz des mit dem Elternteil verheirateten Dritten.

d) Namenserteilungsrecht und Einwilligungserfordernis

§ 1617 setzt die gemeinsame Namenswahl durch die gemeinsam sorgeberechtigten Eltern voraus. § 1617a II ersetzt diese Gemeinsamkeit durch das Namenserteilungsrecht des einen Elternteils und die notwendige Einwilligung des anderen. Konstruktiv erscheint der Unterschied kaum von Belang. Dogmatisch ist er nicht ohne Bedeutung: Namenserteilung und Einwilligung stehen sich zwar – als familienrechtliche Willenserklärung – in ihrer Rechtsnatur gleich. Ganz unterschiedlich ist jedoch die sie legitimierende Wurzel: Die Namenserteilung knüpft an die Alleinsorge an; sie gründet sich – nicht anders als das Wahlrecht – auf die Befugnis zur Personensorge. Diese Befugnis steht allerdings nicht notwendig nur einem Elternteil zu; auch ein Vormund oder Pfleger ist deshalb an einer Namenserteilung nicht mehr grundsätzlich gehindert. Ganz anders die Einwilligung des nichtsorgeberechtigten Elternteils: Sie erklärt sich – naturgemäß – nicht aus der Sorge. Als Grundlage bleibt nur das unentziehbare Persönlichkeitsrecht: Es schützt, so scheint es, den Elternteil vor dem Kind und verwehrt dem Kind – gerecht oder nicht – den Zugriff auf den elterl. Namen.

V. Änderung des Kindesnamens bei nachträglicher gemeinsamer Sorge oder Scheinvaterschaft (§ 1617b)

Mit der elterl. Sorge knüpft die Namensführung des Kindes an ein variables Merkmal an. § 1617b, der im bisherigen Recht kein Vorbild findet, trägt dieser Veränderlichkeit Rechnung: So entscheidet nach den §§ 1617, 1617a I über den Kindesnamen das Sorgerecht bei der Geburt. § 1617b I ermöglicht jedoch eine Anpassung des Kindesnamens, wenn sich die sorgerechtlichen Verhältnisse später – in Richtung auf eine gemeinsame Sorge – verändern. Auf den möglichen Gleichlauf von Namensbestimmung und Sorgerecht zielt im Ergebnis auch § 1617b II: Wird die Vaterschaft erfolgreich angefochten, behält das nach dem Vater benannte Kind zwar seinen Namen. An die Stelle des vom bisherigen Recht vorgeschriebenen Namenswechsels tritt jedoch eine Option: Das Kind kann sich an Stelle des Vaternamens für den Namen der nunmehr allein sorgeberechtigten Mutter als Geburtsnamen entscheiden.

1. Neubestimmung des Kindesnamens bei nachträglicher gemeinsamer Sorge (Abs. I)

Abs. I setzt voraus, daß die Eltern eine gemeinsame Sorge erst begründen, wenn das Kind bereits einen Geburtsnamen trägt; ferner – wie auch das Wahlrecht nach § 1617 – daß die Eltern verschiedene Namen führen. Ein auf das Kind nach § 1616 tradierter Ehename schließt folglich das Namensbestimmungsrecht auch bei nachträglich begründeter gemeinsamer Sorge aus; ein nachträglich bestimmter Ehename wirkt ausschließlich nach § 1617c I auf den Namen gemeinsamer Kinder über[17]).

Mehr noch: Der bisherige Name des Kindes muß diesem (nach § 1617a I) ex lege zugewiesen sein; anderenfalls ist eine Neubestimmung dieses Namens nicht möglich. Aus dem Wortlaut des § 1617b I ergibt sich dieses Erfordernis zwar nicht; es folgt jedoch aus dem Telos der Regelung: Mit der gemeinsamen Sorge begründen die Eltern einen Erziehungsverbund; in der gemeinsamen Neubestimmung des Kindesnamens findet diese Gemeinschaftlichkeit ihren sinnfälligen Ausdruck. Für solche nachträgliche Gemeinsamkeit ist freilich kein Raum, wenn sich schon im bisherigen Kindesnamen die Gemeinsamkeit seiner Eltern verwirklicht. So, wenn der Kindesname von den Eltern selbst gewählt worden ist – sei es, weil sie früher schon einmal gemeinsam sorgeberechtigt waren, sei es, weil der für ein Geschwister gewählte Name auf das weitere Kind überwirkt (§ 1617 I S. 3). Auch ein nach § 1617a II erteilter Name schließt, weil vom Willen beider Eltern getragen, ein Recht zur Neubestimmung aus. Für eine von beiden Eltern konsentierte Einbenennung des Kindes (§ 1618) kann – recht verstanden – nichts anderes gelten.

Inhaltlich stehen die Möglichkeiten für eine Neubestimmung des Kindesnamens dem Wahlrecht gleich, das eine anfänglich gemeinsame Sorge den Eltern nach § 1617 vermittelt. Verschoben ist nur der Anknüpfungszeitpunkt: Wählbar ist nur der von einem Elternteil aktuell – hier also beim Wirksamwerden der Namenserteilung – geführte Name.

---

[17]) A. A. *Diederichsen*, NJW 1998, 1977, 1981, der § 1617b angewandt wissen will.

2. Änderung des Kindesnamens bei Scheinvaterschaft (Abs. II)

Die Bedeutung des Abs. II erhellt erst aus einem Umkehrschluß: Mit der erfolgreichen Anfechtung der Vaterschaft erhält das Kind nicht mehr – wie bisher – rückwirkend den von der Mutter bei der Geburt des Kindes geführten Namen. Diese Rechtsfolge tritt vielmehr nur auf Antrag ein; wird der Antrag nicht gestellt, bewendet es bei dem bisherigen Namen.

Der Unterschied ist nicht nur dann von Belang, wenn die Eltern unterschiedliche Namen tragen. Auch wenn sie einen gemeinsamen Ehenamen führen, hat der dargestellte Systemwechsel Bedeutung. Führen beide Elternteile den Ehenamen allein, kann ein Antrag nach Abs. II den Kindesnamen zwar äußerlich nicht ändern. Dennoch wird der Name nunmehr rückwirkend vom Kind als mütterlicher Name geführt; er folgt damit gemäß § 1617c II Nr. 2 jeder einseitigen Namensänderung der Mutter. Hat die Mutter dem Ehenamen dagegen einen Begleitnamen beigefügt, ändert sich mit dem Antrag nach Abs. II auch äußerlich der Kindesname: Der Ehename war nach § 1616 auf das Kind „pur" tradiert; aufgrund des Antrags – und sei es auch nur des bisherigen Vaters – erhält das Kind rückwirkend den unechten Doppelnamen der Mutter.

Abs. II zeichnet damit – im Grundsatz – nicht länger Veränderungen der abstammungsrechtlichen Verhältnisse im Geburtsnamen nach; die Abstammung wird vielmehr namensrechtlich auf den Zeitpunkt des Namenserwerbs festgeschrieben. Diese Festschreibung setzt sich folgerichtig auch gegenüber beabsichtigten namensrechtlichen Änderungen durch: So wirkt sich ein von der Mutter und dem wahren Vater bestimmter Ehename nicht nach § 1617c – bei Kleinkindern ex lege – auf den Kindesnamen aus; erforderlich ist zunächst ein nach § 1617b II beantragter Namenswechsel. Auch eine Namenserteilung nach § 1617a II setzt – ebenso wie eine Namens-Neubestimmung nach § 1617b I – zunächst einen Antrag nach Abs. II voraus. Er führt – zumindest für eine juristische Sekunde – zum Erwerb des mütterlichen Namens. Dieser Namenserwerb wirkt auf den Zeitpunkt der Geburt zurück. Er ist inhaltlich wie in seiner Rechtsnatur mit einem fiktiv nach § 1617a I erworbenen Geburtsnamen identisch.

Ein Antragsrecht weist das Gesetz unbeschränkt nur dem Kinde zu; auf das Alter des Kindes oder den Zeitraum seit Feststellung der Nichtvaterschaft soll es nicht ankommen. Auch dem Scheinvater wird ein Antragsrecht eingeräumt – dies freilich nur bis zum fünften

Lebensjahr des Kindes. Die Antragsbefugnis des Scheinvaters erklärt sich aus dessen Persönlichkeitsrecht; bei älteren Kindern hat deren Kontinuitätsinteresse Vorrang. Ein eigenes Antragsrecht der Mutter kennt das neue Recht nicht; sie bleibt insoweit auf ihre Möglichkeiten als gesetzliche Vertreterin ihres Kindes verwiesen.

VI. Änderung des Kindesnamens bei Namenswechsel der Eltern (§ 1617c)

Die Wahl eines Ehenamens läßt den Namen auch eines bereits geborenen Kindes der Eheleute nicht unberührt; ebenso nicht die Änderung eines Elternnamens, der dem Kind – kraft Wahlrechts oder Gesetzes – bestimmt ist. Beide Sachverhalte finden sich wie bisher in einer Vorschrift – jetzt im neuen § 1617c – vereint; was sie verbindet, sind lediglich Regelungsmechanismus und Rechtsfolge:

1. Nachträgliche Wahl eines Ehenamens (Abs. I)

Abs. I entspricht fast wörtlich dem bisherigen Recht (§ 1616a BGB a. F.): Auch ein postnatal gewählter Ehename wirkt auf den Geburtsnamen des gemeinsamen Kindes der Eheleute über. Außen vor bleibt, ob die Ehe schon im Zeitpunkt der Geburt des Kindes bestand; auch die Legitimation alten Rechts fällt nunmehr unter die – für ehel. wie ne. Kinder einheitliche – Regelung.

Für die Überwirkung hält das neue Recht – wie schon das alte – ein nach dem Kindesalter gestuftes Mitwirkungsraster bereit: Das noch nicht fünfjährige Kind erwirbt den Ehenamen der Eltern als Geburtsnamen kraft Gesetzes. Vom älteren Kind wird eine Anschließungserklärung verlangt. Die – wenig sinnvolle – Beschränkung auf die Zeit der Minderjährigkeit des Kindes und das bisherige Erfordernis vormundschaftsgerichtlicher Genehmigung (vgl. § 1616a I S. 3, 4 BGB a. F.) sind – erfreulicherweise – entfallen.

2. Nachträgliche Änderung eines auch vom Kind geführten Elternnamens (Abs. II)

Abs. II erfaßt – wie bisher, nur klar strukturiert – zwei Fälle, die sich gegenseitig ausschließen. Nr. 1 betrifft die Änderung „des Ehenamens", sofern er – nach §§ 1616, 1617c I oder § 1618 – zum Kindesnamen geworden ist. Nr. 2 erfaßt demgegenüber Änderungen des „Familiennamens" nur des einen Elternteils; er muß dem Kind als

Geburtsname bestimmt oder vom Kind kraft Gesetzes als Geburtsname erworben sein (§§ 1617, 1617a, 1617b). Die Auswirkungen einer solchen Änderung auf den Kindesnamen sind für beide Fälle gleich – nämlich durch Bezugnahme auf den Erstreckungsmechanismus des Abs. I – geregelt. In der Sache ist an der Regelung wenig neu; freilich gilt auch sie nunmehr für ehel. und ne. Kinder gleichermaßen.

a) Änderung des Ehenamens (Nr. 1)

Der auf das Kind nach §§ 1616, 1617c I tradierte Ehename bildet ein die Eltern und das Kind umfassendes Namensband. Eine Änderung des elterl. Namens wirkt nach Nr. 1 deshalb auf das Kind nur über, wenn der Ehename „als solcher" verändert wird. Eine solche Änderung kann die Folge eines (nach §§ 1617c III, 1757 III) geänderten Geburtsnamens eines Ehegatten sein; Sonderfälle finden sich im Bundesvertriebenengesetz (§ 94) und – weniger praktisch denn phantasievoll – im MindNamÄndG[18]) geregelt. Die Beifügung eines Begleitnamens durch einen Elternteil verändert dagegen den Ehenamen als solchen nicht, auch nicht seine Ersetzung durch einen früheren Namen oder – nach Wiederverheiratung eines Elternteils – der Erwerb eines neuen. Das Namensband zum anderen Elternteil bleibt in diesen Fällen – über den unveränderten Ehenamen – unversehrt; eine einseitige Zerschneidung durch einen Elternteil ist nicht möglich.

Ein von nur einem Elternteil geführter Ehename unterliegt, zum Kindesnamen geworden, dagegen solcher Beschränkung nicht: Der Kindesname folgt, da kein auch den anderen Elternteil umfassendes Namensband zerrissen wird, nach Nr. 2 hier grundsätzlich jeder Änderung des elterl. Namens.

Von Nr. 1 geschützt ist freilich nicht nur das Namensband, das das Kind mit seinen leiblichen Eltern verbindet. Auch eine Einbenennung schafft zwischen Kind und Stiefelternteil einen Namensverbund. Der leibliche Elternteil kann diesen Verbund nicht durch einseitige Namensänderung zerstören. Eine Änderung des Ehenamens „der Eltern"[19]) wird deshalb vom Gesetzestext nicht länger verlangt; auch

---

[18]) Gesetz zur Ausführung des Art. 11 I des Rahmenübereinkommens des Europarates v. 1. 2. 1995 zum Schutz nationaler Minderheiten (Minderheiten-Namensänderungsgesetz – MindNamÄndG) = Art. 2 des Gesetzes zu dem Rahmenübereinkommen des Europarates v. 1. 2. 1995 zum Schutz nationaler Minderheiten, BGBl 1997 II 1406.

[19]) So noch § 1616a II BGB a. F.

der einem Elternteil und seinem Ehegatten gemeinsame Ehename unterfällt nach Einbenennung der einschränkenden Vorschrift.

b) Änderung des Namens nur eines Elternteils (Nr. 2)

Soweit die Beschränkung des § 1617c II Nr. 1 nicht greift, wirken nach dessen Nr. 2 Änderungen des elterl. Namens auf den Kindesnamen über. Der Anwendungsbereich dieser Regel wird freilich vom Gesetz nicht nur negativ erfaßt, sondern durch Auflistung der Anwendungsfälle erläutert. Die §§ 1617, 1617a, 1617b werden dabei freilich nur als Beispiel genannt, auch andere Fälle einer Herleitung des Kindesnamens aus dem elterl. Namen sind denkbar: So kann der Familienname nur eines Elternteils vom Kind auch mittels Rechtswahl erworben sein; ebenso ist eine Neubestimmung nach Art. 224 § 3 V EGBGB oder ein Erwerb unter der Auffangregelung des *BVerfG*[20]) denkbar. Entscheidend ist, daß der Geburtsname des Kindes sich einseitig auf den Familiennamen nur eines Elternteils stützt. Diese Gemeinsamkeit erscheint für die Erstreckung von Namensänderungen nach Nr. 2 erforderlich, aber auch genügend.

Änderungen des Namens eines Elternteils können sich aus den §§ 1617a II, 1617b, 1617c, 1618, 1757 sowie aus spezialgesetzlichen Tatbeständen ergeben. Ausdrücklich ausgeschlossen bleibt nur der Fall, daß sich der zum Kindesnamen gewordene Familienname eines Elternteils „durch Eheschließung" ändert. Ganz präzise ist diese Ausnahme nicht formuliert – ändert sich doch allein durch die Eheschließung niemals ein Name. Auch reicht nicht nur mittelbare Ursächlichkeit aus, die einer Eheschließung für den Namen des namengebenden Elternteils zukommt: Erforderlich ist, daß die Eheschließung – sofort oder später – zur Wahl eines Ehenamens führt; die bloße Ablegung eines früheren Namens steht, auch wenn ehebedingt, einer Erstreckung dieser Namensänderung auf den Kindesnamen nicht entgegen.

3. Erstreckung einer Änderung des Geburtsnamens auf den Ehenamen (Abs. III)

Ein Ehename wird von der Änderung des Geburtsnamens eines der Ehegatten nur dann erfaßt, wenn beide Ehegatten dies übereinstimmend wollen. Im neuen § 1617c III erscheint – wie schon in der

---

[20]) *BVerfGE* 84, 9 = FamRZ 1991, 535; zur Erläuterung *Wagenitz/Bornhofen* [Fn. 2], § 1355 Rz. 6.

Vorgängernorm[21]) – dieser Tatbestand stark verkürzt; und auch die geforderte Anschließung des anderen Ehegatten bringt das Gewollte nur unvollkommen zum Ausdruck.

Die Änderung des Ehenamens setzt voraus, daß ein Kind und sein Ehegatte einen Ehenamen führen, ferner daß der Geburtsname des Kindes dabei zum Ehenamen bestimmt worden ist und daß sich dieser Geburtsname sodann – etwa nach § 1617c I oder II – ändert. Für das dogmatische Verständnis des Ehenamens hat die Vorschrift Gewicht: Der Ehename erscheint nicht länger als ein nur auf den anderen Ehegatten erstreckter Geburtsname des einen. Vielmehr beansprucht der Ehename in Bestand und Rechtsqualität Eigenständigkeit; der Geburtsname des ursprünglichen Namensträgers bleibt daneben latent und in seiner ursprünglichen Rechtsqualität – eben als Geburtsname – erhalten.

Eine Änderung des latent fortbestehenden Geburtsnamens erstreckt sich deshalb auf den Ehenamen nur bei Konsens: § 1617c III fordert eine Anschließungserklärung auch des Gatten. Für eine Änderung des Ehenamens erscheint dieses Konsenserfordernis klar; freilich bleibt dem Kind auch eine den Ehenamen aussparende Änderung nur seines Geburtsnamens möglich. Recht verstanden setzt deshalb die Änderung des Geburtsnamens eine Anschließung des verheirateten Kindes voraus; die Überwirkung des so geänderten Geburtsnamens auf den Ehenamen bedarf daneben einer gesonderten Zustimmung – und zwar beider Gatten.

VII. Einbenennung (§ 1618)

Die Möglichkeit einer Einbenennung ist aus dem bisherigen Recht vertraut (§ 1618 BGB a. F.); das neue Recht modifiziert sie jedoch in Voraussetzungen und Rechtsfolgen erheblich.

1. Allgemeine Voraussetzungen

Die Einbenennung setzt allgemein voraus, daß ein Elternteil alleinsorgeberechtigt und mit einem Dritten verheiratet ist und die Ehegatten einen gemeinsamen Ehenamen führen.

---

[21]) § 1616a III BGB a. F. betreffend ehel. Kinder; für ne. Kinder galt § 1617 IV BGB a. F.

a) Alleinsorge des einbenennenden Elternteils

Nach neuem Recht ist die Einbenennung nicht länger auf ne. Kinder beschränkt; auch ein Kind aus geschiedener Ehe kann den von einem Elternteil durch erneute Eheschließung erworbenen Namen erhalten. Voraussetzung ist freilich die alleinige Sorge des einbenennenden Elternteils. Ein originärer, mit der Geburt einhergehender Erwerb der Alleinsorge wird dabei nicht gefordert. So kann die Alleinsorge dem einbenennungswilligen Elternteil erst nach Trennung oder Scheidung übertragen sein; er kann die Sorge auch erst – nach den §§ 1672, 1678 II, 1680, 1681 – an Stelle des zuvor alleinsorgeberechtigten anderen Elternteils erworben haben. Das Recht zur Einbenennung steht folglich nicht notwendig nur der Mutter zu; auch der Vater kann, falls alleinsorgeberechtigt, dem Kind einen mit seiner Ehefrau geführten Ehenamen erteilen.

b) Der einbenennungsfähige Name

Die Einbenennung setzt naturgemäß voraus, daß der alleinsorgeberechtigte Elternteil und sein Ehegatte einen Ehenamen führen. Dieser Ehename muß nicht aus dem Geburtsnamen des Elternteils hergeleitet sein; auch muß dieser Elternteil einen – vom anderen Ehegatten abgeleiteten – Ehenamen nicht notwendig isoliert – also ohne Begleitnamen – führen. In jedem Fall setzt freilich die Einbenennung eine noch bestehende Ehe voraus; anderenfalls fehlt es zwar nicht am Ehenamen, wohl aber an dem nach § 1618 zur Mitwirkung berufenen „Ehegatten".

c) Bisherige Namensführung des Kindes

Die bisherige Namensführung des Kindes ist für die Möglichkeit seiner Einbenennung ohne Belang; insbesondere muß das Kind nicht einen ihm nach § 1617a I zugewiesenen Geburtsnamen führen. Angesichts der angestrebten Einbeziehung von Kindern geschiedener Eltern in die neue Familie tut solche tatbestandliche Offenheit not; sie hat jedoch praktisch weit darüber hinausreichende Folgen: Eine Einbenennung wird nicht nur möglich, wenn das Kind den Ehenamen seiner Eltern oder einen von ihnen nach § 1617 bestimmten Geburtsnamen führt. Auch ein durch Namenserteilung nach § 1617a II oder durch eine bereits vorangegangene Einbenennung nach § 1618 erworbener Kindesname steht einer – im zweiten Fall: erneuten – Einbenennung offen. Die Wiederverheiratungsfreude des sorgeberechtigten

Elternteils läßt folglich sogar eine Ketteneinbenennung zu; bleibt zu hoffen, daß elterl. Vernunft und – bei älteren Kindern – das Erfordernis persönlicher Einwilligung groben Mißbräuchen wehren.

2. Substituierende und additive Einbenennung

Für die Form der Einbenennung hält § 1618 zwei Varianten bereit: Wie bisher kann der Ehename den Geburtsnamen des Kindes ersetzen („substituierende Einbenennung"). Alternativ wird der Ehename dem bisherigen Kindesnamen hinzugefügt – ob vorangestellt oder angefügt, steht im Belieben. Durch solch „additive Einbenennung" wird dem Kind ein echter Doppelname zuerkannt. Beim Zusammentreffen mit einem mehrgliedrigen Geburts- oder Ehenamen entsteht auf diese Weise sogar eine Namenskette. Eine Kupierung des ursprünglichen Geburts- oder des Ehenamens läßt das Gesetz auch bei additiver Einbenennung nicht zu; lediglich bei erneuter Einbenennung steht § 1618 S. 2 Hs. 2 einer – die Sukzession der elterl. Ehen nachzeichnenden – Namenskette entgegen.

3. Erklärung und Wirksamwerden der Einbenennung

a) Erklärung durch den alleinsorgeberechtigten Elternteil und seinen Ehegatten

Wie bisher erteilt nicht der Elternteil dem Kind den Ehenamen allein; auch der Ehegatte des Elternteils muß dabei mittun. Der Gesetzeswortlaut geht deshalb von einer Einbenennung durch beide Ehegatten aus; er verdeckt damit die unterschiedliche Rechtsnatur ihrer jeweiligen Erklärung: Die Einbenennung durch den Elternteil ist Ausfluß seines Namensbestimmungsrechts und – wie dieses – Bestandteil seines Rechts zur Personensorge. Die Mitwirkung des Ehegatten findet im Sorgerecht naturgemäß keinen legitimierenden Grund. Sie läßt sich konstruktiv nur als eine Zustimmung zu der allein dem Elternteil vorbehaltenen Namenserteilung verstehen[22].

b) Einwilligung des nichtsorgeberechtigten Elternteils

Der nichtsorgeberechtigte Elternteil soll des Namensbandes zu seinem Kind nicht gegen seinen Willen verlustig gehen: Er muß, wenn

---

[22] Vgl. dazu unten sub VIII.

das Kind bislang seinen Namen führt, deshalb grundsätzlich die Einbenennung konsentieren. Die Einbenennung von Kindern geschiedener Eltern wird auf diese Weise sachgerecht limitiert; auch erhält die Namensbestimmung gemeinsam sorgeberechtigter Eltern, miteinander verheiratet oder nicht, eine das gemeinsame Sorgerecht überdauernde Bestandskraft.

Der vom Kind und dem anderen Elternteil gemeinsam geführte Name kann ein nach § 1616 tradierter Ehename sein; es kann sich aber auch um einen zum Kindesnamen bestimmten Geburts- oder Ehenamen dieses anderen Elternteils handeln. Vorstellbar ist auch, daß das Kind einen ihm (nach § 1617a I) gesetzlich zugewiesenen oder im Wege früherer Einbenennung erteilten Geburtsnamen führt: Wechselt hier die Sorgerechtszuständigkeit, ist eine Einbenennung nur mit Einwilligung des früher sorgeberechtigten Elternteils möglich.

Die Gemeinsamkeit von Kindes- und Elternname muß keine „totale" sein: Ein dem nach § 1616 tradierten Ehenamen hinzugefügter Begleitname des anderen Elternteils macht deshalb seine Einwilligung nicht verzichtbar. Erforderlich ist freilich, daß der nichtsorgeberechtigte Elternteil den mit dem Kind gemeinsamen Namen noch „aktuell" führt. Das Einwilligungserfordernis entfällt deshalb, wenn der Elternteil das namensrechtliche Band zu dem Kind bereits seinerseits gelöst hat: So bildet ein zum Kindesnamen gewordener Ehename des Elternteils, wenn er nach Auflösung der Ehe abgelegt oder gegen einen neuen Ehenamen eingetauscht wird, kein das Einwilligungserfordernis rechtfertigendes Namensband. Nichts anderes gilt, wenn sich der mit dem Kind ursprünglich gemeinsame Geburts- oder Ehename eines Elternteils geändert hat, diese Änderung aber den Kindesnamen – mangels Anschließung – nicht erfaßt hat.

Die Einwilligung des anderen Elternteils wird vom Familiengericht ersetzt, wenn das Kindeswohl die Einbenennung erfordert. Mit der „Erforderlichkeit" ist die Eingriffsschwelle hoch gesteckt; die Möglichkeit einer Einbenennung hat sich damit gegenüber dem Namensänderungsrecht merkbar verschlechtert. Dort hatte das *BVerwG* einen wichtigen Grund für eine Namensänderung bereits dann bejaht, wenn die Einbenennung dem Kindeswohl auch nur „förderlich" schien; die Interessen der Eltern wurden, weil gegenläufig, erst gar nicht betrachtet[23]). Die klar fixierten Anforderungen, die

---

[23]) *BVerwG*, FamRZ 1994, 439 = StAZ 1994, 119; FamRZ 1996, 937 = StAZ 1996, 237, 243. Mit Recht kritisch: *Barth*, StAZ 1997, 108, m. w. N.

§ 1618 nunmehr an die Einbenennung stellt, lassen einen Rückgriff auf das Namensänderungsrecht nicht länger zu[24]) und fordern zudem eine grobe Gewichtung: Das Interesse des nichtsorgeberechtigten Elternteils ist dem Kindeswohl grundsätzlich gleichrangig gegenübergestellt. Bloße Förderlichkeit für das Kindeswohl kann deshalb keinen Ausschlag zu dessen Gunsten begründen. Erforderlich ist vielmehr eine Einbenennung nur, wenn sie für das Kind einen so hohen Nutzen verspricht, daß ein sich um sein Kind verständig sorgender Elternteil auf der Erhaltung des Namensbandes zu dem Kind nicht bestünde.

c) Einwilligung des Kindes

Da die Einbenennung regelmäßig zu einer Umbenennung des Kindes führt, bedarf sie grundsätzlich auch der Einwilligung des Kindes. Das Ob und Wie dieser Einwilligung hängt vom Kindesalter ab; das gestufte Mitwirkungsraster des § 1617c I gilt insoweit entsprechend.

d) Wirksamwerden und Wirkung

Mit der wirksamen Einbenennung erwirbt das Kind den ihm erteilten Ehenamen mit Wirkung ex nunc; für die Vergangenheit bewendet es – auch ex post betrachtet – bei dem vom Kind bis dahin geführten Namen. Durch die Einbenennung steht das Kind namensrechtlich einem gemeinsamen Kind der Eheleute nahezu gleich. Die nach Auflösung der Ehe mögliche – Rückkehr des Elternteils zu einem früheren Namen kann deshalb den durch Einbenennung erteilten Kindesnamen nicht ändern[25]). Erst eine erneute Eheschließung dieses Elternteils macht den Weg für eine Namensänderung des Kindes – durch erneute Einbenennung – frei; eine Einwilligung des Ehegatten aus der Vorehe ist dazu freilich nicht vonnöten.

VIII. Würdigung

Vordergründig hat das Namensrecht seine Strukturen bewahrt; bei genauerem Hinsehen zeigen sich freilich vorsichtig neue Gehalte.

Die elterl. Sorge umschloß schon bisher, soweit gewährt, das Namensbestimmungsrecht. Das neue System verknüpft beide als Tatbestand und Rechtsfolge miteinander. Diese Verquickung erscheint freilich nur als vages Prinzip; es wird, kaum wahrgenommen, sofort

---

[24]) *Barth*, StAZ 1997, 108, 109.
[25]) Vgl. § 1617c II Nr. 1 und oben sub VI.2 a).

von wichtigen Ausnahmen durchbrochen. So eröffnet anfänglich gemeinsame Sorge zwar ein gemeinsames Recht zur Namenswahl; die anfängliche Alleinsorge eines Elternteils hat jedoch umgekehrt kein alleiniges Wahlrecht des sorgeberechtigten Elternteils zur Folge. Der Wechsel von der alleinigen zur gemeinsamen Sorge läßt ein Recht zur Neubestimmung des Kindesnamens entstehen. Wird umgekehrt die gemeinsame Sorge von der Alleinsorge eines Elternteils abgelöst, bewendet es beim bisherigen Namen des Kindes. An plausiblen Erklärungen fehlt es für solche Einseitigkeit nicht; favorisiert das Gesetz doch auch sonst die gemeinsame Sorge. Der durch sie begründete Erziehungsverbund der Eltern erhält im Wahlrecht Gestalt; eine bloße Nachzeichnung wechselnder Sorge widerspräche dem Kontinuitätsinteresse des Kindes.

Das Kind erhält den Namen, den seine alleinsorgeberechtigte Mutter bei seiner Geburt führt. Daß dieser Name von der Mutter u. U. in der Ehe mit einem Dritten erworben ist, steht der gewünschten Namenseinheit von Mutter und Kind nicht entgegen. Das FamNamRG gestand verschiedennamigen Eheleuten ein auch frühere Ehenamen einschließendes Wahlrecht zu. Das neue Recht geht einen großen Schritt weiter: Gemeinsam sorgeberechtigte Eltern können, auch wenn sie nicht miteinander verheiratet sind, den Namen jedes Elternteils zum Geburtsnamen ihres – in der Terminologie des bisherigen Rechts: ne. – Kindes wählen. Eine bestehende Ehe mit einem Dritten hindert die Wahl des für diese Ehe bestimmten Ehenamens nicht: Ist er doch, wenn auch vielleicht nur „erheiratet", von dem Elternteil mit der Eheschließung zu eigenem Rechte erworben. Das KindRG findet an der gemeinsamen Sorge anderweitig verheirateter Eltern nichts; deren Zugriff auf den Ehenamen macht den Verbund zwischen den Eltern und ihren Ehegatten allenfalls transparenter. Die namensrechtliche Begründung erscheint auch hier konsistent: Das Kind hat ein Recht auf den von jedem seiner Elternteile geführten Namen. Erstaunlich ist vor diesem Hintergrund allenfalls die Empfindsamkeit, mit der das Gesetz den Namen des wahren, aber nicht sorgeberechtigten Elternteils behandelt: Dem anderen – sorgeberechtigten – Elternteil steht keine Namenswahl zu – weder als eigenes Recht noch als Befugnis des von ihm vertretenen Kindes. Das Gesetz weist statt dessen dem Kind den Namen des sorgeberechtigten Elternteils zu. Dieser kann dem Kind lediglich mit Einwilligung des anderen Elternteils auch dessen Namen erteilen. Der andere Elternteil wird so vor dem Namenszugriff des eigenen Kindes geschützt; der mit einem Elternteil verheiratete Dritte muß dagegen die Nutzung seines

Namens, wenn zum Ehenamen bestimmt, als Kindesname erleiden. Leicht verständlich ist diese Ungleichbehandlung nicht; sie scheint auch mit dem Schutz des Ehegatten vor einer unliebsamen Einbenennung ehefremder Kinder zu kollidieren: Die Einbenennung ist an die Zustimmung des Ehegatten des einbenennenden Elternteils geknüpft; das Gesetz spricht deshalb traditionell von einer gemeinsamen Namenserteilung durch die Gatten. Was die Einbenennung freilich von der Namenswahl trennt, ist die alleinige Sorge des einbenennenden Elternteils. Das Recht ordnet das Kind hier nur dem sorgeberechtigten Elternteil zu; mit der Erteilung des Ehenamens wird es plakativ auch in dessen Familie aufgenommen. Solche Aufnahme muß von beiden Ehegatten mitgetragen sein; erst die Zustimmung des Stiefelternteils bietet hierfür die Basis. Das Zustimmungserfordernis schützt hier also nicht ein Persönlichkeitsrecht; es will lediglich den Zweck der Einbenennung – die Integration des Stiefkindes – in tatsächlicher Hinsicht verbürgen.

Mit den leidigen Doppelnamen hat auch das KindRG keinen Frieden gemacht; die Verbindung unterschiedlicher Elternnamen zu einem Kindes-Doppelnamen bleibt weiter verboten. Diese Strenge baut auf dem Ordnungsprinzip; das Fundament zeigt bereits deutliche Risse: Der unechte Doppelname eines Elternteils steht als Geburtsname des – ehel. wie ne. – Kindes parat; in der Person des Kindes wird er „echt" und damit unauflösbar. Im Adoptionsrecht wird zwar dem Angenommenen der Zugriff auf den elterl. Begleitnamen noch verwehrt – dies freilich nur als ein Relikt, nicht etwa divergierenden Sachzwängen geschuldet. Eine additive Einbenennung wird von § 1618 S. 2 ohne zusätzliches Erschwernis gewährt; die „schwerwiegenden Gründe", die § 1757 IV S. 1 Nr. 2 für den additiven Namenserwerb des Adoptivkindes verlangt, sind vor diesem Hintergrund künftig leichter zu gewichten. Als Ausnahme von der Regel überzeugen die genannten Beispiele nicht; sie bieten Anlaß, das Verbot von Doppelnamen im Prinzip zu hinterfragen. Ein Volk von „Doppelnamlern" reizt sicher zum Spott[26]; das Gesetz öffnet denn auch den Rückzug vom Doppel- zum Einzelnamen vielerorten[27]. Vielleicht hält diese Öffnung auch eine Lösung bereit, die zwischen Ordnung und Elternwünschen vermittelt: Wollen verschiedennamige Eltern sich gleichermaßen im Kindesnamen verwirklicht sehen, mag ein Kindes-Doppelname die Familie immerhin befrieden. Der Ordnung würde hier wohl auch

---

[26]) Vgl. etwa die Glosse von *Schwab*, FamRZ 1992, 1015.
[27]) § 1355 IV S. 4; EGBGB Art. 224 § 3 V u. ö.; vgl. auch oben sub III.3.a).

durch ein Wahlrecht genügt, das dem volljährig gewordenen Kind die Ablegung eines Namensteiles gestattet. Auch hinsichtlich des Vornamens wäre ein Korrekturrecht des Kindes nicht ohne Reiz; es könnte manch elterl. Mißgriff bei der Namenswahl problemlos revidieren.

Das einheitliche Kindschaftsrecht hat seinen Preis; auch das Namensrecht mußte ihn bezahlen. Allzu hoch bemessen war freilich das Entgelt nicht; eine „Reform der Reform" schien nicht geboten. Die Änderungen im System des Namensrechts sind marginal; vertauscht erscheinen fast nur Begriffe: Die Ehe findet sich durch die gemeinsame Sorge der Eltern ersetzt; an die Stelle ne. Geburt ist die Alleinsorge eines Elternteils getreten. Inhaltlich scheinen vereinzelt neue Gedanken und Muster auf. Den das Namensrecht kennzeichnenden Widerspruch können freilich auch frische Ideen nicht lösen: Das Recht der Namensführung wird von einem Ordnungsdenken bestimmt, das auf Tradition und überkommene Strukturen sich gründet. Für Wünsche der Beteiligten ist in solchem Ordnungsgebäude allenfalls hilfsweise Raum – wenn es die vermeintliche Ordnung nicht grundsätzlich stört und typisierte Interessen der Beteiligten einander nicht gleichrangig widerstreiten. Für andere Fälle bleibt die Ordnung starr – und schafft Probleme, ihre anderweitige Nachgiebigkeit überzeugend zu begründen. Kein Wunder, daß der Ruf nach weiterer Reform nicht verstummt[28]. Vielleicht wird er das Namensrecht bis zur völligen Freigabe jeder Namenswahl durch einen – uns wohl fernen – Gesetzgeber begleiten.

---

[28] Vgl. BT-Drucks. 13/5216 und 13/5305 (Kleine Anfrage zum „Novellierungsbedarf im Namenrecht insbesondere im Interesse der Kinder"); BT-Drucks. 13/10212 (Beschlußantrag zur „Novellierung des Familiennamensrechts").

Das elterliche Sorgerecht für das nichteheliche Kind nach dem Kindschaftsrechtsreformgesetz

Von Prof. Dr. Martin Lipp, Gießen

Übersicht[1])

A. Aufgabe und Problem
B. Verfassungsrechtliche Defizite des früheren Rechts
   I. Alleiniges Sorgerecht der Mutter
   II. Die Rechtsstellung des Vaters
      1. Grundsatz: weder Sorge- noch Umgangsrecht
      2. Sorgerechtserwerb durch Ehelicherklärung
      3. Sorgerechtserwerb durch Adoption
   III. Signaturen des bisherigen Rechts – das NEhelG von 1969
      1. Systemfugen des Nichtehelichenrechts
      2. Das NEhelG – Begründung der Rechtslage vor der Kindschaftsrechtsreform
   IV. Gesellschaftliche Veränderungen und verfassungsrechtliche Defizite
      1. Verfassungsgerichtliche Bestätigung des alleinigen Sorgerechts der Mutter
      2. Das Elternrecht des Vaters und der Erziehungsanspruch des Kindes
      3. Der Rahmen der gesetzlichen Neuregelung
C. Die Regelung des neuen Rechts
   I. Überblick: Sorgerecht der Mutter, Sorgeerklärung, gerichtliche Entscheidung, zusammen- und getrenntlebende Elternteile (§§ 1626a, 1671, 1672)
   II. Das Erklärungsprinzip – gemeinsame Sorge (§ 1626a I Nr. 1)
      1. Gemeinsame Sorge kraft Sorgeerklärungen (§ 1626a I)
         a) Formale Voraussetzungen
         b) Materielle Voraussetzungen
         c) Legitimation der Sorgeberechtigten
      2. Verfassungsrechtliche Grenzen: Willkürverhalten der Mutter
      3. Sorgeerklärungen als statuskonkretisierende Willenserklärungen – Elternstatus und Geschäftsfähigkeit

---

[1]) Paragraphen ohne Gesetzesangabe sind solche des BGB. Der Bezug auf geltendes oder bisheriges Recht ergibt sich aus dem Textzusammenhang. Der Übersicht liegt die neue Gesetzesfassung zugrunde.

III. Gemeinsame Sorge – Bindung und Änderung
  1. Elternstatus und Privatautonomie
  2. Getrenntlebende Eltern
     a) Ausübung der Sorge (§ 1687)
     b) Übertragung der Sorge (§ 1671)
IV. Alleiniges Sorgerecht der Mutter
  1. Grundsatz (§ 1626a II)
  2. Sorgerechtsübertragung auf den Vater (§ 1672 I)
     a) Die Regelung
     b) Mängel: Ausschluß gemeinsamer Sorge
     c) Kindeswohlprüfung
  3. Gemeinsames Sorgerecht nach Übertragung (§ 1672 II)
V. Ausfall des Sorgeberechtigten
  1. Bisheriges Recht
  2. Ruhen des Sorgerechts und tatsächliche Verhinderung der Sorgerechtsausübung (§ 1678)
     a) Gemeinsame Sorge
     b) Alleinsorge eines Elternteils
  3. Tod, Todeserklärung, Entzug des Sorgerechts (§§ 1680, 1681)
VI. Umgangsrecht
  1. Das Recht des Kindes auf Umgang mit beiden Elternteilen (§ 1684)
  2. „Umgangsrecht" Dritter (§ 1685)
VII. Beistandschaft
  1. Die Neuregelung (§§ 1712–1717)
  2. Übergangsregelung
  3. Änderungen des Achten Buches Sozialgesetzbuch
VIII. Resümee und Ausblick

A. Problem

In der „elterlichen Sorge" wirken Grundrechtspositionen von Kind[2]) und Eltern[3]) nicht im Sinne je und je fest fixierter, autonomer rechtlicher Größen. Das elterliche [elterl.] Recht ist auf das engste mit tatsächlichen Gegebenheiten verknüpft, und zwar im Sinne einer konstitutiven Bedingtheit des Rechts selbst. Als „dienendes Grund-

---

[2]) Das Recht auf Pflege und Erziehung als Ausfluß des Persönlichkeitsrechts des Kindes (Art. 2 I, 1 I GG) und daraus resultierend der Anspruch des Kindes auf Wahrnehmung der Wächteramtsfunktion durch die staatliche Gemeinschaft (Art. 6 II S. 2 GG, § 1 I SGBVIII), *BVerfGE* 24, 119 ff. = *FamRZ* 1968, 578, 584 li. Sp.; *BVerfGE* 59, 360, 376, 382 = *FamRZ* 1982, 570 [LSe]; *BVerfGE* 60, 79 ff. = *FamRZ* 1982, 567, 569 li. Sp.; *FamRZ* 1989, 31, 33 re. Sp.

[3]) Elternrecht, Art. 6 II S. 1 GG, *BVerfGE* 24, 119 ff. = *FamRZ* 1968, 578, 582 ff.; *BVerfGE* 60, 79 ff. = *FamRZ* 1982, 567, 569; *BVerfGE* 61, 358, 371 = *FamRZ* 1982, 1179.

recht"⁴) existiert und entwickelt sich „Elternrecht" nur dort, wo es von seinem Träger (als Pflicht gegenüber dem Kind) tatsächlich wahrgenommen werden kann und wahrgenommen werden will⁵). Eben diese Abhängigkeit des Sorgerechts von der tatsächlichen Situation macht eine kaum verläßlich greifbare sorgerechtliche Bewertung ne. Elternschaft notwendig: Was ist der Grundsatz? Wo liegt die Ausnahme? Lassen sich nichteheliche [ne.] Familien ehelichen [ehel.], zerbrochene ne. Lebensgemeinschaften gescheiterten Ehen gleichstellen? Sachlich falsche Annahmen müssen notwendig zu rechtlichen Verwerfungen und deshalb zu unbefriedigenden Lösungen führen.

Die verfassungsrechtlichen Vorgaben weisen der Reform lediglich zwei rechtliche Grunddaten. Zum ersten: elterl. Sorge als wichtigste Ausprägung des Mutter wie Vater eines ne. Kindes garantierten Elternrechts aus Art. 6 II S. 1 GG⁶). Zum zweiten: die Abhängigkeit dieses Rechts von einer tatsächlich realisierbaren Sorgebereitschaft in concreto⁷). Die am 1. 7. 1998 in Kraft getretene Regelung⁸) hat sich zu einem mutigen Schritt in der Neukonzeption des ne. Sorgerechts entschlossen. Die Grundlagen verdienen Zustimmung⁹).

---

⁴) *BVerfGE* 56, 363, 382 = FamRZ 1981, 429 ff.; *BVerfGE* 59, 360, 376 = FamRZ 1982, 570 [LSe]; *BVerfGE* 61, 358, 372 = FamRZ 1982, 1179.

⁵) *BVerfGE* 24, 119 ff. = FamRZ 1968, 578, 584 li. Sp.: „... In Art. 6 II S. 1 GG sind Recht und Pflicht von vornherein unlöslich miteinander verbunden; die Pflicht ist nicht eine das Recht begrenzende Schranke, sondern ein wesensbestimmender Bestandteil dieses ‚Elternrechts', das insoweit treffender als ‚Elternverantwortung' bezeichnet werden kann. Art. 6 II S. 1 GG schützt danach die freie Entscheidung der Eltern darüber, wie sie dieser natürlichen Verantwortung gerecht werden wollen; er schützt nicht diejenigen Eltern, die sich dieser Verantwortung entziehen..."; *BVerfGE* 56, 362 ff. = FamRZ 1981, 429, 433 li. Sp.: „Das verfassungsrechtlich gewährleistete Elternrecht setzt danach voraus, daß die Eltern bereit und in der Lage sind, ihr Erziehungsrecht zum Wohle des Kindes wahrzunehmen..."

⁶) Elternrecht der Mutter des ne. Kindes: *BVerfGE* 24, 119 ff. = FamRZ 1968, 578, 582 li. Sp.; des Vaters: *BVerfGE* 92, 158 ff. = FamRZ 1995, 789 ff.

⁷) *BVerfGE* 92, 158 ff. = FamRZ 1995, 789, 792 re. Sp. (zum Gestaltungsrecht des Gesetzgebers bei fehlenden Voraussetzungen einer gemeinschaftlichen Ausübung des Sorgerechts).

⁸) Art. 14 § 1 Kindschaftsrechtsreformgesetz [KindRG]; Text des Gesetzes in BT-Drucks. 13/8511 sowie bei *Schwab/Wagenitz*, Familienrechtliche Gesetze, 2. Aufl. 1998.

⁹) Ebenso *Coester*, FamRZ 1996, 1181, 1183 li. Sp. („grundsätzliche Tendenz nicht zu beanstanden"). – Zur Reform vor dem Hintergrund der rechtsgeschichtlichen Entwicklung vgl. die Monographie von *Eva Schumann*, Die nichteheliche Familie, 1998.

B. Verfassungsrechtliche Defizite des früheren Rechts
I. Alleiniges Sorgerecht der Mutter

Das bisherige Recht sprach die elterl. Sorge für das ne. Kind allein der Mutter zu (§ 1705 S. 1 a. F.). Es galten, soweit sich aus den §§ 1706 ff. a. F. keine Besonderheiten ergaben, die Vorschriften über die Sorge für ehel. Kinder entsprechend (§ 1705 S. 2 a. F.).

Diese Verweisung ließ der minderjährigen Mutter die Personensorge lediglich neben dem gesetzlichen Vertreter des Kindes zukommen (§§ 1705 S. 2, 1673 II S. 2 Hs. 1 a. F.). Zur Vertretung ihres Kindes war sie nicht berechtigt (§ 1673 II S. 2 Hs. 2 a. F.); es stand unter Vormundschaft (§§ 1774, 1791c a. F.). Allerdings räumte das Gesetz der Mutter in Angelegenheiten der Personensorge Vorrang gegenüber Vormund (oder Pfleger) ein (§§ 1705 S. 2, 1673 II S. 3 a. F.).

Auch dem Kind der volljährigen Mutter war für bestimmte Angelegenheiten ein Pfleger beigeordnet (§§ 1706–1710 a. F.), verbunden mit dem Anspruch der Mutter auf Beseitigung dieser Pflegschaft, sofern dem Kindeswohl nicht widersprechend (§ 1707 S. 2 a. F.)[10]).

Insgesamt war die elterl. Sorge der Mutter für ihr ne. Kind derjenigen für ehel. Kinder (§§ 1626 ff.) weitgehend angeglichen. Daß das Sorgerecht der Mutter als Ausdruck ihres **Elternrechts** verfassungsrechtlichen Schutz genießt, ist seit langem unstreitig[11]).

II. Die Rechtsstellung des Vaters
1. Grundsatz: weder Sorge- noch Umgangsrecht

Demgegenüber versagte das bisherige Recht dem Vater eines ne. Kindes jede Teilhabe am Sorgerecht. Es versagte ihm darüber hinaus auch ein eigenständiges Umgangsrecht, wie es bei ehel. Kindern dem nichtsorgeberechtigten Elternteil zukam (§ 1634 I S. 1 a. F.). Über den persönlichen Umgang mit seinem Kind entschied die (personensorgeberechtigte) Mutter (§ 1711 S. 1 a. F.). Gegen ihren Willen konnte der Vater (durch Entscheidung des VormG) persönlichen Umgang nur erreichen, wenn dies dem Wohle des Kindes diente (§ 1711 II a. F.)[12]). Die Befugnis, Auskunft über die persönlichen Verhältnisse des Kindes

---

[10]) *BGHZ* 82, 173 = FamRZ 1982, 159 re. Sp.; *Palandt/Diederichsen*, BGB, 56. Aufl. 1997, § 1707 Rz. 2.

[11]) *BVerfGE* 24, 119, 135 = FamRZ 1968, 578, 582; vgl. Fn. 6.

[12]) Das Umgangsrecht des ehel. Vaters hing demgegenüber nicht von positiven Auswirkungen für das Kind ab. Ein Eingriff (Ausschluß) in das Umgangsrecht war nach § 1634 II S. 2 a. F. nur möglich, wenn dies vom Kindeswohl gefordert war.

zu erhalten, war an „berechtigte Interessen" gebunden (§§ 1711 III, 1634 III a. F.).

Ein Erwerb des Sorgerechts war für den Vater nur über Ehelicherklärung oder Adoption seines Kindes möglich. Das Gesetz stellte die Hürden hierfür jedoch außerordentlich hoch. Eine eigenständige Rechtsposition des Vaters kam in beiden Möglichkeiten nicht zum Ausdruck.

2. Sorgerechtserwerb durch Ehelicherklärung

Eine Ehelicherklärung des Kindes auf Antrag seines Vaters (§ 1723 a. F.)[13] war gegen den Willen der Mutter regelmäßig nicht durchsetzbar. Eine Ersetzung ihrer notwendigen Einwilligung (§§ 1726 I S. 1, 1727 I a. F.) war Ausnahmefall („aus schwerwiegenden Gründen zum Wohle des Kindes erforderlich") und dokumentierte zudem keinen Restbestand eines latenten väterlichen Sorgerechts; die Ersetzung der mütterlichen Einwilligung geschah auf Antrag des Kindes (§ 1727 I a. F.)[14].

3. Sorgerechtserwerb durch Adoption

Der zweite Weg zum Sorgerecht für den Vater eines ne. Kindes führte über die Adoption. Das Kind erhielt dadurch Ehelichenstatus (§ 1754 II a. F.). Das Verwandtschaftsverhältnis zur Mutter erlosch (§ 1755 I). Eine gemeinschaftliche Adoption des ne. Kindes durch beide Elternteile war ausgeschlossen (§§ 1741 II S. 1, 1741 III a. F.).

---

[13]) Ehelicherklärung auf Antrag des Kindes (zugunsten des Vaters) ist im hier besprochenen Zusammenhang (elterl. Stellung von Mutter und Vater) insofern weniger bedeutsam, als dort der Tod der Mutter Voraussetzung war. Kennzeichnend aber auch hier, daß nicht einmal beim Tod der Mutter der Vater als gesetzlich berufener Sorgerechtsträger in Betracht kam.

[14]) Die Ehelicherklärung setzte die rechtsverbindliche Feststellung der ne. Vaterschaft voraus (§§ 1600a ff. a. F.). Vgl. in diesem Zusammenhang die Notwendigkeit der Zustimmung des Kindes (§ 1600c a. F.) und die Stellung der Mutter als gesetzliche Vertreterin des Kindes (§ 1600d a. F.). Im Zweifel blieb hier nur die Pflegerbestellung nach § 1706 Nr. 1 a. F. – Nicht hindern konnte der leibliche Vater die Anerkennung der Vaterschaft durch einen Dritten (etwa den neuen Partner der Mutter), wodurch jede weitere Anerkennung, auch eine klageweise Feststellung der Vaterschaft (§ 1600n a. F.), entfiel (§ 1600b III a. F.). Mangels Anfechtungsberechtigung (§ 1600g a. F.) hatte der wirkliche Vater letztlich keine Möglichkeit, seine Elternschaft geltend zu machen.

Auch hier erwies sich im Konfliktfall die Rechtsstellung des Vaters als ausgesprochen schwach. Einerseits war die Adoption durch den Vater ohne mütterliche Einwilligung (§ 1747 II S. 1 a. F.) so gut wie unerreichbar[15]. Andererseits konnte der Vater die Adoption seines Kindes durch Dritte (insbesondere durch den Partner der Mutter) kaum, durch die Mutter selbst überhaupt nicht hindern – dies jeweils mit der Folge, daß das Verwandtschaftsverhältnis zwischen ihm und dem Kind abbrach (§ 1755 a. F.).

Wollte ein Dritter das ne. Kind adoptieren, so war die Annahme nicht auszusprechen, wenn der Vater seinerseits die Ehelicherklärung oder Adoption beantragt hatte (§ 1747 II S. 2 Hs. 1 a. F.); die Voraussetzung der mütterlichen Einwilligung blieb unberührt. Stellte den Adoptionsantrag die Mutter des ne. Kindes selbst, konnte der Vater diesem Antrag nichts entgegensetzen (§ 1747 II S. 2 Hs. 2 a. F.). Damit war auch für Dritte der Weg zur Adoption eines ne. Kindes frei, ohne daß der Vater hiergegen letztlich etwas unternehmen konnte: Die Mutter adoptierte ihr ne. Kind. Gegenüber dem dann folgenden Adoptionsantrag des Dritten (Ehemann der Mutter) hatte der nur noch leibliche Vater (§ 1755 a. F.) keinerlei Abwehrmöglichkeit. Nach Annahme des Kindes durch einen Ehegatten der Mutter (§ 1741 II S. 2 a. F.) war das Kind gemeinschaftlich-ehel. Kind der Gatten (§ 1754 I a. F.)[16].

III. Signaturen des bisherigen Rechts – das NEhelG von 1969

1. Systemfugen des Nichtehelichenrechts

Die Skizze des bisherigen Rechts läßt drei kennzeichnende Systemfugen hervortreten. Erstens: Das Sorgerecht für das ne. Kind folgte dessen statusrechtlicher Zuordnung. Zweitens: Diese Zuordnung war eine strikt einseitige zugunsten der Mutter oder des Vaters; gemeinschaftliche Sorgerechtswahrnehmung war ausgeschlossen. Drittens: Im Vergleich zum Vater hatte die Mutter des Kindes eine eindeutig dominierende elterl. Rechtsposition.

Die statusrechtliche Zuordnung des Kindes bestimmte die sorgerechtliche Zuständigkeit. Das alte Recht organisiert das Nichtehelichenrecht nach dem Vorbild des Rechts für ehel. Kinder, allerdings streng einseitig ausgelegt: Ausgangspunkt war eine (quasi-)ehel. Statuszuordnung des Kindes zu einem Elternteil. Hieran knüpfte – ebenso einseitig – das Sorgerecht an.

---

[15] Ersetzung nach § 1748 I regelmäßig nur bei anhaltend gröblicher Pflichtverletzung und unverhältnismäßigem Nachteil für das Kind bei Unterbleiben der Adoption.
[16] Dazu aber *BVerfG*, FamRZ 1995, 789 ff.; vgl. unten Fn. 34, 35 und dort im Text.

Der Vater konnte das Sorgerecht überhaupt nur als Konsequenz eines Rechtsaktes erlangen, der ihm die Stellung eines ehel. Vaters verschaffte. Das sprach § 1736 a. F. für die Ehelicherklärung, § 1754 II a. F. für die Adoption aus, jeweils mit der sorgerechtlichen Folge des § 1626 I. Gleichzeitig verlor die Mutter das elterl. Sorgerecht unbedingt (§§ 1738 I, 1755 a. F.).

Dieses Modell lag aber auch schon der Ausgangssituation des § 1705 a. F. zugrunde. Bei völligem Ausschluß des Vaters wurde das ne. Kind seinem rechtlichen Status nach als ein quasi-ehel. Kind der Mutter behandelt. Die ursprüngliche Fassung des § 1705 hob dies noch ausdrücklich hervor[17]). Seit Wegfall des § 1589 II a. F. wurde es als selbstverständlich vorausgesetzt und kam in der Verweisung des § 1705 S. 2 a. F. ebenso zum Ausdruck wie überall dort, wo statusrechtliche Fragen von Bedeutung waren (vgl. etwa § 1934a IV a. F.).

Diese Verschränkung von Status- und Sorgerecht mit Vorrangstellung der Mutter beruhte auf dem Gesetz über die rechtliche Stellung der ne. Kinder v. 19. 8. 1969 [NEhelG][18]). Es fragt sich, welche Gründe für die damalige Rechtslage als maßgeblich angesehen wurden und weshalb sie ihre Durchschlagskraft verloren haben.

2. Das NEhelG – Begründung der Rechtslage vor der Kindschaftsrechtsreform

Das NEhelG hatte einen Rechtszustand abgelöst, der Verwandtschaft zwischen Vater und ne. Kind ausschloß (§ 1589 II a. F.) und der Mutter des Kindes ein Sorgerecht ausdrücklich absprach[19]). Das Kind stand unter Vormundschaft, nicht unter elterl. Sorge[20]).

Nach der Neuregelung durch das NEhelG fiel das Sorgerecht der Mutter zu (§ 1705 a. F.; § 1589 II a. F. wurde beseitigt). Es blieb beim Ausschluß jeglichen Sorgerechts des Vaters. Bedeutsam für eine

---

[17]) „Das uneheliche Kind hat im Verhältnis zu der Mutter und zu den Verwandten der Mutter die rechtliche Stellung eines ehelichen Kindes."
[18]) BGBl I 1243; in Kraft getreten am 1. 7. 1970. Das Gesetz zur Neuregelung des Rechts der elterl. Sorge v. 18. 7. 1979, in Kraft getreten am 1. 1. 1980, brachte keine materiellen Änderungen für das Nichtehelichenrecht, lediglich sprachliche Bereinigungen; vgl. Art. 9 § 2 („nichtehelich", „elterliche Sorge", „Umgang").
[19]) Die dem § 1705 a. F. früher entsprechende Vorschrift des § 1707 a. F. lautete: „Der Mutter steht nicht die elterliche Gewalt über das uneheliche Kind zu. Sie hat das Recht und die Pflicht, für die Person des Kindes zu sorgen; zur Vertretung des Kindes ist sie nicht berechtigt. Der Vormund hat, soweit der Mutter die Sorge zusteht, die rechtliche Stellung eines Beistandes."
[20]) Eine grundsätzliche Änderung hatte auch das Familienrechtsänderungsgesetz v. 11. 8. 1961 (BGBl I 122) nicht gebracht. Immerhin ermöglichte es, der Mutter auf ihren Antrag hin die elterl. Gewalt über das Kind zuzusprechen (§ 1707 II a. F.).

Bewertung der Novellierung des Kindschaftsrechts sind die Gründe des Gesetzgebers, die schon damals maßgeblich auf das eingangs genannte Grundproblem des Elternrechts, nämlich die faktische Sorgesituation bei ne. Kindern, abstellten.

Das NEhelG von 1969 sah sich durch Art. 6 V GG nicht dazu aufgefordert, rechtliche Gleichheit zwischen ehel. und ne. Kindern herzustellen[21]). Die Verfassungsnorm spreche im Gegensatz zu Art. 3 I GG nicht von Gleichberechtigung[22]). Das Gesetz müsse vielmehr von der tatsächlichen Lage ne. Kinder ausgehen und im Hinblick darauf ein Höchstmaß an Entwicklungschancen sichern. Diesem Ziel haben sich Interessen von Mutter und Vater unterzuordnen.

Nach damaliger Auffassung war die tatsächlich-soziale Lage eines ne. Kindes wesentlich durch den Mangel einer Familiengemeinschaft mit seinen Eltern geprägt. Mutter und Vater gründeten ihrerseits häufig Familien, die dem ne. Kind distanziert gegenüberstünden. Vor allem aber sei die Beziehung zwischen Kind und seinem (oft erst gerichtlich festzustellenden) Vater grundlegend verschieden gegenüber jener zwischen ehel. Kind und Vater. Persönlicher Kontakt herrsche nicht und werde regelmäßig auch nicht erstrebt. So nehme der Vater am persönlichen Schicksal des ne. Kindes kaum Anteil; selbst seinen Unterhaltspflichten komme er häufig zögernd und unwillig nach.

Andererseits stelle sich die Lebenssituation der Mutter eines ne. Kindes nach wie vor (rechtlich wie tatsächlich) als schwierig dar, schwieriger als diejenige einer Mutter ehel. Kinder. Die gesellschaftlichen Vorbehalte gegenüber ne. Kind und Mutter seien keineswegs abgebaut; das Bemühen um wirtschaftliche Absicherung, Unterbringung und Versorgung des Kindes prägten ihre Lage.

Diese tatsächliche Benachteiligung des ne. Kindes könne der Gesetzgeber nur zu einem geringen Teil ausgleichen. Angesichts der typischerweise herrschenden Entfremdung zwischen Vater und ne. Kind sowie des häufig anzutreffenden persönlichen Zerwürfnisses der Elternteile stehe eine eindeutige Zuordnung des Kindes im Vordergrund. Ihm müsse soweit wie möglich ein ruhiges Aufwachsen gesichert werden. Aufgrund der natürlichen Verbundenheit zwischen Mutter und Kind, vor allem während der ersten Lebensphase und aus entwicklungspsychologischen Gründen, könne diese rechtliche Zuordnung nur zugunsten der Mutter entschieden werden. Ihr müsse deshalb das elterl. Sorgerecht allein zustehen. Die Rechtsstellung des Vaters sei durch Verantwortung geprägt. Nur so ließen sich die Nachteile der ne. Geburt wenigstens teilweise ausgleichen[23]).

---

[21]) Dies unter Hinweis auf *BVerfGE* 17, 280, 284 = FamRZ 1964, 186.
[22]) BT-Drucks. V/2370, S. 19.
[23]) BT-Drucks. V/2370, S. 20.

Damit war der Rahmen abgesteckt, in dem sich bei gesellschaftspolitischen Veränderungen eine neue rechtliche Bewertung ergeben konnte und ergeben mußte.

IV. Gesellschaftliche Veränderungen und verfassungsrechtliche Defizite

1. Verfassungsgerichtliche Bestätigung des alleinigen Sorgerechts der Mutter

Das *BVerfG* hatte in seinem Urteil v. 24. 3. 1981[24]) die gesetzgeberische Entscheidung zugunsten des elterl. Sorgerechts der Mutter (§§ 1705, 1711 a. F.) als verfassungsgemäß gebilligt – auch für den Fall, daß Vater und Mutter in ne. Lebensgemeinschaft das Kind gemeinsam pflegen und betreuen.

Schon damals stellte das Gericht in Rechnung, daß die gesellschaftliche Diskriminierung der ne. Mutter weitgehend abgebaut sei und daß das Bild eines Vaters, der den Kontakt zur Mutter ablehne und seine Vaterschaft bestreite, der sozialen Wirklichkeit nicht mehr gerecht werde. Dennoch habe der Gesetzgeber seine Gestaltungsfreiheit nicht überschritten. Denn das ne. Kind habe Anspruch, bereits bei seiner Geburt eine klare status- und sorgerechtliche Zuordnung vorzufinden[25]). Wenn auch dem Vater eines ne. Kindes der grundgesetzliche Schutz des Art. 6 II GG jedenfalls dann zukomme, wenn er mit Mutter und Kind zusammenlebt[26]), so verblieben bei ne. Partnerschaften gleichwohl rechtliche Defizite, die die gesetzliche Entscheidung des § 1705 a. F. noch trügen: Die jederzeitige Hinfälligkeit der ne. Lebensgemeinschaft und darin eingeschlossen die jederzeitige, rechtlich folgenlose Auflösbarkeit der ne. Familie kennzeichneten die soziale und persönliche Lebenslage eines ne. Kindes schlechthin. Um es in diesen Fällen nicht zusätzlichen Sorgerechtsstreitigkeiten seiner Eltern auszusetzen, habe der Gesetzgeber eine eindeutige Regelung i. S. des § 1705 treffen können, ohne gleichzeitig differenzierende Regelungen zur Verfügung stellen zu müssen[27]).

---

[24]) *BVerfGE* 56, 363 ff. = FamRZ 1981, 429 ff. = NJW 1981, 1201 ff.
[25]) *BVerfGE* 56, 363 ff. = FamRZ 1981, 429, 433 re. Sp. = NJW 1981, 1201, 1202 li. Sp.
[26]) *BVerfG* [Fn. 26]: „Lebt der nichteheliche Vater mit Kind und Mutter zusammen und sind damit die Voraussetzungen für die Wahrnehmung seiner elterlichen Verantwortung gegeben, kann ihm ein Recht aus Art. 6 II GG nicht abgesprochen werden."
[27]) *BVerfG,* FamRZ 1981, 429, 434 li. Sp. = NJW 1981, 1201, 1202 re. Sp. f.

Daß eine Zuordnung zugunsten der Mutter getroffen worden sei, könne verfassungsrechtlich nicht beanstandet werden. Zwar mögen die Gründe des Gesetzgebers, wonach zwischen Kind und Mutter eine besonders enge körperliche und seelische Beziehung bestehe, nicht unbestritten sein; sie seien aber auch nicht als falsch erwiesen[28]). Die Schutzbedürftigkeit des ne. Kindes trüge schließlich auch die Vorschrift des § 1711 a. F. Die Zuordnung zur Mutter und zur mütterlichen Familie solle Konfliktsituationen der Eltern, in deren Mittelpunkt das Kind steht, nach Maßgabe des Kindeswohls entscheiden[29]).

2. Das Elternrecht des Vaters und der Erziehungsanspruch des Kindes

In zwei späteren Entscheidungen hatte das *BVerfG* dem Gesetzgeber bekanntlich wesentliche Korrekturen auferlegt – ohne daß allerdings die Vorschrift des § 1705 a. F. selbst noch einmal Gegenstand erneuter Prüfung war.

In seinem Beschluß v. 7. 5. 1991[30]) bestätigte das Gericht ein den „Eltern" durch Art. 6 II GG verbürgtes Sorgerecht. Dies steht dem Vater eines ne. Kindes jedenfalls dann zu, wenn er mit Mutter und Kind zusammenlebt[31]).

Kern der verfassungsrechtlichen Kritik war die bislang gebilligte ausnahmslose Verknüpfung von statusrechtlicher Zuordnung des Kindes und elterl. Sorgerecht: Leben die Eltern eines ne. Kindes zusammen und sind sie willens und in der Lage, das Sorgerecht auszuüben, liegt kein vom Gesetzgeber auszugleichender Konflikt zwischen Mutter und Vater vor.

Der im konkreten Fall angegriffene § 1738 I a. F. sei deshalb in den skizzierten Grenzen verfassungswidrig[32]). In Abweichung von seiner früheren Entscheidung[33]) hielt das *BVerfG* auch Gründe des Kindeswohls nicht mehr für ausreichend, die rigide gesetzliche Entweder-Oder-Regelung zu rechtfertigen. Das Wohl des Kindes und sein Anspruch auf Erziehung durch beide Elternteile nötigten umgekehrt den Gesetzgeber zu differenzierten Regelungen auf der Grundlage der konkreten tatsächlichen Verhältnisse[34]).

---

[28]) *BVerfG*, FamRZ 1981, 429, 434 f. = NJW 1981, 1201, 1203 li. Sp.
[29]) *BVerfG,* FamRZ 1981, 429, 434, 435 = NJW 1981, 1201, 1203 f.
[30]) *BVerfGE* 84, 168 ff. = FamRZ 1991, 913 ff.
[31]) *BVerfGE* 84, 168, 179 = FamRZ 1991, 913, 915.
[32]) *BVerfGE* 84, 168, 180 f. = FamRZ 1991, 913, 915 f.
[33]) *BVerfGE* 84, 168, 181 ff. = FamRZ 1991, 913, 916 ff.
[34]) *BVerfGE* 84, 168, 183 = FamRZ 1991, 913, 916.

In seiner jüngsten Entscheidung v. 7. 3. 1995 ist das *BVerfG* noch einen Schritt weitergegangen[35]): Unabhängig davon, ob Vater und Mutter des ne. Kindes zusammenleben, ist auch der Vater Träger des Elternrechts aus Art. 6 II S. 1 GG. Damit sei die Zurücksetzung des Vaters eines ne. Kindes, wie sie durch einzelne Vorschriften der §§ 1705 ff. a. F. zum Ausdruck kamen, nicht vereinbar[36]).

Im Kontext dieser Judikatur geht das *BVerfG* von einer deutlich veränderten Bewertung ne. Partner- und Elternschaft aus. Schon in der ersten Entscheidung hatte es die Frage aufgeworfen, ob angesichts der seit Inkrafttreten des NEhelG erheblich gestiegenen Anzahl von ne. Paaren, die die Sorge für ihr Kind gemeinschaftlich wahrnehmen, der gesetzliche Regelfall einer elterl. Konfliktsituation (§§ 1705, 1711 a. F.) noch überzeugend sei[37]), und in seinem Beschluß v. 7. 3. 1995 konstatierte es deutlich, daß sich eine Beschränkung des Elternrechts auf die Mutter des Kindes „schon deshalb nicht mehr rechtfertigen (lasse), weil heute ein nicht geringer Teil der Väter an der Entwicklung ihrer nichtehelichen Kinder Anteil nimmt"[38]).

3. Der Rahmen der gesetzlichen Neuregelung

Verfassungsrechtlich waren der Neuregelung des ne. Sorgerechts damit folgende Richtpfeiler gesetzt: Der gänzliche Ausschluß des Vaters vom Sorgerecht für das ne. Kind (§§ 1705, 1711 a. F.) konnte nicht aufrechterhalten werden. Aus diesem Grunde mußte die rigide Verklammerung von Statusrecht und Sorgerecht im Sinne einer ausnahmslosen Zuordnung an die Mutter oder an den Vater aufgelöst werden. Dabei hatte der Gesetzgeber die geänderte Situation und gesellschaftliche Bewertung von ne. Elternschaft zu berücksichtigen und dem Kind eine möglichst gemeinsam ausgeübte elterl. Sorge zu sichern (Art. 6 V GG).

---

[35]) *BVerfGE* 92, 158 ff. = FamRZ 1995, 789 ff.
[36]) Die Entscheidung betraf § 1747 II a. F., den das Gericht insoweit für verfassungswidrig erklärt hat, als bei Adoption eines nichtehelichen Kindes durch die Mutter oder Dritte weder die Einwilligung des Vaters noch eine Abwägung seiner Interessen vorgesehen ist. – Aus sachlich gleichliegenden Gründen hat der *EuGH* eine Verletzung der Art. 6 I, 8 EMRK angenommen, FamRZ 1995, 110 ff.
[37]) *BVerfGE* 84, 168, 181 = FamRZ 1991, 913, 916.
[38]) *BVerfG,* FamRZ 1995, 789, 792 re. Sp.; vgl. auch *BVerfG,* FamRZ 1997, 605 = NJW 1997, 2041: Ablehnung des Erlasses einer einstweiligen Anordnung zugunsten des ne. Vaters nach Trennung der Eltern, aber: „Die Verfassungsbeschwerde des Bf. (sc. gerichtet gegen § 1705 a. F.) ist weder unzulässig noch offensichtlich unbegründet" (S. 606 re. Sp. bzw. S. 2041 re. Sp.).

C. Die Regelung des neuen Rechts

I. Überblick:
Sorgerecht der Mutter, Sorgeerklärung, gerichtliche Entscheidung, zusammen- und getrenntlebende Elternteile (§§ 1626a, 1671, 1672)

Das neue Kindschaftsrecht[39]) kennt keinen besonderen Titel über die elterl. Sorge für ne. Kinder mehr. Die §§ 1705–1711 a. F. sind ersatzlos entfallen. Entfallen sind ferner die Vorschriften über die Legitimation des ne. Kindes (§§ 1719–1740g a. F.) und damit auch die dort genannte Möglichkeit des Sorgerechtserwerbs für den Vater über die Ehelicherklärung[40]). Die elterl. Sorge für das ne. Kind ist den allgemeinen Vorschriften inkorporiert (§§ 1626 ff.). Dementsprechend lautet die Überschrift des fünften Titels des zweiten Abschnitts künftig nur noch „Elterliche Sorge".

Die **Sorgerechtszuständigkeit** über ein ne. **Kind** kann auf dreierlei Weise begründet sein: kraft **Gesetzes** (§ 1626a I Nr. 2, II), kraft **rechtsgeschäftlicher Erklärung** (§ 1626a I Nr. 1) und kraft **familiengerichtlicher Übertragung** (§§ 1671, 1672). Die im einzelnen mögliche Gestaltung wird durch eine doppelte Einteilung festgelegt. Erstens: Haben die Eltern **Sorgeerklärungen** abgegeben oder nicht? Zweitens: Leben die Eltern **zusammen** oder (auf Dauer) **getrennt**?

Ausgangs- und Grundsatznorm ist § 1626a. Kommt ein ne. Kind zur Welt, so steht die elterl. Sorge, gleichgültig ob die Eltern des Kindes zusammenleben oder nicht, nach wie vor der Mutter zu (§ 1626a II). Etwas anderes gilt nur dann, wenn die Eltern Sorgeerklärungen abgegeben haben. In diesem Fall steht ihnen die elterl. Sorge **gemeinsam** zu (§ 1626a I Nr. 1)[41]). Auch spielt es keine Rolle, ob die Eltern des Kindes zusammenleben oder nicht; belanglos ist ferner, ob sie (mit dritten Personen) verheiratet sind.

Wird von einem Elternteil eine Änderung der Sorgerechtszuständigkeit erstrebt – sei es der bislang gemeinsam ausgeübten oder

---

[39]) Der neue Gesetzestext in Gegenüberstellung mit dem alten ist abgedruckt in der Textausgabe von *Schwab/Wagenitz* [Fn. 8] und in BT-Drucks. 13/8511; Regierungsentwurf [RegE] abgedruckt in BT-Drucks. 13/4899, S. 5–28.

[40]) Vgl. oben unter A.II.2.

[41]) Gleiches gilt bei nachfolgender Ehe der Eltern, § 1626a I Nr. 2 (Ersatz für jetzigen § 1719). Voraussetzung dafür ist jedoch, daß die Vaterschaft des Mannes anerkannt oder gerichtlich festgestellt ist (§ 1592 Nr. 1, Nr. 2); vgl. § 1626a I: „Sind die *Eltern* ...".

der bisher allein der Mutter zustehenden –, so ist zu unterscheiden, ob die Elternteile **zusammen** oder **getrennt** leben.

Hat die Mutter gemäß § 1626a II das alleinige Sorgerecht, kann bei getrenntlebenden Eltern das FamG nach Maßgabe des § 1672 I eine Übertragung des Sorgerechts auf den Vater anordnen. Haben Getrenntlebende gemeinsames Sorgerecht, kommt eine familiengerichtliche Übertragung (ganz oder teilweise) an einen der Elternteile nach § 1671 in Betracht.

Leben Vater und Mutter des ne. Kindes zusammen, so ist in beiden Fällen (gemeinsame oder alleinige mütterliche Sorge) eine Sorgerechtsänderung nur durch Entziehung des Sorgerechts (§§ 1666, 1667) oder bei tatsächlicher Verhinderung bzw. Ruhen der Sorge (§ 1678) sowie im Falle des Todes bzw. einer Todeserklärung eines sorgeberechtigten Elternteils möglich (§§ 1680–1682).

Jeder Elternteil, ob sorgeberechtigt oder nicht, hat nach § 1684 I Hs. 2 ein **Recht auf Umgang** mit dem Kinde. Die Vorschrift des früheren § 1634 a. F. ist aufgehoben[42]).

II. Das Erklärungsprinzip – gemeinsame Sorge (§ 1626a I Nr. 1)

1. Gemeinsame Sorge kraft Sorgeerklärung (§ 1626a I)

Wie nach bislang geltendem Recht steht die elterl. Sorge für das ne. Kind grundsätzlich allein der Mutter zu (§ 1626a II). Diese (dispositive) Grundentscheidung des Gesetzes verbürgt die status- und sorgerechtliche Zuordnung des Kindes im Augenblick seiner Geburt auch dann, wenn elterl. Konsens fehlt. Ein gemeinsames Sorgerecht tritt demnach **nicht automatisch** ein. Vater und Mutter können nur dann ein solches erlangen, wenn sie **Sorgeerklärungen** abgeben (§ 1626a I Nr. 1). Damit bekennt sich das neue Recht zum sog. **Antrags-** oder besser **Erklärungsprinzip**[43]).

Diese gesetzliche Ausgestaltung des Elternrechts für den sorgerechtlichen Bereich ist nicht nur verfassungsrechtlich unbedenklich[44]), sie hat gegenüber einer ex lege eintretenden gemeinsamen Sorgezuständigkeit auch die besseren Sachgründe auf ihrer Seite. Zu Recht geht der Gesetzgeber davon aus, daß trotz der fortgeschrittenen gesellschaftlichen Anerkennung ne. Partnerschaften es nicht selten sein wird, daß ne. Kinder flüchtigen und instabilen Beziehungen ent-

---

[42]) Art. I Nr. 37 KindRG.
[43]) Insoweit stößt das Gesetz auf breite Zustimmung in der Literatur; vgl. etwa *Coester*, JZ 1992, 809, 814 re. Sp.
[44]) *BVerfG*, FamRZ 1995, 791, 792; ebenso *Coester*, FamRZ 1995, 1245, 1247 li. Sp.

stammen. Partnern, die sich nichts zu sagen haben und die auch im Interesse ihres Kindes nicht zu einer Gemeinschaft finden können, kraft Gesetzes ein gemeinsames Sorgerecht zu oktroyieren, kann schon aus Rücksicht auf das Wohl des Kindes nicht in Kauf genommen werden[45]). Den Eltern eines ne. Kindes soll die gemeinsame Sorge nicht aufgezwungen werden. Sie müssen, auch wenn nicht zusammenlebend, jedenfalls willens sein, bei Erziehung und Pflege des Kindes zusammenzuarbeiten. Dies entspricht dem Pflichtcharakter des Elternrechts (Art. 6 II GG) als eine die Sorgebefugnis von vornherein limitierende Bedingung[46]). Sind Eltern nicht in der Lage, durch Sorgeerklärungen gemeinschaftliche Erziehungsbereitschaft zu dokumentieren, hat der Gesetzgeber in Ausübung seines Wächteramtes eine Regelung bereitzustellen, die das Kind dem Streit der Eltern tunlichst entzieht. Das Erklärungsprinzip ist dafür die geeignete Grundlage[47]). Voraussetzung für ein gemeinsames Sorgerecht ist lediglich, daß (schon vor der Geburt des Kindes mögliche, § 1626b II)[48]) rechtswirksame Sorgeerklärungen nach den §§ 1626b bis 1626d vorliegen. Auf ein Zusammenleben der Eltern kommt es nicht an.

a) Formale Voraussetzungen

Die Sorgeerklärungen der Eltern unterliegen bestimmten formalen Voraussetzungen. Sie können **weder unter einer Bedingung noch befristet** abgegeben werden (§ 1626b I). Es handelt sich um **höchstpersönliche Willenserklärungen** (§ 1626c I). Sie bedürfen **öffentlicher Beurkundung** (§ 1626d I); zuständig sind hierfür Notare (§ 20 I BNotO) sowie Jugendämter [JÄ] (§ 59 I S. 1 Nr. 8 SGBVIII, neu eingefügt). Die „Gemeinsamkeit" der Erklärungen ist auf den Inhalt, nicht etwa auf eine gemeinsame Erklärung bezogen.

Ist ein Elternteil in der **Geschäftsfähigkeit beschränkt**, hängt die Wirksamkeit der Erklärung von der Zustimmung seines gesetzlichen Vertreters ab[49]). Das FamG hat auf Antrag des betroffenen Elternteils die Zustimmung zu ersetzen, wenn die Sorgeerklärung dem Wohl dieses Elternteils nicht widerspricht (§ 1626c II S. 3).

---

[45]) BT-Drucks. 13/4899, S. 58 re. Sp.
[46]) *BVerfGE* 24, 119 ff., vgl. Fn. 6.
[47]) Zustimmend auch *Coester,* FamRZ 1996, 1181, 1187 li. Sp.
[48]) Parallel zur vorgeburtlichen Vaterschaftsanerkennung: §§ 1594 IV, 1595 III i. V. mit § 1594 IV.
[49]) Sie kann ebenfalls bereits vor Geburt des Kindes abgegeben werden und ist wie die Sorgeerklärung selbst bedingungs- und befristungsfeindlich (§ 1626c II S. 1, 2).

b) Materielle Voraussetzungen

Die Frage der materiellen Wirksamkeit einer Sorgeerklärung ist durch die §§ 1626b bis 1626d **abschließend** geregelt (§ 1626e). Es ist also kein Durchgriff auf die allgemeinen Vorschriften über Willenserklärungen (§§ 104 ff.) möglich, insbesondere scheidet eine Anfechtung aus.

Eine weitergehende inhaltliche Prüfung (durch das FamG), ob die gemeinsame Sorge dem Wohl des Kindes in concreto dienlich ist, findet nicht statt. Zu Recht lehnt die Begründung des Entwurfs eine solche materielle Zusatzprüfung ab[50]). Erziehungserfolg läßt sich weder bei ehel. noch bei ne. Kindern gerichtsförmig prognostizieren. Hier wie dort ist die Grundlage einer gemeinsamen Sorge die Zuneigung der Eltern zu ihrem Kind und die Bereitschaft, ihm nach seinen Anlagen und Interessen den Weg zu einer eigenen Persönlichkeit zu ebnen. Nicht miteinander verheiratete Eltern trotz dieser Bereitschaft mit Mißtrauen zu belegen, ist sachfremd und wäre verfassungsrechtlich nicht unbedenklich (Art. 6 II, V; 3 GG)[51]). Eine Korrektur gemeinsamer Sorge ist danach nur auf Antrag eines Elternteils (§ 1671) oder durch Eingreifen des FamG in Mißbrauchsfällen (§§ 1666 ff.) möglich.

c) Legitimation der Sorgeberechtigten

Elterl. Sorge umfaßt die Vertretung des Kindes (§ 1629 I S. 1). Insbesondere aus diesem Grunde hat der Rechtsverkehr Interesse daran zu wissen, wem die Vertretungsmacht beim ne. Kind zusteht. Klärungsbedürftig ist dies einmal hinsichtlich des Nachweises **gemeinsamer Sorge** (insbesondere bei getrenntlebenden Eltern), aber auch hinsichtlich der **Alleinsorge** eines Elternteils (hier vor allem bei der nach § 1626a II sorgeberechtigten Mutter), da grundsätzlich mit gemeinsamer Sorge zu rechnen ist.

---

[50]) BT-Drucks. 13/4899, S. 59 li. Sp. Ob es sich um „reine Absichtserklärungen", so *Diederichsen,* NJW 1998, 1977, 1983 li. Sp. handelt, die dann ausschließlich Rechtswirkungen kraft Gesetzes auslösen, sei hier dahingestellt. Jedenfalls wird man eine bestimmte statuskonkretisierende Wirkung der *Erklärungen* selbst annehmen müssen (vgl. unten sub. 3.)

[51]) Ebenso *Coester,* FamRZ 1996, 1181, 1184. Zur soziologischen Berechtigung der Sätze, daß (leiblichen) Eltern, auch ne., das Wohl ihres Kindes vorrangig am Herzen liegt (*BVerfGE* 24, 119, 150 = FamRZ 1968, 578; *BVerfG,* FamRZ 1982, 1179, 1182) etwa *Nave-Herz,* FuR 1996, 1, 2; *Limbach,* FuR 1995, 201, 202.

Geben die Eltern **Sorgeerklärungen** nach § 1626a I Nr. 1 ab, ist hierfür öffentliche Beurkundung notwendig (§ 1626d I). Die beurkundende Stelle macht dem zuständigen JA (§ 87c VI S. 2 SGBVIII) Mitteilung (§ 1626d II), das auf Verlangen der sorgeberechtigten Eltern hierüber einen Nachweis erteilt. Die **alleinsorgeberechtigte Mutter** weist ihre Vertretungsbefugnis im Wege eines Negativattests nach (Bestätigung des zuständigen JA über das Nichtvorliegen von Sorgeerklärungen, § 58a SGBVIII)[52]).

2. Verfassungsrechtliche Grenzen: Willkürverhalten der Mutter

Auch wenn gegenüber dem Grundsatz einer dispositiven Zuweisung des Sorgerechts an die Mutter verfassungsrechtliche Bedenken nicht bestehen, kann die Regelung des § 1626a im Einzelfall zu Konsequenzen führen, die sich mit dem Elternrecht des Vaters aus Art. 6 II GG kaum in Einklang bringen lassen; dies dann, wenn seitens der Mutter willkürlich, etwa trotz Zusammenlebens und tatsächlicher Übereinstimmung in allen wesentlichen Fragen, ein gemeinsames Sorgerecht abgelehnt wird.

Die Vorschrift des § 1626a I Nr. 1 verlangt die **Zustimmung beider Elternteile**. Weil § 1626b II der Mutter schon kraft Gesetzes das Alleinsorgerecht zuweist, kann sich diese ohne Sachgründe bis an die Grenze der Sorgerechtsentziehung (§ 1666) gegen eine Mitverantwortung des Vaters sperren und sich so ein alleiniges Sorgerecht sichern. Dies wird weder der verfassungsrechtlich geschützten Stellung des Vaters gerecht (Art. 6 II GG)[53]), noch beachtet die Regelung den Anspruch des Kindes auf Sorge und Erziehung durch beide Elternteile[54]). Ist der Vater willens und in der Lage, sein Sorgerecht wahrzunehmen, so können sein Elternrecht und der Sorgeanspruch des Kindes nicht letztlich willkürlichem Verhalten der Mutter untergeordnet werden[55]).

---

[52]) Ist die Sorge durch familiengerichtliche Entscheidung gemäß §§ 1671, 1672 übertragen worden (dazu im Anschluß unter III.2., IV.2.3.), so werden sich Sorgeberechtigung und Vertretungsbefugnis unschwer durch eine Ausfertigung dieser Entscheidung nachweisen lassen.
[53]) *BVerfG*, FamRZ 1995, 789 ff.; vgl. oben unter A.III.2.b.
[54]) *BVerfGE* 84, 168, 183 = FamRZ 1991, 913, 916.
[55]) Das (passive) „Veto-Recht" der Mutter nach § 1626a ist gesetzestechnisch vergleichbar mit jenem des Ehemannes im ehemaligen, für verfassungswidrig erklärten § 1355 II S. 2 a. F. (*BVerfG*, FamRZ 1991, 535 ff.). Für verfassungswidrig wird die Regelung auch gehalten von *Coester*, FamRZ 1995, 1245, 1247 f., und *Rauscher*, S. 233, 252. Bedenken auch bei *Diederichsen*, NJW 1998, 1977, 1983 li. Sp.

Eine Lösung könnte darin liegen, bei lediglich einseitiger Sorgeerklärung des Vaters eine familiengerichtliche Prüfung vorzunehmen. Zu bedenken bleibt allerdings auch hier: So wenig bei ehel. Kindern die persönliche Ablehnung eines Elternteils durch den anderen etwas an der Sorgeverantwortung beider ändert, so wenig kann dies angesichts eines einheitlichen Elternrechts und eines möglichst einheitlichen Sorgeanspruchs des Kindes (Art. 6 V GG) auch bei ne. Kindern der Fall sein.

3. Sorgeerklärungen als statuskonkretisierende Willenserklärungen – Elternstatus und Geschäftsfähigkeit

Die Sorgeerklärungen der Eltern sind Willenserklärungen. Hierüber herrscht Einigkeit; das Gesetz selbst geht davon eindeutig aus. Allerdings handelt es sich um eigenartige Willenserklärungen[56]. Ihr Gegenstand ist der (schon bestehende) **personenrechtliche Status einer Eltern-Kind-Beziehung** in ihrer sorgerechtlichen Bedeutung. Dies heißt: Die privatautonome-rechtsgeschäftliche Disposition der Eltern reicht nur so weit, wie zwingendes Statusrecht es gestattet. Nur in diesem Rahmen können deshalb auch die allgemeinen Vorschriften über Willenserklärungen (§§ 104 ff.) zum Zuge kommen. Das Gesetz unterstreicht diesen besonderen Charakter, indem es die Unwirksamkeitsgründe für Sorgeerklärungen auf die im Gesetz ausdrücklich genannten Fälle beschränkt (§ 1626e).

Dieses Statusrecht ist von der jeweiligen Grundlage, auf der das Eltern-Kind-Verhältnis ruht, unabhängig – mag es bedingt sein durch genetische Abstammung, durch psychosoziale Nähe und Pflege oder durch rechtlichen Akt. Statusrecht ist weder als Kontradiktion zu Realbeziehungen zu begreifen, noch ist es durch Faktizität und Konsens (vollständig) ablösbar. Hieraus ergeben sich dogmatische Konsequenzen für Bindung und Disposition der Eltern an und über ihre eigenen Sorgeerklärungen, die an dieser Stelle nur umrissen werden können. Zunächst sei allerdings auf Dissonanzen hingewiesen.

Das Gesetz regelt nicht eindeutig, ob ein im Sinne der allgemeinen Vorschrift des § 104 Nr. 2 **Geschäftsunfähiger** eine wirksame Sorgeerklärung abgeben kann. Die Vorschrift des § 1626c II hat nur die Erklärung des beschränkt Geschäftsfähigen zum Inhalt, und nur auf die in den „vorstehenden" Vorschriften genannten Mängel (§§ 1626b bis 1626d) kann nach § 1626e die Unwirksamkeit einer Erklärung gestützt werden. Systematisch konsequent wäre es daher, die Erklärung eines geschäftsunfähigen Elternteils (da von § 1626e nicht erfaßt)

---

[56] Anders möglicherweise *Diederichsen* („reine Absichtserklärungen"), NJW 1998, 1977, 1983.

als wirksam zu erachten. Der Sache nach ist dieses Ergebnis (auch angesichts des § 1626c II: Vertreterzustimmung bei beschränkt geschäftsfähigen, nicht aber bei geschäftsunfähigen Eltern?) nicht haltbar – allerdings um den Preis einer teleologischen Reduktion des § 1626e um die Willensmängel des § 104 Nr. 2.

Das Problem wird nicht schon durch die (unveränderte) Vorschrift des § 1673 I entschärft, wonach die elterl. Sorge eines Geschäftsunfähigen ruht. Denn für den geschäftsunfähigen ne. Vater führt kein Weg von § 1626a I zu § 1673. Ruhen der Sorge bedeutet, daß der Inhaber des Sorgerechts dieses (zur Zeit) nicht ausübt. Die elterl. Sorge selbst geht jedoch nicht verloren[57]). Für den geschäftsunfähigen ne. Vater ist das Sorgerecht aber schon nicht erreichbar.

Die Situation führt zu Dissonanzen einerseits zwischen (geschäftsunfähigem) ne. und ehel. Vater, andererseits aber auch zwischen (geschäftsunfähiger) ne. Mutter und (geschäftsunfähigem) ne. Vater. Grund dafür ist, daß dem geschäftsunfähigen ehel. Vater wie der geschäftsunfähigen ne. Mutter das Sorgerecht kraft Gesetzes eo ipso zusteht[58]).

Der geschäftsunfähige Vater eines ne. Kindes kann dagegen nie zur elterl. Sorge gelangen[59]). Das Ergebnis befremdet vor allem dann, wenn der i. S. des § 104 Nr. 2 geschäftsunfähige Vater im Rahmen einer zusammenlebenden Familie die tatsächliche Pflege und Betreuung des Kindes übernommen hat, gleichwohl aber de iure nicht sorgerechtsfähig ist. Die Lösung wird darin zu suchen sein, daß Geschäftsunfähigkeit nach § 104 Nr. 2 eine wirksame Sorgeerklärung nicht ausschließen muß. Die Sorgeerklärungen des § 1626a I Nr. 1 sind die Konkretisierung eines kraft Gesetzes bereits bestehenden **personenrechtlichen Status**. Dieser sorgerechtliche Status umfaßt die Tätigkeit der Eltern im Bereich **rechtsgeschäftlicher Personen- und Vermögenssorge**; hier paßt der Maßstab der §§ 104, 105. Der Sorgestatus umfaßt aber zu einem Großteil, vielfach zum größten Teil, auch **tatsächliche Pflege und Erziehung**; hier paßt die Kategorie des Rechtsgeschäfts nicht. Für die Sorgeerklärungen des § 1626a I ist deshalb von einer **genuinen Sorgegeschäftsfähigkeit** auszugehen, wie sie auch für die Eheschließung (§ 1304) als besondere Ehegeschäftsfähig-

---

[57]) Statt aller *Palandt/Diederichsen* [Fn. 10], § 1675 Rz. 1.
[58]) Die Geschäftsunfähigkeit bewirkt lediglich ein Ruhen der Sorge mit den vom Gesetz vorgesehenen weiteren Konsequenzen; vgl. *Soergel/Strätz*, BGB, 12. Aufl. 1987, § 1673 Rz. 3.
[59]) Seine Sorgeerklärung ist nichtig (§ 105 I), ohne Rücksicht auf den tatsächlichen Sorgewunsch der Eltern.

keit anerkannt ist[60]). Daß für Sorgeerklärungen nicht miteinander verheirateter Eltern der rechtsgeschäftliche Maßstab des § 1304 Vorbild sein muß, um Wertungswidersprüche zu vermeiden, ergibt sich auch daraus, daß die (gegebenenfalls mögliche) Eheschließung die (gegebenenfalls nicht mögliche) Sorgeerklärung „ersetzt" (§ 1626a I Nr. 2).

Diese besondere Qualität der Sorgegeschäftsfähigkeit rückt gleichzeitig die Rechtsnatur des elterl. „Konsenses" ins Blickfeld und damit die Frage nach Bindung und freier Abänderbarkeit der Erklärungen.

III. Gemeinsame Sorge – Bindung und Änderung
1. Elternstatus und Privatautonomie

Die autonome Konkretisierung ihres elterl. Status ist nicht verheirateten Eltern nur **einmal** möglich und nur hinsichtlich des „Ob", nicht auch des „Wie". Durch Erklärungen können sie ihre gemeinsame Sorge installieren. Sie obliegt ihnen dann in ungeteilter Wahrnehmungszuständigkeit (§§ 1626 I, 1627, 1629 I). Ein Unterschied zu verheirateten Eltern besteht nicht.

Erweist sich diese Entscheidung in den Augen der Eltern als korrekturbedürftig, kann eine **Änderung** (außer in Mißbrauchsfällen, § 1666) nur nach Maßgabe des § 1671, also nur bei **Getrenntleben** der Eltern erfolgen. Konsensuale Lösungen sind hier nur noch beschränkt möglich.

In keinem Fall ändert elterl. Konsens selbst die Sorgezuständigkeit. Jedem Elternteil verbleibt aber ein **Antragsrecht auf Zuweisung der Sorge** an ihn. Die Entscheidung hierüber ist allein dem FamG anheimgegeben. In diesem Verfahren findet, je nach Sachlage gestuft[61]), eine inhaltliche Prüfung des elterl. Antragsbegehrens statt: Ist durch die Übertragung eine Gefährdung des Kindeswohls zu besorgen, § 1666 (§ 1671 III)? Entspricht die Übertragung (beim Widerspruch eines bereits vierzehnjährigen Kindes) dessen Wohl am besten (§ 1671 II Nr. 2)?

Gegen diese Regelung wurde eingewandt, sie beschneide in der Sache zu Unrecht und möglicherweise verfassungsverletzend den Vor-

---

[60]) Zuletzt *BayObLG*, FamRZ 1997, 294 ff (zu § 2 EheG a. F.). Ein anderer Weg könnte darin liegen, eine gegenständlich beschränkte Geschäftsunfähigkeit (Sorge ausgenommen) zu erwägen; zur Problematik vgl. auch *Dickerhof-Borello*, FuR 1998, 70 ff., 157 ff.
[61]) Vgl. im Anschluß unter 2.

rang des Elternrechts. Auch nachträgliche Korrekturen des Sorgerechts müßten den Eltern zur autonomen Regelung verbleiben[62]).

Demgegenüber ist zu bedenken: Freie, privatautonome Verfügbarkeit der Sorgerechtszuständigkeit und Sorgerechtswahrnehmung verkennt deren Charakter als statusverankerte Rechtspositionen. Eltern steht die Freiheit, über „Ob" und „Wie" ihres Sorgerechts als dem wichtigsten Partikel des Elternrechts zu disponieren, nicht zu. In dem Maße, wie dieses Recht an den (wie immer begründeten[63])) Status der Elternschaft anknüpft, ist es einer Regelung durch rechtsgeschäftlichen Konsens unzugänglich. Nicht die lex contractus beherrscht das Feld, sondern statusgebundenes Recht. Die Eltern sind „frei" in der Begründung gemeinsamer Sorgezuständigkeit (§ 1626a I Nr. 1). Hierin spiegelt sich jedoch nicht originäre rechtsgeschäftliche Autonomie wider, die im Konsens gestaltend wirkt. Gerechtfertigt sind diese Sorgeerklärungen nur, weil die Situation der nichtverheirateten Eltern ihnen eine Manifestation ihres gemeinschaftlichen Sorgewillens abfordert, ohne die sich die (latente) Rechtsposition des Art. 6 II GG nicht entfalten kann.

Aus dieser statuskonkretisierenden Funktion der Sorgeerklärungen folgt ihre dogmatische Einordnung. Sie sind keine gegenseitigen, vertraglichen Willenserklärungen. Es handelt sich je und je um **einseitige Bereitschaftserklärungen**, dem Elternrecht des Art. 6 II GG durch gemeinsame Sorge gerecht werden zu wollen. Es sind inhaltlich übereinstimmende, **parallele Willenserklärungen**. Sie aktualisieren seinem Bestande nach bereits **vorhandenes Elternrecht**. Sie schaffen nicht Recht, sondern modifizieren Ausübung und Wahrnehmung von Rechtspositionen. Nicht verheirateten Eltern eröffnen sie, was verheirateten schon und ausschließlich kraft elterl. Status zusteht. Eine grundsätzliche privatautonome Disposition ist damit nicht vereinbar. So wenig verheiratete Eltern ihre gemeinsame Sorge rechtsgeschäftlicher Kartierung unterwerfen können, so wenig vermögen dies unverheiratete Eltern. Richtigerweise verweigert deshalb das Gesetz den Eltern „Vertragsfreiheit" im Bereich der elterl. Sorge und bindet Abänderungen an konstitutive gerichtliche Entscheidungen.

---

[62]) *Coester,* FamRZ 1996, 1181, 1186 li. Sp.
[63]) Vgl. oben unter B.IV.2.: genetisch, sozial oder rein rechtlich.

2. Getrenntlebende Eltern

a) Ausübung der Sorge (§ 1687)[64]

Gemeinsame Sorge getrenntlebender Elternteile verlangt nach Handlungskompetenz desjenigen, bei dem sich das Kind aufhält. Das Gesetz weist in § 1687 I S. 2 dem Elternteil, bei dem sich das Kind gewöhnlich aufhält, eine alleinige Sorgezuständigkeit für „Entscheidungen in Angelegenheiten des täglichen Lebens" zu; Voraussetzung ist, daß sich das Kind dort berechtigterweise aufhält (mit Einwilligung des anderen oder aufgrund gerichtlicher Entscheidung). Hält sich das Kind (mit Einwilligung dieses Elternteils oder aufgrund gerichtlicher Entscheidung) beim anderen auf, so hat jener die **Alleinentscheidungskompetenz** in Fragen **tatsächlicher Betreuung** (§ 1687 I S. 4). Angelegenheiten, die für das Kind von „erheblicher Bedeutung" sind, müssen dagegen vom **gegenseitigen Einvernehmen** der Eltern getragen werden (§ 1687 I S. 1). Bei Uneinigkeit sind die Eltern in diesen Fällen auf § 1628 I S. 1 verwiesen, ausgenommen Fälle einer Notvertretung (§ 1687 I S. 5 i. V. mit § 1629 I S. 4).

b) Übertragung der Sorge (§ 1671)

Leben nicht miteinander verheiratete Eltern zusammen, kommt eine Änderung des (gemeinsamen) Sorgerechts nur nach allgemeinen Vorschriften in Betracht (Gefährdung des Kindeswohls[65], Ruhen der Sorge bei rechtlichen und tatsächlichen Hindernissen[66], Tod und Todeserklärung eines Elternteils[67])).

Eine Sonderregelung hingegen bringt § 1671 für **getrenntlebende Eltern bei gemeinsamer Sorge** (§ 1626a I Nr. 1). In diesem Fall kann das FamG die Sorge ganz oder teilweise einem Elternteil allein übertragen (§ 1671 I). Dem entsprechenden Antrag eines Elternteils hat das FamG unter folgenden Voraussetzungen stattzugeben: Notwendig ist (nach der unglücklichen Formulierung der Vorschrift) in jedem Fall die Zustimmung des anderen Elternteils (§ 1671 II Nr. 1). Ist das Kind bereits vierzehn Jahre alt, muß auch dessen Zustimmung vorliegen (§ 1671 II Nr. 1) oder es muß, falls das Kind der Übertragung widerspricht, die Aufhebung der gemeinsamen Sorge und die Zuweisung der Alleinsorge an den die Sorge beantragenden Elternteil dem Kindeswohl am besten entsprechen (§ 1671 II Nr. 2). Ist zur

---

[64] Dazu ausführlich *D. Schwab*, S. 187 ff.
[65] §§ 1666 ff.
[66] §§ 1673 ff.
[67] §§ 1680 ff.

Übertragung lediglich die Zustimmung des anderen Elternteils erforderlich (bei Kindern unter vierzehn Jahren), findet eine Kindeswohlprüfung nur in den Grenzen des § 1666 statt (§ 1671 III[68])[69]).

Nach Erlaß einer gerichtlichen Entscheidung gemäß § 1671 sind **weitere Sorgeerklärungen ausgeschlossen** (§ 1626b III). Dies bedeutet, daß eine Änderung der familiengerichtlichen Entscheidung nur noch in den allgemeinen Fällen des **Sorgerechtsentzugs**, des **Ruhens** oder der **tatsächlichen Verhinderung** der Sorgeausübung, des **Todes** oder der **Todeserklärung** möglich ist. Unberührt bleiben ferner jederzeit mögliche Änderungen gerichtlicher Anordnungen durch VormG und FamG „aus triftigen, das Wohl des Kindes nachhaltig berührenden Gründen", § 1696 I (§ 1626b III).

IV. Alleiniges Sorgerecht der Mutter

1. Grundsatz (§ 1626a II)

Kommt es zu keinen gemeinsamen Sorgeerklärungen, liegt das Sorgerecht für das ne. Kind allein bei der Mutter (§ 1626a II). Dem Vater steht ein Umgangsrecht zu (§ 1684 I Hs. 2)[70]).

2. Sorgerechtsübertragung auf den Vater (§ 1672 I)

a) Die Regelung

Leben bei Alleinsorge der Mutter die Eltern des Kindes getrennt, ist der Weg zu einem (gerichtlich herbeigeführten) **gemeinsamen Sorgegerecht ausgeschlossen**[71]). Das Gesetz sieht lediglich **einseitig wirkende Sorgerechtsänderungen zugunsten des Vaters** vor. Eine solche Übertragung der elterl. Sorge (insgesamt oder teilweise) auf den Vater allein kann erfolgen, sofern seinerseits ein Antrag gestellt ist und die Mutter dem zustimmt. Die Sorgerechtsübertragung setzt voraus, daß sie dem **Wohle des Kindes** dient (§ 1672 I S. 2).

---

[68]) Vgl. bereits oben im Text unter 1. bei Fn. 61.
[69]) Zur Begründung dafür und zugleich zur abweichenden Regelung bei § 1672 I S. 2 (Blockierung notwendiger Entscheidungen) vgl. unten bei IV.2.c.
[70]) Hierzu unten bei VI.
[71]) Unbenommen bleibt den Eltern (ohne zeitliche Limitierung) selbstverständlich die Abgabe gemeinsamer Sorgeerklärungen (§ 1626a I); dazu sogleich.

Die Zustimmung der Mutter muß sich schon auf den Antrag des Vaters beziehen. Widrigenfalls ist dieser als unzulässig zu verwerfen. So soll vermieden werden, daß eine (letztlich erfolglose) verfahrensmäßige Erledigung des Antrages Unruhe in das Verhältnis zwischen Mutter und Kind bringt[72].

b) Mängel: Ausschluß gemeinsamer Sorge

Ihrer grundsätzlichen Tendenz nach ist die Regelung zu begrüßen; sie führt die Ausgangssituation des § 1626a II konsequent fort. Den Eltern eines ne. Kindes ist es unbenommen, jederzeit durch Sorgeerklärungen eine gemeinschaftliche Verantwortung gemäß §§ 1626a I Nr. 1, 1626 herbeizuführen. Getrenntleben spielt insoweit keine Rolle. Sind die Eltern hierzu nicht in der Lage, fehlt die notwendige Grundbereitschaft, ein gemeinsames Sorgerecht wahrzunehmen. Als Alternative bleibt deshalb nur Alleinberechtigung (§ 1626a II).

Regelmäßig wird es sich hier um Fälle des Getrenntlebens der Eltern handeln. Ihnen verbleibt dann gemäß § 1672 die Möglichkeit, sich aufgrund neuer Entwicklungen nachträglich zu arrangieren. Denkbar ist, daß die Eltern einen Teil der Sorge, etwa Vermögensverwaltung, auf den Vater des Kindes übertragen wollen oder daß sich der Plan der Mutter, für das Kind zu sorgen, nicht verwirklichen läßt und der Vater mit der Obhut über das Kind auch das Sorgerecht erhalten soll. Freilich: Allzu häufig werden derartige Fallgestaltungen kaum sein, denn die Zustimmung (der Mutter) zur Alleinübertragung des Sorgerechts setzt in aller Regel ein höheres Maß an Konzessionsbereitschaft voraus als eine gemeinschaftliche Sorgeerklärung nach § 1626a I Nr. 1.

Gerade insoweit erweist sich die Regelung aber als defizitär. Kommt es aufgrund der Weigerung der Mutter zu keiner gemeinsamen Sorgeerklärung, verbleibt ihr die elterl. Sorge in vollem Umfang. Dies mag einer eindeutigen sorgerechtlichen Zuordnung des Kindes wegen jedenfalls bei **Getrenntleben** der Elternteile[73] im Ausgangspunkt akzeptabel sein – nicht hingegen, wenn es zu einer irreversiblen Verfestigung führt. Die verfassungsrechtlichen Bedenken gegen ein absolut wirkendes passives Veto-Recht der Mutter[74] müssen sich im Rahmen des § 1672 I fortsetzen, soweit auch hier stets nur eine **Alleinübertragung** vorgesehen ist.

Miteinander nicht verheiratete Eltern eines Kindes können – grundsätzlich immer und ohne jede zeitliche Beschränkung[75] – Sorgeerklärungen abgeben mit

---

[72] BT-Drucks. 13/4899, S. 100 re. Sp.
[73] Sehr fraglich dagegen bei Zusammenleben von Vater und Mutter.
[74] Vgl. oben unter C.II.2.
[75] Zu beachten bleibt aber § 1626b III.

der Folge eines umfassenden gemeinsamen Sorgerechts. Einen Teil der Sorge konsensual wahrnehmen können sie nie. Es ist nicht einzusehen, weshalb das Gesetz (insbesondere in der Situation des § 1672) eine teilweise-gemeinsame Sorge (auch durch – erstmalige – Sorgeerklärungen) nicht zuläßt.

Eine solche Gestaltung wird nicht nur durch die Rechtsprechung des *BVerfG* nahegelegt[76]); sie entspricht auch dem Gebot von Systemtreue und gleicher Berechtigung. So können getrenntlebende Elternteile über die Modifikation ihrer gemeinsamen Sorgeerklärungen gemäß § 1671 I zu einer teils gemeinsamen, teils allein zugewiesenen Sorge gelangen. Dies muß auch ohne den Umweg über Sorgeerklärungen ermöglicht werden. Die Frage der Ausgestaltung im einzelnen sei hier dahingestellt, jedenfalls erscheint das Gesetz insoweit ergänzungsbedürftig[77]).

c) Kindeswohlprüfung

Das FamG hat dem Antrag stattzugeben, wenn die Sorgerechtsübertragung dem Wohle des Kindes dient. Der Gesetzgeber hat bewußt entschieden, für die Sorgerechtsübertragung den Nachweis positiver Einflüsse, d. h. überwiegende Vorteile für das Kind, zu verlangen. Daß die Übertragung dem Wohle des Kindes nicht widerspricht, also neutral bleibt, genügt nicht. Vermieden werden soll damit eine im Vergleich zur Mutter stärkere sorgerechtliche Stellung des Vaters: Ein Rückerwerb kommt für die Mutter nur nach Maßgabe des § 1696 in Betracht, der dafür den Nachweis von Vorteilen für das Kind verlangt[78]).

Daß § 1672 I, anders als § 1671, eine Kindeswohl-Prüfung erfordert, rechtfertigt die Begründung des Gesetzes mit den je und je unterschiedlichen Situationen. Während bei § 1671 (gemeinsames Sorgerecht) die Gefahr bestehe, daß wegen Uneinigkeit der Eltern wichtige und notwendige Entscheidungen verzögert würden oder unterblieben, sei dies bei § 1672 I (alleiniges Sorgerecht der Mutter) nicht zu befürchten. Daher könne im Interesse des Kindes die Hürde für eine Übertragung angehoben werden[79]).

3. Gemeinsames Sorgerecht nach Übertragung (§ 1672 II)

Gemeinsames Sorgerecht kraft Sorgeerklärung (§ 1626a I Nr. 1) kann nur eintreten, solange und soweit eine **gerichtliche Entscheidung über das Sorgerecht** nach §§ 1671, 1672, 1696 **nicht ergangen**

---

[76]) Vgl. oben bei B.IV.2.
[77]) Weshalb soll den Eltern nicht von vornherein möglich sein, was das Gesetz an anderer Stelle (§ 1672 II) selbst vorsieht? Dazu sogleich anschließend.
[78]) BT-Drucks. 13/4899, S. 101 li. Sp.
[79]) BT-Drucks. 13/4899, S. 100 f.

ist (§ 1626b III) – dies in Konsequenz des Grundsatzes, daß die Sorge der Disposition der Eltern entzogen ist, sofern ein Gericht (unter erhöhten Voraussetzungen des § 1672 I S. 2) die Sorgerechtszuweisung konstitutiv vorgenommen hat.

Soll auch nach einer solchen Entscheidung der Zugang zu gemeinsamer Sorge nicht ausgeschlossen sein, muß deshalb ein Weg außerhalb des § 1626a I Nr. 1 geschaffen werden. Diese Aufgabe erfüllt § 1672 II. Er ermöglicht es, durch gerichtliche Entscheidung nach einer Sorgerechtsübertragung gemäß Abs. I eine gemeinsame Sorgezuständigkeit der Eltern herzustellen. Auf Antrag eines Elternteils mit Zustimmung des anderen kann das FamG auf gemeinsame Sorge entscheiden, wenn dies dem Wohle des Kindes nicht widerspricht.

Das Gesetz begnügt sich hier mit einem weniger hohen materiellen Maßstab; Grund: Das Kind gewinnt einen sorgeberechtigten Elternteil hinzu (im Gegensatz zu § 1672 I).

Soweit die gerichtliche Alleinübertragung nach § 1672 I das ursprüngliche mütterliche Sorgerecht (§ 1626 II) unberührt ließ, können (und müssen) die Eltern gemeinsame Sorge durch Sorgeerklärungen herbeiführen (§ 1626a I Nr. 1)[80]. Was im Anschluß an die Übertragung der Sorge gemäß § 1672 I gilt, gilt nach § 1672 II S. 2 auch dann, wenn diese Übertragung durch das Gericht im Wege des § 1672 I wieder aufgehoben wurde.

V. Ausfall des Sorgeberechtigten
1. Bisheriges Recht

Fiel die Mutter eines ne. Kindes als Inhaberin des Sorgerechts (§ 1705 a. F.) aus oder war sie gehindert, ihr Sorgerecht auszuüben, so bedurfte es nach früherem Recht einer Ergänzung durch Vormundschaft (§ 1773 I) oder Pflegschaft (§ 1909). Niemals erlangte der Vater des Kindes kraft seiner Vaterstellung die frühere Position der Mutter. Denkbar war lediglich, ihn als Vormund (§ 1779 II S. 3 Hs. 2 a. F.) oder Pfleger (§ 1915 I) seines Kindes zu bestellen. Hier bringt die Novellierung in Fortentwicklung eines originären Elternrechts des Vaters entscheidende Änderungen und Verbesserungen. Sie erkennt (in einheitlicher Regelung für ehel. und ne. Kinder) den ne. Vater grundsätzlich als **Ersatzsorgeberechtigten** an.

---

[80]) Auf diesem Wege wird möglich (teilweise gemeinsame Sorge), was das Gesetz zunächst verwehrt (vgl. vorangehenden Text).

2. Ruhen des Sorgerechts und tatsächliche Verhinderung der Sorgerechtsausübung (§ 1678)

a) Gemeinsame Sorge

Automatisch übt der ne. Vater im gesamten Umfang das Sorgerecht aus, soweit ein gemeinsames Sorgerecht bestand und in der Person der Mutter ein Ruhensgrund eintritt (§ 1678 I Hs. 1).

b) Alleinsorge eines Elternteils

Ruht die elterl. Sorge der nach § 1626a II alleinsorgeberechtigten Mutter oder des nach § 1672 I alleinsorgeberechtigten Vaters oder ist dieser Elternteil an der Ausübung der Sorge tatsächlich verhindert, so tritt kein Übergang des Sorgerechts auf den jeweils anderen Elternteil ein (vgl. § 1678 I Hs. 2). Notwendig ist die Anordnung einer Vormundschaft oder einer Pflegschaft. Der Grund für die latente Festschreibung der bestehenden elterl. Alleinsorgekompetenz ist das Aufleben des status quo ante nach dem (jederzeit möglichen) Wegfall des Ruhensgrundes (§ 1674 II; automatisches Wiederaufleben im Falle des § 1675). Hier ändert sich nichts an den maßgeblichen Gründen für die Sorgerechtsverteilung als solcher.

Etwas anderes gilt, wenn die Herstellung dieses sorgerechtlichen status quo ante nicht mehr erreichbar erscheint, weil keine Aussicht auf Wegfall des für das Ruhen der Sorge verantwortlichen Grundes besteht. Hier sieht der neugefaßte Abs. II des § 1678 für die Fälle des § 1626a II eine Übertragung der elterl. Sorge auf den Vater vor.

3. Tod, Todeserklärung, Entzug des Sorgerechts (§§ 1680, 1681)

Wie § 1678 unterscheidet auch die Vorschrift des § 1680: Tod eines Elternteils bei gemeinsamer Sorge (Abs. I), Tod des nach § 1671, 1672 I Alleinsorgeberechtigten sowie Tod der nach § 1626a II sorgeberechtigten Mutter (Abs. II), Entzug des Sorgerechts bei gemeinsamer Sorge und bei Alleinsorge der Mutter gemäß § 1626a II (III).

Stand das elterl. Sorgerecht beiden Teilen gemeinsam zu, so rückt beim Ausfall eines Elternteils der andere in die volle Sorgerechtsposition ein (Tod: § 1680 I; Entzug: § 1680 III; Todeserklärung: § 1681 I).

Fällt der alleinsorgeberechtigte Elternteil aus, so kann der andere Teil nur durch familiengerichtliche Übertragung das Sorgerecht erlangen. Geht es um den Ausfall der gemäß § 1626a II alleinsorgeberechtigten Mutter (§ 1680 II S. 2, III Alt. 2; § 1681 I i. V. mit § 1680 II S. 2), setzt dies voraus, daß die Übertragung dem Wohle des Kindes dient (§ 1680 II S. 2).

War der Vater gemäß § 1672 I (teilweise) Inhaber der Sorge, so überträgt das FamG bei dessen Tod das Sorgerecht auf die Mutter, wenn dies dem Wohle des Kindes nicht widerspricht (§ 1680 II S. 1). Die unterschiedliche Dichte der materiellen Kindeswohlprüfung (§§ 1671, 1672 I: wenn dem Kindeswohl nicht widersprechend; § 1626a II: wenn dem Kindeswohl dienend) leitet das Gesetz wie schon bisher[81]) aus der Überlegung ab, daß im einen Fall (§§ 1671, 1672 I) der maßgebliche Elternteil bereits einmal Inhaber der Sorge war[82]). Im anderen Fall (§ 1626a II) wurde hingegen vom Vater noch nie das Sorgerecht ausgeübt[83]). Hier muß bei einer ne. Elternschaft davon ausgegangen werden, daß zwischen den (getrenntlebenden) Eltern keine oder eine gespannte Beziehung besteht und der Kontakt zwischen Kind und Vater dementsprechend belastet ist. Dies veranlaßt eine verstärkte Kindeswohlprüfung. Bleiben Zweifel, so gehen sie zu Lasten des Vaters[84]).

Für den Fall, daß dem Vater das Sorgerecht entzogen wird, ist eine gesonderte Regelung nicht vorgesehen (§ 1680 III verweist nur auf Abs. II S. 2). Der Gesetzgeber geht hier vom Vorrang einer Änderungsentscheidung gemäß § 1696 aus. Bei entsprechenden Anzeichen muß das FamG die Aufhebung seiner Sorgerechtsübertragung an den Vater nach den §§ 1671, 1672 überprüfen mit der Folge, daß bejahendenfalls das Sorgerecht (ex nunc) an die Mutter zurückfällt. Nur wo dies, etwa wegen Sorgeunfähigkeit der Mutter, nicht möglich ist, kommt ein Sorgerechtsentzug gemäß § 1666 in Betracht mit der Anordnung einer Vormundschaft oder Pflegschaft[85]).

VI. Umgangsrecht

Das neue Recht hebt die Bedeutung, die dem persönlichen Umgang des Kindes mit seinen beiden Elternteilen und anderen Bezugspersonen zukommt, durch einen neu eingefügten Abs. III des § 1626 ausdrücklich hervor[86]). In Konsequenz dessen sprechen die §§ 1684, 1685 nicht nur den Eltern des Kindes (§ 1684), sondern auch den Großeltern, Geschwistern, (früheren) Stiefeltern und Pflegeeltern ein Umgangsrecht zu (§ 1685).

---

[81]) Vgl. § 1681 I S. 2.
[82]) BT-Drucks. 13/4899, S. 102 re. Sp.
[83]) Ebenso § 1678 II (dauerhaftes Ruhen der mütterlichen Sorge).
[84]) Vgl. BT-Drucks. 13/4899, S. 102 li. Sp.
[85]) Vgl. BT-Drucks. 13/4899, S. 103 f.
[86]) § 1626 III: „Zum Wohle des Kindes gehört in der Regel der Umgang mit beiden Elternteilen. Gleiches gilt für den Umgang mit anderen Personen, zu denen das Kind Bindungen besitzt, wenn ihre Aufrechterhaltung für seine Entwicklung förderlich ist."

1. Das Recht des Kindes auf Umgang mit beiden Elternteilen (§ 1684)[87])

Nach § 1684 I Hs. 2 ist jeder Elternteil zum Umgang mit dem Kinde berechtigt – korrespondierend mit einer diesbezüglichen Pflicht („jeder Elternteil ist zum Umgang mit dem Kind verpflichtet und berechtigt"). Auf eine Unterscheidung zwischen ehel. und ne. Kindern, zwischen sorgeberechtigten und nichtsorgeberechtigten Elternteilen kommt es nicht mehr an.

Klargestellt hat das Gesetz damit zunächst, daß (über § 1634 IV a. F. hinausgehend, dort gemeinsame Sorge) der allein Personensorgeberechtigte ein Umgangsrecht auch dann behält, wenn sich das Kind mit seiner Zustimmung beim anderen Elternteil oder bei Dritten (Pflegeeltern) aufhält[88]). Damit soll für den sorgeberechtigten Elternteil die Alternative, Herausgabe des Kindes zu verlangen oder auf Kontakt zu verzichten, vermieden werden[89]).

Für den Vater des ne. Kindes bedeutet die Regelung des § 1684 eine erhebliche Stärkung seiner Rechte. Sie geht nicht nur über das bisherige Recht (§ 1711 a. F.) deutlich hinaus, sondern auch über den (nicht verabschiedeten) Regierungsentwurf eines Nichtehelichen-UmgangsGesetzes [NEhelUmG-E] aus dem Jahre 1988[90]).

Nach § 1711 I S. 1 a. F. bestimmte die personensorgeberechtigte Mutter allein über den Umgang zwischen Vater und Kind. Nur soweit ein solcher dem Wohle des Kindes „diente", konnte das VormG entgegen ihrem Willen auf persönlichen Umgang des Vaters mit dem Kind erkennen (§ 1711 II S. 1 a. F.). Der NEhelUmG-E 1988 wollte (bei grundsätzlichem Ausschluß eines väterlichen Umgangsrechtes) die Rechtslage dahin abändern, Umgang schon dann zu ermöglichen, wenn er dem Kindeswohl nicht widerspreche[91]).

Das geltende Recht gibt dem Vater des ne. Kindes ein **selbständiges Recht zum Umgang** mit dem Kind (§ 1684 I Hs. 2) und macht sich damit im wesentlichen die Vorschrift des früheren § 1634 a. F. zu

---

[87]) Ausführlich hierzu *Rauscher*, S. 233 ff.
[88]) Davon ging die familienrechtliche Literatur auch schon früher aus, *Gernhuber/Coester-Waltjen*, Lehrbuch des Familienrechts, 4. Aufl. 1994, § 66 I 3 (S. 1065); *Staudinger/Peschel-Gutzeit*, BGB, 12. Aufl. 1989, § 1634 Rz. 142 f.; *Soergel/Strätz* [Fn. 58], § 1634 Rz. 7.
[89]) BT-Drucks. 13/4899, S. 105 re. Sp. Ein solches Umgangsrecht ergab sich schon nach bisher geltendem Recht aus der Inhaberschaft des Sorgerechts. Wenn § 1634 I S. 1 a.F. davon sprach, daß ein nichtsorgeberechtigter Elternteil das Umgangsrecht „behält", dann hatte es der sorgeberechtigte Teil ohnehin.
[90]) Text dieses Gesetzentwurfs in FamRZ 1988, 584. Zur Begründung BT-Drucks. 11/5494; dazu *D. Schwab*, FamRZ 1990, 932 ff.
[91]) BT-Drucks. 13/4899, S. 105 li. Sp.

eigen. Wie dort (§ 1634 II S. 2 a. F.) kann das Umgangsrecht nur dann eingeschränkt oder ausgeschlossen werden, wenn dies „zum Wohle des Kindes erforderlich ist" (§ 1684 IV S. 1), d. h. sofern ein Umgang mit dem Vater dem Kindeswohl widerspricht[92]).
Allerdings erscheint es voreilig, daraus für die zukünftige Praxis schließen zu wollen, dem ne. Vater sei nunmehr grundsätzlich (wie dem Vater eines ehel. Kindes nach Trennung oder Scheidung) ein Umgangsrecht einzuräumen und zu belassen. Die normative Regelvorstellung des Gesetzes wird der Regelsituation der Lebenswirklichkeit möglicherweise oft nicht entsprechen. Die Frage des Umgangs mit dem ne. Kind hängt entscheidend von den tatsächlichen Verhältnissen ab. Diese sind bei nichtverheirateten Eltern sehr viel differenzierter und in aller Regel eben tatsächlich anders als bei (ehemals) miteinander verheirateten Elternteilen. Regularien, den Umgang nach der konkreten Situation zu steuern, bietet § 1684 III.

Dem Gesetz (§ 1684 I, IV S. 1) liegt ein Modell zugrunde, das bei unverheirateten Eltern die Ausnahme sein wird, nämlich Trennung der Eltern nach einer längeren Familiengemeinschaft mit dem Kind (so regelmäßig bei Ehescheidung). Sind zwischen Kind und beiden Elternteilen persönliche Beziehungen gewachsen, so soll es zu Recht nicht in der Hand des einen Elternteils liegen, Beziehungen des Kindes zum anderen (Vater) kappen zu können. Andererseits kann es trotz des „Rechts auf Umgang" kaum möglich sein, einem jahrelang interesselosen Vater, der möglicherweise der Mutter des Kindes eine Schwangerschaftsunterbrechung angeraten, sie vielleicht unter Druck gesetzt und elterl. Solidarität nicht gezeigt hat, nunmehr zu gestatten, über „sein Recht" die Beziehungen zwischen Mutter und Kind zu belasten und in die persönliche Entwicklung des Kindes einzugreifen.

Das „Recht der Eltern" auf Umgang kann nichts daran ändern, daß in jedem Fall das **Wohl des Kindes** ausschlaggebendes Gewicht hat. Dies hat das Gesetz erfreulicherweise dadurch klargestellt, daß § 1684 I Hs. 1 primär dem Kind ein Recht auf Umgang mit jedem Elternteil attestiert. Das **Umgangsrecht des Kindes** betont nicht nur die Bedeutung eines referneren Kontakts mit Mutter und Vater, es stellt auch rechtsdogmatisch den notwendigen Ausgangspunkt für ein „Umgangsrecht" Dritter (dazu sogleich) dar.

Die Begründung des Regierungsentwurfs hat sich allerdings gegen dieses vielfach eingeforderte[93]) „Recht des Kindes" auf Umgang ausgesprochen[94]). Dem lag aber noch die alte Fassung des § 1684 I zugrunde („Jeder Elternteil hat das Recht

---

[92]) Vgl. BT-Drucks. 13/4899, S. 106 li. Sp.
[93]) Etwa: 59. *Deutscher Juristentag*, M 263, Beschluß E.I.; Pressemitteilung des DAV Nr. 15/96 v. 7. 10. 1996, Zur Reform des Kindschaftsrechts Nr. 2.
[94]) BT-Drucks. 13/4899, S. 68.

auf Umgang mit dem Kind."). Auch der gegen ein Recht des Kindes vorgebrachte Hauptgrund, ein gerichtlich erzwungenes Umgangsrecht würde sein Anliegen verfehlen, schließt, so richtig er in der Sache sein mag, die Annahme eines subjektiven Rechts nicht eo ipso aus.

Neu eingeführt ist ferner die Möglichkeit, „den Vollzug früherer Entscheidungen über das Umgangsrecht einzuschränken oder auszuschließen . . ." (§ 1684 IV S. 1). Es verbleibt damit einerseits bei der Vollstreckbarkeit von Umgangsentscheidungen[95]), andererseits wird die mißliche Lage vermieden, die früher entstand, wenn negative Auswirkungen des Umgangsrechtes auf das Kind wegen des illoyalen Verhaltens des Sorgerechtsinhabers zu befürchten waren. Hier mußte aus Rücksicht auf das Kind ein Vollstreckungsgesuch häufig abgelehnt und eine Einschränkung des Umgangsrechts verfügt werden[96]). Dem betroffenen Elternteil war dies naturgemäß schwer einsichtig. Die Neuregelung erlaubt mit der Aussetzung des Vollzugs den richtigen Adressaten der Pflichtwidrigkeit zu benennen. Eine Aussetzung des Vollzugs oder eine Einschränkung des Umgangs „für längere Zeit oder auf Dauer" setzt eine Kindeswohlgefährdung voraus (§ 1684 I S. 2).

Das Umgangsrecht kann künftig keinesfalls im Wege einer Gewaltanwendung gegen das (herauszugebende) Kind durchgesetzt werden. Dies verbietet ein neu eingefügter S. 2 in § 33 II FGG: „Eine Gewaltanwendung gegen ein Kind darf nicht zugelassen werden, wenn das Kind herausgegeben werden soll, um das Umgangsrecht auszuüben."

2. „Umgangsrecht" Dritter (§ 1685)

Die Regelung des § 1685 räumt auch Dritten (Großeltern, Geschwistern, Stief- und Pflegeeltern) unter begrenzten Voraussetzungen (wenn dem Wohle des Kindes dienend, § 1685 I) ein Umgangsrecht ein. Die Vorschrift wurde vor allem im Hinblick auf ne. Kinder getroffen, die erfahrungsgemäß häufig zu dritten Bezugspersonen persönlichkeitswichtige Verbindungen aufbauen[97]). Daß diese Beziehungen nach dem neuen Recht dem Kinde erhalten bleiben sollen, ist im Grundsatz nur zu begrüßen, vor allem, daß dieser Umgang als **Recht des Kindes** ausgestaltet wurde (§ 1684 I Hs. 1).

---

[95]) Die Begründung des Entwurfs hält dies insbesondere im Hinblick auf *BVerfG*, FamRZ 1993, 662 = NJW 1993, 2671, für erforderlich.

[96]) Sofern ein Vollstreckungsantrag auf seiten des Umgangsberechtigten unterbleibt, behilft sich die Praxis, indem sie von einer Umgangsregelung absieht, vgl. z. B. *OLG Karlsruhe*, FamRZ 1990, 655 f.

[97]) BT-Drucks. 13/4899, S. 106 f.

Nicht recht fügt sich in diesen Zusammenhang der Text des § 1685 I. Er überträgt das Modell des „Rechts der Eltern" auf Umgang mit dem Kind (unzeitgemäß) auf Dritte: Die in § 1685 genannten Personen haben kein subjektives Recht auf Umgang mit dem Kind (woher auch?). Den Anspruch auf Umgang hat das Kind, und zwar in erster Linie gegenüber seinen Eltern: auf **Beibehaltung des für seine Entwicklung wesentlichen persönlichen Kontakts mit dritten Personen**. Es geht um ein Recht des Kindes. Deshalb ist die Aufzählung des § 1685 nicht frei von Willkürlichkeit. Großeltern und Geschwister mögen Personen sein, zu denen (in aller Regel, wirklich?) ein Kind besonders enge Beziehungen entwickelt. Dies aber nur dann, wenn ein entsprechender psychosozialer Austausch stattgefunden hat, nicht kraft eines „Großeltern-" oder „Geschwister-Rechts". Aus der Sicht des Kindes ist es deshalb wenig einleuchtend, weshalb anderes etwa gegenüber Tante oder Onkel oder sonstigen Dritten gelten soll.

Den Umfang des Anspruchs aus der Sicht des Kindeswohls umreißt der neu eingefügte § 1626 III S. 2, der nur allgemein von Personen spricht, zu denen das Kind Bindungen besitzt.

Gleichwohl bleibt die Vorschrift des § 1685 in ihrem Kern richtig. Die Abänderung des § 1684 I im Gesetzgebungsverfahren hätte aber Anlaß sein sollen, auch § 1685 entsprechend neu zu fassen und darüber hinausgehend die Frage nach einem Recht des Kindes auf Sorge neu und deutlicher zu stellen. Das „Umgangsrecht" Dritter zeigt jedenfalls, daß hier kein genuines Elternrecht wirkt. Daher kann das Recht nur beim Kinde liegen, für andere Personen (zumindest soweit nicht Eltern) kann es sich nur um ein Reflexrecht handeln.

VII. Beistandschaft

Nach bislang geltendem Recht hatte das VormG dem Elternteil, dem die elterl. Sorge über ein ehel. Kind ganz oder teilweise allein zustand, auf dessen Antrag hin einen Beistand zu bestellen (§ 1685 I a. F.). Seine Aufgabe war die Unterstützung des Elternteils bei Ausübung der Sorge (§ 1686 a. F.); die Rechtsstellung des Beistandes richtete sich nach den Vorschriften über den Gegenvormund (§ 1691 I a. F.). Erfolgte die Bestellung jedoch zur Geltendmachung von Unterhaltsansprüchen oder zur Wahrnehmung der Vermögenssorge, so hatte der Beistand die Rechte und Pflichten eines Pflegers (§ 1690 a. F.).

Demgegenüber erhielt das ne. Kind für die Wahrnehmung bestimmter Rechte einen Pfleger (§ 1706 a. F.), als welcher, soweit nichts anderes geregelt, das JA in Form eines gesetzlichen Amtspflegers auftrat (§ 1709 a. F.).

1. Die Neuregelung (§§ 1712–1717)

Parallel zum KindRG trat das Gesetz zur Abschaffung der gesetzlichen Amtspflegschaft und zur Neuordnung des Rechts der Beistandschaft [BeistandschaftsG] in Kraft[98]). Durch dieses Gesetz wurden die genannten Vorschriften über die Beistandschaft sowie die gesetzliche (Amts-)Pflegschaft für ne. Kinder (§§ 1685, 1686, 1689–1692; 1706–1710 a. F.) aufgehoben (Art. 1 Nr. 2). An die Stelle dieser Regeln tritt als siebenter Titel das **einheitliche Rechtsinstitut der „Beistandschaft"** (§§ 1712 ff.). Damit wird zugleich auch auf diesem Gebiet des Nichtehelichenrechts Rechtseinheit zwischen neuen und alten Bundesländern herbeigeführt[99]).

Nach der Neuregelung wird auf schriftlichen **Antrag eines Elternteils** oder eines nach § 1776 berufenen Vormundes das JA Beistand[100]). Seine Aufgaben sind auf die **Feststellung der Vaterschaft** und die **Geltendmachung von Unterhaltsansprüchen** beschränkt (§ 1712). Insoweit ist der Beistand gesetzlicher Vertreter des Kindes – unbeschadet der weiterwirkenden Vertretung durch Elternteil oder Vormund. Wie bisher kann der Antrag nur von einem Elternteil gestellt werden, dem für das betreffende Aufgabengebiet die elterl. Sorge allein zusteht (§ 1713 I). Die Beistandschaft tritt mit Zugang des Antrages beim JA ein (§ 1714). Sie endet, wenn der Antragsteller dies schriftlich verlangt oder wenn die Voraussetzung alleiniger Sorgerechtszuständigkeit entfällt (§ 1715). Sie endet auch mit Erledigung der dem Beistand zugewiesenen Aufgabe (§ 1716 S. 2 i. V. mit 1918 III).

Der Antrag kann nur von einem Elternteil und einem nach § 1776 berufenen Vormund gestellt werden; Vertretung ist unzulässig (§ 1713 I S. 2, 3). Er kann von der Mutter bereits vor Geburt des Kindes gestellt werden (§ 1713 II S. 1). Die beschränkt geschäftsfähige Mutter kann den Antrag nur selbst (ohne Zustimmung des gesetzlichen Vertreters) stellen (§ 1713 II S. 2). Für eine geschäftsunfähige Mutter handelt der gesetzliche Vertreter (§ 1713 II S. 3).

---

[98]) Text bei *Schwab/Wagenitz* [Fn. 8] und BT-Drucks. 13/8509.
[99]) In den neuen Bundesländern hatte die Mutter eines (auch nach Beitritt geborenen) ne. Kindes schon bisher die volle elterl. Sorge inne, § 46 I S. 1 FGB; keine Überleitung der §§ 1706 ff. a. F. durch den Einigungsvertrag, Art. 230 I EGBGB.
[100]) Vgl. auch § 55 SGBVIII n. F.

Auf diese Beistandschaft finden die **Vorschriften über die Pflegschaft** entsprechende Anwendung (§ 1716). Während aber Pflegschaft nach §§ 1909 ff. an die Stelle einer aus tatsächlichen oder rechtlichen Gründen nicht ausübbaren Sorge tritt, läßt die Beistandschaft die **elterl. Sorge unberührt** (§ 1716 S. 1). Im Sachbereich der Beistandschaft tritt die gesetzliche Vertretungsmacht des Beistands neben die des Elternteils oder des Vormunds. Werden divergierende Willenserklärungen abgegeben, soll nach dem Grundsatz der Priorität die zeitlich frühere Willenserklärung gelten. Eine Ausnahme zugunsten des Beistandes gilt, wenn dieser das Kind in einem **Rechtsstreit** vertritt (§ 53a ZPO); die Vertretungsmacht des sorgeberechtigten Elternteils ist insofern neben der des Beistands ausgeschlossen.

2. Übergangsregelung

Nach dem durch das BeistandschaftsG (Art. 2a) neu eingeführten Art. 144 EGBGB kann das berufene JA (§ 1712) mit Zustimmung des Elternteils die Beistandschaft auf einen rechtsfähigen Verein i. S. des § 54 SGBVIII übertragen, sofern Landesrecht dies vorsieht[101]).

Die Übergangsregelung selbst enthält Art. 222 EGBGB. Danach werden die gemäß §§ 1706 ff. bestehenden **Amtspflegschaften** mit Inkrafttreten des BeistandschaftsG zu Beistandschaften i. S. des §§ 1712 ff. (Art. 222 I S. 1 EGBGB). Der Aufgabenkreis des bisherigen Amtspflegers bleibt jedoch bis 31. 12. 1998 bestehen (Abs. I S. 3). Außer den in § 1712 genannten Aufgaben werden über diesen Termin hinaus dann nur noch laufende erbrechtliche Verfahren (§ 1706 Nr. 3) abgewickelt (S. 4).

Soweit es um die **Ablösung der bisherigen Beistandschaft** geht (§§ 1685 ff. a. F.), unterscheidet das Gesetz zwischen dem JA als Beistand (Art. 222 II EGBGB) und anderen Beiständen (Art. 222 III EGBGB).

Wurden dem JA Aufgaben nach § 1690 I a. F. übertragen, werden diese Beistandschaften am 1. 7. 1998 in solche nach den Vorschriften der §§ 1712 ff. übergeführt. Inhaltlich verbleibt es bis 31. 12. 1998 beim bisherigen Aufgabenkreis (Art. 222 II S. 2 i. V. mit Abs. I S. 3 EGBGB). Andere Beistandschaften enden am 1. 7. 1998, werden also nicht nach neuem Recht fortgesetzt (Art. 222 II S. 3 EGBGB).

Soweit andere Beistände nach § 1690 I a. F. berufen worden sind, werden diese ebenfalls am 1. 7. 1998 zu Beistandschaften neuen Rechts (§§ 1712 ff.). Auch hier verbleibt es bei der bisherigen Aufgabenzuweisung (Abs. III S. 2). Im Unterschied

---

[101]) Hierzu auch § 54 I SGBVIII n. F.

zu einer vom JA geführten Beistandschaft (Eingrenzung der Aufgaben auf die in § 1712 I genannten) enden diese Beistandschaften am 1. 1. 1999. Unberührt bleiben danach übrige, nicht von JÄ ausgeübte Beistandschaften (§§ 1685, 1686 a. F.). Für sie gilt neues Recht.

3. Änderungen des Achten Buches Sozialgesetzbuch

Art. 3 BeistandschaftsG bringt Änderungen auch des SGBVIII. Um Regelungen für ne. Kinder geht es vor allem im neu eingeführten § 52a SGBVIII. Danach hat das JA der Mutter eines ne. Kindes unverzüglich nach der Geburt Beratung und Unterstützung bei Feststellung der Vaterschaft und Geltendmachung von Unterhaltsansprüchen anzubieten und hierbei auch auf die Möglichkeit einer Beistandschaft hinzuweisen (Abs. I Nr. 4).

VIII. Resümee und Ausblick

Resümiert man das wesentliche Anliegen der Reform des ne. Sorgerechts und die hierzu ergangenen Regelungen durch das KindRG, so ist das Ergebnis im Grundsatz durchgehend begrüßenswert.

Die wichtigste Strukturentscheidung ist die Auflösung der Verklammerung zwischen (fingierter) Ehelichkeit und Sorgerecht. In Zukunft gibt es ein vom Personenstandsrecht gelöstes, einheitliches Sorgerecht, das in seiner Substanz ohne Rücksicht auf den jeweiligen Träger verfassungsrechtlichen Schutz genießt: entweder als gemeinsame Sorge der Eltern für das ne. Kind oder als einseitiges Sorgerecht, verbunden mit dem Recht auf Umgang für den nichtsorgeberechtigten Teil.

Ob die gemeinsame Sorge für ein ne. Kind zur Regel werden wird, bleibt fraglich. Das Kernanliegen der gemeinsamen Sorge ist die gewollte Wahrnehmung der Sorge durch beide Elternteile im Rahmen einer bestehenden ne. Familiengemeinschaft. Die daraus gewachsenen sozialen und persönlichen Bindungen zwischen Eltern und Kind können Richtigkeitsgewähr für eine gemeinsame Sorge auch dann bieten, wenn diese Familiengemeinschaft auseinanderfällt und sich die Elternteile trennen. Insoweit trägt ein Vergleich mit der Sorgerechtssituation bei geschiedenen Eltern.

Fragwürdig bleibt das erhaltene Veto-Recht der Mutter gegenüber dem Wunsch des Vaters zu gemeinsamer Sorge. Fragwürdig bleibt auch der Ausschluß partieller gemeinsamer Sorge durch Sorgeerklärungen (vor allem bei getrenntlebenden Elternteilen).

Insgesamt hat das Sorgerecht noch nicht zu einem neuen „inneren" System gefunden. Die Reform rückt die maßgeblichen Strukturelemente aber deutlicher als je ins Licht: das verfassungsmäßige Elternrecht und das Recht des Kindes auf Sorge und Erziehung. Die Verarbeitung dieser Parameter zu einem konsistenten System steht noch aus. Die Vergangenheit gehörte dem „Recht der Eltern", das berufen war, die Interessen des Kindes wahrzunehmen. Die Gegenwart zeigt erstmals Ansätze originärer Kindesrechte, die nicht mehr im Rahmen des Elternrechts eingelöst werden können (Recht auf Umgang mit Dritten). In Zukunft wird das „Sorgerecht" aus der Sicht des „Rechts des Kindes" neu zu durchdenken sein.

Elterliche Sorge bei Trennung und Scheidung der Eltern
– Die Neuregelung des Kindschaftsrechtsreformgesetzes –

Von Prof. Dr. Dieter Schwab, Regensburg

Übersicht

I. Die Hauptpunkte der Neuregelung im Überblick

II. Die Sorgerechtsentscheidung nach § 1671 n. F.
 1. Keine obligatorische Sorgerechtsregelung bei Scheidung
 2. Verfahren
 3. Mögliche Sorgerechtsgestaltung nach § 1671 n. F.
 4. Die Übertragung der alleinigen Sorge: Allgemeine Voraussetzungen
  a) Überblick
  b) Der Antrag
  c) Getrenntleben
  d) Bisherige gemeinsame Sorge
 5. Alleinsorge eines Elternteils mit Zustimmung des anderen (§ 1671 II Nr. 1)
 6. Alleinsorge ohne Zustimmung des anderen Elternteils (§ 1671 II Nr. 2)
  a) Bedeutung und Tragweite der Vorschrift
  b) Die zweifache Erwartung
  c) Gründe für die Aufhebung der gemeinsamen Sorge
  d) Gründe für die Alleinsorge des Antragstellers
  e) Die Entscheidung des Sorgerechtsstreits

III. Sorgerechtsentscheidungen nach § 1666
 1. Überblick
 2. Zur Umgestaltung des § 1666
 3. Die Möglichkeiten der Entscheidung
 4. Das Verhältnis zum Verfahren nach § 1671
 5. Gerichtliche Zuständigkeit

IV. Entscheidungen nach § 1628 und ihr Verhältnis zur Sorgerechtsentscheidung
 1. Grundsätzliches
 2. Das Verhältnis des § 1628 zu § 1671

V. Das gespaltene gemeinsame Sorgerecht – Entscheidungen nach § 1687 II
1. Zum Verständnis
2. Zu den Voraussetzungen der Alleinentscheidung
   a) Gewöhnlicher Aufenthalt beim entscheidungsbefugten Elternteil
   b) Angelegenheiten des täglichen Lebens
3. Auswirkungen der Einteilung
4. Alleinige Entscheidungen des anderen Elternteils
5. Wegfall der Entscheidungsbefugnisse nach § 1687 I S. 2–4 ipso iure
6. Gerichtliche Entscheidungen
VI. Änderungen von Sorgerechtsentscheidungen
1. Grundsätzliches
2. Gegenstand der Abänderung
3. Möglichkeiten der Neugestaltung
4. Änderung der nach altem Recht getroffenen Sorgerechtsentscheidungen
VII. Schluß

„Ein wichtiges Reformziel ist es nach einhelliger Ansicht des Rechtsausschusses ferner, das geltende Recht durch Vermeidung von Überschneidungen und Doppelregelungen einfacher und überschaubarer zu machen."

(Der Rechtsausschuß des Bundestages)

I. Die Hauptpunkte der Neuregelung im Überblick

Das neue Kindschaftsrecht[1]) läßt bei der Frage, was bei Trennung und Scheidung der Eltern mit der elterlichen [elterl.] Sorge geschieht, kaum einen Stein auf dem anderen. In der Sprache des Theaters könnte man von einem abrupten Szenenwechsel sprechen. Die wichtigsten Punkte sollen vorweg aufgelistet werden.

1. Die Ehescheidung ist materiellrechtlich gesehen überhaupt kein Tatbestandselement für eine Sorgerechtsregelung mehr – der bisherige § 1671[2]) bleibt im neuen Recht ohne Entsprechung. Die Scheidung als solche ist nach der Vorstellung des Gesetzgebers kein hinreichender Anlaß für eine gerichtliche Prüfung der Frage, welche Gestaltung des Sorgerechts für das Wohl des Kindes erforderlich oder ersprießlich ist – eigentlich gegen den Sinn der Kindeswohlklausel des § 1568!

---

[1]) Die Gesetzestexte finden sich synoptisch dargestellt in: *Schwab/Wagenitz*, Familienrechtliche Gesetze, 2. Aufl., Bielefeld 1998.

[2]) Zur Zitierweise: Paragraphen ohne nähere Bezeichnung des Gesetzes sind solche des BGB. Das BGB wie auch die übrigen Gesetze werden, soweit nicht anders vermerkt, in der Fassung des Kindschaftsrechtsreformgesetzes v. 16. 12. 1997 (BGBl I 2846) herangezogen, das zum 1. 7. 1998 in Kraft getreten ist. Soweit sich der Text auf die Vorschriften des bisherigen, bis 30. 6. 1998 gültigen Rechts bezieht, wird dies durch geeignete Zusätze („a. F.") klargestellt.

Elterliche Sorge bei Trennung und Scheidung der Eltern 189

2. Tatbestandselement für eine mögliche Sorgerechtsregelung ist vielmehr ausschließlich das **Getrenntleben** der Eltern, sofern es als „nicht nur vorübergehend" erscheint. Der bisherige § 1672 wird also – stark umgestaltet und mit der Zahl 1671 versehen – zur zentralen Sorgerechtsnorm.

3. Wie bisher gilt, daß die **gemeinsame elterl. Sorge auch nach der Trennung** fortbesteht, soweit keine anderweitige gerichtliche Regelung erfolgt. Die Neuregelung unterscheidet sich vom bisherigen Recht aber in den Voraussetzungen für das Tätigwerden des Gerichts:

a) Es ist – anders als nach dem bisherigen § 1672 – **keine gerichtliche Entscheidung von Amts wegen** vorgesehen. Das gilt im Rahmen der Regelung des neuen § 1671 auch für den Fall, daß ohne eine gerichtliche Intervention das Kindeswohl gefährdet wäre. Für diesen Fall kann eine Entscheidung von Amts wegen nur nach § 1666 ergehen. Eine gerichtliche Sorgerechtsregelung aus Anlaß der Trennung der Eltern setzt also nach der Konzeption des neuen § 1671 stets einen Antrag (zumindest) eines Elternteils voraus.

b) Inhalt der gerichtlichen Entscheidung kann gemäß dem Gesetzeswortlaut nur die **Übertragung der elterl. Sorge oder eines Teils davon auf den Antragsteller allein** sein. Für die Fortdauer der gemeinsamen Sorge – des vom Gesetzgeber vorausgesetzten Normalzustands! – bedarf es keiner Gerichtsentscheidung. Auch eine „deklaratorische" Verlautbarung dieses Zustandes durch gerichtliche Feststellung ist nicht vorgesehen.

c) Den **Erfolgschancen** eines **Antrags auf Alleinsorge** stehen nicht geringe Hürden im Wege. Dem Antrag, das Sorgerecht dem antragstellenden Elternteil allein zuzuweisen, ist stattzugeben, soweit

– entweder **der andere Teil zustimmt**

– oder zu erwarten ist, daß die Aufhebung der gemeinsamen Sorge und die Übertragung auf den Antragsteller **dem Wohl des Kindes am besten entspricht.**

Liegen diese Voraussetzungen nicht vor, bleibt es beim gemeinsamen Sorgerecht. Dieses bleibt folglich auch für den Fall aufrechterhalten, daß ein Ehegatte das gemeinsame Sorgerecht nicht will, theoretisch sogar für den Fall, daß es von beiden Ehegatten abgelehnt wird, sofern sich nur das Gericht nicht davon überzeugen kann, daß die Übertragung auf einen von ihnen allein dem Wohl des Kindes am besten entspricht („gemeinsame Sorge ohne übereinstimmenden Willen").

4. Der Neugestaltung des materiellen Rechts entspricht, daß die elterl. Sorge auch in Fällen, in denen gemeinsame minderjährige Kinder vorhanden sind, **kein obligatorisches Thema des Scheidungsprozesses** ist. Der zuletzt viel geschmähte[3]) „Zwangsverbund" (§ 623 III S. 1 ZPO a. F.) wird abgeschafft. Was an seine Stelle tritt, war bis zuletzt stark umstritten und ist auch jetzt noch nicht ganz klar. Dem Gesetzeswortlaut läßt sich folgendes entnehmen:

a) Die **Antragsschrift** des Scheidungsverfahrens muß Angaben darüber enthalten, ob gemeinsame minderjährige Kinder des Ehepaares vorhanden sind (§ 622 II S. 1 Nr. 1 ZPO). Für die Erfordernisse der einverständlichen Scheidung gelten neue Erfordernisse (§ 630 I Nr. 2 ZPO).

b) Wenn gemeinsame Kinder vorhanden sind, hat das Gericht die Ehegatten in jedem Eheverfahren, also auch im Scheidungsverfahren, zur elterl. Sorge **anzuhören** und sie auf die Beratungsmöglichkeiten bei den Trägern der Jugendhilfe hinzuweisen (§ 613 I S. 2 ZPO).

c) Das Gericht hat, wenn gemeinsame minderjährige Kinder vorhanden sind, die Rechtshängigkeit eines Scheidungsverfahrens sowie die Namen und Adressen der Parteien **dem Jugendamt mitzuteilen,** damit dieses die Eltern über seine Leistungsangebote unterrichten kann (§ 17 III KJHG). Zugleich wurde die Trennungs- und Scheidungsberatung im KJHG als Anspruchsleistung ausgestaltet (§ 17 II KJHG)[4]. Nach diesen Regelungen wird die Frage, was mit den Kindern nach der Scheidung werden soll, im Scheidungsverfahren zwar angesprochen, aber nicht mit dem Ziel einer Sorgerechtsentscheidung.

5. Das **gemeinsame Sorgerecht** nach der Trennung weist nach dem neuen Recht eine **gesetzlich festgelegte Struktur** auf; es stellt letztlich eine Mischung aus Alleinsorge eines Elternteils und der gemeinsamen Sorge in vollem Sinne dar – man könnte auch sagen: Alleinsorge mit einer Mitbestimmung des anderen Teils in wichtigen Angelegenheiten.

---

[3]) Siehe nur BT-Drucks. 13/4899, S. 62 ff.
[4]) In diesem Sinne die Begründung zur Beschlußempfehlung des Rechtsausschusses, BT-Drucks. 13/8511, S. 66.

a) Der Elternteil, bei dem sich das Kind mit Einwilligung des anderen Elternteils oder aufgrund gerichtlicher Entscheidung gewöhnlich aufhält, hat die Befugnis zur alleinigen Entscheidung in Angelegenheiten des täglichen Lebens (§ 1687 I S. 2).

b) Hingegen ist bei einer Entscheidung in Angelegenheiten, deren Regelung für das Kind von erheblicher Bedeutung ist, das gegenseitige Einvernehmen der Eltern erforderlich (§ 1687 I S. 1).

6. Das **Umgangsrecht** ist nunmehr endgültig keine spezielle Vorschrift für den nicht sorgeberechtigten Elternteil mehr (siehe schon nach bisherigem Recht § 1634 IV a. F.). Vielmehr hat jeder Elternteil, gleichgültig wie das Sorgerecht gestaltet ist, das Recht auf Umgang mit dem Kind (§ 1684 I Hs. 2)[5]), darüber hinaus steht auch dem Kind selbst das Umgangsrecht zu (§ 1684 I Hs. 1). Auch der Anspruch auf **Auskunft** über die persönlichen Verhältnisse des Kindes (§ 1686) kann theoretisch auch dem Sorgerechtsinhaber gegenüber dem bloß Umgangsberechtigten zustehen.

7. Gerichtliche Sorgerechtsregelungen aus Anlaß der Trennung der Eltern gibt es künftig auch für **nichteheliche Kinder**[6]).

a) Haben die Eltern durch **Sorgeerklärungen** (§§ 1626a – 1626e) die **gemeinsame Sorge** erlangt, so ist im Falle dauernden Getrenntlebens der Eltern die Vorschrift des § 1671 maßgebend; ein materiellrechtlicher Unterschied zum Sorgerecht für eheliche Kinder ergibt sich in diesem Fall nicht.

b) Auch dann, wenn **kein gemeinsames Sorgerecht** besteht, sondern die Sorge gemäß § 1626a II der **Mutter** allein zusteht, kann es zu einer gerichtlichen Sorgerechtsregelung aus Anlaß der Elterntrennung kommen. Nach § 1672 I kann in solchem Fall der **Vater** mit Zustimmung der Mutter beantragen, ihm die elterl. Sorge oder einen Teil davon allein zu übertragen. Dem Antrag ist stattzugeben, wenn die Übertragung dem Wohl des Kindes dient (§ 1672 I S. 2). Das Gesetz sieht ferner die Möglichkeit von Folgeentscheidungen vor, wenn auf diese Weise der Vater das alleinige Sorgerecht erlangt hat: Es kann dann auf Antrag eines Elternteils mit Zustimmung des anderen die **gemeinsame Sorge** eingerichtet werden.

---

[5]) Zum Umgangsrecht nach dem Kindschaftsrechtsreformgesetz siehe *Rauscher*, S. 233.

[6]) Dazu ausführlich *Lipp*, 151, 171.

8. Schließlich ist darauf hinzuweisen, daß nach dem Eheschließungsrechtsreformgesetz [EheschlRG] das Institut der **Ehenichtigkeit** ab 1. 7. 1998 im deutschen Recht entfallen wird. Da es künftig keine Kinder aus nichtigen Ehen (deutschen Rechts) mehr gibt, bedarf es auch keiner Sorgerechtsregelung für diesen Fall. § 1671 VI a. F. bleibt im neuen Recht ohne Entsprechung.

II. Die Sorgerechtsentscheidung nach § 1671 n. F.

1. Keine obligatorische Sorgerechtsregelung bei Scheidung

Nach bisherigem Recht ist teils schon nach der Trennung des Elternpaares, spätestens aber aus Anlaß der Scheidung eine gerichtliche Sorgerechtsregelung zu treffen: Das Gericht „bestimmt, welchem Elternteil die elterl. Sorge zustehen soll" (§ 1671 I a. F.), es „überträgt", wie es in den Judikaten häufig heißt, die elterl. Sorge auf Vater oder Mutter, und auch in den Fällen, in denen seit der Entscheidung des *BVerfG* v. 3. 11. 1982[7]) die Elternsorge auch nach der Scheidung gemeinsam ausgeübt werden soll, bedarf es einer gestaltenden richterlichen Intervention. Das gilt selbstredend auch für die weiteren Gestaltungsmöglichkeiten einer Teilung der elterl. Sorge (§ 1671 IV S. 2 a. F.)[8]) und der Übertragung von Sorgerechtsbefugnissen auf Vormund oder Pfleger (§ 1671 V a. F.). Die Scheidung bildet nach geltendem Recht eine feste Grenzlinie in der Entwicklung des Eltern-Kind-Verhältnisses, die nur durch ein streng (nämlich vom Familiengericht) bewachtes Tor passiert werden kann.

Gerade das gilt nach dem neuen Kindschaftsrecht nicht mehr. Sorgerechtsentscheidungen aus Anlaß der Elterntrennung und der Scheidung kann es noch geben, diese sind jedoch keineswegs notwendig und nach den vom Gesetz getroffenen Vorkehrungen auch gar nicht erwünscht – „Deregulierung" ist die Devise[9]). Ehegatten mit minderjährigen Kindern können künftig geschieden werden, ohne daß irgendein Gericht mit der Sorgerechtsangelegenheit befaßt war. Das

---

[7]) *BVerfGE* 61, 358 = FamRZ 1982, 1179 = NJW 1983, 101.

[8]) Für die Ausweitung der Teilungsmöglichkeiten insbesondere bei Einigkeit der Eltern hatte ich für den Zustand de lege lata plädiert, siehe in: Handbuch des Scheidungsrechts, 3. Aufl. 1995, III Rz. 32, 33.

[9]) In diesem Punkt steht das neue Kindschaftsrecht in einem gedanklichen Zusammenhang mit den aufkommenden Vorstellungen, die Scheidung könne – ganz oder teilweise – auf die Standesämter oder die Notariate verlagert werden.

bisherige gemeinsame Sorgerecht besteht dann einfach weiter, freilich nicht unverändert: Es wandelt mit der Trennung des Elternpaares kraft Gesetzes (siehe § 1687) seine Struktur.

Für die Frage, welche gerichtlichen Sorgerechtsentscheidungen nach neuem Recht möglich sind, ist es wichtig, unterschiedliche Normen ins Auge zu fassen. Expressis verbis ist das Thema in § 1671 n. F. aufgegriffen, der an die Stelle der bisherigen §§ 1671, 1672 tritt. Doch können auch andere gerichtliche Ermächtigungsnormen eine Rolle spielen, voran die Magna Charta des staatlichen Wächteramts, nämlich § 1666, sodann auch die Vorschrift des § 1628, welche dem Familiengericht Entscheidungsbefugnisse bei Uneinigkeit der Eltern zumißt.

2. Verfahren

a) Zuständig für Sorgerechtsregelungen sind auch nach künftigem Recht die **Familiengerichte**, deren Zuständigkeit zu Lasten der Vormundschaftsgerichte im übrigen stark ausgeweitet wird[10]).

b) Ein Sorgerechtsverfahren nach § 1671 n. F. knüpft sachlich an ein dauerndes Getrenntleben des Elternpaares an und ist an ein Scheidungsverfahren nicht gebunden. Das Sorgerechtsverfahren nach dem neuen § 1671 wird also häufig als **isoliertes Verfahren** schon vor dem Scheidungsprozeß durchgeführt werden oder beginnen; es kann auch als isoliertes Verfahren dem Scheidungsverfahren nachfolgen. Es gerät **in den Verbund mit der Scheidungssache,** wenn es bis spätestens zum Schluß der mündlichen Verhandlung im Scheidungsverfahren anhängig gemacht ist (§ 623 II S. 1 Nr. 1 ZPO). Allerdings wird die Sorgerechtssache auf Antrag auch nur eines Elternteils von der Scheidungssache abgetrennt (§ 623 II S. 2 ZPO). Eine Lösung vom Verbund ergibt sich auch ähnlich wie bisher aufgrund des § 627 I ZPO: Beabsichtigt das Gericht, von einem Antrag nach § 1671 I abzuweichen, obwohl der andere Ehegatte diesem Antrag zugestimmt hat, so ist die Entscheidung in der Sorgerechtssache vorweg zu treffen.

Die Frage des Verfahrenverbunds ist recht kompliziert geregelt. Nach § 623 II S. 1 Nr. 1 sind Folgesachen auch rechtzeitig von einem Ehegatten anhängig gemachte Familiensachen „nach § 621 II S. 1 Nr. 1" im Fall eines Antrags nach § 1671 I. Der in Bezug genommene § 621 II S. 1 Nr. 1 betrifft die Konzentration der örtlichen Zuständigkeit bei Anhängigkeit einer Ehesache und bezieht sich in

---

[10]) Näheres bei *Büttner,* S. 471 ff.

der Nr. 1 auf „die elterliche Sorge für ein gemeinschaftliches Kind einschließlich der Übertragung der elterlichen Sorge oder eines Teils der elterlichen Sorge wegen Gefährdung des Kindeswohls auf einen Elternteil, Vormund oder Pfleger". Vorausgesetzt ist hierbei die sachliche Zuständigkeit der Familiengerichte nach § 621 I S. 1 Nr. 1 ZPO. Man benötigt also vier Vorschriften, um den Verfahrensverbund zu begründen!

Eine Diskrepanz ergibt sich daraus, daß prozessual gesehen die Folgesachen „für den Fall der Scheidung" entschieden werden (so auch nach § 623 I S. 1 ZPO), während materiellrechtlich die Scheidung für das Sorgerecht überhaupt kein relevanter Umstand mehr ist. Oft wollen die Parteien mit einem Sorgerechtsantrag nicht nur eine Regelung für die Zeit ab Scheidung, sondern schon für die Zeit vorher. Die Entwurfsbegründung sieht hier u. a. den Sinn einer Abtrennung nach § 623 II S. 2 ZPO: „Mit der Möglichkeit der Abtrennung der Sorgeverfahren von der Scheidungssache kann auch künftig bereits für die Zeit der Trennung eine Entscheidung in der Hauptsache erreicht werden."[11]) Die Entscheidung im isolierten Verfahren gilt dann auch für die Zeit nach der Scheidung, da insoweit keine gesonderte Regelung nötig ist[12]). Man fragt sich unter diesen Umständen, welchen Sinn der Verfahrensverbund dann überhaupt noch hat. Für die Regelung der elterl. Sorge schon für die Zeit vor rechtskräftiger Scheidung steht ferner – wie bisher – die Möglichkeit der einstweiligen Anordnung (§§ 620 ff. ZPO) zu Gebote.

c) Neu ist die Möglichkeit, dem minderjährigen Kind einen **Pfleger für ein Verfahren** („Anwalt des Kindes") zu bestellen, das seine Person betrifft, soweit dies zur Wahrnehmung seiner Interessen erforderlich ist (§ 50 I FGG). Zu den nötigen **Anhörungen** siehe § 49a I Nr. 5, 6 FGG (Jugendamt), § 613 I S. 2 ZPO, § 50a FGG (Eltern), § 50b FGG (Kind).

3. Mögliche Sorgerechtsgestaltungen nach § 1671 n. F.

a) Als möglichen Inhalt einer Entscheidung nennt § 1671 I n. F. ausschließlich die „Übertragung" der elterl. Sorge oder eines Teils davon auf einen Elternteil allein.

Zwar spricht die Vorschrift nur davon, daß „jeder Elternteil" eine solche Übertragung „beantragen" könne, doch ergeben Logik und Sinn, daß damit auch die Entscheidungsbefugnisse des Gerichts entsprechend festgelegt sein sollen. Das Gesetz kann nicht dahin ausgelegt werden, daß zwar die Antragsinhalte der Eltern begrenzt sind, nicht aber zugleich die möglichen Inhalte der gerichtlichen Entscheidung; sonst könnte das Gericht eine Regelung treffen, die gar nicht beantragt werden konnte.

---

[11]) BT-Drucks. 13/4899, S. 122.
[12]) Siehe auch BT-Drucks. 13/4899, S. 98.

Keine Probleme macht die aus dem bisherigen Recht hinreichend bekannte Möglichkeit, der Mutter oder dem Vater die **volle alleinige Sorge** zuzugestehen. Dann bleibt der andere Elternteil auf das Umgangsrecht und das Recht auf Auskunft (künftig: §§ 1684, 1686) beschränkt. Es ergibt sich allerdings die Frage, ob – außer bei Einigkeit der Eltern – die Zuweisung der vollen Alleinsorge statthaft ist, wenn dem Besten des Kindes auch durch Übertragung von **Teilbefugnissen** genügt wäre.

b) Die nun expressis verbis mögliche Einrichtung einer **partiellen Alleinsorge** ist vom Gesetz nicht näher festgelegt. Anders als § 1671 IV S. 2 a. F. (Übertragung der Vermögenssorge oder Teilen davon auf den anderen Ehegatten) deutet das neue Recht keine Arten möglicher Teilung an, für sinnvolle Möglichkeiten beliebiger Art steht also das Tor offen. Im Unterschied zum bisherigen Recht bedeutet die Zuweisung der alleinigen Teilsorge, daß **das Sorgerecht im übrigen gemeinsam** bleibt.

Welche Teilungen sinnvoll sein können, wird man erproben müssen. Denkbar ist eine Aufteilung nach Art des bisherigen § 1671 IV S. 2. Die Amtliche Begründung zum Regierungsentwurf [RegE] nennt ferner den Fall, daß sich die Eltern in Ausbildungsangelegenheiten nicht einigen können und ein Elternteil daher die Zuweisung der Alleinsorge auf diesem Feld begehrt[13]. Ob die Personensorge sinnvoll – über das in § 1687 n. F. ohnehin kraft Gesetzes erfolgende Maß hinaus – geteilt werden kann, erscheint zweifelhaft –, jedenfalls ist Vorsicht geboten. Das Leben des Kindes bildet, abgesehen von der Verwaltung eines etwa ererbten Vermögens, eine Einheit; die Aufteilung in „Sachgebiete" wird sich alsbald an dieser Einheit stoßen. So hängt die Frage der Ausbildung häufig mit der des Aufenthalts zusammen (Frage der Ausbildungsstätte etc.), ferner mit dem Kindesunterhalt.

c) Den hauptsächlichen Streitfall im Zusammenhang mit dem gemeinsamen Sorgerecht wird im neuen Recht die Frage bilden, **bei welchem Elternteil das Kind leben wird.** Das Fortbestehen der gemeinsamen Elternsorge „neuer Art" nach Trennung und auch Scheidung der Eltern sagt nichts darüber aus. Wenn sich die Eltern darüber uneins sind, muß die Angelegenheit gerichtlich geregelt werden, es fragt sich nur, aufgrund welcher Norm. § 1671 ist zweifellos einschlägig, wenn einem Elternteil das volle Sorgerecht zugestanden werden soll; mit einer solchen Entscheidung ist auch geklärt, daß das Kind beim Sorgerechtsinhaber lebt. Doch besteht ein dringendes

---

[13] BT-Drucks. 13/4899, S. 99.

praktisches Bedürfnis dafür, die Frage des gewöhnlichen Aufenthalts auch in Form einer teilweisen Übertragung von Sorgerechtsbefugnissen zu lösen. In Betracht kommt z. B. die Zuweisung des **Aufenthaltsbestimmungsrechts an einen Elternteil allein;** dieses Bestimmungsrecht gibt dem betreffenden Elternteil die Möglichkeit, den gewöhnlichen Aufenthalt des Kindes bei sich selbst rechtsverbindlich zu bestimmen. Mit der Übertragung des alleinigen Aufenthaltsbestimmungsrechts wäre dann auch die alleinige Zuständigkeit für die damit zusammenhängenden Angelegenheiten verbunden, insbesondere für die tatsächliche Pflege und Betreuung; um Zweifeln vorzubeugen, könnte man dies in der Entscheidung aber noch eigens verlautbaren. Auch die Übertragung der **Personensorge an einen Elternteil allein** löst die Frage des Aufenthalts, da die Personensorge die Aufenthaltsbestimmung einschließt (§ 1631 I neuer wie alter Fassung).

Beim Streit darüber, bei welchem Elternteil das Kind leben soll, wie auch bei anderen Streitigkeiten um Angelegenheiten der elterl. Sorge ist neben dem § 1671 n. F. auch die Vorschrift des **§ 1628** einschlägig, siehe unten IV.

d) In diesem Zusammenhang ergibt sich die Frage, ob eine **Aufteilung der elterl. Sorge** aufgrund § 1671 I auch in der aus dem bisherigen Recht bekannten Form geschehen kann, daß beide Elternteile jeweils allein für bestimmte Sorgebereiche zuständig sind (z. B.: die Mutter übt die Personensorge allein, der Vater die Vermögenssorge allein aus). Der Wortlaut des § 1671 n. F. deckt, soweit entsprechende Elternanträge vorliegen, auch diese Gestaltungsmöglichkeit: Jeder Elternteil kann beantragen, daß ihm ein Teil des Sorgerechts allein „übertragen" wird, und es gibt keinen Grund, warum sich derartige Anträge nicht „kreuzen" und ergänzen können.

e) Der Wortlaut des § 1671 n. F. sieht keine gerichtliche Entscheidung vor, die den Eltern das **gemeinsame Sorgerecht** beläßt. Das gemeinsame Sorgerecht dauert vielmehr kraft Gesetzes auch nach Trennung und Scheidung fort, sofern nicht eine abweichende Gerichtsentscheidung ergeht. Dennoch wird sich das Bedürfnis auch für solche gerichtliche Gestaltungen ergeben, die expressis verbis die gemeinsame Elternsorge anordnen.

Dies gilt in erster Linie für Sorgerechtsfälle, die in der Zeit vor dem 1. 7. 1998 durch gerichtliche Entscheidung geregelt wurden. Ist z. B. aufgrund des bisherigen Rechts dem Vater oder der Mutter die alleinige Sorge zugewiesen (sei es nach §§ 1671, 1672 oder nach

§ 1666 a. F.), dann können die neue Rechtslage ab 1. 7. 1998 und faktische Änderungen in den Lebensverhältnissen zur Überlegung führen, jetzt die gemeinsame Elternsorge anzustreben. Einschlägig für eine solche Umgestaltung des Sorgerechts ist § 1696 I (alter wie neuer Fassung, siehe unten VI.). Das Gericht muß, wenn die sachlichen Voraussetzungen gegeben sind, die Befugnis haben, durch eine Änderungsentscheidung die gemeinsame Elternsorge einzurichten. Ein förmliches Antragsrecht soll in solchen Fällen allerdings weder dem (bisher) Alleinsorgeberechtigten noch dem anderen Elternteil zustehen; denn die Antragsbefugnis nach § 1671 I n. F. setzt nach dem Gesetzeswortlaut voraus, daß den Eltern die gemeinsame Sorge zusteht[14]).

Theoretisch würde bei solchen Fallgestaltungen eine Entscheidung des Inhalts genügen, die bisherige Alleinsorge der Mutter oder des Vaters aufzuheben; auch damit träte nach neuem Recht – in der Regel zumindest – die gemeinsame Elternsorge (wieder) ein. Doch empfiehlt es sich schon aus Gründen der Klarstellung, die Gestaltung der elterl. Sorge positiv zu umschreiben.

Über die Fälle der Änderungsentscheidungen hinaus fragt es sich, ob nicht auch sonst das Bedürfnis entstehen kann, die **gemeinsame Elternsorge für die Zeit nach Trennung oder Scheidung** durch Gerichtsentscheidung positiv zu verlautbaren. Eine solche Notwendigkeit entsteht, wenn man annimmt, daß es den Eltern freisteht, die gemeinsame Sorge nach der Trennung auch anders zu gestalten, als das Gesetz es vorsieht. In Betracht kommt z. B. die Vereinbarung einer gemeinsamen Sorge, bei der die Befugnis des Elternteils, bei dem sich das Kind gewöhnlich aufhält, zur alleinigen Entscheidung in Angelegenheiten des täglichen Lebens von vornherein eingeschränkt oder ausgeschlossen werden soll.

Eine solche Einschränkung aufgrund richterlicher Entscheidung sieht § 1687 II n. F. vor, verlangt aber sachlich hierfür die „Erforderlichkeit" zum Wohl des Kindes. § 1687 II sagt folglich nichts darüber aus, ob die elterl. Sorge von vornherein aufgrund einer Einigung der Eltern auch ohne eine solche „Erforderlichkeit" als **„volle gemeinsame Sorge"** (ohne Befugnis zur Alleinentscheidung in alltäglichen Angelegenheiten) eingerichtet werden kann.

Wird beantragt, die Alleinentscheidungsbefugnisse eines Elternteils gegenüber § 1687 n. F. **auszuweiten**, dann zielt der Antrag auf eine partielle Alleinsorge ab; es gilt dann nichts Besonderes.

---

[14]) Diese Interpretation wird bekräftigt in der Amtlichen Begründung, BT-Drucks. 13/4899, S. 98.

4. Die Übertragung der alleinigen Sorge: Allgemeine Voraussetzungen

a) Überblick

Die alleinige Sorge kann – ganz oder partiell – auf einen Elternteil unter folgenden, in § 1671 I, II formulierten Voraussetzungen übertragen werden:

1. Zumindest ein Elternteil muß einen dahingehenden Antrag stellen.
2. Die Eltern müssen das Sorgerecht bisher gemeinsam innegehabt haben.
3. Die Eltern müssen auf Dauer („nicht nur vorübergehend") getrennt leben.
4. a) Entweder der andere Elternteil stimmt dem Antrag zu (§ 1671 II Nr. 1 n. F.),

    b) oder es ist zu erwarten, daß die Aufhebung der gemeinsamen Sorge und die Übertragung auf den Antragsteller dem Wohl des Kindes am besten entspricht. Die gleiche Voraussetzung gilt, wenn zwar der andere Elternteil zustimmt, wenn aber das Kind, das 14 Jahre oder älter ist, der Übertragung der Alleinsorge widerspricht (§ 1671 II Nr. 1 Hs. 2).

Soweit diese Voraussetzungen vorliegen, ist dem Antrag grundsätzlich stattzugeben. Eine relevante Einwendung formuliert aber § 1671 III n. F.: Dem Antrag ist nicht stattzugeben, soweit die elterl. Sorge aufgrund anderer Vorschriften abweichend geregelt werden muß. Gedacht ist insbesondere an eine Maßnahme aufgrund des § 1666.

b) Der Antrag

Der Antrag zumindest eines Elternteils ist Verfahrenserfordernis, aber auch materiellrechtliche Voraussetzung für eine Entscheidung nach § 1671 I. Antragsberechtigt sind allein die Eltern des Kindes. Ihre Antragsbefugnis setzt voraus, daß sie bereits nicht nur vorübergehend getrennt leben (siehe unten c).

Kein Antragsrecht steht dem Jugendamt und dem betroffenen Kind selbst zu[15]). Anregungen von dieser wie von anderer Seite können nicht zu einer Entscheidung nach § 1671 I n. F., wohl aber zum Einschreiten des Gerichts nach § 1666 führen.

---

[15]) Begründung hierzu BT-Drucks. 13/4899, S. 98.

Der Antrag muß den **Inhalt** haben, dem Antragsteller die Alleinsorge ganz oder teilweise einzuräumen. Ein Antrag des einen Elternteils, dem anderen die Alleinsorge zuzugestehen, bildet keine taugliche Verfahrensgrundlage. Das ergibt sich aus dem Wortlaut der Norm eindeutig (siehe auch Abs. II Nr. 2: „Übertragung auf den Antragsteller"). Infolgedessen gibt es streng genommen keinen gemeinsamen Antrag, doch liegt in dem entsprechenden „Antrag" des anderen Elternteils dessen Zustimmung nach § 1671 II Nr. 1.

c) Getrenntleben

Der Antrag nach § 1671 I setzt voraus, daß die Ehegatten bereits „nicht nur vorübergehend" getrennt leben. Die Norm steht also nicht zu Diensten, wenn ein Ehegatte, der noch mit dem anderen zusammenlebt, das Familienheim mit den Kindern verlassen will oder mit einer Entscheidung nach § 1361b den anderen aus der Wohnung weisen und mit den Kindern dort verbleiben will. In diesen Fällen kann der Weg über § 1628 versucht werden (z. B. Übertragung der Aufenthaltsbestimmung an denjenigen Elternteil, der sich unter Mitnahme der Kinder vom anderen Teil trennen will, siehe unten IV.)[16]).

Für den Begriff des Getrenntlebens ist die Definition des § 1567 I S. 1 maßgebend. Auch ein Getrenntleben in der ehelichen Wohnung (§ 1567 I S. 2) genügt. Hingegen ist § 1567 II schon nach dem Wortlaut der Norm nicht auf § 1671 I anzuwenden, auch der Zweck verlangt keine Einbeziehung dieser auf die Erfüllung der Scheidungsvoraussetzungen hin konzipierten Vorschrift. Daß nur eine auf Dauer angelegte Trennung („nicht nur vorübergehend") die Antragsbefugnis tragen soll, entspricht dem Zweckzusammenhang der Norm. Eine Mindestdauer des Getrenntlebens ist damit nicht gefordert, wohl aber der ernsthafte Wille mindestens eines Ehegatten, die häusliche Gemeinschaft auf Dauer zu beenden. Diese Voraussetzung ist schon in § 1567 I S. 1 enthalten („erkennbarer Wille eines Ehegatten, die häusliche Gemeinschaft nicht herzustellen, weil er die eheliche Gemeinschaft ablehnt"), so daß die Einschränkung „nicht nur vorübergehend" entbehrlich gewesen wäre.

d) Bisherige gemeinsame Sorge

Das Gericht darf eine Sorgerechtsübertragung nach § 1671 I nur vornehmen, wenn die Eltern das Sorgerecht bisher gemeinsam inne-

---

[16]) BT-Drucks. 13/4899, S. 98.

hatten. Gleichgültig ist der Rechtsgrund der gemeinsamen Sorge (Ehe, nichteheliche Elternschaft bei entsprechenden Sorgeerklärungen, Fortdauer der gemeinsamen Sorge bei Getrenntleben, Fortdauer der gemeinsamen Sorge nach Scheidung, sei es nach altem, sei es nach neuem Recht). Für die bisher seltenen Fälle, in denen die gemeinsame Sorge partiell zusteht, ist § 1671 I einschlägig, soweit Teile aus dem gemeinsamen Sorgebereich in die Alleinzuständigkeit eines Elternteils überführt werden sollen.

Die Beschränkung von Regelungen auf Fälle, in denen bisher schon gemeinsame Sorge bestand, befremdet. Denn auch in Fällen bisheriger Alleinsorge kann der berechtigte Wunsch zu einer neuen Sorgerechtsgestaltung entstehen, in der z. B. sich die Alleinsorge auf ein Teilgebiet beschränkt und im übrigen gemeinsame Sorge eintritt. Solche Regelungen sind nach dem Gesetzeswortlaut nicht nach § 1671, sondern allein aufgrund von § 1696 zu treffen. Diese letztgenannte Norm verändert ohnehin ihren Charakter: War bisher eine Änderung aufgrund § 1696 an die Möglichkeiten gebunden, die für die Erstentscheidung zur Verfügung standen, so können nunmehr aufgrund der Norm Entscheidungen getroffen werden, die als Erstentscheidungen gar nicht hätten ergehen können (hierzu unten VI. 3).

5. Alleinsorge eines Elternteils mit Zustimmung des anderen (§ 1671 II Nr. 1)

a) Der Antrag des einen und die Zustimmung des anderen Elternteils rechtfertigen allein schon die begehrte Sorgerechtsgestaltung: Der darin zum Ausdruck gelangende übereinstimmende Elternwille gründet sich auf das Elternrecht und ist für die staatliche Gewalt gemäß Art. 6 II GG verbindlich. Dem Gericht ist es im allgemeinen auch verwehrt, eine Begründung für Antrag und Zustimmung zu verlangen, die Motive der Parteien auszuforschen, es sei denn, daß konkrete Anzeichen dafür vorhanden sind, daß die begehrte Sorgerechtsgestaltung dem Kindeswohl widerspricht.

Die Zustimmung muß **in bezug auf den konkreten Antrag** erteilt sein. Es genügt also nicht, daß der Antragsgegner irgendwann einmal abstrakt geäußert hat, er werde auch mit der Alleinsorge seines Partners einverstanden sein. Das Gericht hat sich im Rahmen seiner Amtsermittlung (§ 12 FGG) zu vergewissern, daß der andere Elternteil von dem Antrag, der den Gegenstand des Verfahrens bildet, Kenntnis erhalten hat und dem Antrag so, wie er gestellt wurde, zustimmt. Die

Zustimmung kann bis zur letzten Tatsachenverhandlung erklärt werden. Sie ist m. E. bis zu diesem Zeitpunkt **frei widerruflich**[17]).

b) Dem Antrag muß trotz Einverständnisses unter den Eltern nicht stattgegeben werden, wenn das **Kind, sofern es das 14. Lebensjahr vollendet** hat, der Übertragung **widerspricht**. Auch dieser Widerspruch muß sich auf den konkreten Antrag beziehen und eindeutig geäußert werden, um die Bindungswirkung der Elterneinigung aufzuheben; es genügt nicht, wenn das Kind im Rahmen seiner Anhörung Präferenzen erkennen läßt, ohne dem Antrag klar zu widersprechen[18]); ein solcher Widerspruch darf ihm auch nicht aufgedrängt werden. Fraglich ist nach dem Wortlaut des Gesetzes allerdings, ob das Gericht trotz eines solchen Widerspruchs dem Antrag stattgeben darf. Das ist – wie bei der alten Regelung des § 1671 III S. 2 a. F.[19]) – zu bejahen: Der Widerspruch des Kindes beseitigt die Bindung des Gerichts an den konsentierten Antrag, doch kann diesem gleichwohl stattgegeben werden, wenn nach dem Maßstab des Kindeswohls (§ 1697a) die stärkeren Gründe für ihn sprechen. Der Widerspruch kann bis zur letzten Tatsachenverhandlung geäußert werden und ist bis zu diesem Zeitpunkt frei widerruflich; auf die Widerrufsbefugnis kann nicht für die Zukunft verzichtet werden[20]).

c) Dem Antrag auf Alleinsorge darf trotz Zustimmung des anderen Elternteils nicht stattgegeben werden, soweit eine **andere Sorgerechtsgestaltung zum Wohl des Kindes erforderlich** ist. Das wird im neuen Recht zwar (anders als in § 1671 III S. 1 a. F.) nicht mehr ausdrücklich gesagt, ist aber selbstverständlich. Man kann zur Begründung die neu geschaffene Generalnorm des § 1697a heranziehen, die das Gericht bei allen Entscheidungen auf das Kindeswohl verpflichtet. Die Erfordernisse des Kindeswohls können bedingen, daß entgegen dem Antrag die gemeinsame Sorge insgesamt aufrechterhalten oder die begehrte Alleinsorge auf einen Teil des Sorgerechts beschränkt werden muß.

---

[17]) Die Frage der Widerruflichkeit eines übereinstimmenden Elternvorschlags ist nach bisherigem Recht streitig. Für die Widerruflichkeit bis zum Schluß der letzten Tatsachenverhandlung bin ich nachdrücklich eingetreten, mit breiter Zustimmung der Instanzgerichte, während der *BGH*, FamRZ 1990, 392, die Frage noch offengelassen hat. Nachweise *Schwab* [Fn. 8], III Rz. 65, 66. Zum Streitstand: *Palandt/Diederichsen*, BGB, 57. Aufl. 1998, § 1671 Rz. 23; *Soergel/Strätz*, BGB, 12. Aufl., § 1671 Rz. 17; *Staudinger/Coester*, BGB, 12. Aufl., § 1671 Rz. 128.

[18]) Andererseits bedarf der Widerspruch keiner Form, auch die Vokabel muß nicht verwendet werden, zum Problem *Schwab* [Fn. 8], III Rz. 84.

[19]) Dazu *MünchKomm/Hinz*, BGB, 3. Aufl. 1992, § 1671 Rz. 62.

[20]) Siehe *MünchKomm/Hinz* [Fn. 19], § 1671 Rz. 61.

6. Alleinsorge ohne Zustimmung des anderen Elternteils (§ 1671 II Nr. 2)

a) Bedeutung und Tragweite der Vorschrift

Nach § 1671 II Nr. 2 steht der Antrag eines Elternteils, ihm bei Trennung die alleinige Elternsorge ganz oder teilweise allein zu übertragen, vor einer hohen Hürde. Der Antrag ist nur begründet, wenn „zu erwarten ist, daß die Aufhebung der gemeinsamen Sorge und die Übertragung auf den Antragsteller dem Wohl des Kindes am besten entspricht". Hegt das Gericht im konkreten Fall diese Erwartungen nicht, so muß es den Antrag ablehnen und es bleibt bei der gemeinsamen Sorge.

Es gibt also nach neuem Recht im schroffen Gegensatz zum bisherigen Recht[21]) **die gemeinsame Sorge auch ohne übereinstimmenden Willen der Eltern,** sei es, daß sie beide die Alleinsorge erstreben, sei es, daß einer die Alleinsorge erstrebt, während der andere die gemeinsame Sorge favorisiert. Mit dieser gesetzlichen Konstruktion geht das neue Recht auch weit über die grundlegende Entscheidung des *BVerfG* v. 3. 11. 1982[22]) hinaus, das den übereinstimmenden Elternvorschlag als eine der Voraussetzungen genannt hat, unter denen den Eltern nach der Scheidung das gemeinsame Sorgerecht zu belassen ist.

Freilich läßt sich daraus allein die Verfassungswidrigkeit des neuen § 1671 II Nr. 2 nicht ableiten. Das *BVerfG* hat sich dazu geäußert, unter welchen Voraussetzungen das Elternrecht die Belassung des gemeinsamen Sorgerechts nach der Scheidung gebietet, nicht hat es diesem Sorgerechtsmodell damit Grenzen ziehen wollen.

In der Sache ist die Regelung gleichwohl riskant, nicht um der Eltern, sondern um des Kindes willen. Denn dieses bleibt bei einer ablehnenden Entscheidung des Gerichts unter der gemeinsamen Sorge von Mutter und Vater, die gar nicht kooperieren wollen bzw. von denen mindestens einer dies nicht will. Gerade bei hoch streitigen, von Kränkungsgefühlen bestimmten Trennungs- und Scheidungsvorgängen verheißt ein mittelbarer Zwang für die Eltern, das Sorgerecht gemeinsam auszuüben, nichts Gutes. Da mit dem Sorgerechtsmodell

---

[21]) Jedenfalls nach weitaus h. M., siehe *BGH*, FamRZ 1993, 314, 315; w. N. bei *Schwab* [Fn. 8], III Rz. 99 (eigene Stellungnahme dort Rz. 100, 104). Es gibt freilich die gegenteilige Auffassung, siehe zuletzt *AmtsG Groß-Gerau*, FamRZ 1993, 462; *AmtsG Mannheim*, FamRZ 1994, 922.

[22]) *BVerfG* 61, 358 = FamRZ 1982, 1179 = NJW 1983, 101.

„gemeinsame Sorge" keineswegs entschieden ist, bei wem das Kind lebt, wer den Barunterhalt für das Kind aufzubringen hat etc., kann sich der Streit von der Sorgerechtssache selbst auf andere Schlachtfelder (insbesondere § 1628) verlagern. Es wird viel auf das Augenmaß ankommen, mit dem die künftige Praxis die Vorschrift des § 1671 II Nr. 2 handhabt.

Es kann nicht ernsthaft bestritten werden, daß das neue Konzept die **gemeinsame Elternsorge** nach Trennung und Scheidung **stark begünstigt**. Es ändert nichts, daß die Amtliche Begründung zum RegE eine dahingehende Absicht leugnet[23]): Die gemeinsame Sorge ist schon normtechnisch gesehen die gesetzliche Regel, die Alleinsorge die Ausnahme. Diese Ausnahme ist als Eingriff in das gemeinsame Sorgerecht konstruiert („Aufhebung der gemeinsamen Sorge") und bedarf als solche einer Begründung. Wie stringent diese Begründung sein muß, hängt davon ab, wie die Gerichtspraxis die vom Gesetz vorausgesetzten „Erwartungen" auffassen wird. Ob die gemeinsame Sorge neuer Art auch faktisch die Regel werden wird, hängt vom Verhalten der Beteiligten und von der Einstellung der Gerichte ab.

b) Die zweifache Erwartung

Bevor das Gericht die Alleinsorge zuweisen kann, muß es aufgrund seiner Ermittlungen ein Zweifaches „erwarten" können:

1. daß die Aufhebung der gemeinsamen elterl. Sorge dem Kindeswohl am besten entspricht und

2. daß zudem die Übertragung der Alleinsorge gerade auf den Antragsteller die beste Lösung für das Kind darstellt.

Theoretisch erfolgt die Kindeswohlprüfung also in zwei Schritten. Hat sich das Gericht davon überzeugt, daß die gemeinsame Sorge nicht funktionieren wird, so ist damit nicht gesagt, daß die Alleinsorge

---

[23]) Vgl. BT-Drucks. 13/4899, S. 63: „Daraus darf aber nicht der Schluß gezogen werden, daß der gemeinsamen Sorge künftig ein Vorrang vor der Alleinsorge eines Elternteils eingeräumt werden soll. Es soll auch keine gesetzliche Vermutung bestehen, wonach die gemeinsame Sorge im Zweifel die für das Kind beste Form der Wahrnehmung elterlicher Verantwortung sei." Eine Seite vorher wird aber die Alleinsorge disqualifiziert: „Die Alleinsorge entfremdet das Kind dem anderen Elternteil – meist dem Vater." Die Sprache soll dauernd die wahren Absichten verbergen und kann es doch nicht! Die Widersprüche in der Amtlichen Begründung habe ich aufgewiesen in: „Wandlungen der gemeinsamen elterlichen Sorge", Festschrift für Hans Friedhelm Gaul, Bielefeld 1997, S. 717 ff.

gerade des Antragstellers die beste Lösung darstellt[24]). Freilich kann die Alleinsorge nach § 1671 I n. F. nur demjenigen übertragen werden, der dies beantragt. Kommt das Gericht zum Ergebnis, daß die Alleinsorge eines Elternteils das Beste wäre, hält es aber nicht den Antragsteller, sondern den anderen Teil für geeigneter, das Kind zu erziehen, so kommt eine Übertragung der Alleinsorge auf diesen anderen aufgrund des § 1671 n. F. nicht in Betracht, solange dieser keinen derartigen Antrag stellt.

Anders ist die Lage, wenn auch der andere Teil den Antrag gestellt hat, ihm die Alleinsorge zu übertragen; dann stehen sich die Anträge gegenüber, und das Gericht kann dann zugunsten des einen oder des anderen entscheiden. Stellt der andere Teil einen solchen Antrag seinerseits aber nicht (etwa als begeisterter Anhänger der gemeinsamen Sorge), so könnte ihm das Gericht das Sorgerecht allein aufgrund des § 1666 I übertragen, selbstredend nur unter den engen Voraussetzungen dieser Norm. Liegen diese nicht vor, so muß die gemeinsame Sorge bleiben, auch wenn das Gericht zur Überzeugung gekommen ist, daß diese Sorgerechtsform dem Kindeswohl nicht am besten dient – eine abstruse Lage.

Die doppelte Erwartung geht dahin, daß die beantragte Sorgerechtsgestaltung dem Wohl des Kindes **am besten** entspricht. Davon muß sich das Gericht aufgrund sorgfältiger Ermittlung (§ 12 FGG) der inneren und äußeren Lebensverhältnisse überzeugen. Es genügt nicht, daß die beantragte Regelung unter dem Gesichtspunkt des Kindeswohls als unbedenklich erscheint, vielmehr muß sie die nach aller möglichen Voraussicht beste Lösung für das Kind sein, dem Status quo also überlegen. Zu vergleichen sind a) der gegebene Zustand der gemeinsamen Sorge – mit den Besonderheiten des neuen Rechts, z. B. § 1687 n. F.! –, b) die beantragte Regelung und c) sonstige mögliche Gestaltungen des Sorgerechts (z. B. Übertragung der Alleinsorge auf den anderen Teil). Erscheint irgendeine andere Lösung dem Kindeswohl dienlicher, so darf dem Antrag nicht stattgegeben werden. Freilich sind bei dem anzustellenden Vergleich keine Sorgerechtsgestaltungen in Betracht zu ziehen, die weiter als der Antrag in das Elternrecht eingreifen (z. B. Bestellung eines Pflegers; hier ist nur der Weg über § 1666 möglich). Da positive Entwicklungsprognosen schwierig sind, erfolgt der Vergleich zweckmäßig unter dem Gesichtspunkt der **„am wenigsten schädlichen Alternative"**[25]).

---

[24]) So die Amtliche Begründung zum RegE, BT-Drucks. 13/4899, S. 99, wo allerdings mißverständlich davon die Rede ist, wo das Kind „besser aufgehoben" sei. Hier wird Sorgerecht mit der faktischen Kindesbetreuung verwechselt.

[25]) Dieser Ansatz bei *Goldstein/Freud/Solnit*, Jenseits des Kindeswohls, Deutsche Übersetzung, 1974, S. 49 ff.

Daß die Alleinsorge nur in Betracht kommt, wenn sie als die beste Lösung „zu erwarten" ist, macht die gemeinsame Sorge zum normativen Regelfall, Ausnahmen müssen begründet werden. Diese klare Struktur des § 1671 sucht die Amtliche Begründung herunterzuspielen: Eine formelle Beweislast für die Untauglichkeit der gemeinsamen Sorge oder für die bessere Eignung des Antragstellers gebe es nicht; ob die Voraussetzungen für die Übertragung der Alleinsorge vorliegen, müsse vom Gericht im Einzelfall ermittelt werden[26]). Das ist alles richtig, trifft aber das Problem nicht. Darlegungs- und Beweislast im strengen Sinne gibt es unter dem Gebot der Amtsermittlung nicht, wohl aber eine „Wertungslast" – die Prozessualisten mögen mir den Terminus verzeihen: Ist sich das Gericht unsicher, welche Sorgerechtsform im konkreten Fall die beste ist, so bleibt es bei dem gesetzlichen Regelzustand der gemeinsamen Sorge.

Die Formulierung „zu erwarten ist" läßt keinen Spielraum für eine Relativierung des normativen Vorrangs der gemeinsamen Sorge. Die „Erwartung" bezieht sich darauf, daß es um die Gestaltung künftiger Lebensverhältnisse geht; die Wertung hat notwendig ein prognostisches Element. Ein erfolgreicher Antrag auf Alleinsorge setzt folglich voraus, daß das Gericht nach sorgfältiger Ermittlung zur Überzeugung gelangt, daß die begehrte Regelung die bessere Lösung für das Kind und seine künftige Entwicklung darstellt. Andererseits muß nicht zugewartet werden, bis der bisherige Zustand des gemeinsamen Sorgerechts sich in einer „konkreten Kindeswohlgefährdung manifestiert"[27]) hat.

Da jeder Fall anders liegt, wird man nicht umhin können, allgemeinere Gesichtspunkte herauszuarbeiten, die 1. für die Aufhebung der gemeinsamen Sorge und 2. für die Alleinsorge des einen oder des anderen Elternteils sprechen. Diese Gesichtspunkte können nur in Extremfällen absolut gesetzt werden; gewöhnlich sind es nur Argumente unter anderen, erst aus der Gesamtschau läßt sich ein Ergebnis ableiten. Die folgenden Erwägungen erstreben keine Vollständigkeit und sind mit dem Bewußtsein niedergelegt, daß wir erst am Beginn der Diskussion um das neue Recht stehen.

c) Gründe für die Aufhebung der gemeinsamen Sorge

aa) Bedenken gegen das gemeinsame Sorgerecht können sich vor allem aus der **mangelnden Kooperationsfähigkeit oder Kooperationswilligkeit** des Elternpaares ergeben. Darauf hebt auch die Amt-

---

[26]) BT-Drucks. 13/4899, S. 63, 99.
[27]) So BT-Drucks. 13/4899, S. 99.

liche Begründung ab[28]). Fast trotzig verkündet sie den kernigen Satz „Gemeinsamkeit läßt sich nicht verordnen". Zum Schutz des Kindes müssen ernsthafte Zweifel des Gerichts am Willen der Eltern oder eines Elternteils zur Zusammenarbeit für das Beste des Kindes genügen. Dies kann sich in häufigen, feindlich oder gar gehässig geführten **Streitigkeiten** in Kindesangelegenheiten äußern[29]). Die mangelnde Kompetenz für die Zusammenarbeit kann sich in allen auf das Kind bezogenen Angelegenheiten zeigen, auch bei der Gestaltung des Umgangs. Die mangelnde Kooperationsfähigkeit muß in der Vergangenheit sichtbar geworden sein oder im Laufe des Sorgerechtsverfahrens erkennbar werden. Die Weigerung, sich auf einen „Sorgeplan" einzulassen, zieht nicht in jedem Fall die Kooperationsfähigkeit in Zweifel, es kommt auf die Gründe an; schwer wiegt jedoch das mangelnde Verständnis dafür, daß das Kind ein elementares Bedürfnis nach stabilen Lebensbedingungen hat.

Gegen ein gemeinsames Sorgerecht spricht der Umstand, daß sich die Eltern nicht auf den gewöhnlichen Aufenthalt des Kindes einigen können, auch wenn der Streit nicht im Rahmen des § 1671, sondern des § 1628 ausgetragen wird. Auch anhaltende Streitigkeiten um die Art und Häufigkeit des Umgangs verheißen für eine gemeinsam ausgeübte Sorge nichts Gutes. Ebenso ist es, wenn der Kontakt unter den Eltern von latenter Feindseligkeit geprägt ist.

Rechtspolitisch wäre es zweifellos besser gewesen, wenn der Gesetzgeber bei der bisherigen Linie geblieben wäre, daß nur der klar geäußerte Kooperationswille zur Belassung des gemeinsamen Sorgerechts nach der Scheidung führt. Die Anforderungen an eine verantwortlich ausgeübte gemeinsame Erziehung werden von der Amtlichen Begründung in merkwürdiger Weise minimiert: „Die Anforderungen, welche die Beibehaltung der gemeinsamen Sorge an die geschiedenen Eltern stellt, werden aber oft überschätzt. Gemeinsame Sorge verlangt keine dauernden Besprechungen und Entscheidungen."[30]) Eine gemeinsame Sorge, die diesen Namen verdient, zeigt sich vor allem in der Erziehung des Kindes – wie sollte das bei dem fortlaufenden Entwicklungsprozeß des jungen Menschen ohne fortlau-

---

[28]) BT-Drucks. 13/4899, S. 63: „Wenn Eltern sich bei Fortbestehen der gemeinsamen Sorge über die das Kind betreffenden Angelegenheiten fortwährend streiten, kann dies zu Belastungen führen, die dem Kindeswohl zum Nachteil gereichen. In diesen Fällen ist der Alleinsorge der Vorzug zu geben."
[29]) Darauf hebt die Amtliche Begründung ab, BT-Drucks. 13/4899, S. 99: Kind als „dauernder Zankapfel zwischen den Eltern". Freilich: „Dauernd" müssen die Streitigkeiten nicht sein, es genügt eine Häufung, die das Kind belastet oder dringende Entscheidungen verzögert.
[30]) BT-Drucks. 13/4899, S. 62.

fende Kontakte, ohne Verständigung, ohne gemeinsames Handeln funktionieren? Oder baut die Begründung ihre Hoffnung auf die wachsende Gleichgültigkeit eines Elternteils? Darauf weist die anschließende Bemerkung der Amtlichen Begründung hin, in vielen Dingen hätten sich die Eltern oft schon während der Trennungszeit geeinigt. Als ob die Einigkeit in einem bestimmten Zeitpunkt weitere Verständigung überflüssig mache!

bb) Gegen die Belassung der gemeinsamen Sorge spricht ferner die erkennbare **Gleichgültigkeit eines Elternteils** an Erziehung und Wohl des Kindes. Auch diese muß in der Vergangenheit oder während des Sorgerechtsverfahrens sichtbar geworden sein. Anzeichen sind Desinteresse am Umgang mit dem Kind oder an der Mitwirkung in Erziehungsfragen, auch schwere Verletzungen der Unterhaltspflicht gegenüber dem Kind. Es erscheint prinzipiell schädlich für das Kindeswohl, wenn der eine Elternteil unzumutbare Anstrengungen unternehmen muß, um in wichtigen Angelegenheiten die Mitwirkung des anderen Teils zu erreichen. Was die Gleichgültigkeit betrifft, ist in der Praxis mit abrupten Gesinnungswechseln zu rechnen, z. B. damit, daß ein Vater, der sich in der Vergangenheit wenig um das Kind gekümmert hatte, plötzlich seine Bereitschaft zur Teilnahme an der Erziehung ankündigt; dem Familiengericht bleibt in solchen Fällen die schwierige Aufgabe, die Motivlage einzuschätzen.

cc) Gegen die Belassung der gemeinsamen Sorge können auch die **äußeren Lebensverhältnisse** sprechen. Die räumliche Entfernung zwischen den Wohnsitzen der Eltern bildet allein noch kein Argument, wohl aber der Umstand, daß ein Elternteil für längere Zeit schwer erreichbar sein wird, so daß eine gemeinsame Erziehung nicht durchgeführt werden kann.

dd) Die gemeinsame Sorge darf nicht belassen werden, wenn sich ein Elternteil als **ungeeignet zur Pflege und Erziehung** erwiesen hat. Unter diesem Gesichtspunkt ist an Fälle schwerer Gewaltanwendung oder sonstiger schwerer Mißhandlung (§ 1631 II n. F.) zu denken, ebenso an Fälle schwerer Vernachlässigung des Kindes. Hier kann sich der Anwendungsbereich des § 1671 mit dem des § 1666 überschneiden; es kann nämlich sein, daß sich ein Elternteil derart disqualifiziert hat, daß das Gericht sogar von Amts wegen nach § 1666 die Alleinsorge des anderen Teils anordnen könnte; dann ist natürlich ein solches Einschreiten erst recht auf Antrag gemäß § 1671 möglich. Doch sind im Rahmen des § 1671 nicht die hohen Hürden des § 1666 maßgeblich: Das zu beanstandende Verhalten eines Elternteils braucht im Rahmen des § 1671 nicht den Grad der Kindesgefährdung erreicht zu haben, der ein Einschreiten von Amts wegen rechtfertigen würde. Bei § 1671 genügt es, wenn im Hinblick auf das bisherige Verhalten des einen Elternteils die Übertragung der Alleinsorge auf den anderen als die bessere Lösung erscheint.

ee) Nach der Amtlichen Begründung spricht es auch gegen die Belassung des gemeinsamen Sorgerechts, wenn das Verhältnis der Eltern durch **Gewaltanwendung eines Elternteils gegen den anderen** belastet ist, weil zu erwarten sei, daß die Gewaltstrukturen sich fortsetzen; dem Opfer der Gewaltanwendung könne eine Kooperation unmöglich sein, die Beibehaltung der gemeinsamen Sorge könne weitere, für das Kindeswohl nachteilige Belastungen erwarten lassen[31]). Dem ist zuzustimmen. Überhaupt darf das Recht nicht zulassen, daß das Fortbestehen des gemeinsamen Sorgerechts als Mittel zur Fortsetzung von Bedrückung und Qual des Vaters gegen die Mutter oder umgekehrt mißbraucht wird.

ff) Im Rahmen der Anhörung (§ 50b FGG) kann sich der **Wille des Kindes** zur Frage der gemeinsamen Sorge artikulieren. Dieser ist im Rahmen der Kindeswohlprüfung zu berücksichtigen. Eine formelle Rechtsposition ist dem Kind im Rahmen des § 1671 II Nr. 2 nicht eingeräumt. Da es sich bei der Frage, ob die gemeinsame Sorge aufgehoben und durch eine Alleinsorge ersetzt werden soll, weniger um die Gestaltung der Lebensverhältnisse als um die juristische Konstruktion der Elternverantwortung handelt, wird der Wille des Kindes in dieser Stufe der Prüfung keine vorrangige Bedeutung haben; anders ist es, wenn es darum geht, bei welchem Elternteil das Kind leben soll bzw. – wenn es dazu kommt – welcher Elternteil die Alleinsorge erhalten soll.

d) Gründe für die Alleinsorge des Antragstellers

aa) Hat sich das Gericht davon überzeugt, daß die „Aufhebung der gemeinsamen Sorge" im Kindesinteresse vorzuziehen ist, so folgt daraus nicht ohne weiteres eine Entscheidung zugunsten der Alleinsorge des Antragstellers. Vielmehr ist die beantragte Sorgerechtsgestaltung ebenfalls daraufhin zu überprüfen, ob sie dem Wohl des Kindes „am besten entspricht". Das Gericht muß also die **in Frage kommenden Alternativen** unter dem Gesichtspunkt des Kindeswohls miteinander **vergleichen**. Da sich in derartigen Fällen oft beiderseitige Anträge auf Übertragung der Alleinsorge gegenüberstehen werden,

---

[31]) BT-Drucks. 13/4899, S. 99.

ähnelt die Konstellation dem Sorgerechtsstreit nach bisherigem Recht: Es wird in aller Regel darum gehen, ob die Alleinsorge der Mutter oder des Vaters für das Wohl des Kindes vorzugswürdig ist. Im Rahmen dieser Prüfung sind die Gesichtspunkte brauchbar, die schon für das bisherige Recht für das streitige Sorgerechtsverfahren entwickelt worden sind.

bb) Nach dem **Förderungsprinzip** wird gefragt, welcher Elternteil dem Kind voraussichtlich die besseren Entwicklungsmöglichkeiten vermitteln und ihm die meiste Unterstützung für den Aufbau seiner Persönlichkeit und eine gleichmäßige und stete Betreuung und Erziehung geben kann[32]). Es ist hier nicht der Ort, die Einzel- und Zweifelsfragen zu diesem Prinzip darzustellen[33]). In Betracht zu ziehen sind subjektive wie objektive Gegebenheiten, wobei den äußeren Lebensbedingungen nachrangige Bedeutung hinter den Möglichkeiten des Kindes zu persönlicher Entfaltung zukommt.

Nach dem Grundsatz der am wenigsten schädlichen Alternative ist zunächst nach Gründen zu fragen, die eindeutig gegen die Zuweisung des Sorgerechts an den einen oder den anderen Elternteil sprechen (siehe oben die unter d bb, dd, ee genannten Fälle): Mangelnde Bereitschaft zur Wahrnehmung der Elternverantwortung, gestörtes Verhältnis zum Kind, schwere Pflichtverletzungen gegenüber dem Kind, Neigung zu Gewalttätigkeit und Mißhandlung, auch gegenüber dem anderen Partner, Geschäftsunfähigkeit und andere subjektive Defizite oder auch besonders ungünstige äußere Verhältnisse können dagegen sprechen, dem davon betroffenen Elternteil die alleinige Sorge zu übertragen. Das bedeutet:

- Liegen die negativen Indizien in der Person des anderen Elternteils vor, beim Antragsteller aber nicht, so hat der Antrag gute Erfolgschancen, sofern nicht andere Aspekte gegenläufig wirken.
- Liegen in der Person des Antragstellers derartige Gründe vor, beim anderen aber nicht, so kommt in erster Linie der andere als allein Sorgeberechtigter in Frage; doch kann ihm im Rahmen des § 1671 die Sorge nur übertragen werden, wenn er einen dahinzielenden Antrag stellt.

---

[32]) *BGH*, FamRZ 1990, 392, 393; vgl. auch *OLG Frankfurt*, FamRZ 1994, 920.
[33]) Es sei verwiesen auf meine Darstellung im Handbuch des Scheidungsrechts [Fn. 8], III Rz. 138–154; *Soergel/Strätz* [Fn. 17], § 1671 Rz. 26 ff.; *MünchKomm/Hinz* [Fn. 19], § 1671 Rz. 30–33b; *Staudinger/Coester* [Fn. 17], § 1671 Rz. 71 f.

Können derartige eindeutig negative Indizien weder gegen den Vater noch gegen die Mutter geltend gemacht werden, so gerät das Familiengericht in die aus dem bisherigen Recht sattsam bekannte schwierige Abwägungslage.

cc) Bei der Sorgerechtsentscheidung sind nach bisherigem Recht die **Bindungen des Kindes, insbesondere an seine Eltern und Geschwister,** besonders zu berücksichtigen (§ 1671 II a. F.). Das neue Recht verzichtet auf den Ausweis von Unterkriterien des Kindeswohls; auch die „Bindungen" werden nicht mehr genannt (auch nicht in der neuen Generalklausel des § 1697a). Das bedeutet freilich nicht, daß die Bindungen des Kindes nun unbeachtlich wären. In den streitigen Sorgerechtsfällen behält der Gesichtspunkt unverminderte Gültigkeit, daß nach Trennung und Scheidung diejenige Regelung anzustreben ist, die dem Kind die gewachsenen emotionalen und sozialen Bindungen zu seinen Eltern, Geschwistern und anderen Bezugspersonen soweit wie möglich erhält. Unter diesem Gesichtspunkt ist es auch beachtlich, wenn nach der konkreten Biographie ein Elternteil für das Kind eindeutig die Rolle der hauptsächlichen Bezugsperson einnimmt. Für die unterschiedlichen Bindungsbegriffe und die damit verbundenen Streitfragen sei an dieser Stelle auf die reichhaltige Literatur zum bisherigen Recht verwiesen[34]).

dd) In engem Zusammenhang mit den Bindungen steht das **Kontinuitätsprinzip,** wonach diejenige Sorgerechtsgestaltung anzustreben ist, die dem Kind seine bisherige Lebenswelt möglichst erhält. Auch wenn man den Gesichtspunkt der Kontinuität von dem der Bindungen abtrennt, wie der *BGH* es tut[35]), so bleiben für den Kontinuitätsgrundsatz noch wichtige Aspekte übrig: Das Prinzip gebietet, „die Stetigkeit der Erziehung und Betreuung des Kindes sicherzustellen"[36]). Anzustreben ist die Stabilität bezüglich der Person, die das Kind umsorgt, der Erziehungsgrundsätze und des sozialen Umfeldes (Kindergarten, Schule etc.). Abrupte Wechsel in wichtigen Lebensbezügen sind möglichst zu vermeiden. Für Einzelheiten wird auf die Darstellungen zum bisherigen Recht verwiesen[37]).

---

[34]) Insbesondere: *Lempp,* FamRZ 1984, 741 ff.; *Fthenakis,* FamRZ 1985, 662 ff.; *Johannsen/Henrich/Jaeger,* Eherecht, 2. Aufl. 1992, § 1671 Rz. 36 ff.; *Münch-Komm/Hinz* [Fn. 19], § 1671 Rz. 38; *Schwab* [Fn. 8], III Rz. 161 ff.; *Soergel/Strätz* [Fn. 17], § 1671 Rz. 28; *Staudinger/Coester* [Fn. 17], § 1671 Rz. 99 ff.
[35]) *BGH,* FamRZ 1985, 169; *BGH,* FamRZ 1990, 392 f.
[36]) *BGH,* FamRZ 1985, 169.
[37]) *Staudinger/Coester* [Fn. 17], § 1671 Rz. 126 ff.; *Schwab* [Fn. 8], III Rz. 155 ff.

ee) Wie bisher kommt auch im neuen Recht den **Neigungen und dem Willen des Kindes** hohe Bedeutung zu[38]), und zwar unter dem doppelten Gesichtspunkt

– der Selbstbestimmung des Kindes

– und seiner zutage tretenden Bindungen[39]).

Der Gesichtspunkt der Selbstbestimmung tritt mit zunehmendem Alter deutlicher hervor (etwa ab dem 12. Lebensjahr)[40]).

Wille und Neigungen des Kindes kommen üblicherweise bei seiner Anhörung (§ 50b FGG) zum Ausdruck. Daß die Anhörung – zumal der kleineren Kinder, soll sie nicht kindschädlich sein – vom Gericht und den Verfahrensbeteiligten äußerstes Fingerspitzengefühl verlangt, sei einmal mehr betont[41]). In diesem Zusammenhang kann die Bestellung eines Verfahrenspflegers für das Kind nach § 50 I FGG dem Ziel dienen, den Neigungen des Kindes stärkeres Gewicht zu geben.

e) Die Entscheidung des Sorgerechtsstreits

Der Antrag nach § 1671 I, II Nr. 2 kann, wenn die Verfahrenserfordernisse erfüllt sind, zu folgenden Entscheidungen führen:

aa) Dem Antrag kann **stattgegeben** werden. Dann ist dem Antragsteller die Ausübung der elterl. Sorge allein zugewiesen, soweit er dies beantragt hat. Dem anderen Teil bleibt das Umgangsrecht und das Recht auf Auskunft (§§ 1684 I, 1686 n. F.). War der Antrag nur auf Übertragung eines Teils der elterl. Sorge gerichtet und ist ihm stattzugeben, so tritt eine „Mischlage" ein: Die von der Übertragung nicht umfaßten Teile des Sorgerechts bleiben in gemeinschaftlicher Zuständigkeit (zu einer solchen Lage siehe unten cc).

bb) Der Antrag kann **zurückgewiesen** werden. Dann bleibt es bei der gemeinsamen Sorge in der vom Gesetz ausgestalteten Form. Dar-

---

[38]) Aus der Rspr. insbesondere: *BGH*, FamRZ 1985, 169; *BGH*, FamRZ 1990, 392 f.; *BVerfG*, FamRZ 1981, 124 ff.; zur Entwicklung *Staudinger/Coester* [Fn. 17], § 1671 Rz. 115 ff.

[39]) Zu dieser Unterscheidung: *Coester*, Das Kindeswohl als Rechtsbegriff, 1983, S. 258 ff.; *Johannsen/Henrich/Jaeger* [Fn. 34], § 1671 Rz. 47 ff.

[40]) Die Altersangaben differieren, Nachweise bei *Schwab* [Fn. 8], III Rz. 178.

[41]) Zur Frage des Alters, ab dem das Kind angehört werden kann oder soll, und den weiteren Einzelfragen siehe *Schwab* [Fn. 8], III Rz. 175 ff.

über, bei wem das Kind leben wird, wer die Obhut führt, ist mit der Entscheidung allerdings nichts ausgesagt. Besteht darüber weiterhin Uneinigkeit, so kann ein Elternstreit nach § 1628 ausgetragen werden.

cc) Denkbar ist auch, daß das Gericht dem Antrag **teilweise stattgibt**, weil es der Auffassung ist, daß die Einräumung der Alleinsorge nur für einen Teilbereich dem Wohl des Kindes am besten entspricht.

Beispiel: Die Mutter beantragt Zuweisung der alleinigen Sorge. Das Gericht meint, zur Vermeidung der dem Kind durch eine gemeinsame Sorge drohenden Nachteile genügt es, ihr das Aufenthaltsbestimmungsrecht zu übertragen und das Sorgerecht im übrigen gemeinsam zu belassen. Oder: Das Gericht meint, zur Lösung der zutage getretenen Probleme genüge es, der Mutter die Alleinsorge auf dem Gebiet der Gesundheitsfürsorge zuzuweisen.

Bei einer solchen Teilentscheidung drohen allerdings Komplikationen. Letztlich läuft sie auf die Bildung **von drei Lebensbereichen** des Kindes hinaus:

1. des Bereichs der vom Gericht zugewiesenen Alleinsorge des Antragstellers (z. B. Gesundheitsfürsorge);
2. des verbleibenden Bereichs gemeinsamer Sorge (z. B. elterl. Sorge außer Gesundheitsfürsorge);
3. innerhalb der gemeinsamen Sorge desjenigen Kreises von Angelegenheiten, in dem der die Obhut über das Kind führende Elternteil kraft Gesetzes die Befugnis zur alleinigen Entscheidung hat (§ 1687 I S. 2, 3).

Die praktischen Schwierigkeiten lassen sich steigern, wenn der auf einem Teilgebiet allein Sorgeberechtigte und der die Obhut führende Elternteil verschiedene Personen sind. Will man mit dem Kindeswohl Ernst machen, wird man ein künstliches Zerschneiden der kindlichen Lebenswelt soweit immer möglich vermeiden. Die Gerichte stehen vor der Abwägung zwischen zwei Prinzipien: Eingriffe in die elterl. Sorge nur soweit als notwendig (Erforderlichkeitsprinzip) – Gestaltung des Sorgerechts insgesamt gesehen nach dem Besten des Kindeswohls. M. E. ist auch in dieser Frage das Kindeswohl das vorrangige Prinzip: Aufteilungen, die das Leben des Kindes rechtlich unnötig zergliedern und in kritischen Fällen dem Kindeswohl entgegenstehende Komplikationen verursachen, sind zu vermeiden.

III. Sorgerechtsentscheidungen nach § 1666

1. Überblick

Nach § 1671 III ist dem Antrag auf Zuweisung der alleinigen Sorge gemäß § 1671 I, II (also auch bei Einigkeit der Eltern) nicht stattzugeben, soweit die elterl. Sorge aufgrund anderer Vorschriften anders geregelt werden muß. Gemeint ist vor allem eine vorrangige Regelung der Sorgerechtsverhältnisse nach dem gleichfalls neu gestalteten § 1666[42]). Nach bisherigem Recht brauchte § 1666 als Grundlage für Sorgerechtsentscheidungen nicht bemüht zu werden: Bei Trennung der Eltern ebenso wie bei Scheidung hatte das Familiengericht aufgrund der §§ 1671 V, 1672 S. 2 a. F. die Befugnis, bei Gefährdung des Kindeswohls von Amts wegen eine dienliche Regelung zu treffen. Nach neuem Recht gestattet § 1671 ein Eingreifen von Amts wegen nicht mehr. Muß also eine Gestaltung des Sorgerechts von Amts wegen ins Auge gefaßt werden, um einer drohenden Gefährdung des Kindeswohls zu begegnen, so bleibt nur der Rückgriff auf § 1666. Diese Vorschrift erhält somit über die bisherigen Aufgaben hinaus eine neue Funktion; §§ 1671 und 1666 sind zusammen zu lesen. Dabei ist wichtig, daß die Zuständigkeit für Maßnahmen nach § 1666 ab 1. 7. 1998 vom Vormundschaftsgericht auf das Familiengericht übergeht.

Nach der klaren Aussage des § 1671 III ist § 1666 die vorrangige Norm, soweit auf ihrer Grundlage eine anderweitige Regelung zu treffen ist. Das darf nicht dahin mißverstanden werden, daß ein Antrag nach § 1671 vorliegen müsse, bevor aufgrund § 1666 eine Sorgerechtsregelung erfolgen darf. Vielmehr kommt § 1666 auch **völlig selbständig** zum Einsatz: Gleichgültig, ob ein Sorgerechtsstreit nach § 1671 schwebt oder nicht, ist das Familiengericht von Amts wegen verpflichtet, nach § 1666 eine Sorgerechtsregelung zu treffen, wenn dessen Voraussetzungen vorliegen. Eine gerichtliche Sorgerechtsregelung nach § 1666 kann jederzeit erforderlich werden, gleichgültig, ob die Eltern zusammen oder getrennt leben, gleichgültig auch, ob ein Scheidungsverfahren rechtshängig ist oder nicht. Besteht die Notwendigkeit eines Eingreifens während eines Scheidungsverfahrens und wird das Verfahren rechtzeitig eingeleitet, so wird auch insoweit der **Verbund mit der Scheidungssache** hergestellt (§ 623 III ZPO).

Der Verbund kann unter erleichterten Voraussetzungen gelöst werden, vgl. § 623 III S. 2 und S. 3 ZPO. Wenn das Verfahren nach § 1666 in den Verbund kommt und ein Pfleger oder Vormund zu bestellen ist, muß folgendes beachtet werden: Das Familiengericht ist künftig nicht nur für die Anordnung der Vormundschaft oder Pflegschaft, sondern auch für die Auswahl des Vormunds oder Pflegers zuständig (§ 1697). Nach der Amtlichen Begründung soll jedoch die Auswahl der jeweiligen Fürsorgeperson nicht in den Verbund kommen können, da dies zu einer Beteiligung eines Dritten, nämlich des Auszuwählenden, führen würde[43].

---

[42]) Siehe BT-Drucks. 13/4899, S. 99 f.
[43]) BT-Drucks. 13/4899, S. 110.

2. Zur Umgestaltung des § 1666

Die Kindschaftsrechtsreform hat die zivilrechtliche Grundnorm des staatlichen Wächteramts auch sachlich verändert. Entgegen einigen Bestrebungen[44]) sind jedoch die hohen Hürden des staatlichen Eingriffs gleich geblieben. Ein staatlicher Eingriff setzt also nach § 1666 I weiterhin voraus

– Gefährdung des Kindeswohls,

– durch Sorgerechtsmißbrauch, Vernachlässigung des Kindes, unverschuldetes Versagen oder Verhalten eines Dritten,

– ferner die mangelnde Bereitschaft oder Fähigkeit der Eltern, die Gefahr abzuwenden.

Neu ist indes die Einbeziehung der **Vermögensgefährdung** in den Tatbestand des § 1666 I. Folglich bietet diese Vorschrift auch die geeignete Grundlage für Sorgerechtsregelungen, welche die Vermögenssorge umfassen oder betreffen[45]). Nach § 1666 II ist eine Vermögensgefährdung in der Regel anzunehmen, wenn der Inhaber der Vermögenssorge seine Unterhaltspflicht gegenüber dem Kind oder seine mit der Vermögenssorge verbundenen Pflichten verletzt. Gleichgestellt ist der Fall, daß der Sorgeberechtigte die Anordnungen des Gerichts zur Vermögenssorge (siehe den neugefaßten § 1667) nicht befolgt.

3. Die Möglichkeiten der Entscheidung

a) Unter den Voraussetzungen des § 1666 I kann das Familiengericht die „zur Abwendung der Gefahr erforderlichen Maßnahmen treffen". Dieser durch das Erforderlichkeitsprinzip nur abstrakt begrenzte Rahmen wird durch den unverändert gültigen § 1666a weiter konkretisiert. Bedeutung dürfte insbesondere Abs. II dieser Vorschrift erlangen: Die gesamte Personensorge darf nur entzogen werden, wenn andere Maßnahmen erfolglos geblieben sind oder wenn anzunehmen ist, daß sie zur Abwehr der Gefahr nicht ausreichen.

Auf der Grundlage des § 1666 I kommen folgende **Sorgerechtsregelungen** in Betracht:

---

[44]) Siehe BT-Drucks. 13/4899, S. 64 f.

[45]) Die Einbeziehung der Vermögensgefährdung in § 1666 I hat nur für Einzelfragen sachliche Änderungen zum Ziel, wesentlicher Zweck ist die Vereinfachung des Regelungskomplexes (siehe BT-Drucks. 13/4899, S. 64 f.). Auf Einzelheiten der Neufassung der §§ 1666, 1667 kann in diesem Rahmen nicht eingegangen werden.

1. Übertragung der elterl. Sorge oder eines Teils davon auf einen Elternteil;
2. Bestellung eines Pflegers;
3. als äußerste Maßnahme Entziehung des gesamten Sorgerechts und Bestellung eines Vormunds.

b) Die Übertragung der **Alleinsorge auf Mutter oder Vater** von Amts wegen aufgrund § 1666 unterliegt wesentlich strengeren Anforderungen als die gleiche Entscheidung im Rahmen des Elternstreits nach § 1671 II Nr. 2: Es geht nicht um die für das Kindeswohl „beste" Sorgerechtsgestaltung, sondern um die notwendige Abwehr einer drohenden Kindeswohlgefährdung. Der Elternteil, dem das Sorgerecht entzogen wird, muß nach seinem gesamten Verhalten oder Zustand unfähig oder nicht willens sein, die Pflege und Erziehung des Kindes verantwortlich mitzutragen. Hauptfälle sind schwere Gewalttätigkeit, sexueller Mißbrauch und seelische Grausamkeit gegen das Kind, ferner schwere Formen der Vernachlässigung des Kindes und nachhaltige Gleichgültigkeit ihm gegenüber. Unter dem Gesichtspunkt der Erforderlichkeit ist zu prüfen, ob es nicht genügt, Teile des Sorgerechts auf einen Elternteil allein zu übertragen, während der Rest gemeinsam bleibt (z. B. bei bloßer Vermögensgefährdung Zuweisung der alleinigen Vermögenssorge). Doch darf die Aufspaltung des Sorgerechts nicht seinerseits Risiken für das Kindeswohl mit sich bringen.

c) Die **Bestellung eines Pflegers** ist nur statthaft, wenn der Gefährdung des Kindes nicht durch Anordnung der Alleinsorge eines Elternteils hinreichend begegnet werden kann. Die Pflegerbestellung kann sich auf die gesamte Personensorge oder die gesamte Vermögenssorge beziehen, aber auch – stets unter Geltung des Erforderlichkeitsprinzips![46]) – auf engere Bereiche (z. B. Gesundheitsfürsorge, religiöse Angelegenheiten, Geltendmachung des Unterhalts etc.) beschränken. Stand das Kind bisher unter gemeinsamer Sorge, so beläßt die Pflegerbestellung für einen bestimmten Bereich die übrigen Angelegenheiten in gemeinsamer Verantwortung. Doch kann die Maßnahme 2 mit der Maßnahme 1 verbunden werden, d. h., es kann für einen bestimmten Bereich ein Pfleger bestellt und im übrigen die Alleinsorge eines Elternteils angeordnet werden, wenn dies zur Abwehr der Gefahr erforderlich erscheint. Im übrigen gelten die Maßstäbe, die zur Pflegerbestellung nach dem bisherigen § 1671 V entwickelt worden

---

[46]) Siehe *BGH*, NJW-RR 1986, 1264 f.

sind[47]). Vor allem herrschen die Grundsätze der Erforderlichkeit und Verhältnismäßigkeit und das verbindliche Prinzip des mildesten Mittels[48]). Möglichst dürfen keine Maßnahmen getroffen werden, die die Chancen der Eltern auf Wiedererlangung des (vollen) Sorgerechts verschlechtern[49]).

d) Zum völligen Entzug der elterl. Sorge und **Bestellung eines Vormunds** gelten die bisherigen, strengen Grundsätze.

4. Das Verhältnis zum Verfahren nach § 1671

Leben die gemeinsam sorgeberechtigten Eltern getrennt, so kann es zu einem Zusammentreffen möglicher Maßnahmen nach § 1666 und einem Antrag nach § 1671 I, II kommen. Nach der „Kollisionsregel" des § 1671 III wird in diesem Fall das Antragsverfahren nicht gänzlich verdrängt. Der Antrag nach § 1671 ist unabhängig davon zulässig und möglicherweise sogar begründet, auch wenn das Gericht von Amts wegen nach § 1666 vorgehen müßte. § 1671 III besagt nur, daß dem Antrag aus § 1671 I, II nicht stattgegeben werden darf, soweit die Sorgerechtsfrage nach § 1666 anders entschieden werden muß. Es kann also sein, daß ein Antrag aus § 1671 I, II und mögliche Maßnahmen nach § 1666 das gleiche Ziel haben; dann kann dem Antrag stattgegeben werden, obwohl auch das Gericht von sich aus nach § 1666 einschreiten könnte.

Wichtig ist für denjenigen Elternteil, der die Alleinsorge erstrebt, die Erkenntnis, daß die Erfolgsaussichten über § 1671 I, II sehr viel besser sind als über § 1666.

Im einzelnen kündigen sich Zweifelsfragen an. Angenommen, die Mutter beantragt Alleinsorge nach § 1671 I, II. Das Gericht kommt zur Erkenntnis, daß es auch ohne einen solchen Antrag nach § 1666 eingreifen müßte, und zwar in dem Sinn, daß es dem Vater die Gesundheitsfürsorge entzieht, im übrigen aber das Sorgerecht gemeinsam beläßt. Kann trotzdem der weitergehende Antrag nach § 1671 I, II Erfolg haben, wenn die erstrebte Alleinsorge sich als die für das Kindeswohl „beste" Regelung darstellt? M. E. ist die Frage zu bejahen: Die Sperre des § 1671 III greift m.E. nur, soweit das nach § 1671 I, II erstrebte Ergebnis im Widerspruch zu der nach § 1666 zum Schutz des Kindes zu treffenden Maßnahme stehen würde. Sie greift nicht, wenn aufgrund des § 1671 über die erforderliche Gefahrenabwehr

---

[47]) Dazu *Schwab* [Fn. 8], III Rz. 186 ff.; *Palandt/Diederichsen* [Fn. 17], § 1671 Rz. 9; *Soergel/Strätz* [Fn. 17], § 1671 Rz. 36; *Staudinger/Coester* [Fn. 17], § 1671 Rz. 192 ff.

[48]) *BVerfG*, FamRZ 1994, 223 f.; *BGH*, NJW-RR 1986, 1264 f.

[49]) Vgl. *BVerfG*, FamRZ 1994, 223, betr. einstweilige Anordnung.

hinaus eine Optimierung des Sorgerechtsverhältnisses in der gleichen Richtung möglich ist (z. B. Minimum nach § 1666: Dem Vater wird ein Teil der elterl. Sorge entzogen; Optimum nach § 1671 I, II: Die Mutter erhält das gesamte Sorgerecht).

5. Gerichtliche Zuständigkeit

Zuständig für Maßnahmen nach § 1666 ist nunmehr das Familiengericht. Erweisen sich Vormundschaft oder Pflegschaft als erforderlich, so erstreckt sich die Zuständigkeit des Familiengerichts über den Entzug der elterl. Sorge und die Anordnung der Vormundschaft oder Pflegschaft hinaus auch auf die Auswahl der Fürsorgeperson (§ 1697).

Damit ist die bisherige Spaltung überwunden, wonach das Familiengericht in den Fällen des § 1671, 1672 a. F. für die Anordnung der Vormundschaft oder Pflegschaft, das Vormundschaftsgericht für die Auswahl und Bestellung des Vormunds zuständig war[50]). Freilich bleibt das Vormundschaftsgericht für die Bestellung der Fürsorgeperson (Verpflichtung zu treuer und gewissenhafter Führung des Amtes mittels Handschlags an Eides Statt, § 1789) zuständig[51]). Auch die Kontrolle der Amtsführung des Vormunds oder Pflegers nach §§ 1793 ff. verbleibt den Vormundschaftsgerichten. Es bleiben aber auch Fälle, in denen das Vormundschaftsgericht für die Anordnung der Vormundschaft oder Pflegschaft zuständig bleibt, einschließlich aller Folgeentscheidungen (§ 1773).

IV. Entscheidungen nach § 1628 und ihr Verhältnis zur Sorgerechtsentscheidung

1. Grundsätzliches

Für Streitigkeiten zwischen Eltern in Sorgeangelegenheiten kennt das bisherige wie künftige Recht die Konfliktregel des § 1628. Die Vorschrift ist durch das KindRG umgestaltet worden. Die wichtigste Änderung betrifft die Zuständigkeit, die nun statt beim Vormundschaftsgericht beim Familiengericht angesiedelt ist. Der Kern ist jedoch geblieben: Wenn sich die sorgeberechtigten Eltern in einer einzelnen Angelegenheit oder in einer bestimmten Art von Angelegenheit nicht einigen können, deren Regelung für das Kind von erheblicher Bedeutung ist, so kann das Familiengericht auf Antrag eines Elternteils die Entscheidung einem Elternteil übertragen. Die Übertragung der Entscheidungsbefugnis betrifft nicht nur das Innenverhältnis, sondern entfaltet nach ausdrücklicher Gesetzesvorschrift

---

[50]) *BGH*, FamRZ 1981, 1048; *BayObLG*, FamRZ 1990, 551 f.
[51]) BT-Drucks. 13/4899, S. 110.

(§ 1629 I S. 3) Außenwirkung: Im Umfang der übertragenen Angelegenheiten besteht alleinige Vertretungsmacht des entscheidungsbefugten Elternteils.

2. Das Verhältnis des § 1628 zu § 1671

a) Damit rückt die Gerichtsentscheidung aufgrund § 1628 in die Nähe einer partiellen Sorgerechtsregelung: Auch hier wird ein Bereich aus der gemeinsamen Sorge herausgeschnitten und der Verantwortung eines Elternteils allein zugewiesen. Da § 1628 für alle Fälle gemeinsamer Sorge gilt, gleichgültig ob die verheirateten Eltern zusammen oder getrennt leben, ob sie die gemeinsame Sorge kraft Eherechts oder aufgrund von Sorgeerklärungen[52]) innehaben, gerät § 1628 in die unmittelbare Nähe des § 1671 I, II. Denn auch dort ist die Regelung vorgesehen, daß die elterl. Sorge **zum Teil** einem Elternteil allein übertragen werden kann, während der „Rest" gemeinschaftlich bleibt. Ohne Zweifel kann bei einem und demselben Elternstreit nach der einen wie nach der anderen Norm verfahren werden.

Beispiel: Die Eltern können sich nicht darüber einigen, bei wem das Kind nach ihrer Trennung leben soll. Der Konflikt kann als Sorgerechtsstreit nach § 1671 anhängig gemacht werden: Ein Elternteil oder beide können den Antrag stellen, ihnen das Sorgerecht oder einen Teil hiervon (Personensorge, Aufenthaltsbestimmungsrecht) zur alleinigen Ausübung zu übertragen. Derselbe Konflikt kann aber auch als Verfahren nach § 1628 vor Gericht gebracht werden: Ein Elternteil beantragt z. B., ihm gemäß § 1628 die Entscheidung über die Aufenthaltsbestimmung allein zu übertragen. Beide Verfahren führen, wenn sie Erfolg haben, hinsichtlich der Befugnis zur Aufenthaltsbestimmung zum selben Ergebnis. Schon der erste Blick aber zeigt, daß die Hürden vor dem Ziel in § 1671 höher sind als in § 1628.

b) Es muß daher geklärt werden, wie sich die beiden Normen und Verfahren zueinander verhalten. Das m. E. Gesicherte vorweg:

aa) **§ 1671 III findet hier keine Anwendung.** Der Gesetzgeber versteht Entscheidungen nach § 1628 nicht als Sorgerechtsregelungen, auch wenn sie im Ergebnis zu ganz ähnlichen Gestaltungen führen können. Es gibt daher keine Sperre für eine Sorgerechtsregelung nach § 1671, die damit begründet werden könnte, daß aufgrund § 1628 eine anderweitige Entscheidung ergehen müßte. Insoweit laufen die beiden Vorschriften parallel, und es ist durchaus denkbar, daß Anträge nach § 1671 und § 1628 im isolierten Verfahren miteinander verbunden werden.

---

[52]) Siehe §§ 1626a bis 1626e BGB; dazu *Lipp*, S. 151, 162 ff.

bb) Ganz eindeutig kann das Verfahren nach § 1628 **nicht in den Verbund** mit der Scheidungssache geraten. Selbst wenn man Entscheidungen nach § 1628 als Angelegenheit der elterl. Sorge betrachten wollte, so bleibt die Einschränkung des § 623 II S. 1 Nr. 1 ZPO „im Fall eines Antrags nach § 1671 I".

c) Wie aber **unterscheiden** sich die gerichtlichen Regelungen nach § 1671 und § 1628 **der Sache nach?** Schön wäre es, wenn es ein „Entweder-Oder" gäbe und somit eine eigentliche Normenkonkurrenz nicht aufträte.

Die Amtliche Begründung zum RegE scheint auf eine solche Alternative zu setzen: Nach § 1671 I werde die Sorge für alle in dem betreffenden Bereich denkbaren Entscheidungen bis zum Eintritt der Volljährigkeit des Kindes einem der beiden Elternteile übertragen, während es bei § 1628 um die „auf eine konkrete Situation bezogene Zuteilung der Entscheidungsbefugnis" gehe[53]).

Diese Unterscheidung trägt nicht weit. Klar ist eigentlich nur, daß aufgrund § 1628 nicht das Sorgerecht als Ganzes (etwa: „Entscheidung in allen Sorgeangelegenheiten") auf einen Elternteil übertragen werden kann. Bei Teilbereichen wird die Sache schwierig: Sie können ebenso Gegenstand einer teilweisen Übertragung der elterl. Sorge nach § 1671 I wie Übertragung der Entscheidung in „einer bestimmten Art von Angelegenheiten" nach § 1628 sein.

Die Literatur zum bisherigen Recht versucht die „bestimmte Art von Angelegenheiten" i. S. des § 1628 zu konkretisieren: Es müsse sich um einen „mit einem bestimmten Lebensverhältnis zusammenhängenden Fragenkomplex" handeln[54]); als Beispiel werden die mit einem umstrittenen Ausbildungsverhältnis verknüpften Angelegenheiten genannt; unstatthaft aber sei die Übertragung der Entscheidungsbefugnis für die „gesamte Ausbildung des Kindes mit allen noch gar nicht absehbaren Folgeentscheidungen"[55]). Die Abgrenzungsbemühungen laufen also darauf hinaus, nach § 1628 eher situative Entscheidungen zuzuordnen; sehr deutlich kann aber eine solche Grenze nicht gezogen werden, weil jede Entscheidung in Kindesangelegenheiten Folgewirkungen zeitigt. Der situative Bezug versagt weitgehend, wenn es um die Entscheidung über den gewöhnlichen Aufenthalt des Kindes geht; daß eine Entscheidungsbefugnis in dieser grundlegenden Frage § 1628 zugeordnet werden kann, ist nach bisherigem Recht nicht zweifelhaft[56]).

---

[53]) BT-Drucks. 13/4899, S. 99.
[54]) *MünchKomm/Hinz* [Fn. 19], § 1628 Rz. 9, mit Berufung auf *OLG Hamm,* FamRZ 1966, 209 f.
[55]) *MünchKomm/Hinz* [Fn. 19], § 1628 Rz. 9; *Gernhuber/Coester-Waltjen,* Lehrbuch des Familienrechts, 4. Aufl., § 58 II 5.
[56]) *Gernhuber/Coester-Waltjen* [Fn. 55], § 58 II 5; *MünchKomm/Hinz* [Fn. 19], § 1628 Rz. 11, m.w.N.

Wenig dienlich ist das in der Amtlichen Begründung verwendete Zeitargument (§ 1671: „bis zum Eintritt der Volljährigkeit"). Denn einerseits kann eine Sorgerechtsregelung abgeändert werden (§ 1696 alter wie neuer Fassung); andererseits ist die Übertragung der Entscheidungsbefugnis nach § 1628 zeitlich nicht begrenzt. So sind in der Zukunft recht künstliche Abgrenzungsbemühungen in Rechtsprechung und Literatur zu erwarten; überhaupt könnte es sein, daß der bisher praktisch tote Paragraph[57]) durch die Reform zu einem munteren Leben erweckt werden wird.

Man muß sich klarmachen: Eigentlicher Streitpunkt bei Trennung und Scheidung ist weniger die juristische Konstruktion („gemeinsame Sorge" oder „alleinige Sorge") als die konkrete Frage, bei wem das Kind leben wird, wo es seinen gewöhnlichen Aufenthalt nimmt, wer die „Obhut" über das Kind gewinnt. Diese Frage kann zweifellos sowohl im Rahmen des § 1628 als auch einer Sorgerechtsentscheidung thematisiert werden, und gerade die Hürde des § 1671 II Nr. 2 („am besten"!) lenkt die Aufmerksamkeit auf die kleinere Münze des § 1628. Daß Sorgerechtsentscheidung und § 1628 auch in Verbindung miteinander einen Sinn ergeben können, werden die Erwägungen zur Sorgerechtsänderung (unten VI.) zeigen.

V. Das gespaltene gemeinsame Sorgerecht – Entscheidungen nach § 1687 II

1. Zum Verständnis

Die „gemeinsame Sorge nach Trennung der Eltern" ist ein juristisches Konstrukt. Personensorge als das Fundament des Sorgeverhältnisses umfaßt Pflicht und Recht, das Kind zu pflegen, zu erziehen, zu beaufsichtigen und seinen Aufenthalt zu bestimmen (§ 1631 I). Sie verwirklicht sich hauptsächlich in einem faktischen Tun, wenn nötig auch in rechtsgeschäftlichem Handeln (§ 1629). Von dem Augenblick an, da sich die Eltern dauernd getrennt haben, kann von „gemeinsamer Pflege" und vielfach auch „gemeinsamer Erziehung" nicht mehr die Rede sein. Das Kind lebt bei einem Elternteil: Bei diesem bleibt ohne weiteres die Aufgabe „Pflege", d. h. die Sorge für das äußere Wohlergehen des Kindes (Nahrung, Wohnung, Kleidung, Hygiene, Sorge für die Gesundheit). Aber auch die Erziehung wird weitgehend von dem Elternteil geleistet, mit dem es zusammenlebt. Erziehung ist

---

[57]) Ich finde in der FamRZ CD-ROM ebenso wie in der NJW CD-ROM jeweils ganze drei Entscheidungen, in denen der § 1628 BGB einschlägig war.

nicht, wie sich das Gesetzesmacher vorstellen mögen, die juristische Festlegung von Erziehungsprinzipien, sondern wirkliches Leben; Erziehung ereignet sich in einer fortlaufenden Abfolge von Situationen, Begegnungen und Reaktionen. Erziehung ist nicht Einwirken auf das Kind bloß in bestimmten, herausgehobenen Entscheidungsmomenten, sondern ein gegenseitiges persönliches Verhältnis, das im Alltag gelebt wird. „Gemeinsames Sorgerecht getrenntlebender Eltern" bildet ein aliud gegenüber der eigentlichen gemeinsamen Elternsorge[58]).

Die zuletzt formulierte Erkenntnis mag den Gesetzgeber bewogen haben, das gemeinsame Sorgerecht bei Getrenntleben gesetzlich auszugestalten und dem Elternteil, bei dem sich das Kind „gewöhnlich aufhält", eine alleinige Entscheidungsbefugnis „in Angelegenheiten des täglichen Lebens" einzuräumen (§ 1687 I S. 2). Das „gemeinsame Sorgerecht" ist also gespalten. Es gibt zumindest zwei Bereiche: einen Bereich, in dem das Sorgerecht nach den allgemeinen Regeln nur gemeinsam ausgeübt werden kann (§§ 1627, 1687 I S. 1), und einen anderen Bereich, in dem ein Elternteil allein entscheidungsbefugt ist (§ 1687 I S. 2). In diesem Zusammenhang ist zwischen den Eltern Streit in doppelter Hinsicht möglich:

a) Es kann streitig werden, ob es sich bei einer Angelegenheit, über die sich die Eltern nicht einig sind, um eine solche des „täglichen Lebens" handelt.

b) Darüber hinaus sieht das Gesetz vor, daß das Gericht die alleinige Entscheidungsbefugnis in den täglichen Angelegenheiten einschränken oder ausschließen kann, wenn dies zum Wohl des Kindes erforderlich ist (§ 1687 II).

2. Zu den Voraussetzungen der Alleinentscheidung

a) Gewöhnlicher Aufenthalt beim entscheidungsbefugten Elternteil

Der Begriff ist bisher im BGB nicht enthalten, aber von anderen Gesetzen, insbesondere vom IPR her, geläufig (siehe nur Art. 19 I S. 1 EGBGB). Dieser Aufenthalt muß, um die Alleinentscheidungsbefug-

---

[58]) Ich habe das näher ausgeführt in meinem Beitrag: „Wandlungen der gemeinsamen elterlichen Sorge" [Fn. 23], S. 719 ff.

nis auszulösen, **rechtmäßig** sein, folglich mit Einwilligung des anderen Elternteils oder aufgrund einer gerichtlichen Entscheidung bestehen (§ 1687 I S. 2).

Auffällig ist, wie die gesetzlichen Begriffe, die Gleiches oder Ähnliches meinen, sich häufen:

- „gewöhnlicher Aufenthalt" bei einem Elternteil: § 1687 I S. 2;
- „Obhut" für das Kind: § 1629 II S. 2;
- „Betreuung des Kindes": §§ 1573 V, 1578 I S. 2, 3.

Dem Gesetzgeber fehlt augenscheinlich das Bewußtsein für die Erfordernisse der Rechtssprache.

b) Angelegenheit des täglichen Lebens

Die Regelung der Abgrenzung der Bereiche gemeinsamer und alleiniger Entscheidungsbefugnis verstößt gegen einfachste Regeln der Normgestaltung. Der Text des § 1687 wurde im Verlaufe der Beratungen gegenüber dem RegE geändert, aber keineswegs verbessert. Der Grundfehler liegt darin, daß die Bereiche, um die es sich wohl handeln soll, beiderseits positiv umschrieben werden. Im RegE standen sich die Bereiche „grundsätzlicher Entscheidungen" und „Angelegenheiten des täglichen Lebens" gegenüber. In der endgültigen Gesetzesfassung kontrastiert der Bereich der „Angelegenheiten, deren Regelung (!) für das Kind von erheblicher Bedeutung ist", mit dem der „Angelegenheiten des täglichen Lebens". Die beiderseits positive Umschreibung provoziert die Frage, ob damit das Ganze abgedeckt ist oder es etwas dazwischen gibt, nämlich einen Bereich von Angelegenheiten, die weder von erheblicher Bedeutung noch alltäglich sind. Offenkundig ist ein „Entweder-Oder" gemeint[59]). Die „Angelegenheiten des täglichen Lebens" sind überdies durch § 1687 I S. 3 noch näher beschrieben: „in der Regel" (!) sollen das solche sein, „die häufig vorkommen und keine schwer abzuändernden Auswirkungen auf die Entwicklung des Kindes haben".

Die Tiefen der Vorschrift sollen hier nicht ausgelotet werden. Ich möchte empfehlen, vom näher umrissenen Begriff der „Angelegenheit des täglichen Lebens" (§ 1687 I S. 2, 3) auszugehen und sodann eine auf dieser Grundlage gefundene Einordnung am Maßstab des § 1687 I S. 1 („erhebliche Bedeutung") zu überprüfen. Augenscheinlich wird das Leben des Kindes, stets eine Ganzheit, künstlich aufgespalten, und zwar nicht nach Lebensbereichen (z. B. Schule, Sport etc.), sondern innerhalb dieser Bereiche nach der Bedeutung der jeweiligen einzelnen Angelegenheit.

---

[59]) Das ergibt sich aus BT-Drucks. 13/8511, S. 67.

Beispiele

Angelegenheit von erheblicher Bedeutung	Angelegenheit des täglichen Lebens
Schule/Ausbildung: Wahl der Schulart und Schule, der Ausbildungsstätte, der Fächer und Fachrichtungen, Besprechung mit Lehrern über gefährdete Versetzung, Entscheidung über Internatserziehung, Wahl der Lehre und der Lehrstätte	*Schule/Ausbildung:* Entschuldigung im Krankheitsfalle, Teilnahme an Sonderveranstaltungen, Notwendigkeit von Nachhilfe, unbedeutendere Wahlmöglichkeiten im Rahmen des gewählten Ausbildungsgangs (z. B. Wahlfächer, Schulchor etc.)
Gesundheit: Operationen (außer in Eilfällen)[60]), med. Behandlungen mit erheblichem Risiko, grundlegende Entscheidungen der Gesundheitsvorsorge	*Gesundheit:* Behandlung leichterer Erkrankungen üblicher Art (z. B. Erkältungen), alltägliche Gesundheitsvorsorge, Routineimpfungen
Aufenthalt: Grundentscheidung, bei welchem Elternteil das Kind lebt, freiheitsentziehende Unterbringung	*Aufenthalt:* Aufenthaltsbestimmung im einzelnen (Wahl des Wohnsitzes, Teilnahme an Ferienlager, Besuch bei Großeltern etc.)
Umgang: Grundentscheidung des Umgangs, § 1632 II (betreffend das Ob und die Dimension des Umgangs) siehe die Sondervorschriften der §§ 1684, 1685	*Umgang:* Einzelentscheidungen im täglichen Vollzug (z. B. Kontakte des Kindes zu den Nachbarn, Fernhalten eines unerwünschten Freundes)
Status- und Namensfragen: sind m. E. stets von erheblicher Bedeutung beachte hier auch Spezialnormen wie § 1617 II	
Fragen der Religion: siehe das vom KindRG vergessene RelKErzG[61])	
Geltendmachung von Unterhalt: siehe die Spezialnorm des § 1629 II S. 2, III S. 1 allgemein ist die Geltendmachung von Unterhalt Angelegenheit von erheblicher Bedeutung	
Vermögenssorge: grundlegende Fragen der Art der Anlage von Kindesvermögen, grundlegende Fragen der Verwendung	*Vermögenssorge:* „vergleichsweise unbedeutende Angelegenheiten (etwa Verwaltung von Geldgeschenken)"[62])

---

[60]) BT-Drucks. 13/4899, S. 107.
[61]) Problematisch daher BT-Drucks. 13/4899, S. 107, soweit dort die religiöse Erziehung bei § 1687 angesiedelt wird (Zuständigkeit des Vormundschaftsgerichts?); *Schwab*, FamRZ 1998, 345.
[62]) So meint es jedenfalls BT-Drucks. 13/4899, S. 108.

Die Beispiele auf der vorangegangenen Seite genügen, um die Schwierigkeiten zu demonstrieren, die aus der Aufspaltung entstehen können. Den Lesern werden bei einiger Phantasie ein Dutzend „Angelegenheiten" einfallen, bei denen man zweifeln kann. Der Grundirrtum des Gesetzgebers besteht in der Annahme, für das Kind sei das „Tägliche" der Gegensatz von „erheblicher Bedeutung".

3. Auswirkungen der Einteilung

a) Ist eine Angelegenheit von „erheblicher Bedeutung", so bestimmen die – gemeinsam sorgeberechtigten – Eltern gemeinsam, und zwar sowohl im Innenverhältnis als auch mit Außenwirkung (§ 1629 I S. 1, 2). Der Elternteil, bei dem das Kind lebt, ist verpflichtet, den anderen über die Angelegenheiten von erheblicher Bedeutung zu informieren; das in § 1686 verlangte „berechtigte Interesse" daran besteht bei gemeinsamer Sorge ohne weiteres. Bei Streit unter den Eltern kann gemäß § 1628 das Familiengericht angerufen werden, das auf Antrag die Entscheidung in der streitigen Angelegenheit auf Mutter oder Vater allein übertragen kann.

Alleinzuständigkeit besteht ferner

– bei Empfang einer an das Kind gerichteten Willenserklärung (§ 1629 I S. 2);

– bei Gefahr im Verzug (siehe die neue Vorschrift des § 1629 I S. 4; auf diese Vorschrift verweist § 1687 I S. 5 ausdrücklich).

Ein Elternteil kann auch dann allein handeln, soweit ihn der andere entsprechend bevollmächtigt hat („Untervollmacht", eigentlich „Vollmacht zur Untervertretung").

b) Geht es hingegen um eine Angelegenheit des **täglichen Lebens,** so entscheidet der getrennt lebende Elternteil, bei dem sich das Kind dauernd aufhält, über die Angelegenheit allein, selbstverständlich unter Achtung der Selbstbestimmungsinteressen des Kindes. Dem anderen bleibt das Recht auf Auskunft über die persönlichen Verhältnisse des Kindes, soweit in diesen Angelegenheiten das berechtigte Informationsinteresse reicht (§ 1686).

c) Vom Gesetz nicht ausdrücklich geregelt ist die Frage, ob die alleinige Entscheidungsbefugnis auch unmittelbar nach außen wirkt, d. h. eine **alleinige gesetzliche Vertretungsmacht** in den Angelegenheiten des täglichen Lebens mit sich bringt. Im Gegensatz zur Alleinentscheidung nach § 1628 findet die Befugnis nach § 1687 I S. 2 im

Rahmen des § 1629 keine Erwähnung. Gleichwohl muß die Frage bejaht werden, wenn § 1687 I S. 2 einen Sinn haben soll[63]). Für den Rechtsverkehr, insbesondere aber für die Frage einer wirksamen Einwilligung in medizinische Behandlungen, kann das erhebliche Unsicherheiten mit sich bringen.

Beispiel: Eine von ihrem Ehemann getrennt lebende Mutter geht mit ihrem achtjährigen Kind zur Grippe-Impfung. Die nötige Einwilligung wird durch die Mutter im Namen des Kindes erklärt, aber genügt das, wenn auch der Vater sorgeberechtigt ist? Ist die Impfung wegen der immerhin bestehenden Risiken „von erheblicher Bedeutung"? Oder: Nach der Trennung der Eltern besteht gemeinsame Sorge, das Kind lebt beim Vater. Kann die Mutter in den Elternbeirat der Schule gewählt werden?

4. Alleinige Entscheidungen des anderen Elternteils

a) Auch der Elternteil, bei dem das Kind nicht dauernd lebt, bei dem sich das Kind aber im Rahmen des Umgangs zeitweise aufhält, hat während der Dauer dieses Aufenthalts ein Alleinentscheidungsrecht in gewissen Angelegenheiten (§ 1687 I S. 4). Der Kreis dieser Angelegenheiten ist hier aber sehr eng geschnitten: Betroffen sind nur Angelegenheiten der *tatsächlichen* Betreuung, wie die Fragen, was das Kind zu essen bekommt und wann es zu Bett gehen soll[64]). Gesetzliche Alleinvertretung ist hier nicht gegeben; doch kann ein Alleinvertretungsrecht bei Gefahr im Verzug gemäß § 1629 I S. 4 / § 1687 I S. 5 erwachsen. Auch diese beschränkte Bestimmungsbefugnis setzt den rechtmäßigen Aufenthalt des Kindes bei dem betreffenden Elternteil voraus.

b) Schließlich hat auch bei **alleiniger Elternsorge** der andere Teil ein Entscheidungsrecht in Angelegenheiten der tatsächlichen Betreuung (§ 1687a) einschließlich der Notvertretung bei Gefahr im Verzug (§§ 1687a, 1687 I S. 5, 1629 I S. 4). Auch in diesen Fällen kann die Befugnis zur Alleinentscheidung durch das Familiengericht eingeschränkt oder ausgeschlossen werden (§§ 1687a, 1687 II).

---

[63]) Aus der Amtlichen Begründung ergibt sich dazu keine letzte Klarheit. In BT-Drucks. 13/4899, S. 107, ist gesagt, die Einräumung eines „Alleinvertretungsrechts" sei nicht ausreichend. Daraus kann man immerhin schließen, daß es von der zum Gesetz gewordenen Fassung umfaßt werden soll.

[64]) So die Alltagsphantasie der Amtlichen Begründung, BT-Drucks. 13/4899, S. 108.

5. Wegfall der Entscheidungsbefugnisse nach § 1687 I S. 2–4 ipso jure

Die beschriebenen Alleinentscheidungsbefugnisse eines Elternteils trotz gemeinsamer Sorge sind nur gegeben, solange ihre Voraussetzungen vorliegen. Nehmen die Elternteile das Zusammenleben wieder auf (auch zu Versöhnungszwecken nach § 1567 II), so lebt automatisch die volle gemeinsame Sorge wieder auf. Wird durch gerichtliche Entscheidung die gemeinsame Sorge in eine Alleinsorge übergeführt, so fallen die Befugnisse des § 1687 ipso jure weg (wohl aber bleiben die Befugnisse nach § 1687a unter den dort genannten Voraussetzungen). Auch wenn eine gerichtliche Entscheidung nach § 1687 II vorliegt, sind die Entscheidungsbefugnisse an die allgemeinen Voraussetzungen – Getrenntleben der Eltern, gewöhnlicher Aufenthalt des Kindes – gebunden.

6. Gerichtliche Entscheidungen

Die alleinige Entscheidungsbefugnis eines Elternteils, sowohl nach § 1687 I S. 2, 3 als auch nach § 1687 I S. 4 wie auch nach § 1687a, kann vom Familiengericht **eingeschränkt** oder **ausgeschlossen** werden, soweit dies zum Wohl des Kindes erforderlich ist (§ 1687 II). Eine **Erweiterung** der alleinigen Entscheidungsbefugnis ist hier nicht vorgesehen; doch läßt sich eine solche Gestaltung über § 1671 I, II erreichen (Übertragung der partiellen Alleinsorge).

Nach dem Wortlaut des Gesetzes könnte das Gericht hingegen nicht das **Alleinvertretungsrecht nach § 1629 I S. 4** einschränken oder ausschließen, denn § 1687 II verweist nicht auf § 1687 I S. 5. Ob das wirklich so gemeint ist, scheint mir zweifelhaft.

Unabhängig von der Gestaltung der gesetzlichen Vertretungsmacht kann ein Elternteil den anderen bevollmächtigen, das Kind zugleich im Namen des Vollmachtgebers allein zu vertreten. Eine solche Vollmacht kann m. E. nur in stets widerruflicher Weise erteilt werden. Sollen Dauerlösungen angestrebt werden, so bietet § 1671 I, II Nr. 1 hinreichende Möglichkeiten gerichtlicher Gestaltung, die auf dem Einvernehmen der Eltern beruhen.

VI. Änderungen von Sorgerechtsentscheidungen

1. Grundsätzliches

Sorgerechtsentscheidungen sind nach bisherigem wie nach neuem Recht abänderbar. Sie müssen geändert werden, wenn das Kindeswohl es gebietet. Sitz des Problems ist § 1696, der sich generell auf Anordnungen der Familien- und Vormundschaftsgerichte bezieht. Die Neufassung der Vorschrift akzentuiert die **Pflicht zur Abänderung:** „Konnten" die Gerichte bisher ihre Maßnahmen ändern, wenn sie es im „Interesse des Kindes" für „angezeigt" hielten, so „haben" sie künftig „zu ändern", „wenn dies aus triftigen, das Wohl des Kindes nachhaltig berührenden Gründen angezeigt ist" (§ 1696 I)[65]. Beruht die Sorgerechtsentscheidung auf § 1666, so ist die Änderungspflicht gesteigert: Die Maßnahme ist aufzuheben, wenn eine Gefahr für das Wohl des Kindes nicht mehr besteht (§ 1696 II); zudem ist sie als länger dauernde Maßregel in angemessenen Zeitabständen zu überprüfen (§ 1696 III).

2. Gegenstand der Abänderung

a) Abgeändert werden gerichtliche Anordnungen in Angelegenheiten der elterl. Sorge, folglich auch Sorgerechtsentscheidungen nach §§ 1671, 1672 a. F. und § 1671 n. F. wie auch Maßnahmen nach § 1666 und § 1628. Gerichtliche Sorgerechtsregelungen treten grundsätzlich nicht durch Änderung der tatsächlichen Lebensverhältnisse außer Kraft (gesetzliche Ausnahmen z. B. §§ 1678, 1680, 1681), sondern bleiben bestehen, bis sie aufgehoben oder abgeändert sind. Ist z. B. die elterl. Sorge nach § 1671 I n. F. der getrennt lebenden ehelichen Mutter zugewiesen, so bleibt ihr das alleinige Sorgerecht auch für den Fall, daß sie das Zusammenleben mit dem Ehemann wieder auf-

---

[65] Man könnte fragen, ob die Gerichte auch dann abändern können, wenn sie dazu nicht verpflichtet sind, wenn also die Voraussetzungen des § 1696 I n. F. nicht vorliegen. M. E. ist das im Interesse der Lebenskontinuität des Kindes zu verneinen: Die Erfordernisse des § 1696 I geben also zugleich die Grenze an, ab der eine Anordnung abgeändert werden darf. Die Frage ist nach bisherigem Recht unklar: So unterscheidet *Hinz* die Abänderungsbefugnis nach § 1696 I a. F. von der Abänderungspflicht; der dem Gericht damit gegebene Spielraum in der Beurteilung der Änderungsvoraussetzungen (!) bedeute aber kein Handlungsermessen hinsichtlich der Änderungsentscheidung, siehe *MünchKomm/Hinz* [Fn. 19], § 1696 Rz. 5; ebenso *Soergel/Strätz* [Fn. 17], § 1696 Rz. 5. Das geht an der Funktion des § 1696 vorbei, der die Möglichkeit der Abänderung von gerichtlichen Entscheidungen zugleich eröffnet und begrenzt; ein Spielraum in der Beurteilung von Eingriffsvoraussetzungen in gestaltete Privatrechtsverhältnisse müßte auf rechtsstaatliche Bedenken stoßen.

nimmt⁶⁶); der neuen Lage kann nur durch Abänderungsentscheidung gemäß § 1696 Rechnung getragen werden.

b) Möglicher Gegenstand der Abänderung ist auch eine **nach bisherigem Recht** ergangene Sorgerechtsentscheidung, durch die gemäß *BVerfGE* 61, 358⁶⁷) den Eltern nach der Scheidung die **gemeinsame Sorge** zugestanden wurde.

c) Hingegen kommt § 1696 nicht zum Zug, wenn das **gemeinsame Sorgerecht**, das verändert werden soll, nicht auf einer gerichtlichen Entscheidung, sondern **unmittelbar auf dem Gesetz** oder auf **Sorgeerklärungen** beruht. Besteht gemeinsames Sorgerecht, weil trotz Getrenntleben keine anderweitige Sorgerechtsregelung gemäß § 1672 a. F. oder § 1671 n. F. ergangen ist, und will nun ein Elternteil zur alleinigen Sorge übergehen, so erstrebt er eine Erstentscheidung, die ab 1. 7. 1998 auf der Grundlage des § 1671 n. F. zu treffen ist.

3. Möglichkeiten der Neugestaltung

Nach h. M. sind im Abänderungsverfahren die für das jeweilige Rechtsverhältnis maßgebenden sachlich-rechtlichen Vorschriften zu beachten⁶⁸). Das würde bedeuten, daß Inhalt der Abänderungsentscheidung nur dasjenige sein könnte, was auch als Erstentscheidung ergehen könnte. Doch muß es im Rahmen des § 1696 auch künftig möglich sein, eine bisher nicht bestehende gemeinsame Elternsorge einzurichten, obwohl diese nach neuem Recht keines Gerichtsbeschlusses bedarf. Bestand also bisher Alleinsorge eines Elternteils infolge gerichtlicher Entscheidung, so kann diese unter den Voraussetzungen des § 1696 in eine gemeinsame Sorge umgewandelt werden. Bestand eine Kombination von gemeinsamer Sorge und partieller Alleinsorge, so kann die umfassende gemeinsame Sorge angeordnet werden, wie auch vice versa. Das Gericht hat alle Gestaltungsmöglichkeiten des Sorgerechtsverhältnisses, die nach materiellem Recht überhaupt möglich sind. Freilich sind die sachlichen Voraussetzungen zu

---

⁶⁶) Für das geltende Recht vgl. *BayObLG*, FamRZ 1971, 192 = NJW 1971, 197; *KG*, FamRZ 1994, 119; *Staudinger/Coester* [Fn. 17], § 1672 Rz. 22; *Soergel/Strätz* [Fn. 17], § 1672 Rz. 9; *MünchKomm/Hinz* [Fn. 19], § 1672 Rz. 9.

⁶⁷) = FamRZ 1982, 1179 = NJW 1983, 101.

⁶⁸) *MünchKomm/Hinz* [Fn. 19], § 1696 Rz. 6; *Palandt/Diederichsen* [Fn. 17], § 1696 Rz. 5.

beachten: Der Übergang von der gemeinsamen Sorge zur Alleinsorge muß also die Hürden des § 1671 II oder des § 1666 I überwinden, die Bestellung eines Pflegers die des § 1666 I.

4. Änderung der nach altem Recht getroffenen Sorgerechtsentscheidungen

Viele Väter und Mütter, die im „Kampf um das Kind" anläßlich der Scheidung nach altem Recht leer ausgingen, dürften die Hoffnung hegen, ab 1. 7. 1998 zur gemeinsamen Sorge zu gelangen. Besondere Übergangsvorschriften sieht das KindRG für diesen Fall nicht vor[69]). Der Weg geht also notwendig über § 1696 I, und zwar auch dann, wenn sich die Eltern im Wunsch nach gemeinsamer Sorge einig sind. Hierzu nur einige Anmerkungen.

a) Maßgebend sind grundsätzlich die Voraussetzungen des § 1696 I. Beantragt ein Elternteil die Änderung der bisher nach § 1671 a. F. angeordneten Alleinsorge in eine gemeinsame Sorge, so prüft das Familiengericht, ob eine solche Änderung aus triftigen Gründen des Kindeswohls angezeigt ist. Dies gilt uneingeschränkt dann, wenn unter den Eltern kein Einvernehmen über die gemeinsame Sorge besteht. Gegen die Änderung sprechen in solchen Fällen die Kontinuitätsinteressen des Kindes, doch ist dies ein Gesichtspunkt des Kindeswohls unter mehreren.

b) War bisher alleinige Sorge eines Elternteils gegeben und beantragen die Eltern nach dem 1. 7. 1998 nun einvernehmlich die Einrichtung der gemeinsamen Sorge, so überlagert m. E. der übereinstimmende Elternwille die Regelung des § 1696. Nach bisherigem Recht ist streitig, ob die erst im Änderungsverfahren erreichte Übereinstimmung der Eltern die gleiche Bindungswirkung für das Gericht entfaltet wie die bei der ersten Regelung vorgelegte Einigung[70]).

---

[69]) Übergangsvorschriften hat das KindRG in Art. 234 EGBGB eingestellt, die unseren Zusammenhang nicht betreffen. Die eigentlichen Übergangsvorschriften in Art. 15 KindRG betreffen nur die am 1. 7. 1998 – schon und noch – anhängigen Verfahren. Hier ist festgelegt: Eine am 1. 7. 1998 anhängige Folgesache, die die Regelung der elterl. Sorge nach § 1671 a. F. betrifft, ist in der Hauptsache als erledigt anzusehen, wenn nicht bis zum Ablauf von drei Monaten nach dem 1. 7. 1998 ein Elternteil einen Antrag auf (vollständige oder partielle) Alleinsorge stellt, siehe Art. 15 § 2 IV KindRG.

[70]) Dagegen *MünchKomm/Hinz* [Fn. 19], § 1696 Rz. 10; *Soergel/Strätz* [Fn. 17], § 1696 Rz. 8; offen *Erman/Michalski*, BGB, 9. Aufl., § 1696 Rz. 5; a. A. *Staudinger/Coester* [Fn. 17], § 1696 Rz. 31; für das neue Recht *Büdenbender*, AcP 197 (1997), 216 ff.

Hierzu soll hier nicht allgemein Stellung genommen werden. In den Übergangsfällen vom bisherigen zum neuen Recht muß aber eine solche Bindungswirkung angenommen werden. Das neue Kindschaftsrecht räumt der gemeinsamen Sorge nach Trennung oder Scheidung einen anderen Stellenwert ein als das bisherige; es wird für viele geschiedene Eltern der Anlaß sein, die bisherige Gestaltung des Sorgerechts zu überdenken. In dieser Lage erscheint ihr übereinstimmender Wille, auch wenn er erst im Änderungsverfahren angesichts einer Neuregelung des Kindschaftsrechts[71]) erreicht wurde, als Ausübung der elterl. Verantwortung in einer besonderen Situation geänderter Gesetzeslage und ist maßgebend, soweit nicht zum Wohl des Kindes davon abgewichen werden muß (§ 1671 III a. F.; für das neue Recht § 1697a). Im Rahmen des § 1696 kehrt sich bei übereinstimmendem Elternvorschlag für gemeinsames Sorgerecht somit das Regel-Ausnahme-Verhältnis um: Die triftigen Gründe müssen nicht für die erstrebte Änderung sprechen; es genügt, wenn sie dem gemeinsamen Sorgerecht nicht im Wege stehen.

c) Der bisher allein erziehende Elternteil wird mit dem Übergang zum gemeinsamen Sorgerecht in der Regel nur dann einverstanden sein, wenn geklärt ist, daß das Kind weiterhin bei ihm seinen Aufenthalt haben wird. Das kann erreicht werden durch eine Änderungsentscheidung dahin, daß die bisherige volle Alleinsorge in eine **partielle Alleinsorge** (z. B. Aufenthaltsbestimmungsrecht) mit **gemeinsamer Sorge im übrigen** umgewandelt wird.

Man könnte auch daran denken, die gemeinsame Sorge generell einzurichten und den Aufenthalt des Kindes über § 1628 zu regeln; doch scheidet in der genannten Konstellation diese Möglichkeit aus, da § 1628 die Uneinigkeit der Eltern in diesem Punkt voraussetzt. Als problematisch erscheint mir auch der Weg, nach § 1696 die unbeschränkte gemeinsame Sorge anzustreben und den Aufenthalt des Kindes durch außergerichtliche Vereinbarung festzulegen, da über die Bindungswirkung solcher Vereinbarungen – etwa in einem später anhängigen Verfahren nach § 1628 – keine gesicherten Rechtsmeinungen auszumachen sind. Es zeigt sich auch hier, daß die Neuregelung zu sehr der theoretischen Konstruktion eines „gemeinsamen Sorgerechts" und weniger den praktischen Problemen Rechnung trägt.

---

[71]) Daß Änderungen der Rechtslage besonderen Anlaß zur Überprüfung einer zuvor getroffenen Sorgerechtsregelung geben können, ist anerkannt, vgl. *KG*, FamRZ 1983, 1055 f.; *MünchKomm/Hinz* [Fn. 19], § 1696 Rz. 6.

d) Eine übergangsrechtliche Frage ergibt sich auch für die Fälle, in denen **schon nach bisherigem Recht die gemeinsame elterl. Sorge kraft gerichtlicher Entscheidung** nach § 1671 a. F. besteht. Diese war bisher in aller Regel nicht näher ausgestaltet; die besonderen Befugnisse des Elternteils, bei dem das Kind lebt, waren jedenfalls nicht gesetzlich, allenfalls durch „Untervertretungsmacht" kraft Bevollmächtigung durch den anderen Elternteil geregelt. Man muß annehmen, daß die neue Struktur der gemeinsamen Elternsorge gemäß §§ 1687, 1687a auch für diese „Altfälle" ab 1. 7. 1998 ohne weiteres maßgeblich ist. So gilt die Norm des § 1687 I ihrem Wortlaut nach für alle Fälle, in denen gemeinsam sorgeberechtigte Eltern „nicht nur vorübergehend getrennt leben", gleichgültig, ob die gemeinsame Sorge auf neuem oder auf altem Recht beruht. Bisher erteilte Vollmachten gelten weiter; dies ist bedeutsam für Vollmachten, die über die gesetzliche Vertretung nach § 1687 hinausgehen.

e) Bestand bisher Alleinsorge eines Elternteils und möchte der andere über § 1696 einen **Wechsel in der Person des allein Sorgeberechtigten** erreichen, so gilt § 1696 ohne weitere Besonderheit, d. h. das Gericht darf eine solche Änderungsentscheidung nur treffen, wenn sie aus triftigen, das Wohl des Kindes nachhaltig berührenden Gründen „angezeigt" ist. Nicht maßgeblich ist für solche Fälle der Maßstab des § 1671 II Nr. 2 n. F.; es genügt also nicht, wenn die Übertragung der alleinigen Elternsorge auf den Antragsteller dem Wohl des Kindes „am besten" entspricht.

f) Das Gleiche gilt schließlich, wenn bisher **gemeinsame Sorge kraft Gerichtsentscheidung** besteht und ein Elternteil durch Änderungsentscheidung die **alleinige Sorge** anstrebt. Auch hier sind die Kriterien des § 1696 I maßgeblich, nicht die des § 1671 II n. F.

§ 1671 n. F. ist aber einschlägig, wenn die gemeinsame Sorge, die im Sinne der Alleinsorge beendet werden soll, kraft Gesetzes besteht (z. B. schon nach bisherigem Recht bei Getrenntleben, wenn keine anderweitige Entscheidung nach § 1672 a. F. ergangen ist).

VII. Schluß

Mit vielen Kennern familiengerichtlicher Praxis bin ich einig, daß die Neuregelung der elterl. Sorge bei Trennung und Scheidung der Eltern hätte einfacher ausfallen sollen. Einige Grundvorstellungen überzeugen durchaus, doch es fehlt an zureichender Normtechnik ebenso wie an praktischer Vernunft. Das KindRG ist wiederum eine typisch deutsche Reform geworden, einerseits geleitet von hoch in den Wolken angesiedelten Ideen und damit verknüpften Glücksverheißungen, andererseits verwirklicht mit Hilfe eines haarspalterischen Juristenwerks, das beharrlich mit dem Ziel voranschreitet, unser gesamtes Leben zu jurifizieren. Ich wünsche den Kindern und Eltern viel Eintracht und den Gerichten viel Fingerspitzengefühl, damit die destruktiven Potenzen des Gesetzes nicht zum Leben erweckt werden.

Das Umgangsrecht im Kindschaftsrechtsreformgesetz

Von Prof. Dr. Thomas Rauscher, Leipzig

Übersicht

I. Die neuen Bestimmungen
II. Ausgangspunkte der Reform
   1. Umgangsrecht nach Ehescheidung
   2. Umgangsrecht nichtehelicher Väter
   3. Umgang mit Dritten
III. Gesetzgebungsgeschichte und neue Rechtslage im einzelnen
   1. Umgangsrecht als Recht des Kindes
      a) Pflicht-Recht der Eltern im Interesse des Kindes
      b) Art. 9 UN-Kinderrechtskonvention
      c) Umgangsrecht des Kindes in der Praxis
      d) Durchsetzung des Umgangsrechts
   2. Umgangsrecht bei Getrenntleben der verheirateten Eltern und nach der Ehescheidung
      a) Grundsatz: Umgangsrecht für alle Kinder und Eltern
      b) Familiengerichtliche Gestaltung
   3. Umgangsrecht nicht verheirateter Eltern
      a) Gleichstellung ehel. Kinder
      b) Fallgruppen bei der Regelung des Umgangsrechts
      c) Verfahrensrechtliche Durchsetzung
   4. Umgangsrecht Dritter (§ 1685)
      a) Soziale Bindungen des Kindes
      b) Personenkreis
      c) Kindeswohl als Grundlage des Umgangsrechts
      d) Vorrang des elterlichen Erziehungsrechts
      e) Wohlverhaltensgebot des § 1684 II
      f) Konkurrierende Umgangsrechte Dritter
      g) Pflegeeltern
      h) Gerichtliche Ausgestaltung
      i) Schutz der Stieffamilie

5. Auskunfsart
   a) Auskunftsrecht für beide Elternteile
   b) Berechtigtes Interesse
   c) Zuständigkeit
6. Verfahrensfragen, Vollstreckung des Umgangsrechts
   a) Vertretung und Beteiligung des Kindes
   b) Mediation
   c) Vollstreckung

I. Die neuen Bestimmungen im Überblick

Die für das Umgangsrecht maßgeblichen Bestimmungen lauten in der Neufassung durch das Kindschaftsrechtsreformgesetz [KindRG][1]):

§ 1626

(3) ¹Zum Wohl des Kindes gehört in der Regel der Umgang mit beiden Elternteilen. ²Gleiches gilt für den Umgang mit anderen Personen, zu denen das Kind Bindungen besitzt, wenn ihre Aufrechterhaltung für seine Entwicklung förderlich ist.

§ 1684

(1) Das Kind hat das Recht auf Umgang *mit jedem Elternteil;* jeder Elternteil *ist zum Umgang* mit dem Kind *verpflichtet und berechtigt.*

(2) ¹Die Eltern haben alles zu unterlassen, was das Verhältnis des Kindes zum jeweils anderen Elternteil beeinträchtigt oder die Erziehung erschwert. ²Entsprechendes gilt, wenn sich das Kind in der Obhut einer anderen Person befindet.

(3) ¹Das Familiengericht kann über den Umfang des Umgangsrechts entscheiden und seine Ausübung, auch gegenüber Dritten, näher regeln. ²Es kann die Beteiligten durch Anordnungen zur Erfüllung der in Absatz 2 geregelten Pflicht anhalten.

(4) ¹Das Familiengericht kann das Umgangsrecht oder den Vollzug früherer Entscheidungen über das Umgangsrecht einschränken oder ausschließen, soweit dies zum Wohl des Kindes erforderlich ist. ²Eine Entscheidung, die das Umgangsrecht oder seinen Vollzug *für längere Zeit oder auf Dauer* einschränkt oder ausschließt, kann nur ergehen, wenn andernfalls das Wohl des Kindes gefährdet wäre.³ Das Familiengericht kann insbesondere anordnen, daß der Umgang nur stattfinden

---

[1]) BGBl 1997 I 2942; Änderungen gegenüber dem Gesetzentwurf der Bundesregierung, BT-Drucks. 13/4899, sind *kursiv* gesetzt. Die alte Fassung des Gesetzes in Gegenüberstellung mit der neuen Fassung durch das KindRG ist abgedruckt in *Schwab/Wagenitz*, Familienrechtliche Gesetze, Gieseking Verlag 1997. §§ ohne Bezeichnung sind §§ des BGB in der Fassung des KindRG.

Die Neuregelung des Umgangsrechts 235

darf, wenn ein mitwirkungsbereiter Dritter anwesend ist. ⁴Dritter kann auch ein Träger der Jugendhilfe oder ein Verein sein; dieser bestimmt dann jeweils, welche Einzelperson die Aufgabe wahrnimmt.

§ 1685
(1) Großeltern und Geschwister haben ein Recht auf Umgang mit dem Kind, wenn dieser dem Wohl des Kindes dient.

(2) Gleiches gilt für den Ehegatten oder früheren Ehegatten eines Elternteils, der mit dem Kind längere Zeit in häuslicher Gemeinschaft gelebt hat, und für Personen, bei denen das Kind längere Zeit in Familienpflege war.

(3) § 1684 Abs. 2 bis 4 gilt entsprechend.

§ 1686
¹Jeder Elternteil kann vom anderen Elternteil bei berechtigtem Interesse Auskunft über die persönlichen Verhältnisse des Kindes verlangen, soweit dies dem Wohl des Kindes nicht widerspricht. ²Über Streitigkeiten entscheidet das Familiengericht.

§ 52a FGG
(1) ¹Macht ein Elternteil geltend, daß der andere Elternteil die Durchführung einer gerichtlichen Verfügung über den Umgang mit dem gemeinschaftlichen Kind vereitelt oder erschwert, so vermittelt das Familiengericht auf Antrag eines Elternteils zwischen den Eltern. ²Das Gericht kann die Vermittlung ablehnen, wenn bereits ein Vermittlungsverfahren oder eine anschließende außergerichtliche Beratung erfolglos geblieben ist.

(2) ¹Das Gericht hat die Eltern alsbald zu einem Vermittlungstermin zu laden. ²Zu diesem Termin soll das Gericht das persönliche Erscheinen der Eltern anordnen. ³In der Ladung weist das Gericht auf die möglichen Rechtsfolgen eines erfolglosen Vermittlungsverfahrens nach Absatz 5 hin. ⁴In geeigneten Fällen bittet das Gericht das Jugendamt um Teilnahme an dem Termin.

(3) ¹In dem Termin erörtert das Gericht mit den Eltern, welche Folgen das Unterbleiben des Umgangs für das Wohl des Kindes haben kann. ²Es weist auf die Rechtsfolgen hin, die sich aus einer Vereitelung oder Erschwerung des Umgangs ergeben können, insbesondere auf die Möglichkeit der Durchsetzung mit Zwangsmitteln nach § 33 oder der Einschränkung oder des Entzugs der Sorge unter den Voraussetzungen der §§ 1666, 1671 und 1696 des Bürgerlichen Gesetzbuchs. ³Es weist die Eltern auf die bestehenden Möglichkeiten der Beratung durch die Beratungsstellen und -dienste der Träger der Jugendhilfe hin.

(4) ¹Das Gericht soll darauf hinwirken, daß die Eltern Einvernehmen über die Ausübung des Umgangs erzielen. ²Das Ergebnis der Vermittlung ist im Protokoll festzuhalten. ³Soweit die Eltern Einvernehmen über eine von der gerichtlichen Verfügung abweichenden Regelung des Umgangs erzielen und diese dem Wohl des

Kindes nicht widerspricht, ist die Umgangsregelung als Vergleich zu protokollieren; dieser tritt an die Stelle der bisherigen gerichtlichen Verfügung. ⁴Wird ein Einvernehmen nicht erzielt, sind die Streitpunkte im Protokoll festzuhalten.

(5) ¹Wird weder eine einvernehmliche Regelung des Umgangs noch Einvernehmen über eine nachfolgende Inanspruchnahme außergerichtlicher Beratung erreicht oder erscheint mindestens ein Elternteil in dem Vermittlungstermin nicht, so stellt das Gericht durch nicht anfechtbaren Beschluß fest, daß das Vermittlungsverfahren erfolglos geblieben ist. ²In diesem Fall prüft das Gericht, ob Zwangsmittel ergriffen, Änderungen der Umgangsregelung vorgenommen oder Maßnahmen in bezug auf die Sorge ergriffen werden sollen. ³Wird ein entsprechendes Verfahren von Amts wegen oder auf einen binnen eines Monats gestellten Antrag eines Ehegatten eingeleitet, so werden die Kosten des Vermittlungsverfahrens als Teil der Kosten des anschließenden Verfahrens behandelt.

II. Ausgangspunkte der Reform
1. Umgangsrecht nach Ehescheidung

Nach Scheidung der Ehe der Eltern eines Kindes und Übertragung der Personensorge auf einen Elternteil nach § 1671 IV a.F. verblieb dem nicht sorgeberechtigten Elternteil eine Befugnis zum persönlichen Umgang mit dem Kind (§ 1634 I a.F.) sowie bei berechtigtem Interesse ein Auskunftsrecht über die persönlichen Verhältnisse des Kindes, soweit die Auskunftserteilung mit dem Kindeswohl vereinbar war (§ 1634 III S. 1 a.F.). Bei gemeinsamer elterlicher [elterl.] Sorge nach Scheidung war § 1634 a.F. analog zugunsten des Elternteils anzuwenden, bei dem sich das Kind nicht befand (§ 1634 IV a.F.)²). § 1634 I S. 2 a.F. enthielt ein Wohlverhaltensgebot an den sorgeberechtigten Elternteil, Beeinträchtigungen des Verhältnisses zum Umgangsberechtigten zu unterlassen.

Das Familiengericht war nach § 1634 II a.F. zum Eingriff berufen, wenn die Eltern eine einverständliche Ausübung des Umgangsrechts nicht herbeiführen konnten; eine Einschränkung oder Ausschließung des Umgangsrechts war (nur) zulässig, wenn dies zum Wohl des Kindes erforderlich war (§ 1634 II S. 2 a.F.).

Ausgehend von dem Grundproblem der Ausgestaltung des Umgangs als Elternrecht stand in der Praxis der Streit zwischen umgangsberechtigtem und sorgeberechtigtem Elternteil im Vordergrund³), der nicht selten in grotesk minuziösen und zeitlich

---

²) *BGH*, FamRZ 1980, 131.
³) Regierungsentwurf, BT-Drucks. 13/4899, S. 46.

auffällig knapp bemessenen[4]) Umgangsregelungen der durch den Kampf der Eltern frustrierten[5]) Gerichte endete. Obgleich § 1634 I a.F. das Umgangsrecht als nicht reduzierten Rest der Personensorge ausdrückte, war die Spruchpraxis mancher Gerichte auch in jüngerer Zeit von Regelvorstellungen geprägt, die dem individuellen Bedürfnis des Kindes zu wenig Raum gaben und die Rolle des Umgangsberechtigten für die Entwicklung des Kindes nicht als grundsätzlich bedeutsam annahmen, sondern letztlich doch die Gebotenheit des Umgangs überprüften. Das *BVerfG*[6]) hat demgegenüber eine individuelle, am Kindeswohl orientierte Bemessung des Umgangs eingefordert, die nicht an Regelfällen oder ständiger Spruchpraxis eines Senats orientiert werden dürfe.

Die bisherige Praxis zeigt vor allem aber deutlich, daß der Umgang mit dem nicht sorgeberechtigten Elternteil als ein dauernd gelebtes soziales Phänomen nicht unmittelbar durch eine juristische Ausgestaltung geregelt werden kann. Ob häufige kürzere oder seltene längere Aufenthalte des Kindes beim anderen Elternteil dem Kind nützen oder seine Lage destabilisieren, hängt selten vom Kind und meist vom Verhalten des einen Elternteils gegenüber dem anderen ab. Die Überwindung von Belastungen des Kindes durch Ablehnung des Umgangs seitens eines Elternteils hängt aber letztlich davon ab, ob und wie das Umgangsrecht gegen Widerstand des anderen Elternteils durchsetzbar ist, ohne das Kindeswohl zu beeinträchtigen.

Der Regierungsentwurf[7]) betonte dementsprechend die Probleme bei der Durchsetzbarkeit des Umgangsrechts im früheren Recht. Zwangsgeld (§ 33 I S. 1 FGG) und Kürzung des Kindesbetreuungsunterhalts (§ 1579 Nr. 6) wurden als problematisch gesehen, weil die Gefahr des Durchschlagens auf den Lebensstandard des Kindes besteht. Zwangshaft (§ 33 I S. 2 FGG) – eine bisher nur theoretische Option – würde eine so schwere Kindeswohlgefährdung voraussetzen, daß in solchen Fällen eine anderweitige Sorgerechtsregelung (§ 1696 bzw. § 1666) vorzugswürdig sei[8]). Andererseits weist der Regierungsentwurf auf die fatale Konsequenz hin, daß ein ursprünglich sachlich gebotenes, aber nicht durchgesetztes Umgangsrecht

---

[4]) Regelmäßig ein- bis zweimal monatlich einige Stunden, vgl. die Zusammenstellung bei *MünchKomm/Hinz*, BGB, § 1634 Rz. 28.
[5]) *Spangenberg*, FamRZ 1996, 1058.
[6]) *BVerfG*, FamRZ 1993, 662.
[7]) Regierungsentwurf, BT-Drucks. 13/4899, S. 32.
[8]) Vgl. auch *OLG Hamm*, FamRZ 1992, 466.

schließlich angesichts von gezielt herbeigeführter Entfremdung des Kindes zum Umgangsberechtigten sachlich nicht mehr zu rechtfertigen sein kann.

2. Umgangsrecht nichtehelicher Väter

Das Umgangsrecht des Vaters eines nichtehelichen [ne.] Kindes blieb erheblich hinter dem Umgangsrecht eines Elternteils eines ehelichen [ehel.] Kindes, der nicht Inhaber der elterl. Sorge war, zurück. Nach § 1711 I S. 1 a.F. bestimmte der Personensorgeberechtigte, regelmäßig die Mutter, den Umgang mit dem Vater. Zwar galt das Wohlverhaltensgebot des § 1634 I S. 2 a.F. entsprechend (§ 1711 I S. 2 a.F.); die gerichtliche Anordnung eines Umgangs hing jedoch nach § 1711 II S. 1 a.F. davon ab, daß der persönliche Umgang dem Wohl des Kindes diente. Lediglich das Auskunftsrecht entsprechend § 1634 III stand dem Vater ohne diese Einschränkung zu (§ 1711 III). Zwar hatte das *BVerfG* in einer relativ frühen Entscheidung[9]) diese auf das NEhelG zurückgehende restriktive Lösung als verfassungskonform angesehen; die Beschränkung eines durchsetzbaren Umgangs des Vaters auf Fälle der (nachgewiesenen) Nützlichkeit dieses Umgangs stand dennoch schon seit längerem in der Kritik. Ein Entwurf eines Nichtehelichen-Umgangsgesetzes[10]), der mit Rücksicht auf den Wert der Vaterbeziehung und in Abkehr von typisierenden Vorstellungen vom Wesen und Verhalten ne. Väter, die noch das NEhelG geprägt hatten, ein gerichtlich angeordnetes Umgangsrecht schon ermöglichen sollte, wenn dies dem Kindeswohl nicht widersprach, wurde jedoch nicht weiterbetrieben.

In der Praxis konnte das Wohlverhaltensgebot an die Mutter es nicht verhindern, daß eine Ablehnung des Umgangsrechts seitens der Mutter vielen Gerichten geeignet schien, das Umgangsbegehren des Vaters als kindeswohlschädlich darzustellen[11]). Positiv wirkte sich in jüngerer Zeit die Tendenz des *BVerfG* aus, dem ne. Vater, vor allem wenn er bereits das Kind betreut und mit ihm gelebt hatte, das Eltern-

---

[9]) *BVerfGE* 56, 363 = FamRZ 1981, 429.
[10]) Regierungsentwurf, BT-Drucks. 11/5494; vgl. Referentenentwurf, DAVorm 1988, 553.
[11]) Vgl. *LG Berlin*, FamRZ 1990, 1146; *LG Essen*, FamRZ 1994, 399; *LG Paderborn*, DAVorm 1984, 1030; *LG Hildesheim*, DAVorm 1983, 520, 521; *LG Essen*, FamRZ 1994, 400; selbst noch de lege ferenda vertreten von *Hahne*, FamRZ 1990, 928, 930; zutreffend *Ebert*, FamRZ 1994, 273, 277: „Kapitulations"-Entscheidungen.

recht des Art. 6 II GG zuzubilligen[12]). Zunehmend drang die Ansicht vor, daß der Umgang mit einem sorgewilligen Vater grundsätzlich dem Kindeswohl nütze[13]) und der Wunsch der Mutter, den Lebensabschnitt mit dem Kindesvater im eigenen Interesse klar abzuschließen, den Umgang nicht beeinträchtigen dürfe[14]). Freilich blieb der Vater mit dem oft aussichtslosen[15]) Beweis der Kindeswohlnützlichkeit belastet und nur vereinzelt klang in der Rechtsprechung der Gedanke an, daß Widerstand gegen eine Umgangsregelung eine gegebenenfalls zur Sorgerechtsentziehung führende schwere Beeinträchtigung des Kindeswohls sein kann[16]).

Vorrangiges Ziel des Reformentwurfes war es, die rechtliche Unterscheidung im Umgangsrecht mit ehel. und ne. Kindern entsprechend dem Grundkonzept der Überwindung der Statusunterschiede zu beseitigen[17]). Hinzu kam das Bestreben, diese materielle Angleichung durch eine Überwindung der verfahrensrechtlichen Unterscheidung – Zuständigkeit des Familiengerichts für Entscheidungen nach § 1634 II a.F., Zuständigkeit des Vormundschaftsgerichts bei § 1711 II a.F. – zu unterstreichen. Auch dieses Bestreben steht in dem größeren Zusammenhang, mit der Reform das Nebeneinander von Zuständigkeiten zu beseitigen[18]).

3. Umgang mit Dritten

Das frühere Recht kannte keine Berechtigung Dritter zum Umgang mit dem Kind. Grundsätzlich bestimmte im Rahmen der Personensorge der Sorgeberechtigte über den Umgang des Kindes mit Großeltern, sonstigen Verwandten und anderen Dritten. Für die Dauer der Ausübung des Umgangsrechts eines ehel. Elternteils stand

---

[12]) *BVerfGE* 84, 168 = FamRZ 1991, 913; vgl auch *BVerfGE* 92, 158 = FamRZ 1995, 789.
[13]) *LG Aachen*, DAVorm 1990, 1160; *LG Arnsberg*, FamRZ 1990, 909; *LG Lüneburg*, FamRZ 1991, 111; *LG Offenburg*, FamRZ 1996, 239; *AmtsG München*, FamRZ 1988, 767; *AmtsG Leutkirch*, FamRZ 1994, 401; *AmtsG Bielefeld*, FamRZ 1995, 1011.
[14]) *LG Köln*, DAVorm 1990, 704; *LG Heilbronn*, DAVorm 1975, 172; *LG Essen*, FamRZ 1994, 400.
[15]) Kein Anspruch auf kinderpsychiatrisches Gutachten: *LG Mainz*, DAVorm 1982, 996.
[16]) *OLG München*, FamRZ 1991, 1343; *LG Arnsberg*, FamRZ 1990, 909.
[17]) Regierungsentwurf, BT-Drucks. 13/4899, S. 68; vgl. auch *Leutheusser-Schnarrenberger*, DAVorm 1995, 1028.
[18]) Regierungsentwurf, BT-Drucks. 13/4899, S. 47 f.

jedoch auch diese Befugnis dem Umgangsberechtigten zu (§§ 1634 II S. 1 Hs. 2 a.F., 1632 II). Das Familiengericht konnte auch die Ausübung des Umgangsrechts gegenüber Dritten regeln (§ 1634 II Hs. 1 a.F.). Dies betraf jedoch den Konflikt der Eltern um das Umgangsrecht mit Dritten, welches der Umgangsberechtigte einzuräumen bereit war. Eigenständig gegen den Willen beider Eltern durchsetzbaren Umgang mit dem Kind gewährte die Rechtsprechung allerdings fallweise über § 1666 oder § 1632 IV, wenn gewachsene Bindungen zu Großeltern oder Pflegeeltern durch die Eltern ohne gerechtfertigten Grund gänzlich abgeschnitten wurden[19]).

Für ne. Kinder war § 1634 II zwar analog anwendbar (§ 1711 II S. 2 a.F.). Da jedoch bereits der Umgang des Kindes mit dem Vater regelmäßig der gerichtlichen Entscheidung bedurfte, war mittelbar auch die Befugnis des Vaters, während der Ausübung seines Umgangsrechts Dritten den Umgang mit dem Kind zu gewähren, eng beschränkt.

Ziel der Reform war die Sicherung des Umgangs zwischen Kind und bestimmten Dritten, um dem Bedürfnis des Kindes nach diesem Umgang ohne unnötig tiefgehende Eingriffe in die elterl. Sorge genügen zu können. Es sollte klargestellt werden, daß der Umgang des Kindes etwa mit Großeltern nicht ausnahmsweise dem Wohl des Kindes entspricht, sondern regelmäßig[20]).

III. Gesetzgebungsgeschichte und neue Rechtslage im einzelnen
1. Umgangsrecht als Recht des Kindes
a) Pflicht-Recht der Eltern im Interesse des Kindes

Das Gesetzgebungsverfahren war, was das Umgangsrecht angeht, zuletzt nur noch von einer Streitfrage geprägt, deren systematische Bedeutung kaum überschätzt werden kann, deren praktische Auswirkung sich jedoch erst im Alltag des neuen Rechts erweisen muß: Erhält das Kind ein förmliches Umgangsrecht mit seinen Eltern (und Dritten), oder bleibt es bei der bisherigen Konstruktion des *elterl.* Umgangsrechts?

---

[19]) *BayObLG,* DAVorm 1979, 768, FamRZ 1980, 284, ZJR 1981, 272; *OLG Düsseldorf,* FamRZ 1967, 340; *OLG Braunschweig,* FamRZ 1973, 268; im einzelnen: *Siedhoff,* NJW 1994, 616.
[20]) Regierungsentwurf, BT-Drucks. 13/4899, S. 46 f.

Familiensoziologisch war diese Frage im Grunde schon in der bisherigen Rechtsprechung und Diskussion entschieden, bestand doch unter dem jahrzehntelangen maßgeblichen Einfluß der Kinderpsychologie auf die Rechtswissenschaft[21]) Übereinstimmung, daß das Umgangsrecht nicht als Recht im Interesse der Eltern, sondern als Pflicht-Recht der Eltern im Interesse des Kindes besteht. Der Regierungsentwurf wollte dies – nur – verdeutlichen durch § 1626 III, der den Umgang als Inhalt des Pflicht-Rechts des § 1626 I beschreibt – ein Programmsatz[22]), der aber auch als eine über die programmatische Natur hinausgehende konkrete Ausfüllung des Kindeswohles verstanden sein will[23]). Hingegen wandte sich der Entwurf dezidiert gegen die Schaffung eines schon vorher vielfach geforderten[24]), einklagbaren „Umgangsrechts des Kindes". Im Vordergrund stand das Problem der Vertretung des Kindes, weil der sorgeberechtigte Elternteil als Anspruchsgegner ausgeschlossen wäre und die Vertretung durch den anderen Elternteil nur formal, aber nicht inhaltlich die Rechtslage geändert hätte. Eine Pfleger-Bestellung schien unnötig aufwendig. Die eigene Geltendmachung durch das Kind (ab einem bestimmten Alter) schien schließlich eher geeignet, Elternkonflikte auf das Kind zu verlagern, als dem Umgangsrecht effizient zur Durchsetzung zu verhelfen[25]).

b) Art. 9 UN-Kinderrechtskonvention

In seiner Stellungnahme[26]) betonte der Bundesrat dagegen die auch von Art. 9 III der UN-Kinderrechtskonvention gebotene Klarstellung, daß das Kind in seinem Umgang mit Eltern und Dritten nicht *Objekt* eines fremden Rechts, sondern Rechtsträger sei. Konsequenterweise mußte sich der Bundesrat auch für ein eigenes *Antragsrecht* des Kindes aussprechen, beschränkte jedoch dessen Ausübung auf den

---

[21]) Vgl. insbesondere *Ftenakis,* Väter, Bd. 2, Kap. 12.6.

[22]) Aus kindespsychologischer Sicht *Jopt,* ZfJ 1996, 203, 209: „vielleicht die bedeutsamste [Vorschrift] des gesamten Reformpaketes".

[23]) Regierungsentwurf, BT-Drucks. 13/4899, S. 903: „Anlaß für gerichtliche Maßnahmen nach § 1666 E bis hin zum Entzug der Sorge".

[24]) Antrag der SPD-Bundestagsfraktion, BT-Drucks. 13/1752, S. 6, 17; Antrag der Fraktion Bündnis 90/Die Grünen, BT-Drucks. 13/3341, S. 2; Deutscher Juristinnenbund, FamRZ 1992, 912; 59. Deutscher Juristentag, Beschluß E I auf Gutachten von *Schwenzer; dies.,* FamRZ 1992, 121, 127; *Kropholler,* AcP 185 (1985), 244, 286; *Coester,* JZ 1992, 809, 817.

[25]) Regierungsentwurf, BT-Drucks. 13/4899, S. 68.

[26]) Stellungnahme des Bundesrates, BT-Drucks. 13/4899, S. 153, Nr. 19.

Fall der höchstpersönlichen Geltendmachung durch das über 14jährige Kind mit hierzu gewährtem eigenen Antragsrecht. Bemerkenswerterweise wollte der Bundesrat jedoch nicht die weitere Konsequenz ziehen, das Recht des Kindes auch *zwangsweise durchsetzbar* zu gestalten; Zwangsmaßnahmen nach § 33 FGG sollten dem Kind nicht zu Gebote stehen[27]). Gerade wegen dieses zugestandenen Defizits eines nicht sinnvoll mit Zwangsmitteln durchsetzbaren Umgangsrechts des Kindes und seiner Beschränkung auf das ältere Kind[28]) setzte die Bundesregierung weiter auf eine verstärkte *Vermittlungstätigkeit des Jugendamtes,* um bei dem betroffenen Elternteil die notwendige Einsicht zu fördern[29]).

In der Diskussion mehrten sich die Stimmen, die jedenfalls um der Betonung des Prinzips willen ein Umgangsrecht des Kindes[30]) oder, wie der Bundesrat, präziser der Eltern und des Kindes[31]), teilweise auch flankiert durch einen auf das Kind ausgedehnten Beratungsanspruch nach § 18 III SGBVIII[32]) forderten, wobei die vom Bundesrat vorgeschlagene Beschränkung des Antragsrechts auf das ältere Kind nur selten aufgenommen wurde[33]). Zu keiner anderen Frage wurde auch so maßgeblich die bislang eher zu wenig bedachte UN-Kinderrechtskonvention[34]) angeführt, deren Art. 9 tatsächlich das stärkste *formale* Argument für eine Hinwendung zum Umgangsrecht des Kindes bieten dürfte[35]).

---

[27]) Stellungnahme des Bundesrates, BT-Drucks. 13/4899, S. 161, Nr. 41.

[28]) *Wichmann,* FuR 1996, 165, kritisiert am Vorschlag des Bundesrates, daß das oft schutzbedürftigere jüngere Kind seine Rechte nicht wahrnehmen kann.

[29]) Gegenäußerung der Bundesregierung, BT-Drucks. 13/4899, S. 168 f., Nr. 19.

[30]) Stellungnahme der Bundeskonferenz für Erziehungsberatung e.V., ZfJ 1996, 509; Stellungnahme der Arbeitsgemeinschaft für Jugendhilfe, ZfJ 1996, 94, 97; Stellungnahme des BRAK-Ausschusses Familienrecht, BRAK-Mitt. 1997, 150, 155, Nr. 18; *Rummel,* ZfJ 1997, 202, 214.

[31]) Stellungnahme des Deutschen Familiengerichtstages e.V., FamRZ 1997, 337, 341 Nr. 17; so schon *Schlüter,* FuR 1994, 341, 345.

[32]) Stellungnahme des Deutschen Familiengerichtstages e.V., FamRZ 1997, 337, 341, Nr. 17.

[33]) Stellungnahme der Arbeitsgemeinschaft für Jugendhilfe, ZfJ 1996, 94 (ab 12 Jahre); hingegen: Stellungnahme des BRAK-Ausschusses Familienrecht, BRAK-Mitt. 1997, 150, 155 f.: Verfahrenspfleger.

[34]) Vgl. *Ebert,* FamRZ 1994, 273; *Schlüter,* FuR 1994, 341, 342 f.

[35]) *Ebert,* FamRZ 1994, 273, 275; *Schlüter,* FuR 1994, 341, 345; Stellungnahme des Deutschen Familiengerichtstages e.V., FamRZ 1997, 337, 341, Nr. 17; Stellungnahme der Bundeskonferenz für Erziehungsberatung e.V., ZfJ 1996, 509; Stellungnahme der Arbeitsgemeinschaft für Jugendhilfe, ZfJ 1996, 94, 97.

c) Umgangsrecht des Kindes in der Praxis

Die Gesetz gewordene Fassung geht auf die einstimmige Empfehlung des Rechtsausschusses zurück, noch stärker zu betonen, daß das Kind nicht nur Objekt des elterl. Umgangs ist, sondern daß der Umgang der Eltern mit ihrem Kind ganz wesentlich dessen Bedürfnis dient, Beziehungen zu beiden Elternteilen aufbauen und erhalten zu können[36]). Hingegen wurde § 1685, betreffend das Umgangsrecht Dritter, gegenüber dem Regierungsentwurf nicht geändert, so daß das Kind insoweit kein eigenes Umgangsrecht erhält.

Ob in der Praxis das Recht des Kindes auf Umgang mehr sein wird als ein Gesetz gewordener, gutgemeinter Appell[37]), bleibt zweifelhaft. Auch der Rechtsausschuß[38]) verspricht sich vor allem einen Bewußtseinswandel bei den Eltern; die Ausgestaltung als Recht des Kindes soll Signalwirkung entwickeln sowohl für einen den Umgang mit dem anderen Elternteil vereitelnden Elternteil als auch für einen Elternteil, der sich dem Umgang entzieht und sich nicht mehr um sein Kind kümmert. Das Umgangsrecht des Kindes besteht also auch gegenüber einem sorgeberechtigten Elternteil und ist nicht auf das Verhältnis zu einem nicht Sorgeberechtigten beschränkt. Auch durch übereinstimmende Ausübung des Erziehungsrechts beider Eltern kann das Umgangsrecht nicht verdrängt, das Kind also nicht auf Umgang mit nur einem Elternteil verwiesen werden[39]). Ob im Streit der Eltern wegen des Umgangs mit dem umgangswilligen Elternteil das Gesetz mehr Überzeugungskraft haben wird als der schon bisher – zumeist – kindeswohlorientierte Überzeugungsarbeit leistende Richter, ist fraglich. In dieser Konstellation sollte auch keinesfalls versucht werden, das Kind nun als Rechtsinhaber in die Parteirolle gegen den Elternteil zu drängen, bei dem es sich aufhält; diese Last muß weiterhin der umgangswillige Elternteil tragen. Der Regierungsentwurf und der Bundesrat waren sich im Grundsatz einig, daß die wegen §§ 1629 II S. 1, 1795 II, 181 erforderliche Vertretung des Kindes durch einen Pfleger im Umgangsverfahren gegen den (zumeist) sorgeberechtigten Aufenthalts-Elternteil vermieden werden müsse; auch nach der Gesetz gewordenen Fassung wird es dazu selten kommen, wenn der

---

[36]) Bericht des Rechtsausschusses, BT-Drucks. 13/8511, S. 68.
[37]) Vgl. *Schmidt-Jortzig,* ZfJ 1996, 444.
[38]) Bericht des Rechtsausschusses, BT-Drucks. 13/8511, S. 68.
[39]) A. A. *Diederichsen,* NJW 1998, 1987, der aber zutreffend darauf hinweist, daß das Umgangsrecht des Kindes seine Schranken in beamten- oder arbeitsrechtlichen Pflichten des Elternteils findet.

Elternteil, um dessen Umgang es geht, seine Verantwortung erkennt und dem Kind die Last der Parteistellung abnimmt. Die noch darzustellende Möglichkeit der Pflegerbestellung nach § 50 I FGG (sogleich d) ist freilich auch in dieser Konstellation eröffnet.

d) Durchsetzung des Umgangsrechts

Wesentlich schwieriger gestaltet sich die Frage, wie die Regelung durchgesetzt werden soll, wenn das Kind (mit oder ohne Einverständnis des Sorgeberechtigten) den Umgang mit einem nicht umgangswilligen Elternteil (oder nach § 1685 mit einem Dritten) wünscht. Der Gesetz gewordene Vorschlag des Rechtsausschusses geht noch über den Vorschlag des Bundesrates[40]) hinaus, der die Geltendmachung und die Durchsetzung des Umgangsrechts beschränken wollte, und schafft auch insoweit ein vollstreckbares Umgangsrecht. Damit sind Szenarien vorstellbar, die – abgesehen von der Fragwürdigkeit eines erzwungenen Umgangs mit dem umgangsunwilligen Elternteil – Vertretungsprobleme aufwerfen. Hält sich das Kind bei dem (allein-) sorgeberechtigten Elternteil auf, so ist dieser an der Vertretung des Kindes bei der familiengerichtlichen Durchsetzung des Umgangsbegehrens gegen den anderen Elternteil nicht gehindert. Ist der den Umgang verweigernde Elternteil – was höchst widersprüchlich wäre – Mitinhaber der elterl. Sorge, so hängt die Alleinvertretung von der Einordnung nach § 1687 I ab. Anstatt in dieser nahezu grotesken Situation das Umgangsrecht als eher unbedeutende Entscheidung des täglichen Lebens abzutun und der Alleinvertretung zuzuordnen, erscheint es vorzugswürdig, hier den Weg über § 1671 anzustreben: Einem Elternteil, der den Umgang mit dem Kind ohne im Lichte des Kindeswohls annehmbare Gründe verweigert, wird schwerlich die – gemeinsame – elterl. Sorge zustehen können. Mit der Gesetz gewordenen Fassung wurde aber auch nicht die Anregung des Bundesrates aufgegriffen, dem über 14jährigen Kind ein eigenes Antragsrecht zur Durchsetzung des Umgangsrechts zu gewähren. Da § 50b II FGG nur die Anhörung des Kindes vorsieht, bleibt damit das über 14jährige Kind auf eine Pflegerbestellung angewiesen, wenn der Sorgeberechtigte nicht bereit ist, den Kindeswunsch nach Umgang mit dem anderen Elternteil durchzusetzen. In dieser Situation des von beiden Eltern in seinem Wunsch alleingelassenen Kindes hilft allerdings das neue Rechtsinstitut des Pflegers nach § 50 FGG: Der Konflikt mit dem

---

[40]) Stellungnahme des Bundesrates, BT-Drucks. 13/4899, S. 153, Nr. 19, vgl. oben b.

Sorgeberechtigten um den Umgang mit dem anderen Elternteil macht
– auf Anregung des Kindes oder des Jugendamtes – regelmäßig nach
§ 50 II S. 1 FGG die Bestellung eines Pflegers erforderlich, der das
Kind nicht nur in einem von § 50 I FGG erfaßten Umgangsverfahren[41]) vertritt, sondern ein solches Verfahren auch einleiten kann. § 50
I FGG verfolgt gerade auch den Zweck, in Fällen, in denen fraglich
ist, ob und zu welchem Elternteil ein Interessenkonflikt besteht, die
Pflegerbestellung zu ermöglichen[42]).

2. Umgangsrecht bei Getrenntleben der verheirateten Eltern und nach Ehescheidung

a) Grundsatz: Umgangsrecht für alle Kinder und Eltern

aa) § 1684 I ist die unabhängig von Sorgerecht und Status geltende
Grundsatznorm für den Umgang zwischen Eltern und Kind, die sich
nicht mehr wie § 1634 a.F. nur auf das Umgangsrecht von Eltern und
ehel. Kind bezieht, sondern auf alle, nicht mehr nach einem Status
unterschiedenen, Kindschaftsverhältnisse. Die Ablösung des Umgangsrechts von Statusfragen war schon im Vorfeld der Reform
nahezu unumstritten. In der Literatur[43]) wurde aber vielfach eine
Anlehnung der insgesamt anzuwendenden neuen Regelung an § 1711
a.F. vertreten, was eine starke Beschränkung des Umgangsrechts für
den nicht sorgeberechtigten oder das Kind nicht betreuenden
„Umgangs-Elternteil" bedeutet hätte. Die Entscheidung des Regierungsentwurfs zu einer Anlehnung an das bisher nur für ehel. Kinder
gemäß § 1634 I geltende Prinzip der Umgangsberechtigung mit Vater
und Mutter wurde im Gesetzgebungsverfahren nicht mehr nachhaltig
angezweifelt. Auch der Vorschlag, das Umgangsrecht formell danach
abzustufen, inwieweit vor Auftreten des Streites um den Umgang mit
dem Kind eine soziale Eltern-Kind-Beziehung bestanden hatte[44]), hat
das Gesetzgebungsverfahren nicht mehr beeinflußt[45]).

Die Gesetz gewordene Fassung dehnt unter grundsätzlicher Beibehaltung der Rechtslage für das Kind verheirateter Eltern die Rechts-

---

[41]) Regierungsentwurf, BT-Drucks. 13/4899, S. 131.
[42]) Regierungsentwurf, BT-Drucks. 13/4899, S. 131.
[43]) *Coester,* JZ 1992, 809, 815; *Lakies,* ZRP 1990, 229, 234; *Finger,* ZfJ 1987, 448, 453; *Balloff,* ZfJ 1991, 189, 201.
[44]) *Schwenzer,* FamRZ 1992, 121, 127.
[45]) Dieser Aspekt wird freilich bei Abwägung des Kindeswohls relevant sein, vgl. unten 3 und Regierungsentwurf, BT-Drucks. 13/4899, S. 105.

lage des § 1634 a.F. auf das Kind nicht verheirateter Eltern aus[46]). Da die schon erörterte Grundsatzdiskussion um die Frage der Rechtsinhaberschaft des Kindes[47]) für die Frage der Relativität des Umgangsrechts zwischen bestimmten Personen und dem Kind nicht maßgeblich ist, wurde dieses Prinzip auch im weiteren Verfahren nicht angetastet. Ebenso stammt das nunmehr in § 1684 II S. 1 übernommene Wohlverhaltensgebot inhaltlich aus § 1634 II S. 2 a.F.

bb) Dennoch ergeben sich auch für das Umgangsrecht verheirateter Eltern einige Änderungen gegenüber der früheren Rechtslage, die teilweise jedoch nur Signalcharakter haben. Die Neufassung will verdeutlichen, daß das Umgangsrecht unabhängig von der Inhaberschaft der elterl. Sorge ist. Damit wird insbesondere auch im Verhältnis von Kind und Alleininhaber der elterl. Sorge – ein von § 1634 a.F. nicht erfaßter Fall – ein Umgangsrecht begründet; die Eigenständigkeit des Umgangsrechts neben dem Sorgerecht wird hierdurch betont. Auch der Sorgerechtsinhaber, mit dessen Zustimmung sich das Kind bei dem anderen Elternteil befindet, soll nicht vor die Alternative gestellt sein, entweder das Kind herauszuverlangen oder auf Kontakte zu dem Kind zu verzichten[48]).

Ebenfalls grundsätzlich unverändert gegenüber der bisherigen Rechtslage ist das Umgangsrecht der Regelung und Ausgestaltung durch das *Familiengericht* zugänglich (§ 1684 III S. 1; vgl. § 1634 II S. 1 Hs. 1 a.F.; näher sogleich b).

Das Umgangsrecht besteht in allen Konstellationen auch gegenüber Dritten (z. B. Pflegeeltern), in deren *Obhut* sich das Kind befindet, sowohl zugunsten eines sorgeberechtigten als auch eines nicht sorgeberechtigten Elternteils[49]). Für diese Konstellation dehnt § 1684 II S. 2 das Wohlverhaltensgebot aus und verpflichtet die umgangsberechtigten Eltern auch gegenüber diesen Dritten, Beeinträchtigungen des Verhältnisses oder Erschwerungen der Erziehung des Kindes zu unterlassen. Unter „Obhut" versteht § 1684 in gleicher Weise wie schon ältere Bestimmungen (§§ 1629 II S. 2, 1748 I S. 1, 1751 IV) die tatsächliche Betreuung[50]).

---

[46]) Regierungsentwurf, BT-Drucks. 13/4899, S. 105.
[47]) Oben 2.
[48]) Regierungsentwurf, BT-Drucks. 13/4899, S. 105.
[49]) Regierungsentwurf, BT-Drucks. 13/4899, S. 105.
[50]) Regierungsentwurf, BT-Drucks. 13/4899, S. 105; vgl. *Ramm*, JZ 1996, 987, 991.

Die bedeutsamsten Neuerungen in der Konstellation von Trennung und Scheidung sind mittelbar hervorgerufen durch den Wegfall der amtswegigen Einbeziehung des Sorgerechts in den Scheidungsverbund. Obgleich der Sorgerechtsverbund ohne Antrag die *Regelung* des Umgangs nicht erfaßte (§ 623 III S. 2 ZPO a.F.), wurde der Umgang doch regelmäßig zum Gegenstand der Begutachtung durch das Jugendamt gemacht und im Verfahren erörtert[51]). Nunmehr steht zwar diese Art der Befassung des Gerichts mit dem Umgang nicht mehr automatisch zur Verfügung. Durch § 613 I S. 2 ZPO – auf Vorschlag des Bundesrates[52]) in der Fassung des Rechtsausschusses – ist jedoch die Anhörung zur elterl. Sorge und der Hinweis auf die bestehenden Beratungsmöglichkeiten, und damit auch eine Erörterung der Umgangsproblematik, gesichert. Werden Anträge zur Umgangsregelung gestellt, so wird weitgehend nach denselben Kriterien wie bisher zu entscheiden sein[53]).

cc) Ersatzlos entfallen ist die bisher in § 1634 II S. 1 Hs. 2[54]) enthaltene Bestimmung, wonach der nicht personensorgeberechtigte Elternteil während der Dauer des Umgangs das Umgangsbestimmungsrecht nach § 1632 II ausübte. Dies ist zwar einerseits konsequent, weil das Umgangsrecht nicht mehr nur dem nicht Personensorgeberechtigten zusteht und überdies nach § 1685 auch auf Dritte ausgedehnt wird (unten 4), denen das Umgangsbestimmungsrecht zweifellos nicht weiter übertragen werden soll. Andererseits ergibt sich hierdurch die Frage, wie in der – weiter in der Praxis häufigsten – Fallgruppe des Umgangsrechts eines geschiedenen Elternteils, bei dem das Kind nicht regelmäßig lebt, zu verfahren sein wird. Das Umgangsbestimmungsrecht ist nach dem unveränderten § 1632 II weiterhin Teil der Personensorge. Steht den Eltern gemeinsam die elterl. Sorge zu, so gilt für die Kompetenzabgrenzung § 1687. Grundsätzlich hat der Elternteil, bei dem sich das Kind gewöhnlich aufhält („Aufenthalts-Elternteil"), die Entscheidungsbefugnis in Angelegenheiten des täglichen Lebens; nur in Angelegenheiten von erheblicher Bedeutung entscheiden beide Elternteile (§ 1687 I S. 1). Dies nimmt gegenüber der bisherigen Praxis gemeinsamer elterl. Sorge dem anderen Elternteil teilweise Alltagsver-

---

[51]) Kritisch daher gegenüber dem Entwurf *Lossen*, FuR 1997, 100, 102.
[52]) Stellungnahme des Bundesrates, BT-Drucks. 13/4899, S. 160, Nr. 39.
[53]) Zur gerichtlichen Gestaltung sogleich b; zur mediativen Behandlung durch Gerichte und Jugendbehörden unten 6.
[54]) Gestrichen gemäß Art. 1 Nr. 37 KindRG.

antwortung[55]), erscheint aber aus Gründen der Praktikabilität alltäglicher Erziehung jedenfalls mit der nun im Rechtsausschuß gefundenen klaren, an § 1628 orientierten Definition in § 1687 I S. 3 hinnehmbar. Der andere Elternteil („Umgangs-Elternteil") hat nach § 1687 I S. 4 während des Umgangs die Befugnis zur alleinigen Entscheidung in Angelegenheiten der tatsächlichen Betreuung. Die Entwurfsbegründung versteht die Befugnis des § 1687 I S. 4[56]) eng bezogen auf reine Betreuungsfragen[57]), so daß es schwer fallen könnte, hieraus das Recht zur Dritt-Umgangsbestimmung herzuleiten. Das im Gesetzgebungsverfahren abgewogene Bedürfnis nach Entscheidungssicherheit des Aufenthalts-Elternteils[58]) gilt während der Ausübung des Umgangs freilich auch für den Umgangs-Elternteil: Ihm wird also, wie nach früherer Rechtslage, bis zur Grenze familiengerichtlicher Eingriffsmöglichkeiten (§ 1632 III) die Entscheidung über den Umgang des Kindes in diesem Zeitraum zustehen müssen, nicht zuletzt im Interesse eines seitens des Kindes als möglichst unverkrampft empfundenen Familienlebens beim Umgangs-Elternteil.

Hat der Umgangs-Elternteil nicht die elterl. Sorge inne, so bestimmen sich seine sorgerechtlichen Kompetenzen nach §§ 1687a, 1687 I S. 4 entsprechend; es gilt also derselbe Kompetenzrahmen einschließlich des soeben erörterten Rechts entsprechend § 1634 II S. 1 Hs. 2 a.F.

b) Familiengerichtliche Gestaltung

aa) Das grundsätzliche Anliegen der Reform, Unterscheidungen in sorgerechtlichen Verfahren zwischen den ehel. und ne. Kindern alten Rechts zu beseitigen, wirkt sich verfahrensrechtlich in der weitgehenden Beseitigung der sorgerechtlichen Verfahren vor den Vormundschaftsgerichten aus. Nur einzelne Angelegenheiten der Vermögenssorge und der Unterbringung bleiben weiter den Vormundschaftsgerichten zugewiesen[59]).

Für die Gestaltung des Umgangsrechts nach Scheidung bringt dies keine Änderung mit sich, weil dieser Ausschnitt inner- und außerhalb

---

[55]) Zu Recht kritisch die Stellungnahme des BRAK-Ausschusses Familienrecht, BRAK-Mitt. 1997, 151.
[56]) § 1687 I S. 4 entspricht inhaltlich E § 1687 I S. 3.
[57]) Regierungsentwurf, BT-Drucks. 13/4899, S. 108: „was das Kind zu Essen bekommt oder wann es ins Bett geht".
[58]) Vgl. Stellungnahme des Bundesrates, BT-Drucks. 13/4899, S. 154, Nr. 3; Bericht des Rechtsausschusses, BT-Drucks. 13/8511, S. 74.
[59]) Regierungsentwurf, BT-Drucks. 13/4899, S. 72.

des Scheidungsverbundes in die Zuständigkeit der Familiengerichte fiel.

bb) Die Gestaltung des Umgangsrechts durch das Familiengericht ist in § 1684 III S. 1 und IV S. 1 grundsätzlich an § 1634 II S. 1 Hs. 1 und II S. 2 a.F. angelehnt[60]). Das Familiengericht kann Umfang und Ausübung des Umgangsrechts, auch gegenüber Dritten, näher regeln (§ 1684 III S. 1). Es kann das Umgangsrecht nur einschränken oder ausschließen, soweit dies zum Wohl des Kindes erforderlich ist (§ 1684 IV S. 1); das Regel-Ausnahme-Verhältnis aus § 1934 II S. 2 a.F. wird von § 1684 IV S. 1 übernommen, wobei die Wendung „soweit ... erforderlich ist" lediglich die schon bisher geübte Praxis möglichst schonender – teilweiser – Eingriffe in das Umgangsrecht festschreibt. Eine deutliche Begrenzung der gerichtlichen Gestaltungsmöglichkeiten wurde jedoch mit § 1684 IV S. 2 erst im Rechtsausschuß eingefügt: Einschränkungen oder der Ausschluß des Umgangsrechts für längere Zeit oder auf Dauer setzen eine Kindeswohlgefährdung voraus. Damit soll die gesetzliche Schwelle für solche tiefgreifenden Eingriffe in das Umgangsrecht erhöht und die bereits in der Rechtsprechung von *BVerfG*[61]) und *BGH*[62]) erreichten, hohen Anforderungen im Gesetz nachvollzogen werden[63]). An eine grundsätzliche Änderung des Maßstabs gegenüber bisheriger Praxis ist also nicht gedacht.

Art und Umfang des Umgangsrechts werden also weiterhin nicht im Gesetz geregelt, sondern wegen der Vielschichtigkeit der Fallgestaltungen im Streitfall durch das Familiengericht bestimmt[64]). Maßstab ist wie bisher das Kindeswohl. Insoweit bringt die ausdrückliche Einbeziehung des Umgangs des Kindes mit beiden Eltern in das positiv beschriebene Kindeswohl (§ 1626 III) für das in einer Ehe der Eltern geborene Kind nichts Neues: Grundsätzlich ist der Umgang mit beiden Elternteilen dem Kind förderlich; das Gegenteil ist die beweisbedürftige Ausnahme. Hierbei soll auch weiterhin der Wille des Kindes, das im Rahmen von § 50b FGG vom Gericht angehört wird, ein wichtiges, jedoch nicht das allein maßgebliche Kriterium sein, weil dieser nicht selten von außen beeinflußt wird und Schwankungen unterliegt[65]).

---

[60]) Regierungsentwurf, BT-Drucks. 13/4899, S. 105 f.
[61]) *BVerfGE* 31, 194, 209 = FamRZ 1971, 421.
[62]) *BGH*, FamRZ 1984, 1084.
[63]) Bericht des Rechtsausschusses, BT-Drucks. 13/8511, S. 74.
[64]) Regierungsentwurf, BT-Drucks. 13/4899, S. 69.
[65]) Regierungsentwurf, BT-Drucks. 13/4899, S. 69.

cc) Bleiben also beim Umgang des Scheidungskindes die Grundsätze der Gestaltung bestehen, finden sich doch einige Gestaltungsmöglichkeiten, die spezifischen Problemen gewidmet sind. § 1684 III S. 2 gibt dem Familiengericht die Möglichkeit, die Beteiligten zur Einhaltung der Wohlverhaltenspflicht des § 1684 II anzuhalten. Gedacht ist an Situationen, in denen ein Elternteil diese Verpflichtung störend verletzt, die bisher einzige zur Verfügung stehende Möglichkeit einer Maßnahme nach § 1666 aber als eine zu scharfe Waffe erscheint. Vor allem gegenüber dem Aufenthalts-Elternteil wird damit ein erforderliches Instrumentarium geschaffen, da gegenüber dem Umgangs-Elternteil schon nach altem Recht wirksam mit § 1634 II S. 2 a.F. reagiert werden konnte. Der Regierungsentwurf[66]) nennt als Beispiel das von der betreuenden Mutter am Abend vor dem Umgangstag mit dem Vater mit dem Ziel der Übermüdung nicht rechtzeitig zu Bett gebrachte Kind. Zu denken ist auch an die häufigen Fälle, in denen Elternteile (unabhängig von der Rollenverteilung in der Personensorge) auf den Kindern ihre psychischen Scheidungsnöte abladen. Hier kann das Gericht nun gleichermaßen auch gegenüber dem Umgangs-Elternteil mit einem Anhalt zur Unterlassung solchen Tuns reagieren, ohne sogleich Einschränkungen des Umgangs auszusprechen.

dd) Im übrigen enthält § 1684 IV weitere, inhaltlich neue, familiengerichtliche Gestaltungsmöglichkeiten: Neben einer Teillösung des Problems der Vollstreckung von Umgangsentscheidungen (Satz 1, dazu unten 6.) ist die Möglichkeit der familiengerichtlichen Anordnung eines *beschützten Umgangs* vorgesehen (§ 1684 IV S. 3 und 4). Es geht hier insbesondere um die Fallgruppen des Verdachts des sexuellen Mißbrauchs des Kindes durch den Umgangsberechtigten und der Besorgnis der Kindesentziehung durch diesen. Weil in diesen Fällen sich regelmäßig ein Verdachtspotential, das eine schwere Kindeswohlgefährdung ergeben würde, und Unschulds- oder Absichtsbeteuerungen des Umgang begehrenden Elternteils gegenüberstehen, war schon unter altem Recht die Möglichkeit eines Umgangs in Gegenwart eines schützenden Dritten zu erwägen[67]). Die Anordnung kann das Gericht nur mit Wirkung gegenüber den Eltern treffen; der Dritte muß hingegen mitwirkungsbereit sein. Die Möglichkeit, nach

---

[66]) BT-Drucks. 13/4899, S. 105.
[67]) *OLG Hamburg*, FamRZ 1996, 422; vgl. auch den Erfahrungsbericht über ein Modell des beschützten Umgangs aufgrund Vereinbarung zwischen wechselseitig zunächst mißtrauischen Eltern: ZfJ 1994, 325.

§ 1684 III S. 1 letzter Hs. eine Regelung des Umgangsrechts „auch gegenüber Dritten" zu treffen, schließt nicht die Befugnis ein, einen (unbeteiligten) Dritten zur Teilnahme am Umgang eines Elternteils mit dem Kind zu zwingen[68]). Dritte können natürliche Personen, insbesondere Verwandte von Eltern und/oder Kind sein. Häufig wird aber in Spannungsfällen die Möglichkeit genutzt werden, als Dritten gemäß § 1684 IV S. 4 einen Träger der Jugendhilfe oder einen Verein zu bestimmen, der dann eine Einzelperson mit der Aufgabe betraut. Dies muß nicht ein öffentlicher Träger der Jugendhilfe, sondern kann auch ein privater Verein sein, wie durch bewußte Beibehaltung[69]) der weiten Formulierung gegenüber einer vom Bundesrat[70]) vorgeschlagenen verengenden Präzisierung klargestellt ist. Zu diesem Zweck wurde den Jugendämtern in § 18 III S. 3 SGBVIII die Aufgabe zugewiesen, bei der Ausübung von Umgangsregelungen in geeigneten Fällen Hilfestellung zu leisten. Auch das Jugendamt muß jedoch nach eigener fachlicher Einschätzung mitwirkungsbereit sein und kann nicht durch das Familiengericht verpflichtet werden. Auf die ursprünglich vorgeschlagene Erhebung von Teilnahmebeiträgen (§ 90 I S. 1 Nr. 4 SGBVIII-E) wurde im Gesetzgebungsverfahren verzichtet nach den zutreffenden Einwendungen des Bundesrates, solche Gebühren würden in den ohnehin konfliktbeladenen Fällen beschützten Umgangs den Konflikt nur weiter schüren[71]).

3. Umgangsrecht nicht verheirateter Eltern
a) Gleichstellung ehel. und ne. Kinder

Der große Schritt zur Gleichstellung von Kindern unverheirateter Eltern, den das Gesetz insgesamt geht, wirkt sich auch im Umgangsrecht aus. Entgegen anfänglichen Erwägungen, die noch im Entwurf eines Nichtehelichen-Umgangsgesetzes[72]) Niederschlag gefunden hatten, wird das bisherige Regel-Ausnahmeverhältnis des § 1711 a.F. für den Umgang des Kindes nicht miteinander verheirateter Eltern mit seinem Vater umgekehrt und im Grundsatz die Gleichstellung mit

---

[68]) Regierungsentwurf, BT-Drucks. 13/4899, S. 106.
[69]) Vgl. Gegenäußerung der Bundesregierung, BT-Drucks. 13/4899, S. 169, Nr. 21.
[70]) Stellungnahme des Bundesrates, BT-Drucks. 13/4899, S. 154, Nr. 21.
[71]) Vgl. Regierungsentwurf, BT-Drucks. 13/4899, S. 106; Stellungnahme des Bundesrates, BT- Drucks. 13/4899, S. 164, Nr. 50, m. zust. Gegenäußerung der Bundesregierung, S. 173; *Wiesner*, ZfJ 1997, 29, 32.
[72]) BT-Drucks. 11/5494.

dem Kind von Ehegatten erreicht. Dieses nahezu[73]) allseits gewollte Prinzip wird freilich in der Praxis weitaus häufiger durch gerichtliche Regelungen und Eingriffe nach § 1684 III und IV tangiert werden als bei Kindern verheirateter Eltern.

Das Kriterium der Ehe der Eltern ist beim Umgangsrecht, anders als beim Sorgerecht (§ 1626a), gänzlich entfallen[74]). Nicht nur das Prinzip des § 1684 I, sondern auch die Wohlverhaltenspflicht des § 1684 II sowie die Theorie der gerichtlichen Umgangsregelung (§ 1684 III) und -einschränkung (§ 1684 IV) unterscheidet nicht zwischen Kindern verheirateter und nicht verheirateter Eltern (zu allem oben 2). Diese Gleichstellung wird auch verfahrensrechtlich dadurch signalisiert, daß künftig über den Umgang von Kindern mit ihren nicht verheirateten Eltern ebenfalls das *Familiengericht* entscheidet[75]). Insbesondere hängt das Umgangsrecht des nicht mit der Mutter verheirateten Vaters nicht vom Willen der Mutter ab, wie dies in bedauerlicher und wohl verfassungswidriger Weise § 1626a für die elterliche Sorge vorsieht[76]). Dies eröffnet den – beim Sorgerecht verschlossenen – Weg, im Streit der Eltern um das Umgangsrecht ausschließlich das Wohl des Kindes zu beachten: Für beide Elternteile gilt hier, daß im Normalfall nur die Ausübung des Umgangsrechts zu regeln ist, nicht aber das Umgangsrecht erst herzustellen ist (§ 1684

---

[73]) Vgl. oben II.2.; Regierungsentwurf, BT-Drucks. 13/4899, S. 68.
[74]) *Diederichsen*, NJW 1998, 1986.
[75]) Näher oben 2 b aa.
[76]) § 1626a folgt – wie z.B. § 1355 I a.F. – dem Prinzip, daß sich zwei Personen einigen sollen, aber eine kraft Gesetzes Recht bekommt, wenn sie zur Einigung keine Neigung hat. Die Bestimmung verstößt daher nicht nur gegen Art. 3 II GG, weil es keinen tragfähigen Grund gibt, die Mutter sorgerechtlich besser zu stellen ohne die Möglichkeit einer gerichtlichen Überprüfung. Sie verstößt auch gegen Art. 6 V GG, weil ohne sachlichen Grund die Begründung einer elterlichen (Mit-)Sorge des Vaters nur bei Kindern unverheirateter Eltern nicht allein vom Kindeswohl, sondern auch dann von der gerichtlich bis zur Grenze des § 1666 nicht überprüfbaren Willkür der Mutter abhängt, wenn das Kind z.B. mit beiden Eltern längere Zeit zusammengelebt hat; erhellend hierzu die höchst vorsichtigen Formulierungen im Bericht des Rechtsausschusses, BT-Drucks. 13/8511, S. 66, wo eine Minderheit für besondere Fälle ein gemeinsames Sorgerecht kraft gerichtlicher Entscheidung – die wohl einzig verfassungsgemäße Lösung – vorgeschlagen hatte. Der Mehrheit ist hier ein letztes Mal der klassische Trugschluß alten Nichtehelichenrechts unterlaufen: Ob die zu Streit der Eltern führende Ablehnung der Mutter kindeswohlwidrig ist, kann nur individuell ein Gericht entscheiden, nicht aber typisierend der Gesetzgeber. Auch wenn verheiratete Eltern streiten, schadet das dem Kindeswohl, ist aber kein Anlaß, der Mutter oder dem Vater einen Sorgerechtsvorrang einzuräumen.

III S. 1). Eine Einschränkung oder gar ein Ausschluß des Umgangs kommt nur in Betracht, wenn der Umgang mit dem betroffenen Elternteil dem Wohl des Kindes nachteilig, die Maßnahme also erforderlich ist (§ 1684 IV S. 1). Auch insoweit sind längerfristige oder dauernde Maßnahmen nunmehr nur noch zulässig, wenn ansonsten das Kindeswohl gefährdet wäre (§ 1684 IV S. 2). Insbesondere trägt der Vater nicht mehr die Feststellungslast, daß der Umgang mit ihm dem Kind nützt[77]). Beim nicht mit der Mutter verheirateten Vater entfaltet § 1626 III S. 1 also seine entscheidende praktische Wirkung.

b) Fallgruppen bei der Regelung des Umgangsrechts

Diese Rechtslage ist unabhängig vom Sorgerecht. Die gegebenenfalls nach § 1684 IV erforderliche Entscheidung, ob das Kindeswohl eine Beschränkung des Umgangs erfordert, wird im wesentlichen von tatsächlichen Gegebenheiten bestimmt. Diese erlauben eine Einordnung der Kindschaftsverhältnisse in neue Fallgruppen, denen häufig bestimmte Sorgerechtskonstellationen entsprechen werden:

aa) Haben Mutter und Vater nach Geburt des Kindes zumindest erzieherisch zusammengewirkt, so daß das Kind zu beiden Elternteilen eine Beziehung entwickeln konnte, so wird dies im späteren Streitfall von wesentlicher Bedeutung sein und zugunsten des möglichst unbeeinträchtigten Umgangs mit beiden Elternteilen sprechen. Häufig wird es sich hier um Fälle handeln, in denen die Eltern zunächst zusammengelebt und gegebenenfalls auch eine Sorgerechtserklärung nach § 1626a abgegeben wurde.

bb) Hat sich hingegen nie eine Beziehung zwischen dem Kind und dem betroffenen Elternteil entwickelt, der nun einen Umgang anstrebt, so wird es sich regelmäßig um Fälle handeln, in denen ein Elternteil, aufgrund § 1626a II die Mutter, alleine das Sorgerecht innehat. Hier bleibt zwar ebenfalls, dem Grundsatz des § 1626 III S. 1 entsprechend, der Umgang im Hinblick auf das Kindeswohl anstrebenswert. In diesem Fall muß aber bei der Regelung der Ausübung des Umgangsrechts nach § 1684 III S. 1 behutsamer vorgegangen werden, weil Kontakte überhaupt erst angebahnt werden. Dieser Fall entspricht dem Fall verheirateter Eltern, die sich bereits vor der Geburt des Kindes getrennt haben[78]). Jedoch muß gerade in dieser Situation auch Berücksichtigung finden, aus welchen *Gründen* bisher ein

---

[77]) So erklärtermaßen das Ziel des Regierungsentwurfs, BT-Drucks. 13/4889, S. 105.
[78]) Regierungsentwurf, BT-Drucks. 13/4899, S. 105.

Elternteil keinen Kontakt mit dem Kind gehabt hat und der betreuende Elternteil sich einem Umgangsrecht widersetzt. Hier ist die Rechtsprechung gefordert, sich von den an § 1711 a.F. entwickelten Grundsätzen zu lösen und tatsächlich die Gleichstellung zu vollziehen, die der Gesetzgeber angestrebt hat.

Auch mit dem Vater, dem die Mutter trotz seines Bestrebens die Sorgerechtserklärung verweigert, muß dem Kind nach Kräften ein Umgang ermöglicht werden. Insbesondere darf nicht mehr der Wunsch der Kindesmutter, einen für sich selbst womöglich negativ beurteilten Lebensabschnitt abzuschließen und deshalb den Vater ihres Kindes aus dessen Leben zu verbannen, zu einer Kindeswohlbelastung werden. In dem Maß, in dem ein verbreiteter gesellschaftlicher Konsens frühere sexuelle Beziehungen nicht mehr als eine Belastung späterer Ehen und Partnerschaften versteht, verliert die Annahme einer Störung des Lebens einer neuen Familie der Mutter durch den Vater des Kindes seine Glaubwürdigkeit. § 1684 IV S. 2 wirkt auch und gerade hier: Die Umgangsregelung wird regelmäßig eine Hinführung an einen regelmäßigen Umgang sein; der dauerhafte Ausschluß des Vaters vom Umgangsrecht kommt nur bei Kindeswohlgefährdung in Betracht; Ablehnung seitens des Aufenthalts-Elternteils darf also nicht zum wohlfeilen Argument für den Ausschluß des Umgangs des anderen Elternteils werden, sondern muß mit den gebotenen Mitteln (sogleich c) im Interesse des Kindeswohls überwunden werden. Erst recht darf nicht der gelegentlich propagierte feministische Egoismus der Selbstverwirklichung mit Kind ohne Vater über das Umgangsrecht von Kind und Vater siegen. Gerade beim Kind nicht verheirateter Eltern gilt es also, künftig vorurteilsfrei – was leider durch den klassisch mutterorientiert typisierenden § 1626a II nicht eben erleichtert wird – mangelnder Kooperationsbereitschaft entspringende Kindeswohlgefährdungen zu eliminieren, statt, wie bisher, den Vater zu „eliminieren".

c) Verfahrensrechtliche Durchsetzung

Das verfahrensrechtliche Instrumentarium, das die Neufassung des § 1684 ebenfalls unterschiedslos für alle Kinder geschaffen hat, sollte angemessene Ergebnisse ermöglichen: Mit dem Einsatz der Anordnungen nach § 1684 III S. 2 kann ungerechtfertigte Obstruktion gegen den Umgang des anderen Elternteils auf sanfte Weise reduziert, aber auch richterliche Überzeugungsarbeit mit Nachdruck versehen werden. Umgangsobstruktion ist, wie § 1626 III S. 1 nun klarmacht, Kindeswohlgefährdung und muß schlimmstenfalls mit Maßnahmen nach § 1666 beantwortet werden. Jedenfalls gibt die neue Gesetzeslage den Gerichten die Chance, nur noch jene – vom alten Nichtehelichenrecht zum Typus stilisierten – Väter draußen vor der Türe zu lassen, die sich desinteressiert oder ablehnend gezeigt haben bzw. den Umgang mit dem Kind zweckwidrig mißbrauchen wollen.

4. Umgangsrecht Dritter (§ 1685)

a) Soziale Bindungen des Kindes

Mit einer gänzlich neuen Regelung zum Umgangsrecht zwischen dem Kind und dritten Personen folgt der Gesetzgeber dem mehrfach in der Reformdiskussion vorgebrachten[79]) Gedanken einer rechtlichen Stärkung der über die Kleinfamilie hinausgehenden Sozialbeziehungen des Kindes. Obgleich § 1626 III S. 2 auch den Umgang mit anderen Personen, zu denen das Kind Bindungen besitzt, dem Kindeswohl zurechnet, gibt § 1685 dem Kind – entgegen der Stellungnahme des Bundesrates[80]) – kein eigenes einforderbares Recht auf Umgang mit diesem Personenkreis. Die Differenzierung zu § 1684, die der Rechtsausschuß ohne nähere Begründung trotz Kenntnis der jeweils nicht differenzierenden Ansichten von Bundesrat und Bundesregierung[81]) empfohlen hatte, ist deshalb gerechtfertigt, weil Großeltern, Geschwistern, noch weniger aber sonstigen Dritten i.S. des § 1626 III S. 2 schwerlich eine Pflicht zum Umgang mit dem Kind angesonnen werden kann.

b) Personenkreis

Das Umgangsrecht wird zudem nur einem bestimmten Personenkreis gewährt: Nach § 1685 I Großeltern und Geschwistern, nach Abs. II einem Stiefelternteil, der mit dem Kind längere Zeit in häuslicher Gemeinschaft gelebt hat, und ehemaligen, ebenfalls längerfristigen, Pflegeeltern. Andere Personen, selbst wenn ihr Umgang dem Wohl des Kindes dienen würde, haben kein ausdrücklich eingeräum-

---

[79]) Entwurf der SPD-Bundestagsfraktion, BT-Drucks. 12/4024; Deutscher Juristinnenbund, FamRZ 1992, 912, 913; 59. Deutscher Juristentag, Beschluß E III 1; *Schwenzer*, FamRZ 1992, 121, 127.
[80]) Stellungnahme des Bundesrates, BT-Drucks. 13/4899, S. 153, Nr. 20.
[81]) Die Gegenäußerung der Bundesregierung, BT-Drucks. 13/4899, S. 169, Nr. 20, verweist lediglich auf die Begründung zu Nr. 19, betreffend das Recht des Kindes auf Umgang mit den Eltern, welches vom Rechtsausschuß jedoch empfohlen und in die Gesetz gewordene Fassung eingegangen ist.

tes Recht auf Umgang[82]); der Umgang mit ihnen unterliegt der Bestimmung durch den bzw. die Sorgeberechtigten.

Daß § 1626 III S. 2 den Personenkreis kindeswohlnützlichen Umgangs weit faßt, während § 1685 das Umgangs*recht* individuell begrenzt, bedeutet keinen Widerspruch[83]): Wenn keine guten Gründe gegen den Umgang sprechen, wird grundsätzlich der Umgang des Kindes mit sonstigen Personen, zu denen Bindungen bestehen (von der netten Nachbarin bis zur Kindergarten-Erzieherin) seiner Entwicklung, insbesondere seiner Sozialisation förderlich sein[84]). Es bedeutete aber einen bedenklichen Eingriff in das elterl. Erziehungsrecht, wenn diesem Personenkreis Umgangsrechte gewährt würden, die auch gegen den Willen der Eltern durchsetzbar sind. Bei den in § 1685 genannten Personen erscheint dagegen eine Absicherung des Umgangs über die Gewährung eines Rechts gerechtfertigt, weil es sich um in der (abstammungsmäßigen oder nachhaltig sozial gelebten) Familienbeziehung stehende Personen handelt.

c) Kindeswohl als Grundlage des Umgangsrechts

Das Umgangsrecht nach § 1685 besteht nur, wenn der Umgang dem Wohl des Kindes dient[85]). Damit ist der Gesetzgeber insbesondere nicht dem Vorschlag des Deutschen Familiengerichtstages[86]) gefolgt, der auf eine schlichte Verweisung für den in § 1685 genannten Personenkreis auf § 1684 hinauslief. Der Entwurf ist zu dieser Frage erfreulicherweise nicht einem Argumentationsansatz gefolgt, der das Umgangsrecht anderer Bezugspersonen damit rechtfertigt, daß „nichteheliche Kinder häufiger als mit dem Vater mit anderen Bezugspersonen ... zusammenleben" [87]). Oft mag dies zutreffen, ändert

---

[82]) Regierungsentwurf, BT-Drucks. 13/4899, S. 69.
[83]) Anders: *Schulze,* FuR 1996, 275, 276.
[84]) Hingegen ist das vereinzelt geforderte (*Niemeyer,* FuR 1997, 141) Umgangsrecht des gleichgeschlechtlichen Partners eines Elternteils des Kindes abzulehnen; wenn der andere Elternteil diesen Umgang nicht wünscht, darf im kinderpsychologischen Streit um die Frage, ob die sexuelle Orientierung – und damit auch die Sozialisation – des Kindes hierdurch gefährdet ist, keine scheinbar moderne Position gegen den Willen des an mehrheitlichen Verhaltensweisen orientierten Elternteils bezogen werden.
[85]) Regierungsentwurf, BT-Drucks. 13/4899, S. 68; *OLG Köln,* FamRZ 1998, 695; *Diederichsen,* NJW 1998, 1986.
[86]) FamRZ 1997, 337, 341.
[87]) Regierungsentwurf, BT-Drucks. 13/4899, S. 106.

aber nichts daran, daß der Vater Grundrechtsträger nach Art. 6 II GG ist, die anderen Bezugspersonen regelmäßig jedoch nicht. Die gefundene Lösung wird diesem Gesichtspunkt gerecht: Bei Großeltern und Geschwistern, noch mehr beim Ehegatten eines Elternteils und früheren Pflegeeltern kann nicht *typisiert* davon ausgegangen werden, daß der Umgang mit diesen dem Wohl des Kindes dient. Während Vater und Mutter als elementare Bezugspersonen für die Entwicklung eines Kindes erforderlich sind und das Fehlen einer dieser Bezugspersonen jedenfalls einen schmerzlichen Mangel bedeutet, steht und fällt die Bedeutung anderer Personen für die Entwicklung des Kindes mit der vorhandenen *Bindung*. Dem entspricht die Anlehnung an § 1711 a.F.[88]). Auch wenn durch die Formulierung in § 1626 III S. 2 die Bindung zum weiten Überbegriff und ihre Aufrechterhaltung zur zusätzlichen Bedingung zu werden scheint, liegt der Schwerpunkt der Prüfung in der Feststellung vorhandener oder im Kindeswohlinteresse angestrebter *Bindungen*. Wo solche Bindungen existieren, ist ihre Aufrechterhaltung regelmäßig dem Kindeswohl nützlich, es sei denn, daß schwerer wiegende Gründe dagegen sprechen[89]).

d) Vorrang des elterlichen Erziehungsrechts

Dabei darf nicht übersehen werden, daß § 1685 eine Bestimmung ist, die das Elternrecht des Art. 6 II GG berührt, weil nicht nur das Verhältnis der Eltern zueinander betroffen ist. Das Umgangsrecht des § 1685 wird zwar nicht selten in typischen Konfliktsituationen der Kindeseltern eine Rolle spielen („Ich will nicht, daß mein Kind die Schwiegermutter trifft."). Es ist aber vor dem Hintergrund der bekannten Konfliktfälle der bisherigen Rechtsprechung[90]) gerade auch für jene Fälle gedacht, in denen die Eltern im Ringen um die beste gemeinsame Einsicht zum Kindeswohl den Umgang mit Großeltern oder ehemaligen Pflegeeltern unterbinden wollen. Hier wird die vom KindRG gefundene Lösung, daß die Feststellungslast der Umgang Begehrende trägt, der Bedeutung des Erziehungsvorrangs der Eltern gerecht.

---

[88]) Regierungsentwurf, BT-Drucks. 13/4899, S. 107.
[89]) Die Begründung des Regierungsentwurfs zu § 1626 III S. 2 formuliert insofern richtiger, der Umgang gehöre in der Regel dann zum Wohl des Kindes, *„wenn das Kind zu der betreffenden Bezugsperson Bindungen besitzt, deren* Aufrechterhaltung seiner Entwicklung förderlich ist" (Hervorhebungen d. Verf.).
[90]) Vgl. *BayObLG*, FamRZ 1975, 279; FamRZ 1980, 284.

In Kritik an dem Entwurf wurde befürchtet, diese Gestaltung könne zu einem Rückschritt hinter die bisherige Anwendung von § 1666 auf solche Fälle führen, weil selbst kleinere „getürkte" Spannungen[91]) den Umgang des Dritten mit dem Kind nicht mehr als dem Kindeswohl dienlich erscheinen ließen. Die gerichtliche Praxis muß hier einen neuen Weg suchen: Die Weigerung der Eltern, den Umgang zu gewähren, darf nicht – wie bisher – erst an § 1666 ihre Schranke finden; sie ist nicht erst dann unbeachtlich, wenn sie das Kindeswohl gefährdet[92]). Zwar erlegt § 1685 dem Umgang Begehrenden die Feststellungslast dafür auf, daß der Umgang dem Kindeswohl dient; doch § 1626 III S. 2 gibt ihm zugleich den Gesetz gewordenen Erfahrungssatz in die Hand. Gerade für den in § 1685 II genannten Personenkreis, zu dem keine familiären Beziehungen des Kindes bestehen, wird häufig eine soziale Bindung bestehen, die über § 1626 III S. 2 das Kindeswohl und damit das Tatbestandsmerkmal der Kindeswohldienlichkeit in § 1685 I ausfüllt[93]). Hingegen wird man bei dem Personenkreis des § 1685 I wegen der Verwandtschaftsbeziehung auf eine Lebenserfahrung abstellen dürfen, die grundsätzlich für den Umgang mit nahen Verwandten spricht. Dem Geist des § 1626 III S. 2 und zugleich des Art. 6 II GG wird eine Auslegung gerecht, die in der Umgangsverweigerung durch beide Eltern einen ernstzunehmenden Gesichtspunkt für das Kindeswohl sieht, diese Verweigerung aber nur bei vernünftigen, *am Wohl des Kindes orientierten Argumenten* durchgreifen läßt. *Streiten* die Eltern um den Umgang des Kindes mit Dritten, so wird erst recht die Motivation für die Umgangsverweigerung den Ausschlag geben müssen. Allerdings dürfte, anders als für den Umgang mit einem Elternteil, die Wirkung der Verweigerungshaltung auf das Kindeswohl durchaus zu berücksichtigen sein, letztlich also gelegentlich die Obstruktion siegen. So sehr man das Bedürfnis älterer Menschen, mit ihren Enkeln Umgang zu haben, verstehen mag[94]): Nach Überwindung des Eltern-Rechts am Kind kann nun nicht ein Großeltern-Recht am Kind konstruiert werden. § 1685 ist keine Norm, mit der die ältere Generation geschützt werden soll, sondern eine ausschließlich am Kindeswohl orientierte Bestimmung; und es mag in Ausnahmefällen irrational überhöhter Spannungen für das

---

[91]) *Schulze*, FuR 1996, 275, 277.
[92]) Nicht der Umgang mußte bisher das Kindeswohl gefährden, um ausgeschlossen zu werden, sondern die Verweigerung des Umgangs mußte kindeswohlgefährdend sein, um Umgang gerichtlich durchzusetzen; vgl. aber *Schulze*, FuR 1996, 275, 277.
[93]) Regierungsentwurf, BT-Drucks. 13/4899, S. 107.
[94]) *Schulze*, FuR 1996, 275, 277.

Kindeswohl auf die Dauer besser sein, mit Vater und Mutter in Frieden zu leben, auch wenn der Preis ein Verzicht auf Besuche eines Großelternteils sein sollte.

e) Wohlverhaltensgebot des § 1684 II

Im Sinn eines wechselseitigen, um das Wohl des Kindes bemühten, Abwägens der widerstreitenden Gründe ist auch die Verweisung aus § 1685 III auf § 1684 II zu verstehen. Die entsprechende Geltung des Wohlverhaltensgebotes muß dessen Wechselseitigkeit, die in § 1684 II zwischen den Eltern wirkt, auf das in § 1685 angesprochene Spannungsverhältnis übertragen. Nicht nur den Eltern wird durch die Verweisung ein Gebot auferlegt, das Verhältnis zu den Umgangspersonen nicht zu beeinträchtigen. Auch diese trifft die Verpflichtung, die Erziehung des Kindes nicht zu erschweren – ein Aspekt, der häufig von Eltern vorgetragen wird, die den Umgang mit Großeltern, noch mehr mit früheren Pflegeeltern, als bedenklich ansehen. Der Vorrang des elterl. Erziehungsrechts[95]) wird durch die Neuregelung nicht angetastet; deshalb steht auch umgangsberechtigten Dritten nicht für die Zeitdauer des Umgangs das Umgangsbestimmungsrecht aus § 1632 II zu[96]).

f) Konkurrierende Umgangsrechte Dritter

Der Personenkreis der Umgangspersonen in § 1685 ist *nicht abgestuft*. Daraus ergibt sich, daß grundsätzlich allen Genannten ein Umgangsrecht zustehen kann und damit jedenfalls theoretisch die Frage auftritt, in welcher Weise das Kind gegen konkurrierende Umgangsrechte Dritter zu schützen ist. Diese Frage war Gegenstand einer Überprüfungsanregung des Bundesrates[97]) und hängt mit der grundsätzlichen Ausgestaltung des Umgangs zusammen. Die Voraussetzung, daß der Umgang dem Kindeswohl dienen muß, wird regelmäßig dazu führen, daß der Umgang mit Dritten nicht eigenständig durch einen (erzwungenen) Aufenthalt bei dem Dritten ausgeübt wird, sondern innerhalb der häuslichen Umgebung des Kindes oder durch Besuche der Eltern oder eines Elternteils mit dem Kind bei der Umgangsperson. Großeltern erlangen also beispielsweise keinen Anspruch, mit dem Enkel einen Urlaub zu verbringen. Lebt das Kind

---

[95]) Vgl. hierzu *BayObLG*, FamRZ 1984, 614.
[96]) Vgl. zum Wegfall des § 1634 II S. 1 Hs. 2 a.F. oben 2 a cc.
[97]) BT-Drucks. 13/4899, S. 154, Nr. 22.

nur mit einem Elternteil zusammen oder besteht Streit eines Elternteils mit den Großeltern, so ist aber auch an einen eigenständigen Umgang mit Großeltern zu denken. Nachteile durch eine Eskalation von Umgangs-Reisen des Kindes würden freilich auch die Vermutung der Kindeswohldienlichkeit des Umgangs (§ 1626 III) aufwiegen können[98]).

g) Pflegeeltern

Für frühere Pflegeeltern tritt § 1685 II neben die bestehenden Regelungen der Herausgabe und der Verbleibensanordnung in § 1632 I und IV[99]); § 1685 greift in den Regelungsbereich des § 1632 II ein und verstärkt die Rechtsposition der umgangsberechtigten Dritten in bezug auf das elterl. Umgangsbestimmungsrecht. Eine Überschneidung mit der gegenläufigen Situation des § 1632 IV besteht nicht. Zu hoffen ist, daß die rechtlich nunmehr stärker gesicherte Aufrechterhaltung vorhandener Bindungen des Kindes an frühere Pflegeeltern manche Fälle des Streits um die Rückgabe des Kindes an seine Eltern entschärfen hilft.

h) Gerichtliche Ausgestaltung

Die gerichtliche Gestaltung des Umgangs mit Dritten unterliegt aufgrund der Verweisung in § 1685 III den für den Umgang mit den Eltern geltenden Regeln (§ 1684 III, IV)[100]). Auch insoweit ist für Ausübungsregelungen und Beschränkungen – wie nun für alle personensorgerechtlichen Verfahren[101]) – das *Familiengericht* zuständig. Durch die Einfügung von § 1684 IV S. 2 in der Beschlußempfehlung des Rechtsausschusses bei unveränderter Übernahme der Verweisung in § 1685 III auf § 1684 IV wurde die Gefahr eines Mißverständnisses geschaffen. Für die Umgangsberechtigten nach § 1685 kann § 1684 IV S. 2 trotz der Verweisung nicht gelten; es verbleibt vielmehr bei § 1684 IV S. 1. Da das Umgangsrecht nach § 1685 nur besteht, wenn der Umgang dem Wohl des Kindes dient (§ 1685 I), kann ein gerichtlicher Ausschluß für längere Zeit oder auf Dauer schon erfolgen, wenn der Umgang dem Kindeswohl nicht dient; in

---

[98]) Hierzu Stellungnahme des Bundesrates, BT-Drucks. 13/4899, S. 154, Nr. 22, mit Gegenäußerung der Bundesregierung, S. 169, Nr. 22.
[99]) *Diederichsen*, NJW 1998, 1986.
[100]) Oben 2 b.
[101]) Näher oben 2 b aa.

diesem Fall wird überhaupt nicht in ein Umgangsrecht einschränkend oder ausschließend eingegriffen.

Umgangspersonen nach § 1685 sind nicht Dritte i. S. des § 1684 III S. 1, sondern materiell Beteiligte mit eigenem Antragsrecht. Da es sich wie beim Umgangsrecht der Eltern um ein Amtsverfahren der freiwilligen Gerichtsbarkeit handelt, genügt eine entsprechende Anregung beim zuständigen Familiengericht, ein Umgangsrecht zu prüfen, zuzubilligen bzw. einzuschränken. Die Anregung kann von einem Umgangsberechtigten kommen, aber auch von einem Elternteil, wenn die Eltern über die Gestaltung des Umgangs mit Personen nach § 1685 uneins sind[102]).

i) Schutz der Stieffamilie

Hat das Kind seit längerer Zeit in einem Haushalt mit einem Elternteil und dessen Ehegatten oder mit einem Elternteil und einer nach § 1685 I umgangsberechtigten volljährigen Person gelebt, so wird diese erweiterte Familiengemeinschaft durch § 1682 geschützt, wenn die elterl. Sorge dieses Elternteils ruht oder dieser Elternteil verstirbt und dadurch der andere Elternteil allein aufenthaltsbestimmungsberechtigt wird. Gegen das Wegnahmebegehren des allein aufenthaltsbestimmungsberechtigt gewordenen Elternteils kann das Familiengericht von Amts wegen oder auf Antrag des Umgangsberechtigten den Verbleib des Kindes bei diesem anordnen, wenn und solange das Kindeswohl durch die Wegnahme gefährdet würde. § 1688 IV stellt diesen sodann sorgerechtlich einer Pflegeperson gleich, die aber gegen eine sorgerechtsbeschränkende Erklärung des Inhabers der elterl. Sorge (§ 1688 III S. 1) dadurch geschützt wird, daß eine Beschränkung ihrer sorgerechtlichen Befugnisse gemäß § 1688 IV Hs. 2 nur durch das Familiengericht zulässig ist.

Die Regelung schützt das Kind in Fällen, in denen es bisher mit einem sorgeberechtigten Elternteil und einer nahestehenden Person in einem Familienverbund gelebt hat. Die Situation kann sich hier ähnlich darstellen wie in den Fällen der Wegnahme des Kindes von einer Pflegeperson (§ 1632 IV)[103]). Auch wenn zweifellos ein Bedürfnis zu einer solchen Anordnung bestehen kann, ist bei der Handhabung Vorsicht geboten, soll nicht in dem aus dem Sinnzusammenhang mit § 1680 erkennbaren Standardfall die durch Art. 6 II GG gebotene

---

[102]) Regierungsentwurf, BT-Drucks. 13/4899, S. 107.
[103]) Regierungsentwurf, BT-Drucks. 13/4899, S. 104.

Stärkung der Vater-Kind-Beziehung leiden: Es wird regelmäßig um Fälle gehen, in denen die Mutter des Kindes mit dem Vater nicht verheiratet war und das Kind mit der Mutter und deren Ehegatten oder den mütterlichen Großeltern zusammengelebt hat. Hinzu kommen Fälle der Stiefelternsituation nach Scheidung der Elternehe, die der Entwurf nennt[104]), in denen aber weitaus seltener um den Verbleib des Kindes gestritten werden dürfte. Oft ist aus menschlich verständlichen Gründen der nach dem Tod der Mutter sorgeberechtigte Vater des Kindes, mag er sich noch so sehr um das Kind gekümmert haben, den Großeltern des Kindes oder dem Ehegatten der Mutter persona ingrata. Anordnungen nach § 1682 gegen den Vater dürfen dennoch nicht zur Regel werden.

§ 1682 S. 2 knüpft zur Abgrenzung des Personenkreises, der die Gemeinschaft mit dem bisher sorgeberechtigten Elternteil zur solchermaßen geschützten Sozialfamilie macht, an § 1685 an – unter Ausschluß minderjähriger Geschwister, bei denen das Kind schwerlich verbleiben könnte –, ohne freilich die *konkrete Berechtigung* zum Umgang zur Voraussetzung zu machen. Voraussetzung einer Anordnung nach § 1682 ist also nicht, daß die Umgangsperson tatsächlich ein *Umgangsrecht* nach § 1685 hätte geltend machen können[105]), denn § 1682 schützt die Fortdauer einer tatsächlich über längere Zeit gelebten familiären Gemeinschaft, die sogar schutzwürdiger ist als die in § 1685 geschützte theoretische Kindeswohlnützlichkeit des Umgangs. Es handelt sich daher strukturell nicht um eine Umgangsregelung, sondern – wie bei § 1632 IV – um eine (einschränkende) Regelung des Sorgerechts.

5. Auskunftsrecht

a) Auskunftsrecht für beide Elternteile

§ 1686 gestaltet das Auskunftsrecht des § 1634 III a.F., das als einziges Elternrecht in gleicher Weise auch dem ne. Vater zustand (§ 1711 III a.F.), entsprechend dem Prinzip der Status- und Sorgerechtsunabhängigkeit zu einem Recht, das jedem Elternteil gegenüber dem anderen zusteht. Dritten, auch dem Personenkreis des § 1685, steht hingegen kein Auskunftsrecht zu. Wie schon das Umgangsrecht wird auch das Auskunftsrecht von der Personensorge abgekoppelt und steht nunmehr den Eltern wechselseitig zu. Insbesondere bei der

---

[104]) Regierungsentwurf, BT-Drucks. 13/4899, S. 104.
[105]) Regierungsentwurf, BT-Drucks. 13/4899, S. 104.

nun wenigstens nach Ehescheidung regelmäßig gemeinsamen elterl. Sorge besteht damit auch ein Auskunftsrecht des sorgeberechtigten Elternteils, der das Kind nicht in seiner Obhut hat.

b) Berechtigtes Interesse

Inhaltlich bedeutet die gegenüber § 1634 III a.F. („soweit ... mit dem Wohle des Kindes vereinbar ist") geänderte Formulierung („soweit dies dem Wohl des Kindes nicht widerspricht") keinen Wechsel der tatbestandlichen Voraussetzungen. Allenfalls wird verdeutlicht, daß das Auskunftsrecht *beschränkt* wird durch das Kindeswohl, nicht aber die Auskunft dem Kindeswohl dienen muß. Der Regierungsentwurf[106]) stellt eine Beziehung zum Umgangsrecht her: Die geschuldete Auskunft umfasse alle Angaben, die der umgangsberechtigte Elternteil ansonsten beim persönlichen Umgang mit dem Kind von diesem erfragen könne. Dies betrifft, wie schon bisher, nicht das Kindeswohl, sondern das weiterhin erforderliche berechtigte Interesse an der Auskunft, das man wie bisher so zu verstehen hat, daß der Auskunft begehrende Elternteil keine andere Möglichkeit hat, sich über die Entwicklung des Kindes zu unterrichten[107]). Die Funktion des Auskunftsanspruchs als Umgangssurrogat, die schon unter § 1634 III a.F. als regelmäßiger Zweck des Auskunftsanspruchs gesehen wurde, wird jedoch auch unter § 1686 nicht der ausschließliche Anwendungsbereich des Auskunftsrechts sein[108]).

c) Zuständigkeit

Auch für Streitigkeiten über den Auskunftsanspruch ist künftig, anders als nach § 1634 III S. 2 a.F., das *Familiengericht* zuständig (§ 1686 S. 2). Dies entspricht dem Reformziel, den gesamten Komplex des Sorgerechts einheitlich den Familiengerichten zuzuweisen[109]).

---

[106]) BT-Drucks. 13/4899, S. 107.
[107]) *BayObLG*, FamRZ 1993, 1487.
[108]) Z.B. Auskunft über ein Kind im Säuglingsalter, das selbst keine Auskunft erteilen kann; über die schulische Entwicklung eines älteren Kindes, das den Umgang ablehnt etc.
[109]) Näher oben 2 b aa.

6. Verfahrensfragen, Vollstreckung des Umgangsrechts

a) Vertretung und Beteiligung des Kindes

Der Regierungsentwurf hatte in § 50 FGG einen Gedanken aufgegriffen, der in der vielfältigen Reformdiskussion um den „Anwalt des Kindes"[110]) ebenso wie in dem Beteiligungsgebot des Art. 12 II der UN-Kinderrechtskonvention seine Grundlage findet. Der Vorschlag war im Gesetzgebungsverfahren nicht unumstritten, ist jedoch Gesetz geworden. Dem Gericht wird ein Ermessen eingeräumt, dem minderjährigen Kind einen Verfahrenspfleger zu bestellen, soweit dies zur Wahrnehmung seiner Interessen erforderlich erscheint. Als Regelfälle werden in § 50 II FGG neben besonders schwerwiegenden Fällen der Trennung des Kindes von Familie, Pflege- oder Umgangspersonen auch Fälle erheblichen Interessengegensatzes zwischen dem Kind und seinem gesetzlichen Vertreter genannt (§ 50 II S. 1 FGG). Die Regelung soll die schwerfällige und stark streitbelastete Bestellung eines Ergänzungspflegers nach entsprechender teilweiser Entziehung der Vertretung entbehrlich machen und wurde daher entgegen der Stellungnahme des Bundesrates[111]) aufrechterhalten[112]). Allerdings ist keine zwingende Vertretung des Kindes durch einen Pfleger vorgesehen, wie sie im Rechtsausschuß zuletzt noch von der Fraktion Bündnis 90/Die Grünen beantragt wurde[113]). Da das sorgerechtliche Verfahren als FG-Verfahren im Regelfall die Interessen der minderjährigen Kinder gewährleistet, soll die Bestellung von Pflegern nur in Fällen angeordnet werden, in denen sie zur Gewährleistung des Kindesinteresses auf Grund konkreter Umstände im Einzelfall notwendig ist[114]). Insbesondere von Vertretern der Praxis wurde dieser Schritt zu einer Verselbständigung der Vertretung des Kindes im Verfahren begrüßt und teilweise eine Verstärkung gefordert[115]). Fraglich ist, in welchem Maß die Bestellung eines Verfahrenspflegers in Verfahren zur Durchsetzung des Umgangsrechts geboten ist. Während die Entwurfsbegründung zwar das Verfahren betreffend den Umgang als

---

[110]) Vgl. *Salgo,* Der Anwalt des Kindes, Gutachten im Auftrag des BMJ, 1993.
[111]) BT-Drucks. 13/4899, S. 162, Nr. 43.
[112]) Zu den Vorzügen im einzelnen: Stellungnahme der Bundesregierung, BT-Drucks. 13/4899, S. 172; Bericht des Rechtsausschusses, BT-Drucks. 13/8511, S. 68.
[113]) Bericht des Rechtsausschusses, BT-Drucks. 13/8511, S. 64.
[114]) Regierungsentwurf, BT-Drucks. 13/4899, S. 130; Bericht des Rechtsausschusses, BT-Drucks. 13/8511, S. 69.
[115]) Stellungnahme der Arbeitsgemeinschaft für Jugendhilfe, ZfJ 1996, 94, 97: Flankierung durch vertrauensbildende Maßnahmen der Jugendhilfe.

einen möglichen Anwendungsfall des § 50 II Nr. 1 FGG nennt[116]), jedoch in der Stellungnahme gegen den Streichungsvorschlag des Bundesrates betont, ein Verfahrenspfleger werde „insbesondere nicht in sämtlichen Sorge- und Umgangsverfahren" zu bestellen sein, war von seiten der Rechtsanwaltschaft[117]) gerade das Umgangsverfahren als typischer Fall der Erforderlichkeit eines Verfahrenspflegers genannt worden. Wie dargelegt[118]) kann insbesondere die Geltendmachung des Umgangsrechts nach § 1685 durch das Kind die Bestellung eines Pflegers erforderlich machen.

§ 50 I FGG sollte jedoch nicht auf die explizit genannten Regelfälle beschränkt werden. Die Bestimmung gibt dem Richter ein Instrument, mit dem gerade auch in Fällen, in denen nicht von Anfang an offenbar ist, ob und zu welchem Elternteil ein Interessengegensatz besteht, die Interessen des Kindes selbständig artikuliert werden können, ohne daß der Streit dadurch eskaliert, daß ein Elternteil Sorgerechtsbeschränkungen und die Bestellung eines Ergänzungspflegers betreibt. Dabei wird besonderer Wert auf die Möglichkeit zu legen sein, als Vertreter eine Person zu wählen, die das Vertrauen des Kindes genießt, entweder aus familiären Gründen (was aber wegen Parteinahmen risikoreich sein kann), oder weil sie als Mitarbeiter des Jugendamtes oder anderer Organe oder Vereine der Jugendhilfe zu dieser Vertrauensbildung befähigt ist[119]).

b) Mediation

Ein zentrales Anliegen der Reform ist die Verstärkung von streitreduzierenden Methoden vor und in familiengerichtlichen Verfahren[120]). Gerade bei der Umgangsregelung ist die Akzeptanz durch die Beteiligten eine wichtige Voraussetzung für das Gelingen. Die Umgangsregelung wird wesentlich stärker als die eher formale Sorgerechtsregelung unmittelbar empfunden, weshalb die einverständliche Konfliktlösung in diesem Bereich als besonders notwendig erkannt wurde. Die Reform schafft hierzu Verbesserungen auf verfahrensrechtlicher und jugendrechtlicher Ebene:

---

[116]) Regierungsentwurf, BT-Drucks. 13/4899, S. 131.
[117]) Stellungnahme des BRAK-Ausschusses Familienrecht, BRAK-Mitt. 1997, 150, 155 f.
[118]) Oben III.1.d.
[119]) So auch ursprünglich Regierungsentwurf, BT-Drucks. 13/4899, S. 130.
[120]) Vgl. zur Praxiserprobung von Mediationsangeboten im Vorfeld der Reform: BT-Drucks. 13/4899, S. 51; Regierungsentwurf, BT-Drucks. 13/4899, S. 75.

aa) § 18 SGBVIII wird um einen Abs. III erweitert, der Kindern, Eltern und umgangsberechtigten Dritten bei der kindeswohlorientierten Ausübung des Umgangsrechts gegenüber dem Jugendamt einen von der Sorgerechtsverteilung unabhängigen Anspruch auf Beratung und Unterstützung gibt. § 18 III S. 1, 2 SGBVIII flankiert insbesondere das Umgangsrecht des Kindes aus § 1684 I[121]) durch einen Anspruch auf Unterstützung der Kinder und Jugendlichen bei der Ausübung ihres Umgangsrechts und damit bei der Kontaktsuche zu Umgangspersonen. Obgleich § 1685 dem Kind keinen Anspruch auf Umgang mit dem dort genannten Personenkreis gibt, enthält § 18 III S. 2 SGBVIII auch insoweit einen Unterstützungsauftrag. Der Gesetzgeber setzt zutreffend auf Vermittlung, wo ein bürgerlich-rechtlicher Anspruch nicht zumutbar erscheint.

Satz 3 macht Beratung und Hilfe für die Eltern von der Verteilung des Sorgerechts unabhängig, so daß nun ein solcher Hilfeanspruch auch (mit-)sorgeberechtigten Eltern zusteht. Ebenso hat der nach § 1685 berechtigte Personenkreis, also die durch die Reform erstmals mit einem Umgangsrecht ausgestatteten Großeltern und sonstigen Dritten, einen solchen Anspruch, wenn Umgang begehrt wird. Aber auch derjenige, *gegen* den sich Umgangsrechte richten (also neben den Eltern – für die schon bisher § 18 I S. 1 SGBVIII Beratung und Unterstützung gewährleistete – jene Personen, in deren Obhut sich das Kind befindet), kann sich nun um Unterstützung an das Jugendamt wenden. Hinsichtlich des *Auskunftsanspruchs* dehnt § 18 III S. 4 SGBVIII die bisher nur für ne. Väter in § 1711 IV a.F. vorgesehene Vermittlung auf die auskunftsberechtigten Elternteile aus. Dieser Vermittlungsauftrag gilt auch umfassend für die Herstellung und die Ausführung des Umgangs.

Diese Aufgabenzuweisung schafft die Basis für eine umfassende Vermittlungstätigkeit der Jugendämter und läßt hoffen, daß die erhebliche materiellrechtliche Ausweitung von Umgangsrechten nicht zu einer Vermehrung gleichermaßen vollstreckbarer wie in ihrer Unnatürlichkeit schmerzender richterlicher Umgangsgestaltungen führen wird. Die außergerichtliche Vermittlung wurde allerdings bewußt nicht im Verfahrensrecht als *obligatorisches* vorgerichtliches Verfahren ausgestaltet. Es würde dem Grundgedanken der autonomen Konfliktregelung widersprechen, wenn Eltern oder andere Beteiligte gegen ihren Willen zu einer einverständlichen Lösung bewegt werden soll-

---

[121]) Bericht des Rechtsausschusses, BT-Drucks. 13/8511, S. 68.

ten; ein solches Verfahren würde eher als gerichtsähnliches Vorverfahren verstanden und häufig nur das wirkliche Verfahren verzögern[122]).

bb) *Familienverfahrensrechtlich* soll § 52 FGG ein Klima schaffen, in dem die einverständliche Lösung als beste Option angestrebt wird. Hierzu sind drei Instrumente vorgesehen: § 52 I FGG wendet sich an das Gericht, das in jedem die Person des Kindes betreffenden Verfahren, also auch in allen Umgangs- und Auskunftsverfahren[123]), die Beteiligten so früh als möglich anhören (§ 52 I S. 2 Hs. 1 FGG) und in jedem Stadium des Verfahrens auf ein Einvernehmen hinwirken soll (§ 52 I S. 1 FGG).

Neben diese Einigungsbemühungen durch das Gericht selbst tritt als zweites Instrument der in § 52 I S. 2 Hs. 2 FGG vorgesehene Hinweis auf die außergerichtliche Beratung, also insbesondere die von § 18 III SGBVIII vorgesehene Hilfe durch das Jugendamt. Der im Rechtsausschuß angefügte letzte Hs. des § 52 I S. 2 FGG über die Entwicklung eines einvernehmlichen Konzepts für die Wahrnehmung der elterl. Verantwortung konkretisiert die Vorschrift und betrifft in besonderem Maß die Gestaltung des Umgangsrechts. Dieses kann nur wirklich spannungsfrei wahrgenommen werden, wenn die Regelung von allen Beteiligten akzeptiert wird und nicht als oktroyiert erscheint.

Das Instrument der verfahrensparallelen außergerichtlichen Beratung wird unterstützt durch die in § 52 II Nr. 1 FGG vorgesehene Aussetzungsmöglichkeit, wenn die Beteiligten bereit sind, eine solche Beratung in Anspruch zu nehmen. Eine Aussetzung kann dann nicht in Betracht kommen, wenn diese zu einer dem Kindeswohl nachteiligen Verzögerung führt (§ 52 II S. 1 FGG). Dies wird in Umgangssachen durchaus nicht selten der Fall sein, weil die mit einer Verzögerung der Lösung des Umgangsrechtsstreits verbundene Entfremdung zum Umgangsberechtigten, insbesondere zu dem anderen Elternteil, gerade bei kleinen Kindern schnell voranschreitet.

Um in dieser Lage die Aussetzungsmöglichkeit nicht leerlaufen zu lassen und in Einzelfällen den Nachteil für das Kindeswohl abzuwenden und dadurch die Aussetzung zu erleichtern[124]), erlaubt § 52 III

---

[122]) Regierungsentwurf, BT-Drucks. 13/4899, S. 75.
[123]) Der Begriff des die Person des Kindes betreffenden Verfahrens entspricht § 50 I und § 59 I S. 1 FGG: Regierungsentwurf, BT-Drucks. 13/4899, S. 133.
[124]) Regierungsentwurf, BT-Drucks. 13/4899, S. 133.

FGG nach pflichtgemäßem Ermessen des Gerichts einstweilige Anordnungen zum Verfahrensgegenstand.

Auch ohne ausdrücklichen Hinweis auf die Möglichkeit außergerichtlicher Mediation[125]) ermöglicht die in § 52 FGG erleichterte außergerichtliche *Beratung* trotz der gleichzeitigen Anhängigkeit eines familiengerichtlichen Verfahrens immer auch die außergerichtliche Streitschlichtung. Erreichen die Beteiligten eine außergerichtliche Einigung, so erledigt sich ein isoliertes Umgangsverfahren – sofern ein förmlicher Antrag gestellt war –, nach Antragsrücknahme, sonst von Amts wegen. Wurde ein Antrag auf Regelung des Umgangs im Scheidungsverbund gestellt, so führt die Antragsrücknahme ebenfalls zur Erledigung der Folgesache Umgangsregelung, weil die Parteien an der Disposition nicht durch § 623 III ZPO gehindert sind.

c) Vollstreckung

aa) Die Vollstreckbarkeit von Umgangsentscheidungen bleibt weiterhin möglich. Der Gesetzgeber war sich der Problematik eines zwangsweise durchgesetzten Umgangs freilich bewußt und sah die Durchsetzung von Umgangsentscheidungen zu Recht als eine schwierige und zugleich reformbedürftige Frage an, für die es – auch in rechtsvergleichender Umschau – keine Patentlösungen gibt[126]). Schon der Regierungsentwurf wendet sich aber zutreffend gegen Vorschläge, die Vollstreckbarkeit von Umgangsentscheidungen gänzlich abzuschaffen. Die durch die Vollstreckung drohende Belastung des Verhältnisses zwischen Kind und betreuendem Elternteil ist zwar ein bedeutsamer Aspekt; andererseits geht es um die effiziente verfahrensrechtliche Absicherung von grundrechtsgeschützten Positionen[127]). Von der Möglichkeit der Vollstreckung geht eine Signalwirkung aus, deren Wegfall Obstruktion des gerichtlich geregelten Umgangs belohnen würde[128]). Nicht erst die Vollstreckung, sondern bereits ihre *Möglichkeit* bringt manchen sich dem Umgang widersetzenden Elternteil zur Vernunft und ist deshalb durchaus kindeswohlförderlich.

---

[125]) Vgl. den Ergänzungsvorschlag des BRAK-Ausschusses Familienrecht, BRAK-Mitt. 1997, 155, Nr. 16.
[126]) Regierungsentwurf, BT-Drucks. 13/4899, S. 69.
[127]) Vgl. Regierungsentwurf, BT-Drucks. 13/4899, S. 106, m. Hinw. auf *BVerfG*, FamRZ 1993, 662 = NJW 1993, 2671; ebenso Bericht des Rechtsausschusses, BT-Drucks. 13/8511, S. 68.
[128]) Vgl. *Diederichsen*, NJW 1998, 1987.

bb) Die Reform versucht jedoch, nach zwei Richtungen Spannungen abzubauen und will daher den Signaleffekt der Vollstreckung in den Vordergrund, die Fälle wirklicher Vollstreckung aber in den Hintergrund rücken. § 52a FGG sieht ein gerichtliches Vermittlungsverfahren vor, das auf Antrag stattfindet, wenn ein Elternteil geltend macht, daß der andere die Durchführung einer gerichtlichen Verfügung über den Umgang vereitelt oder erschwert. Das Gericht kann die Vermittlung (nur) unter den Voraussetzungen des § 52a I S. 2 FGG (vorheriges erfolgloses Vermittlungsverfahren oder erfolglose außergerichtliche Beratung) ablehnen.

Die im Regierungsentwurf herausgestellte und auf Einwand des Bundesrates[129]) nochmals unterstrichene[130]) Besonderheit dieser schließlich Gesetz gewordenen Vermittlung besteht darin, daß sie ohne widerstreitende Anträge, insbesondere ohne ein streitiges Verfahren zur Änderung der Umgangsregelung, und ohne Vollstreckungsanträge einsetzt. Das Verfahren als solches ist freiwillig[131]), denn das Fernbleiben eines Elternteils hat lediglich zur Folge, daß unter anderem die ohne das Vermittlungsverfahren verfügbaren Zwangsmittel nach § 33 FGG zu prüfen sind; was freilich durchaus dem nicht mitwirkungswilligen Elternteil seitens des Richters klargemacht werden soll (§ 52a III S. 2 FGG)[132]). Wesentliches Ziel ist es also, nicht mittels Vollstreckungsmaßnahmen die Uneinsichtigkeit des betreuenden Elternteils zu verstärken, sondern selbst in diesem späten Stadium die Chance zur Überzeugung zu nutzen.

Die scheinbare Kompliziertheit der Regelung sollte nicht abschrecken. Das Verfahren als solches ist einfach; es konzentriert sich auf einen Vermittlungstermin, in dem zweckentsprechend das persönliche Erscheinen der Eltern angeordnet werden soll (§ 52a II S. 2 FGG) und das Jugendamt um Teilnahme gebeten werden kann

---

[129]) Stellungnahme des Bundesrates, BT-Drucks. 13/4899, S. 162, Nr. 44, im Hinblick auf die bestehenden Möglichkeiten zur gerichtlichen Vermittlung im FG-Verfahren; ablehnend auch die Stellungnahme des Deutschen Familiengerichtstages, FamRZ 1997, 337, 342, Nr. 29, wegen mangelnder Schulung der Richter in diesem mediativen Verfahren; grundsätzlich zustimmend hingegen Stellungnahme des BRAK-Ausschusses Familienrecht, BRAK-Mitt. 1997, 156, Nr. 20.

[130]) Gegenäußerung der Bundesregierung, BT-Drucks. 13/4899, S. 173, Nr. 44.

[131]) Anders Stellungnahme des BRAK-Ausschusses Familienrecht, BRAK-Mitt. 1997, 156, Nr. 20.

[132]) Was der Vermittlung im Vollstreckungsverfahren durchaus angemessen ist; insoweit zustimmend Stellungnahme des Deutschen Familiengerichtstages, FamRZ 1997, 342, Nr. 29.

(§ 52a II S. 4 FGG). Dieser Termin ist darauf ausgerichtet, die Folgen des Unterbleibens des Umgangs zu erörtern (§ 52a III S. 1 FGG), auf Einvernehmen hinzuwirken (§ 52a IV S. 1 FGG) und gegebenenfalls die Inanspruchnahme außergerichtlicher Beratung zu erreichen (§ 52a III S. 3 FGG).

Der übrige, eher förmlich wirkende Rahmen des Verfahrens stellt sicher, daß im Fall der Einigung ein vollstreckungsfähiges Ergebnis erreicht und im Fall des Scheiterns keine weitere Zeit versäumt wird. Im Fall einer Einigung gibt es die Möglichkeit der Ersetzung der bisherigen gerichtlichen Verfügung durch einen das – positive – Ergebnis der Vermittlung festhaltenden, protokollierten Vergleich (§ 52a IV S. 3 FGG). Im Scheiternsfall, der sowohl bei Nichterscheinen eines oder beider Elternteile als auch bei Nichteinigung über den Umgang oder doch zumindest über die Wahrnehmung außergerichtlicher Beratungsangebote eintritt, wird die Erfolglosigkeit des Vermittlungsverfahrens durch nicht anfechtbaren Beschluß festgestellt (§ 52a V S. 1 FGG). Im Anschluß daran prüft das Gericht sogleich, ob die Anwendung von Zwangsmitteln, die gerichtliche Änderung des Umgangsrechts oder Maßnahmen in bezug auf das Sorgerecht anzuordnen sind (§ 52a V S. 2 FGG). Um in diesem Fall das rechtliche Gehör jedes Elternteils sicherzustellen, muß bereits in der Ladung auf diese Weiterentwicklung des Verfahrens nach Scheitern der Vermittlung hingewiesen werden (§ 52a II S. 3 FGG). Mit Drohung und Unfreiwilligkeit und damit einer der Mediation fremden Struktur[133]) hat dies nichts zu tun; es geht lediglich darum, zu verhindern, daß gerichtliche Mediation zu einem Instrument der Verschleppung wird[134]). Wenn das Gericht zeitnah terminiert und – außer in Fällen einer anschließenden außergerichtlichen Beratung, die jedoch bald erfolgen muß – alsbald in die Prüfung weiterer Maßnahmen nach § 52a V S. 2 FGG eintritt, könnte dieses Verfahren sogar den schier unlösbaren Widerspruch zwischen kindeswohlorientiertem Umgang und zwangsweiser Durchsetzung auflösen. Die immer als ultima ratio gedachte Vollstreckung wird nun mit Fug und Recht ultima ratio, wenn der Appell des Rechts an die Einsichtsfähigkeit beider Eltern versagt.

cc) Ein zweites Instrument zur Schlichtung im Stadium der Vollstreckung von Umgangsentscheidungen schafft § 1684 IV S. 1. Das Familiengericht kann hiernach nicht nur das Umgangsrecht im Inter-

---

[133]) Vgl. Stellungnahme des BRAK-Ausschusses Familienrecht, BRAK-Mitt. 1997, 156, Nr. 20.
[134]) Was der Bundesrat, BT-Drucks. 13/4899, S. 162, insbesondere befürchtet hatte.

esse des Kindeswohls einschränken oder ausschließen, sondern auch den *Vollzug früherer Entscheidungen* über das Umgangsrecht. Hintergrund dieser über § 1634 II S. 2 a.F. hinausgehenden Regelungsmöglichkeit ist wiederum die mißliche Erkenntnis, daß der das Kind betreuende Elternteil möglicherweise eine Situation herbeiführen kann, in der der Umgang mit dem anderen Elternteil dem Kindeswohl schadet. Bei einer entsprechenden Einschränkung des Umgangsrechts würde dann der betreuende Elternteil für sein obstruktives Verhalten belohnt. Der Umgangsberechtigte wird nicht verstehen, warum dieses Verhalten zum Anlaß genommen wird, sein Umgangsrecht (meist zeitweise) auszuschließen[135]). Die Möglichkeit der Aussetzung soll beiden Elternteilen signalisieren, daß die Vollstreckung lediglich ausgesetzt wird, um das Kindeswohl zu wahren, daß aber weder der betreuende Elternteil rechtswidrig belohnt noch der Umgangs-Elternteil um das Umgangsrecht gebracht wird. Ob diese Lösung letztlich das angestrebte Ergebnis erreicht, erscheint fraglich. Sofern sich eine gerichtliche Praxis entwickelt, welche die Aussetzung der Umgangsentscheidung als eine ebenso befristete Maßnahme versteht wie Eingriffe in das Umgangsrecht selbst, ist es in der Tat schonender, nur die Vollstreckung des Umgangsrechts auszusetzen und nicht das Umgangsrecht selbst vorübergehend zu beschränken. § 1684 IV S. 2 gilt auch für längerfristige oder dauernde Vollzugseingriffe; erforderlich ist also auch hier eine Gefährdung des Kindeswohls. Die erlebte Situation ist allerdings zunächst nicht anders als bei einer zeitweiligen Umgangsbeschränkung; sie wird allenfalls für die Eltern bei entsprechender Erläuterung der rechtlichen Unterschiede erfahrbar, nicht jedoch für das Kind. Führt aber längerfristige Aussetzung der Vollstreckung zu einer Entfremdung des Kindes gegenüber dem Umgangs-Elternteil, so ist der Schaden nicht geringer als bisher.

---

[135]) Regierungsentwurf, BT-Drucks. 13/4899, S. 106.

Die Neuregelung des Adoptionsrechts

Von Prof. Dr. Rainer Frank, Freiburg

Übersicht
I. Einführung
II. Voraussetzungen der Adoption
  1. Die Rechtsstellung des nichtehelichen Vaters
     a) Bisherige Rechtslage
     b) Grundzüge der Neuregelung
     c) Kritik an der Neuregelung
     d) Die Regelung des § 1747 III BGB
  2. Keine Adoption des eigenen nichtehelichen Kindes
  3. Varia
     a) § 1741 I S. 2 BGB
     b) § 1741 II S. 3 BGB
     c) § 1746 I S. 4 BGB
     d) § 1746 II BGB
III. Wirkungen der Adoption
  1. Stiefkindadoption (§ 1756 II BGB)
  2. Volljährigenadoption (§ 1772 Id BGB)

I. Einführung

Als dringend reformbedürftig hat sich die schwache Rechtsstellung des nichtehelichen [ne.] Vaters bei der Adoption seines Kindes durch Dritte erwiesen. Anders als dem Vater eines ehelichen [ehel.] war nämlich dem Vater eines ne. Kindes vom Reformgesetzgeber des Jahres 1976 ein Einwilligungsrecht versagt worden[1]). Im Vorgriff auf die überfällige Reform hat das *BVerfG* zwar durch Beschluß v. 7. 3. 1995[2]) § 1747 II S. 1 und 2 BGB für verfassungswidrig erklärt, aber die Entscheidung bezieht sich nur auf die Fälle der Adoption des ne. Kindes durch die Mutter bzw. durch den Ehemann der Mutter. Die Rechtsstellung des Vaters bei der Adoption des Kindes durch sonstige Dritte war nicht Gegenstand des Verfahrens.

---

[1]) Vgl. *Staudinger/Frank*, BGB, § 1747 Rz. 10 ff., m. N.
[2]) *BVerfGE* 92, 158 = FamRZ 1995, 789.

Reformbedarf bestand in einem weiteren Punkt, der allerdings mit der schwachen Ausgestaltung der personalen Vater-Kind-Beziehung in engem Zusammenhang steht: Nach § 1741 III S. 2 BGB i.d.F. von 1976 können Mutter oder Vater eines ne. Kindes dieses als Kind annehmen. Die Regelung war schon lange ins Kreuzfeuer der Kritik geraten, weil das Kind durch eine solche Adoption nichts gewinnen kann, sondern lediglich einen Elternteil (und dessen Verwandte) verliert[3]). Solange jedoch die Adoption des eigenen Kindes für den Vater neben der Ehelicherklärung die einzige Möglichkeit darstellte, um in den Genuß des elterl. Sorgerechts zu gelangen, war an eine ersatzlose Streichung des § 1741 III S. 2 BGB nicht zu denken. Mit Inkrafttreten des KindRG am 1. 7. 1998 entfällt nunmehr die Möglichkeit, das eigene ne. Kind zu adoptieren.

Die übrigen Neuregelungen des Adoptionsrechts sind entweder notwendige Folgeregelungen der allgemeinen Reform des Kindschaftsrechts, oder es handelt sich zwar um adoptionsspezifische, wenn auch oft marginale Einzelkorrekturen, denen aber eher etwas Zufälliges anhaftet und die anläßlich der Gesamtreform mehr oder weniger „miterledigt" wurden.

II. Voraussetzungen der Adoption

1. Die Rechtsstellung des nichtehelichen Vaters

a) Die bisherige Rechtslage

§ 1747 II S. 2 BGB a. F. versagt dem Vater eines ne. Kindes zwar ein Einwilligungsrecht, sichert ihm aber einen Vorrang vor anderen Adoptionsbewerbern dadurch, daß ihm gestattet wird, selbst einen Antrag auf Ehelicherklärung oder Adoption zu stellen, der dann Sperrwirkung gegenüber Adoptionsanträgen Dritter entfaltet. Das *BVerfG* hat im Beschluß v. 7. 3. 1995[4]) überzeugend dargelegt, daß dieser Schutzmechanismus völlig versagt, wenn die Mutter selbst oder ihr Ehemann eine Adoption beantragen, weil hier mangels Einwilligung der Mutter eine Ehelicherklärung oder Adoption durch den Kindesvater von vornherein ausscheidet. Aber auch im Falle einer Adoption durch sonstige Dritte baut § 1747 II S. 2 BGB a. F. mit dem Erfordernis der Adoption oder Ehelicherklärung durch den eigenen Vater so hohe Hürden auf, daß von einem angemessenen Schutz des

---

[3]) Vgl. *Staudinger/Frank*, BGB, § 1741 Rz. 45 ff.; ausf. *Strick*, Die Adoption des eigenen Kindes, 1996.
[4]) *BVerfGE* 92, 158 = FamRZ 1995, 789.

natürlichen Elternrechts i. S. von Art. 6 II S. 1 GG nicht mehr gesprochen werden kann. Obwohl das *BVerfG* sich in der Sache noch nicht geäußert hat, besteht in der Literatur Einigkeit darüber, daß die Lösung des bisherigen Rechts mit Art. 6 II S. 1 GG nicht vereinbar war[5]). Auf eine weitere Diskussion der Problematik an dieser Stelle kann deshalb verzichtet werden. Der Reformdruck auf den deutschen Gesetzgeber war zudem durch die Entscheidung des *EuGHMR* v. 26. 5. 1994[6]) in der Sache Keegan verstärkt worden. Allerdings ging es in dieser Entscheidung nicht primär um den Schutz des natürlichen Elternrechts des mit der Mutter nicht verheirateten Vaters, sondern um den Schutz der Familie (Art. 8 EMRK); Keegan war nämlich mit der Mutter verlobt und hatte mit ihr ein Jahr zusammengelebt, bevor diese sich entschloß, das Kind unmittelbar nach der Geburt zur Adoption freizugeben.

b) Grundzüge der Neuregelung

Nach § 1747 I S. 1 BGB ist nunmehr zur Annahme eines Kindes die Einwilligung „der Eltern" erforderlich. Ob der Vater mit der Mutter verheiratet ist oder nicht, macht keinen Unterschied.

Die Gleichbehandlung ehel. und ne. Kinder wird allerdings nicht konsequent durchgehalten; denn nach § 1748 IV BGB kann die Einwilligung des mit der sorgeberechtigten Mutter nicht verheirateten Vaters unter erleichterten Voraussetzungen gerichtlich ersetzt werden. Während nämlich bei ne. Kindern die Einwilligung des nicht sorgeberechtigten Vaters schon dann zu ersetzen ist, „wenn das Unterbleiben der Annahme dem Kind zu unverhältnismäßigem Nachteil gereichen würde", ist bei ehel. Kindern gemäß § 1748 I BGB zusätzlich erforderlich, daß der Vater „seine Pflichten gegenüber dem Kind anhaltend gröblich verletzt hat oder durch sein Verhalten gezeigt hat, daß ihm das Kind gleichgültig ist". Die unterschiedliche Behandlung ehel. und ne. Kinder im Rahmen des § 1748 BGB beruht auf der Überlegung, daß Väter ehel. Kinder mit der Geburt ihres Kindes automatisch Mitinhaber des elterl. Sorgerechts werden, während die Väter ne. Kinder jedenfalls kraft Gesetzes keine Primärverantwortung tragen. Väter ne. Kinder können deshalb auch keine „Pflichten gegenüber dem Kind" anhaltend gröblich verletzen, und was die Gleichgültigkeit anbelangt, so bedarf es eines Bewährungszeitraums (vgl. § 1748 II BGB), den der

---

[5]) *Staudinger/Frank*, BGB, § 1747 Rz. 13, m. N.; *Coester*, FamRZ 1995, 1245, m. N.
[6]) Deutsche Übersetzung in FamRZ 1995, 110, und EuGRZ 1995, 113.

Gesetzgeber nicht sorgeberechtigten Vätern ne. Kinder offenbar nicht in gleicher Weise zubilligen wollte wie Vätern ehel. Kinder.

Steht allerdings Vater und Mutter die elterl. Sorge aufgrund von Sorgeerklärungen i. S. von § 1626a I BGB gemeinsam zu oder ist der Vater ausnahmsweise sogar alleiniger Inhaber des Sorgerechts geworden, so besteht kein Grund, den Vater eines ne. Kindes anders zu behandeln als den eines ehel. Die erleichterte Ersetzung der väterlichen Einwilligung gemäß § 1748 IV BGB erfaßt deshalb nicht alle ne. Kinder, sondern nur diejenigen, deren Mutter allein die elterl. Sorge innehat.

Mit der bloßen Zubilligung eines – erleichtert ersetzbaren – Einwilligungsrechts sind nun allerdings die schützenswerten Belange des nicht sorgeberechtigten Vaters nur unzureichend gewahrt. Schließlich will der Vater in aller Regel nicht nur die Adoption seines Kindes durch Dritte abwehren, sondern selbst Inhaber des Sorgerechts werden. § 1743 III Nr. 2 BGB bestimmt deshalb, daß der Vater einen Antrag auf Übertragung der Sorge gemäß § 1672 I BGB stellen kann. Dieser Antrag bedarf nicht der Zustimmung der Mutter, die in die Annahme eingewilligt hat (§ 1751 I S. 6 BGB), und entfaltet Sperrwirkung für eine beantragte Adoption (§ 1747 III Nr. 2 BGB).

Eine originelle, anderen Rechtsordnungen unbekannte Regelung enthält § 1747 I S. 2 BGB, der ein Einwilligungsrecht nicht nur demjenigen zuerkennt, der als Vater aufgrund Anerkennung oder gerichtlicher Feststellung feststeht, sondern auch demjenigen, „der die Voraussetzungen des § 1600d II S. 1 BGB glaubhaft macht". Konkret bedeutet dies, daß ein potentieller Erzeuger, der durch Versicherung an Eides Statt (§ 15 II FGG) glaubhaft macht, der Mutter während der Empfängniszeit beigewohnt zu haben (§ 1600d II S. 1 BGB), eine Adoption erheblich verzögern kann. Seine verweigerte Einwilligung kann zwar nach § 1748 IV BGB ersetzt werden, was indessen mit Zeitverlust verbunden ist. Einen Antrag auf Übertragung der elterl. Sorge gemäß § 1747 III Nr. 2 i. V. mit § 1672 I BGB kann allerdings der nur präsumtive Vater nicht stellen. Der Gesetzgeber dachte bei der Regelung des § 1747 I S. 2 BGB vor allem an Fälle, in denen ein möglicher Erzeuger die Vaterschaft anerkennt, die Mutter aber die erforderliche Zustimmung verweigert (§ 1595 I BGB): Eine Klage auf Feststellung der Vaterschaft durch den Erzeuger sei hier zwar möglich, „aber im Regelfall zeitaufwendig"[7].

---

[7] BT-Drucks. 13/4899, S. 71.

Die Schutzbestimmung zugunsten potentieller Väter war im Gesetzgebungsverfahren umstritten. In der Stellungnahme des Bundesrates zum Gesetzentwurf der Bundesregierung heißt es, die Vorschrift führe „zu unwürdigen und unhaltbaren Zuständen und Ergebnissen"[8]); der Deutsche Familiengerichtstag forderte die ersatzlose Streichung der Bestimmung[9]). Auf die Kritik wird im folgenden noch näher einzugehen sein.

c) Kritik an der Neuregelung

Keine Kritik ist an der Neuregelung insoweit zu üben, als § 1747 I S. 1 BGB dem Vater eines Kindes ein Einwilligungsrecht ohne Rücksicht darauf zuerkennt, ob er mit der Mutter verheiratet ist oder nicht. Keine Bedenken bestehen auch gegen die vorgesehene Möglichkeit, die Sorge auf den Vater zu übertragen, falls die Mutter das Kind zur Adoption freigibt.

Kritik an der Neuregelung ist jedoch insoweit angebracht, als § 1748 IV BGB eine erleichterte Ersetzung der väterlichen Einwilligung für den Fall vorsieht, daß die Mutter gemäß § 1626a II BGB Alleininhaberin der elterl. Sorge ist. In der Sache differenziert hier das KindRG typisierend zwischen ehel. und ne. Kindern, obwohl sprachlich diese Differenzierung vermieden wird. Aber § 1626a II BGB ist eben die Sorgerechtsregelung, die von Gesetzes wegen nur und gerade für den Fall ne. Geburt vorgesehen ist. Die entscheidende Frage muß deshalb lauten, ob bei der Ersetzung der väterlichen Einwilligung in die Adoption die gewählte Differenzierung gerechtfertigt ist.

Ein Vergleich mit dem Ausland nährt erste Zweifel. Alle mir bekannten Rechtsordnungen, die dem Vater eines ne. Kindes ein Einwilligungsrecht zuerkennen, sehen für die gerichtliche Ersetzung der Einwilligung eine einheitliche, d. h. neutrale Regelung vor, die weder zwischen Vater und Mutter noch zwischen ehel. und ne. Geburt differenziert[10]). Nun ist allerdings zuzugeben, daß die alte Regelung des § 1748 BGB nicht auf die Fälle zugeschnitten ist (und auch nicht zugeschnitten sein konnte), in denen eine ledige Mutter ihr Kind gegen den Willen des Vaters zur Adoption freigibt. Das ändert aber

---

[8]) BT-Drucks. 13/4899, S. 156.
[9]) FamRZ 1997, 337, 341.
[10]) Vgl. Schweiz (Art. 265a, 265c ZGB); Österreich (§ 181 I und III ABGB); Frankreich (Art. 348 I, 348-6 Abs. 1 CC).

nichts an der aufgeworfenen Frage. Schließlich hätte der Gesetzgeber ja auch § 1748 BGB neufassen und „neutral" formulieren können.

Um Mißverständnisse auszuschließen, sei zunächst klargestellt, daß § 1748 IV BGB nur den Vater eines ne. Kindes betrifft, der weder Inhaber der elterl. Sorge ist noch das früher einmal war. Wäre dem Vater z. B. die elterl. Sorge gemäß § 1672 I BGB oder gemäß § 1666 i. V. mit § 1680 III BGB übertragen, später aber auf die Mutter zurückübertragen worden, würde nicht § 1748 IV BGB, sondern die allgemeine Regelung des § 1748 I bis III BGB gelten[11]). Schon diese Differenzierung innerhalb der Gruppe der ne. Väter ist problematisch, weil sie bei der Vielfalt der Lebensverhältnisse nur ein grobes Raster darstellt, das definitiv über eine Erleichterung oder Erschwerung der Ersetzung der väterlichen Einwilligung entscheidet. Haben z. B. die in eheähnlicher Gemeinschaft mit ihrem Kind jahrelang zusammenlebenden Eltern es unterlassen, Sorgeerklärungen gemäß § 1626a I BGB abzugeben, weil sie an diese Möglichkeit nicht gedacht haben oder weil die Mutter auf ihr alleiniges Sorgerecht nicht verzichten wollte, so kann später die väterliche Einwilligung in die Adoption unter den erleichterten Voraussetzungen des § 1747 IV BGB ersetzt werden. Haben dagegen Vater und Mutter im Überschwang der Gefühle vor der Geburt ihres Kindes Sorgeerklärungen abgegeben (§ 1626b II BGB), so kommt der Vater, der sein Kind möglicherweise nie gesehen hat, in den Genuß von Bestimmungen, welche die Ersetzung der Einwilligung erschweren.

Noch gravierender sind die Bedenken gegen die typisierende Regelung des § 1748 IV BGB, wenn man die von § 1748 IV BGB erfaßte Gruppe ne. Väter vergleicht mit den Vätern ehel. Kinder, für die nur eine erschwerte Ersetzung gemäß § 1748 I bis III BGB in Betracht kommt. So kann sich beispielsweise der Vater eines ehel. geborenen Kindes, der die Mutter bereits während der Schwangerschaft verlassen und sich nie für das Kind interessiert hat, auf eine ihm günstigere Norm berufen als der nicht sorgeberechtigte Vater eines ne. Kindes, der lange Jahre alles getan hat, um ein gutes Vater-Kind-Verhältnis aufzubauen.

Mit der Neuregelung der §§ 1747, 1748 BGB wird man möglicherweise in der Praxis „leben können". Die gewählte Typisierung ist jedoch nicht in sich stimmig, – ganz abgesehen davon, daß der Gesetzgeber in dem hochsensiblen Bereich des § 1748 BGB gut beraten

---

[11]) So zutreffend *Liermann*, FuR 1997, 266.

gewesen wäre, von einer unvermeidbar problematischen Typisierung gänzlich abzusehen. Eine mögliche Lösung des Problems hätte darin bestehen können, die recht schwerfällige und zeitraubende Regelung des § 1748 II BGB neu zu überdenken und eine Ersetzung der Einwilligung wegen Gleichgültigkeit ohne Rücksicht auf ehel. oder ne. Geburt für den Fall zu erleichtern, daß der die Einwilligung Ver-Sweigernde nicht bereit ist, entweder elterl. Sorge selbst zu übernehmen oder doch wenigstens einen vernünftigen Lebensplan für das Kind aufzustellen und bei dessen Realisierung in Wahrnehmung seiner natürlichen elterl. Verantwortung mitzuwirken[12]).

Die Normierung eines Einwilligungsrechts für präsumtive Väter, deren Vaterschaft also nicht feststeht, die aber glaubhaft machen, der Mutter während der Empfängniszeit beigewohnt zu haben, dürfte in der Adoptionspraxis zu Schwierigkeiten führen, weil sie geeignet ist, wünschenswerte Frühadoptionen erheblich zu erschweren. § 1747 I S. 2 BGB bezieht sich im wesentlichen auf zwei Fallkonstellationen, nämlich einmal auf den Fall, daß der Erzeuger zwar bereit ist, die Vaterschaft anzuerkennen, die Mutter aber die erforderliche Zustimmung nicht erklärt, zum andern auf den Fall, daß der Erzeuger vor der Anerkennung wissen möchte, ob er auch tatsächlich der Erzeuger des Kindes ist. In beiden Fällen kann die Vaterschaft auf eine Klage des potentiellen Erzeugers hin geklärt werden, was aber unvermeidbar mit Zeitaufwand verbunden ist und die Adoption verzögert.

In ihrer Gegenäußerung auf die Kritik des Bundesrates meint die Bundesregierung, die Verweigerung der Einwilligung durch den nur möglichen Erzeuger hindere eine Adoption nur dann, „wenn dieser eine adäquate Alternative für das zukünftige Lebens- und Erziehungsumfeld des Kindes aufzuzeigen vermag; andernfalls kann die Einwilligung gemäß § 1748 IV BGB, auf den § 1747 I S. 2 BGB verweist, ersetzt werden"[13]). Man fragt sich doch etwas überrascht, ob ein Ersetzungsverfahren nach § 1748 IV BGB soviel schneller durchzuführen ist als eine Vaterschaftsfeststellung. Im übrigen kann ein Richter, der seine Aufgabe in einem Ersetzungsverfahren nach § 1748 IV BGB ernst nimmt, schwerlich umhin, eine Klärung der Vaterschaft abzuwarten, weil diese mitentscheidend für die Prognose ist, ob „das Unterbleiben der Annahme dem Kind zu unverhältnismäßigem Nachteil gereichen würde".

---

[12]) Vgl. die ähnlichen Überlegungen von *Coester*, FamRZ 1995, 1245, 1249.
[13]) BT-Drucks. 13/4899, S. 170.

Um den präsumtiven Vater angemessen zu schützen, wäre es besser gewesen zu bestimmen, daß bei einem anhängigen Vaterschaftsprozeß (aber nur dann[14]) das Adoptionsverfahren auszusetzen ist, „wenn eine dadurch eintretende Verzögerung dem Wohl des Kindes nicht widerspricht"[15]). Diese Lösung hätte der herrschenden Ansicht zum bisher geltenden Adoptionsrecht entsprochen[16]).

d) Die Regelung des § 1747 III BGB

(1) § 1747 III Nr. 1 BGB enthält eine Ausnahmeregelung gegenüber Abs. II S. 1: Während die Eltern eines ehel. und die Mutter eines ne. Kindes die Einwilligung erst erteilen können, wenn das Kind acht Wochen alt ist, soll die Einwilligung des Vaters eines ne. Kindes schon vor der Geburt des Kindes zulässig sein. Für den unwahrscheinlichen Fall, daß die nicht miteinander verheirateten Eltern bereits Sorgeerklärungen abgegeben haben sollten, verbleibt es bei der Regelung von Abs. II S. 1.

Ein Vergleich mit ausländischen Rechtsordnungen zeigt, daß dort zwischen ehel. und ne. Vätern nicht unterschieden wird, wenn – was die Regel ist – das Einwilligungsrecht unabhängig davon gewährt wird, ob der Vater mit der Mutter verheiratet ist[17]).

Eine Rechtfertigung der von der deutschen Adoptionspraxis aus naheliegenden Gründen favorisierten gesetzlichen Regelung läßt sich trotz mancher Bedenken[18]) aus der Überlegung herleiten, daß verheiratete Eltern die Möglichkeit haben sollten, gemeinsam und zeitgleich über die Freigabe eines Kindes zur Adoption zu entscheiden. Bei nicht verheirateten Eltern hingegen fehlt es ohne Rücksicht auf die konkreten Lebensumstände jedenfalls an einer gesetzlichen Pflicht zu

---

[14]) Für ein Einwilligungsrecht des präsumtiven Vaters unter der Voraussetzung, daß dieser seine Vaterschaft förmlich betreibt, *Liermann*, FuR 1997, 221; Deutscher Juristinnenbund, FPR-Service 04/1997, S. X; *Baer*, ZfJ 1996, 123, 124.

[15]) So schon BT-Drucks. 7/5087, S. 15.

[16]) Vgl. *Staudinger/Frank*, BGB, § 1747 Rz. 43; *MünchKomm/Lüderitz*, BGB, § 1747 Rz. 21.

[17]) Vgl. Schweiz (Art. 265b ZGB); Österreich (Widerrufsrecht allg. für Vater und Mutter bis zur Adoption, vgl. *Rummel*, Kommentar zum ABGB, Bd. 1, 2. Aufl. 1990, § 182 Rz. 7); Frankreich (Art. 348 und 348-3 CC); Belgien (Art. 348 § 1 CC); Spanien (Schutzfrist nur zugunsten der Mutter, Art. 177 CC).

[18]) Vgl. Deutscher Familiengerichtstag, FamRZ 1997, 337, 341 („mit dem natürlichen Elternrecht sowie der damit zusammenhängenden Elternverantwortung nicht vereinbar").

partnerschaftlicher Rücksichtnahme und die Mutter verdient wegen der psychologischen Belastung durch die Geburt besonderen Schutz.

(2) § 1747 III Nr. 2 BGB ist gesetzestechnisch nicht geglückt. Die Bestimmung regelt die Sperrwirkung eines Antrags auf Übertragung des Sorgerechts auf den Vater, sagt aber nichts zu der zentralen Frage, unter welchen Voraussetzungen der Vater eines ne. Kindes überhaupt die elterl. Sorge erlangen kann, nachdem die Mutter in die Annahme eingewilligt hat. § 1672 I BGB ist jedenfalls nicht die Norm, die auf diesen Fall primär zugeschnitten wäre. § 1747 III Nr. 2 BGB deutet allerdings (inzidenter) an, daß der Vater doch über § 1672 I BGB sein Ziel erreichen kann. § 1672 I BGB setzt indessen die Zustimmung der Mutter voraus. Der zunächst ratlose Leser erfährt schließlich an versteckter Stelle in § 1751 I S. 6 BGB, daß es dieser Zustimmung überhaupt nicht bedarf, wenn die Mutter bereits in die Adoption eingewilligt hat.

In der Sache kann der Vater die Sorge erlangen, „wenn die Übertragung dem Wohl des Kindes dient" (§ 1672 I BGB). Das Erfordernis einer positiven Kindeswohlprüfung war im Zuge der Reform kritisiert worden, weil sie ohne Not zwischen Vätern ehel. und ne. Kinder differenziere und eine negative Kindeswohlprüfung durchaus genüge[19]).

Das hier angesprochene Problem ist indessen kein spezifisch adoptionsrechtliches. Es stellt sich auch in anderen Fällen immer dann, wenn die Mutter des ne. Kindes als Sorgeberechtigte ausfällt, wenn sie z. B. verstirbt oder ihr die Sorge gemäß § 1666 BGB entzogen wird. Auch hier sieht das KindRG – konsequenterweise – eine positive Kindeswohlprüfung vor (§ 1680 II und III BGB).

Was die Sperrwirkung des Antrags gemäß § 1747 III Nr. 2 BGB anbelangt, so handelt es sich um eine § 1747 II S. 2 BGB a. F. nachempfundene Regelung, die früher angemessen war, über deren Zweckmäßigkeit man heute aber streiten kann. Nach altem Recht mußte der Vater eines ne. Kindes, der eine Adoption abwehren wollte, selbst einen Antrag auf Adoption oder Ehelicherklärung stellen. Das ist heute anders, nachdem dem Vater ein Einwilligungsrecht unabhängig davon zusteht, ob er einen Sorgeantrag stellt oder nicht. Auch bei ehel. Kindern entfaltet ein durchaus denkbarer Sorgeantrag des nicht sorgeberechtigten Elternteils keine Sperrwirkung. Im Ersetzungsverfahren muß ohnehin das Gesamtverhalten des nicht sorgeberechtigten Elternteils gegenüber seinem Kind (und damit auch der Sorgeantrag)

---

[19]) Deutscher Familiengerichtstag, FamRZ 1997, 337, 341.

gewürdigt werden. Da indessen der Ausgang des Sorgeverfahrens sinnvollerweise abgewartet werden sollte, bevor eine Entscheidung nach § 1748 BGB getroffen wird, ist gegen die Regelung im Ergebnis wenig einzuwenden. Aus Gründen der Verfahrensbeschleunigung wäre es jedoch in jedem Falle besser gewesen, entsprechend einem Vorschlag des Deutschen Familiengerichtstages sowohl die Zuständigkeit gemäß § 1748 IV BGB als auch die nach § 1672 BGB auf das Familiengericht zu übertragen[20]).

(3) § 1747 III Nr. 3 BGB sieht vor, daß der Vater unwiderruflich darauf verzichten kann, die Übertragung der Sorge nach § 1672 I BGB zu beantragen. Dieser Verzicht soll neben der Einwilligung in die Adoption und unabhängig von ihr möglich sein. Der Gesetzgeber hat sich bei dieser Regelung an § 1747 II S. 3 BGB a. F. (Verzicht auf Adoptionsantrag) orientiert. Da der Vater jedoch nunmehr einwilligungsberechtigt ist, besteht für einen Verzicht auf einen Antrag gemäß § 1672 I BGB keine Notwendigkeit mehr. Die Regelung, die ganz offensichtlich vom Bild eines ne. Vaters als „Störenfried" ausgeht[21]), ist zudem in hohem Maße verfassungsrechtlich bedenklich, weil sie einerseits dem Vater sein Elternrecht beläßt, ihm andererseits aber (unwiderruflich!) die Möglichkeit nimmt, jemals Inhaber der elterl. Sorge zu werden[22]). Es bleibt nur zu hoffen, daß die Jugendämter, die den Vater gemäß § 51 III KJHG bei der Wahrnehmung seiner Rechte aus § 1747 BGB beraten, vor dieser Möglichkeit nachdrücklich warnen, die im übrigen geradezu zwangsläufig die Voraussetzungen für die Ersetzung der Einwilligung nach § 1748 IV BGB schafft.

2. Keine Adoption des eigenen nichtehelichen Kindes

Nach altem Recht ist die Adoption des eigenen ne. Kindes sowohl möglich, wenn der Annehmende ledig, als auch, wenn er verheiratet ist (§ 1741 III BGB a. F.). Ist er verheiratet, so bedarf die Annahme der Zustimmung seines Ehegatten (§ 1749 BGB). Konsequenterweise erlaubt das alte Recht auch die gemeinsame Annahme des ne. Kindes durch einen Elternteil und seinen Ehegatten, obwohl sich die Rechtswirkungen einer solchen Annahme in nichts von der Annahme durch den Ehegatten allein unterscheiden[23]).

---

[20]) FamRZ 1997, 337, 341.
[21]) *Coester*, RdJB 1996, 430, 439.
[22]) *Coester*, RdJB 1996, 430, 439; *ders.*, FamRZ 1995, 1245, 1249.
[23]) Näheres *Staudinger/Frank*, BGB, § 1741 Rz. 42, und § 1754 Rz. 8.

Durch das KindRG wird die Möglichkeit der Annahme des eigenen ne. Kindes beseitigt. Obwohl sie im deutschen Recht auf eine alte Tradition zurückblickt, wurde sie erst durch das Nichtehelichengesetz von 1969 gesetzlich festgeschrieben – ein Reformgesetz, dessen Aniegen es interessanterweise war, dem verfassungsrechtlichen Gebot der Gleichbehandlung ehel. und ne. Kinder (Art. 6 V GG) in vollem Umfang Rechnung zu tragen. Schon 1969 konnte die Annahme des ne. Kindes durch seine Mutter kaum mehr gerechtfertigt werden. Drei Argumente wurden genannt[24]): Die Mutter könne mit Hilfe einer Adoption endgültig die Amtspflegschaft nach § 1706 BGB „abschütteln", die außereheliche Niederkunft verbergen und den persönlichen Umgang des Vaters mit dem Kind endgültig unterbinden. In der Praxis zeigte sich bald, daß die Annahme des ne. Kindes durch seine Mutter mehr und mehr als „Kampfinstrument" mißbraucht wurde, um den im Adoptionsverfahren rechtlich weitgehend schutzlosen Vater[25]) endgültig aus dem Felde zu schlagen. Gelang es der Mutter, den zuständigen Vormundschaftsrichter von der Zweckmäßigkeit der Adoption zu überzeugen, so verlor der Vater wegen der Unanfechtbarkeit des Adoptionsbeschlusses (§ 56e FGG) unwiderruflich sein Elternrecht.

Auch für eine Annahme des ne. Kindes durch seinen Vater fehlte es an überzeugenden Argumenten. Da jedoch das Nichtehelichengesetz von 1969 eine Übertragung der elterl. Sorge auf den Vater selbst dann nicht vorsah, wenn die Mutter als Inhaberin des Sorgerechts ausfiel, insbesondere ihr Kind zur Adoption freigab, wurde die verfehlte Regelung der personalen Vater-Kind-Beziehungen durch den „Notnagel" der Adoption des eigenen ne. Kindes kompensiert (§ 1747 II S. 2 BGB a. F.)[26]).

Argumente, die eine Adoption des ne. Kindes durch Mutter oder Vater heute noch rechtfertigen könnten, gibt es aufgrund der Neuregelung durch das KindRG nicht mehr[27]), zumal der Gesetzgeber auch die Unterscheidung zwischen ehel. und ne. Kindern aufgegeben hat und die Annahme des eigenen ehel. Kindes bislang noch nie ernsthaft erwogen worden war. Sollte es allerdings Fälle geben, in denen einem Kind die Aufrechterhaltung der Statusbeziehungen zu nur einem

---

[24]) Entwurf eines Gesetzes über die rechtliche Stellung der unehelichen Kinder von 1967, BT-Drucks. 5/2370, S. 79.
[25]) Vgl. *BVerfGE* 92, 158 = FamRZ 1995, 789.
[26]) Näheres *Staudinger/Frank*, BGB, § 1741 Rz. 47.
[27]) Vgl. BT-Drucks. 13/4899, S. 70 f.

Elternteil unzumutbar ist, wäre de lege ferenda die Möglichkeit der Adoption des eigenen – ehel. oder ne. geborenen – Kindes jedenfalls nicht a limine von der Hand zu weisen[28]).

3. Varia

a) § 1741 I S. 2 BGB

Auf Empfehlung des Rechtsausschusses wurde an § 1741 I S. 1 BGB folgender Satz 2 angefügt:

„Wer an einer gesetzes- oder sittenwidrigen Vermittlung oder Verbringung eines Kindes zum Zwecke der Annahme mitgewirkt hat oder einen Dritten hiermit beauftragt oder hierfür belohnt hat, soll ein Kind nur dann annehmen, wenn dies zum Wohl des Kindes erforderlich ist."

Die Annahme eines Kindes durch eine Person, die an solchen Praktiken mitgewirkt hat, darf also nur dann ausgesprochen werden, wenn sie zum Wohl des Kindes *erforderlich ist*; daß die Annahme (lediglich) dem Wohl des Kindes *dient* (so Abs. I S. 1), soll nicht mehr ausreichen[29]). Gegen diese, den Wünschen der Praxis Rechnung tragende Bestimmung ist in der Sache nichts einzuwenden, auch wenn der Gesetzgeber im Spannungsfeld zwischen negativer und positiver Kindeswohlprüfung – hier wie andernorts – möglicherweise zuviel von sprachlichen Differenzierungen erwartet. Die Ratifizierung des Haager Adoptionsübereinkommens von 1993, das bei grenzüberschreitenden Adoptionen die Einschaltung zentraler Behörden vorsieht, wäre sicher ein wirksameres Mittel, um Versuchen adoptionswilliger Eltern zu begegnen, sich auf eigene Faust ein Kind im Ausland zu „beschaffen".

b) § 1741 II S. 3 BGB

§ 1741 II S. 3 BGB erlaubt die ansonsten grundsätzlich verbotene Adoption durch einen Ehegatten allein ausnahmsweise dann, wenn der andere Ehegatte geschäftsunfähig ist oder das einundzwanzigste Lebensjahr noch nicht vollendet hat. Die Adoption durch einen Ehegatten allein war schon nach altem Recht bei Geschäftsunfähigkeit des anderen Ehegatten möglich. Wenig sinnvoll erscheint es aber, eine Ausnahme vom Prinzip der gemeinsamen Adoption ausgerechnet für den Fall zu befürworten, daß der Ehegatte des Adoptierenden für eine gemeinsame Adoption zu jung ist.

---

[28]) So *Strick* [Fn. 3].
[29]) BT-Drucks. 13/8511, S. 75.

Wie die amtliche Begründung des Regierungsentwurfs deutlich macht, glaubt der Gesetzgeber, bereits nach altem Recht sei eine Einzeladoption möglich, falls der Ehepartner des Adoptierenden das sechzehnte, nicht aber das achtzehnte Lebensjahr vollendet hat[30]). Diese irrige Ausgangsüberlegung wird formal mit einem Hinweis auf § 1741 II S. 3 BGB a. F. begründet, wo es in der Tat heißt, eine Einzeladoption sei auch dann möglich, wenn der Ehegatte des Adoptierenden ein Kind nicht annehmen könne, „weil er in der Geschäftsfähigkeit beschränkt ist". Gedacht war bei dieser Regelung an volljährige Ehegatten, die das erforderliche Mindestalter für eine Adoption erreicht hatten, aber wegen beschränkter Geschäftsfähigkeit an einer Adoption gehindert waren. Mit Inkrafttreten des Betreuungsgesetzes am 1. 1. 1992 hätte deshalb der Hinweis auf den beschränkt geschäftsfähigen Ehegatten ersatzlos gestrichen werden müssen, was übersehen wurde[31]).

Wenn allerdings der Gesetzgeber schon dem Irrtum unterliegt, das alte Recht würde eine ausdrückliche Sonderregelung für den Fall vorsehen, daß der Ehegatte des Adoptierenden noch minderjährig ist, dann hätte es nahegelegen, diese sinnlose Vorschrift abzuschaffen, anstatt sie auszubauen und Einzeladoptionen immer dann zu gestatten, wenn der Ehegatte wegen zu geringen Alters an einer Mitadoption gehindert ist. Schließlich wird von dem noch nicht 21 Jahre alten Ehegatten, den das Gesetz als zu jung für eine Adoption ansieht, anders als von einem geschäftsunfähigen Ehegatten, erwartet, daß er faktisch Mitverantwortung trägt, und das nicht nur bis zum 21. Lebensjahr.

Wenn im übrigen der Gesetzgeber schon daran denkt, das Verbot der Einzeladoption durch Ehegatten zu lockern, dann hätte es nach dem Vorbild des schweizerischen Rechts (Art. 264b II ZGB) nahegelegen, eine Einzeladoption bei langjährigem Getrenntleben zu gestatten. Der nicht adoptierende Ehegatte wäre hier durch das Einwilligungserfordernis nach § 1749 BGB ausreichend geschützt.

c) § 1746 I S. 4 BGB

Nach § 1746 I S. 4 BGB a. F. bedarf die Einwilligung des Kindes in die Annahme der vormundschaftsgerichtlichen Genehmigung, falls

---

[30]) BT-Drucks. 13/4899, S 111.
[31]) *Staudinger/Frank*, BGB, § 1741 Rz. 31; *Gernhuber/Coester-Waltjen*, Lehrbuch des Familienrechts, 4. Aufl. 1994, § 68 III 4 (= S. 1098).

der Annehmende und das Kind unterschiedliche Staatsangehörigkeit besitzen. Die Vorschrift ist ohne Sinn, wenn sich die Adoption insgesamt nach deutschem Recht richtet, sei es unmittelbar über Art. 22 EGBGB, sei es kraft Rückverweisung. Für diesen Fall ist nämlich eine Kindeswohlprüfung durch das Vormundschaftsgericht bereits nach § 1741 BGB vorgeschrieben. Einer zusätzlichen vormundschaftsgerichtlichen Genehmigung der Einwilligung des Kindes bedarf es nicht[32]). § 1746 I S. 4 BGB n. F. stellt nunmehr klar, daß die Bestimmung des Abs. I S. 4 nicht gilt, soweit die Annahme deutschem Recht unterliegt.

Der Anwendungsbereich des § 1746 I S. 4 BGB n. F. beschränkt sich auf den Fall, daß zwar nicht die Annahme als solche, wohl aber die Einwilligung des Kindes gemäß Art. 23 EGBGB deutschem Recht unterliegt. Auch für diesen Fall hätte man besser auf eine Sonderregelung verzichtet[33]). Ausländische Rechtsordnungen, die im Falle einer Minderjährigenadoption eine Kindeswohlprüfung untersagen, dürfte es heutzutage kaum mehr geben. Sollte das ausnahmsweise doch einmal der Fall sein, wäre das geradezu ein Musterbeispiel für die Anwendbarkeit des deutschen ordre public.

d) § 1746 III BGB

Sowohl nach der alten als auch nach der neuen Fassung des § 1746 BGB bedarf es für die Adoption grundsätzlich der Einwilligung des Kindes. Soweit das Kind durch seine Eltern vertreten wird, bedeutete dies nach altem Recht, daß die Eltern sowohl in ihrer Eigenschaft als Eltern gemäß § 1747 BGB als auch in ihrer Eigenschaft als Vertreter des Kindes gemäß § 1746 BGB die Einwilligung erklären mußten. Das konnte zu Schwierigkeiten führen, wenn ein Elternteil seine Einwilligung als gesetzlicher Vertreter verweigerte, weil diese Einwilligung – anders als die Einwilligung des Elternteils aus eigenem Recht (§ 1748 BGB) – nicht ersetzt werden konnte (§ 1746 III BGB a. F.). Vielmehr mußte dem Elternteil das Recht zur Vertretung des Kindes in persönlichen Angelegenheiten gemäß § 1666 BGB entzogen werden. Ruhte die elterl. Sorge, weil der Elternteil bereits in die Annahme eingewilligt hatte oder seine Einwilligung gemäß § 1748 BGB ersetzt worden war, so war es gemäß § 1751 BGB Aufgabe des Jugendamtes, als Vertreter des Kindes die Einwilligung zu erklären – ein wenig sinnvoller Formalismus, zumal dann, wenn eine Kindeswohlprüfung bereits im

---

[32]) BT-Drucks. 13/4899, S. 156.
[33]) So *Staudinger/Frank*, BGB, § 1746 Rz. 35.

Ersetzungsverfahren erfolgt war[34]). § 1746 III BGB bestimmt nunmehr vernünftigerweise, daß es einer Einwilligung der Eltern in ihrer Eigenschaft als Vertreter des Kindes überhaupt nicht bedarf, „soweit diese nach §§ 1747, 1750 unwiderruflich in die Annahme eingewilligt haben oder ihre Einwilligung nach § 1748 durch das Vormundschaftsgericht ersetzt worden ist".

III. Wirkungen der Adoption

1. Stiefkindadoption (§ 1756 II BGB)

Stiefkindadoptionen sind nach altem wie nach neuem Recht grundsätzlich sogenannte Volladoptionen. Das bedeutet, daß der adoptierende Stiefelternteil und seine Verwandten an die Stelle des durch die Adoption verdrängten leiblichen Elternteils und seiner Verwandten treten. Bereits § 1756 II BGB a. F. normierte allerdings eine Ausnahme:

„Nimmt ein Ehegatte das eheliche Kind seines Ehegatten an, dessen frühere Ehe durch Tod aufgelöst ist, so tritt das Erlöschen nicht im Verhältnis zu den Verwandten des verstorbenen Elternteils ein."

Das Kind erhielt also in diesem Sonderfall einen neuen Elternteil und neue Verwandte (§ 1754 I BGB a. F.), ohne die durch den verstorbenen Elternteil vermittelte Verwandtschaft zu verlieren[35]).

Für den Reformgesetzgeber kam eine Sonderbehandlung von Kindern, die aus einer durch Tod aufgelösten Ehe stammen, nicht in Betracht, weil sie mit einer Differenzierung zwischen ehel. und ne. Kindern gleichbedeutend gewesen wäre. Zwei Alternativlösungen boten sich an, nämlich entweder die ersatzlose Streichung von § 1756 II BGB a. F., also ein Verzicht auf jede Sonderregelung, oder aber eine Korrektur von § 1756 II BGB a. F. dergestalt, daß eine Stiefkindadoption nach dem Tod eines Elternteils durch den Ehegatten des Überlebenden an den Rechtsbeziehungen des Kindes zu seiner Ursprungsfamilie nichts ändert. Das KindRG hat sich für eine Kompromißlösung entschieden[36]). § 1756 II BGB n. F. lautet:

„Nimmt ein Ehegatte das Kind seines Ehegatten an, so erlischt das Verwandtschaftsverhältnis nicht im Verhältnis zu den Verwandten des anderen Elternteils, wenn dieser die elterliche Sorge hatte und verstorben ist."

---

[34]) Vgl. *Staudinger/Frank*, BGB, § 1746 Rz. 20, m. N.; BT-Drucks. 13/4899, S. 112.
[35]) Näheres zur wechselvollen Entstehungsgeschichte bei *Staudinger/Frank*, BGB, § 1756 Rz. 5-8.
[36]) Zur Begründung vgl. BT-Drucks. 13/4899.

Mit Bezug auf ehel. geborene Kinder erweitert die Neuregelung einerseits den Anwendungsbereich von § 1756 II BGB a. F., engt ihn andererseits aber auch ein. Erweitert wird der Anwendungsbereich, weil es nicht mehr darauf ankommt, ob die Ehe der Eltern durch Tod aufgelöst wurde. Auch Kinder aus geschiedenen Ehen fallen nunmehr unter § 1756 II BGB. Eingeengt wird der Anwendungsbereich, weil eine Auflösung der Ehe durch Tod für § 1756 II BGB n. F. nicht mehr genügt. Hinzukommen muß, daß der verstorbene Elternteil zur Zeit seines Todes Allein- oder Mitinhaber der elterl. Sorge war. Ne. geborene Kinder werden durch § 1756 II BGB n. F. erstmals von der Sonderregelung erfaßt, und zwar unter den gleichen Voraussetzungen wie ehel., nämlich dann, wenn der verstorbene Elternteil Allein- oder Mitinhaber der elterl. Sorge war.

Der Grundgedanke von § 1756 II BGB in der alten wie in der neuen Fassung besteht darin, daß bei einer Stiefkindadoption nach dem Tod eines Elternteils durch den Ehegatten des Überlebenden verwandtschaftliche Beziehungen insbesondere zu den Großeltern des verstorbenen Elternteils nicht ohne Not abgebrochen werden sollen. Das gilt allerdings für ehel. wie für ne. Kinder in gleicher Weise. Insoweit bedurfte § 1756 II BGB a. F. dringend einer Korrektur. Problematisch ist jedoch, daß § 1756 II BGB n. F. die Aufrechterhaltung der Rechtsbeziehungen des Kindes zu seiner Ursprungsfamilie zusätzlich davon abhängig macht, daß der verstorbene Elternteil zur Zeit seines Todes wenigstens Mitinhaber der elterl. Sorge war. Es ist zwar richtig, daß nach der Grundidee des KindRG die elterl. Sorge zu einem ehel. wie ne. Kinder erfassenden Schlüsselbegriff geworden ist[37]). Aber es ist ein Irrtum zu glauben, Vater-Kind- oder Mutter-Kind-Beziehungen seien typischerweise dann besonders schützenswert, wenn der fragliche Elternteil Inhaber des Sorgerechts ist. Dazu einige Beispiele:

1. Beispiel:
Eine Ehe wird nach zehnjähriger Dauer geschieden. Da die Eltern sich auf eine gemeinsame Sorge nicht verständigen können, wird die elterl. Sorge für das achtjährige Kind gemäß § 1671 BGB durch das Familiengericht auf die Mutter übertragen, die alsbald wieder heiratet. Der Vater verstirbt.

§ 1756 II BGB n. F. führt zum Erlöschen der Rechtsbeziehungen zwischen Kind und Ursprungsfamilie ohne Rücksicht darauf, wie intensiv die Vater-Kind-Beziehungen waren. Der Umstand, daß das Familiengericht die elterl. Sorge auf die Mutter übertragen hat, besagt wenig.

---

[37]) So zutreffend *Liermann*, FuR 1997, 266, 268.

2. *Beispiel:*

Mutter und Vater eines ne. Kindes leben lange Jahre zusammen, bevor der Vater, der sich liebevoll um sein Kind gekümmert hat, stirbt. Zu Sorgeerklärungen gemäß § 1626a I BGB n. F. war es nicht gekommen, weil die Mutter die alleinige elterl. Sorge nicht preisgeben wollte.

Auch hier erlöschen die Rechtsbeziehungen des Kindes zur väterlichen Familie, obwohl der Vater ein ausgezeichnetes Verhältnis zu seinem Kind hatte. Da die Mutter nach dem KindRG bis zur Grenze des § 1666 BGB allein Inhaberin des Sorgerechts bleibt, hatte der Vater keine Chance, jemals Mitinhaber des Sorgerechts zu werden.

3. *Beispiel:*

Die Mutter eines ne. Kindes sorgt jahrelang als alleinige Inhaberin der elterl. Sorge (§ 1626a II BGB) für ihr Kind. Nach einem Verkehrsunfall, der zu schweren Gehirnschädigungen der Mutter führt, kümmern sich zunächst ihre Eltern um das Kind, bis die Sorge gemäß §§ 1678 II i. V. mit 1673 I BGB auf den Vater übertragen wird. Die Mutter verstirbt. Später adoptiert die Ehefrau des Vaters das Kind.

Da die Mutter zur Zeit ihres Todes nicht Inhaberin der elterl. Sorge war, erlöschen die Rechtsbeziehungen des Kindes zur mütterlichen Familie und damit auch zu den Großeltern, die es bis zur Übertragung der elterl. Sorge auf den Vater versorgt hatten.

Jede typisierende Regelung führt unvermeidbar zu Härtefällen. Die elterl. Sorge ist jedoch kein brauchbares Kriterium, um über Fortbestand oder Erlöschen von Rechtsbeziehungen nach dem Tode eines Elternteils zu entscheiden. Der Grund liegt darin, daß schützenswerte und weniger schützenswerte familiäre Beziehungen sich nicht danach beurteilen lassen, ob der verstorbene Elternteil Mitinhaber der elterl. Sorge war oder nicht. Besser wäre es gewesen, die Rechtsbeziehungen des Kindes zur Ursprungsfamilie generell dann fortbestehen zu lassen, wenn ein Kind nach dem Tod seines Vaters (bzw. seiner Mutter) vom Stiefvater (bzw. von der Stiefmutter) adoptiert wird[38]. Zu rechtfertigen wäre diese Lösung mit dem Argument, daß mit dem Tod eines Elternteils auch dessen Möglichkeit entfällt, sich gegen eine Adoption zur Wehr zu setzen und die Interessen seiner Familie wahrzunehmen. Ein zwingender Grund, hier verwandtschaftliche Beziehungen künstlich zu beenden, ist nicht zu erkennen.

---

[38]) So schon *Frank*, Grenzen der Adoption, 1978, S. 96; *Staudinger/Frank*, BGB, § 1756 Rz. 9.

2. Volljährigenadoption (§ 1772 Id BGB)

Volljährigenadoptionen sind grundsätzlich sogenannte einfache Adoptionen. Das heißt, die Rechtsbeziehungen zur Ursprungsfamilie werden durch die Annahme nicht berührt (§ 1770 II BGB), die Wirkungen der Adoption erstrecken sich nicht auf die Verwandten des Annehmenden (§ 1770 I BGB). In drei Sonderfällen kann das Vormundschaftsgericht beim Ausspruch der Annahme bestimmen, daß sich die Wirkungen der Annahme nach den Vorschriften über die Annahme Minderjähriger richten (§ 1772 Ia-c BGB). Das KindRG fügt in § 1772 Id BGB einen vierten Sonderfall an, nämlich den, daß ein Annahmeantrag beim Vormundschaftsgericht noch während der Minderjährigkeit des Anzunehmenden eingereicht wird, der Ausspruch der Annahme aber erst erfolgt, nachdem der Anzunehmende volljährig geworden ist[39]). Die Erweiterung des Katalogs der Sonderfälle dürfte auf einen vom *BayObLG* am 28. 3. 1996 entschiedenen Fall[40]) zurückzuführen sein.

Inhaltlich läßt sich die Neuregelung zwar vertreten, notwendig oder zwingend ist sie indessen nicht. Weder bei der Minderjährigen- noch bei der Volljährigenadoption geht es nämlich um die Verwirklichung zivilrechtlicher Ansprüche, für die ein Abheben auf den Zeitpunkt der Antragstellung oft zweckmäßig ist, sondern es geht um das Wohl des Anzunehmenden, also um eine Interessenbewertung, für die es auf den Zeitpunkt der Entscheidung ankommt. Viele Rechtsordnungen verbieten deshalb ohne Rücksicht auf den Zeitpunkt der Antragstellung Volljährigenadoptionen generell, weil diese nicht auf eine Verbesserung personaler Eltern-Kind-Beziehungen, sondern auf die bloße Veränderung vermögensrechtlicher Positionen (Unterhalts-, Erbrecht) ausgerichtet seien[41]). Selbst die Volladoption eines Minderjährigen muß nicht notwendigerweise – wie im deutschen Recht – bis zur Vollendung des achtzehnten Lebensjahres möglich sein. In Portugal liegt die Altersgrenze bei vierzehn Jahren (Art. 1980 II CC), in Frankreich bei fünfzehn Jahren (Art. 345 I CC) und in Luxemburg bei sechzehn Jahren (Art. 367 I CC).

---

[39]) Vgl. BT-Drucks. 13/4899, S. 158.
[40]) FamRZ 1996, 1034, m. Anm. *Liermann*, FamRZ 1997, 112.
[41]) So z. B. in den ehedem sozialistischen und in den nordischen Ländern, in Großbritannien und in den Niederlanden (Nachweise bei *Staudinger/Frank*, BGB, § 1767 Rz. 11).

Das neue Unterhaltsrecht minderjähriger Kinder

Von Ministerialrat Dr. Klaus Schumacher

und Richter am AmtsG Klaus-Jürgen Grün, Bonn

Übersicht[1])

A. Einführung
B. Grundzüge des neuen Rechts
C. Materielles Recht
   I. Höhe und Funktion der Regelbeträge
      1. Funktion der Regelbeträge
      2. Beibehaltung der geltenden Regelbedarfssätze als Regelbeträge
      3. Das neue Konzept
      4. Regelbeträge und Unterhaltsvorschuß
      5. Regelbetrag-Verordnung
   II. Dynamisierung von Unterhaltstiteln
      1. Unterhalt in statischer oder dynamischer Form
      2. Regelbeträge als Bemessungsgröße für dynamisierte Unterhaltstitel
      3. Anpassungsmaßstab
         a) Maßgeblichkeit der Nettolohnentwicklung
         b) Dynamisierung und bisheriges Anpassungssystem
         c) Anpassungsrhythmus
   III. Anrechnung kindbezogener Leistungen
      1. Unterhaltsrechtliche und steuerrechtliche Vorgaben
      2. Nur Ausgleich des Kindergeldes und kindergeldersetzender Leistungen

---

[1]) Paragraphen mit der Bezeichnung BGB, ZPO usw. ohne nähere Angabe sind die ab dem 1. 7. 1998 oder die schon heute und über diesen Zeitpunkt hinaus geltenden Vorschriften. Die lediglich noch bis zum 1. 7. 1998 gültigen Bestimmungen tragen in der Regel den Zusatz „a. F.". Neuer und alter Gesetzestext sind abgedruckt in *Schwab/Wagenitz*, Familienrechtliche Gesetze, Synoptische Textausgabe, 2. Aufl. 1998; s. auch *Rühl/Greßmann*, Kindesunterhaltsgesetz, FamRZ-Buch 7, 1998; insgesamt zum neuen Kindschaftsrecht *Greßmann*, Neues Kindschaftsrecht, FamRZ-Buch 6, 1998.

3. § 1612b BGB im einzelnen
   a) Absatz I
   b) Absatz II
   c) Absatz III
   d) Absatz IV
   e) Absatz V
4. § 1612c BGB

IV. Sonstige materiellrechtliche Neuregelungen
  1. § 1603 II und § 1609 BGB
  2. § 1612 II S. 1 BGB
  3. § 1613 BGB

V. Besondere Vorschriften für nichteheliche Kinder
  1. Verallgemeinerte und ersatzlos entfallene Vorschriften
  2. Bestehenbleibende Vorschriften
     a) § 1615a BGB
     b) § 1615l BGB
     c) § 1615o BGB

VI. Zu den oberlandesgerichtlichen Unterhaltstabellen

D. Verfahrensrecht

  I. Vereinheitlichung des Verfahrensrechts
  II. Vereinfachtes Verfahren zur Festsetzung des Unterhalts minderjähriger Kinder
    1. Verfahrensgegenstand
    2. Parteien des vereinfachten Verfahrens
    3. Umfang des festsetzbaren Unterhalts
    4. Ausschluß des vereinfachten Verfahrens nach § 645 II ZPO
    5. Festsetzungsantrag (§ 646 I ZPO)
    6. Zurückweisung des Antrages (§ 646 II ZPO)
    7. Einwendungsmöglichkeiten des Antragsgegners
       a) Auf ihre Begründetheit zu überprüfende Einwendungen (§ 648 I ZPO)
       b) Nur auf ihre Zulässigkeit zu überprüfende Einwendungen (§ 648 II ZPO)
       c) Formelle Anforderungen an Einwendungen i. S. von § 648 II ZPO
    8. Verfahrensfragen
       a) Verfahrensverbindung
       b) Antragszustellung
       c) Fakultative mündliche Verhandlung (§ 649 II ZPO)
       d) Der Festsetzungsbeschluß (§ 652 I ZPO)
       e) Rechtsmittel gegen den Festsetzungsbeschluß
       f) Verfahren bei nicht zurückzuweisenden Einwendungen
    9. Das streitige Verfahren

III. Unterhaltsentscheidung im Verbund mit der Vaterschaftsfeststellung (§ 653 ZPO)
IV. Die Abänderungsklage nach § 654 ZPO
V. Das vereinfachte Abänderungsverfahren nach § 655 ZPO
VI. Die Abänderungsklage nach § 656 ZPO
VII. Neuregelung der örtlichen Zuständigkeit
VIII. Auskunftsmöglichkeiten der Gerichte
IX. Einstweilige Anordnung in isolierten Unterhaltsverfahren
X. Kostenfolge bei ungenügender Auskunftserteilung
E. Änderung des Unterhaltsvorschußgesetzes
F. Übergangsregelungen
  I. Abweichender Dynamisierungsfaktor im Beitrittsgebiet
  II. Am 1. 7. 1998 anhängige Verfahren
  III. Anhängigen Verfahren gleichstehende Verfahren
  IV. Umstellung von Alttiteln auf dynamisierte Titel

A. Einführung

In FamRZ 1997, 1513 ff. – Heft 24 v. 15. 12. 1997 – hat *Wagner* den Regierungsentwurf [RegE] eines Gesetzes zur Vereinheitlichung des Unterhaltsrechts minderjähriger Kinder[2]) erläutert. Am Schluß des Beitrags wird die Aussicht, daß der RegE alsbald Gesetz werde, skeptisch beurteilt: „Manches war schon Blüte und reifte nicht." In der Tat sah es noch im Herbst des vergangenen Jahres so aus, als würde die Kindschaftsrechtsreform am 1. 7. 1998 ohne eine Reform des Unterhaltsrechts minderjähriger Kinder in Kraft treten müssen, was für den Gesetzgeber wenig schmeichelhaft gewesen wäre und für die Familiengerichte die mißliche Folge gehabt hätte, sich für eine mehr oder weniger lange Übergangszeit mit dem ihnen nicht vertrauten Unterhaltsrecht nichtehelicher Kinder befassen zu müssen. Wider Erwarten ist die Blüte aber dann doch noch in kürzester Zeit zur Reife gelangt, allerdings erst, nachdem ihr Stamm durch den Rechtsausschuß des Deutschen Bundestages drastisch „veredelt" wurde. Der Bundestag hat dem RegE i. d. F. der Beschlüsse des Rechtsausschusses v. 13. 12. 1997[3]) am 15. 1. 1998 in zweiter und dritter Lesung zugestimmt. Das einstimmige Placet des Bundesrates – verbunden mit

---

[2]) BT-Drucks. 13/7338. Zum RegE vgl. auch *Greßmann/Rühl*, DAVorm 1997, 161; zum Referentenentwurf [RefE] siehe *Wagner*, FamRZ 1996, 705; *Kleinle*, DAVorm 1996, 814; *Claesen*, DAVorm 1996, 781.

[3]) BT-Drucks. 13/9596.

einem Appell an den Steuergesetzgeber – erfolgte am 6. 2. 1998[4]). Bis zum Inkrafttreten des am 6. 4. 1998 verkündeten Gesetzes[5]) am 1. 7. 1998 blieb für die Praxis damit sogar noch einige Monate Zeit, um sich auf die neuen Regelungen einzustellen.

Nachfolgend soll das Kindesunterhaltsgesetz [KindUG] in seinen wichtigsten Einzelheiten erläutert werden, wobei der Schwerpunkt auf den Änderungen liegt, die der RegE in den parlamentarischen Beratungen erfahren hat. Dabei wird auf die Höhe der Regelbeträge und die hiermit verbundenen alternativen Regelungsvorschläge nochmals ausführlich eingegangen, da abzusehen ist, daß diese weiterhin in der Diskussion bleiben werden.

B. Grundzüge des neuen Rechts

Die Grundzüge des neuen Rechts lassen sich wie folgt zusammenfassen:

Für den Unterhaltsanspruch aller minderjährigen Kinder gelten künftig die gleichen Regeln. Die Sondervorschriften für nichteheliche Kinder selbst werden – bis auf § 1615o I BGB – aufgehoben. Insbesondere gibt es keinen Anspruch auf „Regelunterhalt" mehr, sondern nur noch einen einheitlichen Anspruch auf individuellen Unterhalt.

Die Regelbedarfssätze des geltenden Rechts heißen künftig **Regelbeträge**. Diese erheben nicht mehr den Anspruch, in einfachen Lebensverhältnissen bedarfsdeckend zu sein (vgl. § 1615f I BGB a. F.), sondern dienen primär als Bemessungsgröße für Unterhaltstitel in dynamisierter Form und für die Zulässigkeit des vereinfachten Verfahrens. Die Regelbeträge bleiben vorerst auf dem derzeitigen Niveau und werden in der **Regelbetrag-Verordnung,** welche die Regelunterhalt-Verordnung und die Regelbedarf-Verordnung des geltenden Rechts ablöst, ausgewiesen.

Der Unterhalt kann künftig entweder als fester Betrag oder aber – auf diesem aufbauend – **in dynamisierter Form** als Prozentsatz eines oder des jeweiligen Regelbetrages nach der Regelbetrag-Verordnung verlangt werden. Angesichts der Möglichkeit, den Unterhalt dynamisiert festsetzen zu lassen, entfallen die bisherigen Anpassungsverordnungen nach § 1612a II und § 1615f II BGB a. F.

Bis zur Höhe des **Eineinhalbfachen der Regelbeträge** können die Unterhaltsansprüche in einem **vereinfachten Verfahren** geltend

---

[4]) BR-Drucks. 13/98 (Beschluß).
[5]) BGBl I 666.

gemacht werden, das künftig nicht mehr zweigleisig ausgestaltet ist, sondern insgesamt vor dem Rechtspfleger stattfindet. In diesem Verfahren ist eine abschließende Titulierung des Unterhaltsanspruchs allerdings nur dann möglich, wenn der Verpflichtete keine nach § 648 ZPO beachtlichen Einwendungen gegen die Unterhaltsfestsetzung geltend macht; andernfalls geht das vereinfachte Verfahren auf Antrag in ein streitiges Verfahren über. Die Abänderungsklage gegen einen im vereinfachten Verfahren festgesetzten Unterhalt ist unter gegenüber § 323 ZPO erleichterten Voraussetzungen möglich.

Die Vorschriften über die Anrechnung kindbezogener Leistungen folgen im Grundsatz den bisherigen Regelungen in der Regelunterhalt-Verordnung, werden aber – insbesondere unter Berücksichtigung der seit dem 1. 1. 1996 gewandelten Funktion des Kindergeldes – erheblich vereinfacht.

Unabhängig von diesem neuen Konzept wurde die Vereinheitlichung des Unterhaltsrechts minderjähriger Kinder zum Anlaß genommen, (u.a.) § 1613 BGB zu erweitern sowie volljährige Kinder, die sich noch in der allgemeinen Schulausbildung befinden und nach wie vor im Elternhaus wohnen, den minderjährigen Kindern im Rahmen des § 1603 II und des § 1609 BGB gleichzustellen.

C. Materielles Recht
I. Höhe und Funktion der Regelbeträge

Hauptstreitpunkt, an dem das KindUG lange Zeit zu scheitern drohte, war die Höhe der Regelbeträge. Die im Gesetzgebungsverfahren vielfach[6]), insbesondere vom Bundesrat[7]) erhobene Forderung, die Regelbeträge (wenigstens) auf das Existenzminimum [EM] anzuheben, hat sich nicht durchgesetzt. Die Regelbeträge sind in der Regelbetrag-Verordnung nach Art. 2 KindUG vielmehr in gleicher Höhe wie die Regelbedarfssätze der noch bis zum 30. 6. 1998 geltenden Regelunterhalt-Verordnung bzw. – für die alten Bundesländer – Regelbedarf-Verordnung[8]) festgesetzt worden. Sie betragen also auch über den 30. 6. 1998 hinaus – bezogen auf die drei Altersstufen –

---

[6]) U. a. in den Stellungnahmen (zum RegE) der Bundesrechtsanwaltskammer, des Zentralkomitees der deutschen Katholiken, des Bundesverbandes alleinstehender Mütter und Väter, der Arbeitsgemeinschaft der Jugendhilfe und des Paritätischen Wohlfahrtsverbandes.

[7]) BT-Drucks. 13/7338, S. 58 unter Nr. 11.

[8]) Beide i.d.F. der Art. 2 und 3 der Fünften Verordnung über die Anpassung und Erhöhung von Unterhaltsrenten für Minderjährige v. 25. 9. 1995, BGBl I 1190.

349 DM / 424 DM / 502 DM (alte Bundesländer) bzw. 314 DM / 380 DM / 451 DM (neue Bundesländer).

1. Funktion der Regelbeträge

Die Regelbeträge erheben allerdings nicht mehr den Anspruch, in einfachen Lebensverhältnissen bedarfsdeckend zu sein, denn eine Definition nach Art des § 1615f I BGB a.F. enthält das Gesetz nicht mehr. Ferner ist das vereinfachte Verfahren [VV] – anders als im RegE vorgesehen – nicht auf Unterhaltsansprüche i. H. der Regelbeträge beschränkt. Die Regelbeträge haben im neuen Recht vielmehr in erster Linie nur noch die Funktion einer bloßen Bemessungsgröße für dynamisierte Unterhaltstitel und für die Zulässigkeit des VV. Immerhin aber sind sie nach wie vor verbindlicher Maßstab für die (Versagung der) Kindergeldanrechnung im Mangelfall[9], für die Unterhaltsfestsetzung im Zusammenhang mit der Vaterschaftsklage[10]) sowie für die Leistungen nach dem Unterhaltsvorschußgesetz[11]). Schon von daher wird die Kritik an ihrer Höhe nicht verstummen.

2. Beibehaltung der bisherigen Regelbedarfssätze als Regelbeträge

Nach den EM-Berichten der Bundesregierung ist für die drei unterhaltsrechtlichen Altersgruppen von einem EM i. H. von derzeit **431 DM / 510 DM / 631 DM** und ab dem Jahr 1999 i. H. von **461 DM / 544 DM / 670 DM** auszugehen[12]). Die Regelbeträge hätten also um durchschnittlich etwa 30 % in den alten Bundesländern und um knapp 50 % in den neuen Bundesländern erhöht werden müssen, um sie dem EM anzupassen. Gleichwohl hätten derartige Regelbeträge suggeriert, daß sie eine Art „Mindestunterhalt" darstellen, den jedes Kind im VV beanspruchen kann und von dem man „freiwillig" nicht

---

[9]) Vgl. § 1612b V BGB.
[10]) Vgl. § 653 ZPO.
[11]) Hierzu unter I. 4.
[12]) Der Bericht der Bundesregierung über das Existenzminimum 1996 v. 2. 2. 1995 (BT-Drucks. 13/381) hat für Kinder ein EM i. H. von 6.264 DM jährlich, d. h. 524 DM monatlich, ergeben. In dieser Höhe wurde dementsprechend mit Wirkung v. 1. 1. 1996 der Kinderfreibetrag [KFB] festgelegt. Mit Wirkung v. 1. 1. 1997 stieg der KFB auf 6.912 DM, also 576 DM monatlich, ohne daß dieser Erhöhung neue Erkenntnisse über das EM zugrunde lagen. Solche enthält nunmehr der „Bericht (der Bundesregierung) über die Höhe des Existenzminimums von Kindern und Familien für das Jahr 1999" (BT-Drucks. 13/9561). Aus ihm errechnet sich für Kinder ein „steuerfrei zu stellendes EM 1999" i. H. von 6.696 DM jährlich, d. h. 558 DM monatlich. Aus den Freibeträgen 1996 und 1999 ergeben sich interpoliert auf die einzelnen Altersgruppen die angegebenen Beträge.

von vornherein Abstriche macht. Unterhalt in derartiger Höhe hätte aber im Gros der Fälle unter dem Gesichtspunkt der Leistungsfähigkeit des Unterhaltsschuldners nicht zugesprochen werden können mit der Folge, daß eine Befriedung im VV regelmäßig nicht erreichbar gewesen wäre.

Fraglich erschien daher allenfalls, ob nicht eine *maßvolle* Anhebung der Regelbeträge – beispielsweise um 10 % – gerechtfertigt gewesen wäre, zumal nach der in § 1612a IV BGB vorgesehenen Anpassungsregelung das Jahr 1996 bei der Anpassung nicht berücksichtigt wird. Auch hiervon hat der Gesetzgeber jedoch abgesehen, weil die Regelbedarfssätze (und die laufenden Individualunterhaltsrenten) durch die 5. AnpVO[13]) erst zum 1. 1. 1996 im gesamten Bundesgebiet um 20 % erhöht worden waren, obwohl die Steigerung der Einkommen und der Lebenshaltungskosten in dem dreieinhalbjährigen Zeitraum zwischen dem Inkrafttreten der 4. AnpVO[14]) (1. 7. 1992) und der 5. AnpVO (1. 1. 1996) in den alten Bundesländern nur einen Mittelwert von 8,2 % ergeben hätte[15]). In den neuen Bundesländern war überdies erst ein Jahr vorher, überwiegend zum 1. 1. 1995[16]), eine Anpassung der Regelbedarfssätze (und der laufenden Individualunterhaltsrenten) um ebenfalls 20 % erfolgt[17]). Von daher wäre eine weitere Erhöhung der Regelbeträge kaum vertretbar gewesen, zumal seit dem 1. 1. 1996 die Einkom-

---

[13]) Vgl. Fn. 8.
[14]) Vom 19. 3. 1992, BGBl I 535.
[15]) Vgl. BR-Drucks. 504/95, S. 6.
[16]) Im Beitrittsgebiet Berlins zum 1. 10. 1994, in Mecklenburg-Vorpommern zum 1. 3. 1995.
[17]) Entgegen manchen anderslautenden Behauptungen ist diese 20 %ige Erhöhung der Regelbedarfssätze den Kindern zu Lasten der barunterhaltspflichtigen Elternteile auch voll zugute gekommen. Bekanntlich ist der hohe Anpassungssatz zwar in erster Linie deshalb festgesetzt worden, um ein Absinken der Unterhaltsrenten infolge der Anrechnung des zum 1. 1. 1996 deutlich erhöhten Kindergeldes in den unteren Einkommensgruppen um etwa den gleichen Prozentsatz zu verhindern. „Zur Kasse gebeten" wurden die barunterhaltspflichtigen Elternteile jedoch über den Verlust des (halben) Kinderfreibetrags, der sich je nach persönlichem Steuersatz unterschiedlich auswirkt, in den unteren und mittleren Einkommensgruppen aber in etwa der Erhöhung der Regelbeträge um 20 % entspricht. Mit diesem Verlust korrespondiert(e) zugunsten der Kinder der erhöhte Kindergeldanteil des barunterhaltspflichtigen Elternteils, der dem betreuenden Elternteil zusammen mit seinem eigenen Kindergeldanteil ausgezahlt wird, aber seiner Bestimmung nach für den Barunterhalt des Kindes zu verwenden ist. Das seinerzeit in den Bundesratsausschüssen und in der Presse immer wieder strapazierte Beispiel, daß die Unterhaltsrenten West in der ersten Altersgruppe sogar um 7 DM gesunken seien, verkannte, daß das von den Barunterhaltspflichtigen abziehbare erhöhte Kindergeld (beim Erstkindergeld im Ergebnis also ein Mehrbetrag von seinerzeit 65 DM, jetzt 75 DM) als Mehr an Unterhalt für die Kinder zur Verfügung stand. Im besagten Beispielsfall war lediglich dieses Mehr um 7 DM auf 58 DM gemindert.

men (und auch die Lebenshaltungskosten) nur unwesentlich gestiegen sind[18]). Im übrigen aber hätte eine solche Erhöhung, nachdem das VV für Unterhaltsansprüche i. H. des Eineinhalbfachen der Regelbeträge eröffnet worden ist, für die Kinder jedenfalls *unterhaltsrechtlich* im Regelfall auch keine entscheidenden Vorteile gehabt.

3. Das neue Konzept

Künftig können Unterhaltsansprüche gemäß § 645 ZPO bis zum Eineinhalbfachen der Regelbeträge, also bis zur Höhe von **524 DM / 636 DM / 753 DM** (alte Bundesländer) bzw. **471 DM / 570 DM / 677 DM** (neue Bundesländer) im VV geltend gemacht werden. Durch diese Beträge ist das EM, selbst das EM 1999, „komfortabel" abgedeckt. Damit geht das Gesetz einen Mittelweg zwischen dem Konzept des RegE (Regelbeträge auf bisherigem Niveau / VV nur bis zur Höhe der Regelbeträge) und der Forderung, die Regelbeträge am EM zu orientieren.

Die Öffnung des VV für Unterhaltsansprüche i. H. des Eineinhalbfachen der Regelbeträge war – nachdem auch anrechnungstechnische Lösungen über das Kindergeld aus rechtlichen Gründen nicht in Betracht kamen[19]) – der einzig realisierbare Kompromiß, der eine Verabschiedung des KindUG gewährleisten konnte. Folge dieses Kompromisses ist eine gegenüber dem RegE häufigere Inanspruchnahme des VV mit entsprechender Mehrbelastung der Rechtspfleger. Andererseits stellt das neue Konzept eine zwar nicht zwingende, aber durchaus plausible *verfahrensrechtliche* Konsequenz der Tatsache dar, daß die Regelbeträge auch im *materiellen* Recht nicht mehr als (in einfachen Lebensverhältnissen) bedarfsdeckend angesehen werden. Von den Interessen des Kindes her betrachtet hat es den Vorzug, daß der *bedarfsgerechte* Unterhalt insgesamt im VV geltend gemacht werden kann, also vermieden wird, daß aus Gründen der Verfahrenserleichterung auf einen Spitzenbetrag entweder verzichtet oder selbiger in einem sich an das VV anschließenden Klageverfahren geltend gemacht werden muß.

Dem denkbaren Argument, das neue Konzept entspreche in seinen unterhaltsrechtlichen Auswirkungen weitgehend der Forderung, die Regelbeträge (wenigstens) auf das EM anzuheben, ist zwar zuzugeben, daß das Kind nach beiden Systemen zunächst einmal ohne Kostenrisiko einen allein nach dem angenommenen Bedarf bemessenen Unterhalt geltend machen kann, da der Unterhaltsverpflichtete im VV substantiiert darlegen muß, daß er zur Leistung des verlangten Unterhalts nicht in der Lage ist. Dennoch wird man bei der Gesetz gewordenen Lösung eher als bei Regelbeträgen i. H. des EM abwägen, welche Unterhaltsforde-

---

[18]) Nach den Rentenanpassungs-Verordnungen 1997 (BGBl I 1352) und 1998 (BGBl I 1166) betrug der Anstieg der Nettoeinkommen 1996 gegenüber 1995 und 1997 gegenüber 1996 in den alten Bundesländern 1,47 % und 0,23 %, in den neuen Bundesländern 5,26 % und 0,47 %.
[19]) Hierzu unter III. 1.

rung unter Berücksichtigung der Leistungsfähigkeit des Verpflichteten angemessen ist. Gegenüber Regelbeträgen, die von vornherein dem EM entsprochen hätten, dürfte also in wesentlich mehr Fällen ein der tatsächlichen Leistungsfähigkeit in etwa entsprechender Betrag im VV festgesetzt werden können. Hinzu kommt, daß Regelbeträge i. H. des EM es erfordert hätten, auch im Rahmen des § 1612b V BGB auf das EM abzustellen, d. h. eine Anrechnung des Kindergeldes zu versagen, soweit der Verpflichtete nicht zur Leistung des EM abzüglich des halben Kindergeldes in der Lage gewesen wäre. Abgesehen von verfassungs- und steuerrechtlichen Bedenken gegen eine solche Lösung[20]) hätte das VV gegebenenfalls seiner Befriedungsfunktion ebensowenig gerecht werden können wie bei Regelbeträgen i. H. des EM, da unter dem Gesichtspunkt der Leistungsfähigkeit letztlich nur das zählt, was der Verpflichtete „unter dem Strich" zu zahlen hat.

4. Regelbeträge und Unterhaltsvorschuß

Während im Unterhaltsrecht alleiniger Maßstab für die Unterhaltshöhe Bedürftigkeit und Leistungsfähigkeit sind, bleiben die Leistungen nach dem Unterhaltsvorschußgesetz [UVG] auf die Regelbeträge abzüglich des halben Erstkindergeldes beschränkt[21]). Die Mehrbelastung, die eine Anhebung der Regelbeträge für die Kassen des Bundes und der Länder im Rahmen des UVG mit sich gebracht hätte, war bekanntlich ebenfalls ein Grund, diese auf dem bisherigen Niveau zu belassen[22]). Zwar können die UVG-Leistungen nach dem Wegfall des § 1615f I BGB nicht mehr den Anspruch erheben, in einfachen Lebensverhältnissen bedarfsdeckend zu sein. Ein Wertungswiderspruch ist dies jedoch nicht, da das UVG nicht den Zweck verfolgt, das EM zu sichern, sondern einen Ausgleich für nicht erbrachte Unterhaltsleistungen auf einem einheitlichen Mindestniveau zu schaffen. Der Sicherung des EM dient die von den Kommunen aufzubringende *Sozialhilfe*, die nicht die einzelne Person (hier das Kind), sondern die Bedarfsgemeinschaft (hier in der Regel Mutter und Kind) in den Blick nimmt. Von daher erscheint es durchaus systemgerecht, daß der Staat für das EM von Kindern erst dann eintritt, wenn die gesteigerte Unterhaltspflicht *beider* Elternteile aus § 1603 II BGB dieses nicht sicherstellen kann.

---

[20]) Hierzu unter III. 3. e).
[21]) Vgl. §§ 1, 2 UVG (i.d.F. des Art. 4 I Nr. 2 KindUG).
[22]) Bereits die Erhöhung der Unterhaltsrenten durch die 5. AnpVO [Fn. 8] hat von daher erhebliche Schwierigkeiten bereitet, obwohl sie angesichts des abzugsfähigen erhöhten Kindergeldes nicht zu Mehrbelastungen der Unterhaltsvorschußkassen, sondern lediglich zum Verlust potentieller Einsparungen in den Staatshaushalten des Bundes und der Länder geführt hat.

5. Regelbetrag-Verordnung

Nach dem RegE sollten die Regelbeträge im Gesetz selbst[23]) ausgewiesen werden. Da die Regelbeträge sich im Zweijahresrhythmus verändern, wäre das Gesetz insoweit schon zum 1. 7. 1999 an zwei Stellen überholt gewesen; mit jeder weiteren Anpassung hätte sich seine Rückständigkeit intensiviert. Durch Art. 2 KindUG sind die Regelbeträge statt dessen in die turnusmäßig anzupassende *Regelbetrag-Verordnung* eingestellt worden. § 1 enthält die Regelbeträge für die alten und § 2 diejenigen für die neuen Bundesländer[24]). Auf diese Weise ist die Höhe der Regelbeträge im gesamten Bundesgebiet sowie die Zeit ihrer jeweiligen Geltungsdauer auf einen Blick ersichtlich.

Die Regelbetrag-Verordnung kann gemäß der „Entsteinerungsklausel" des Art. 7 KindUG künftig auf dem Verordnungswege geändert werden, und zwar nach § 1612a IV S. 3 BGB durch Rechtsverordnung des Bundesministeriums der Justiz ohne Zustimmung des Bundesrates. Die Notwendigkeit einer Rechtsverordnung gegenüber der im RegE vorgesehenen bloßen Bekanntmachung ergab sich daraus, daß die neuen Regelbeträge einen eigenen Berechnungsvorgang erfordern[25]). Von der Zustimmung des Bundesrates konnte hingegen abgesehen werden, weil die Berechnung nach vorgegebenen Kriterien erfolgt und die Regelbedarf-Verordnung im Gegensatz zur noch geltenden Regelunterhalt-Verordnung keine anderen Vorschriften als die der §§ 1 und 2 über die Höhe der Regelbeträge enthält.

II. Dynamisierung von Unterhaltstiteln

Der RegE sah in seinem § 1612a BGB einen Anspruch auf „Regelunterhalt" und in seinem § 1612b BGB den Anspruch auf Individualunterhalt vor. Im Gesetz ist diese Unterscheidung zugunsten eines einheitlichen Anspruchs auf Individualunterhalt entfallen. § 1612a BGB legt als Besonderheit lediglich fest, daß *minderjährige Kinder*[26]),

---

[23]) § 1612a I BGB und Art. 4 § 1 KindUG i.d.F. des RegE.

[24]) Mit den unterschiedlich hohen Regelbeträgen wurde dem immer noch deutlichen Unterschied im Einkommensniveau der neuen und der alten Bundesländer und dem damit letztlich auch geringeren Lebensbedarf Rechnung getragen. Nach Schätzungen des Statistischen Bundesamtes vom März 1998 betrug der Nettodurchschnittsverdienst 1997 in den alten Bundesländern 33.312 DM, in den neuen Bundesländern 28.339 DM. Dies entspricht einem Verhältnis von 85 %.

[25]) Einzelheiten unter II. 3. a).

[26]) Während der Minderjährigkeit des Kindes kann auf dessen Antrag der Unterhalt über das 18. Lebensjahr hinaus verlangt werden; vgl. § 1612a III BGB („für die Zeit vom dreizehnten Lebensjahr an") und § 798a ZPO.

die mit dem barunterhaltspflichtigen Elternteil nicht in einem Haushalt leben, den Unterhalt in Form eines Prozentsatzes eines oder des jeweiligen Regelbetrages nach der Regelbetrag-Verordnung verlangen können. § 1612b BGB i.d.F. des RegE ist ersatzlos entfallen.

Mit diesem Konzept ist die beim 12. Deutschen Familiengerichtstag erhobene Forderung, von der im RegE vorgesehenen fakultativen Dynamisierung des Individualunterhalts abzusehen[27]), ebenso obsolet geworden wie das entgegengesetzte Anliegen des Bundesrates, auch den Individualunterhalt nach § 1612b BGB i.d.F. des RegE zwingend zu dynamisieren[28]). Erledigt hat sich ferner die zu § 1612a IV BGB i.d.F. des RegE entstandene Kontroverse darüber, ob entgegen dieser Vorschrift nur eine *wesentlich* geminderte Leistungsfähigkeit die Herabsetzung des „Regelunterhalts" rechtfertigen sollte[29]). Da es künftig keinen Anspruch auf „Regelunterhalt" mehr gibt und das VV für Unterhaltsansprüche bis zum Eineinhalbfachen der Regelbeträge offensteht, konnte es auch keine zwingende Dynamisierung von Unterhaltsansprüchen bis zu einer bestimmten Höhe (welcher?) mehr geben. Vielmehr lag es nahe, die Festlegung des Unterhalts in dynamisierter Form generell nur fakultativ vorzusehen.

1. Unterhalt in statischer oder dynamisierter Form

Unberührt von § 1612a BGB bleibt die Möglichkeit, eine statische Unterhaltsrente zu verlangen, was insbesondere bei vertraglicher Festlegung des Unterhaltsanspruchs auf höherem als dem gesetzlich geschuldeten Niveau oder dann in Betracht kommen kann, wenn der Unterhalt – namentlich in Mangelfällen – für mehrere gleichrangig Berechtigte festzulegen ist. In diesem Zusammenhang ist zu beachten, daß ein vorläufiges Absehen von der Dynamisierung nicht für die gesamte Zukunft gelten muß. Die Dynamisierung kann vielmehr auch noch im Wege einer späteren, aus anderen Gründen erhobenen Abänderungsklage nach § 323 ZPO erreicht werden[30]).

Dynamisierte Unterhaltstitel gewährleisten – jedenfalls vom Prinzip her –, daß die Gerichte für die Abänderung des Titels nur noch bei veränderten Umständen außerhalb der allgemeinen Einkommensentwicklung in Anspruch genommen werden müssen. Wenn die Möglichkeit der Dynamisierung genutzt werden soll, wird man in aller

---

[27]) These 1 des Arbeitskreises 1; vgl. FamRZ 1998, 476.
[28]) BT-Drucks. 13/7338, S. 52 unter 2.
[29]) Überwiegend wurde die Beibehaltung der Wesentlichkeitsgrenze gefordert; siehe z. B. Deutscher Anwaltverein, FamRZ 1997, 276, 278.
[30]) BT-Drucks. 13/7338, S. 57. Diesbezüglich war die Begründung zum RegE (a.a.O., S. 26), die dem Bundesrat Anlaß zu der Forderung nach zwingender Dynamisierung auch des Individualunterhalts gegeben hatte, mißverständlich.

Regel die Unterhaltsfestsetzung nicht i. H. *eines*, sondern des *jeweiligen* Regelbetrages verlangen, weil sich nur dann der titulierte Anspruch auch mit Erreichen der nächsten Altersgruppe und nicht nur infolge der Dynamisierung erhöht. Die erste Alternative des § 1612a I BGB dürfte mithin regelmäßig nur dann in Betracht kommen, wenn sich das Kind im Antragszeitpunkt bereits in der dritten Altersstufe befindet.

2. Regelbeträge als Bemessungsgröße für dynamisierte Unterhaltstitel

Bemessungsgröße für dynamisierte Unterhaltstitel sind – wie für die Zulässigkeit des VV – die Regelbeträge. § 1612a II S. 1 BGB sieht vor, daß der Prozentsatz des Regelbetrags auf eine Dezimalstelle zu begrenzen ist, sagt allerdings nicht – sondern setzt dies als selbstverständlich voraus –, wie der Prozentsatz zu ermitteln ist. Auszugehen ist vom Individualunterhalt i. H. eines festen DM-Betrages, der üblicherweise aus einer von den Oberlandesgerichten entwickelten Unterhaltstabelle ermittelt wird. Dieser Betrag ist in das Verhältnis zum Regelbetrag der maßgebenden Altersstufe zu setzen. Beträgt der Ausgangsbetrag beispielsweise für ein Kind der dritten Altersstufe 600 DM, ist dieser Betrag durch den Regelbetrag der dritten Altersstufe (502 DM) zu teilen. Hieraus ergibt sich ein Prozentsatz von 119,521, der nach § 1612a II S. 1 BGB nur mit einer Dezimalstelle – also mit 119,5 – zu berücksichtigen ist. Die Titulierung lautet dann auf Unterhalt i. H. von 119,5 % des Regelbetrags der dritten Altersstufe. Daraus ergibt sich ein Unterhalt i. H. von 599,89 DM, der gemäß § 1612a II S. 2 BGB auf (dem Ausgangsbetrag entsprechende) 600 DM aufzurunden ist[31]).

---

[31]) Die vom Bundesrat (BT-Drucks. 13/7338, S. 53 unter 3.) vorgeschlagene Auf- oder Abrundung bereits des Vomhundertsatzes auf eine volle Zahl (im Beispielsfall auf 120 %) hätte zum einen keine Erleichterung der Unterhaltsberechnung mit sich gebracht; denn ob mit einer vollen Prozentzahl oder einer Prozentzahl mit einer Dezimalstelle multipliziert wird, macht im Zeitalter der Taschenrechner keinen Unterschied. Zum anderen hätte dieser Vorschlag aber auch zu ungenauen Ergebnissen geführt: Im Beispielsfall hätte sich ein Unterhalt i. H. von 602,40 DM, gemäß § 1612a II S. 2 BGB also von 603 DM ergeben. Der Endbetrag wäre also allein infolge der Umrechnung des Ausgangsbetrages in einen Prozentsatz des Regelbetrages um 3 DM vom Ausgangsbetrag abgewichen. Nach der vorgesehenen gesetzlichen Regelung dürften sich demgegenüber die Abrundung des Vomhundertsatzes auf eine Dezimalstelle und die Aufrundung des DM-Betrages in aller Regel – wie im Beispielsfall – ausgleichen. Vgl. zu dieser Problematik auch die Ausführungen unter VI.

Für Vollstreckungsorgane und Arbeitgeber als Drittschuldner ergibt sich der aktuelle Unterhalt aus einer Multiplikation der *neuen Regelbeträge* mit dem titulierten *Prozentsatz des Regelbetrages* unter Abzug oder Hinzurechnung *anzurechnender kindbezogener Leistungen*[32]).

3. Anpassungsmaßstab

a) Maßgeblichkeit der Nettolohnentwicklung

Die Anpassung der Regelbeträge und damit die Anpassung dynamisierter Unterhaltsrenten erfolgt gemäß § 1612a IV BGB durch Neufestsetzung der Regelbeträge in der Regelbetrag-Verordnung zum 1. Juli eines jeden zweiten Jahres, erstmals zum 1. 7. 1999. Maßgebend für die Veränderung der Regelbeträge ist die Veränderung der Nettolohnentwicklung, konkret der Faktor, um den die Renten nach § 68 SGB VI im laufenden und im vergangenen Kalenderjahr ohne Berücksichtigung der Veränderung der Belastung bei Renten und der Veränderung der durchschnittlichen Lebenserwartung der 65jährigen anzupassen gewesen wären[33]). Die diesbezüglichen Daten werden Anfang März eines jeden Jahres vom Statistischen Bundesamt mitgeteilt, so daß die neuen Regelbeträge rechtzeitig vor dem 1. Juli durch die Anpassungsverordnung nach § 1612a IV S. 3 BGB und auf andere Weise bekanntgemacht werden können.

In der Reformdebatte ist häufig kritisiert worden, daß bei der Dynamisierung allein auf die *Nettolohnentwicklung* und nicht (auch) auf die Steigerung der *Lebenshaltungskosten* abgestellt werde[34]). Zu dieser Kritik erscheint zunächst die Klarstellung veranlaßt, daß beide Parameter nicht kumulativ, sondern nur alternativ oder im Wege eines Mittelwertes berücksichtigt werden können. Die letztere

---

[32]) Der Abzug oder die Hinzurechnung kindbezogener Leistungen ergibt sich unmittelbar aus § 1612b BGB. Der entsprechende Betrag ist zweckmäßigerweise im Titel auszuweisen, um zu gewährleisten, daß die zu vollstreckende Summe nicht über die tatsächliche Unterhaltsschuld hinausgeht.

[33]) Die im RegE vorgesehene Anpassung der Regelbeträge durch Vervielfältigung mit den Anpassungsfaktoren für Renten aus der gesetzlichen Unfallversicherung (SGB VII) war nicht mehr möglich, nachdem durch das Rentenreformgesetz 1999 die in § 68 V SGB VI festgelegte Rentenformel in der Weise verändert wurde, daß neben der Nettolohnentwicklung und der Veränderung der Belastung bei Renten auch die Veränderung der durchschnittlichen Lebenserwartung (anpassungsmindernd) berücksichtigt wird. Folglich waren die beiden zuletzt genannten Faktoren aus der Bildung des Anpassungsfaktors auszuklammern.

[34]) Z. B. vom Deutschen Anwaltverein, DAVorm 1997, 276; ebenso die in Fn. 6 zitierten Stimmen.

Möglichkeit, die den gesetzlichen Vorgaben der bisherigen Anpassungsverordnungen[35]) entsprochen hätte, mußte bei der erstrebten „automatischen" Dynamisierung indes ausscheiden, da diese die Orientierung an einem singulären Anpassungskriterium nahelegt. Bestand folglich nur die Wahl, entweder auf den Lohnindex *oder* den Lebenshaltungskostenindex zu rekurrieren, so hat der Gesetzgeber den Maßstab gewählt, der jedenfalls mittel- und langfristig gesehen für die Unterhaltsempfänger voraussichtlich – auch gegenüber einem Mittelwert – der günstigere ist. Denn in der Vergangenheit sind die Löhne fast immer stärker, teilweise deutlich stärker, gestiegen als die Lebenshaltungskosten[36]). Kurzfristig kann die Entwicklung zwar – wie in dem Zeitraum, der bei der 5. AnpVO zu berücksichtigen war[37]) – einmal anders laufen, aber eben nur kurzfristig, weil auf Dauer das zur Verfügung stehende Einkommen auch das Verbrauchsverhalten prägt. Im übrigen erscheint der Lohnindex auch insofern ein gerechter Maßstab, als sich bei stagnierenden oder gar zurückgehenden Löhnen alle Personen, unter die ein unterhaltspflichtiges Einkommen zu verteilen ist, „nach der Decke strecken" müssen[38]).

b) Dynamisierung und bisheriges Anpassungssystem

Bemerkenswert ist, daß die Dynamisierung *als solche* in der Debatte über den RefE und den RegE nicht stärker in Frage gestellt, sondern im Gegenteil unisono als Wohltat für die Kinder begrüßt (oder gefürchtet) wurde. Zwar bringt die Dynamisierung Vorteile unter dem Gesichtspunkt der Justizentlastung, jedenfalls dann, wenn sich das neue Recht einmal eingespielt hat. Ob die minderjährigen Kinder aber materiell von der Dynamisierung gegenüber dem bisherigen Anpassungssystem profitieren, durfte jedenfalls für das Konzept des RefE und des RegE stark bezweifelt werden: Die 4. AnpVO hatte eine Anpassung der Regelbedarfssätze und der laufenden Individualunterhaltsrenten i. H. von 16 %, die 5. AnpVO eine solche i. H. von

---

[35]) § 1612a II BGB a. F. und § 1615f II BGB a. F. i. V. mit Art. 12 § 24 NEG.
[36]) Vgl. die Tabelle bei *Kleinle,* DAVorm 1996, 814, 818.
[37]) Hier betrug in den alten Bundesländern die Steigerung der Lebenshaltungskosten in der Zeit vom 1. 7. 1992 bis zum 31. 12. 1995 9,3 %, die Steigerung der Löhne hingegen nur 7,1 %; vgl. BR-Drucks. 504/95, S. 6 (Angaben für das jeweils letzte Halbjahr geschätzt).
[38]) Richtig ist allerdings, daß der Unterhaltsverpflichtete im Falle des Absinkens seiner Einkünfte durch den Selbstbehalt geschützt ist (vgl. Deutscher Anwaltverein, FamRZ 1997, 276). Dies rechtfertigt sich jedoch aus den anerkannten Grundsätzen, daß der Unterhaltsverpflichtete durch die Erfüllung von Unterhaltsansprüchen nicht selbst der Sozialhilfe zur Last fallen darf und daß, soweit der Selbstbehalt über der Sozialhilfe liegt, ein gewisser Anreiz zur Ausübung einer Erwerbstätigkeit bleiben muß; vgl. *Büttner,* FamRZ 1990, 459, 460.

20 % zur Folge, obwohl der Mittelwert aus der zu berücksichtigenden Steigerung des Lohnindexes und der Lebenshaltungskosten im ersten Fall nur 11,75 %[39]) und im zweiten Fall gar nur 8,2 %[40]) (beides bezogen auf die alten Bundesländer) betrug. Der „Rest" wurde unter verfassungsrechtlich nicht ganz unbedenklicher Strapazierung der für die Anpassungsverordnungen maßgebenden Ermächtigungsgrundlagen[41]) zwecks Anpassung an den Sozialhilfebedarf bzw. das EM und – was die 5. AnpVO betrifft – zur Vermeidung eines Absinkens der Unterhaltsrenten als Folge des drastisch erhöhten Kindergeldes diesen Anpassungsfaktoren „zugeschlagen". Solche sozialrechtlichen bzw. sozialpolitischen Gesichtspunkte können bei der Dynamisierung nach einem festen Parameter nicht mehr berücksichtigt werden. Dem RefE und dem RegE wäre somit entgegenzuhalten gewesen, daß die Kinder bei der vorgesehenen Dynamisierung angesichts der mittelfristig zu erwartenden Lohnentwicklung auf nicht absehbare Zeit schlechter gestanden wären als nach dem bisherigen Anpassungssystem[42]).

Nachdem das Gesetz in Abänderung des RegE das VV bis zur Höhe des Eineinhalbfachen der Regelbeträge eröffnet und damit auch insoweit bedarfsgerechte *Ausgangswerte* ermöglicht hat, besteht allerdings keine Notwendigkeit mehr, das *Anpassungsverfahren* für eine stärkere Angleichung der Regelbeträge an das EM nutzbar zu machen. Festzuhalten bleibt aber, daß durch den Wegfall des bisherigen Anpassungssystems ein Stück Flexibilität verlorengeht und unvorhergesehene Umstände, welche die Unterhaltsbemessung wesentlich beeinflussen, künftig immer einen Eingriff des Gesetzgebers notwendig machen.

c) Anpassungsrhythmus

Die vorgesehene Dynamisierung im Zweijahresrhythmus hält das mit jeder Anpassung verbundene Konfliktpotential sowie die Belastung für Vollstreckungsorgane und Drittschuldner gegenüber der im RegE vorgesehenen jährlichen Anpassung in erträglichen Grenzen. Zu denken gibt jedoch, daß bei der derzeitigen Lohnentwicklung – nach Presseberichten sind die Nettolöhne 1997 gegenüber 1996 um

---

[39]) BR-Drucks. 36/92, S. 5.
[40]) Siehe Fn. 15.
[41]) Siehe Fn. 35.
[42]) Gerade dieser Aspekt hätte der Forderung, die Regelbeträge auf die bedarfsdeckenden Ausgangswerte des EM anzuheben, (zusätzliches) Gewicht verleihen können.

0,4 % gesunken[43]) – für die erste Anpassung zum 1. 7. 1999 mit einem Anpassungssatz gerechnet werden muß, der von 0 nur wenig nach oben oder unten differiert. Von daher drängt sich die Frage auf, ob die „reine Lehre" der Dynamisierung nicht aus pragmatischen Gründen eine Einschränkung dahingehend erfahren sollte, daß eine Neufestsetzung der Regelbeträge nach § 1612a IV S. 1 BGB unterbleibt, wenn der Anpassungsfaktor einen bestimmten Grenzwert, z. B. ± 1 % oder auch 2 %, nicht erreicht. Gegebenenfalls wäre dieser Anpassungsfaktor beim nächsten Anpassungstermin mitzuberücksichtigen, sofern dann nach den insgesamt zu berücksichtigenden Faktoren der festgelegte Grenzwert für die Anpassung überschritten wird. Eine solche Einschränkung müßte allerdings angesichts der zwingenden Vorschrift des § 1612a IV BGB durch den Gesetzgeber erfolgen, und zwar beizeiten vor dem 1. 7. 1999.

III. Anrechnung kindbezogener Leistungen

Die gegenüber dem RegE unverändert gebliebenen Vorschriften über die Anrechnung kindbezogener Leistungen – §§ 1612b und 1612c BGB – hatten zwei Anliegen gerecht zu werden: Zum einen sollten sie möglichst einfach gestaltet werden, zumal sie gleichermaßen für das VV wie für das Klageverfahren gelten müssen. Zum anderen war die mit dem Inkrafttreten des Jahressteuergesetzes 1996[44]) am 1. 1. 1996 veränderte Funktion des – gleichzeitig deutlich erhöhten – Kindergeldes als vorweggenommene Steuererstattung zu berücksichtigen.

1. Unterhaltsrechtliche und steuerrechtliche Vorgaben

Seit dem 1. 1. 1996 wird die – verfassungsrechtlich gebotene[45]) – steuerliche Freistellung eines Einkommensbetrages i. H. des EM gemäß § 31 S. 1 EStG durch das Kindergeld nach dem X. Abschnitt des EStG (§§ 62 ff.) oder den KFB nach § 32 EStG gewährleistet. Wird sie durch das monatlich als Steuervergütung gezahlte Kindergeld

---

[43]) Die Abweichung von den Angaben in Fn. 18 erklärt sich daraus, daß den Daten für die Rentenanpassungs-Verordnungen ein „time lag" zugrunde liegt.

[44]) V. 11. 10. 1995, BGBl I 1250. Das Kindergeld betrug ab dem 1. 1. 1996 für die beiden ersten Kinder 200 DM, für das dritte Kind 300 DM und für alle weiteren Kinder 350 DM. Seit dem 1. 1. 1997 beläuft es sich für die beiden ersten Kinder auf 220 DM, während es für weitere Kinder gleichgeblieben ist; vgl. § 66 EStG i.d.F. des Einkommensteuergesetzes 1997, BGBl I 821.

[45]) Vgl. BVerfGE 89, 346, 353 = FamRZ 1994, 431.

nicht in vollem Umfang bewirkt, ist bei der Veranlagung zur Einkommensteuer der KFB abzuziehen (§ 31 S. 3 und 4 EStG). In diesem Fall wird bereits gezahltes Kindergeld verrechnet, indem es der Einkommensteuer hinzugerechnet wird (§ 36 II EStG), auch soweit es dem Steuerpflichtigen im Wege eines zivilrechtlichen Ausgleichs zusteht (§ 31 S. 5 EStG).

Von unterhaltsrechtlicher Bedeutung ist in diesem Zusammenhang insbesondere, daß der KFB, der in der Regel durch das Kindergeld abgegolten wird, voll nach dem EM, also den rein *finanziellen* Bedürfnissen des Kindes, bemessen wird, andererseits jedoch der *Betreuungsunterhalt* gemäß § 1606 III S. 2 BGB dem Barunterhalt als gleichwertig anzusehen ist. Ein jeweils halber KFB kann aber logischerweise nicht das volle EM *und* die „volle Betreuungsleistung" abdecken. Eine Anerkennung des Betreuungsunterhalts auch im Steuerrecht müßte also konsequenterweise zu einer Verdoppelung des KFB und einer entsprechenden Erhöhung des an seiner Stelle gewährten Kindergeldes führen, was angesichts der Haushaltslage noch weitaus illusorischer erscheint als eine Anhebung der Leistungen nach dem UVG. Dennoch kann dieses Dilemma nur durch das Steuerrecht und nicht durch unterhaltsrechtliche Korrektive behoben werden. Die während des Gesetzgebungsverfahrens erhobene Forderung, dem barunterhaltspflichtigen Elternteil eine Anrechnung des Kindergeldes zu versagen, soweit er das EM nicht leisten kann[46], hätte nicht nur zu einer völlig indiskutablen Verkomplizierung der Unterhaltsbemessung geführt[47], sondern auch bedeutet, daß das Kindergeld entgegen seiner steuerrechtlichen Zielsetzung im Gros der Fälle ganz oder überwiegend auf den Betreuungsunterhalt entfallen wäre, obwohl selbiger nicht aus zu versteuerndem Einkommen erbracht wird. Dieser Gedanke war folglich sowohl aus Praktikabilitäts- als auch aus rechtlichen Gründen nicht zu verwirklichen[48].

---

[46] Vgl. den Entschließungsantrag der SPD-Fraktion „Bedarfsdeckende Unterhaltssätze für Kinder", BT-Drucks. 13/5211.

[47] Bei der Unterhaltsbemessung wäre als zusätzlicher gesetzlicher Parameter das EM zu berücksichtigen gewesen, das sich zudem in anderen Abständen ändert als die Regelbeträge; vgl. Fn. 12.

[48] Dementsprechend hat die SPD-Fraktion den in Fn. 46 zitierten Antrag bei der Verabschiedung des KindUG für erledigt erklärt und durch einen Entschließungsantrag ersetzt, in dem Änderungen im Steuer- und Sozialrecht mit dem Ziel der Gleichbehandlung von Natural- (richtigerweise Betreuungs-) und Barunterhalt gefordert werden (BT-Drucks. 13/9605). Eine Entschließung gleichen Inhalts wurde auch vom Bundesrat [Fn. 4] gefaßt.

Der quasi umgekehrte kindergeldrechtliche Ansatz, die Regelbeträge zwar i. H. des EM festzusetzen, dafür aber dem barunterhaltspflichtigen Elternteil die Anrechnung des *vollen* Kindergeldes zu gestatten, hätte zwar der Tatsache Rechnung getragen, daß das EM eine rein finanzielle Größe ist. Er wäre zudem auch praktikabel gewesen, da er größenordnungsmäßig zu Zahlungsverpflichtungen i. H. der bisherigen Sätze abzüglich des *halben* Kindergeldes geführt hätte. Der Betreuungsunterhalt hätte dann aber entgegen der auch für steuerrechtliche Regelungen maßgebenden Wertung des § 1606 III S. 2 BGB von vornherein keinerlei steuerliche Berücksichtigung erfahren. Diese Lösung schied also aus rechtlichen Gründen ebenfalls aus. § 1606 III S. 2 BGB erfordert es vielmehr, daß das Kindergeld ungeachtet seiner primären Funktion als vorweggenommene Steuererstattung grundsätzlich beiden Elternteilen zugute kommt.

2. Nur Ausgleich des Kindergeldes und kindergeldersetzender Leistungen

Das Gesetz enthält nur noch Anrechnungsvorschriften für das Kindergeld (§ 1612b BGB) sowie für regelmäßig wiederkehrende kindbezogene Leistungen, soweit sie den Anspruch auf Kindergeld ausschließen (§ 1612c BGB). Auf das Kindergeld haben im Regelfall beide Elternteile Anspruch; aus Gründen der Verwaltungsvereinfachung wird es aber nur an einen von ihnen ausgezahlt[49]). Von daher war nach wie vor eine Verrechnung mit dem Unterhaltsanspruch des Kindes geboten. Gleiches gilt für die kindergeldausschließenden Leistungen nach § 1612c BGB; denn insofern ist – soweit nicht ausnahmsweise auch auf *diese* Leistung *beide* Elternteile Anspruch haben – auf die beiderseitige Anspruchsberechtigung hinsichtlich des (ausgeschlossenen) Kindergeldes abzustellen[50]).

Hat dagegen nur ein Elternteil Anspruch auf eine kindbezogene Leistung – etwa auf den Familienzuschlag nach Stufe 2 (Beamte) bzw. den kindbezogenen Anteil im Ortszuschlag (Arbeitnehmer des öffentlichen Dienstes) oder auf einen Kinderzuschuß seitens eines privaten Arbeitgebers –, besteht für einen Ausgleich zwischen den Eltern kein naheliegender und erst recht kein zwingender Grund. Hinzu

---

[49]) § 64 I EStG.
[50]) Vgl. im einzelnen unter 4.

kommt, daß solche Leistungen üblicherweise nicht als Netto-, sondern als Bruttobeträge gezahlt werden, eine Anrechnung des unterhaltsrechtlich relevanten Nettobetrages mithin die Unterhaltsberechnung erheblich verkomplizieren würde. Schließlich hätte sich eine Vorschrift nach Art des § 4 S. 1 Alt. 2 der Regelunterhalt-Verordnung a. F. – wonach dem Vater die Anrechnung des Kindergeldes versagt war, wenn ihm eine anderweitige Leistung für das Kind zustand – nicht mit den Grundsätzen des neuen Familienleistungsausgleichs vertragen[51]), weshalb diese Bestimmung ebenso wie § 2 I Nr. 2 Regelunterhalt-Verordnung[52]) bereits im Zuge des Jahressteuergesetzes 1996 aufgehoben wurde[53]). Andere kindbezogene Leistungen als das Kindergeld oder kindergeldersetzende Leistungen können also künftig die Halbteilung des Kindergeldes generell nicht mehr ausschließen; sie wirken sich unterhaltsrechtlich vielmehr nur noch insoweit aus, als sie das Einkommen des betreffenden Elternteils erhöhen, also dessen Leistungsfähigkeit steigern oder seine Bedürftigkeit mindern[54]).

Stehen beide getrenntlebenden Elternteile im öffentlichen Dienst, haben sie zu gleichen Teilen Anspruch auf den Familienzuschlag der Stufe 2 und höher bzw. den kindbezogenen Anteil im Ortszuschlag. Dieser wird aber aus Gründen der Verwaltungsvereinfachung wie das Kindergeld in voller Höhe nur einem Elternteil ausgezahlt, und zwar demjenigen, der das Kindergeld erhält[55]). Solche Leistungen sind mithin zwar wegen der beiderseitigen Anspruchsberechtigung nach wie vor zwischen den Eltern auf privatrechtlichem Wege auszu-

---

[51]) Wäre nämlich dem barunterhaltspflichtigen Elternteil die Anrechnung des Kindergeldes weiter versagt worden, weil er eine andere kindbezogene Leistung erhält, hätte auch eine Anrechnung gemäß § 31 S. 5 EStG auf den halben Kinderfreibetrag nicht stattfinden können. Folglich hätten die getrenntlebenden Eltern das volle Kindergeld und einen halben Kinderfreibetrag erhalten, sich also gegenüber der „intakten Ehe" steuerlich besser gestanden.

[52]) Vor dem 1. 1. 1996 schloß der – zur Hälfte anrechenbare – Auslandskinderzuschlag den Anspruch auf Kindergeld aus, während er seit dem 1. 1. 1996 neben dem Kindergeld, aber um dessen Höhe gemindert, zu zahlen ist. Die Aufhebung des § 2 I Nr. 2 Regelunterhalt-Verordnung war also erforderlich, um zu vermeiden, daß das Kindergeld zweimal, einmal auf das Kindergeld selbst und ferner auf den Auslandskinderzuschlag, anzurechnen gewesen wäre.

[53]) Vgl. Art. 5 des Jahressteuerergänzungsgesetzes v. 18. 12. 1995, BGBl I 1959.

[54]) Einkünfte des Kindes selbst, z. B. Waisenrenten, mindern dessen Bedürftigkeit; vgl. BGH, FamRZ 1980, 1110 f. Für die Ausnahmebestimmung des § 1615g III BGB a. F. war im neuen Recht kein Platz.

[55]) Siehe § 40 V BBesG, § 29 BAT und § 41 MTArb.

gleichen; aus Praktikabilitätsgründen, nämlich wegen ihrer von Fall zu Fall unterschiedlichen Nettohöhe, kann sich der Ausgleich aber nicht über den Unterhaltsanspruch des Kindes vollziehen.

3. § 1612b BGB im einzelnen

a) Absatz I

Die Vorschrift hält den Grundsatz fest, daß der barunterhaltspflichtige Elternteil das Kindergeld zur Hälfte anrechnen kann, wenn dieses wegen der vorrangigen Kindergeldberechtigung eines anderen nicht an ihn ausgezahlt wird. Der andere wird in der Regel der andere Elternteil, kann aber auch eine dritte Person sein, der anstelle des anderen Elternteils das Kindergeld gewährt wird[56]).

b) Absatz II

Sind beide Elternteile zum Barunterhalt verpflichtet, *erhöht* sich nach § 1612b II BGB der Unterhaltsanspruch gegen den das Kindergeld beziehenden Elternteil um die Hälfte des Kindergeldes. Daraus folgt, daß sich der Unterhaltsanspruch gegen den anderen Elternteil, dem diese Hälfte an sich zusteht, um die Hälfte des Kindergeldes *verringert*. Eine Regelung, wonach das Kindergeld bei unterschiedlichen Barunterhaltsquoten gemäß bisheriger Rechtsprechung[57]) abweichend angerechnet werden kann, enthält das Gesetz – im Gegensatz zum RefE[58]) – nicht. Das Steuerrecht gewährt grundsätzlich beiden Elternteilen den halben Kinderfreibetrag. Dies gilt auch dann, wenn die für den Halbteilungsgrundsatz letztlich maßgebende Regelung des § 1606 III S. 2 BGB nicht (mehr) greift, weil das Kind volljährig geworden ist und der Beitrag eines Elternteils zum Barunterhalt des Kindes aufgrund eingeschränkter Leistungsfähigkeit nur geringfügig ist[59]). Von daher ist der Spielraum für eine Verteilung des (anstelle des KFB gewährten) Kindergeldes entsprechend den unterschiedlichen Barun-

---

[56]) Vgl. §§ 63, 64 EStG.
[57]) Nachweise bei *Kalthoener/Büttner*, Die Rechtsprechung zur Höhe des Unterhalts, 6. Aufl. 1997, Fn. 353 zu Rz. 830.
[58]) § 1612c III BGB i.d.F. des RefE.
[59]) Siehe *BFH*, NJW 1998, 1174 zu § 36 VI S. 5 EStG. § 64 III S. 2 EStG, wonach im Falle beiderseitiger Barunterhaltspflicht gegenüber Kindern mit eigenem Hausstand das Kindergeld an den Elternteil ausgezahlt wird, der dem Kind die höchste Unterhaltsrente zahlt, steht dem nicht entgegen.

terhaltsquoten eingeschränkt. Im übrigen kommt die durchgängige Halbteilung den Vereinfachungswünschen der Praxis entgegen[60]).

c) Absatz III

Hat nur der barunterhaltspflichtige Elternteil Anspruch auf Kindergeld, wird dieses aber nicht an ihn ausgezahlt, kann er das Kindergeld nach § 1612b III BGB *voll* anrechnen. Gleich auf welchen Gründen die alleinige Anspruchsberechtigung eines Elternteils auf das Kindergeld beruht – zu denken ist insbesondere an den Fall, daß das Kind nach dem Tod eines Elternteils durch Dritte betreut wird –, ist es konsequent, gegebenenfalls eine volle Anrechnung des Kindergeldes vorzusehen, da der barunterhaltspflichtige Elternteil infolge der Ausfallhaftung auch die volle Unterhaltslast trägt[61]). Gegebenenfalls kann die in § 1612b V BGB vorgesehene Beschränkung der Anrechnungsbefugnis auf Fälle der Leistungsfähigkeit mindestens „in Höhe der Regelbeträge" nicht gelten. Denn wenn die Barunterhaltspflicht den vollen Unterhalt abdecken muß – während der Minderjährigkeit des Kindes also auch eine monetarisierte Betreuungsleistung –, ist eine Anrechnung des Kindergeldes nicht erst dann zu versagen, wenn der *einfache* Regelbetrag nicht geleistet werden kann. Vielmehr wird man in diesen Fällen auf die Leistungsfähigkeit i. H. des *doppelten* Regelbetrages abstellen müssen.

d) Absatz IV

Diese Vorschrift stellt in Anlehnung an die Rechtsprechung des *BGH*[62]) zum Unterhaltsanspruch ehelicher Kinder klar, daß ein *Zählkindvorteil* bei der Anrechnung des Kindergeldes generell unberücksichtigt bleibt.

---

[60]) *Wagner*, FamRZ 1996, 705, 712. Leistet der Elternteil, der das Kindergeld nicht erhält, entgegen seiner Verpflichtung keinen Barunterhalt oder ist er nur in sehr geringer Höhe barunterhaltspflichtig, kann dies auf die Grundregel des Abs. II schon deshalb keinen Einfluß haben, weil diese ja nur den Unterhaltsanspruch des Kindes gegen den anderen Elternteil erhöht. Fraglich könnte nur sein, ob sich gegebenenfalls die Unterhaltspflicht des das Kindergeld nicht beziehenden Elternteils in jedem Fall um das halbe Kindergeld verringert. Dies ist jedoch kein Problem des § 1612b II, sondern des § 1612b V BGB.
[61]) *Palandt/Diederichsen*, BGB, 57. Aufl. 1998, § 1606 Rz. 16; *OLG Bremen*, NJW 1978, 2249.
[62]) *BGH*, FamRZ 1981, 26.

Für *gemeinschaftliche* Kinder soll demgegenüber – anders als nach der bisherigen *BGH*-Rechtsprechung[63]) – künftig darauf abgestellt werden, welches Kindergeld für das betreffende Kind *konkret* gezahlt wird[64]). Dies ergibt sich aus dem Fehlen einer die Bildung eines Mittelwertes vorschreibenden Sonderregelung, wie sie der RefE enthielt[65]), sowie der hiermit verbundenen Intention des Gesetzgebers[66]). Für die Umorientierung spricht weniger die Aufhebung des § 12 IV BKGG a. F. durch das Jahressteuergesetz 1996[67]) und auch nicht zwingend die Überlegung, daß andernfalls der erhöhte Förderanteil, der im Dritt- und Viertkindergeld enthalten ist, zur Steuerfreistellung des EM der Erst- und Zweitkinder verwendet würde[68]). Entscheidend ist vielmehr, daß beide Auffassungen vertretbar erscheinen[69]) – zumal seit dem 1. 1. 1996 für das erste und das zweite Kind Kindergeld in gleicher Höhe gezahlt wird und sich der Unterschied zur Höhe des Kindergeldes für dritte und vierte Kinder relativ gesehen verringert hat –, ein Abstellen auf das konkret gezahlte Kindergeld jedoch in wesentlich weiterem Umfang bestandskräftige Titulierungen unter Ausweisung des abziehbaren Kindergeldes ermöglicht. Der Durchschnittswert des für gemeinschaftliche Kinder gezahlten Kindergeldes verändert sich nämlich beim Hinzukommen oder beim Wegfall eines Kindes wesentlich häufiger als das auf die einzelnen Kinder konkret entfallende Kindergeld. Bei der konkreten Betrachtungsweise wird mithin sehr viel seltener ein Abänderungsverfahren nach § 655 ZPO erforderlich als beim Abstellen auf das durchschnittliche Kindergeld.

e) Absatz V

Die Vorschrift, wonach eine Anrechnung des Kindergeldes unterbleibt, soweit der Unterhaltsschuldner außerstande ist, Unterhalt i. H. des Regelbetrags zu leisten, entspricht zwar der bisherigen Rechtspre-

---

[63]) *BGH*, FamRZ 1982, 541, 542.
[64]) Anders der 12. DFGT [Fn. 27], und *Wohlgemuth*, FamRZ 1997, 471, 472.
[65]) § 1612a IV BGB i.d.F. des RefE.
[66]) BT-Drucks. 13/7338, S. 29.
[67]) Art. 41 VI JStG 1996 [Fn. 44].
[68]) Siehe *Greßmann/Rühl*, DAVorm 1997, 162, 169.
[69]) *Wagner*, FamRZ 1996, 705, 712, argumentiert für die gegenteilige Regelung des RefE gegenüber den vorgenannten Autoren genau umgekehrt, daß das erhöhte Kindergeld für das dritte und jedes weitere Kind nicht diese Kinder privilegieren, sondern der überproportionalen Belastung der Gesamtfamilie Rechnung tragen solle.

Das neue Unterhaltsrecht 313

chung⁷⁰), ist aber im Hinblick auf die seit dem 1. 1. 1996 veränderte Funktion des Kindergeldes als vorweggenommene Steuererstattung nicht unproblematisch. Die regierungsamtliche Erwägung, daß dem Unterhaltsverpflichteten die Steuererstattung zunächst einmal zugute komme, dann aber im Hinblick auf § 1603 II BGB für den Unterhalt des Kindes zu verwenden sei⁷¹), mag konstruktiv vertretbar sein, räumt jedoch das Unbehagen nicht aus, daß dem Schuldner für Unterhaltsleistungen in bestimmter Höhe im Ergebnis keinerlei steuerliche Entlastung *zugute* kommt⁷²). Dennoch wird man dies in den krassen Mangelfällen, in denen nicht einmal Unterhalt i. H. der (ihrerseits nicht bedarfsdeckenden) Regelbeträge geleistet werden kann, hinnehmen und mit der gesteigerten Unterhaltspflicht nach § 1603 II BGB rechtfertigen können, zumal auch der das Kind betreuende Elternteil die ihm zustehende Hälfte des Kindergeldes entgegen dessen eigentlicher Zielsetzung gegebenenfalls für den Barunterhalt des Kindes einsetzen muß.

In den Fällen des § 1612b V BGB entsteht das Problem, daß sich bei jeder Änderung der Regelbeträge auch die Höhe eines nur teilweise anrechenbaren Kindergeldes ändert⁷³) oder ein bislang voll anrechenbares Kindergeld nur noch teilweise angerechnet werden kann. Da eine Titulierung etwa in der Weise, daß das Kindergeld nur insoweit anzurechnen ist, als die Unterhaltszahlung den jeweils geltenden Regelbetrag abzüglich des halben Kindergeldes nicht unterschreitet, zu unbestimmt wäre, muß der Titel bei jeder Änderung der Regelbeträge im VV nach § 655 ZPO angepaßt werden. Auch dies könnte

---

⁷⁰) *BGH,* FamRZ 1997, 806.
⁷¹) BT-Drucks. 13/7338, S. 30. Diese Erwägung sollte ausschließen, daß ein Unterhaltsschuldner, dem die Anrechnung des Kindergeldes aufgrund des § 1612b V BGB versagt bleibt, den halben KFB in Anspruch nehmen kann, von dem dann nichts abzuziehen wäre. Denn in diesem Fall würde den Eltern im Ergebnis das volle Kindergeld und ein halber KFB gewährt, also genau das Ergebnis eintreten, welches maßgeblicher Grund für die Streichung des § 4 S. 1 Alt. 2 der Regelunterhalt-Verordnung war [vgl. Fn. 51]. Ob die Finanzverwaltungen bzw. die Finanzgerichte dieser Intention folgen, bleibt allerdings abzuwarten.
⁷²) Bis zu einer Leistungsfähigkeit i. H. von 239 DM / 314 DM / 392 DM (alte Bundesländer) bzw. 204 DM / 270 DM / 314 DM (neue Bundesländer) kann vom Kindergeld nichts angerechnet werden.
⁷³) Kann der Unterhaltsverpflichtete beispielsweise für ein Kind der ersten Altersstufe statt 349 DM (derzeitiger Regelbetrag) nur 300 DM leisten, kann er das Kindergeld nur i. H. von 61 DM statt 110 DM anrechnen. Erhöht sich der Regelbetrag von 349 DM auf beispielsweise 360 DM, könnten nur noch 50 DM angerechnet werden.

dafür sprechen, Bagatellanpassungen der Regelbeträge zu unterlassen[74]).

4. § 1612c BGB

§ 1612c BGB ist Konsequenz des Grundsatzes, daß das Kindergeld zwischen den Elternteilen (über den Unterhaltsanspruch des Kindes) auszugleichen ist. Denn dies muß auch für solche Leistungen gelten, die als Surrogat des Kindergeldes anzusehen sind, also einen Anspruch auf das Kindergeld ausschließen, selbst wenn insoweit – wie im Regelfall – nur eine *einseitige* Anspruchsberechtigung besteht. Bei den Leistungen i. S. des § 1612c BGB handelt es sich um diejenigen nach § 65 EStG, die wegen ihrer begrenzten Anzahl kurz erläutert werden sollen:

§ 65 I S. 1 *Nr. 1* EStG nennt als kindergeldausschließende Leistungen die Kinderzulagen aus der gesetzlichen Unfallversicherung und die Kinderzuschüsse aus den gesetzlichen Rentenversicherungen. Soweit diese Zahlungen geringer sind als das Kindergeld[75]), ist nach § 65 II EStG ein Teilkindergeld zu zahlen. Insgesamt wird dann über das Teilkindergeld immer die Höhe des Kindergeldes erreicht, da die Leistungen nach § 65 I S. 1 Nr. 1 EStG steuerfrei sind[76]). Im übrigen werden Leistungen nach § 65 I S. 1 Nr. 1 EStG nur noch in den seltenen Ausnahmefällen gezahlt, in denen bereits vor dem 1. 1. 1984 ein Anspruch auf sie bestanden hat[77]).

Nach § 65 I S. 1 *Nr. 2* EStG ist der Kindergeldanspruch subsidiär gegenüber Leistungen für Kinder, die im *Ausland* gewährt werden und dem Kindergeld oder den Leistungen nach § 65 I S. 1 Nr. 1 EStG vergleichbar sind. Die Regelung betrifft in erster Linie sogenannte Grenzgänger, die im Inland ihren Wohnsitz haben, aber im Ausland beschäftigt sind und deshalb dort Kindergeld oder kindergeldähnliche Leistungen erhalten, ferner Personen, die ausländische Alters-, Unfall- oder Invaliditätsrenten beziehen[78]). Dabei ist die Vergleichbarkeit der ausländischen Leistung mit dem Kindergeld oder den Leistungen gemäß § 65 I S. 1 Nr. 1 EStG nach ihrer Funktion und nicht nach der rechtlichen Ausgestaltung des Anspruchs im einzelnen zu beurteilen,

---

[74]) Vgl. Ausführungen unter II. 3. c).
[75]) Der Kinderzuschuß aus den gesetzlichen Rentenversicherungen beträgt pro Kind 152,90 DM; vgl. *Wikkenhagen/Krebs*, BKGG, § 8 Rz. 19.
[76]) Dies folgt aus § 3 Nr. 1a EStG. Insofern ist der Begriff „Bruttobetrag" verwirrend.
[77]) *Wikkenhagen/Krebs* [Fn. 75], § 8 Rz. 3f.
[78]) *Wikkenhagen/Krebs* [Fn. 75], § 8 Rz. 37.

also danach, ob sie nach ihrem Sinn und Zweck ebenfalls dem Familienleistungsausgleich dient[79]).

Schließlich ist der Kindergeldanspruch gemäß § 65 I S. 1 Nr. 3 EStG subsidiär gegenüber Leistungen für Kinder, die von einer zwischen- oder überstaatlichen Einrichtung gewährt werden und dem Kindergeld vergleichbar sind. Die Regelung betrifft primär die Beschäftigten der NATO und der EU, die für ihre Kinder regelmäßig kindbezogene Leistungen erhalten[80]).

IV. Sonstige materiellrechtliche Neuregelungen

Die meisten sonstigen Neuregelungen sind ebenso wie die Vorschriften über die Anrechnung kindbezogener Leistungen gegenüber dem RegE unverändert geblieben.

1. § 1603 II und § 1609 BGB

Die Ausdehnung des § 1603 II und des § 1609 BGB auf volljährige Kinder bis zur Vollendung des 21. Lebensjahres, „solange sie im Haushalt der Eltern oder eines Elternteils leben und sich in der allgemeinen Schulausbildung befinden", trägt der Tatsache Rechnung, daß die *Bedürftigkeit* dieser Kinder nicht anders zu beurteilen ist als in der Zeit bis zum Eintritt der Volljährigkeit[81]). Eine andere, von der Rechtsprechung zu entscheidende Frage ist, ob der *Bedarf* höher anzusetzen ist als der Bedarf in der dritten Altersgruppe. Bedenkt man, daß sich auch der Bedarf minderjähriger Kinder mit Erreichen einer neuen Altersgruppe erhöht, obwohl sich an der konkreten Lebenssituation nichts ändert, kann erst recht mit Erreichen der Volljährigkeit ein gesteigerter Bedarf angenommen werden[82]).

In der Praxis dürfte die Unterhaltsberechnung durch die Neuregelungen, abgesehen von Übergangsfällen, eher einfacher werden. Denn zwar wird der Zeitpunkt für erforderliche Unterhaltsneuberechnungen in Mangelfällen nur bis zum Eintritt einer neuen Lebenssituation hinausgeschoben. Diese fällt jedoch dann im Gegensatz zum gelten-

---

[79]) Ferner muß die Leistung aufgrund gesetzlicher Vorschrift gewährt werden; von einem ausländischen Arbeitgeber freiwillig gezahlte kindbezogene Leistungen schließen den Anspruch auf Kindergeld nicht aus; vgl. *Wikkenhagen/Krebs* [Fn. 75], § 8 Rz. 40.
[80]) Vgl. im einzelnen *Wikkenhagen/Krebs* [Fn. 75], § 8 Rz. 51.
[81]) *Wagner*, FamRZ 1996, 705, 715.
[82]) Dementsprechend sieht die *Düsseldorfer Tabelle* eine eigene Bedarfsgruppe ab Vollendung des 18. Lebensjahres vor.

den Recht sehr oft zusammen mit einer veränderten Bedarfssituation, z. B. wenn das Kind einen eigenen Hausstand gründet und/oder eine Arbeitsstelle aufnimmt.

Die Neufassung des § 1603 II und des § 1609 BGB hat auf § 1606 III S. 2 BGB keinen Einfluß. Für Kinder i. S. der erstgenannten Vorschrift eine sich über die Vollendung des 18. Lebensjahres fortsetzende Betreuungsbedürftigkeit anzunehmen, wäre auf eine reine Fiktion hinausgelaufen. Die Betreuungsbedürftigkeit kann zwar im Einzelfall das 18. Lebensjahr überdauern, genausogut aber schon vor diesem Zeitpunkt enden. Schon aus Gründen der Praktikabilität muß im Rahmen des § 1606 III S. 2 BGB der rein rechtliche Aspekt der Volljährigkeit maßgebend bleiben[83]).

Volljährige Kinder, die sich derzeit in der in § 1603 II BGB neu beschriebenen Situation befinden, aber nach geltendem Recht mit ihrem Unterhaltsanspruch zurücktreten mußten, werden mangels einer gegenteiligen Übergangsregelung am 1. 7. 1998 unter Umständen wieder in den Genuß der gesteigerten Unterhaltspflicht und der bevorzugten Rangfolge kommen können[84]). Ein Massenproblem dürfte dies jedoch angesichts der engen Voraussetzungen für die Wiedereingliederung in den Kreis der bevorzugt Unterhaltsberechtigten kaum werden.

2. § 1612 II S. 1 BGB

Eine weitere Neuregelung, die sich primär ebenfalls an Eltern von Kindern im Altersbereich kurz vor oder nach Erreichen der Volljährigkeit richtet, findet sich in § 1612 II S. 1 BGB. Dort wurde auf Vorschlag des Rechtsausschusses klargestellt, daß bei der Ausübung des elterlichen Bestimmungsrechts „auf die Belange des Kindes die gebotene Rücksicht zu nehmen ist". Durch dieses Postulat, das auf einen weitergehenden Antrag des Bundesrates[85]) zurückgeht, wird aller-

---

[83]) So auch der 12. DFGT [Fn. 27]; vgl. auch *BGH*, FamRZ 1980, 994, 995.

[84]) Insofern entsteht eine ähnliche Situation wie im Rahmen der Erweiterung des Unterhaltsanspruchs nach § 1615l II BGB von maximal einem Jahr auf im Regelfall drei Jahre. Allerdings kommt dieser Anspruch wegen seiner unveränderten Nachrangigkeit in Mangelfällen ohnehin nicht zum Zuge.

[85]) Der Bundesrat hatte beantragt, § 1612 II BGB ganz zu streichen (BT-Drucks. 13/7338, S. 52 unter 1.). Diesem Vorschlag ist der Gesetzgeber nicht gefolgt, da die Grundregel des § 1612 I S. 1 BGB jedenfalls während der gesamten Zeit der Minderjährigkeit des Kindes, in der weitgehend nur Naturalunterhalt (und Betreuungsunterhalt) geleistet wird, nicht paßt (a.a.O., S. 57).

dings lediglich ein im Rahmen des § 1612 II BGB ab einem bestimmten Alter des Kindes selbstverständlich zu berücksichtigender Aspekt im Gesetz selbst hervorgehoben. Die praktischen Auswirkungen der Neuregelung dürften daher gering sein.

3. § 1613 BGB

Die wichtigste Änderung (Ergänzung) des § 1613 BGB geht dahin, daß für die Vergangenheit Unterhalt nicht nur wie bisher ab dem Zeitpunkt der Inverzugsetzung des Verpflichteten oder der Rechtshängigkeit des Anspruchs geltend gemacht werden kann, sondern auch von dem Zeitpunkt an, zu welchem der Verpflichtete zur *Auskunftserteilung* aufgefordert worden ist (Abs. I). Insoweit knüpft das Gesetz an die Rechtsprechung des *BGH*[86]) zur verzugsbegründenden Wirkung der Stufenmahnung an. Ferner soll der Berechtigte ohne die Voraussetzungen des Verzuges, der Rechtshängigkeit oder der Aufforderung zur Auskunfterteilung nicht nur für den Zeitraum Erfüllung verlangen können, in dem er aus rechtlichen[87]), sondern auch für den Zeitraum, in dem er *aus tatsächlichen Gründen, die im Verantwortungsbereich des Unterhaltsverpflichteten liegen*[88]), an der Geltendmachung des Unterhaltsanspruchs gehindert war (Abs. II Nr. 2). Als Korrektiv dieser erweiterten Möglichkeiten, Unterhalt für die Vergangenheit verlangen zu können, ist in Abs. III in Anlehnung an § 1615i I und II BGB a. F. unter engen Voraussetzungen ein allgemeiner materiellrechtlicher Anspruch auf Stundung oder Erlaß von Unterhaltsansprüchen vorgesehen worden, der die bisherigen prozeßrechtlichen Gestaltungsbefugnisse des Gerichts nach den §§ 642e, 642f ZPO a. F. gegenstandslos macht.

---

[86]) *BGH*, FamRZ 1990, 283, 285. Bei dieser Rechtsprechung wird es im übrigen für Auskünfte im Rahmen des Geschiedenenunterhalts bleiben, da § 1585b II BGB nicht angepaßt wurde, während § 1613 I BGB über § 1360a III und § 1361 IV S. 4 BGB auch für den Familienunterhalt und den Getrenntlebensunterhalt gilt. Der Grund liegt darin, daß im KindUG an keiner Stelle – abgesehen von der notwendigen Folgeregelung zu § 1584 BGB (Art. 1 Nr. 2 KindUG) – das Tor für dann möglicherweise weitergehende und den Abschluß der Reform gefährdende Änderungen im Rahmen des Geschiedenenunterhaltsrechts geöffnet werden sollte.

[87]) Insofern ist Hauptanwendungsfall nach wie vor der Zeitraum der ungewissen Vaterschaft beim nichtehelichen Kind.

[88]) Hier geht es in erster Linie um die Fälle des unbekannten Aufenthalts des Verpflichteten; vgl. BT-Drucks. 13/7338, S. 31.

Während die vorgenannten Änderungen des § 1613 BGB schon im RegE enthalten waren, ist § 1613 I BGB auf Vorschlag des Rechtsausschusses um einen Satz 2 ergänzt worden, wonach der Unterhalt „ab dem Ersten des Monats, in den die bezeichneten Ereignisse fallen, geschuldet wird, wenn ein Unterhaltsanspruch dem Grunde nach zu diesem Zeitpunkt bestanden hat". Auch diese Ergänzung geht auf einen Prüfantrag des Bundesrates mit weitergehender Zielsetzung[89]) zurück und dient – in Anlehnung an § 1612a III S. 2 BGB – der Vereinfachung der Unterhaltsbemessung.

V. Besondere Vorschriften für nichteheliche Kinder

1. Verallgemeinerte und ersatzlos entfallene Vorschriften

Das neue Recht hebt die unterhaltsrechtlichen Sonderregelungen für nichteheliche Kinder weitestgehend auf. § 1615b BGB ist – da sein Normzweck, bei Ausfall des Vaters die Bereitschaft anderer Personen zur Unterstützung des Kindes zu fördern, auch für eheliche Kinder gelten kann – in *§ 1607 II und III BGB* integriert worden[90]). § 1615c BGB ist entfallen; hinsichtlich der Bemessung des Unterhalts gilt künftig für alle Kinder *§ 1602 BGB*, da anerkannt ist, daß für die Höhe des Unterhalts sowohl beim ehelichen wie beim nichtehelichen Kind letztlich die wirtschaftlichen Verhältnisse des barunterhaltspflichtigen Elternteils ausschlaggebend sind[91]). § 1615d BGB findet sich in *§ 1613 I und II BGB,* § 1615i BGB in *§ 1613 III BGB* wieder[92]); hinsichtlich des Forderungsübergangs sind beide Vorschriften in *§ 1607 BGB* aufgegangen. Auf § 1615e BGB ist ersatzlos verzichtet worden, weil diese Vorschrift in der Vergangenheit keine Bedeutung erlangt hat[93]) und Abfindungsverträge zudem tendenziell die Gefahr einer Benachteiligung des Unterhaltsberechtigten beinhalten. Die §§ **1615f, 1615g und 1615h BGB** sind durch das neue Unterhalts-

---

[89]) Der Bundesrat hatte zu erwägen gegeben, aus Vereinfachungsgründen hinsichtlich der Einsatzzeitpunkte der Nachzahlungspflicht generell entweder auf den Ersten des Monats, in den die die Nachzahlungspflicht begründenden Ereignisse fallen, oder den Ersten des darauffolgenden Monats abzustellen (vgl. BT-Drucks. 13/7338, S. 53 unter 5.).

[90]) Zu Einzelheiten siehe BT-Drucks. 13/7338, S. 21.

[91]) *BGH,* FamRZ 1981, 943, 945; *Palandt/Diederichsen* [Fn. 61], § 1615c BGB a. F. Rz. 1.

[92]) § 1613 III S. 1 BGB ersetzt § 1615i I und II BGB a. F.; § 1613 III S. 2 BGB ersetzt § 1615i III BGB a. F.

[93]) *MünchKomm/Köhler,* BGB, § 1615e BGB a. F. Rz. 2.

Das neue Unterhaltsrecht 319

bemessungskonzept obsolet geworden. Mithin konnten die §§ 1615b bis 1615i BGB (sowie der nachfolgend erörterte § 1615k BGB) gestrichen werden[94]).

2. Bestehenbleibende Vorschriften

Eine völlige Aufhebung des Zweiten Abschnitts im Dritten Titel des IV. Buches war schon deshalb nicht möglich, weil jedenfalls der Unterhaltsanspruch der *Mutter* eines nichtehelichen Kindes nach wie vor gewisse Sonderregelungen erfordert. Von daher hätte es keinen Sinn gemacht, jegliche Sonderregelung für den Unterhaltsanspruch des nichtehelichen Kindes selbst dogmatisierend zu vermeiden.

Unverändert geblieben sowohl durch das KindRG als auch durch das KindUG sind § 1615m BGB und – bis auf eine kleine redaktionelle Anpassung[95]) – § 1615n BGB. In *veränderter* Form bleiben die §§ 1615a, 1615l und 1615o BGB bestehen; zum neuen Inhalt dieser Vorschriften und der „Herkunft" der Veränderungen ist folgendes zu bemerken:

a) § 1615a BGB

§ 1615a BGB stellt lediglich den Anwendungsbereich des Zweiten Abschnitts unter Vermeidung des Begriffs des nichtehelichen Kindes klar. Gleiches gilt für die Überschrift zum Zweiten Abschnitt. Die entsprechenden Änderungen sind bereits durch das KindRG erfolgt[96]).

b) § 1615l BGB

§ 1615l BGB ist teilweise durch das bereits am 1. 10. 1995 in Kraft getretene Schwangeren- und Familienhilfeänderungsgesetz[97]), teilweise durch das KindRG und teilweise durch das KindUG geändert worden. Durch das erstgenannte Gesetz wurde der Betreuungsunterhaltsanspruch der Mutter nach § 1615l II S. 2 und 3 BGB substantiell an dieselben Voraussetzungen geknüpft wie der Anspruch nach § 1570 BGB und zeitlich von maximal einem Jahr auf maximal drei Jahre ausgedehnt. § 1615l II S. 3 BGB ist sodann durch das KindRG um eine Billigkeitsklausel erweitert worden, wonach der Anspruch ab dem 1. 7. 1998 in Ausnahmefällen auch über die Dreijahresgrenze hin-

---
[94]) Vgl. Art. 1 Nr. 16 KindUG.
[95]) Vgl. Art. 1 Nr. 14 KindUG.
[96]) Vgl. Art. 1 Nrn. 3 und 4 KindRG.
[97]) BGBl I 1050.

aus gewährt werden kann[98]). Ferner hat das KindRG an § 1615l BGB einen neuen Abs. V angefügt, wonach der Betreuungsunterhaltsanspruch gemäß Abs. II S. 2 dem Vater gegen die Mutter zusteht, wenn dieser das Kind betreut[99]). Durch das KindUG wurde schließlich der bisherige Anspruch auf Ersatz von Kosten der Schwangerschaft und der Entbindung nach § 1615k BGB als Unterhaltsanspruch in § 1615l I BGB integriert[100]), so daß § 1615k BGB ebenfalls gestrichen werden konnte. Im übrigen enthält das KindUG lediglich redaktionelle Anpassungen[101]).

Weitergehende Änderungen beim Betreuungsunterhaltsanspruch der Mutter eines nichtehelichen Kindes erschienen weder im KindRG noch im KindUG angezeigt. Insbesondere wurde von einer Änderung der Rangfolge dieses Anspruchs abgesehen, weil ein Gleichrang mit Betreuungsunterhaltsansprüchen ehelicher Mütter notwendig zu einer Änderung des § 1582 BGB[102]) und damit zu einer „kleinen Eherechtsreform" hätte führen müssen, die weder der Verabschiedung des KindRG noch des KindUG förderlich gewesen wäre[103]).

c) § 1615o BGB

Die Ausdehnung des Betreuungsunterhaltsanspruchs nach § 1615l BGB hat es notwendig gemacht, den früher unbegrenzten Wirkungszeitraum der einstweiligen Verfügung nach § 1615o II BGB einzuschränken. Die Vorschrift wurde durch das KindRG[104]) im wesentlichen dahingehend geändert, daß der Vater „die nach § 1615k und die

---

[98]) Art. 1 Nr. 5a KindRG.
[99]) Art. 1 Nr. 5b KindRG. Hierzu ausführlich *Büdenbender*, S. 421 ff.
[100]) Art. 1 Nr. 13a KindUG.
[101]) Art. 1 Nr. 13b und 13c KindUG.
[102]) Aus § 1582 BGB folgt zum einen, daß Betreuungsunterhaltsansprüche auch im Verhältnis einer Ehefrau zu einer geschiedenen Ehefrau nicht gleichrangig sind, zum anderen, daß Betreuungsunterhaltsansprüche keine oberste Priorität haben.
[103]) Daß der Betreuungsunterhaltsanspruch gemäß § 1615l II S. 2 BGB nach wie vor nicht die gleiche Qualität hat wie derjenige nach § 1570 BGB, folgt letztlich aus dem fehlenden bzw. weniger stark ausgeprägten Verantwortungsprinzip, was freilich die – nicht unstreitige – Prämisse voraussetzt, daß es sich bei Betreuungsunterhaltsansprüchen um Ansprüche der Mutter und nicht des Kindes handelt. Einzelne „Defizite" stimmen dennoch nachdenklich, so z. B. der Umstand, daß die Mutter angesichts der über § 1615l III S. 1 BGB angeordneten Geltung des § 1602 I BGB sämtliche Ersparnisse, die einen bloßen „Notgroschen" übersteigen, voll aufbrauchen muß, bevor sie den möglicherweise in Saus und Braus lebenden Vater des Kindes in Anspruch nehmen kann.
[104]) Art. 1 Nr. 6b KindRG.

nach § 1615l BGB für die ersten drei Monate nach der Geburt des Kindes voraussichtlich zu leistenden Beträge an die Mutter zu zahlen hat". Dieser Zeitraum hätte jedoch zum einen den Unterhaltsanspruch für die Dauer von sechs Wochen *vor* der Geburt des Kindes im Gegensatz zum geltenden Recht nicht mehr erfaßt. Zum anderen hätte das Gericht für den maximalen Verfügungszeitraum gegebenenfalls zwei unterschiedliche Anspruchsgrundlagen, nämlich die nach § 1615l I und II BGB, prüfen müssen, was im Rahmen einer einstweiligen Verfügung nicht angebracht erschien. Der Rechtsausschuß des Bundestages hat deshalb § 1615o II BGB i.d.F. des KindRG im KindUG nachgebessert, indem die Möglichkeit der einstweiligen Verfügung auf den Anspruch nach § 1615l I BGB, also den Unterhaltsanspruch für die Dauer von sechs Wochen vor und acht Wochen nach der Geburt, beschränkt wurde[105]). Dieser Zeitraum überschreitet den Dreimonatszeitraum, für den auch dem Kind selbst nach wie vor Unterhalt im Wege der einstweiligen Verfügung nach § 1615o I BGB zugesprochen werden kann, nur unwesentlich.

VI. Zu den oberlandesgerichtlichen Unterhaltstabellen

Die von den Oberlandesgerichten entwickelten Unterhaltstabellen werden auch in Zukunft eine für die gerichtliche Praxis unentbehrliche Richtlinie für die Festlegung von Unterhaltsansprüchen sein. Dies ist für den Unterhalt, der nach wie vor in Form eines festen Betrages verlangt wird, evident, gilt aber gleichermaßen für die Unterhaltsfestsetzung in Form eines Prozentsatzes der Regelbeträge. Denn für die insoweit erforderliche Berechnung ist ein auf DM lautender Unterhalt der notwendige Ausgangsbetrag; dessen „Richtigkeit" ist wegen der Zukunftswirkung dynamisierter Unterhaltstitel sogar von gesteigerter Bedeutung.

Fraglich könnte allerdings sein, in welchen Zeitabständen die Tabellen künftig angepaßt werden müssen. Bei der Höhe der Steigerungsrate nach den bisherigen Anpassungsverordnungen (4. AnpVO: 16 %, 5. AnpVO: 20 %) stand die Notwendigkeit einer gleichzeitigen Anpassung der Tabellen außer Zweifel. Künftig dagegen sind angesichts der derzeitigen und der mittelfristig zu erwartenden Nettolohnentwicklung Anpassungsfaktoren zu erwarten, die im Zweijahreszeitraum eher unter als über 3 % liegen und mithin größenordnungsmäßig nicht mehr mit den bisherigen Anpassungssätzen vergleichbar sein dürften. Gleichwohl wird eine Anpassung der Unterhaltstabellen

---

[105]) Art. 1 Nr. 15 KindUG.

zeitgleich mit der Geltung neuer Regelbeträge weiterhin notwendig sein, weil ein Zurückbleiben der neu zu titulierenden Unterhaltsansprüche hinter den Alttiteln gerade wegen der Zukunftswirkung dynamisierter Unterhaltstitel zu nicht hinnehmbaren Diskrepanzen führen würde.

Einfacher könnte die Erarbeitung der Tabellen allerdings insofern werden, als sich das Problem, inwieweit in den höheren Einkommensgruppen Abschläge von den Anpassungssätzen für die Regelbeträge vorzunehmen sind, jedenfalls vorerst wohl kaum noch stellt. So wurde beispielsweise in der *Düsseldorfer Tabelle,* Stand: 1. 7. 1992, der 16%ige Anpassungssatz der 4. AnpVO lediglich beim Mindestunterhalt vorgenommen, während er in der Einkommensgruppe 6 im Durchschnitt nur noch 7 % und in der Einkommensgruppe 8 im Durchschnitt nur noch 0,8 % betrug. Der degressive Abfall der Steigerungsquote in der *Düsseldorfer Tabelle* v. 1. 1. 1996, die einen Anpassungssatz von 20 % zu berücksichtigen hatte, war zwar deutlich geringer[106]); dies beruhte jedoch darauf, daß wegen der Abzugsfähigkeit des zum 1. 1. 1996 signifikant erhöhten Kindergeldes auf jeden Fall auch in den oberen Einkommensgruppen eine spürbare Erhöhung der Unterhaltsansprüche erforderlich war, um diese in etwa auf dem bisherigen Niveau zu halten. Künftig wird man bei den zu erwartenden geringen Anpassungsfaktoren jedoch kaum degressive Abschläge in den höheren Einkommensgruppen vornehmen können, schon weil das zur Verfügung stehende „Spreizvolumen" zu gering ist. Ob man in den oberen Einkommensgruppen dennoch zu einer Sättigungsgrenze kommen muß, braucht jedenfalls nicht bereits vor dem 1. 7. 1999 entschieden zu werden, sondern erst dann, wenn die Unterhaltsansprüche aufgrund mehrerer nach neuem Recht erfolgter Anpassungen in den oberen Einkommensgruppen aus dem Ruder zu laufen drohen.

Zu der inzwischen bekannt gewordenen **Neufassung der Düsseldorfer Tabelle zum 1. 7. 1998**[107]) ist folgendes zu bemerken:

In der äußersten rechten Spalte der Tabelle ist bei den jeweiligen Einkommensgruppen [EGen] ab EG 2 für alle drei Altersgruppen [AGen] ein einheitlicher und auf eine volle Zahl gerundeter Prozentsatz der Regelbeträge angegeben, der bis EG 7 um jeweils 7 %, in der

---

[106]) In den obersten Einkommensgruppen blieben immerhin noch 11 %.
[107]) *Düsseldorfer Tabelle,* Stand: 1. 7. 1998, FamRZ 1998, 534; siehe hierzu den Beitrag von *Scholz,* S. 451.

EG 8 um 8 % und in den höheren EGen um jeweils 10 % ansteigt. Zwar sind die DM-Beträge so festgelegt worden, daß sie bei einer In-Verhältnis-Setzung zu den Regelbeträgen von den glatten Prozentsätzen – bis auf eine einzige Ausnahme (570 DM in EG 6/AG 2) – um maximal 0,2 % abweichen. Dies wiederum hat zur Folge, daß man bei einer Multiplikation der Regelbeträge mit den sich für die DM-Beträge ergebenden Prozentsätzen der Regelbeträge unter Berücksichtigung der Rundungsvorschrift des § 1612a II S. 2 BGB ausnahmslos zu den festgelegten DM-Beträgen kommt, gleich ob man mit dem glatten Prozentsatz oder mit dem vom Gesetz vorgeschriebenen Prozentsatz unter Berücksichtigung einer Dezimalstelle multipliziert. Abweichungen können sich jedoch nach einer *Neufestsetzung der Regelbeträge* ergeben: Betrüge der erste Anpassungsfaktor z. B. 1,8 %, würden sich die Regelbeträge auf 352 DM, 428 DM und 507 DM erhöhen. Betrachtet man dann beispielsweise die EG 4/AG 2, wo der genaue Prozentsatz für die derzeitigen 514 DM bei 121,2 % liegt, führt die Multiplikation mit 121 % zu 518 DM, die mit 121,2 % dagegen zu 519 DM. Solche Unterschiede – man kann davon ausgehen, daß sie im Höchstfall bei 2 DM liegen – sind zwar denkbar gering. Angesichts der Tatsache, daß das Gesetz in § 1612a II S. 1 BGB die Berechnung unter Berücksichtigung einer Dezimalstelle vorschreibt, können sie aber wohl nicht vernachlässigt werden.

In verstärktem Maße gilt dies für die **Berliner Tabelle**[108]). Dort sind die Prozentsätze des Regelbedarfs zwar mit einer Dezimalstelle ausgewiesen, aber wie in der *Düsseldorfer Tabelle* einheitlich für alle AGen einer bestimmten EG. Setzt man die DM-Beträge ins Verhältnis zum Regelbetrag, ergeben sich bei den Prozentsätzen erhebliche Abweichungen: Bei EG 3/AG 2 beispielsweise beträgt der genaue Prozentsatz 127,3 statt 126,7, bei EG 4/AG 2 135,2 statt 134,7 und bei EG 7/AG 2 158,6 statt 157,9. Dies führt schon bei der Erstfestsetzung des Unterhalts auch zu unterschiedlichen DM-Beträgen, wobei die Differenz etwa im zuletzt genannten Beispiel immerhin 3 DM ausmacht.

Wenngleich die Neuregelungen des KindUG u. E. eine Neufassung der Düsseldorfer Tabelle nicht zwingend erfordert hätten[109]), ist diese dennoch zu begrüßen. Dies gilt sowohl für den Umstand, daß die

---

[108]) *Berliner Tabelle*, Stand: 1. 7. 1998, FamRZ 1998, 537.
[109]) In der bis zum 30. 6. 1998 geltenden Tabelle lag die 150%-Grenze für die Unterhaltsrenten West bei EG 6, für die Unterhaltsrenten Ost – bis auf die AG 1, wo der Grenzwert 471 DM statt 475 DM betragen würde – (exakt) bei EG 5.

neuen Tabellen auf die 150%-Grenze abgestimmt sind, als auch für die breitere Auffächerung der EGen, zumal die neuen Unterhaltsbeträge von den früheren nur in einer Marge (in der Regel nach unten) abweichen, die für eine Abänderungsklage nicht ausreicht. Den beiden rechten Spalten der neuen *Düsseldorfer (Berliner) Tabelle* kann aber wohl nur die Bedeutung zukommen, daß die DM-Beträge bei Festlegung neuer Regelbeträge in den jeweiligen EGen generell um den gerundeten Prozentsatz – bei der *Berliner Tabelle* um den einheitlichen, auf eine Dezimalstelle gerundeten Prozentsatz – angehoben werden sollen. Dynamisierte Unterhaltstitel müssen hingegen nach § 1612a I i.V. mit II S. 1 BGB unter Berücksichtigung einer sich bei der Prozentbildung ergebenden Dezimalstelle gebildet werden.

D. Verfahrensrecht

Das KindUG führt zu einer Reihe von verfahrensrechtlichen Änderungen, die das Ziel verfolgen, die gerichtliche Durchsetzung von Unterhaltsansprüchen zu erleichtern. Zum Großteil betreffen die verfahrensrechtlichen Neuregelungen ausschließlich Verfahren, die den Unterhaltsanspruch minderjähriger Kinder zum Gegenstand haben, einzelne jedoch (z. B. §§ 93d, 643 und 644 ZPO) betreffen alle Unterhaltsverfahren.

I. Vereinheitlichung des Verfahrensrechts

Das Ziel des KindUG, die bisher unterschiedliche Rechtslage für eheliche und nichteheliche Kinder zu vereinheitlichen[110]), wird nicht nur im materiellen Recht, sondern auch im Prozeßrecht verwirklicht. Mit der Aufhebung der materiell-rechtlichen Regelungen der §§ 1615b bis 1615k BGB korrespondiert die Aufhebung der für das bisherige Regelunterhaltsverfahren maßgeblichen Bestimmungen der §§ 642 bis 644 ZPO. An die Stelle des bisherigen Regelunterhaltsverfahrens tritt ein für alle minderjährigen Kinder zugängliches VV zur Unterhaltsfestsetzung (§ 645 ff. ZPO).

II. Vereinfachtes Verfahren zur Festsetzung des Unterhalts minderjähriger Kinder

Nach bisherigem Recht war mit der gerichtlichen Titulierung des Unterhalts immer der Richter befaßt; gleiches galt für das Regelunter-

---

[110]) BT-Drucks. 13/7338, S. 1.

haltsverfahren: Auch hier hatte der Richter durch Urteil über die Verpflichtung zur Leistung des nur nichtehelichen Kindern zustehenden Regelunterhalts zu entscheiden. Der Rechtspfleger setzte in einem sich anschließenden Festsetzungsverfahren den geschuldeten Unterhalt betragsmäßig fest (§ 642a ZPO)[111]).

Künftig eröffnen die neu geschaffenen Regelungen der §§ 645 bis 650 ZPO die Möglichkeit, Minderjährigenunterhalt in einem VV geltend zu machen, für das gemäß § 20 Nr. 10a RPflG funktionell der Rechtspfleger zuständig ist. Mit dem neuen VV zur Festsetzung des Unterhalts wurde für alle minderjährigen Kinder – unabhängig von ihrem abstammungsrechtlichen Status – ein Verfahren geschaffen, in dem sie schnell und kostengünstig einen Vollstreckungstitel erlangen können. Die Öffnung dieses Verfahrens für Unterhaltsansprüche bis zum Eineinhalbfachen der Regelbeträge (§ 645 ZPO) ermöglicht es, künftig im VV in den einzelnen Altersstufen monatliche Unterhaltsbeträge bis zu einer Höhe geltend zu machen, die das EM[112]) umfaßt[113]), wobei sich diese Beträge im Rahmen der Dynamisierung der Regelbeträge (§ 1612a IV BGB) periodisch verändern.

1. Verfahrensgegenstand

Das VV nach § 645 ZPO ist nur zur Festsetzung von **Unterhalt minderjähriger Kinder, die mit dem in Anspruch genommenen Elternteil nicht in einem Haushalt leben**, statthaft. Sonstiger Verwandtenunterhalt sowie Ehegattenunterhalt kann daher auch künftig nur im Klageverfahren gerichtlich geltend gemacht werden. Auch für Zeiträume, in denen das minderjährige Kind mit dem in Anspruch genommenen Elternteil in einem Haushalt gelebt hat, kann der Unterhalt nicht im VV geltend gemacht werden.

2. Parteien des vereinfachten Verfahrens

Antragsteller [ASt.] können das Kind, vertreten durch seinen gesetzlichen Vertreter, aber auch Dritte sein, die den Unterhaltsanspruch des Kindes in Prozeßstandschaft (§ 1629 III BGB) oder auf Grund übergegangenen Rechts (z. B. nach § 91 BSHG oder §§ 7 UVG, 1607 BGB) geltend machen. Das VV steht somit auch den

---

[111]) Zum bisherigen Unterhaltsrecht nichtehelicher Kinder vgl. *Müther*, MDR 1995, 325.
[112]) Näheres unter C. I. 2. und 3.
[113]) BT-Drucks. 13/9596, S. 31.

Sozialhilfeträgern und den mit der Durchführung des UVG befaßten Stellen zur Durchsetzung auf sie übergegangener Unterhaltsansprüche minderjähriger Kinder offen. **Antragsgegner [AGg.]** kann nur ein Elternteil sein, nicht dagegen sonstige Verwandte, die z. B. im Wege der Ersatzhaftung gemäß § 1607 I BGB auf Zahlung von Unterhalt in Anspruch genommen werden.

3. Umfang des festsetzbaren Unterhalts

Im VV kann Unterhalt für zurückliegende Zeiträume und künftiger Unterhalt geltend gemacht werden, jedoch darf der monatliche Unterhalt nur **bis zum Eineinhalbfachen** des jeweiligen Regelbetrages nach der Regelbetrag-Verordnung betragen (§ 645 I ZPO). Maßgeblich ist dabei der Betrag, der sich vor Anrechnung des Kindergeldes oder der kindergeldersetzenden Leistungen (§§ 1612b, 1612c BGB) ergibt. Diese Begrenzung soll gewährleisten, daß die erschwerten, weil an besondere Formerfordernisse geknüpften Rechtsverteidigungsmöglichkeiten im VV nur bei Unterhaltsbeträgen zum Tragen kommen, die nicht wesentlich über dem EM-Bedarf des Kindes liegen. Einen Mindestbetrag des Unterhalts schreibt das Gesetz hingegen nicht vor. Es kann daher auch ein Unterhaltsbetrag geltend gemacht werden, der unter den Regelbeträgen nach der Regelbetrag-Verordnung liegt. Dies kommt etwa dann in Betracht, wenn unstreitig ist, daß der Unterhaltspflichtige nur zur Zahlung eines unterhalb des Regelbetrages liegenden Unterhalts in der Lage ist.

4. Ausschluß des vereinfachten Verfahrens nach § 645 II ZPO

Das VV kommt gemäß § 645 II ZPO nur für die erstmalige Festsetzung von Unterhalt in Betracht. Ist bereits ein zur Zwangsvollstreckung geeigneter Titel über den Unterhalt erwirkt worden, scheidet das VV aus. Es scheidet ferner immer dann aus, wenn ein Gericht bereits über den Unterhaltsanspruch in der Sache, mithin über seine Begründetheit entschieden hat. Dies gilt unabhängig davon, ob die gerichtliche Entscheidung zu einem Vollstreckungstitel geführt hat. Deshalb hindert ein Urteil, das nach altem Recht die Verpflichtung zur Zahlung von Regelunterhalt ausspricht, das VV. Hier kann jedoch nach Art. 5 § 2 KindUG in einer Übergangszeit[114] weiterhin die Festsetzung des Unterhalts nach dem bisherigen Verfahrensrecht oder eine Abänderung des Titels nach Art. 5 § 3 KindUG in einen dyna-

---

[114] Bis zum 1. 7. 2003, vgl. Art. 8 II KindUG.

misierten Titel neuen Rechts verlangt werden[115]). Auch ein Urteil, mit welchem eine das Kind betreffende Unterhaltsklage als unbegründet abgewiesen wurde, schließt das VV aus[116]). Ist bereits ein gerichtliches Verfahren über den Unterhaltsanspruch anhängig, ist das VV zur Vermeidung einer doppelten Rechtshängigkeit ebenfalls unzulässig.

5. Festsetzungsantrag (§ 646 I ZPO)

Die an einen Antrag im VV zu stellenden inhaltlichen Anforderungen regelt § 646 I ZPO. Der Antrag muß eine ordnungsgemäße, den Anforderungen des § 313 I Nr. 1 ZPO entsprechende Parteibezeichnung sowie die Bezeichnung des angerufenen Gerichts enthalten (Nrn. 1 und 2). Zur Festsetzung des Unterhalts nach der altersentsprechenden Altersstufe und zur Darlegung der Minderjährigkeit des Kindes ist es erforderlich, im Antrag das Geburtsdatum des Kindes mitzuteilen (Nr. 3).

Aus dem Antrag muß der Umfang des geltend gemachten Unterhalts eindeutig und klar bestimmbar sein (Nr. 6). Da im VV nicht nur laufender, sondern auch Unterhalt für zurückliegende Zeiträume geltend gemacht werden kann, ist gemäß Nr. 4 in dem Antrag anzugeben, ab welchem Zeitpunkt Unterhalt begehrt wird. Für den Fall, daß Unterhalt für die Vergangenheit geltend gemacht wird, bedarf es gemäß Nr. 5 der Angabe, wann die Voraussetzungen nach § 1613 I oder II Nr. 2 BGB eingetreten sind.

Bei der Festsetzung des Unterhalts hat das Gericht die gemäß §§ 1612b und 1612c BGB anzurechnenden Leistungen[117]) zu berücksichtigen. Diese anrechenbaren Leistungen sind nach Nr. 7 bereits in dem Antrag mitzuteilen.

Mit der gemäß Nr. 8 erforderlichen Angabe, daß zwischen den Parteien ein Eltern-Kind-Verhältnis besteht, soll der ASt. darlegen, daß das Kind, für welches Unterhalt begehrt wird, ein Kind des AGg. im Rechtssinne ist. Wird der Vater eines nicht in bestehender Ehe des AGg. geborenen Kindes zur Zahlung von Unterhalt für dieses Kind in Anspruch genommen, ist für die Vaterschaftszuordnung ein Vaterschaftsanerkenntnis oder die gerichtliche Vaterschaftsfeststellung erforderlich (§ 1592 Nrn. 2 und 3 BGB).

---

[115]) Siehe hierzu die Ausführungen unter F. IV.
[116]) Vgl. BT-Drucks. 13/7338, S. 38.
[117]) Kindergeld i. S. von § 1612b BGB und kindergeldersetzende Leistungen i. S. von § 1612c BGB.

Gemäß § 645 I ZPO steht das VV nur für Unterhaltsansprüche gegen den Elternteil zur Verfügung, mit welchem das Kind nicht in einem Haushalt lebt. Deshalb bedarf es im Antrag einer Erklärung darüber, ob das Kind im streitgegenständlichen Unterhaltszeitraum mit dem AGg. in einem Haushalt gelebt hat (Nr. 9).

Wenn der Unterhaltsanspruch wegen des Bezugs von Unterhaltsvorschußleistungen oder wegen der Gewährung von Sozialhilfe infolge des gesetzlichen Anspruchsüberganges nach § 7 I UVG oder nach § 91 BSHG auf das Land als Träger der Unterhaltsvorschußkasse bzw. auf den Sozialleistungsträger übergegangen ist, kann das Kind selbst den Unterhalt nur im Falle der Rückübertragung des Unterhaltsanspruchs geltend machen. Das gleiche gilt, wenn der Unterhaltsanspruch gemäß § 1607 II und III BGB auf Dritte übergegangen ist. Deshalb verlangt Nr. 10 Angaben zur Darlegung der Aktivlegitimation. Machen Dritte den Unterhaltsanspruch des Kindes im VV geltend, müssen sie im Antrag erklären, daß der beantragte Unterhalt die Leistungen an das Kind nicht übersteigt. Bleibt der Umfang des Anspruchsüberganges hinter dem Unterhaltsanspruch zurück, empfiehlt es sich, den übergegangenen Unterhaltsanspruch treuhänderisch auf das Kind zurückzuübertragen, damit dieses im VV den Gesamtbetrag geltend machen kann.

Im Hinblick darauf, daß das VV gemäß § 645 II ZPO ausgeschlossen ist, wenn der Unterhaltsanspruch bereits tituliert ist oder bereits ein Unterhaltsrechtsstreit anhängig ist oder war, bedarf es gemäß Nr. 11 einer Erklärung darüber, daß ein solcher Ausschlußgrund nicht vorliegt.

Sowohl für den Festsetzungsantrag als auch für Einwendungen des AGg. wurden durch eine auf der Ermächtigung des § 659 I ZPO beruhende Rechtsverordnung einheitliche Vordrucke eingeführt, wobei insoweit gemäß § 659 II ZPO Benutzungszwang besteht[118]).

6. Zurückweisung des Antrages (§ 646 II ZPO)

Entspricht der Antrag nicht den in §§ 645, 646 I ZPO genannten Anforderungen, weist der Rechtspfleger den ASt. hierauf hin (§ 646 II S. 2 ZPO). Dieser kann – soweit dies im Hinblick auf den Gegenstand der Beanstandung möglich ist – die Beanstandung beheben und so die

---

[118]) Vgl. Verordnung zur Einführung und Änderung von Vordrucken für gerichtliche Verfahren v. 19. 6. 1998, BGBl I 1364.

Zurückweisung des Antrages vermeiden. Bleibt die Beanstandung unbehoben, wird der Antrag zurückgewiesen (§ 646 II S. 1 ZPO). Diese Entscheidung ist nicht anfechtbar (§ 646 II S. 3 ZPO). Es kann jedoch jederzeit ein neuer Antrag eingereicht werden, da mit der Zurückweisung des Antrages keine Sachentscheidung über den geltend gemachten Unterhaltsanspruch erfolgt.

7. Einwendungsmöglichkeiten des Antragsgegners

§ 648 ZPO unterscheidet die möglichen Einwendungen des AGg. danach, ob im VV über ihre Begründetheit (Abs. I) oder nur über ihre Zulässigkeit (Abs. II) entschieden wird.

a) Auf ihre Begründetheit zu überprüfende Einwendungen (§ 648 I ZPO)

Einwendungen i. S. von § 648 I ZPO überprüft der Rechtspfleger inhaltlich auf ihre Begründetheit. Einwendungen i. S. von § 648 I S. 1 Nr. 1 und Nr. 3 ZPO weist der Rechtspfleger zurück, wenn sie **unbegründet sind**; Einwendungen i. S. von § 648 I S. 1 Nr. 2 ZPO weist der Rechtspfleger zurück, wenn sie **unbegründet erscheinen** (§ 648 I S. 3 ZPO).

Als Einwendungen gegen die **Zulässigkeit** des VV (§ 648 I S. 1 Nr. 1 ZPO) kommen z. B. in Betracht, daß

– das Kind nicht minderjährig sei,

– das Kind mit dem AGg. im Unterhaltszeitraum in einem Haushalt gelebt habe oder

– die beantragten Unterhaltsbeträge das Eineinhalbfache der Regelbeträge nach der Regelbetrag-Verordnung übersteigen würden.

Als Einwendung gegen den **Zeitpunkt**, von dem an Unterhalt gezahlt werden soll (§ 648 I S. 1 Nr. 2 ZPO), kommt z. B. in Betracht, daß zu dem geltend gemachten Zeitpunkt noch keine der in § 1613 I und II Nr. 2 BGB genannten Voraussetzungen vorgelegen oder daß zu diesem Zeitpunkt noch keine Barunterhaltspflicht des AGg. bestanden habe.

Bestimmte Einwendungen gegen die **Höhe des Unterhalts** werden ebenfalls vom Rechtspfleger inhaltlich auf ihre Begründetheit überprüft (§ 648 I S. 1 Nr. 3 ZPO). Hierzu gehört die Einwendung, der Unterhalt sei nicht korrekt auf der Grundlage der Regelbetrag-Verordnung berechnet worden (§ 648 I S. 1 Nr. 3a ZPO), z. B. weil ein falsches Alter des Kindes angegeben worden sei. Ferner kann die Einwendung erhoben werden, Kindergeld oder kindergeldersetzende Leistungen seien nicht zutreffend angerechnet worden (§ 648 I S. 1 Nr. 3c ZPO) oder die vom Gericht angekündigte[119]) Unterhaltsfestsetzung gehe über den Antrag hinaus (§ 648 I S. 1 Nr. 3b ZPO).

Schließlich kann gemäß § 648 I S. 2 ZPO auch im Hinblick auf die Verfahrenskosten die Einwendung erhoben werden, der AGg. habe **zur Antragstellung keine Veranlassung** gegeben. Die Beurteilung der Frage, ob Anlaß zur Antragstellung bestand, bestimmt sich nach den gleichen Maßstäben wie die Beurteilung der Klageveranlassung im Rahmen des § 93 ZPO. Dem sofortigen Anerkenntnis bei § 93 ZPO entspricht die sofortige Verpflichtung zur Erfüllung der beantragten Unterhaltsfestsetzung (§ 648 I S. 2 ZPO). Eine sofortige Verpflichtung liegt dann nicht mehr vor, wenn zunächst Einwendungen gegen die beantragte Unterhaltsfestsetzung erhoben wurden.

Gemäß § 648 I S. 3 ZPO muß sich das Gericht bei der Entscheidung über Einwendungen i. S. von § 648 I S. 1 Nr. 1 ZPO (Einwand der Unzulässigkeit des Verfahrens) und Nr. 3 (Einwand der fehlerhaften Unterhaltsberechnung) sowie über Einwendungen i. S. von § 648 I S. 2 ZPO die **volle Überzeugung** über die Begründetheit oder Unbegründetheit der Einwendungen bilden. Etwas anderes gilt jedoch für Einwendungen i. S. von § 648 I S. 1 Nr. 2 ZPO, also für die den Zeitpunkt des Beginns der Unterhaltspflicht betreffenden Einwendungen. Würde auch für solche Einwendungen – etwa für den Einwand, ein Auskunftsersuchen sei dem AGg. nicht oder nicht zum damaligen Zeitpunkt zugegangen – der Strengbeweis gefordert, könnte über die beantragte Unterhaltsfestsetzung unter Umständen erst nach einer umfassenden Beweisaufnahme entschieden werden. Dies will das Gesetz vermeiden. Deshalb wird die Entscheidung über solche Einwendungen in das **pflichtgemäße Ermessen** des Rechtspflegers gestellt, wobei es für eine Zurückweisung solcher Einwendungen ausreicht, daß diese nicht begründet erscheinen.

b) Nur auf ihre Zulässigkeit zu überprüfende Einwendungen (§ 648 II ZPO)

Über Einwendungen i. S. von § 648 II ZPO entscheidet der Rechtspfleger nicht inhaltlich. Er befindet daher nicht über die

---

[119]) § 647 I S. 2 Nr. 1 ZPO.

Begründetheit der Einwendungen, sondern prüft nur, ob sie **in zulässiger Weise** – mithin entsprechend den in § 648 II ZPO genannten Anforderungen – erhoben wurden. Ist dies der Fall, setzt der Rechtspfleger den Unterhalt nur im Umfang eines eventuellen Teil-Anerkenntnisses fest (§ 650 ZPO). Eine weitergehende Festsetzung kann durch den Rechtspfleger nicht erfolgen. Das VV findet damit sein Ende. Jedoch hat jede Partei die Möglichkeit, die Durchführung des streitigen Verfahrens zu beantragen (§ 651 ZPO).

Das Erheben von Einwendungen i. S. von § 648 II ZPO hat das Gesetz an **besondere Voraussetzungen** geknüpft. Diese erschweren dem AGg. die Abwehr einer Unterhaltsfestsetzung im VV. Werden die für Einwendungen i. S. von § 648 II ZPO aufgestellten Voraussetzungen nicht vollständig erfüllt, bleiben die Einwendungen unberücksichtigt. Der Unterhalt kann dann ungeachtet der erhobenen Einwendungen festgesetzt werden. Der AGg. kann die Einwendungen dann jedoch im Wege der besonderen Abänderungsklage nach § 654 ZPO erneut geltend machen.

Diese Konstruktion hat für das Kind den Vorteil, daß es schnell zu einem vollstreckbaren Unterhaltstitel gelangt und sich mit im VV unzulässigen Einwendungen nicht in der Rolle des Angreifers auseinandersetzen muß, sondern es dem Unterhaltsschuldner obliegt, einen Rechtsstreit zur Durchsetzung seiner Einwendungen zu betreiben, wenn er die erfolgte Unterhaltsfestsetzung nicht hinnehmen will.

c) Formelle Anforderungen an Einwendungen i. S. von § 648 II ZPO

Einwendungen i. S. von § 648 II ZPO kann der AGg. nur erheben, wenn er sich zugleich darüber erklärt, inwieweit er zur Unterhaltsleistung bereit ist und sich insoweit zur Erfüllung des Unterhaltsanspruchs **verpflichtet** (§ 648 II S. 1 ZPO). Erklärt sich der AGg. hierüber nicht, ist die Einwendung unzulässig und wird im VV nicht berücksichtigt, so daß der Unterhalt wie beantragt festgesetzt werden kann.

Für den Einwand der **Erfüllung** stellt § 648 II S. 2 ZPO die besondere Anforderung auf, daß der AGg. gleichzeitig erklären muß, inwieweit er geleistet hat, und sich verpflichtet, einen darüber hinausgehenden Unterhaltsrückstand zu begleichen.

Die Zulässigkeit des Einwands **eingeschränkter oder fehlender Leistungsfähigkeit** knüpft § 648 II S. 3 BGB an besondere Anforderungen, deren Erfüllung im Einzelfall einen erheblichen Aufwand mit sich bringen kann. Zusätzlich zu der Erklärung nach § 648 II S. 1 ZPO muß der AGg. mittels eines besonderen mehrseitigen Vordrucks Auskunft über seine Einkünfte, sein Vermögen und seine persönlichen und wirtschaftlichen Verhältnisse erteilen. Hierdurch soll der ASt. in die Lage versetzt werden, auf der Grundlage dieser Angaben des AGg. zu beurteilen, ob eine weitergehende Verfolgung des Unterhaltsbegehrens im Wege des streitigen Verfahrens erfolgversprechend erscheint.

Der Umfang der im Rahmen des § 648 II S. 3 ZPO vom AGg. geforderten Angaben deckt sich zum einen mit dem Auskunftsanspruch aus § 1605 BGB, zum anderen aber auch mit der Darlegungslast, die der auf Zahlung von Unterhalt in Anspruch genommene Elternteil im Hinblick auf seine gesteigerte Unterhaltspflicht (§ 1603 II BGB) hat, wenn er geltend macht, nicht zur Zahlung des (vollen) Unterhalts in der Lage zu sein. Dementsprechend wird in dem Vordruck das **Einkommen** des AGg. und – da bei eingeschränkter Leistungsfähigkeit auch das Vermögen zu verwerten ist – sein **Vermögen** akribisch abgefragt, wobei die Angaben bezüglich des Einkommens vom AGg. zu belegen sind.

Dieser Verpflichtung kann sich der AGg. nicht durch pauschale Erklärungen über sein Einkommen und sein Vermögen entziehen. Füllt er den Vordruck nicht vollständig aus und fügt er nicht die erforderlichen Verzeichnisse und Belege bei, ist der Einwand als unzulässig zu behandeln und der Unterhalt festzusetzen. Dem AGg. bleibt dann nur das besondere Abänderungsverfahren des § 654 ZPO, wenn er die Unterhaltsfestsetzung im Hinblick auf seine Leistungsfähigkeit für überhöht hält.

Wenngleich der Rechtspfleger die Angaben nicht inhaltlich überprüft, muß der AGg. damit rechnen, daß seine Angaben den ASt. nicht überzeugen und selbiger das streitige Verfahren betreibt. In diesem Verfahren kann das Gericht unter den Voraussetzungen des § 643 II ZPO Auskünfte über das Einkommen und das Vermögen – unter anderem beim Finanzamt – einholen. Stellt sich dabei heraus, daß der AGg. im Rahmen seiner Einwendungen im VV vorsätzlich unzutreffende Angaben gemacht hat, dürfte damit der Tatbestand des versuchten Prozeßbetruges erfüllt sein.

In diesem Zusammenhang wirkt sich ganz besonders der Umstand aus, daß das VV nicht nur bis zur Höhe der Regelbeträge, sondern bis zur Höhe des Eineinhalbfachen der Regelbeträge zulässig ist. In den

Fällen, in denen dieser Rahmen vom ASt. voll ausgeschöpft wird, dürfte sich die Frage der eingeschränkten Leistungsfähigkeit – insbesondere wenn mehrere Unterhaltsberechtigte vorhanden sind – häufig stellen. Der Gesetzgeber behandelt insoweit auch die Einwendung, der vom Einkommen des Barunterhaltspflichtigen abzuleitende Unterhaltsbedarf des Kindes sei geringer als die geltend gemachte Unterhaltsforderung, als Einwendung der eingeschränkten Leistungsfähigkeit i. S. von § 648 II S. 3 ZPO[120]).

8. Verfahrensfragen
a) Verfahrensverbindung

Sind Anträge mehrerer Kinder des AGg. bei Gericht anhängig, soll das Gericht die Verfahren zum Zwecke gleichzeitiger Entscheidung verbinden (§ 646 III ZPO). Diese Regelung hat ausschließlich einen kostenrechtlichen Hintergrund. Da für das Verfahren die Gebühren als Wertgebühren streitwertabhängig sind, soll den Kindern durch die Verfahrensverbindung und die damit verbundene Streitwertaddition die degressive Gebührentabelle zugute kommen. Die in § 646 III ZPO getroffene Anordnung der Verfahrensverbindung ist als Sollvorschrift zu verstehen. Im Einzelfall kann eine Verfahrensverbindung ausscheiden, z. B. wenn sich die verschiedenen Anträge in einem unterschiedlichen Verfahrensstand befinden oder wenn bezüglich einzelner Anträge unterschiedliche Einwendungen erhoben werden.

b) Antragszustellung

Der Antrag auf Festsetzung des Unterhalts im VV oder eine Mitteilung über den Inhalt des Antrages werden dem AGg. zugestellt (§ 647 I S. 1 ZPO). Die förmliche Zustellung ist erforderlich, um die **Einwendungsfrist** in Lauf zu setzen. Denn Einwendungen gegen die beantragte Unterhaltsfestsetzung sind vom in Anspruch Genommenen innerhalb eines Monats nach Zustellung des Festsetzungsantrages zu erheben (§ 647 I S. 2 Nr. 2 ZPO). Wird diese Frist versäumt, ist der AGg. jedoch so lange mit seinen Einwendungen nicht ausgeschlossen, wie der Festsetzungsbeschluß vom Rechtspfleger noch nicht verfügt ist (§ 648 III ZPO). Für den Fall der Auslandszustellung bestimmt § 647 I S. 3 ZPO, daß die Einwendungsfrist gesondert vom Gericht zu bestimmen ist. Bei der Auslandszustellung gilt § 175 ZPO mit der Maßgabe entsprechend, daß der Zustellungsbevollmächtigte innerhalb der vom Gericht bestimmten Frist zu benennen ist.

---

[120]) Vgl. BT-Drucks. 13/9596, S. 31.

§ 647 I S. 2 ZPO sieht eine umfassende **Belehrung des AGg.** durch das Gericht vor, weil im VV nur bestimmte Einwendungen – und auch nur in der vorgeschriebenen Form – erhoben werden können. Mit den Hinweisen des Gerichts wird dem AGg. vor Augen geführt, in welcher Höhe er mit der Festsetzung des Unterhalts zu rechnen hat, sofern von ihm keine zulässigen Einwendungen i. S. von § 648 II ZPO oder keine begründeten Einwendungen i. S. von § 648 I ZPO innerhalb der Monatsfrist erhoben werden. Gleichzeitig werden ihm die im VV möglichen Einwendungen und die für das Vorbringen dieser Einwendungen einzuhaltenden Anforderungen mitgeteilt. Besonders hingewiesen wird er auf die Anforderungen, die für die Einwendung der fehlenden oder eingeschränkten Leistungsfähigkeit gelten, sowie auf den insoweit bestehenden Vordruckzwang.

Gemäß § 647 II ZPO gilt die Bestimmung des § 270 III ZPO im Falle der Zustellung eines Antrags im VV entsprechend. Damit knüpfen sich an die Zustellung eines Antrags im VV die gleichen materiellen und prozessualen Folgen wie an die Zustellung einer Klageschrift. Die Verjährung wird demnach bereits durch Einreichung des Festsetzungsantrags unterbrochen, sofern seine Zustellung demnächst erfolgt.

c) Fakultative mündliche Verhandlung (§ 649 II ZPO)

Der Festsetzungsbeschluß kann – und wird in der Regel – ohne mündliche Verhandlung ergehen. Einer Sachaufklärung bedarf es nur bezüglich Einwendungen i. S. von § 648 I ZPO, da nur solche Einwendungen im VV inhaltlich überprüft werden. Die Begründetheit solcher Einwendungen läßt sich meist ohne mündliche Verhandlung auf der Grundlage des Akteninhalts und vorzulegender Urkunden beurteilen. Kompliziert könnte sich jedoch die Prüfung von Einwendungen hinsichtlich des Zeitpunktes, von dem an Unterhalt gezahlt werden soll (§ 648 I S. 1 Nr. 2 ZPO), gestalten. Dies gilt etwa dann, wenn der AGg. einwendet, ein Auskunftsersuchen i. S. von § 1613 I BGB sei ihm nicht zugegangen. Hier verlangt das Gesetz jedoch vom ASt. keinen Nachweis des Zuganges, sondern lediglich eine qualifizierte Glaubhaftmachung (§ 648 I S. 3 ZPO).

d) Der Festsetzungsbeschluß

Nach Ablauf der Frist des § 647 I S. 2 Nr. 2, S. 3 ZPO erläßt der Rechtspfleger den Festsetzungsbeschluß, sofern der AGg.

- keine Einwendungen erhoben hat,
- Einwendungen erhoben hat, die nach § 648 I S. 3 ZPO zurückzuweisen sind, oder
- Einwendungen erhoben hat, die nach § 648 II ZPO unzulässig sind.

Eine förmliche Zurückweisung von Einwendungen erfolgt nicht. Die Zurückweisung unbegründeter Einwendungen i. S. von § 648 I ZPO bzw. Nichtberücksichtigung unzulässiger Einwendungen i. S. von § 648 II ZPO kommt vielmehr dadurch zum Ausdruck, daß der Rechtspfleger den Festsetzungsbeschluß erläßt (§ 649 ZPO).

Der Festsetzungsbeschluß stellt einen **Zahlungstitel** dar. Deshalb enthält der Beschluß den Ausspruch, daß der AGg. den festgesetzten Unterhalt an den ASt. zu zahlen hat. Damit ein zusätzliches Kostenfestsetzungsverfahren vermieden wird, sollen in dem Beschluß möglichst auch bereits die erstattungsfähigen Kosten festgesetzt werden (§ 649 I S. 3 ZPO)[121]. Dies jedoch nur, wenn die Festsetzung der Kosten nicht zur Verzögerung der Unterhaltsfestsetzung führt. Andernfalls erfolgt die Unterhaltsfestsetzung ohne gleichzeitige Kostenfestsetzung. Über die erstattungsfähigen Kosten ergeht dann nachträglich ein Kostenfestsetzungsbeschluß nach den allgemeinen Vorschriften der §§ 103 ff. ZPO.

Gemäß § 649 III ZPO ist der Festsetzungsbeschluß mit einer **Rechtsbehelfsbelehrung** zu versehen, aus der zu ersehen sein muß, welche Einwendungen die Parteien gegen den Beschluß mittels der sofortigen Beschwerde in Form der befristeten Rechtspflegererinnerung vorbringen können und welche Einwendungen im Wege der Abänderungsklage nach § 654 ZPO geltend zu machen sind.

e) Rechtsmittel gegen den Festsetzungsbeschluß (§ 652 I ZPO)

Gemäß § 652 I ZPO kann der Unterhaltsfestsetzungsbeschluß – beschränkt auf die in § 652 II ZPO genannten Einwendungen – von den Parteien mit dem Rechtsmittel der sofortigen Beschwerde angefochten werden. Da der Beschluß vom Rechtspfleger erlassen wird, ist das Rechtsmittel zunächst die befristete Erinnerung nach § 11 I RPflG. Der Rechtspfleger selbst kann der befristeten Erinnerung nicht abhelfen (§ 11 II S. 1 Hs. 2 RPflG), sondern legt sie dem Richter der Familienabteilung vor. Hält dieser die Erinnerung für zulässig und begründet, so entscheidet er über sie. Ansonsten legt er sie dem Beschwerdegericht vor (§ 11 II RPflG).

---

[121]) Die Vorschrift entspricht der bisherigen Regelung des § 641p I S. 4 ZPO.

f) Verfahren bei nicht zurückzuweisenden Einwendungen

Begründete Einwendungen i. S. von § 648 I ZPO und zulässige Einwendungen nach § 648 II ZPO hindern die Unterhaltsfestsetzung. Sind solche Einwendungen erhoben, teilt das Gericht dies dem ASt. mit und weist ihn auf die Möglichkeit hin, das streitige Verfahren durchzuführen (§§ 650 I, 651 I S. 2 ZPO). Für den Fall, daß sich der AGg. im Zusammenhang mit der Erhebung von Einwendungen zur Zahlung eines Teilbetrages verpflichtet hat, weist das Gericht den ASt. darauf hin, daß der Unterhalt in dem anerkannten Umfang festgesetzt werden kann, und erläßt auf Antrag einen entsprechenden Festsetzungsbeschluß. Ein solcher Festsetzungsbeschluß über den anerkannten Teilbetrag ergeht gerichtskostenfrei und enthält weder eine Kostenentscheidung noch eine Kostenfestsetzung. Eine Kostenentscheidung erfolgt dann vielmehr im Rahmen der nachfolgenden Entscheidung im streitigen Verfahren.

9. Das streitige Verfahren

Der Übergang in das streitige Verfahren erfolgt nicht von Amts wegen, sondern nur, wenn die Durchführung des streitigen Verfahrens von einer Partei **beantragt** wird (§ 651 I S. 1 ZPO). Dadurch haben die Parteien Gelegenheit, im Hinblick auf das Unterhaltsbegehren und die hiergegen von dem AGg. vorgebrachten Einwendungen (nochmals) den Versuch einer außergerichtlichen Einigung zu unternehmen.

Der Antrag auf Durchführung des streitigen Verfahrens ist **nicht fristgebunden**. Jedoch treten die Wirkungen der Rechtshängigkeit nur dann mit Zustellung des Festsetzungsantrags ein, wenn der Antrag auf Durchführung des streitigen Verfahrens **vor Ablauf von sechs Monaten** nach Zugang der Mitteilung nach § 650 ZPO gestellt wird (§ 651 III ZPO). Ein späterer Antrag auf Durchführung des streitigen Verfahrens löst die Wirkungen der Rechtshängigkeit erst mit Zustellung dieses Antrages aus.

Wenn die Durchführung des streitigen Verfahrens beantragt ist, verfährt das Gericht **wie nach Eingang einer Klage**. Es bedarf grundsätzlich keiner besonderen Klagebegründungsschrift des ASt. und grundsätzlich auch keiner besonderen Klageerwiderungsschrift des AGg. Ein den Anforderungen des § 646 ZPO genügender Festsetzungsantrag enthält bereits alle für die Klagebegründung erforderlichen Tatsachen. Die von dem AGg. vorgebrachten Einwendungen nach § 648 ZPO gelten nach der ausdrücklichen Regelung des § 651 II

S. 2 ZPO als Klageerwiderung. Erscheinen dem Gericht der Festsetzungsantrag oder die Einwendungen nicht hinreichend substantiiert, kann es darauf hinwirken, daß sich die Parteien vollständig erklären und sachdienliche Anträge stellen (§ 139 ZPO). Das Gericht bestimmt baldmöglichst Termin zur mündlichen Verhandlung und kann vorbereitende Maßnahmen nach § 273 ZPO oder nach § 643 ZPO veranlassen.

Wird das streitige Verfahren betrieben, besteht keine Bindung mehr an die Begrenzung des Unterhalts auf das Eineinhalbfache der Regelbeträge. Im Wege einer **Klageerweiterung** kann der Kläger nun einen höheren als den im Festsetzungsantrag begehrten Unterhalt beantragen, wobei insoweit die Wirkungen der Rechtshängigkeit erst mit Zustellung des klageerweiternden Schriftsatzes eintreten.

III. Unterhaltsentscheidung im Verbund mit der Vaterschaftsfeststellung (§ 653 ZPO)

§ 653 ZPO behält die bisher in § 643 ZPO a. F. eröffnete Möglichkeit bei, als **Annex zur Vaterschaftsfeststellung** zugleich über den Unterhalt zu entscheiden. Die Unterhaltsklage kann bis zur Höhe der Regelbeträge nach der Regelbetrag-Verordnung sogleich mit der Klage auf Feststellung der Vaterschaft verbunden werden.

Wie im bisherigen Recht kann Unterhalt im Annexverfahren **nur bis zur Höhe der Regelbeträge** geltend gemacht werden. Die in § 645 ZPO für das VV geschaffene Möglichkeit, den Unterhalt bis zum Eineinhalbfachen der Regelbeträge geltend zu machen, wird von § 653 ZPO auf das Annexverfahren nicht übertragen. Das Kind kann jedoch einen unter den Regelbeträgen liegenden Unterhalt geltend machen. Dies empfiehlt sich dann, wenn die eingeschränkte Leistungsfähigkeit des Unterhaltsschuldners bekannt ist und außer Streit steht.

Im Annexverfahren entscheidet der Richter über den Unterhalt. Anders nach früherem Recht, nach dem der Richter im Annexverfahren nur dem Grunde nach über den Unterhalt entschied und die betragsmäßige Bezifferung dem Regelunterhaltfestsetzungsverfahren nach § 642a ZPO a. F. vorbehalten blieb. Nunmehr hat der Richter in der Annexentscheidung den Unterhalt sogleich betragsmäßig oder als Vomhundertsatz i. S. der Regelbetrag-Verordnung (jedoch nicht mehr als 100 %) festzusetzen.

Der im Annex zur Vaterschaftsfeststellung erfolgte Unterhaltsausspruch teilt das Schicksal der Vaterschaftsfeststellung. Solange diese nicht rechtskräftig ist, wird auch die Verurteilung zur Zahlung von Unterhalt nicht wirksam.

IV. Die Abänderungsklage nach § 654 ZPO

Durch die Bestimmung des § 654 ZPO wird ein **Abänderungsverfahren eigener Art** eingeführt, das ausschließlich zur Abänderung von im VV (§ 645 ZPO) und von im Annexverfahren (§ 653 ZPO) erwirkten Titeln statthaft ist. Da sowohl im VV als auch im Annexverfahren einerseits der Unterhalt der Höhe nach beschränkt und andererseits die Einwendungsmöglichkeiten des in Anspruch Genommenen eingeschränkt sind, bietet § 654 ZPO Gelegenheit, im Wege der Abänderungsklage höheren Unterhalt oder eine Herabsetzung des festgesetzten Unterhalts zu verlangen. Beide Parteien können auf diese Weise erreichen, daß der Unterhaltstitel dem entspricht, was dem Kind nach den individuellen Verhältnissen als Unterhalt zusteht.

Die Abänderungsklage nach § 654 ZPO setzt voraus, daß ein durch **rechtskräftigen Festsetzungsbeschluß** i. S. von § 649 ZPO abgeschlossenes VV i. S. von § 645 ZPO oder eine rechtskräftige Entscheidung über den Unterhalt im Annex zur Vaterschaftsfeststellung nach § 653 ZPO vorausgegangen ist. Andere Titel können nicht nach § 654 ZPO abgeändert werden.

Die besondere Abänderungsklage nach § 654 ZPO ist nicht an die Voraussetzungen des § 323 ZPO geknüpft. Sie erfordert nicht, daß sich die Verhältnisse, die bei der ursprünglichen Tituliererung vorgelegen haben, nachträglich geändert haben. Im Abänderungsverfahren lassen sich daher alle Abänderungsgründe, die dazu führen können, daß der Unterhalt abweichend vom bestehenden Titel festzusetzen ist, **unabhängig von ihrem Entstehungszeitpunkt** geltend machen. Für die Zulässigkeit des Abänderungsverfahrens nach § 654 ZPO ist **kein Wesentlichkeitserfordernis** i. S. von § 323 I ZPO zu erfüllen. Das Abänderungsverfahren kann daher auch dann betrieben werden, wenn die vorgetragenen Abänderungsgründe nur zu einer geringfügigen Abänderung des bestehenden Titels führen können.

Die zeitlichen Wirkungen der Abänderungsklage nach § 654 ZPO sind zum Teil **fristabhängig**. Die Abänderung kann grundsätzlich bezüglich aller vom bestehenden Titel erfaßten Unterhaltszeiträume begehrt werden. Für den Fall jedoch, daß die Herabsetzung des festgesetzten Unterhalts begehrt und die Abänderungsklage nicht binnen eines Monats nach Rechtskraft der Unterhaltsfestsetzung erhoben wird, kann die Abänderung nur für die Zeit nach Klageerhebung verlangt werden (§ 654 II ZPO). Für eine Abänderungsklage auf Zuerkennung eines höheren Unterhalts gilt dies nicht. Es kann daher zeitlich unbefristet eine Erhöhung des bestehenden Unterhaltstitels auch für zurückliegende Zeiträume durchgesetzt werden. Für den Fall, daß das Kind innerhalb der Monatsfrist eine Abänderungsklage zum Zwecke der Erhöhung des Unterhalts erhebt, bestimmt § 654 II S. 2 ZPO, daß der Unterhaltsschuldner seinerseits bis zur Beendigung des vom Kind angestrengten Abänderungsverfahrens noch die Herabsetzung des Unterhalts im Wege einer eigenen Abänderungsklage begehren kann.

Gleichzeitig anhängige Abänderungsklagen der Parteien müssen gemäß § 654 III ZPO miteinander verbunden werden, damit einheitliche Lebenssachverhalte – der Unterhaltsbedarf des Kindes und die Leistungsfähigkeit des Unterhaltsschuldners – nicht Gegenstand verschiedener Streitverfahren mit der Gefahr widerstreitender Entscheidungen werden.

V. Das vereinfachte Abänderungsverfahren nach § 655 ZPO

Die Regelung des § 655 ZPO gilt nicht nur für im VV geschaffene, sondern **für alle Unterhaltstitel** des alten und des neuen Rechts, in denen anzurechnende Leistungen i. S. der §§ 1612b und 1612c BGB, insbesondere also das anzurechnende Kindergeld, **betragsmäßig** festgelegt sind. In Fällen, in denen der Abänderungsgrund allein in der Berechnung des Anrechnungsbetrages liegt, soll eine die Abänderung begehrende Partei nicht die Abänderungsklage erheben müssen[122]). Die Anpassung des bestehenden Unterhaltstitels erfolgt statt dessen in einem vereinfachten Abänderungsverfahren, für welches funktionell der Rechtspfleger zuständig ist (§ 20 Nr. 10b RPflG).

Voraussetzung für das vereinfachte Abänderungsverfahren ist, daß sich **ein für die Berechnung des anzurechnenden Betrages maßgeblicher Umstand** geändert hat (§ 655 I ZPO). Dies ist etwa dann gegeben, wenn sich die **anzurechnende Leistung selbst** in ihrer Höhe verändert, also sich z. B. das für das Kind gezahlte Kindergeld erhöht hat. Von Bedeutung ist insoweit, daß künftig die Höhe des anzurechnenden Betrages nicht mehr durch gleichmäßige Aufteilung des für die gemeinschaftlichen Kinder geleisteten Gesamtkindergeldes nach Kopfteilen zu ermitteln ist, sondern für jedes gemeinschaftliche Kind

---

[122]) Eine solche vereinfachte Korrekturmöglichkeit sah bisher schon § 642b I S. 2 ZPO bei Beschlüssen zur Festsetzung des Regelunterhalts vor.

das Kindergeld in der Höhe anzurechnen ist, in der es für das Kind gezahlt wird, so daß sich bei nachgeborenen Kindern das auf die vorhandenen Kinder entfallende Kindergeld nicht ändert[123]). In den Fällen des § 1612b V BGB ändert sich hingegen mit jeder Anpassung der Regelbeträge auch die Höhe des anrechenbaren Kindergeldanteils, weil das Kindergeld nicht hälftig, sondern nur zu dem Anteil angerechnet wird, zu welchem es gemeinsam mit dem Unterhalt die Regelbeträge übersteigt[124]). Diese Neuberechnung des anrechenbaren Kindergeldanteils kann ebenfalls im vereinfachten Abänderungsverfahren geltend gemacht werden. Etwas anderes gilt jedoch dann, wenn sich der Unterhaltsbetrag nicht (oder nicht nur) wegen der automatischen Dynamisierung, sondern wegen einer Änderung der Leistungsfähigkeit des Unterhaltsschuldners oder des Unterhaltsbedarfs des Unterhaltsgläubigers ändert. Zwar hat auch dies in Mangelfällen mittelbar Einfluß auf den konkreten Betrag der Kindergeldanrechnung. Hier muß jedoch eine Änderung des Unterhaltsbetrages im Wege einer Abänderungsklage nach § 654 ZPO[125]) bzw. nach § 323 ZPO erfolgen. Im Rahmen dieser Abänderungsklage wird dann auch die Höhe der anzurechnenden Leistungen neu festgelegt. Solche Fälle unterfallen daher nicht dem vereinfachten Abänderungsverfahren nach § 655 ZPO[126]).

Gegen den Antrag im vereinfachten Abänderungsverfahren kann der AGg. nur die in § 655 III ZPO aufgeführten **Einwendungen** erheben. Er kann einwenden, das vereinfachte Abänderungsverfahren sei unzulässig, z. B. weil der Ursprungstitel keine bezifferte Festlegung bezüglich des anrechenbaren Kindergeldanteils enthalte oder weil der ASt. andere als für die Berechnung des Kindergeldanteils maßgebliche Umstände als Abänderungsgrund geltend mache. Außerdem kann der AGg. einwenden, die Abänderung könne nicht bereits zu dem in dem Antrag genannten Zeitpunkt beansprucht werden, etwa weil Anspruch auf höhere Kindergeldleistungen erst ab einem späteren Zeitpunkt als im Antrag genannt bestanden habe. Ferner kann er einwenden, der anrechenbare Betrag i. S. von §§ 1612b, 1612c BGB sei falsch berechnet. Schließlich kann im Hinblick auf die Verfahrenskosten eingewandt werden, daß kein Anlaß zur Antragstellung bestanden habe.

---

[123]) Vgl. hierzu die Ausführungen unter C. III. 3. d).
[124]) Vgl. hierzu die Ausführungen unter C. III. 3. e).
[125]) Bei im VV erwirkten Titeln.
[126]) Somit auch nicht der Abänderungsklage nach § 656 ZPO.

Erhebt der AGg. andere Einwendungen, so bleiben diese im vereinfachten Abänderungsverfahren unberücksichtigt. Erhebt er Einwendungen i. S. von § 655 III ZPO, so weist das Gericht diese, sofern sie unbegründet sind, mit dem Abänderungsbeschluß zurück und setzt den Unterhalt neu fest. Sind die Einwendungen begründet, unterbleibt die beantragte Abänderung.

Gegen den Abänderungsbeschluß ist gemäß § 655 V ZPO das **Rechtsmittel** der als befristete Erinnerung (§ 11 RPflG) zu führenden sofortigen Beschwerde eröffnet. Als Beschwerdegründe sind nur die in § 655 III ZPO genannten Einwendungen sowie Einwendungen gegen die Kostenfestsetzung zulässig.

Für das Abänderungsverfahren nach § 655 ZPO gilt die **Präklusionsregelung** des § 323 II ZPO. Der Antrag auf Abänderung kann daher nicht auf Gründe gestützt werden, die bereits in einem vorausgegangenen Klageverfahren oder vereinfachten Unterhaltsverfahren hätten geltend gemacht werden können (§ 655 VI i.V. mit § 323 II ZPO).

VI. Die Abänderungsklage nach § 656 ZPO

Die Bestimmung des § 656 ZPO stellt eine besondere Abänderungsklage für den Fall zur Verfügung, daß sich durch die im vereinfachten Abänderungsverfahren nach § 655 ZPO erfolgte Abänderung ein Unterhaltsbetrag ergibt, der wesentlich von dem abweicht, was bei einer völligen Neuberechnung des Unterhalts unter Berücksichtigung der seit Erlaß des Ursprungstitels eingetretenen Änderungen der für die Unterhaltsbemessung maßgebenden wirtschaftlichen und persönlichen Verhältnisse geschuldet wäre. Die Abänderungsklage nach § 656 ZPO ist also nur zulässig, wenn ein **vereinfachtes Abänderungsverfahren nach § 655 ZPO vorausgegangen** ist. Unerheblich ist, welche Art von Unterhaltstitel im vorausgegangenen Verfahren nach § 655 ZPO abgeändert wurde. **Abänderungsanlaß** muß die Neufestlegung des Anrechnungsbetrages nach §§ 1612b, 1612c BGB im vorausgegangenen vereinfachten Abänderungsverfahren sein. Werden dagegen Abänderungsgründe geltend gemacht, die ungeachtet der geänderten Höhe der anzurechnenden Leistungen zu einer Abänderung des bestehenden Unterhaltstitels führen sollen, z. B. weil sich durch Änderung der persönlichen und/oder wirtschaftlichen Verhältnisse einer Partei die Leistungsfähigkeit des Unterhaltsschuldners oder der Unterhaltsbedarf des Unterhaltsgläubigers geändert hat, ist hierfür nicht das Abänderungsverfahren nach § 656 ZPO, sondern bei im VV errichteten Titeln die Abänderungsklage nach § 654 ZPO und im übrigen die Abänderungsklage nach § 323 ZPO zu betreiben.

Im Unterschied zur Abänderungsklage nach § 654 ZPO muß für die Zulässigkeit der Abänderungsklage nach § 656 ZPO die geänderte Kindergeldanrechnung im Hinblick auf die besonderen Verhältnisse der Parteien zu einer **wesentlichen Abweichung** des nunmehr geschuldeten Unterhalts von dem titulierten Unterhalt führen. Eine nur unwesentliche Abweichung müssen die Parteien hinnehmen. Das Kriterium der Wesentlichkeit entspricht demjenigen des § 323 I ZPO[127]). Die Abänderungsklage nach § 656 ZPO ist nur **binnen eines Monats nach Zustellung** (nicht eines Monats nach Rechtskraft!) des im vereinfachten Abänderungsverfahren nach § 655 ZPO ergangenen Abänderungsbeschlusses zulässig.

VII. Neuregelung der örtlichen Zuständigkeit

Soweit eine **Ehesache anhängig** ist, bleibt es gemäß § 642 II S. 1 ZPO bei der Regelung des § 621 II und III ZPO, so daß das Gericht der Ehesache auch für Unterhaltsverfahren gemeinschaftlicher Kinder der Eheleute zuständig ist. Dies gilt jedoch für das vereinfachte Unterhaltsverfahren der §§ 645 ff. ZPO nur im Falle der Überleitung in das streitige Verfahren.

Ist **keine Ehesache anhängig**, bestimmt sich die örtliche Zuständigkeit für Verfahren, die den Unterhaltsanspruch minderjähriger Kinder gegen ihre Eltern oder gegen einen Elternteil zum Gegenstand haben, künftig nicht mehr nach dem allgemeinen Gerichtsstand des Beklagten, sondern gemäß § 642 I S. 1 ZPO nach dem allgemeinen **Gerichtsstand des Kindes** oder des das Kind vertretenden Elternteils. Hierbei handelt es sich um eine ausschließliche Zuständigkeit, so daß eine Gerichtsstandsbegründung durch rügeloses Verhandeln zur Hauptsache (§ 39 ZPO) wegen § 40 II S. 2 ZPO künftig in Unterhaltsverfahren minderjähriger Kinder nicht mehr möglich sein wird.

Diese ausschließliche Zuständigkeit gilt jedoch nur für reine Inlandsfälle und nicht, wenn das Kind oder der Elternteil seinen allgemeinen Gerichtsstand im Ausland hat (§ 642 I S. 2 ZPO). Dann

---

[127]) In der Regel wird eine Abweichung erst dann das Wesentlichkeitskriterium erreichen, wenn der Unterschiedsbetrag mehr als 10 % des im vereinfachten Abänderungsverfahren nach § 655 ZPO titulierten Betrages ausmacht.

richtet sich die örtliche Zuständigkeit nach den allgemeinen Bestimmungen[128]).

Damit die örtliche Zuständigkeit für Ehegatten- und Kindesunterhaltsklagen nicht auseinanderfällt, kann gemäß § 642 III ZPO eine Klage zur Durchsetzung des Unterhaltsanspruchs des Ehegatten oder des Unterhaltsanspruchs aus § 1615l BGB vor dem Gericht erhoben werden, bei welchem ein Unterhaltsverfahren des Kindes – auch in Form eines vereinfachten Unterhaltsverfahrens nach § 645 ff. ZPO – im ersten Rechtszug anhängig ist. Durch diesen Wahlgerichtsstand kann Ehegattenunterhalt und Betreuungsunterhalt nach § 1615l BGB gleichzeitig mit dem Minderjährigenunterhalt eingeklagt werden.

VIII. Auskunftsmöglichkeiten der Gerichte

In allen Unterhaltsverfahren erhalten die Gerichte verbesserte Möglichkeiten, Auskünfte über die für die Bemessung des Unterhalts maßgeblichen Umstände zu erlangen (§ 643 ZPO). Die Gerichte können gemäß § 643 I ZPO von den Parteien alle für die Bemessung des Unterhalts erforderlichen Angaben und Belege anfordern. Kommt eine Partei der Aufforderung des Gerichts nicht oder nicht vollständig nach, kann das Gericht gemäß § 643 II ZPO entsprechende Auskünfte bei Arbeitgebern, Sozialleistungsträgern, Rentenversicherungs- und Versorgungsträgern sowie Versicherungsunternehmen einholen. Hat der Rechtsstreit Unterhaltsansprüche minderjähriger Kinder zum Gegenstand, kann das Gericht die Höhe der Einkünfte und das Vermögen auch bei den Finanzämtern erfragen.

IX. Einstweilige Anordnung in isolierten Unterhaltsverfahren

Durch die neu geschaffene Regelung des § 644 ZPO erhalten alle Unterhaltsberechtigten die Möglichkeit, im Rahmen eines anhängigen Unterhaltsrechtsstreits den Erlaß einer einstweiligen Anordnung nach den Bestimmungen der §§ 620a bis 620g ZPO zu erwirken. Damit

---

[128]) Im Anwendungsbereich des gegenüber § 23a ZPO vorrangigen Brüsseler Übereinkommens [GVÜ] v. 27. 9. 1968 besteht eine internationale Wahlzuständigkeit im Aufenthaltsstaat des Unterhaltsberechtigten oder des Unterhaltsverpflichteten (Art. 3 I, 5 Nr. 2 GVÜ); soweit das GVÜ nicht anwendbar ist, kann gemäß § 23a ZPO am Wohnsitzgericht des Klägers geklagt werden, wenn der Beklagte im Inland keinen Wohnsitz hat.

bedarf es künftig nicht mehr der zeitlich befristeten und auf den Notbedarf beschränkten einstweiligen Verfügung. Der Weg zum Erlaß einer einstweiligen Anordnung ist schon dann eröffnet, wenn ein Unterhaltsrechtsstreit anhängig oder ein entsprechendes Prozeßkostenhilfegesuch eingereicht ist. Gleichgültig ist, ob der Rechtsstreit die gesetzliche Unterhaltspflicht gegenüber minderjährigen oder volljährigen Kindern, gegenüber sonstigen Verwandten, gegenüber Ehegatten oder geschiedenen Ehegatten oder den Unterhaltsanspruch aus § 1615l BGB betrifft.

X. Kostenfolge bei ungenügender Auskunftserteilung

Um die Bereitschaft zur freiwilligen vorprozessualen Auskunftserteilung zu fördern und den Parteien die Stufenklage zu ersparen, sieht das Gesetz künftig mit der Neuregelung des § 93d ZPO vor, daß eine ungenügende vorprozessuale Auskunftserteilung nachteilige Kostenfolgen auslöst. Das Gericht kann gemäß § 93d ZPO künftig unabhängig vom Ausgang des Rechtsstreits und abweichend von den Bestimmungen der §§ 91 bis 93a, 269 III ZPO die Kosten des Unterhaltsrechtsstreits der Partei auferlegen, die durch eine Verletzung ihrer Auskunftspflicht den Rechtsstreit veranlaßt hat. Hat somit ein auf Zahlung in Anspruch Genommener vorprozessual die von ihm geforderte Auskunft nicht ordnungsgemäß erteilt und stellt sich erst im Rahmen der Zahlungsklage heraus, daß kein oder nur ein geringerer Unterhaltsanspruch besteht als eingeklagt wurde, können dem Auskunftspflichtigen die Kosten des Rechtsstreits auferlegt werden, auch wenn er mit seiner Rechtsverteidigung gegen die Zahlungsklage teilweise, überwiegend oder auch ganz obsiegt.

E. Änderung des Unterhaltsvorschußgesetzes

Durch die Änderung des § 7 I S. 1 UVG wird hinsichtlich des Übergangs von Unterhaltsansprüchen auf das Land die Rechtslage, die seit der Neufassung des § 91 I S. 1 BSHG bei dem Übergang von Unterhaltsansprüchen auf den Sozialhilfeträger besteht, auf das UVG übertragen. Die mit der Durchsetzung von Rückgriffsansprüchen nach § 7 UVG befaßten Stellen haben künftig die Möglichkeit, auch den zivilrechtlichen Auskunftsanspruch geltend zu machen. Daneben bleibt weiterhin der öffentlich-rechtliche Auskunftsanspruch aus § 6 UVG bestehen, der nunmehr auch Versicherungsunternehmen und die in § 69 SGBX genannten Stellen in den Kreis der Auskunftspflichtigen einbezieht. Auch die treuhänderische Rückübertragung des Unterhaltsanspruchs auf den Empfänger der Unterhaltsvorschußleistungen ist durch die Neuregelung in § 7 IV UVG nun in Übereinstimmung mit § 91 IV BSHG geregelt.

F. Übergangsregelungen
I. Abweichender Dynamisierungsfaktor im Beitrittsgebiet

Für die Dynamisierung der Regelbeträge (§ 1612a IV BGB) wird bei den Regelbeträgen für die neuen Bundesländer (§ 2 Regelbetrag-Verordnung) auf die Nettolohnentwicklung im Beitrittsgebiet abgestellt (Art. 5 § 1 KindUG). Dies gilt jedoch nur so lange, bis die Regelbeträge in den neuen Ländern das Niveau der für die alten Länder geltenden Regelbeträge erreicht haben. Ab diesem Zeitpunkt gelten die Regelbeträge des § 1 Regelbetrag-Verordnung im gesamten Bundesgebiet.

Für die Beurteilung, ob die Regelbeträge nach § 1 oder die Regelbeträge nach § 2 der Regelbetrag-Verordnung anzuwenden sind, dürfte auf den Wohnsitz des Kindes abzustellen sein. Der Umstand, daß für das Beitrittsgebiet niedrigere Regelbeträge gelten als für die alten Bundesländer, geht auf die Annahme geringerer Lebenshaltungskosten und somit eines geringeren Barunterhaltsbedarfs im Beitrittsgebiet zurück.

II. Am 1. 7. 1998 anhängige Verfahren

Am 1. 7. 1998 bereits anhängige, jedoch noch nicht abgeschlossene Verfahren, die die gesetzliche Unterhaltspflicht eines Elternteils oder beider Elternteile gegenüber einem minderjährigen Kind betreffen, richten sich grundsätzlich weiterhin nach dem bisherigen Verfahrensrecht (Art. 5 § 2 I KindUG). Die Parteien eines anhängigen Rechtsstreites über den Unterhalt minderjähriger Kinder können eine vor dem 1. 7. 1998 geschlossene mündliche Verhandlung wieder eröffnen lassen, um ihre Anträge im laufenden Rechtsstreit auf das neue materielle Unterhaltsrecht umzustellen (Art. 5 § 2 I Nr. 2 KindUG). Für am 1. 7. 1998 anhängige VV zur Abänderung von Unterhaltstiteln nach §§ 641l bis 641t ZPO a. F. und für Verfahren auf Festsetzung des Regelunterhalts (§ 642a ZPO a. F.) oder auf Neufestsetzung des Regelunterhalts (§ 642b ZPO a. F.) besteht die Möglichkeit, eine Umstellung des bisherigen Titels auf einen dynamisierten Titel in einem Verfahren nach Art. 5 § 3 KindUG zu erwirken.

III. Anhängigen Verfahren gleichstehende Verfahren

Durch Art. 5 § 2 II KindUG werden bis zum 1. 7. 2003[129]) bestimmte Verfahren, die auch noch nach dem 1. 7. 1998 anhängig werden, den bereits am 1. 7. 1998 anhängigen Verfahren gleichgestellt mit der Folge, daß auch für diese Verfahren das bisherige Verfahrensrecht weiter Anwendung findet, solange die Titel nicht nach Art. 5 § 2 I Nr. 3 i. V. mit Art. 5 § 3 KindUG auf dynamisierte Titel neuen Rechts umgestellt sind. Dies betrifft Abänderungsklagen nach den bisherigen §§ 641q und 643a ZPO, vereinfachte Abänderungsverfahren nach den bisherigen §§ 641l bis 641t ZPO sowie Verfahren zur Festsetzung oder Neufestsetzung von Regelunterhalt nach den bisherigen §§ 642a und 642b ZPO.

IV. Umstellung von Alttiteln auf dynamisierte Titel

Nach der Übergangsregelung des Art. 5 § 3 KindUG können Unterhaltstitel, die vor dem 1. 7. 1998 erwirkt wurden, auf Antrag in einem besonderen vereinfachten Umstellungsverfahren durch Beschluß dahin abgeändert werden, daß der Unterhalt ab Antragstellung in dynamisierter Form, nämlich als Vomhundertsatz der am 1. 7. 1998 geltenden Regelbeträge der Regelbetrag-Verordnung, festgesetzt wird. Voraussetzung ist, daß das Kind zum Abänderungszeitpunkt noch minderjährig ist und mit dem in Anspruch genommenen Elternteil nicht in einem Haushalt lebt.

Das Umstellungsverfahren erfolgt im Wege eines besonderen **Abänderungsverfahrens**, das vor dem Rechtspfleger (§ 20 Nr. 10c RPflG) bei dem Familiengericht am Wohnsitz des Kindes oder des ihn vertretenden Elternteils (§ 642 ZPO) stattfindet. In dem Abänderungsantrag ist der Vomhundertsatz des Regelbetrages anzugeben, der dem Unterhaltssatz entspricht, welcher in dem vorhandenen Titel festgesetzt ist. Der Prozentsatz wird auf der Grundlage des Unterhaltsbetrages vor Abzug anzurechnender Kindergeldanteile errechnet, so daß zunächst zu dem Unterhaltsbetrag das angerechnete Kindergeld zu addieren ist. Sodann wird der diesem Betrag entsprechende Prozentsatz ermittelt, indem der Bruttounterhaltsbetrag durch den Regelbetrag dividiert und mit 100 multipliziert wird. Da auch der abgeänderte Titel einen Ausspruch über die Höhe des anzurechnenden Kindergeldes enthalten muß, ist im Abänderungsantrag die Höhe der Kindergeld- oder Kindergeldersatzleistungen mitzuteilen.

---

[129]) Art. 8 II KindUG.

Der Abänderungsantrag muß den Anforderungen der §§ 646, 647 ZPO genügen, ansonsten ist er vom Rechtspfleger zurückzuweisen. Der AGg. kann gegen den Abänderungsantrag nur die in § 648 I ZPO genannten Einwendungen erheben[130]). Diese sind zu berücksichtigen, solange der Abänderungsbeschluß nicht verfügt ist. Werden keine oder nur zurückzuweisende Einwendungen erhoben, wird der Abänderungsbeschluß erlassen. Gegen den Abänderungsbeschluß ist die als befristete Erinnerung (§ 11 RPflG) zu führende sofortige Beschwerde statthaft.

Die Übergangsregelungen treten mit dem 1. 7. 2003 außer Kraft (Art. 8 II KindUG). Nach diesem Zeitpunkt können Alttitel – wie auch nach dem 1. 7. 1998 erwirkte Neutitel – nur im Zusammenhang mit einem aus anderen Gründen durchzuführenden Abänderungsverfahren nach § 323 ZPO in dynamisierte Titel umgewandelt werden, wenn die Abänderung des Titels (auch) aus anderen Gründen zu erfolgen hat. Eine Abänderungsklage nach § 323 ZPO, die ausschließlich das Ziel verfolgt, den bestehenden Titel in einen dynamisierten Titel umzuwandeln, ohne daß eine wesentliche Änderung der für den Bedarf oder für die Leistungsfähigkeit maßgeblichen Umstände vorliegt, ist unzulässig.

---

[130]) Es gilt die einmonatige Einwendungsfrist des § 647 I Nr. 2 ZPO.

Probleme des Kindesunterhaltsgesetzes in der gerichtlichen Praxis[1])

Von Vors. Richterin am OLG a. D. Hildegard Strauß, Düsseldorf

Übersicht

A. Die wichtigsten Abweichungen des Gesetzes vom RegE
   I. Materielles Recht
      1. § 1612a BGB RegE
      2. § 1612b BGB RegE
      3. § 1613 I BGB RegE
   II. Verfahrensrecht
      1. § 642 ZPO
      2. §§ 645 ff. ZPO
      3. § 653 ZPO
      4. § 660 ZPO
B. Die wichtigsten Probleme in der Praxis
   I. Materielles Recht
      1. Unterhalt für volljährige Kinder in Ausbildung
         a) Eingruppierung in Unterhaltstabellen
         b) Berechnung des Unterhalts
      2. Die Dynamisierung des Unterhalts nach § 1612a BGB
         a) Dynamisierter Unterhalt
         b) Statischer Unterhalt
      3. Die Anrechnung des Kindergeldes und kinderbezogener Leistungen nach den §§ 1612b, 1612c BGB
         a) Ein bar- und ein naturalunterhaltspflichtiger Elternteil
         b) Beide Elternteile barunterhaltspflichtig
         c) Junge Volljährige in Ausbildung
         d) Mangelfälle
      4. Rückständiger Unterhalt, § 1613 BGB
         a) Unterhalt für die Vergangenheit
         b) Erlaß und Stundung

---

[1]) Dem Aufsatz liegt ein Vortrag zugrunde, gehalten am 30. 5. 1997 in Basel vor der Wissenschaftlichen Vereinigung für Familienrecht, unter Berücksichtigung der späteren Änderungen des Regierungsentwurfs [RegE] zum Kindesunterhaltsgesetz.

II. Verfahrensrecht
1. Teilweise Aufhebung der Zeitsperre in § 323 ZPO
2. Die erweiterte Auskunftspflicht nach § 643 ZPO
3. Einstweilige Anordnungen nach § 644 ZPO
4. Das vereinfachte Verfahren nach den §§ 645 ff. ZPO
   a) Vorteile
   b) Nachteile
   c) Abänderung
5. Das vereinfachte Verfahren nach § 655 ZPO
   a) Kindergeld
   b) Mangelfall
   c) Volljährigkeit
III. Ausblick

Der Bundestag hat am 6. 4. 1998 das „Gesetz zur Vereinheitlichung des Unterhaltsrechts minderjähriger Kinder" [KindUG][2]) verabschiedet. Es ist am 1. 7. 1998 gleichzeitig mit dem Kindschaftsrechtsreformgesetz [KindRG][3]) in Kraft getreten. Der vorliegende Beitrag stellt in Ergänzung zu der Übersicht von *Schumacher* und *Grün* (S. 291 ff.), die Probleme des neuen Gesetzes in der Praxis vor[4]).

A. Die wichtigsten Abweichungen des Gesetzes vom RegE

I. Materielles Recht

1. § 1612a BGB RegE

§ 1612a I BGB RegE sah für das minderjährige Kind nur die Möglichkeit vor, den *Regelunterhalt* zu verlangen, wobei als Regelunterhalt der *jeweilige* – also stets der aktuelle – Regelbetrag, vermindert oder erhöht um die nach den §§ 1612c und 1612d BGB RegE anzurechnenden Leistungen, zu verstehen war. Ein höherer als dieser Regelunterhalt sollte nach § 1612a BGB RegE nicht verlangt werden können, zumal im vereinfachten Verfahren nach den §§ 645 ff. ZPO RegE auch höchstens dieser Regelunterhalt festgesetzt werden konnte. Wenn allerdings der tatsächlich geschuldete Unterhalt *unter* dem Regelunterhalt lag, sollte das Kind nach

---

[2]) BGBl 1998 I 666, Zum RegE (BR-Drucks. 959/96 v. 20. 12. 1996) vgl. *Wagner*, FamRZ 1997, 1513 ff.
[3]) BGBl 1997 I 2942.
[4]) Soweit KindRG und KindUG Veranlassung gegeben haben, die Düsseldorfer Tabelle [DT] und die Berliner Tabelle als Vortabelle zur Düsseldorfer Tabelle [BT] zum 1. 7. 1998 neu zu fassen (FamRZ 1998, 534 und 537), wird auf den Aufsatz von *Scholz*, Die Düsseldorfer Tabelle, Stand 1. 7. 1998, S. 451, verwiesen.

§ 1612a IV BGB RegE nur diesen Unterhalt verlangen können. Damit sollte klargestellt werden, daß kein von der Leistungsfähigkeit des Schuldners unabhängiger Anspruch auf mindestens den Regelunterhalt bestand und daß die Wesentlichkeitsgrenze des § 1615h I BGB für die nichtehelichen Kinder entfiel. Der RegE wollte also das bisher den nichtehelichen Kindern vorbehaltene Regelunterhaltsverfahren – in abgewandelter Form – allen minderjährigen Kindern zur Verfügung stellen, weil es sich in der Praxis bewährt habe.

Der Gesetzgeber ist diesem Vorschlag nicht gefolgt. Er hat entsprechend den Vorschlägen des Rechtsausschusses (6. Ausschuß)[5]) auf den Begriff *Regelunterhalt* ganz verzichtet, um den unzutreffenden Eindruck zu vermeiden, die derzeit geltenden Regelbeträge seien für das Existenzminimum der Kinder bedarfsdeckend[6]). Vielmehr kann jetzt jedes Kind den ihm nach der Leistungsfähigkeit des Schuldners individuell zustehenden Unterhalt geltend machen, und zwar gemäß § 1612a I BGB *auch* als Vomhundertsatz eines oder des jeweiligen Regelbetrages, also in dynamisierter Form.

Das Kind erhält nunmehr für die Geltendmachung seines Unterhalts drei Möglichkeiten:

– es kann einen bezifferten – nicht dynamischen – Unterhalt nach der DT verlangen,

– es kann einen Vomhundertsatz eines (geltenden) Regelbetrages verlangen und

– es kann einen Vomhundertsatz des jeweiligen Regelbetrages entsprechend den Altersstufen der RegelbetragVO verlangen.

Die DT und die BT enthalten deshalb für die Zeit ab 1. 7. 1998 in einer neuen Spalte die Angabe des Vomhundertsatzes für jede einzelne Einkommensgruppe.

Im ersten Fall muß das Kind Abänderungsklage erheben, wenn es später einen höheren Unterhalt geltend machen will. In den anderen Fällen ändert sich der zugesprochene Unterhalt automatisch mit jeder Anpassung der Regelbeträge.

Die Regelbeträge haben in diesem System unterhaltsrechtlich nur noch die Bedeutung von Bezugsgrößen[7]). Ihre Anpassung erfolgt nicht, wie im RegE vorgesehen, durch Bekanntgabe der vom Bundesministerium der Justiz [BMJ] ermittelten neuen Regelbeträge im Bundesgesetzblatt, sondern in der gemäß Art. 1a des Gesetzes eingeführten RegelbetragVO. Gemäß § 1612a IV S. 3 BGB hat das BMJ die RegelbetragVO durch Rechtsverordnung, die nicht der Zustimmung des Bundesrats bedarf, jeweils rechtzeitig anzupassen. In der RegelbetragVO sind die Regelbeträge für die einzelnen Altersstufen festgesetzt, und zwar gesondert für das in Art. 3 des Einigungsvertrages genannte Gebiet.

---

[5]) BT-Drucks. 13/7338 v. 10. 12. 1997.
[6]) BT-Drucks. 13/9596 v. 13. 1. 1998, S. 31 li. Sp.
[7]) BT-Drucks. 13/9596 v. 13. 1. 1998, S. 32 li. Sp. Zu den Konsequenzen für die DT und die BT s. *Scholz* [Fn. 4].

Neu ist in § 1612a BGB der Abs. II eingefügt worden. Danach ist der Vomhundertsatz des Abs. I auf *eine* Dezimalstelle zu begrenzen und der sich ergebende Betrag auf volle Deutsche Mark *aufzurunden*.

Die Abs. II und III des § 1612a BGB RegE sind in geänderter, auf die RegelbetragVO Bezug nehmender Fassung, in die neuen Abs. III und IV übernommen worden. Abs. III regelt die Altersstufen für die RegelbetragVO. Abs. IV regelt Zeitpunkte und Modus für die Anpassung der Regelbeträge, die im Zweijahresrhythmus, beginnend mit dem 1. 7. 1999, erfolgen soll. Abs. IV enthält auch insoweit eine Änderung gegenüber dem Abs. III des RegE, als die Anpassung der Regelbeträge so erfolgt, wie die Renten nach § 68 SGBVI im laufenden sowie im vergangenen Kalenderjahr ohne Berücksichtigung der Veränderung der Belastung der Renten und der Veränderung der durchschnittlichen Lebenserwartung der 65jährigen anzupassen gewesen wären. Dies ist im Blick auf das Rentenreformgesetz geschehen, durch das die in § 68 V SGBVI vorgesehene Rentenformel so geändert wird, daß neben der Nettolohnentwicklung, die allein für die Anpassung der Regelbeträge maßgebend sein soll, die Veränderung der Belastung bei Renten und die Veränderung der durchschnittlichen Lebenserwartung berücksichtigt werden[8]).

2. § 1612b BGB RegE

§ 1612b BGB RegE ist durch die mit § 1612a I BGB eröffnete Möglichkeit, jeden Unterhaltsbetrag als Vomhundertsatz des jeweiligen Regelbetrages geltend zu machen, gegenstandslos geworden und ersatzlos entfallen. Dadurch sind die §§ 1612c und 1612d BGB RegE in §§ 1612b und 1612c BGB umbenannt worden.

3. § 1613 I BGB RegE

§ 1613 I BGB RegE wurde dahin ergänzt, daß für die Vergangenheit Erfüllung oder Schadensersatz ab dem Zeitpunkt des Zugangs einer Aufforderung zur Auskunft über Einkünfte und Vermögen des Unterhaltsschuldners nur dann verlangt werden kann, wenn dieser *zum Zwecke der Geltendmachung des Unterhaltsanspruchs* zur Auskunft aufgefordert worden ist.

Eingefügt wurde weiter als § 1613 II S. 2 BGB die Bestimmung, daß der Unterhalt ab dem Ersten des Monats rückwirkend geschuldet wird, in dem die Aufforderung erfolgt ist, sofern der Anspruch in diesem Zeitpunkt bestanden hat.

II. Verfahrensrecht

1. § 642 ZPO

§ 642 I S. 1 ZPO RegE betrifft den Gerichtsstand für Verfahren, die die gesetzliche Unterhaltspflicht von Eltern gegenüber einem minderjährigen Kind betreffen. Danach ist *das* Gericht ausschließlich zuständig, bei dem das Kind oder der

---

[8]) BT-Drucks. 13/9596, S. 33 re. Sp.

Elternteil, der es gesetzlich vertritt, seinen allgemeinen Gerichtsstand hat. Dieser Satz ist in das Gesetz übernommen worden.

Die Sätze 2 und 3 des § 642 I ZPO RegE, die den Gerichtsstand regelten, wenn weder das Kind noch der es vertretende Elternteil einen Gerichtsstand im Inland haben, sind gestrichen und durch § 642 I S. 2 ZPO ersetzt worden, in dem es nur heißt: „Dies gilt nicht, wenn das Kind oder ein Elternteil seinen allgemeinen Gerichtsstand im Ausland hat." Es bleibt also in den Fällen mit Auslandsberührung bei den allgemeinen Vorschriften, soweit nicht internationale Vereinbarungen Vorrang haben[9]).

§ 642 III ZPO RegE ist dahin ergänzt worden, daß nicht nur eine Klage nach §1615l BGB bei *dem* Gericht erhoben werden kann, bei dem die Klage des Kindes gegen seinen Vater auf Unterhalt im ersten Rechtszug anhängig ist, sondern daß dies auch für die Klage eines Elternteils gegen den anderen Elternteil wegen eines Anspruchs gilt, der die durch die Ehe begründete gesetzliche Unterhaltspflicht betrifft. Außerdem ist entsprechend der Anfügung des § 1615l V BGB durch das KindRG, wonach auch der Vater einen Anspruch nach § 1615l BGB gegen die Mutter hat, wenn er das Kind betreut, und der Unterhaltsanspruch des Kindes sich dann gegen die Mutter richten kann, die Vorschrift neutral gefaßt worden. Schließlich muß nur ein Verfahren, nicht eine Klage über den Unterhalt anhängig sein. Es kann sich also auch um ein vereinfachtes Verfahren nach §§ 645 ff. ZPO handeln.

2. §§ 645 ff. ZPO

Das Gesetz eröffnet mit § 645 I ZPO für den Unterhaltsanspruch aller minderjährigen Kinder, die nicht mit dem in Anspruch genommenen Elternteil in einem Haushalt leben, das vereinfachte Verfahren vor dem Rechtspfleger unabhängig davon, ob das Kind einen bezifferten Unterhalt oder gemäß § 1612a I BGB einen Vomhundertsatz eines oder des jeweiligen Regelbetrages verlangt. Deshalb muß der Antrag auf Unterhaltsfestsetzung im vereinfachten Verfahren nach § 646 I Nr. 6 ZPO die Angabe der Höhe des begehrten Unterhalts und die Klarstellung enthalten, ob eine Festsetzung als Vomhundertsatz eines oder des jeweiligen Regelbetrages verlangt wird.

Die Höhe des Unterhalts, der im vereinfachten Verfahren verlangt werden kann, ist allerdings durch § 645 I ZPO auf einen Betrag begrenzt, der vor Anrechnung der nach §§ 1612b und 1612c BGB zu berücksichtigenden Leistungen das Eineinhalbfache, also 150 % des Regelbetrages nach der RegelbetragVO nicht übersteigt. Die DT und die BT 1998 erreichen diese 150 % in der 8. Einkommensgruppe für die alten Bundesländer und in der 6. Einkommensgruppe für das in Art. 3 des Einigungsvertrages genannte Gebiet.

In § 648 I S. 3 ZPO wurde die Ermessensfreiheit des Gerichts – zu Recht – eingeschränkt. Das Gericht kann Einwendungen des Antragsgegners nach Abs. I S. 1 Nrn. 1 und 3 nur noch dann mit dem Festsetzungsbeschluß zurückweisen, wenn

---

[9]) Vgl. hierzu die Begründung in BT-Drucks. 13/9596, S. 35.

sie unbegründet sind, und nicht schon dann, wenn sie dem Gericht nicht begründet *erscheinen*, während es für S. 1 Nr. 2 bei der Ermessensentscheidung geblieben ist.

Nach § 648 II S. 3 ZPO ist die Berufung des Antragsgegners auf fehlende oder eingeschränkte Leistungsfähigkeit gegenüber dem Unterhaltsbegehren des Kindes nur zulässig, wenn er zugleich unter Verwendung des eingeführten Vordrucks Auskunft über seine Einkünfte unter Vorlage von Belegen, über sein Vermögen und seine persönlichen und wirtschaftlichen Verhältnisse erteilt. Durch die jetzt geschaffene Möglichkeit, im vereinfachten Verfahren nicht nur den Regelunterhalt, sondern Unterhalt bis zu 150 % des Regelbetrages verlangen zu können, wird die Darlegungslast des Kindes zur Begründung der Höhe des verlangten Unterhalts, soweit er über den Regelbetrag hinausgeht, zugunsten des Kindes auf den Antragsgegner verlagert. Das Kind braucht im vereinfachten Verfahren nicht zu begründen, warum der beantragte Unterhalt angemessen ist.

3. § 653 ZPO

In § 653 I S. 1 ZPO ist geregelt, daß mit einer Klage auf Feststellung der Vaterschaft ein Antrag auf Unterhaltszahlung verbunden werden kann. Nach der Neufassung des § 653 ZPO hat das Gericht Unterhalt in Höhe der Regelbeträge und gemäß den Altersstufen der RegelbetragVO, vermindert oder erhöht um die nach §§ 1612b und 1612c BGB anzurechnenden Leistungen, zuzusprechen. Damit ist klargestellt, daß es sich um den indexierten Unterhalt nach den jeweiligen Regelbeträgen handelt.

4. § 660 ZPO

Neu ist in das Gesetz der § 660 ZPO eingefügt worden. Darin werden die Landesregierungen ermächtigt, die vereinfachten Verfahren über den Unterhalt Minderjähriger durch Rechtsverordnung *einem* Amtsgericht für die Bezirke mehrerer Amtsgerichte zuzuweisen. Das Kind kann jedoch Anträge und Erklärungen wirksam bei dem Amtsgericht anbringen, das ohne die Bestimmung des Abs. I zuständig wäre.

§ 659 ZPO, durch den das BMJ ermächtigt wird, zur Vereinfachung und Vereinheitlichung Vordrucke für das vereinfachte Verfahren einzuführen, und § 660 ZPO sind gemäß Art. 6 I S. 1 KindUG mit dessen Verkündung in Kraft getreten.

Auf die Änderung sonstiger Rechtsvorschriften durch das KindUG und die Übergangsvorschriften soll hier nicht eingegangen werden. Das würde den Rahmen dieses Aufsatzes sprengen.

B. Die wichtigsten Probleme in der Praxis
I. Materielles Recht
1. Unterhalt für volljährige Kinder in Ausbildung

Die Ausweitung der gesteigerten Unterhaltspflicht der Eltern auf 18–20jährige unverheiratete Schüler, die noch bei einem Elternteil wohnen, und deren Gleichstellung im Rang mit den minderjährigen Kindern und den Ehegatten (§§ 1603 II S. 3, 1609 I und II BGB) läßt die Frage offen, wie der Unterhalt dieser Kinder zu bemessen ist. *Wagner*[10]) meint, es habe für den Gesetzgeber kein Regelungsbedürfnis bestanden, weil die Unterhaltstabellen Unterhaltsbeträge für alle Kinder, also auch für die volljährigen aufweisen, so daß eine diesbezügliche Regelung systemwidrig gewesen wäre. Die DT ist jedoch kein verbindliches Gesetzeswerk, auch wenn sie bundesweite Anerkennung genießt.

a) Eingruppierung in Unterhaltstabellen

Die Tatsache, daß auch die neue DT 1998 für alle volljährigen Kinder, die noch bei einem Elternteil wohnen, die Eingruppierung in die 4. Altersstufe vorsieht, beantwortet deshalb nicht die Frage, ob es richtig ist, daß die Privilegierung der 18–20jährigen mit einer Erhöhung ihres Unterhalts einhergeht, zumal die Privilegierung gerade damit begründet wird, daß ihre Lebensstellung mit derjenigen minderjähriger Kinder vergleichbar bleibe ungeachtet der Beendigung der elterlichen Sorge[11]). Bemerkenswert ist in diesem Zusammenhang, daß die Regelsätze nach § 22 BSHG in allen Bundesländern für 14–17jährige deutlich höher liegen als diejenigen für Volljährige ab 18 Jahren[12]).

Bei Abwägung der Gründe, die für und gegen eine Höherstufung oder auch für eine Differenzierung sprechen, ist gleichwohl im Ergebnis den Verfassern der DT 1998 zu folgen. Dies kann zwar im Einzelfall dazu führen, daß ein durch die Volljährigkeit des Kindes begründeter erhöhter Barbedarf den angemessenen Unterhalt der Eltern gefährdet oder daß eine solche Erhöhung den notwendigen Unterhalt des Ehegatten und/oder anderer noch minderjähriger Kinder beeinträchtigt. Eine Differenzierung dahin, daß es in solchen (Mangel-)Fäl-

---

[10]) *Wagner* [Fn. 2], S. 1520.
[11]) BR–Drucks. 959/96, S. 26 zu Art. 1 Nr. 3.
[12]) Regelsätze nach § 22 BSHG ab 1. 7. 1997, FamRZ 1997, 1064.

len bei der 3. Altersstufe bleiben sollte, würde die Berechnung aber erheblich komplizieren und entspricht deshalb nicht den Bedürfnissen der Praxis.

Ein gewichtiges Argument für die Einreihung in die 4. Altersstufe ist auch, daß der betreuende Elternteil, bei dem das Kind wohnt, mit dem Eintritt von dessen Volljährigkeit seine Unterhaltsverpflichtung nicht mehr gemäß § 1606 III S. 2 BGB durch Pflege und Erziehung erfüllt, sondern daß er entsprechend seiner Leistungsfähigkeit neben dem bisher allein barunterhaltspflichtigen anderen Elternteil barunterhaltspflichtig wird. Das hat zur Folge, daß dieser Elternteil, wenn er nicht leistungsfähig ist, dem Kind auch keinen Naturalunterhalt schuldet. Dann erhält das Kind nur den Tabellenunterhalt nach der Leistungsfähigkeit des anderen Elternteils. Der Tabellenunterhalt deckt aber in den unteren Einkommensgruppen bei weitem nicht das Existenzminimum des Kindes, insbesondere wenn von dem Wohnung gewährenden Elternteil keine Versorgungs- und Dienstleistungen mehr geschuldet werden. Würde es bei der 3. Altersstufe bleiben, würde der die Wohnung gewährende Elternteil zugunsten des anderen noch mehr belastet.

Sind dagegen beide Elternteile leistungsfähig oder ist ein allein barunterhaltspflichtiger Elternteil überdurchschnittlich leistungsfähig, ist die Eingruppierung in die 4. Altersstufe schon deshalb sachgerecht, wenn eine Entlastung leistungsfähiger Eltern durch die Privilegierung nicht beabsichtigt ist.

Auch die in der Begründung des RegE[13]) geäußerte Meinung, durch die Gleichstellung der privilegierten volljährigen mit den minderjährigen Kindern im Rang würden Abänderungsklagen und Neuberechnungen vermieden, läßt nicht erkennen, daß der Gesetzgeber von einem Verbleiben der 18–20jährigen in der 3. Altersstufe ausgegangen ist. Zwar kann aus einem Titel über Kindesunterhalt i. S. des § 1612a BGB gemäß § 798a ZPO auch nach der Vollendung des 18. Lebensjahres des Kindes weiterhin vollstreckt werden, soweit Unterhalt noch geschuldet wird. Eine Neuberechnung des Unterhalts ist aber bei Eintritt der Volljährigkeit eines Kindes unabhängig davon erforderlich, weil ab diesem Zeitpunkt beide Elternteile barunterhaltspflichtig sind.

---

[13]) BR-Drucks. 959/96, S. 27 zu Nr. 7 li. Sp.

Die Entscheidung der DT dürfte auch weitgehende Akzeptanz in der Rechtsprechung finden. Denn anläßlich einer Umfrage der Unterhaltskommission des Deutschen Familiengerichtstages im Blick auf die Neufassung der DT und der BT hat sich die weit überwiegende Mehrzahl der Oberlandesgerichte dafür ausgesprochen, den Bedarf auch der privilegierten volljährigen Schüler der 4. Altersstufe zu entnehmen.

b) Berechnung des Unterhalts

Die Berechnung des anteiligen Unterhalts bei beiderseits barunterhaltspflichtigen Elternteilen erfolgt wie auch sonst bei volljährigen unterhaltsberechtigten Kindern, die noch bei einem Elternteil wohnen, nach den Leitlinien der einzelnen Oberlandesgerichte. Nach den Nrn. 21, 20, 16 der Düsseldorfer Leitlinien [DLL][14]) ergibt sich die Einkommensgruppe aus den zusammengerechneten bereinigten Einkommen beider Elternteile. Die Haftungsquoten bemessen sich nach dem Verhältnis ihrer anrechenbaren Einkommen nach vorherigem Abzug ihres angemessenen eigenen Unterhalts. Es braucht aber kein Elternteil mehr zu zahlen, als er zahlen müßte, wenn er allein barunterhaltspflichtig wäre (Nr. 21 DLL). Diese Berechnungsweise ist auch für die privilegierten volljährigen Kinder sachgerecht, wenn beide Elternteile ihren Anteil am Barunterhalt ohne Beeinträchtigung ihres angemessenen Selbstbehalts leisten können.

Beispiel (ohne Berücksichtigung des Kindergeldes):

Vater (V) hat bereinigt	3.000 DM,
Mutter (M), bei der das 18jährige Einzelkind lebt,	2.000 DM.

Der Unterhaltsbedarf des Kindes ergibt sich aus der 4. Stufe der Gruppe 8 der DT 1998 (3.000 DM + 2.000 DM = 5.000 DM) und beträgt 870 DM. Das Verhältnis der nach Abzug von je 1.800 DM verfügbaren Einkommensanteile beträgt 1.200 : 200 = 85,7 % zu 14,3 %.

V hat 85,7 % von 870 DM zu zahlen =	746 DM,
M muß 14,3 % von 870 DM beisteuern =	124 DM.

Bei keinem Elternteil wird der angemessene Selbstbehalt tangiert. V braucht auch nicht mehr zu zahlen, als wenn er allein nach seinem Einkommen eingruppiert wäre, denn nach Nr. 21 i.V. mit Nr. 16 DLL ist zu beachten, daß er nur einem Kind unterhaltspflichtig ist. Dadurch wäre er nach der Struktur der DT 1998 um drei Gruppen

---

[14]) Stand: 1. 1. 1996, FamRZ 1996, 472; eine Neufassung der DLL ist erst für Ende 1998 vorgesehen.

höher, also in die 6. Einkommensgruppe einzustufen, wonach er 783 DM zu zahlen hätte[15]).

Anders ist zu rechnen, wenn ein Elternteil seinen Anteil am Barunterhalt nicht ohne Beeinträchtigung seines angemessenen Eigenbedarfs bezahlen kann, der andere aber den vollen Barunterhalt, den er zahlen müßte, wenn er allein barunterhaltspflichtig wäre, ohne weiteres unter Wahrung seines angemessenen Unterhalts leisten kann. Denn § 1603 II S. 1 BGB greift gemäß S. 2 nicht ein, soweit ein anderer unterhaltspflichtiger Verwandter i.S. des § 1603 I BGB leistungsfähig ist.

Beispiel:

M verdient bereinigt nur 1.800 DM. V kann den Unterhalt, den er zahlen müßte, wenn er allein barunterhaltspflichtig wäre, ohne Beeinträchtigung seines angemessenen Eigenbedarfs zahlen. Er hat also 783 DM (6. Gruppe der DT) zu leisten. Für *den* Anteil, um den sich der Anspruch des Kindes wegen des Einkommens von M erhöht, kann V aber nicht in Anspruch genommen werden. Deshalb muß M die Differenz von (870 DM - 783 DM =) 87 DM aus ihrem angemessenen Unterhalt beisteuern.

Müssen aber beide Elternteile die Differenz zwischen ihrem angemessenen und dem notwendigen Eigenbedarf angreifen oder einsetzen, so etwa, wenn noch ein unterhaltsbedürftiges minderjähriges Kind vorhanden ist, kann zur Ermittlung der anteiligen Haftung der Eltern für das volljährige Kind nur der *notwendige* Eigenbedarf von den beiderseitigen Einkommen abgezogen werden. Zur Erreichung eines angemessenen Ergebnisses muß dies vor Abzug des Unterhalts für das minderjährige Kind geschehen, weil sonst der dieses Kind betreuende Elternteil mittelbar auch dessen Barunterhalt mit finanzieren müßte.

Beispiel:

V und M haben außer dem privilegierten 18jährigen noch ein 16jähriges Kind, das von M betreut wird.

V hat bereinigt 3.000 DM, M hat 1.800 DM.

K 1 = 18 Jahre = Gruppe 8 DT
(3.000 DM + 1.800 DM) =   870 DM,

K 2 = 16 Jahre = Gruppe 3 DT
(keine Höherstufung, obwohl nur zwei Kinder
wegen Bedarfskontrollbetrag) =   573 DM.

---

[15]) *Scholz* [Fn. 4], zu III, 4 und 5.

Das Verhältnis der von V und M für K 1 zu leistenden Anteile beträgt: 1.500DM (3.000 DM – 1.500 DM) zu 300 DM (1.800 DM – 1.500 DM), also für V 83,3 % und für M 16,7 %, = 725 DM zu 145 DM.

Die Kontrolle ergibt, daß K 1 und K 2, da sie gleichrangig berechtigt sind, beide in die Einkommensgruppe 3 der DT 1998 einzustufen wären, wenn M auch für K 1 allein barunterhaltspflichtig wäre. Eine Höhergruppierung nach Anm. 1 der DT wäre nicht gerechtfertigt, weil dann der Bedarfskontrollbetrag von V nicht gewahrt bliebe.

Ob M die Differenz zwischen dem errechneten Anteil des V am Barunterhalt von K 1 i. H. von 725 DM und dem von ihm nur geschuldeten Tabellenunterhalt von 662 DM = 63 DM zuschießen müßte, ist eine eher theoretische Frage, weil K 1 bei ihr wohnt. Jedenfalls ist der Betrag geringer, als wenn die Anteile von V und M am Barunterhalt von K 1 erst nach Abzug des Unterhalts für K 2 vom Einkommen des V errechnet worden wären. Der Anteil von V wäre dann zulasten von M geringer als der Tabellenunterhalt nach Gruppe 3 der DT.

Die vorstehenden Ausführungen und Berechnungen zeigen, daß die Beträge der Unterhaltsansprüche gleichrangig berechtigter Kinder, seien es nun privilegierte volljährige oder minderjährige, voneinander abhängen. Deshalb ist es jedenfalls *dann* sinnvoll, daß diese Kinder ihre Unterhaltsansprüche gegebenenfalls gemäß §§ 59 ff. ZPO als Streitgenossen geltend machen, wenn sie bei demselben Elternteil wohnen.

2. Die Dynamisierung des Unterhalts nach § 1612a BGB

Vor der Einleitung eines Unterhaltsverfahrens wird künftig jedes minderjährige Kind (durch seinen gesetzlichen Vertreter oder Prozeßstandschafter) im Einzelfall die Vor- und Nachteile eines Antrags auf statischen oder dynamisierten Unterhalt gegeneinander abwägen müssen.

Die Dynamisierung bringt, solange die Durchschnittseinkommen steigen, für die Kinder den Vorteil eines sich automatisch steigernden Unterhalts. Sie bietet auch den Vorteil, daß Titel geschaffen werden können, die bis zur Volljährigkeit des Kindes und gegebenenfalls darüber hinaus Geltung behalten.

In der Mehrzahl der Fälle wird ein dynamisierter Titel aber nicht über Jahre hinweg den tatsächlich materiell-rechtlich angemessenen Unterhalt beinhalten. Mit der Dynamisierung wird der Unterhalt nämlich für die Zeit ab der ersten folgenden Anpassung der RegelbetragVO nicht mehr im Einzelfall auf seine Angemessenheit geprüft. Der Unterhalt ist zwar aufgrund des dynamisierten Titels vollstreckbar. Ihm liegt aber möglicherweise kein oder nur ein geringerer materiell-rechtlicher Anspruch zugrunde, wenn die Erhöhung durch die Dynamisierung bei Bemessung nach den individuellen Verhältnissen des Schuldners nicht angemessen wäre.

Allerdings wird es den überproportionalen Anstieg der Regelbeträge – wie etwa in den Jahren 1992 und 1996[16]) – kaum noch geben. Denn eine überproportionale Erhöhung der Durchschnittsnettolöhne, die nach dem Gesetz allein für die Anpassung maßgeblich sind, ist in den nächsten Jahren nicht zu erwarten. Im Jahre 1997 ist das Durchschnittsnettoeinkommen sogar geringfügig gesunken. Die Dynamisierung könnte also durchaus auch eine Anpassung nach unten zur Folge haben. Auch werden bedarfserhöhende Preissteigerungen selbst gegenüber leistungsfähigen Eltern von der Dynamisierung nicht erfaßt.

Diese Argumente sollen aber nicht grundsätzlich gegen die Entscheidung für einen dynamisierten Titel sprechen. Sie zeigen nur, daß auch bei dynamisierten ebenso wie bei statischen Titeln Abänderungsklagen vorprogrammiert sind.

a) Dynamisierter Unterhalt

In den Fällen, in denen sich das lohnabhängige Einkommen des Unterhaltsschuldners normalerweise wie das **Durchschnittsnettoeinkommen** verhält, dürfte der Antrag auf Dynamisierung sinnvoll sein. Denn dadurch wird jedenfalls *eine* Abänderungskomponente erfaßt, ohne daß eine wesentliche Änderung der Verhältnisse vorliegen muß. Das gilt insbesondere für Kinder, mit deren Unterhaltsanspruch kein Anspruch eines gleichrangig berechtigten Ehegatten oder geschiedenen Ehegatten konkurriert.

Hinzu kommt, daß die Parteien eines Unterhaltsverfahrens es häufig auch bei einem Titel belassen, der den tatsächlichen Verhältnissen nicht mehr entspricht, weil sie einen neuen Prozeß scheuen. Durch die Dynamisierung erhalten sie dann aber einen gewissen Ausgleich.

Nach § 1612a I BGB kann der **Vomhundertsatz eines oder des jeweiligen Regelbetrages** beantragt werden. Unter dem „jeweiligen Regelbetrag" ist der Regelbetrag der jeweiligen Altersstufe zu verstehen, in die das Kind nach seinem Alter fällt[17]).

---

[16]) 1992: 16 % und 1996: 20 %.
[17]) BT-Drucks. 13/9596, S. 33 li. Sp.

Die Titulierung des Vomhundertsatzes nur *eines* Regelbetrages ist dann sinnvoll, wenn das Kind bereits die dritte Altersstufe erreicht hat, so daß nur noch der Vomhundertsatz für diese Altersstufe in Betracht kommt. Wenn das Kind aber noch in die erste oder zweite Altersstufe einzuordnen ist, empfiehlt sich die Beantragung eines Vomhundertsatzes des *jeweiligen* Regelbetrages.

Die Ermittlung des dem Kind zustehenden Vomhundertsatzes des Regelbetrages wird durch die neue DT erleichtert. Aus ihr können die Vomhundertsätze der Unterhaltsbeträge nach den einzelnen Einkommensgruppen abgelesen werden. Die Tabellenunterhaltssätze steigen nunmehr auch in allen Altersstufen der jeweiligen Einkommensgruppe in demselben prozentualen Verhältnis zum Regelbetrag an[18]).

Beispiel eines Antrags nach § 1612a I, III BGB für ein am 15. 1. 1993 geborenes Kind, das ab 1. 7. 1998 dynamisierten Unterhalt nach der 8. Einkommensgruppe der DT 1998 verlangt:

„Der Beklagte wird verurteilt, an bzw. für das am 15. 1. 1993 geborene Kind X zum Ersten eines jeden Monats

1. für die Zeit vom 1. 7. bis zum 31. 12. 1998 414 DM (524 DM abzüglich 110 DM Kindergeldanteil),

2. für die Zeit vom 1. 1. bis zum 30. 6. 1999 526 DM (636 DM abzüglich 110 DM Kindergeldanteil),

3. für die Zeit vom 1. 7. 1999 bis zum 31. 12. 2004 150 % des jeweiligen Regelbetrages der zweiten Altersstufe abzüglich 110 DM Kindergeldanteil und

4. für die Zeit ab 1. 1. 2005 150 % des jeweiligen Regelbetrages der dritten Altersstufe abzüglich 110 DM Kindergeldanteil

zu zahlen."

Für die Zeit bis zur ersten Anpassung gemäß § 1612a IV BGB ergibt sich der Unterhalt statisch aus Gruppe 8 der DT 1998, jeweils abzüglich des Kindergeldanteils. Der Unterhalt nach der zweiten Altersstufe beginnt gemäß § 1612a III S. 2 BGB mit dem Ersten des Monats, in dem das Kind das sechste Lebensjahr vollendet. Für die Zeit ab 1. 7. 1999 ist der Vomhundertsatz der Gruppe 8 der DT i. H. von 150 % vom jeweiligen Regelbetrag der zweiten Altersstufe und ab 1. 1. 2005 vom jeweiligen Regelbetrag der dritten Altersstufe, jeweils abzüglich des hälftigen Kindergeldanteils, gemäß § 1612b I BGB zu titulieren.

---

[18]) DT [Fn. 4].

Ein solcher Titel reicht über das **18. Lebensjahr des Kindes** hinaus, sofern ein materiell-rechtlicher Anspruch weiter besteht. Er kann gemäß § 798a ZPO nicht mit der Einwendung angegriffen werden, das Kind sei volljährig geworden. Deshalb ist es sinnvoll, den Antrag nicht auf die Zeit bis zur Vollendung des 18. Lebensjahres des Kindes zu begrenzen. Eine Dynamisierung des Unterhalts hinsichtlich der 4. Altersstufe der DT für die Zeit ab Volljährigkeit des Kindes ist nach § 1612a BGB aber nicht möglich, weil die RegelbetragVO nur Regelbeträge für drei Altersstufen vorsieht.

Wichtig für den Inhaber eines dynamisierten Titels ist, daß er sich jeweils alle zwei Jahre zum **Anpassungszeitpunkt** darüber kundig macht, in welchem Umfang angepaßt worden ist und welcher Zahlbetrag sich danach konkret ergibt. Noch wichtiger ist dies aber für den Unterhaltsschuldner. Denn das Kind kann von ihm nicht – entsprechend der Anpassung – gezahlte Mehrbeträge nachfordern. Der Schuldner kann sich aber nur im Rahmen einer Abänderungsklage ab deren Rechtshängigkeit (§ 323 III ZPO) gegen eine materiell-rechtlich nicht begründete Zuvielforderung wehren.

Für nicht beratene Parteien, auch für Drittschuldner, können sich Schwierigkeiten bei der Ermittlung der jeweils vollstreckbaren Beträge sowie nicht geltend gemachter oder nicht gemäß den Anpassungen gezahlter Rückstände ergeben. Die Sorge des Deutschen Anwaltvereins[19]), daß die Beteiligten, sofern sie mit der Dynamisierung nicht umgehen könnten, sich auch nicht darauf berufen würden, ist nicht unberechtigt. Alleinerziehende Elternteile haben jedoch gemäß § 18 I KJHG (SGBVIII) einen gesetzlichen Anspruch auf Beratung und Unterstützung durch die Jugendämter. Ferner bedarf es der intensiven Aufklärung und Information durch die Medien, die Fachverbände und die Anwaltschaft, damit die Betroffenen ihre Rechte und Pflichten erkennen und die Konsequenzen daraus ziehen können.

b) Statischer Unterhalt

Für ein Kind mit einem **unbeschränkt leistungsfähigen barunterhaltspflichtigen Elternteil** dürfte sich die Beantragung des statischen Unterhalts empfehlen. Denn das Kind hat nur Anspruch auf Deckung seines Bedarfs nach der Lebensstellung des barunterhalts-

---

[19]) Stellungnahme des Familienrechtsausschusses des Deutschen Anwaltvereins zum Entwurf eines Gesetzes zur Vereinheitlichung des Unterhaltsrechts minderjähriger Kinder, FamRZ 1997, 277, zu 2.2.2.3.

pflichtigen Elternteils, nicht aber auf volle prozentuale Teilhabe an Einkommenssteigerungen, die nicht mit entsprechenden Preis-, d. h. Bedarfssteigerungen einhergehen. So steigert sich auch der Vomhundertsatz der Regelbeträge in den Einkommensgruppen der DT nicht in demselben Verhältnis wie die Einkommen der einzelnen Einkommensgruppen. Der Unterhalt nach Gruppe 12 der DT 1998 beträgt nämlich nur 190 % des jeweiligen Regelbetrages, während das höchste Einkommen nach Gruppe 12 (8.000 DM) 333,3 % desjenigen nach Gruppe 1 erreicht. Deshalb sollte das Kind etwa ab der 9. Einkommensgruppe der DT den statischen Unterhalt verlangen, um sich nicht vermehrt Abänderungsklagen des Unterhaltsschuldners auszusetzen. Denn es könnte sich in absehbarer Zeit eine erhebliche Differenz zwischen Unterhaltsbeträgen dynamisierter Alttitel und den nach der DT neu zu bemessenden Unterhaltsbeträgen bei gleich hohen Einkommen ergeben.

Auch in **Mangelfällen,** an denen mehrere gleichrangig berechtigte Unterhaltsgläubiger, insbesondere auch ein Ehegatte oder ein geschiedener Ehegatte, beteiligt sind, ist ein Antrag auf dynamisierten Kindesunterhalt kaum zu empfehlen. Zwar ist es nicht problematisch, den Unterhalt in einem vom Regelbetrag nach unten abweichenden Vomhundertsatz auszudrücken. Zu bedenken ist aber, daß das Verhältnis der Unterhaltsansprüche der einzelnen Beteiligten sich jeweils ändert, sobald ein Kind eine höhere Altersstufe erreicht oder sich sonst ein Umstand ändert, der in das Verteilungsgefüge eingreift, weil im Mangelfall in der Regel das gesamte verfügbare Einkommen des Schuldners aufgeteilt wird.

3. Die Anrechnung des Kindergeldes und kindbezogener Leistungen nach den §§ 1612b, 1612c BGB

§ 1612b BGB regelt die Verteilung des gesetzlichen Kindergeldes unter den Berechtigten, weil das Kindergeld gemäß § 64 I EStG für jedes Kind nur an einen Berechtigten gezahlt wird. Hier sind einige Änderungen gegenüber der bisherigen, auf § 12 IV BKGG a. F. beruhenden Praxis problematisch.

a) Ein bar- und ein naturalunterhaltspflichtiger Elternteil

Nach Abs. I des § 1612b BGB ist das auf das (einzelne) Kind entfallende Kindergeld zur Hälfte auf den Kindesunterhalt anzurechnen, wenn es nicht an den barunterhaltspflichtigen Elternteil ausgezahlt wird. Es ist also jeweils in *der* Höhe mit dem Kindesunterhalt zu verrechnen, in der es für das einzelne Kind nach §§ 66 I, 65 II EStG gezahlt wird. Diese durch das Jahressteuergesetz 1996[20]) eingeführte Neuregelung bietet – außer im Mangelfall – keine Probleme, kann aber für die Wesentlichkeitsgrenzen bei Abänderungsklagen bedeutsam werden[21]).

Die Neuregelung wird mit der Doppelnatur des Kindergeldes durch die Einführung des **Familienleistungsausgleichs** begründet. Denn gemäß § 31 S. 3 EStG wird das Kindergeld als Steuervergütung monatlich gezahlt. Es soll die steuerliche Freistellung eines Einkommensbetrages in Höhe des Existenzminimums eines Kindes bewirken, § 31 S. 1 EStG. Nur soweit es dafür nicht erforderlich ist, dient es der Förderung der Familie, § 31 S. 2 EStG. Wenn die gebotene steuerliche Freistellung durch das Kindergeld nicht in vollem Umfang erreicht wird, ist bei der Veranlagung zur Einkommensteuer der Kinderfreibetrag, der das steuerliche Existenzminimum darstellt, abzuziehen und das Kindergeld zu verrechnen, und zwar auch, soweit es dem Steuerpflichtigen im Wege eines zivilrechtlichen Ausgleichs zusteht, § 31 S. 4 und 5 EStG. Das Kindergeld stellt also eine Vorausvergütung auf die Entlastung dar, die der Ansatz des Kinderfreibetrages bei der Einkommensteuerveranlagung bewirken soll[22]).

Beim dritten Kind liegt die Entlastung durch das Kindergeld von derzeit 300 DM monatlich erst bei einem Spitzensteuersatz von mehr als 52 % geringfügig niedriger als die Entlastung durch den derzeitigen Kinderfreibetrag von 6.912 DM jährlich. Ab dem vierten Kind bleibt die Entlastung durch das Kindergeld von 350 DM monatlich stets höher als diejenige durch den Kinderfreibetrag. Dagegen wird beim ersten und zweiten Kind, für die seit 1997 je 220 DM Kindergeld monatlich gezahlt werden, der Steuerfreibetrag bei einem Spitzensteuersatz ab etwa 38 % nicht ausgeschöpft, so daß bei der Einkommensteuerveranlagung ein Restbetrag zu erstatten ist. Dieser Restbetrag würde sich verringern oder entfallen, wenn das nicht durch die Freibeträge ausgeschöpfte Kindergeld für erste und zweite (gemeinschaftliche) Kinder zusammengerechnet und gleichmäßig – wie bisher – auf alle gemeinschaftlichen Kinder verteilt würde. Diese Folge ist vom Gesetzgeber nicht gewollt[23]).

---

[20]) Jahressteuergesetz 1996 v. 11. 10. 1995, BGBl 1995 I 438.
[21]) *Wohlgemuth*, FamRZ 1997, 471, 472.
[22]) *Glanegger*, in: *Schmidt*, Einkommensteuergesetz, 15. Aufl. 1996, § 31 Rz. 8, S. 1784.
[23]) BR-Drucks. 959/96, S. 34 re. Sp.

b) Beide Elternteile barunterhaltspflichtig

Eine weitere Änderung der Kindergeldverrechnung ergibt sich aus § 1612b II BGB. Danach soll das Kindergeld bei beiderseits barunterhaltspflichtigen Elternteilen jedem hälftig zustehen, und zwar unabhängig davon, wie hoch der nach der Leistungsfähigkeit zu bemessende Barunterhaltsbeitrag jedes Elternteils ist. Diese Regelung widerspricht der derzeitigen Praxis, wonach das Kindergeld bei beiderseits barunterhaltspflichtigen Eltern im Verhältnis ihrer Unterhaltsbeiträge angerechnet wird. So wird das Kindergeld, wenn es an volljährige Kinder ausgekehrt wird, vorab von ihrem Barbedarf abgezogen. Die Neuregelung korrespondiert mit § 32 VI S. 1 EStG. Danach wird grundsätzlich für jedes zu berücksichtigende Kind des Steuerpflichtigen der halbe Kinderfreibetrag bei der Veranlagung zur Einkommensteuer abgezogen, sofern die Eltern nicht nach den §§ 26, 26b EStG zusammen veranlagt werden. Eine verhältnismäßige Aufteilung des Kinderfreibetrages entsprechend den Anteilen der Eltern an der Unterhaltslast sieht das Einkommensteuergesetz nicht vor. Es kann also der Fall eintreten, daß der Elternteil, der nur einen geringen Unterhaltsbeitrag leisten muß, durch die hälftige Verrechnung des Kindergeldes voll entlastet wird und gegebenenfalls sogar noch einen Teil des Kindergeldes für sich übrig behält.

Auf die Möglichkeit des § 74 I EStG, daß Kindergeld in Sonderfällen auch an Kinder ausgezahlt werden kann, soll hier nur hingewiesen werden.

c) Junge Volljährige in Ausbildung

Schließlich ist zu fragen, wie das Kindergeld aufzuteilen ist, das für in der Ausbildung befindliche oder etwa arbeitslose junge Volljährige gezahlt wird, die noch zu Hause wohnen.

Unproblematisch ist der Fall, wenn der bisher betreuende Elternteil, der bei Eintritt der Volljährigkeit auch barunterhaltspflichtig wird, in der Lage ist, anteiligen Barunterhalt zu zahlen. Auch wenn er diesen Barunterhalt gegebenenfalls mit Naturalunterhalt verrechnet, behält er den Anspruch auf das halbe Kindergeld.

Problematisch wird der Fall erst, wenn der die Wohnung gewährende Elternteil **mangels über dem maßgebenden Selbstbehalt liegenden Einkommens** nicht barunterhaltspflichtig ist und deshalb auch keinen Naturalunterhalt zu leisten braucht, der von dem anderen Elternteil geschuldete Barunterhalt den Bedarf des volljährigen Kindes aber nur unter Berücksichtigung auch des – nicht geschuldeten – Naturalunterhalts deckt.

Die DT – auch die Tabelle 1998 – geht bei der Bemessung des Tabellenunterhalts der 4. Altersstufe bereits davon aus, daß der Bedarf des bei einem Elternteil lebenden Kindes durch **Naturalleistungen** dieses Elternteils teilweise gedeckt wird. Das gilt insbesondere für die unteren Einkommensgruppen der Tabelle. Nach den derzeit geltenden Leitlinien des *OLG Düsseldorf*[24]) und auch derjenigen anderer Oberlandesgerichte soll das Kindergeld in solchen Fällen *anteilig* nach dem Wert der beiderseitigen Leistungen verrechnet werden[25]).

Nach § 1612b II und III BGB gibt es aber nur noch zwei Alternativen: entweder hälftige Aufteilung des Kindergeldes oder Anrechnung bei dem barunterhaltspflichtigen Elternteil, wenn nur er Anspruch auf das Kindergeld hat. Aus dem Wortlaut des Abs. III läßt sich nicht eindeutig entnehmen, unter welchen Voraussetzungen nur der barunterhaltspflichtige Elternteil Anspruch auf das Kindergeld haben soll. Nach der Begründung des RegE[26]) soll dies z. B. der Fall sein, wenn der andere Elternteil verstorben ist, weil dann der überlebende Elternteil den Gesamtunterhaltsbedarf des Kindes zu decken habe.

Ob aber der Elternteil, der mangels finanzieller Leistungsfähigkeit nicht zum Barunterhalt verpflichtet ist, der dem Kind jedoch gleichwohl Naturalunterhalt gewährt und dadurch den Barunterhaltspflichtigen entlastet, am Kindergeld hälftig beteiligt sein soll, ist in § 1612b BGB nicht geregelt.

Das Einkommensteuergesetz geht davon aus, daß auch derjenige Elternteil kindergeldberechtigt ist, der das Kind in seinen Haushalt aufgenommen hat, § 64 II S. 1 EStG. Nach *Weber-Grellet*[27]) setzt die „Haushaltsaufnahme" voraus, daß der aufnehmende Elternteil dem Kind tatsächlich einen *nicht unerheblichen* materiellen Unterhalt gewährt. Davon wird man bei der Einstufung der zu Hause wohnenden volljährigen Kinder in die 4. Altersstufe der DT mehrheitlich ausgehen können. Denn die Unterhaltsbeträge decken in den unteren

---

[24]) DLL [Fn. 14] A IV Nr. 30 i.V. mit IIb Nr. 26.
[25]) S. a. *Kalthoener/Büttner*, Die Rechtsprechung zur Höhe des Unterhalts, 6. Aufl., Rz. 834, und *Hampel*, Bemessung des Unterhalts, 1994, Rz. 417.
[26]) BR-Drucks. 959/96, S. 35 re. Sp.
[27]) *Weber-Grellet*, in: *Schmidt* [Fn. 22], § 64 Rz. 1, S. 2205 f., i.V. mit § 63 Rz. 5 ff., S. 2204 f.

Einkommensgruppen den vollen Unterhaltsbedarf des Kindes bei weitem nicht.

Die praktikabelste und im Regelfall auch angemessene Lösung ist deshalb, daß der Elternteil, bei dem das Kind lebt, hälftig am Kindergeld beteiligt bleibt. Das schließt nicht aus, daß es im Einzelfall bei überdurchschnittlicher Leistungsfähigkeit des allein barunterhaltspflichtigen Elternteils zu einer vollen Anrechnung des Kindergeldes auf den Barunterhalt kommen kann.

d) Mangelfälle

Probleme entstehen weiterhin im sogenannten Mangelfall. Hierzu bestimmt § 1612b V BGB, daß die Anrechnung des Kindergeldanteils des Verpflichteten unterbleibt, soweit er den Regelbetrag nicht leisten kann. Die Frage erhebt sich, ob auch nach Abs. V, ebenso wie nach Abs. I, der auf das einzelne Kind entfallende Kindergeldanteil *nur für dieses Kind* bis zur Erreichung seines Regelbetrages einzusetzen ist, oder ob Kindergeld, das zur Auffüllung des Regelbetrages etwa für ein drittes Kind nicht voll benötigt wird, zur **Deckung der Regelbeträge anderer gemeinschaftlicher Kinder** eingesetzt werden kann.

Diese Frage ist zugunsten der Kinder zu entscheiden. Es wäre nicht angemessen, den Unterhalt für das erste und zweite Kind auch dann *nur* mit dem für diese jeweils zu verrechnenden halben Kindergeldanteil von je 110 DM aufzufüllen, wenn damit ihr Regelbetrag nicht erreicht wird, andererseits aber dem Unterhaltsschuldner Kindergeldanteile für dritte und weitere Kinder anzurechnen, die zur Auffüllung von deren Regelbeträgen nicht verbraucht werden.

Die Regelung in § 1612b I BGB steht dem nicht entgegen. Sie beruht – wie bereits ausgeführt – auf § 31 EStG. Dessen Ziel ist es, daß die Eltern den im höheren Kindergeld für das dritte und vierte Kind enthaltenen, über die Entlastung durch den Kinderfreibetrag hinausgehenden Förderanteil nicht dadurch verlieren, daß er zur Steuerfreistellung des Existenzminimums des ersten und zweiten Kindes verwandt wird[28]). Das heißt aber nicht, daß der Steuerpflichtige, der noch nicht einmal die Regelbeträge für seine Kinder bezahlen kann, anteiliges Kindergeld zusätzlich zu dem ihm mit dem Selbstbehalt garantierten Existenzminimum für sich behalten dürfen soll, während von dem die Kinder betreuenden Elternteil der Einsatz *seiner* Kinder-

---

[28]) BR-Drucks. 959/96, S. 34 re. Sp.

geldanteile zur Sicherung des Existenzminimums aller von ihm betreuten gemeinschaftlichen Kinder vorausgesetzt wird. Eine steuerliche Benachteiligung des Barunterhaltsverpflichteten entsteht dadurch nicht[29]).

Beispiel:

Bereinigtes Nettoeinkommen des Unterhaltspflichtigen (V)	2.420 DM.

Drei unterhaltsberechtigte Kinder: K 1 (15 Jahre), K 2 (10 Jahre), K 3 (5 Jahre), die bei der wiederverheirateten nicht leistungsfähigen Mutter (M) leben. M bezieht Kindergeld i. H. von 740 DM.

Notwendiger Eigenbedarf des V	1.500 DM.
Verteilungsmasse 2.420 DM − 1.500 DM =	920 DM.
Notwendiger Gesamtbedarf der Kinder 502 DM (K 1) + 424 DM (K 2) + 349 DM (K 3) =	1.275 DM.
Unterhalt: K 1: 502 DM x 920 DM/1.275 DM =	362 DM
K 2: 424 DM x 920 DM/1.275 DM =	306 DM
K 3: 349 DM x 920 DM/1.275 DM =	252 DM.

Zahlbeträge nach Anrechnung des Kindergeldes:
K 1: 362 DM − 0 = 362 DM, da 30 DM weniger als 392 DM (502 DM − 110 DM),

K 2: 306 DM − 0 = 306 DM, da 8 DM weniger als 314 DM (424 DM − 110 DM),

K 3: 252 DM − 15 DM = 237 DM, weil von seinem Kindergeldanteil 97 DM für die Auffüllung bis zum Regelbetrag gebraucht werden (252 DM + 97 DM = 349 DM),

und von den restlichen 53 DM Kindergeldanteil (150 DM − 97 DM) noch 30 DM für die Auffüllung bis zum Regelunterhalt von K 1 (362 DM + 30 DM = 392 DM) sowie 8 DM für die Auffüllung bis zum Regelunterhalt von K 2 benötigt werden.

Für die Anrechnung bei K 3 bleiben also: 150 DM − 97 DM − 30 DM − 8 DM = 15 DM. V muß also insgesamt 905 DM für die Kinder bezahlen.

Eine weitere Frage entsteht bei einer Mangelverteilung, an der der betreuende Elternteil selbst als Ehegatte oder geschiedener Ehegatte beteiligt ist: nämlich, ob Kindergeldanteile des Pflichtigen, die nicht zur Auffüllung des Kindesunterhalts bis zu den Regelbeträgen verbraucht werden, dem bedürftigen Ehegatten belassen werden können. Diese Frage ist in § 1612b BGB nicht geregelt. Die Begründung des RegE zum KindUG ist insoweit unklar[30]).

---

[29]) *Glanegger,* in: *Schmidt* [Fn. 22], § 31 Rz. 35, S. 1786.
[30]) BR-Drucks. 959/96, S. 35 re. Sp. zu Abs. 5.

Nach § 74 I S. 1 EStG kann aber Kindergeld in angemessener Höhe auch an den Ehegatten des Kindergeldberechtigten ausgezahlt werden, wenn der Kindergeldberechtigte seinen gesetzlichen Unterhaltspflichten, auch mangels Leistungsfähigkeit (S. 3), nicht nachkommt. Nach *Weber-Grellet*[31]) soll das Kindergeld bei Verletzung von Unterhaltspflichten nach §§ 1360 ff. und 1601 ff. BGB dem Ehegatten (oder dem Kind) des Berechtigten zugute kommen, ohne daß der Zivilrechtsweg beschritten werden muß.

Das EStG behandelt das Kindergeld insoweit also als Einkommen, das – jedenfalls im Notfall – zur Erfüllung der Unterhaltspflicht bestimmt ist. Deshalb dürften im Mangelfall keine Bedenken bestehen, den zur Auffüllung des Regelbetrages nicht benötigten Kindergeldanteil für den Unterhalt des Ehegatten zu verwenden. Dann muß das aber auch für den geschiedenen Ehegatten, der Elternteil der Kinder ist, für die das Kindergeld gezahlt wird, gelten, auch wenn eine Abzweigung des Kindergeldes nach § 74 I EStG für ihn nicht möglich sein sollte.

Der *BGH* führt zu diesem Thema in seiner Entscheidung v. 16. 4. 1997[32]) aus, Kindergeld sei auch im Mangelfall der Verteilungsmasse nicht als Einkommen hinzuzurechnen. Vielmehr sei erst im Rahmen der Angemessenheitsprüfung (4. Stufe bei der Mangelverteilung) die Frage des Ausgleichs des Kindergeldes zu erörtern, und zwar auch nach der Neuregelung durch das Jahressteuergesetz 1996. Im nach altem Recht entschiedenen Fall hat der *BGH* der unterhaltsberechtigten Mutter und dem gemeinsamen Kind das volle Kindergeld belassen, weil diese in beengten Verhältnissen lebten und auch der angemessene Unterhalt des Kindes nicht gedeckt sei. Der *BGH* hat davon abgesehen, den Anteil des Unterhaltspflichtigen auf die beiden Unterhaltsberechtigten aufzuteilen, weil dies die Berechnung unnötig komplizieren, aber zu keinem nennenswert anderen Ergebnis führen würde. Diese Handhabung erscheine auch für die neuen Kindergeldbeträge angemessen.

Mit Blick auf § 1612b V BGB wird sich letzteres nicht halten lassen. Vielmehr müssen nach dieser Vorschrift zunächst die Beträge ermittelt werden, die vom Kindergeldanteil des Verpflichteten zur Auffüllung des Kindesunterhalts bis zur Höhe der Regelbeträge benötigt werden. Das ist nach der Systematik des § 1612b BGB i.V. mit der

---

[31]) *Weber-Grellet*, in: Schmidt [Fn. 22], § 74 Rz. 1, S. 2218.
[32]) *BGH*, FamRZ 1997, 806 ff.

Neuregelung durch das Jahressteuergesetz 1996 erforderlich, weil das Kindergeld als vorweggenommene Steuervergütung auf den jeweiligen Kinderfreibetrag gezahlt wird und, nur soweit es darüber hinausgeht, als Förderbeitrag anzusehen ist. Ferner, weil es in erster Linie nicht mehr der Entlastung der unterhaltspflichtigen Eltern, sondern der Sicherung des steuerlichen Existenzminimums der Kinder dienen soll[33]).

Hinzu kommt – wie noch näher auszuführen sein wird – daß auf wiederkehrende Unterhaltsleistungen gerichtete Vollstreckungstitel, in denen ein Betrag der nach den §§ 1612b, 1612c BGB anzurechnenden Leistungen festgelegt ist, auf Antrag gemäß § 655 ZPO im vereinfachten (Beschluß-)Verfahren abgeändert werden können, wenn sich ein für die Berechnung dieses Betrages maßgebender Umstand ändert. Dazu muß aber aus dem abzuändernden Titel eindeutig hervorgehen, für welchen Gläubiger und in welcher Höhe anzurechnende Leistungen festgelegt sind. Nur soweit also Kindergeldanteile des Verpflichteten bei der Mangelverteilung nicht zur Auffüllung des Kindesunterhalts gemäß § 1612b V BGB benötigt werden, können sie dem an der Mangelverteilung beteiligten bedürftigen Elternteil belassen werden oder an ihn auszukehren sein.

Schließlich ist zu erörtern, ob der **Kindergeldanteil des betreuenden Elternteils** im Mangelfall in die Verteilung einzubeziehen ist und gegebenenfalls auf welche Weise. Die DT 1998 vermeidet eine Stellungnahme hierzu, wie sie in der DT 1996 noch zu finden war. Der *BGH* hat in der zitierten Entscheidung[34]) ausgeführt, der hälftige Kindergeldanteil des betreuenden Elternteils sei bei der Ermittlung seines eheangemessenen Unterhaltsbedarfs nicht bedarfsdeckend anzurechnen, weil sich dadurch eine Verfälschung der Ausgleichsquote nach § 1606 III BGB ergebe. Erst im Rahmen der Angemessenheitsprüfung sei die Frage des Ausgleichs des Kindergeldes für gemeinsame Kinder zu erörtern, und zwar auch nach der Neuregelung durch das Jahressteuergesetz 1996. Der *BGH* hat sodann ohne Begründung festgestellt, der Klägerin (erziehende Mutter) sei ihr Kindergeldanteil (von damals 35 DM) vorab anrechnungsfrei zu belassen. Diese Feststellung trifft (nur) im Ergebnis die Intention des Gesetzgebers bei der Neuregelung des Familienleistungsausgleichs. Denn das Existenzminimum eines Kindes wird erst durch den Regelbetrag zuzüglich (mindestens)

---

[33]) Vgl. auch *Scholz*, Der Familienleistungsausgleich nach dem Jahressteuergesetz 1996, S. 525 ff., in: *Kemnade/Scholz/Zieroth*, Familienrecht '96.
[34]) *BGH*, FamRZ 1997, 809 re. Sp.

des hälftigen Kindergeldanteils des betreuenden Elternteils abgedeckt[35]). Dabei wird unterstellt, daß der betreuende Elternteil seinen Kindergeldanteil für den Unterhalt des Kindes verwendet, während der andere Elternteil seinen Kindergeldanteil nur bis zur Auffüllung auf den das Existenzminimum nicht erreichenden Regelbetrag für das Kind einsetzen muß. Auch insoweit ist der betreuende Elternteil im Mangelfall benachteiligt. Deshalb darf sein Kindergeldanteil nach der gesetzlichen Neuregelung nicht mehr, auch nicht im Rahmen einer Angemessenheitsprüfung, in die Mangelverteilung einbezogen werden.

Hinzu kommt, daß das Existenzminimum des betreuenden Elternteils bei der Mangelverteilung allenfalls in Ausnahmefällen gedeckt wird.

Beispiel:

Der Einsatzbetrag für den Kindesunterhalt ist der 1. Einkommensgruppe zu entnehmen, weil der Bedarfskontrollbetrag einer höheren Gruppe im Blick auf den Ehegattenunterhalt nicht gewahrt werden kann. Der Einsatzbetrag für den Ehegattenunterhalt ist mit $3/7$ des bereinigten Nettoeinkommens angesetzt[36]).

Bereinigtes Nettoeinkommen des Unterhaltspflichtigen (V)   2.800 DM,

ein Kind (K) 7 Jahre alt und die bedürftige, alleinerziehende Ehefrau (F). F bezieht Kindergeld i. H. von 220 DM monatlich.

Verteilungsmasse: 2.800 DM – 1.500 DM =	1.300 DM.
Unterhalt K: DT 1. Gruppe =	424 DM,
Unterhalt F: 2.800 DM x $3/7$ =	1.200 DM,
Gesamtbetrag K + F: 424 DM + 1.200 DM =	1.624 DM,
Unterhalt K: 424 DM x 1.300 DM/1.624 DM =	340 DM,
Unterhalt F: 1.200 DM x 1.300 DM/1.624 DM =	960 DM.
Zahlbeträge: K: 340 DM,	
F : 960 DM.	

Eine Anrechnung des Kindergeldrestanteils nach § 1612b V BGB findet nicht statt. K braucht zur Auffüllung des Unterhalts bis auf den Regelbetrag zwar nur noch 84 DM (424 DM – 340 DM). Den Rest des Kindergeldanteils benötigt aber F, weil sie 240 DM weniger bekommt als ihren eheangemessenen Bedarf, der auch noch 100 DM unter dem notwendigen Selbstbehalt nach der DT liegt.

---

[35]) BT-Drucks. 13/9596, S. 30 li. Sp.; vgl. auch die Beispiele bei *Wichmann,* Steuerrecht und Kindesunterhalt, FamRZ 1995, 1241 ff.
[36]) Vgl. DT zu C, Abs. 2 und 3 sowie *OLG Düsseldorf,* Urteil v. 28. 11. 1997 – 6 UF 35/97 –, FamRZ 1998, 851.

Sofern und soweit regelmäßig wiederkehrende kindbezogene Leistungen den Anspruch auf Kindergeld ausschließen, gelten gemäß § 1612c BGB die vorstehenden Ausführungen entsprechend.

4. Rückständiger Unterhalt, § 1613 BGB
a) Unterhalt für die Vergangenheit

Nach § 1613 I S.1 BGB kann Unterhalt für die Vergangenheit nicht mehr nur ab Verzug oder Rechtshängigkeit des Anspruchs verlangt werden, sondern auch bereits ab dem Zeitpunkt, zu welchem der Verpflichtete zum Zweck der Geltendmachung des Unterhaltsanspruchs aufgefordert worden ist, **Auskunft über seine Einkünfte und sein Vermögen** zu erteilen. Damit geht das Gesetz über die Rechtsprechung des *BGH* zur verzugsbegründenden „Stufenmahnung"[37]) erheblich hinaus. Denn eine Aufforderung zur Auskunft beinhaltet noch keine Aufforderung zur Leistung.

In der Begründung zum RegE[38]) heißt es dazu, jedenfalls beim Kindesunterhalt sei der Unterhaltspflichtige insoweit nicht schutzwürdig, weil er ab dem Zugang der Aufforderung konkret damit rechnen müsse, auf Unterhalt in Anspruch genommen zu werden.

§ 1613 I BGB gilt jedoch nicht nur für den Kindesunterhalt. Er betrifft ganz allgemein den Verwandtenunterhalt und gilt daher auch für Unterhaltsansprüche von Eltern und Großeltern gegen ihre Kinder und Enkel. Ferner ist § 1613 I BGB gemäß §§ 1360a III und 1361 IV S. 4 BGB auf den Familienunterhalt und den Unterhalt des getrennt lebenden Ehegatten entsprechend anzuwenden.

Es ist also stets darauf zu achten, daß der Zweck der Aufforderung zur Auskunft, nämlich die Geltendmachung eines Unterhaltsanspruchs, deutlich zum Ausdruck kommt. Insbesondere gilt das für den Ehegattenunterhalt, weil hier die Auskunft auch – nur – zum Zweck der Errechnung des Zugewinns verlangt werden kann.

Die Rechtswirkungen der Aufforderung treten aber bei einer wiederholten Aufforderung nur ein, wenn die Zeitschranke des § 1605 II BGB (Zweijahresfrist) eingehalten oder eine wesentliche Verbesserung der Verhältnisse des Schuldners glaubhaft gemacht wird, wie das auch für die „Stufenmahnung" gilt[39]).

---
[37]) *BGH*, FamRZ 1990, 283, 285.
[38]) BT-Drucks. 13/9596, S. 34 li. Sp. zu Nr. 11.
[39]) *Haußleiter*, in: *Wendl/Staudigl*, Das Unterhaltsrecht in der familienrichterlichen Praxis, 4. Aufl., § 1 Rz. 574.

Wird die Auskunft erteilt und gleichwohl der Anspruch erst nach längerer Zeit geltend gemacht, wird sich im Einzelfall die Frage nach einer Verwirkung stellen.

Der Gesetzgeber hat davon abgesehen, § 1585b II BGB entsprechend der Neufassung des § 1613 I BGB zu ändern. Für geschiedene Ehegatten gilt daher die Erleichterung der Geltendmachung von Unterhalt für die Vergangenheit nicht, obwohl auch sie mit minderjährigen Kindern gleichrangig und gegenüber Ehegatten oft vorrangig unterhaltsberechtigt sind. Geschiedene Ehegatten können also weiterhin Unterhalt für die Vergangenheit nur unter der Voraussetzung des Verzuges oder der Rechtshängigkeit des Anspruchs verlangen. Die Besonderheit ist hier jedoch, daß Unterhaltsansprüche für die Zeit ab Rechtskraft der Scheidung im Scheidungsverbund vor Fälligkeit rechtshängig gemacht werden können.

Neu gefaßt ist auch **§ 1613 II BGB**. Nach Nr. 2 des Abs. II kann der Berechtigte Unterhalt für die Vergangenheit ohne die Beschränkungen des Abs. I für *den* Zeitraum verlangen, in dem er

a) aus rechtlichen Gründen oder

b) aus tatsächlichen Gründen, die in den Verantwortungsbereich des Schuldners fallen, **an der Geltendmachung des Anspruchs verhindert** war.

Nach der Begründung des RegE[40]) sollen unter den Buchstaben a) die bisher von dem wegfallenden § 1615d BGB erfaßten Sachverhalte fallen. Danach kann das nichteheliche Kind Unterhaltsbeträge, die vor der Anerkennung oder rechtskräftigen Feststellung der Vaterschaft fällig geworden waren, auch für die Vergangenheit verlangen. Dies gilt gemäß § 1615l III S. 4 BGB entsprechend für Unterhaltsansprüche der nichtehelichen Mutter[41]).

Die Voraussetzungen des § 1613 II Nr. 2b BGB werden in der Regel vorliegen, wenn der Aufenthaltsort des Schuldners unbekannt ist oder der Unterhaltsanspruch wegen eines Auslandsaufenthalts nicht oder nur mit zeitlicher Verzögerung festgestellt werden kann. Besteht in solchen Fällen ein Anspruch für die Vergangenheit, ohne daß die Voraussetzungen des Abs. I erfüllt sein müssen, so muß das auch für einen nach § 1607 II S. 2 BGB übergegangenen Anspruch gelten. Das heißt, ein Verwandter, der Unterhalt gewährt, weil die

---

[40]) BR-Drucks. 959/96, S. 36 zu Abs. II.
[41]) *Pauling*, in: *Wendl/Staudigl* [Fn. 39], § 6 Rz. 771.

Rechtsverfolgung gegen den vorrangig verpflichteten Verwandten im Inland ausgeschlossen oder erheblich erschwert ist, kann den Anspruchsübergang im Rahmen des § 1613 II Nr. 2b BGB auch für die Vergangenheit geltend machen.

b) Erlaß und Stundung

§ 1613 III BGB ersetzt den wegfallenden § 1615i BGB, der ebenso wie § 1615d BGB Unterhaltsansprüche gegen einen nichtehelichen Vater betrifft, die vor der Anerkennung oder rechtskräftigen Feststellung der Vaterschaft fällig geworden waren. Ebenso wie § 1613 II Nr. 2 BGB nun über die Fälle des bisherigen § 1615d BGB hinausgeht, ist das auch bei der korrespondierenden Vorschrift des Abs. III der Fall. Nach dieser Vorschrift kann der Schuldner nun im Rahmen einer materiell-rechtlichen Einwendung in allen Fällen des Abs. II Nr. 2 geltend machen, daß es der Billigkeit entspreche, die rückständigen Unterhaltsforderungen ganz oder teilweise zu erlassen oder zu stunden, weil die volle oder sofortige Erfüllung für ihn eine unbillige Härte bedeuten würde.

Hier ist abzuwarten, wie die Rechtsprechung mit Stundung, teilweisem oder vollem Erlaß von rückständigen Unterhaltsansprüchen umgehen wird. Soweit Unterhaltsforderungen aus tatsächlichen Gründen, die in den Verantwortungsbereich des Schuldners fallen, nicht geltend gemacht werden konnten, dürfte eine restriktive Anwendung geboten sein.

II. Verfahrensrecht

1. Teilweise Aufhebung der Zeitsperre in § 323 ZPO

Nach dem neu eingefügten Satz 2 in Abs. III des § 323 i.V. mit Abs. IV gilt das Verbot der Abänderung eines Titels, der auf künftig fällig werdende wiederkehrende Leistungen lautet, für die Zeit vor Erhebung der Abänderungsklage nicht mehr, soweit die Abänderung nach §§ 1360a III, 1361 IV S. 4, 1585b II, 1613 I BGB zu einem früheren Zeitpunkt verlangt werden kann.

Das heißt, **Titel über Familienunterhalt, Ehegattenunterhalt und Verwandtenunterhalt** können rückwirkend ab dem Zeitpunkt abgeändert werden, in dem der Schuldner – wirksam gemäß § 1605 BGB – zur Auskunft über sein Einkommen und sein Vermögen zum Zwecke der Geltendmachung eines höheren Unterhaltsanspruchs aufgefordert worden ist; gegebenenfalls sogar schon ab dem Ersten des Monats, in dem die Aufforderung erfolgte.

Beim **nachehelichen Unterhalt** beschränkt sich die Aufhebung der Zeitsperre auf den Eintritt des Verzuges.

Für die Unterhaltsansprüche der **nichtehelichen Mutter** oder des **nichtehelichen Vaters** gelten gemäß § 1615l III S. 1 BGB die Vorschriften über die Unterhaltspflicht zwischen Verwandten entsprechend. Bei Abänderung eines Unterhaltstitels nach § 1615l II oder V BGB ist die Sperre also aufgehoben wie beim Familien-, Ehegatten- oder Verwandtenunterhalt.

Für ein **Herabsetzungsverlangen** des Schuldners im Wege der Abänderungsklage bleibt dagegen die Zeitsperre des Abs. III bestehen. So kann dieser sich z. B. nicht mit einer Abänderungsklage rückwirkend gegen Nachforderungen aus einem dynamisierten Titel wenden.

Gemäß §§ 323 IV, 794 I Nr. 2a ZPO gilt die Aufhebung der Zeitsperre auch für alle Unterhaltstitel, die nach altem oder neuem Recht in einem **vereinfachten Verfahren** ergangen sind oder ergehen, soweit nicht die besonderen Vorschriften der neuen §§ 654 und 656 ZPO etwas anderes bestimmen.

2. Die erweiterte Auskunftspflicht nach § 643 ZPO

Gemäß § 643 I ZPO kann das Gericht den Parteien in Unterhaltsstreitigkeiten des § 621 I Nrn. 4, 5 und 11 ZPO aufgeben, **Auskunft über ihre Einkünfte** unter Vorlage entsprechender Belege und, soweit es für die Bemessung des Unterhalts von Bedeutung ist, über ihr Vermögen und ihre persönlichen Verhältnisse zu geben. Damit wird nicht etwa – wie vielfach befürchtet worden ist – eine Verpflichtung des Gerichts zur Amtsermittlung eingeführt. Vielmehr sollen nur die schon nach § 273 ZPO bestehenden Möglichkeiten, das Verfahren nach pflichtgemäßem Ermessen zu fördern, erweitert werden[42]). Dies ist zu begrüßen und entspricht bereits vielfach richterlicher Praxis. Es werden sich dadurch oft langwierige Auskunftsverfahren erübrigen. Unterhaltsverfahren können beschleunigt und Berufungsverfahren vermieden werden, wenn bereits in erster Instanz mit genauen und zeitnahen Zahlen gerechnet werden kann.

---

[42]) BR-Drucks. 959/96, S. 40 li. Sp. zu Abs. 1.

Gemäß § 643 II ZPO erhält das Gericht noch weitergehende Befugnisse. Wenn nämlich eine Partei einer Aufforderung nach Abs. I nicht oder nicht vollständig nachkommt, kann das Gericht über die Höhe der Einkünfte des Schuldners **Auskünfte bei Arbeitgebern und bestimmten sonstigen Leistungsträgern** einholen. Diese sind gemäß Abs. III verpflichtet, die Auskunft zu erteilen, und können, mit Ausnahme der Finanzämter, gemäß Abs. III S. 2 in entsprechender Anwendung des § 390 ZPO durch Zwang dazu angehalten werden. Finanzämter sind gemäß Abs. II Nr. 3 nur in Rechtsstreitigkeiten, die den Unterhaltsanspruch eines minderjährigen Kindes betreffen, zur Auskunftserteilung über die Einkünfte und das Vermögen des Schuldners verpflichtet. Diese Beschränkung der Auskunftspflicht der Finanzämter wird damit begründet, daß (nur) in diesen Fällen das öffentliche Interesse an der Festsetzung und Erhebung von Steuern und der damit verbundenen Wahrung des Steuergeheimnisses zurücktrete[43]).

Es mag dahinstehen, ob die Existenzsicherung von Ehegatten und alleinerziehenden Elternteilen nicht ebenso vorrangig vor der Wahrung des Steuergeheimnisses ist. Jedenfalls ist die **Beschränkung der Auskunftspflicht auf Unterhaltsverfahren minderjähriger Kinder** dann nicht praktikabel, wenn es sich um Verfahren handelt, in denen *auch* Ehegatten, geschiedene Ehegatten oder nicht miteinander verheiratete Elternteile Unterhalt verlangen. Zu fragen ist, ob dann das Finanzamt überhaupt zur Auskunft verpflichtet ist und, wenn ja, inwieweit die Auskunft verwertet werden darf.

Wenn die Existenzsicherung der minderjährigen Kinder Vorrang vor der Wahrung des Steuergeheimnisses hat, wird die Frage nur so entschieden werden können, daß das Finanzamt die Auskunft stets erteilen muß, wenn ein minderjähriges Kind am Verfahren *beteiligt* ist. Dann muß die Auskunft aber jedenfalls auch in bezug auf alle am Verfahren beteiligten gleichrangigen Gläubiger verwertbar sein. Denn im Unterhaltsverbundverfahren muß für alle Berechtigten von demselben Einkommen und Vermögen des Verpflichteten ausgegangen werden können, weil die Bemessung der Unterhaltsbeträge in der Regel voneinander abhängt. Diese Lösung verstößt nicht zu Lasten des Verpflichteten gegen das Steuergeheimnis, weil dieser nach herrschender Rechtsprechung[44]) ohnehin gemäß §§ 1361 IV S. 4, 1580,

---

[43]) BR-Drucks. 959/96, S. 41 li. Sp.
[44]) *BGH*, FamRZ 1982, 151, 152, und 1982, 680 f., sowie *Kalthoener/Büttner* [Fn. 25], Rz. 604–606, m.w.N.

1605 BGB zur Vorlage von Steuererklärungen und Steuerbescheiden, die zur Ermittlung seiner Leistungsfähigkeit erforderlich sind, verpflichtet ist.

3. Einstweilige Anordnungen nach § 644 ZPO

§ 644 ZPO erweitert die bisher gemäß § 620 ZPO nur für Ehesachen geltende Möglichkeit, Unterhalt durch einstweilige Anordnung zuzusprechen, auf **alle Unterhaltsklagen** vor dem Familiengericht. Voraussetzung ist die Anhängigkeit einer Klage oder eines Prozeßkostenhilfegesuchs für eine solche Klage. Diese Sonderregelung für den einstweiligen Rechtsschutz in allen Unterhaltssachen verdrängt, wie bisher schon in Ehesachen, die Vorschriften über die einstweilige Verfügung. Letztere ist unzulässig, wenn und soweit eine einstweilige Anordnung zulässig ist[45]).

4. Das vereinfachte Verfahren nach den §§ 645 ff. ZPO

Das vereinfachte Verfahren soll nun *allen* minderjährigen Kindern die Möglichkeit eröffnen, einfacher, schneller und kostengünstiger zu einem Unterhaltstitel zu kommen als mit einem Klageverfahren. Ob diese Intention des Gesetzgebers tatsächlich in größerem Umfang verwirklicht werden wird, bleibt abzuwarten. Das Verfahren ist jedenfalls komplizierter als sein Name und wird häufig den materiell-rechtlich angemessenen Unterhalt nicht treffen. Deshalb ist es auch eher unwahrscheinlich, daß der Kindesunterhalt in einer großen Zahl von Fällen im vereinfachten Verfahren abschließend geregelt werden kann.

Sind die Parteien über Grund und Höhe des Unterhalts einig, werden sie – wie bisher – die kostenlose Beurkundung beim Jugendamt gemäß § 59 I Nr. 3 KJHG (SGBVIII) vorziehen. Nach dieser Bestimmung können auch noch für volljährige Kinder, die das 21. Lebensjahr noch nicht vollendet haben, Unterhaltstitel geschaffen werden, während im vereinfachten Verfahren nach den §§ 645 ff. ZPO nur minderjährige Kinder Unterhalt verlangen können.

Streiten die Parteien über den Unterhalt, wird wiederum eine Abwägung der Vor- und Nachteile des vereinfachten Verfahrens gegenüber dem Klageverfahren im Einzelfall erforderlich.

---

[45]) *Thalmann*, in: *Wendl/Staudigl* [Fn. 39], § 8 Rz. 242–245.

a) Vorteile

Bei Streit nur um eine **Unterhaltsspitze** oder darüber, ob **mehr als der Regelbetrag** geschuldet wird, kann das vereinfachte Verfahren dem Kind den Vorteil bringen, daß es außer der Titulierung des vom Schuldner anerkannten Betrages oder des Regelbetrages (unter Berücksichtigung der nach § 1612b oder § 1612c BGB zu verrechnenden Leistungen) die Auskunft über dessen Einkünfte, sein Vermögen und seine persönlichen und wirtschaftlichen Verhältnisse sowie Belege über die Einkünfte erhält, auch wenn es ohne Begründung Unterhalt über den Regelbetrag hinaus bis zum eineinhalbfachen Regelbetrag verlangt hat. Denn der Schuldner kann gemäß § 648 II S. 3 ZPO den Einwand eingeschränkter Leistungsfähigkeit nur erheben, wenn er die Auskunft erteilt und die Belege vorlegt. Das Kind kann dann die Erfolgsaussichten eines sich anschließenden Rechtsstreits über die noch begehrte Unterhaltsdifferenz beurteilen, ohne auf eine Auskunfts- oder Stufenklage oder auf das Ermessen des Gerichts nach § 643 ZPO angewiesen zu sein.

Die **Auskunftspflicht des Schuldners** geht nach dem Wortlaut des § 648 II S. 3 ZPO sogar über diejenige nach § 1605 I S. 1 BGB hinaus, weil die Auskünfte gemäß § 1605 BGB nur zu erteilen sind, *soweit* sie zur Feststellung eines Unterhaltsanspruchs oder einer Unterhaltsverpflichtung erforderlich sind. Auch nach § 643 I ZPO kann das Gericht die Auskunft über das Vermögen und die persönlichen und wirtschaftlichen Verhältnisse nur verlangen, soweit dies für die Bemessung des Unterhalts von Bedeutung ist.

Es bestehen Bedenken, ob die Auskunftsverpflichtung im vereinfachten Verfahren weiter gehen kann, als dies der materiell-rechtlichen Verpflichtung des Schuldners gemäß § 1605 BGB entspricht. Ob dies durch die Intention des Gesetzgebers, das Kind solle durch die Auskunft eine Grundlage für eine außergerichtliche Verhandlung mit dem Gegner und für die Prüfung erhalten, wie die Aussichten einer weiteren Rechtsverfolgung einzuschätzen seien[46]), gerechtfertigt werden kann, erscheint zweifelhaft. Dafür könnte aber sprechen, daß der Gegner die Ursächlichkeit der Auskunft für die Bemessung des Unterhalts nicht selbst beurteilen dürfen soll und daß auch der Rechtspfleger im vereinfachten Verfahren hierzu nicht befugt ist.

Das vereinfachte Verfahren kann sich auch für Kinder empfehlen, die **nicht in einem Unterhaltsverbund mit Ehegatten** oder geschie-

---

[46]) BR-Drucks. 959/96, S. 46 li. Sp.

denen Ehegatten stehen, weil dann der Unterhalt nach der DT verhältnismäßig einfach zu ermitteln ist. Da die DT 1998 aber zwölf Einkommensgruppen aufweist und damit innerhalb der Gruppen geringere Einkommensspannen als bisher, müßte – vor allem bei einer Unterhaltspflicht für nur ein Kind – geklärt werden, um wieviel Gruppen das Kind höher einzustufen ist. Die DT überläßt diese Entscheidung der Angemessenheitsprüfung[47]). Eine Unterhaltsverpflichtung des Schuldners auch nach § 1615l BGB würde die Wahl des vereinfachten Verfahrens allerdings nicht berühren, weil diese Verpflichtung dem Kindesunterhalt nachrangig ist.

b) Nachteile

Das vereinfachte Verfahren empfiehlt sich aber nicht, wenn außer dem minderjährigen Kind oder auch mehreren Kindern ein **gleichrangig berechtigter** Elternteil Unterhalt verlangt. Denn dann hängen die für jeden Berechtigten zu zahlenden Unterhaltsbeträge voneinander und davon ab, ob dem Schuldner ein im Verhältnis angemessener Betrag für seinen eigenen Bedarf verbleibt (Bedarfskontrollbetrag).

Schließlich ist das vereinfachte Verfahren nicht für **Mangelfälle** geeignet. Das Kind kann zwar einen unter dem Regelbetrag liegenden Vomhundertsatz beantragen. Es wird aber auch nach Vorlage von Belegen über die Einkünfte des Schuldners kaum in der Lage sein, die schon für die Gerichte komplizierte Mangelberechnung vorzunehmen und auch noch die kindbezogenen Leistungen angemessen zu verrechnen. Das Kind kann sich auch nicht mit einem von dem Schuldner anerkannten, unter dem Regelbetrag liegenden Unterhalt zufrieden geben, ohne zu wissen, ob es sich dabei um den tatsächlich geschuldeten Unterhalt handelt. Gerade bei der Mangelverteilung, an der auch ein Ehegatte oder ein geschiedener Ehegatte beteiligt ist, hängt die Höhe des Unterhalts von der Eingruppierung des Kindes und der Quote für den Ehegatten oder den geschiedenen Ehegatten ab und, insbesondere wenn mehrere Kinder beteiligt sind, von der Entscheidung, wie die kindbezogenen Leistungen zu verrechnen sind.

Ist also für das Kind absehbar, daß ein streitiges Verfahren nicht vermieden werden kann, sei es, weil der Unterhalt für mehrere gleichrangig Berechtigte nur im Unterhaltsverbund angemessen zu ermitteln ist, sei es wegen einer nicht getrennt durchführbaren Mangelberechnung, kommt das Kind schneller und einfacher zu einem – vor-

---

[47]) DT [Fn. 4], Anm. A 1, und *Scholz* [Fn. 4].

läufigen – Unterhaltstitel, wenn es seinen Unterhalt durch eine **einstweilige Anordnung nach §§ 644, 620a–620g ZPO** regeln läßt.

Ein Anreiz, die einstweilige Anordnung der Vorschaltung eines vereinfachten Verfahrens vorzuziehen, liegt nicht nur darin, daß dann derselbe Richter – und nur der Richter – über den vorläufigen und den endgültigen Unterhalt entscheidet. Die einstweilige Anordnung ist auf Antrag auch jederzeit gemäß § 620b ZPO abänderbar, allerdings gemäß § 620c S. 2 ZPO nur in derselben Instanz.

Im **Anwaltsprozeß** ist zu beachten, daß die Gebühr für die Tätigkeit des Anwalts im vereinfachten Verfahren gemäß § 44 II S. 1 BRAGO auf die Prozeßgebühr angerechnet wird, die der Anwalt im nachfolgenden streitigen Verfahren erhält (§ 651 ZPO), während die Gebühren für das Verfahren der einstweiligen Anordnung zusätzlich entstehen.

c) Abänderung

Eine im vereinfachten Verfahren erfolgte Unterhaltsfestsetzung kann, wenn sie rechtskräftig geworden ist, nach der Sondervorschrift des § 654 I ZPO von beiden Parteien nur mit einer Abänderungsklage angegriffen werden. Diese Klage ist weder an die Voraussetzungen des § 323 ZPO noch an die des § 767 ZPO geknüpft[48]). Für den Schuldner bestimmt jedoch § 654 II ZPO, daß er eine Herabsetzung des Unterhalts für die Vergangenheit nur verlangen kann, wenn er die Klage innerhalb eines Monats nach Rechtskraft der Unterhaltsfestsetzung erhebt, allerdings mit der Ausnahme, daß diese Frist sich bis zur Beendigung eines Verfahrens über die Klage des Kindes verlängert, wenn diese innerhalb der Monatsfrist anhängig geworden ist. Das Kind sollte also aus seiner Sicht vor Erhebung einer Klage auf Heraufsetzung des Unterhalts die Monatsfrist verstreichen lassen.

5. Das vereinfachte Verfahren nach § 655 ZPO

Nach § 655 I ZPO können alle auf wiederkehrende Unterhaltsleistungen gerichteten Vollstreckungstitel, in denen ein Betrag der nach den §§ 1612b, 1612c BGB anzurechnenden Leistungen festgelegt ist, in einem vereinfachten Verfahren durch Beschluß abgeändert werden, wenn sich **ein für die Berechnung dieses Betrages maßgebender Umstand ändert.** Durch dieses vereinfachte Verfahren soll die auf-

---

[48]) BR-Drucks. 959/96, S. 48 li. Sp., zu § 654 ZPO.

wendigere Abänderungsklage vermieden werden. Soweit das vereinfachte Verfahren statthaft ist, können Unterhaltstitel gemäß § 323 V ZPO nur dann im Rahmen einer Abänderungsklage abgeändert werden, wenn die Anpassung zu einem Unterhaltsbetrag führen würde, der wesentlich von dem Betrag abweicht, der der Entwicklung der besonderen Verhältnisse der Parteien Rechnung trägt.

a) Kindergeld

Ein maßgebender Umstand i. S. des § 655 I ZPO liegt z. B. dann vor, wenn sich die Höhe des gesetzlichen Kindergeldes ändert oder etwa, wenn ein erstes Kind aus dem Kindergeldbezug ausscheidet und das bisher dritte Kind nun als zweites Kind weniger Kindergeld erhält.

Beispiel:

Titulierter Unterhalt für

K 1 (17 Jahre): 502 DM abzüglich 110 DM Kindergeld,

K 2 (10 Jahre): 424 DM abzüglich 110 DM Kindergeld,

K 3 (5 Jahre): 349 DM abzüglich 150 DM Kindergeld.

K 1 wird 18 Jahre alt und erzielt eigenes Einkommen von mehr als 12.360 DM im Kalenderjahr. Damit entfällt der Anspruch der Eltern gemäß § 32 IV S. 2, VI S. 1 EStG auf den Kinderfreibetrag und damit auch auf das als Steuervergütung gezahlte Kindergeld. K 2 wird zum ersten und K 3 zum zweiten Kind für die Berechnung des Kindergeldes.

Mithin ist der Titel gemäß § 655 I ZPO dahin abzuändern, daß für K 3 nicht mehr 150 DM, sondern nur noch 110 DM Kindergeld zu verrechnen sind. Der Schuldner muß also 349 DM – 110 DM = 239 DM monatlich für K 3 bezahlen, anstatt wie bisher 349 DM – 150 DM = 199 DM. Insoweit wird die Abänderung durch die neue Anrechnungsmethode nach § 1612b I BGB vereinfacht.

b) Mangelfall

Auch in Mangelfällen, bei denen das Kindergeld gemäß § 1612b V BGB nicht oder nur teilweise angerechnet wurde, weil der Schuldner nicht imstande war, den Regelbetrag zu bezahlen, ist das vereinfachte Verfahren nach §§ 655 ff. ZPO statthaft, weil es sich in der Mehrzahl um geringfügige Änderungen handeln wird, für die das Verfahren nach § 323 ZPO nicht zulässig ist. Allerdings müssen sich die verrechneten Beträge aus dem Tenor oder den Gründen des abzuändernden Titels eindeutig ergeben.

Beispiel:

Nach dem vorhandenen Titel muß der Schuldner für sein 12jähriges Kind monatlichen Unterhalt i. H. von 427 DM abzüglich 35 DM Kindergeldanteil bezahlen. Die übrigen 75 DM vom Kindergeldanteil des Schuldners (110 DM – 35 DM = 75 DM) wurden nicht angerechnet, weil dieser Betrag zur Auffüllung des Unterhalts von 427 DM auf den Regelbetrag von 502 DM benötigt wurde. Wenn nun die Regelbeträge zum 1. 7. 1999 beispielsweise um 2 % erhöht würden, betrüge der Regelbetrag für die 3. Altersstufe (502 DM + 2 % = 512,04 DM = aufgerundet) 513 DM. Das Kind bräuchte vom Kindergeldanteil des Schuldners weitere 11 DM, damit es den Regelbetrag von 513 DM hätte. Der Titel wäre dahin zu ändern, daß nur noch (35 DM – 11 DM =) 24 DM vom Kindergeldanteil anzurechnen sind.

So könnte die Anrechnung des Kindergeldanteils auch ganz entfallen, wenn das hälftige Kindergeld des Schuldners zusammen mit dem titulierten Unterhalt den Regelbetrag nicht mehr erreicht. Das könnte z. B. der Fall sein, wenn ein Kind in eine höhere Altersstufe aufsteigt.

Der umgekehrte Fall, daß nämlich Kindergeld in größerem Umfang anzurechnen wäre, käme in Betracht, wenn sich die Regelbeträge bei der Anpassung an die Durchschnittsnettolöhne einmal nach unten bewegen würden.

Ob eine Abänderung im vereinfachten Verfahren nach § 655 I ZPO auch dann statthaft ist, wenn ein an sich zu verrechnender Teil des Kindergeldes zur Auffüllung des Regelbetrages anderer Kinder oder für den Bedarf des betreuenden Elternteils einzusetzen war[49]), ist zweifelhaft.

Der Intention des Gesetzgebers entsprechend, ein möglichst einfaches Verfahren für die Änderung errechenbarer Beträge, die aber die Wesentlichkeitsgrenze des § 323 ZPO nicht erreichen, zur Verfügung zu stellen, sollte die Abänderung auch in solchen Fällen nach §§ 655 ff. ZPO möglich sein. Voraussetzung dafür ist aber, daß aus dem abzuändernden Titel eindeutig hervorgeht, in welcher Höhe die Kindergeldanteile auf den Unterhalt jedes einzelnen Kindes angerechnet wurden und wem jeweils und in welcher Höhe die nicht angerechneten Beträge zugute kommen sollten.

c) Volljährigkeit

Eine weitere Frage ist, ob die Abänderung nach den §§ 655 ff. ZPO noch erfolgen kann, wenn das berechtigte Kind inzwischen voll-

---

[49]) Siehe Beispiele S. 368 und S. 371.

jährig geworden ist, aus dem Unterhaltstitel i. S. des § 1612a BGB aber gemäß § 798a ZPO weiterhin vollstrecken kann. Diese Frage ist zu verneinen. Die vereinfachten Verfahren nach §§ 645 ff. und 655 ff. ZPO sollen, wie bereits die Überschrift des zweiten Titels des sechsten Abschnitts des sechsten Buches der ZPO zeigt, nur Unterhaltstitel (noch) minderjähriger Kinder erfassen. Eine ausdehnende Anwendung des Verfahrens nach §§ 655 ff. ZPO auf die Fälle des § 798a ZPO ist nicht vorgesehen und auch nicht geboten.

Da der Unterhaltsbedarf eines volljährig gewordenen Kindes steigt, der Rang sich – außer bei den privilegierten 18–20jährigen Schülern – ändert und beide Elternteile barunterhaltspflichtig werden, ist die Abänderungsklage der richtige Weg, den Unterhaltsanspruch des Kindes insgesamt neu zu bemessen.

III. Ausblick

Die aufgezeigten Fragen und Probleme erschöpfen die Schwierigkeiten nicht, die das KindUG in der gerichtlichen Praxis mit sich bringen wird. Viele Fragen werden sich erst bei der Anwendung des Gesetzes auf den Einzelfall stellen. Die Rechtsprechung wird – wie immer – auch *die* Probleme lösen müssen, die zu lösen der Gesetzgeber ihr vorbehalten hat.

Ob das Gesetz sich bewähren und – der Intention des Gesetzgebers entsprechend – in einer großen Zahl von Fällen zu einer einfachen, schnellen und kostengünstigen Unterhaltsregelung für die minderjährigen Kinder führen wird, muß die Zukunft erweisen.

Der Betreuungsunterhalt der Mutter eines nichtehelichen Kindes[1]

Von Jutta Puls, Richterin am OLG Hamburg

Übersicht

I. Einleitung
II. Historisches
III. Privatrechtliche oder öffentlichrechtliche Absicherung des Betreuungsbedarfs
IV. Reformbedarf
    1. Ungleichbehandlung ehel. und ne. Kinder
    2. Mehrbelastung des Vaters
V. Die Ausweitung des Betreuungsunterhalts für Mütter ne. Kinder durch das KindRG
    1. Weiterhin Benachteiligung ne. Kinder?
    2. Vorschlag des Bundesrates zum Anspruch auf Betreuungsunterhalt
    3. Betreuungsunterhalt als Anspruch des Kindes?
VI. Einzelheiten der Neuregelung
    1. Erwerbsobliegenheit der Mutter
        a) Erwerbsobliegenheit trotz Kindesbetreuung?
        b) Prämissen des Phasenmodells im Wandel
        c) Kindesbetreuung durch den Vater oder Dritte
        d) Einfluß des Arbeitsmarktes auf die mütterliche Erwerbsobliegenheit
        e) Schlußfolgerung für die Erwerbsobliegenheit der Mutter
        f) Billigkeitsklausel
    2. Bemessung des Unterhalts
        a) Unterhalt entsprechend der Lebensstellung der Mutter
        b) Unterschiedliche Lebensstellung von Mutter und Kind
        c) Lebensstellung der Mutter
        d) Kausalität der Kindesbetreuung für Einbußen am Erwerbseinkommen

---

[1] Der Beitrag beruht auf einem Vortrag, gehalten vor der Wissenschaftlichen Vereinigung für Familienrecht am 31. 5. 1997.

3. Haftung für den Anspruch auf Betreuungsunterhalt
   a) Haftung mehrerer Schuldner für den Betreuungsbedarf
   b) Kindesbetreuung durch Vater und Mutter
4. Rang des Anspruchs auf Betreuungsunterhalt
VII. Weitere Reformüberlegungen
VIII. Schlußbemerkung

I. Einleitung

Wenn Solidarität mit Bedürftigen nicht oder nicht mehr besteht, ist die Gesellschaft in Gestalt des Gesetzgebers aufgerufen zu entscheiden, ob und in welchem Maße gesetzliche Unterhaltspflichten begründet werden sollen. Damit ist die Frage aufgeworfen, ob das schon vor der Reform des Kindschaftsrechts gesetzlich anerkannte Bedürfnis ehelicher [ehel.] und nichtehelicher [ne.] Kinder nach Betreuung und Erziehung[2]) dadurch gesichert werden muß, daß den Personen, die diesen Bedarf erfüllen und deshalb keiner Erwerbstätigkeit zur Deckung ihres Lebensunterhalts nachgehen, Unterhaltsansprüche zuzubilligen sind. Die Aufgabe, Kinder großzuziehen, übernehmen in unserer Gesellschaft heute (noch?) regelmäßig die Mütter, unabhängig davon, ob ihre Kinder ehel. oder ne. geboren sind. Auch nach Trennung und Scheidung leben die Kinder zumeist in der Obhut ihrer Mutter, selbst wenn die Eltern für die aus ihrer Ehe hervorgegangenen Kinder das Sorgerecht weiterhin gemeinsam ausüben[3]). Vermutlich wird diese Rollenverteilung in der Mehrzahl der Fälle praktiziert werden, wenn ab Inkrafttreten des Gesetzes zur Reform des Kindschaftsrechts [KindRG] am 1. 7. 1998[4]) auch die Eltern eines ne. Kindes das Sorgerecht einvernehmlich ausüben können, die Eltern aber keinen gemeinsamen Haushalt führen[5]). Wegen der sprachlichen Vereinfachung bezeichne ich im folgenden den betreuenden Elternteil als Mutter, ohne damit etwa einer Rollenfestschreibung das Wort reden zu wollen[6]).

---

[2]) Vgl. § 1610 II BGB einerseits und § 1615a a. F. i. V. mit § 1610 II BGB andererseits.

[3]) Wegen der gemeinsamen elterlichen Sorge für ehel. Kinder nach Trennung und Scheidung der Eltern vor Inkrafttreten des KindRG vgl. *BVerfG*, FamRZ 1982, 1179.

[4]) Gesetz zur Reform des Kindschaftsrechts [KindRG] v. 16. 12. 1997, BGBl I 2942.

[5]) § 1687 BGB n. F.

[6]) Zum Betreuungsunterhaltsanspruch des Vaters gegen die Mutter des ne. Kindes vgl. § 1615l V BGB n. F.; siehe dazu *Büdenbender*, S. 421 ff.

Anläßlich der Reform des Kindschaftsrechts war zu klären, wie der Unterhaltsbedarf auslösende Verzicht von Müttern auf Erwerbstätigkeit wegen Betreuung ihrer ne. Kinder künftig kompensiert werden soll[7]). Dabei ist die Orientierung durch das mit dem Reformvorhaben erklärtermaßen verfolgte Ziel[8]) vorgegeben, rechtliche Unterschiede zwischen ehel. und ne. Kindern soweit wie möglich abzubauen und damit Art. 6 V GG zu genügen, wonach den ne. Kindern durch die Gesetzgebung die gleichen Bedingungen für ihre leibliche und seelische Entwicklung in der Gesellschaft zu schaffen sind wie den ehel. Kindern. Nach geltendem Recht ist der Betreuungsbedarf von Kindern abhängig von ihrem ehel. oder ne. Status. Dem Betreuungsbedarf ehel. Kinder (§ 1610 II BGB) wird in intakter Familie dadurch entsprochen, daß die Eltern ihrer wechselseitigen Pflicht genügen, zum Familienunterhalt beizutragen (§§ 1356, 1360, 1360a I, II BGB). Nach Trennung und Scheidung hat ein Ehegatte für den Unterhalt des anderen Ehegatten aufzukommen, solange und soweit von diesem wegen der Pflege oder Erziehung eines gemeinschaftlichen Kindes eine Erwerbstätigkeit nicht erwartet werden kann (vgl. §§ 1361 I, II, 1570 BGB). Demgegenüber ist der jetzt in § 1615l BGB n. F. normierte Anspruch einer Mutter, die ihr ne. Kind großzieht und deshalb einer Erwerbstätigkeit nicht nachgeht, deutlich schwächer ausgestaltet, weil die Verpflichtung des Vaters dieses Kindes zur Leistung von Betreuungsunterhalt spätestens drei Jahre nach der Entbindung, von Fällen grober Unbilligkeit abgesehen, endet.

II. Historisches

Von alters her schlecht bestellt ist es im deutschen Recht um die unterhaltsrechtliche Position einer ihr ne. Kind betreuenden und deshalb nicht oder nur ein-

---

[7]) Zum Reformbedarf vgl. Verhandlungen des 57. DJT 1988, insbesondere *Lieb,* Empfiehlt es sich, die rechtlichen Fragen der nichtehelichen Lebensgemeinschaft gesetzlich zu regeln?, A 82 ff., 85 ff.; Verhandlungen des 59. DJT 1992, *Schwenzer,* Empfiehlt es sich, das Kindschaftsrecht neu zu regeln?, A 1 ff. (zum Unterhaltsanspruch der Mutter eines ne. Kindes, A 51 ff.) sowie die Referate zum Betreuungsunterhalt von *Zenz,* M 21 ff., *Willutzki,* M 41 ff., *Diederichsen,* M 73 ff.; Deutscher Juristinnenbund, 30. Arbeitstagung in Weimar, 1993, Familienrechtskommission, S. 182 ff.; *Knöpfel,* FamRZ 1983, 317 ff.; *ders.,* ZRP 1990, 234 ff.; *E. M. von Münch,* ZRP 1988, 327 ff.; *Battes,* ZRP 1988, 355 ff.; *Bosch,* FamRZ 1991, 1121, 1131; *Peschel-Gutzeit/Jenckel,* FuR 1996, 129, 136.

[8]) Gesetzentwurf der Bundesregierung v. 22. 3. 1996 zur Reform des Kindschaftsrechts, BR-Drucks. 180/96, S. 1.

geschränkt erwerbstätigen Mutter im Vergleich zu den Ansprüchen, die der Mutter eines ehel. Kindes nach einer Scheidung vom Vater dieses Kindes wegen Kindesbetreuung zugebilligt werden, obwohl die Lebenswirklichkeiten der geschiedenen Mutter und der Mutter eines ne. Kindes einander sehr ähnlich sind[9]).

Die von der Gesellschaft bis vor kurzem und mancherorts noch heute praktizierte Ächtung der ne. Geburt treffen die Mutter und ihr Kind gleichermaßen. Die gesetzliche Einstandspflicht des Vaters war früher allenfalls für den Unterhalt seines ne. Kindes im Kleinkindalter vorgesehen, während die Unterhaltspflicht des Vaters gegenüber der Mutter des ne. Kindes sich lediglich auf die Zeit unmittelbar vor und nach der Entbindung erstreckte und den Ersatz der Aufwendungen für die Hebamme und die Taufe des Kindes umfaßte[10]). Die wirtschaftliche Not und die den Müttern in allen Lebenssituationen vorgehaltene Schande ihrer „sittlichen Verfehlung" veranlaßten die Mütter häufig zu Abtreibung, Kindestötung und Selbstmord; die Kinder verwahrlosten oft. Erst Mitte des 18. Jahrhunderts setzte sich aus naturrechtlicher Einsicht und aus bevölkerungspolitischen Gründen die Überzeugung durch, daß – wie es im Entwurf zum Preußischen Allgemeinen Landrecht heißt – „kein anderer Weg übrig bleibt, als die Motive, welche oftmals zur Verwahrlosung der Kinder führen – Furcht der Schande und Furcht des erschwerten Unterhalts – soviel als möglich zu beseitigen und andere hinzustellen, welche die Geschwächte für die Erhaltung des Kindes interessieren"[11]).

Das Allgemeine Landrecht von 1794 verbesserte jedenfalls in den preußischen Staaten die Lage der Mütter und ihrer ne. Kinder. Einer bis zur Empfängnis unbescholtenen „Weibsperson" war vom „Schwängerer" möglichst vollständige Genugtuung zu leisten[12]). Dies bedeutete, daß der Schwängerer „vom Richter ernstlich aufgefordert und gemahnt werden mußte, die Ehe mit der Geschwächten zu vollziehen". Im Weigerungsfall und bei Ehehindernissen wurden der „Geschwächten" grundsätzlich alle Rechte einer unschuldig geschiedenen Ehefrau zuerkannt und ihr ein Sechstel bis ein Viertel des Vermögens des Schwängerers als Abfindung gewährt. Anstelle der Abfindung konnte sie die vom Stande des „Schwängerers" abgeleitete „standesgemäße Verpflegung" bis an ihren Tod vom „Schwängerer" bzw. aus dessen Nachlaß fordern[13]), und zwar auch dann, wenn sie einen anderen Mann heiratete[14]). Dieses entschiedene Eintreten des damaligen

---

[9]) *Engstler*, Die Familie im Spiegel der amtlichen Statistik, 1997, erstellt im Auftrag des Bundesministeriums für Familie, Senioren, Frauen und Jugend in Zusammenarbeit mit dem Statistischen Bundesamt; *Vaskovics/Buba/Rost/Rupp*, Lebenslage nichtehelicher Kinder, Bamberg 1994.

[10]) Wegen weiterer Einzelheiten vgl. *E.-A. Büttner*, Die rechtliche Stellung des nichtehelichen Kindes im preußischen ALR von 1794, FamRZ 1994, 1497 ff.

[11]) Entwurf zum Preussischen Allgemeinen Landrecht [PALR], Theil I, S. 149, zitiert nach *E.-A. Büttner* [Fn. 10].

[12]) PALR von 1794, II. Theil, 1. Titel, 11. Abschnitt, §§ 1044 bis 1046.

[13]) PALR von 1794, II. Theil, 1. Titel, 11. Abschnitt, §§ 1047–1052, 1073, 8. Abschnitt, §§ 785 ff.

[14]) PALR von 1794, II. Theil, 1. Titel, 8. Abschnitt, § 805.

Gesetzgebers zugunsten ne. Kinder und ihrer Mütter stieß in der Gesellschaft auf heftigen Widerstand. In der Folgezeit wurden die zugunsten von Müttern ne. Kinder eingeführten Verbesserungen wieder abgeschafft.

Bei der Einführung des Bürgerlichen Gesetzbuches i. J. 1900 ließ man es damit bewenden, daß der Vater eines ne. Kindes der Mutter die Kosten der Entbindung und, falls infolge der Schwangerschaft oder Entbindung weitere Aufwendungen notwendig wurden, auch die damit entstehenden Kosten zu ersetzen hatte; damit waren Aufwendungen infolge schwangerschafts- oder entbindungsbedingter Krankheit und damit einhergehender Erwerbsunfähigkeit gemeint[15]).

Das Gesetz über die rechtliche Stellung ne. Kinder von 1969[16]) erweiterte die Ansprüche der Mutter eines ne. Kindes gegen dessen Vater um echte Unterhaltspflichten für die Dauer von sechs Wochen vor und acht Wochen nach der Geburt[17]). Soweit die Mutter einer Erwerbstätigkeit nicht nachging, weil sie infolge der Schwangerschaft oder einer durch die Schwangerschaft oder die Entbindung verursachten Krankheit dazu außerstande war, hatte der Vater der Mutter über den bezeichneten Zeitraum hinaus Unterhalt zu gewähren. Das gleiche galt, wenn die Mutter nicht oder nur beschränkt erwerbstätig war, weil das Kind andernfalls nicht versorgt werden konnte. Diese Unterhaltspflicht begann frühestens vier Monate vor der Geburt und endete spätestens ein Jahr nach der Entbindung.

Das Familienrecht der Deutschen Demokratischen Republik kannte bis zuletzt keine Unterhaltspflicht des Vaters gegenüber der Mutter seines ne. Kindes. Zwar wurde die Verantwortung des Mannes für die infolge Kindesbetreuung veränderten Lebensbedingungen und Entwicklungsmöglichkeiten der Frau gesehen. Aber von der Normierung von Unterhaltspflichten des Vaters für die Mutter des ne. Kindes wurde Abstand genommen, um die Entschließungsfreiheit der Eltern des Kindes, einander nicht zu heiraten, zu gewährleisten, die Beziehungen zwischen den Eltern nicht zu belasten und die Würde der Frau zu schützen[18]). Stolz wurde verwiesen auf die vielfältigen rechtlichen Regelungen und staatlichen wie gesellschaftlichen Maßnahmen, die in sozialistischen Verhältnissen sicherstellen, daß die Frau ihr Leben selbständig und unabhängig gestalten kann[19]).

---

[15]) *Staudinger/Engelmann*, BGB, 4. Band, 1899, § 1715, S. 516 f. Diese Ansprüche waren schon nach damaligem Verständnis nicht etwa deliktsrechtlicher Natur; strittig war aber, ob es sich um Unterhaltsansprüche oder gesetzliche Ersatzansprüche sui generis handelte, vgl. a.a.O., S. 517, m.w.N.
[16]) In Kraft seit dem 1. 7. 1970, BGBl 1969 I 1243.
[17]) Siehe Fn. 16; § 1615l BGB.
[18]) *Grandke* u. a., Familienrecht, Lehrbuch 1976, S. 325.
[19]) Vgl. Fn. 18, S. 326.

Im wiedervereinigten Deutschland wurde durch das Schwangeren- und Familienhilfeänderungsgesetz v. 21. 8. 1995[20]) der Anspruch der Mutter eines ne. Kindes auf Betreuungsunterhalt erweitert auf die Dauer von längstens drei Jahren nach der Entbindung und dem Anspruch auf nachehel. Betreuungsunterhalt (§ 1570 BGB) insofern angepaßt, als die Verpflichtung zur Leistung von Betreuungsunterhalt nur noch davon abhängig ist, daß von der Mutter wegen der Pflege oder Erziehung des ne. Kindes eine Erwerbstätigkeit „nicht erwartet" werden kann. Diese Befristung erklärt sich daraus, daß ein Kind seit dem 1. 1. 1996 gemäß § 24 I KJHG nach Vollendung des dritten Lebensjahres einen Anspruch auf einen Kindergartenplatz hat und die Mutter infolge der gewährleisteten Fremdbetreuung ihren Lebensunterhalt selbst verdienen kann.

III. Privatrechtliche oder öffentlichrechtliche Absicherung des Betreuungsbedarfs

Als Ergebnis einer Analyse, wie der durch Verzicht auf Erwerbstätigkeit wegen Kindesbetreuung bedingte Unterhaltsbedarf alleinerziehender Mütter nach der Gesetzeslage vor der Reform des Kindschaftsrechts abgedeckt wird, ist – überspitzt ausgedrückt – festzustellen, daß eine Mutter den Vater ihres ehel. Kindes privatrechtlich auf Betreuungsunterhalt in Anspruch nehmen kann und dies auch tun muß, weil öffentlich-rechtliche Hilfe nur subsidiär geleistet wird[21]). Demgegenüber bleibt der Vater eines über drei Jahre alten ne. Kindes von der Pflicht zur Leistung von Betreuungsunterhalt verschont, weil die Gesellschaft ihm dies abnimmt, indem sie der wegen Kindesbetreuung bedürftigen Mutter unter den Voraussetzungen des § 18 III S. 2 BSHG einen öffentlichrechtlichen Anspruch auf Sozialleistungen in Gestalt von Hilfe zum Lebensunterhalt gewährt.

Die öffentlichrechtliche Hilfeleistung bleibt aber von Gesetzes wegen hinter dem privatrechtlich geschuldeten Unterhalt zurück, da die Zielsetzung des Unterhaltsrechts in der Bewahrung der Lebensstellung liegt und damit über die Zielsetzung des Sozialhilferechts – Wahrung der Menschenwürde[22]) – hinausgeht. Das Sozialhilferecht gewährleistet in § 18 II S. 3 BSHG nur die „geordnete" Erziehung eines Kindes, während die Betreuung eines ehel. Kindes nach der

---

[20]) BGBl 1995 I 1050, in Kraft seit dem 1. 10. 1995; Zielsetzung war u. a., den Schutz des ungeborenen Lebens dadurch zu stärken, daß die Mutter vor wirtschaftlicher Not durch Zubilligung eines Unterhaltsanspruchs gegen den Vater des ne. Kindes gesichert sein sollte, wenn sie das Kind austrägt und in dessen drei ersten Lebensjahren wegen Kindesbetreuung nicht erwerbstätig sein kann.
[21]) § 2 BSHG i.d.F. der Bekanntmachung v. 23. 3. 1994, BGBl I 646, ber. 2975.
[22]) § 1 II BSHG.

Scheidung seiner Eltern diesen Minimalstandard mit Hilfe des nachehel. Anspruchs der Mutter gegen den Vater auf Betreuungsunterhalt überschreitet, wie die Verknüpfung des § 1570 mit § 1578 und § 1574 BGB zeigt. Erklärtermaßen geht das BSHG in der genannten Vorschrift allerdings davon aus, daß eine geordnete Erziehung eines Kindes, welches das dritte Lebensjahr vollendet hat, in der Regel dann nicht gefährdet ist, wenn und soweit unter Berücksichtigung der besonderen Verhältnisse in der Familie des Hilfesuchenden die Betreuung des Kindes in einer Tageseinrichtung oder Tagespflege i. S. des KJHG sichergestellt ist. Damit ist die volle mütterliche Betreuung eines über drei Jahre alten ne. Kindes nicht selbstverständlich, so daß auf öffentliche Hilfe angewiesene Mütter trotz ihrer Betreuungsaufgabe häufig doch ihren Lebensunterhalt selbst verdienen und eine Fremdbetreuung ihres Kindes in Anspruch nehmen müssen.

Auch psychologisch ist die Inanspruchnahme öffentlicher Hilfeleistungen durch die Mutter eines ne. Kindes einem Unterhaltsanspruch insbesondere dann nicht gleichzusetzen, wenn der Vater des Kindes in guten wirtschaftlichen Verhältnissen lebt und den Betreuungsbedarf des Kindes durch Freihaltung der Mutter von Erwerbstätigkeit finanzieren könnte. Zudem können beim ne. Kind seiner gedeihlichen Entwicklung abträgliche Schuldgefühle entstehen, weil es durch seine Existenz bewirkt hat, daß die Mutter auf öffentliche Hilfeleistungen angewiesen ist und folglich im Vergleich zu ihrem Lebenszuschnitt vor der Geburt des Kindes Einbußen an ihrem Lebensstandard hinnehmen muß.

Aus Rechtsgründen kann sich daher eine Betreuungslücke zum Nachteil von über drei Jahre alten ne. Kindern ergeben, wenn ihre Mütter die öffentlichrechtlich gewährleistete Mindestbetreuung in öffentlichen Einrichtungen für nicht ausreichend halten, sich aber gehindert sehen, ihr Kind selbst zu betreuen, weil sie mangels Anspruchs auf öffentliche Unterstützung für ihren eigenen Lebensunterhalt durch Erwerbstätigkeit sorgen müssen. Diese Lücke wird nicht durch Unterhaltsansprüche der Mutter gegen ihre Eltern geschlossen: Die Großeltern ne. geborener Enkel tragen, anders als die Väter von ehel. oder ne. Kindern, keine Mitverantwortung für die Existenz und die Betreuungsbedürftigkeit der Kinder ihrer Tochter und haften ihr daher nicht auf Betreuungsunterhalt[23]).

---

[23]) *BGH*, FamRZ 1985, 273 und 1245.

IV. Reformbedarf
1. Ungleichbehandlung ehel. und ne. Kinder

Angesichts der behandelten rechtlichen Vorgaben und ihrer Auswirkungen auf die Betreuungssituation ne. Kinder ist der Reformbedarf hinsichtlich des Unterhaltsanspruchs von Müttern, die über drei Jahre alte ne. Kinder betreuen, evident. Das Zusammenspiel von öffentlichrechtlichen und privatrechtlichen Bestimmungen garantiert nicht die Chancengleichheit ehel. und ne. Kinder im Hinblick auf mütterliche Betreuung. Nach meinem Dafürhalten ist der Vater für den Betreuungsbedarf seines ne. Kindes ebenso in die Pflicht zu nehmen wie ein Vater für den Betreuungsbedarf seines ehel. Kindes einstehen muß: Solange ein Bedarf besteht, weil die Mutter ihr ne. Kind betreut und deshalb von ihr nicht erwartet werden kann, daß sie ihren Lebensunterhalt selbst verdient, hat der Vater ihr Betreuungsunterhalt zu leisten. Die Existenz und die damit einhergehende entwicklungsspezifische Betreuungsbedürftigkeit seines ne. Kindes hat der Vater kraft Zeugung als Folge vorangegangenen Tuns (mit-) zu verantworten. Der Vater ist daher ebenso wie die Mutter – diese infolge ihrer Empfängnis – verpflichtet, dem Kind die gesetzlich geschuldete Betreuung (§ 1615a a. F. und n. F. i. V. mit § 1610 II BGB) zu leisten. Erfüllt der Vater die Betreuungsaufgabe nicht selbst, muß er seiner Pflicht dadurch nachkommen, daß er der Mutter die finanziellen Mittel bereitstellt, die erforderlich sind, um die Betreuung des Kindes zu sichern, wenn die Mutter ihre Betreuungsaufgabe erfüllt und damit ihrer Unterhaltspflicht regelmäßig genügt (§ 1606 III S. 2 BGB n. F.).

Eine überzeugende Begründung für die privatrechtliche Ungleichbehandlung hinsichtlich der Dauer des Betreuungsbedarfs ehel. und ne. Kinder sucht man m. E. vergeblich. Kinder haben keinen Einfluß darauf, ob sie ehel. oder ne. geboren werden, so daß die persönliche Entscheidung von Eltern gegen eine Eheschließung sich nicht zum rechtlichen Nachteil für ihre Kinder mit einhergehendem Nachteil für deren gedeihliche Entwicklung auswirken darf, zumal Art. 6 V GG den Gesetzgeber aufgerufen hat, ehel. und ne. Kindern gleiche Bedingungen für ihre Entwicklung in der Gesellschaft zu schaffen[24]).

---

[24]) Siehe wegen eines systematischen Konzepts zur Feststellung unzulässiger Ungleichbehandlung *Jarass*, NJW 1997, 2545 ff.

2. Mehrbelastung des Vaters

Zweifellos würde eine Erweiterung der Pflicht zur Leistung von Betreuungsunterhalt den Vater eines ne. Kindes wirtschaftlich stärker als bisher beanspruchen. Infolge der Mitverantwortung für die Existenz des ne. Kindes durch Zeugung hat er aber sein Recht auf Selbstentfaltung selbst eingeschränkt, ohne daß jedoch bei einer Ausweitung seiner Haftung für den Betreuungsbedarf des Kindes sein in § 1615l III S. 1 i. V. mit § 1603 I BGB geschützter angemessener Selbstbehalt gegenüber der Mutter des Kindes gefährdet wäre. Im Lichte der besonderen Bedeutung, die den frühkindlichen Lebensbedingungen für eine gelingende Persönlichkeitsentwicklung des Kindes zukommt[25]), widerspricht eine Ausweitung der zeitlichen Inanspruchnahme des Vaters für das elementare Bedürfnis seines ne. Kindes nach Betreuung nicht dem verfassungsrechtlichen Grundsatz der Verhältnismäßigkeit[26]), wenn eine Erwerbstätigkeit der Mutter wegen Kindesbetreuung nicht erwartet werden kann. Dies wird schon an der Selbstverständlichkeit deutlich, mit der im Rahmen des Schuldrechts derjenige für einen Schaden einzustehen hat, der von ihm zurechenbar (mit-)verursacht worden ist, ohne daß er sich ggf. trotz weit gravierenderer finanzieller Konsequenzen als im Unterhaltsrecht auf eine damit für ihn verbundene Einbuße an Lebensqualität berufen dürfte.

Die Mehrbelastung des Vaters durch eine zeitliche Ausweitung seiner Einstandspflicht für den Betreuungsunterhalt der Mutter seines ne. Kindes erscheint auch öffentlichrechtlich geboten. Ein Bedürftiger soll mit den Mitteln staatlicher Fürsorge nur insoweit unterstützt werden, als der Bedürftige und die ihm gegenüber Verantwortlichen dazu außerstande sind (vgl. § 2 BSHG, Nachrang der Sozialhilfe). Vorrangig verantwortlich für den Betreuungsbedarf eines ne. Kindes ist neben der Mutter der Vater eines solchen Kindes. Eine Ausweitung des Betreuungsunterhalts über die Dauer von drei Jahren ab Geburt des ne. Kindes hinaus mag sich negativ auf die Bereitschaft von Vätern auswirken, die Vaterschaft anzuerkennen. Auch mag sie letztlich zum

---

[25]) Vgl. statt vieler nur *Erikson*, Wachstum und Krisen der gesunden Persönlichkeit, 1953; *ders.*, Identität und Lebenszyklus, 6. Aufl. 1980; *Spranger*, Psychologie des Jugendalters, 29. Aufl. 1979; *Lempp/Röcker*, Die kinder- und jugendpsych. Problematik bei Kindern aus geschiedener Ehe, ZKinderpsych. 1973, 25–35; *Goldstein/Freud/Solnit*, Jenseits des Kindeswohls, 1974; *dies.*, Diesseits des Kindeswohls, 1982.

[26]) *BVerfG*, FamRZ 1993, 657 = NJW 1993, 1517; NJW 1994, 122; FamRZ 1995, 661 = NJW 1995, 1341; FamRZ 1995, 1559 = NJW 1995, 3173; NJW 1996, 185, zum Grundsatz der Verhältnismäßigkeit.

Rückgang von Geburten jedenfalls außerhalb der Ehe oder außerhalb von eheähnlichen Partnerschaften führen, was wegen der demographischen Zusammensetzung der Bevölkerung gesellschaftspolitisch unerwünscht sein mag. Ist es aber angezeigt, solchen Entwicklungen auf Kosten betreuender Mütter und ihrer ne. Kinder zu begegnen oder wären dann nicht eher öffentlichrechtliche Unterstützungsmaßnahmen für betreuende Mütter ehel. und ne. Kinder geboten?

V. Die Ausweitung des Betreuungsunterhalts für Mütter ne. Kinder durch das KindRG

1. Weiterhin Benachteiligung der ne. Kinder?

Die Neufassung des § 1615l II S. 3 BGB[27]) lautet:

„Die Unterhaltspflicht beginnt frühestens vier Monate vor der Geburt; sie endet drei Jahre nach der Geburt, sofern es nicht insbesondere unter Berücksichtigung der Belange des Kindes grob unbillig wäre, einen Unterhaltsanspruch nach Ablauf dieser Frist zu versagen."

Sie gilt dem neu eingefügten § 1615l V BGB zufolge entsprechend für den Vater eines ne. Kindes, wenn er das Kind betreut; sein Anspruch richtet sich gegen die Mutter des Kindes.

Wenn auch eine schematische Gleichbehandlung des Betreuungsbedarfs ehel. und ne. Kinder nicht veranlaßt ist, hat der Gesetzgeber sich doch an das im Grundgesetz in Art. 6 V verbindlich vorgegebene Ziel zu halten, wirklich gleiche rechtliche Entwicklungsbedingungen für Kinder unabhängig von ihrem ehel. oder ne. Status zu eröffnen („Untermaßverbot")[28]).

Bei Anlegung dieses Maßstabs erscheint mir die auf Vorschlag der Bundesregierung im Parlament verabschiedete Regelung des § 1615l II S. 3 BGB n. F. unzureichend, weil der Anspruch der Mutter eines ne. Kindes auf Betreuungsunterhalt immer noch hinter dem entsprechenden nachehel. Anspruch gemäß § 1570 BGB zurückbleibt. Zwar waren die Tatbestandsvoraussetzungen in beiden Regelungen schon vor der Reform dieselben, weil darauf abgestellt wird, ob und inwieweit von der Mutter wegen der Pflege oder Erziehung des Kindes eine Erwerbstätigkeit nicht erwartet werden kann. Aber der Anspruch der Mutter eines ne. Kindes soll für den Regelfall auf drei Jahre nach der Entbindung begrenzt bleiben und ist nur dann nicht befristet, wenn

---

[27]) Vgl. Fn. 4, § 1615l BGB n. F.
[28]) *BVerfGE* 88, 203 ff., 260 ff.

die Versagung eines Unterhaltsanspruchs nach Ablauf dieser Frist grob unbillig wäre.

Ein solches Regel-Ausnahme-Verhältnis besteht jedoch beim nachehel. Anspruch auf Betreuungsunterhalt nicht. Der Anspruch aus § 1570 BGB ist nicht durch einen bestimmten Zeitablauf begrenzt und insbesondere wegen der Betreuung eines über drei Jahre alten Kindes nicht an die Erschwernis der groben Unbilligkeit geknüpft. Dieser Unterschied im materiellen Normgehalt wird bei der Rechtsanwendung auch nicht etwa im Ergebnis unbeachtlich sein, da die Darlegungs- und Beweislast für den Betreuungsbedarf eines ne., über drei Jahre alten Kindes nach der Neufassung des § 1615l BGB der Mutter als Gläubigerin des Unterhaltsanspruchs obliegt. Hingegen sind die Umstände, die der Mutter eines ehel. Kindes nach der Scheidung trotz Kindesbetreuung eine Erwerbstätigkeit erlauben, jedenfalls nach der Rechtsprechung des *BGH* vom Unterhaltsschuldner darzulegen und zu beweisen, sofern der Schuldner meint, von der Gläubigerin sei eine Erwerbstätigkeit in Abweichung[29] von der in der Rechtsprechung üblichen Altersstaffel[30] zu erwarten.

Eine Rechtfertigung für den unterschiedlichen regelmäßigen Zeitrahmen des Betreuungsunterhalts für Mütter ehel. und Mütter ne. Kinder vermag ich in dem unterschiedlichen Status der Mütter nicht zu erkennen. Zwar schafft die auf Lebenszeit geschlossene Ehe einen besonderen Vertrauenstatbestand, der trotz der Ehescheidung nachwirkende Solidarität erheischen kann. Insofern kann sich der verfassungsrechtlich in Art. 6 I GG garantierte besondere staatliche Schutz der Institution Ehe nach der Scheidung gemäß § 1570 BGB fraglos zugunsten des gemeinsame Kinder betreuenden Ehegatten auswirken. Der nachehel. Unterhalt wird aber in § 1570 BGB nicht schlechthin an den vormaligen Status Ehe und an die Tatsache der Betreuung gemeinschaftlicher Kinder nach der Scheidung geknüpft. Vielmehr muß als entscheidender rechtsethischer Grund für die Verpflichtung, nachwirkende Solidarität zu üben, die Kausalität zwischen der Einschränkung der Erwerbstätigkeit des bedürftigen Ehegatten und dem Betreuungsbedarf von gemeinschaftlichen Kindern angesehen werden.

---

[29] *BGH*, FamRZ 1983, 456; 1985, 50, 51; 1990, 496, 497.
[30] *Kalthoener/Büttner*, Die Rechtsprechung zur Höhe des Unterhalts, 6. Aufl. 1997, Rz. 403 ff., m.w.N.; *Wendl/Staudigl/Pauling*, Das Unterhaltsrecht in der familienrichterlichen Praxis, 4. Aufl. 1997, § 4 Rz. 72 ff., m.w.N.

Der besondere statusrechtliche nachehel. Schutz des betreuenden Ehegatten ist nicht in § 1570 BGB verankert, sondern in § 1574 I und II BGB, wonach nur eine nach den konkreten persönlichen und ehel. Lebensverhältnissen unter Berücksichtigung der Belange gemeinschaftlicher Kinder angemessene Erwerbstätigkeit ausgeübt werden muß. Daher dürften statusrechtliche Gesichtspunkte bei der Interpretation des in § 1570 BGB normierten Tatbestandsmerkmals des Nichterwartenkönnens einer Erwerbstätigkeit nicht unmittelbar, sondern nur mittelbar über § 1574 BGB zum Zuge kommen. Dementsprechend hat das *BVerfG* herausgestellt, daß § 1570 BGB den Schutz des Kindes gewährleisten soll; statusrechtlich bedingte Korrekturen[31]) am nachehel. Bedarf wegen Kindesbetreuung brechen sich an den Belangen des Kindes, dessen Betreuungsbedarf in § 1610 II BGB ausdrücklich anerkannt ist.

Die Neufassung des § 1615l BGB mit der Befristung des Anspruchs auf Betreuungsunterhalt für Mütter ne. Kinder auf drei Jahre nach der Entbindung und der Ausweitung nach Billigkeitserwägungen vermischt den vom Status der geschiedenen Mutter abweichenden Status der nicht verheirateten Mutter mit den Kindesbelangen und benachteiligt in den Folgewirkungen die ne. Kinder im Vergleich zu den ehel. Kindern, obwohl die kindlichen Bedürfnisse unabhängig vom Status ihrer Eltern sind. Immerhin ist auch der Betreuungsbedarf ne. Kinder gesetzlich anerkannt (§ 1615a i. V. mit § 1610 II BGB). Das in der Rechtsprechung anzutreffende Argument, die Betreuung gemeinschaftlicher Kinder durch einen Elternteil nach der Scheidung solle den Kindern den Verlust erleichtern, daß sie nicht mehr mit dem anderen Elternteil zusammenleben[32]), kann gegen den Betreuungsbedarf ne. Kinder nicht überzeugend eingesetzt werden, denn ne. Kinder wachsen, wenn man von eheähnlichen Lebensgemeinschaften und Haushaltsgemeinschaften ihrer Eltern einmal absieht, regelmäßig ohne den anderen Elternteil auf. Ihre Betreuung müßte im Ansatz also um so fürsorglicher und intensiver ausfallen, weil der betreuende Elternteil ihnen Vater und Mutter zugleich sein muß.

Mir scheint daher die von der Bundesregierung vorgeschlagene und jetzt Gesetz gewordene Neufassung des § 1615l BGB wegen des unterschiedlichen Schutzes des Betreuungsbedarfs von ehel. und ne. Kindern verfassungsrechtlich nicht unbedenklich.

---

[31]) *BVerfG*, FamRZ 1981, 745 = NJW 1981, 1771, 1773.
[32]) *BVerfG*, FamRZ 1981, 745 = NJW 1981, 1771, 1773; *BGH*, FamRZ 1988, 705, 708.

2. Vorschlag des Bundesrates zum Anspruch auf Betreuungsunterhalt

Die vom Bundesrat[33]) vorgeschlagene, nicht Gesetz gewordene Fassung des Anspruchs auf Betreuungsunterhalt bot demgegenüber keinen Anlaß zu Zweifeln an der Verfassungskonformität. Nach diesem Vorschlag sollten § 1570 und § 1615l BGB in den Voraussetzungen deckungsgleich sein; der Betreuungsunterhaltsanspruch der Mutter eines ne. Kindes sollte aber herabgesetzt oder zeitlich begrenzt werden können, soweit die Inanspruchnahme des Verpflichteten auch unter Wahrung der Belange des dem Berechtigten zur Pflege oder Erziehung anvertrauten gemeinschaftlichen Kindes aus schwerwiegenden Gründen grob unbillig wäre. Diese einschränkende Billigkeitsklausel sollte ebenso wie § 1579 BGB für den nachehel. Unterhalt im geltenden Recht gewährleisten, daß der verfassungsrechtliche Grundsatz der Verhältnismäßigkeit auch zugunsten des Vaters eines ne. Kindes beachtet wird.

3. Betreuungsunterhalt als Anspruch des Kindes?

Die angesprochenen statusrechtlichen Probleme bei der Regelung des Anspruchs auf Betreuungsunterhalt würden vermutlich weniger gesellschaftspolitischen Sprengstoff enthalten, wenn man sich entschlösse, den Anspruch auf Betreuungsunterhalt rechtstechnisch dem ehel. oder dem ne. Kind selbst zuzuordnen[34]). Immerhin liegt die rechtsethische Rechtfertigung für Unterhaltsansprüche des betreuenden Elternteils in der Bedürftigkeit des Kindes[35]). Die Vorstellung von einer sorgeberechtigten betreuenden Person letztlich „von Kindes Gnaden" ist allerdings ungewohnt. Aber eine Zuordnung des Unterhaltsanspruchs des Betreuenden zum Bedarf des Betreuten wäre durchaus systemgerecht, wenn man sich vor Augen führt, daß der sorgeberechtigte betreuende Elternteil auch sonst bestimmt, wie der Bedarf des Kindes im einzelnen ausgestaltet wird, etwa bei welchem Lehrer zu welchem Honorar das Kind Klavierunterricht erhält. Der Sorgeberechtigte hätte bei der erwogenen anderen rechtstechnischen Zuordnung zu entscheiden, welchen Verdienstausfall er wegen Kin-

---

[33]) BR-Drucks. 180/96, (Beschluß) v. 3. 5. 1996, S. 6 f. zu § 1615l BGB.
[34]) Vgl. dazu *Schwenzer* [Fn. 7], A 52.
[35]) Antrag der Bundestagsfraktion der SPD v. 21. 6. 1995, BT-Drucks. 13/1752, S. 21: Anspruch auf Betreuungsunterhalt als „Reflexrecht des Kindes auf Betreuung durch einen Elternteil".

desbetreuung verursachen muß, der vom Barunterhaltspflichtigen als Unterhaltsbedarf des Kindes auszugleichen wäre. Der Betreuungsbedarf der Kinder wäre statusrechtlich neutral, da ne. Kinder ebenso wie ehel. Kinder die Lebensstellung ihrer Eltern teilen und die Haftung für den jeweiligen gesetzlich verankerten Betreuungsbedarf gleich intensiv ist, unabhängig davon, ob der Schuldner unterhaltsrechtlich einem ehel. oder einem ne. Kind haftet (vgl. §§ 1610, 1615a, 1603 BGB).

Die Zuordnung des Betreuungsunterhalts zum Kindesbedarf – andere Rechtsordnungen zeigen entsprechende Tendenzen[36]) – böte für das ne. Kind einen gewichtigen Vorteil, denn die Unterhaltsansprüche von minderjährigen unverheirateten Kindern sind bei beschränkter Leistungsfähigkeit des Schuldners gemäß § 1609 II BGB a. F. und n. F. untereinander gleichrangig, unabhängig davon, ob diese Kinder ehel. oder ne. geboren sind. Nur die den Müttern zugeordneten Ansprüche wegen Kindesbetreuung sind von unterschiedlichem Rang, wobei der Anspruch der Mutter eines ne. Kindes auf Betreuungsunterhalt eine erheblich schlechtere Position hat, als den Unterhaltsansprüchen des derzeitigen und des geschiedenen Ehegatten wegen Kindesbetreuung zukommt (vgl. § 1609 II BGB a. F. und n. F. einerseits und § 1615l III S. 3 BGB andererseits).

Auch wenn man dem Gedanken, das Kind mit dem Anspruch auf Betreuungsunterhalt auszustatten, derzeit nicht nähertreten will, nicht zuletzt weil damit das Gefüge auch des Ehegattenunterhaltsrechts verändert werden müßte[37]), schärft die angestellte Erwägung doch den Blick für die Grenze einer statusrechtlich begründeten Ungleichbehandlung des Unterhaltsanspruchs wegen Kindesbetreuung.

---

[36]) Rechtsgutachten des Max-Planck-Instituts für ausländisches und internationales Privatrecht v. 27. 5. 1993, erstellt im Auftrag des Bundesministeriums der Justiz, Länderbericht England (*Ellger*), S. 469 ff., 542 f.; Länderbericht Vereinigte Staaten von Amerika (*Merkt*), S. 561 ff., 616 f.

[37]) Der Rechtsausschuß des Bundestages meint, daß das Kind schon deshalb nicht Inhaber des Anspruchs auf Betreuungsunterhalt sein könne, weil die Mutter frei sei in ihrer Entscheidung, ob sie das Kind selbst betreuen will oder durch Dritte betreuen läßt, BT-Drucks. 13/8511, S. 71.

VI. Einzelheiten der Neuregelung

1. Erwerbsobliegenheit der Mutter

a) Erwerbsobliegenheit trotz Kindesbetreuung?

Die Gesamtdauer und das tägliche Ausmaß der Betreuung eines Kindes durch die Mutter haben erhebliche Auswirkungen auf die dem Vater des Kindes überbürdete Unterhaltslast, soweit der Vater für den bei der Mutter betreuungsbedingt eingetretenen Verdienstausfall haftet. Das verfassungskonforme Ausmaß der Belastung des Vaters eines ne. Kindes dürfte entscheidend von der Wertung abhängen, ob von der Mutter dieses Kindes wegen dessen Pflege und Erziehung „eine Erwerbstätigkeit nicht erwartet werden kann". Es liegt nahe, den Beurteilungsmaßstab für § 1615l II S. 2 BGB an den in Literatur und Rechtsprechung zu § 1570 BGB vertretenen Positionen auszurichten. Die in der Rechtspraxis[38]) angewandten Maßstäbe für die Erwerbsobliegenheit von geschiedenen Müttern ergeben eine am Kindesalter orientierte Abstufung der Erwerbsobliegenheit. Zusammengefaßt ergibt sich folgendes Bild, wenn man im erörterten Kontext von der Betreuungsbedürftigkeit nur eines ne. Kindes ausgeht:

Keine Erwerbsobliegenheit besteht bei Betreuung eines Kindes bis zum Alter von acht Jahren bzw. bis zum Beginn der dritten Grundschulklasse.

Eine teilweise Erwerbsobliegenheit wird angenommen bei Betreuung eines Kindes im Alter von neun bis 15 Jahren, wobei nach den Umständen des Einzelfalles eine stundenweise bis halbtägige Erwerbstätigkeit angesonnen wird.

Die volle Erwerbsobliegenheit tritt ein bei Betreuung eines Kindes im Alter von 15/16 Jahren.

Bei dieser Staffelung wird von für das Lebensalter von Kindern typischen entwicklungsbedingten Bedürfnissen ausgegangen und von üblicherweise anzutreffenden sonstigen Umständen, etwa der Regelmäßigkeit des Schulunterrichts, während dessen die Kinder beaufsichtigt sind. Korrekturen des Phasenmodells sind in der Regel aufgrund der besonderen Umstände des Einzelfalls festzustellen, und zwar aus der Sphäre des Kindes, etwa bei Krankheit, Behinderung, Schulschwierigkeiten, Entwicklungsstörungen infolge Trennung und Schei-

---

[38]) Vgl. Fn. 30.

dung der Eltern. Weitere Modifikationen werden aus der Person des Betreuenden und aus den ehel. Lebensverhältnissen, insbesondere bei hohem Lebensstandard, abgeleitet, also ausdrücklich oder konkludent aus § 1574 BGB, wo die statusrechtlichen Aspekte für den nachehel. Unterhalt verankert sind[39]). Dementsprechend wird die Mutter auf Kindergartenbesuch oder Mitbetreuung durch Großeltern nicht verwiesen, denn ihr wird ein Recht auf persönliche Betreuung zugebilligt[40]); darüber hinaus sollen freiwillige Betreuungsleistungen Dritter den Unterhaltsschuldner nicht entlasten[41]). Ausweitungen der Erwerbsobliegenheit infolge dürftiger wirtschaftlicher Verhältnisse während des Zusammenlebens der Eheleute sind in der Rechtsprechung selten anzutreffen. Hingegen wird eine in der Ehe praktizierte oder nach der Scheidung erstmals aufgenommene Erwerbstätigkeit gelegentlich in Erweiterung der aus dem Phasenmodell abgeleiteten Erwerbsobliegenheit deshalb für zumutbar gehalten, weil die Tatsache der Arbeitsaufnahme oder -fortsetzung für die Zumutbarkeit spreche, auch wenn die Betreuungsaufgabe nach der Scheidung regelmäßig nur noch auf einem Elternteil lastet, statt wie während der Ehe auf beiden Eltern[42]).

b) Prämissen des Phasenmodells im Wandel

Das Phasenmodell beruht – jedenfalls was die Erwerbsobliegenheit der Mutter bis zum Ende der zweiten Schulklasse angeht – auf der Annahme, der Mutter stehe die Entscheidungsfreiheit darüber zu, ob sie das gemeinschaftliche ehel. Kind allein großziehen will oder unter Inanspruchnahme von Fremdbetreuung voll oder zeitweise erwerbstätig sein möchte[43]). Begründet wird dies mit statusrechtlichen Erwägungen und/oder mit dem kindlichen entwicklungsbedingten Bedürfnis nach allzeit verfügbarer Betreuung[44]). Festzuhalten ist für die Mutter eines ne. Kindes, daß für sie mangels Eheschließung mit dem Vater des Kindes eine statusrechtlich begründete Entscheidungsfreiheit nicht in Betracht kommt. Ob eine Entscheidungsfreiheit von Müttern

---

[39]) *Wendl/Staudigl/Pauling* [Fn. 30], § 4 Rz. 68 bis 71, m.w.N.
[40]) Vgl. nur *BGH*, FamRZ 1983, 456.
[41]) *BGH*, FamRZ 1987, 252 f.
[42]) *BGH*, FamRZ 1991, 182, 184; zu § 1577 II BGB wegen überobligatorischer Anstrengung vgl. *D. Schwab*, Brühler Schriften zum Familienrecht, Bd. 1, 1981, S. 23 ff., sowie *Born*, FamRZ 1997, 129 ff.
[43]) *BGH*, FamRZ 1983, 456 ff.
[44]) *BGH*, FamRZ 1983, 456, 458.

ehel. und Müttern ne. Kinder unmittelbar aus Art. 6 II GG hergeleitet werden kann, wonach Pflege und Erziehung eines Kindes das natürliche Recht der Eltern sind[45]), muß auch vor dem Hintergrund der Lehren von der mittelbaren oder unmittelbaren Wirkung der Grundrechte im Rechtsverkehr zwischen Privaten bezweifelt werden. Öffentlichrechtlich ist die Entscheidungsfreiheit der Mutter nicht vorgesehen, wenn das Kind das dritte Lebensjahr überschritten hat und mittels Betreuungseinrichtungen eine „geordnete Erziehung" des Kindes gewährleistet ist (§ 18 III S. 2 und 3 BSHG). Jedenfalls dürften Grundrechte der Mutter und des Kindes mit dem Recht des Vaters kollidieren, in seinem Anspruch auf Persönlichkeitsentfaltung nicht durch ausufernde Unterhaltspflichten belastet zu sein. Eine solche Kollision gebietet, nach einem Ausgleich der widerstreitenden Interessen zu suchen, bei dem jedes der verfassungsrechtlich geschützten Güter, wenn auch eingeschränkt, verwirklicht und dem Grundsatz der Verhältnismäßigkeit Rechnung getragen wird[46]).

Im Zusammenspiel mit der in § 1603 I BGB gezogenen Haftungsgrenze ermöglicht diesen Ausgleich die in § 1615l II S. 2 und § 1570 BGB verwendete Formulierung, wonach eine Abwägung angezeigt ist, ob und inwieweit eine Erwerbstätigkeit von der Mutter wegen Kindesbetreuung nicht erwartet werden kann. Die damit gebotene objektivierte Wertung, ob eine Erwerbsobliegenheit besteht, kann sich aber nach meinem Dafürhalten nicht auf ein abstraktes, typisiertes altersspezifisches Betreuungsverhältnis beziehen, vielmehr dürften die besonderen Umstände der am konkreten Betreuungs- und Unterhaltsverhältnis beteiligten Personen zu würdigen sein.

Zu bezweifeln ist, ob das beschriebene Phasenmodell, dessen Ursprünge bis ins Jahr 1977[47]) zurückreichen, heute (noch) fundierte sozialwissenschaftliche Erkenntnisse über den Betreuungsbedarf von Kindern widerspiegelt, die von einem Alleinerziehenden großgezogen werden. Ebenso zweifelhaft erscheint mir, ob das Phasenmodell der in der Bevölkerung allgemein herrschenden Überzeugung entspricht. So stellen die Personalchefs großer deutscher Unternehmen ein deutlich verändertes Verhalten von Müttern nach der sogenannten Babypause fest: Während in den 70er Jahren nicht einmal 10 % der Mütter in das

---

[45]) So offenbar *Limbach,* NJW 1982, 1721, 1723, m.w.N.
[46]) *I. v. Münch,* in: *v. Münch/Kunig,* Grundgesetz-Kommentar, Band I, 4. Aufl. 1992, vor Art. 1 bis 19, Rz. 47, m.w.N.
[47]) *A. Derleder/P. Derleder,* FamRZ 1977, 587 ff.; vgl. auch die Empfehlungen des 3. DFGT, FamRZ 1980, 1173.

Erwerbsleben als Voll- oder Teilzeitbeschäftigte zurückkehrten, sind es inzwischen 82 %. Jede zehnte Mutter zwischen 20 und 35 Jahren gibt betreuungsbedingt ihren früher ausgeübten Beruf auf. Die Kinder berufstätiger Frauen sind heute zu 15 % unter drei Jahren alt, zu 8 % zwischen drei und sechs Jahren und zu 10 % zwischen sechs und zehn Jahren, also zu 33 % unter zehn Jahren alt[48]). Dieses Erwerbsverhalten trotz Kindesbetreuung beruht auf einer Vielzahl von Veränderungen der Arbeitsplatzgestaltung wie Flexibilisierung der Arbeitszeit, job-sharing, flankierende Maßnahmen der Unternehmen bei der Wahrnehmung von Betreuungsaufgaben durch ihre Mitarbeiterinnen, aber auch auf veränderter Einstellung von Müttern zur Erwerbstätigkeit, nicht zuletzt auf einem veränderten Bewußtsein von ungesicherten Altersrisiken. Solche Tendenzen machen deutlich, daß Annahmen über Realität, die dem Phasenmodell zugrunde liegen, durch gesellschaftlichen Wandel überholt sein können. Zu denken ist dabei auch an den Einfluß, den das Aufeinandertreffen unterschiedlicher Vorstellungen in Ost und West über den Betreuungsbedarf von Kindern anläßlich der Wiedervereinigung haben mag[49]).

Soweit allerdings Müttern, die bis zu acht Jahre alte Kinder betreuen, nach dem Phasenmodell eine Erwerbstätigkeit nicht angesonnen wird, ist in der Rechtspraxis kaum Widerstand der betroffenen Väter festzustellen. Der von einem Vater unternommene Versuch ist gescheitert, seine Unterhaltslast gegenüber der Mutter zu reduzieren, indem er darauf verwies, das gemeinschaftliche unter acht Jahre alte ehel. Kind befinde sich in einem Alter, in dem es in den Kindergarten gehen könne. Zwar hat der *BGH*[50]) hervorgehoben, daß der Gesetzgeber im Hinblick auf die Vielgestaltigkeit der Lebenssachverhalte bewußt davon abgesehen habe, eine widerlegbare Vermutung des Inhalts zu schaffen, daß ein Ehegatte eine Erwerbstätigkeit erst aufnehmen könne, wenn das zu erziehende Kind ein bestimmtes Lebensalter erreicht habe[51]). Angesichts des Erfahrungssatzes, daß eine Mutter sich dem bis zu acht Jahre alten Kind jederzeit widmen können müsse (insbesondere in Krankheitsfällen und bei Ausfall von Schul-

---

[48]) *Engstler* [Fn. 9], insbes. Tabellen 43 und 44, S. 99, 102; Frauenwelten '96, zitiert nach freundin 12/1997, S. 149 f.; Statistisches Jahrbuch für die BRD 1970 sowie 1996, Stichwort „Erwerbstätige Frauen nach Familienstand sowie Zahl und Alter der Kinder".
[49]) *B. Nauck*, in: *B. Nauck/H. Bertram* (Hg.), Kinder in Deutschland, Opladen 1995, S. 60 ff.; ders., in: *Glatzer/Noll* (Hg.), Getrennt vereint, Frankfurt/New York, 1994.
[50]) *BGH*, FamRZ 1983, 456, 458.
[51]) BT-Drucks. 7/650, S. 122 f.

stunden), wäre es nach Auffassung des *BGH* Sache des Schuldners gewesen, die für die Ausnahme von der erfahrungsgemäß geltenden Regel sprechenden Voraussetzungen darzulegen und notfalls zu beweisen. Diesen Anforderungen genüge aber der Vortrag des Schuldners nicht, da der Besuch eines Kindergartens dem betreuenden Elternteil regelmäßig keine Erwerbstätigkeit ermögliche, solange das Kind nicht acht Jahre alt sei.

Zu dieser bis heute aktuellen Rechtsprechung[52]) ist anzumerken, daß sie letztlich die vom Gesetzgeber bewußt vermiedene Vermutung der Betreuungsbedürftigkeit von Kindern eines bestimmten Alters einführt. Zudem bürdet sie dem Schuldner eine Darlegungs- und Beweislast auf für Umstände, die in der Sphäre der Gläubigerin liegen. Schließlich wird der vom *BGH* herangezogene Erfahrungssatz konterkariert durch die schon erwähnte Tatsache, daß viele verheiratete Mütter ebenso wie Alleinerziehende einer Teilzeitbeschäftigung trotz Betreuung von noch nicht schulpflichtigen oder schon die Grundschule besuchenden Kindern nachgehen und von ihnen offenbar auch Vorsorge für Gelegenheiten getroffen werden kann, wenn das Kind infolge Krankheit oder in den Ferien oder wegen Ausfalls von Schulstunden nicht im Kindergarten oder andernorts beaufsichtigt wird. Muß man nun nach dem vom *BGH* herangezogenen Erfahrungssatz davon ausgehen, daß die zuletzt beschriebenen Mütter Rabenmütter[53]) sind oder Überobligatorisches leisten, wodurch die gedeihliche Entwicklung der von ihnen unter Zuhilfenahme Dritter betreuten Kinder zumindest gefährdet ist? Die Antwort kann nicht für alle denkbaren Fallkonstellationen gleich ausfallen. Zu verschieden sind Tatkraft, Intelligenz, Organisationsfähigkeit, Belastbarkeit und sonstige Eigenschaften von Müttern, die den Spagat zwischen Kinderbetreuung und Erwerbstätigkeit erleichtern oder erschweren.

Auch die Betrachtung jüngerer empirischer Studien über den Einfluß mütterlicher Erwerbstätigkeit auf die kindliche Sozialisation ergibt, daß eine sozialwissenschaftlich verbindliche Aussage über die Auswirkungen mütterlicher Erwerbstätigkeit weder generell noch für

---

[52]) *BGH*, FamRZ 1988, 145; 1989, 487; 1992, 1045; 1995, 291; vgl. auch die Nachweise bei *Wendl/Staudigl/Pauling* [Fn. 30], § 4 Rz. 74, bezüglich der Leitlinien der verschiedenen Oberlandesgerichte.

[53]) So schon *Lantzke* auf dem 40. Deutschen Anwaltstag 1979 in Hannover, NJW 1979, 1483, 1486; vgl. auch *Peschel-Gutzeit/Jenckel*, FuR 1996, 129, 136; *Gernhuber/Coester-Waltjen*, Lehrbuch des Familienrechts, 4. Aufl. 1994, S. 411; *Johannsen/Henrich/Voelskow*, Eherecht, 2. Aufl. 1992, § 1570 Rz. 11.

den Einzelfall gefunden werden kann. Vielmehr ist festzustellen, daß oft für einen Lebenssachverhalt einander widersprechende sozialwissenschaftliche Befunde mit der Folge jeweils diametral entgegengesetzter Ergebnisse für die Erwerbsobliegenheit des Alleinerziehenden angeführt werden, wobei die Unterschiede nicht zuletzt geprägt sein dürften durch unterschiedliche gesellschaftspolitische Zielvorstellungen und Verhaltensanforderungen an Alleinerziehende.

Unter den Sozialwissenschaftlern dürfte allenfalls Einigkeit darüber bestehen, daß für die gedeihliche Entwicklung eines Kindes etwa i. S. des in § 1 KJHG genannten Ziels der Heranbildung einer eigenverantwortlichen und gemeinschaftsfähigen Persönlichkeit ein anregendes, Geborgenheit und Wärme ausstrahlendes Milieu wichtig ist[54]). Die früher von den Sozialwissenschaftlern hervorgehobenen schädlichen Auswirkungen mütterlicher Erwerbstätigkeit sind neueren Forschungsergebnissen zufolge zu relativieren, weil der Stellenwert der sonstigen auf das Kind einwirkenden problematischen Umstände wie niedere soziale Schicht, schlechte Wohnverhältnisse, kriminelles Umfeld, Familie ohne Zusammenhalt, Qualität der Ersatzbetreuung, in der Vergangenheit ebenso verkannt worden waren wie dem Kind schädliche persönliche Eigenschaften der Mutter: etwa unbeständiger, teilnahmsloser Erziehungsstil, mangelnde Erwerbsmotivation, geistige Apathie. Das Zusammenspiel dieser nur beispielhaft angeführten Faktoren ist nicht annähernd erforscht. Aber davon unabhängig dürfte die Aussage legitim sein, daß nicht jedwedes Problem, das einer gelingenden Sozialisation von Kindern im Wege steht, optimal durch die mütterliche Betreuung neutralisiert werden kann. So können Kontaktfähigkeit und Sozialverhalten im Kindergarten möglicherweise eher erlernt werden als durch das Zusammenleben mit einer sich nach außen abschottenden Mutter; ein behindertes Kind kann durch zeitweise kundige Fremdbetreuung eventuell besser gefördert werden als durch einen desinteressierten Elternteil.

Vor diesem Hintergrund plädiere ich dafür, sich im Zusammenhang mit dem nachehel. Anspruch auf Betreuungsunterhalt ebenso wie beim Anspruch gemäß § 1615l II S. 2 BGB von dem Phasenmodell zwar nicht zu verabschieden, denn dieses bietet wohl immer noch einen plausiblen Orientierungsrahmen für die an Alleinerziehende zu stellenden Anforderungen an Erwerbsobliegenheit. Aber das Phasenmodell sollte seiner ihm von der Rechtsprechung zuerkannten Ver-

---

[54]) *Limbach,* NJW 1982, 1721, 1723, m.w.N. zur sozialwissenschaftlichen Literatur.

bindlichkeit[55]) nebst den damit einhergehenden Darlegungs- und Beweislastanforderungen an den Schuldner entkleidet werden. Der Tatsachenvortrag und die Würdigung desselben sollten strikt einzelfallbezogen sein. Wie stets bei Wertungen wird man ein genaues Bild von der Lebenssituation von Mutter und Kind erwarten müssen, das den Stellenwert der einzelnen Mosaiksteinchen für den Bedarf des Kindes nach mütterlicher Betreuung erkennen läßt. Der betreuenden Mutter ehel. wie ne. Kinder sollte entsprechend der allgemeinen Regel die Darlegungs- und Beweislast dafür zukommen, daß und in welchem Maße ihr wegen Kindesbetreuung eine Erwerbstätigkeit nicht zugemutet werden kann. Sensibilisiert durch sozialwissenschaftliche Erkenntnisse zu Stichworten wie overprotection, Verwahrlosung, Kinder- und Jugendkriminalität, Hospitalismus, Kommunikations- und Lernverhalten, Implikationen kindlicher Entwicklungsphasen, mütterliche Schuldgefühle und Versagensängste – ich nenne nur einige – wird, wie *Schwab*[56]) es einmal formuliert hat, „mit den Mitteln praktischer Vernunft und vordergründiger Plausibilität" ein Interessenausgleich im Einzelfall gefunden werden müssen. Dabei wird zu bedenken sein, ob die Mutter subjektiv und objektiv imstande ist, Vorsorge für Notfälle zu treffen, in denen das Kind nicht zeitweilig durch Dritte betreut oder beaufsichtigt werden kann. Auch muß bedacht werden, daß gesetzliche Ansprüche auf Krankengeld[57]) oder Lohnfortzahlung nach tarifvertraglichen Regelungen wegen Betreuung eines kranken Kindes oder krankheitsbedingten Ausfalls eines Haushaltsangehörigen, der das Kind versorgt, nur solchen erwerbstätigen Müttern zustehen, die Einkünfte oberhalb der Versicherungsgrenze erzielen und deshalb Krankenversicherungsbeiträge leisten müssen, oder die entsprechend tarifvertraglich abgesichert sind.

c) Kindesbetreuung durch den Vater oder Dritte

Soweit der nicht sorgeberechtigte Vater darauf verweist, daß er selbst das Kind zeitweilig betreuen kann und will, wenn die Mutter wegen Erwerbstätigkeit und sonstige Dritte für die Kindesbetreuung nicht zur Verfügung stehen, muß die Mutter mit dem Erziehungseinfluß des Vaters auf ihr ne. Kind einverstanden sein oder einsichtige Gründe mitteilen, weshalb sie die Unterstützung des Vaters bei der

---

[55]) Im Sinne von vom Schuldner zu widerlegenden Erfahrungssätzen, vgl. *BGH*, FamRZ 1983, 456, 458.
[56]) *Schwab*, Handbuch des Scheidungsrechts, 1977, Rz. 199.
[57]) § 45 SGBV(gesetzliche Krankenversicherung) i.d.F. v. 20. 12. 1991, BGBl I 2325.

Kindesbetreuung ablehnt. Immerhin trifft sie die unterhaltsrechtliche Obliegenheit, dem Unterhaltsschuldner die Unterhaltslast so weit wie möglich zu erleichtern[58]).

Einen Anspruch darauf, daß mütterliche oder väterliche Verwandte, Freunde oder Bekannte das Kind während der Erwerbstätigkeit der Mutter betreuen, hat der Vater des ne. Kindes mangels Rechtsgrundlage nicht. Etwa tatsächlich erbrachte Betreuungsleistungen der genannten Personen kommen dem Vater nicht zugute, wenn diese Personen, was aus den persönlichen Beziehungen zu erschließen ist, der Mutter oder dem Kind etwas Gutes tun wollen und nicht das Ziel verfolgen, den Vater zu entlasten[59]).

d) Einfluß des Arbeitsmarktes auf die mütterliche Erwerbsobliegenheit?

Der jeweiligen Arbeitsmarktlage für Frauen, die wegen Kindesbetreuung nicht oder nicht vollschichtig erwerbstätig sein können, dürfte keine Bedeutung für die Entscheidung zukommen, ob und inwieweit der Mutter eines ne. Kindes zugemutet werden kann, ihren Lebensunterhalt trotz Kindesbetreuung selbst zu verdienen. Das Risiko der Verfügbarkeit von Arbeitsplätzen, die der mütterlichen Erwerbsobliegenheit entsprechen, trägt nach der gesetzgeberischen Entscheidung die Frau als (gerechte?) Folge ihres Ursachenbeitrags für die Existenz des Kindes. Letztlich hat die Gesellschaft dieses Risiko über die Sozialhilfegewährung zu tragen, denn ein dem § 1573 I BGB entsprechender Anspruchstatbestand wie im nachehel. Unterhaltsrecht ist für die Mutter eines ne. Kindes gegen dessen Vater nicht vorgesehen. Die in der gesetzlichen Neuregelung vorgesehene positive Billigkeitsklausel könnte allerdings dann einschlägig sein, wenn eine schwangerschafts- oder entbindungsbedingte Krankheit der Mutter zusätzlich zu den durch die Kindesbetreuung veranlaßten Problemen das Finden eines Arbeitsplatzes erschwert.

---

[58]) Die Obliegenheit des Unterhaltsberechtigten, dem Schuldner die finanzielle Belastung zu erleichtern, stellt sich als Ausprägung des Grundsatzes von Treu und Glauben im Rahmen der gesetzlichen Unterhaltsschuldverhältnisse dar, vgl. *BGH*, FamRZ 1977, 38, 40; 1983, 576.

[59]) *BGH*, FamRZ 1995, 537; FamRZ 1990, 979 = NJW-RR 1990, 578, 580; *OLG Schleswig*, FamRZ 1996, 217, 219.

e) Schlußfolgerung für die Erwerbsobliegenheit der Mutter

Aus den angestellten Erwägungen dürfte sich für den Regelfall ergeben, daß von einer alleinerziehenden Mutter eine Erwerbstätigkeit nicht erwartet werden kann, solange das Kind noch nicht drei Jahre alt ist, zumal ihr in dieser Phase keine privatrechtlichen oder öffentlichrechtlichen Ansprüche auf Entlastung durch Dritte bei der Kindesbetreuung zustehen. Danach kann es im Einzelfall unproblematisch sein, ein physisch und psychisch stabiles Kind halbtags oder bis in die frühen Nachmittagsstunden einen Kindergarten und später die Vorschule besuchen zu lassen, so daß der Mutter eine Teilzeiterwerbstätigkeit angesonnen werden kann, wenn sie aufgrund ihrer Gesundheit unter Berücksichtigung ihrer sonstigen Verhältnisse imstande ist, beide Aufgaben – Betreuung und Erwerbstätigkeit – zu meistern. Während der ersten beiden Grundschuljahre mag bei unregelmäßigem Schulunterricht ohne Betreuungsangebote der Schule oder angeschlossener Einrichtungen eine Erwerbstätigkeit der Mutter nicht durchführbar sein, weil das Kind nicht betreut wäre und die „Schlüsselkind"-Problematik nicht bewältigen könnte. Oft wird sich nicht vermeiden lassen, daß die mit der Erwerbstätigkeit der Mutter für die Entwicklung ihres ne. Kindes einhergehenden Risiken im Streitfall durch ein medizinisches oder kinderpsychologisches Gutachten geklärt werden müssen. Dies gilt auch hinsichtlich der Vereinbarkeit von Betreuungsaufgabe und Erwerbstätigkeit der Mutter von dem Zeitpunkt an, zu dem ihr Kind die dritte Grundschulklasse besucht. Hervorzuheben ist aber, daß nach der Gesetzeslage Erwägungen, ob die Zumutbarkeit einer Erwerbstätigkeit trotz Kindesbetreuung verfassungskonform ist, zurückgedrängt werden, soweit es um die Betreuung eines über drei Jahre alten ne. Kindes geht: Solchenfalls hat der Gesetzgeber mit der Neuregelung des § 1615l BGB den Anspruch der Mutter auf Unterhalt wegen Betreuung ihres ne. Kindes daran geknüpft, daß die Billigkeit die weitere Inpflichtnahme des Vaters des ne. Kindes erheischt.

f) Billigkeitsklausel

Die Neufassung des § 1615l BGB sieht – wohl zur verfassungsrechtlichen Absicherung im Hinblick auf Art. 6 V GG – eine positive Billigkeitsklausel[60]) vor, wonach die Unterhaltsansprüche der Mutter eines ne. Kindes gegen dessen Vater sich auf die Zeit nach Ablauf von

---

[60]) Vgl. Fn. 27.

drei Jahren seit der Entbindung nur erstrecken können, „wenn es andernfalls grob unbillig wäre, insbesondere unter Berücksichtigung der Belange des Kindes, den Anspruch nach Ablauf der Frist zu versagen".

Hingegen hatte der Bundesrat[61]) vorgeschlagen, den Anspruch auf Betreuungsunterhalt nicht zu befristen, sondern eine § 1579 Hs. 1 BGB entsprechende Billigkeitsklausel anzufügen, wonach „der Unterhaltsanspruch entsprechend § 1570 BGB zu versagen, herabzusetzen oder zeitlich zu begrenzen ist, soweit die Inanspruchnahme des Verpflichteten auch unter Wahrung der Belange des dem Berechtigten zur Pflege oder Erziehung anvertrauten gemeinschaftlichen Kindes aus schwerwiegenden Gründen grob unbillig wäre". Mit diesem Vorschlag wollte der Bundesrat erklärtermaßen das Risiko vermeiden, daß die von der Bundesregierung zu Lasten ne. Kinder beabsichtigte Ungleichbehandlung vor Art. 6 V GG keinen Bestand haben könnte – ein Risiko, das den obigen Ausführungen zufolge nicht von der Hand zu weisen sein dürfte.

Die Bundesregierung hat als Beispiel für das Eingreifen der Gesetz gewordenen positiven Billigkeitsregelung angeführt[62]), daß das Kind behindert und deshalb auf eine intensivere und längere Betreuung durch die Mutter angewiesen ist. Weitere Beispiele lassen sich finden: So kann die Befristung des Betreuungsunterhalts bis zum vollendeten dritten Lebensjahr des Kindes grob unbillig sein, wenn das Kind aus einer Vergewaltigung der Mutter durch den Vater hervorgegangen ist. Weiter kann der Billigkeit entsprechen, den Vater des Kindes auch dann über den Dreijahreszeitraum hinaus für den Betreuungsunterhalt der Mutter aufkommen zu lassen, wenn er sich andernfalls mit seinem früheren Verhalten in Widerspruch setzen würde, etwa weil er in zurechenbarer Weise gegenüber der Mutter einen besonderen Vertrauenstatbestand geschaffen hat. Zu denken ist dabei an die Fälle von Verlöbnissen oder ne. Lebensgemeinschaften mit gemeinsamem Kinderwunsch und Scheitern der Beziehung nach Geburt des Kindes. Dabei könnte zu erwägen sein, ob der Dreijahreszeitraum aus Billigkeitsgründen erst mit der Trennung der Partner beginnt, wenn eine Frau im berechtigten Vertrauen auf den Fortbestand der eheähnlichen Beziehung zum Vater des ne. Kindes im Einvernehmen mit ihm wegen der Betreuung des gemeinschaftlichen Kindes bestimmte

---

[61]) BR-Drucks. 180/96 (Beschluß) v. 3. 5. 1996, S. 6.
[62]) Gesetzentwurf der Bundesregierung zum KindRG, BR-Drucks. 180/96 v. 22. 3. 1996, S. 99.

berufliche Dispositionen getroffen hat, die sich nach Beendigung dieser Beziehung nachteilig auswirken und zur Wahrung der Belange des gemeinsamen ne. Kindes für eine vorübergehende Zeit eine weitere Kompensation erfordern.

Auch die räumliche Entfernung mit einhergehenden langen Fahrzeiten zwischen Wohnung, Arbeitsplatz der Mutter und Kindertagesstätte sowie sonstige besondere Erschwernisse, wie Krankheit oder Behinderung der Mutter oder ihr unverschuldetes Unvermögen, Erwerbstätigkeit und Kindesbetreuung miteinander in Einklang zu bringen, mögen es grob unbillig erscheinen lassen, wenn der Anspruch auf Betreuungsunterhalt nicht über den Dreijahreszeitraum hinaus erstreckt würde. Gleiches mag gelten, wenn die Mutter trotz Kindesbetreuung nach den Umständen des Einzelfalls überobligatorisch eine volle Erwerbstätigkeit ausübt, weil ein Teilzeit-Arbeitsplatz nicht verfügbar ist; unter Heranziehung des Rechtsgedankens aus § 1577 II BGB[63]) könnte der Vater aus Billigkeitsgründen gehalten sein, der Mutter länger als bis zur Vollendung des dritten Lebensjahres des ne. Kindes Betreuungsunterhalt zu leisten.

Eine Ausweitung des Anspruchs auf Betreuungsunterhalt dürfte um so eher in Betracht kommen, wie die wirtschaftlichen Verhältnisse des Vaters des ne. Kindes die Bürde als eher leicht erscheinen lassen.

Billigkeitsaspekte zugunsten der Mutter können mit solchen zu ihren Lasten und damit zugunsten des Vaters abzuwägen sein, etwa wenn die Mutter dem Vater vorgespiegelt hat, sie habe wirksame Empfängnisverhütungsmaßnahmen ergriffen; dann kann es grob unbillig sein, wenn sie dem Vater des gemeinsamen Kindes die finanzielle Last für die Betreuung des Kindes über den Dreijahreszeitraum hinaus zuschöbe. Allerdings wird der Vater mit dem Einwand ausgeschlossen sein, er hafte nicht auf Betreuungsunterhalt, weil die Mutter das Kind hätte abtreiben können.

Andere als die in § 1615l II S. 1 BGB angesprochenen Gründe wie Einkommensausfall aufgrund schwangerschafts- oder entbindungsbedingter Krankheit oder Einkommenseinbußen wegen Aufwendungen[64]) für Kindesbetreuung kommen für eine Verlängerung des Betreuungsunterhalts nach der Billigkeitsklausel nicht in Frage, wie der Wortlaut der Norm ergibt. Man könnte erwägen, ob Anschlußtatbestände, wie wir sie vom nachehel. Unterhaltsanspruch wegen

---

[63]) Vgl. dazu Fn. 42.
[64]) Zum Aufwendungsersatz vgl. § 1615k BGB a. F.; vgl. dazu *Büdenbender* S. 421, 431.

Kindesbetreuung kennen, zugunsten der Mutter eines ne. Kindes in den Schutzbereich der Norm eingeführt werden sollten. Dies erschiene mir mangels ehel. Verbindung der Eltern nicht vertretbar[65]). Der Mann und die Frau sind das Risiko der ne. Elternschaft vorsätzlich oder fahrlässig eingegangen und haben für die Folgen des vorangegangenen „gefahrgeneigten" Tuns, soweit es sich nicht unmittelbar auf die Bedürfnisse ihres Kindes einschließlich dessen Betreuungsbedarf auswirkt, ebenso einzustehen wie für sonstige Entscheidungen, die sie für ihr Leben getroffen haben und die sich später als unzuträglich erweisen. Etwa besonders zu mißbilligende Verhaltensweisen des Vaters des ne. Kindes und darauf beruhende Nachteile für die Mutter sind nicht unterhaltsrechtlich, sondern deliktsrechtlich auszugleichen über § 823 II BGB i. V. mit einem Schutzgesetz (etwa wegen Vergewaltigung) oder über § 826 BGB.

2. Bemessung des Unterhalts

a) Unterhalt entsprechend der Lebensstellung der Mutter

Das Maß des Anspruchs der Mutter eines ne. Kindes auf Betreuungsunterhalt richtet sich nach der Lebensstellung der Mutter, wie die Verweisung in § 1615l III BGB nach altem und neuem Recht auf die Vorschriften über den Verwandtenunterhalt, also einschließlich § 1610 I BGB, ergibt. Konsequent ist eine Teilhabe der Mutter an der Lebensstellung des Vaters des Kindes nicht vorgesehen, denn sie ist mit ihm weder verwandt, noch ist sie ihm ehel. oder nachehel. verbunden (auf etwaige Besonderheiten bei zerbrochener eheähnlicher Lebensgemeinschaft von Eltern ne. Kinder will ich in diesem Zusammenhang nicht eingehen).

Soweit die Lebensstellung der Mutter vor der Schwangerschaft und Entbindung von ihrem nachhaltig erzielten Erwerbseinkommen geprägt war und diese Einkünfte wegen Betreuung des ne. Kindes ganz oder teilweise wegfallen, hat der Vater des Kindes den Unterhalt an die Mutter in entsprechender Höhe zu leisten[66]). Ein Mindestbedarf der wegen Kindesbetreuung nicht erwerbstätigen Mutter ist bedauerlicherweise im Gesetz nicht vorgesehen (insoweit wird die Mutter eines ne. Kindes nicht besser gestellt als die Mutter eines ehel.

---

[65]) Dies mag nach dem Scheitern einer eheähnlichen Lebensgemeinschaft anders eingeschätzt werden, vgl. dazu *Lieb* [Fn. 7], A 84, m.w.N.
[66]) *Palandt/Diederichsen*, BGB, 57. Aufl. 1998, § 1615l Rz. 10.

Kindes, die als geschiedene Ehefrau nach der Rechtsprechung des *BGH* zum Quotenunterhalt auch keinen pauschalen Mindestbedarf für sich reklamieren kann)[67]).

Von der Unterhaltspflicht umfaßt sein dürften die Kosten der Krankenversicherung[68]) (einschließlich der damit einhergehenden Aufwendungen für die Pflegeversicherung) in einer der Lebensstellung der Mutter angemessenen Höhe, denn nach einhelliger Auffassung gehört zum Lebensbedarf auch der Versicherungsschutz im Krankheitsfall.

In der Neuregelung ist nicht vorgesehen, daß der Vater zur Leistung von Vorsorgeunterhalt für den Fall des Alters, der Berufs- oder Erwerbsunfähigkeit entsprechend der Lebensstellung der Mutter verpflichtet ist, obwohl in der Versorgungsbiographie der Mutter infolge Betreuung des gemeinschaftlichen ne. Kindes eine erhebliche Lücke entstehen kann, während der unterhaltspflichtige erwerbstätige Vater insoweit keine Einbußen erleidet, was mir nicht angemessen erscheint. Da die nachehel. Unterhaltspflicht wegen Kindesbetreuung sich ausdrücklich auf diesen Vorsorgeunterhalt (vgl. § 1578 III i. V. mit § 1570 BGB) erstreckt, wollte der Gesetzgeber diesen Bedarf der Mutter eines ne. Kindes offenbar nicht anerkennen, so daß kein Raum für eine Analogie sein dürfte[69]).

b) Unterschiedliche Lebensstellung von Mutter und Kind

Nicht berücksichtigt ist nach altem Recht und in der Neuregelung des § 1615l BGB, daß die unterschiedliche Lebensstellung von Mutter und Kind dann der Harmonisierung bedarf, wenn der Mutter eine niedrige zukommt, das Kind aber wegen der Teilhabe an der Lebensstellung des Vaters einen höheren Lebensstandard pflegen kann. Wird der Betreuungsunterhalt nach der Lebensstellung der Mutter bemessen, kann die Mutter ihrer Erziehungs- und Betreuungsaufgabe nicht voll gerecht werden, weil es ihr aus wirtschaftlichen Gründen versagt ist, am Leben des Kindes begleitend, beaufsichtigend sowie anregend teilzunehmen. Die positive Billigkeitsklausel eröffnet die mir geboten

---

[67]) *BGH*, FamRZ 1997, 806 ff.
[68]) Zum Aufwand für die Krankenversicherung als Komponente des Unterhaltsbedarfs vgl. *Palandt/Diederichsen* [Fn. 66], § 1610 Rz. 30, m.w.N.; wegen der Aufwendungen für die Pflegeversicherung vgl. *Büttner*, FamRZ 1995, 193 ff.
[69]) Wie hier *Soergel/Häberle*, BGB, 12. Aufl. 1987, § 1610 Rz. 2; a. A. *MünchKomm/ Köhler*, BGB, 3. Aufl., Bd. 8, 1992, § 1610 Rz. 13.

erscheinende Harmonisierung der Lebensstellung von Mutter und Kind nicht, da mit Hilfe dieser Klausel nicht das Niveau des Betreuungsbedarfs korrigiert werden kann, sondern nur die Befristung des Betreuungsunterhaltsanspruchs.

c) Lebensstellung der Mutter

Nach dem Gesetzeswortlaut ist unklar, wie der Unterhalt für diejenige Mutter eines ne. Kindes bemessen werden soll, die vor der Entbindung keiner Erwerbstätigkeit oder vergüteten Berufsausbildung nachgegangen ist, etwa weil sie Schülerin war. Dies gilt auch bezüglich der Höhe des Bedarfs von Frauen, die vor der Entbindung ihren Lebensunterhalt aus eigenem Vermögen, aus Erbeteltem oder durch freiwillige oder gesetzlich geschuldete Zuwendungen Dritter, etwa des Ehemannes, bestritten oder Sozialhilfe bezogen haben.

Die Lebensstellung solcher Frauen könnte nach den allgemeinen Regeln des Unterhaltsrechts als selbständige oder von den Eltern oder aus den ehel. Lebensverhältnissen abgeleitete unschwer definiert werden. Auch ist der Aufwand für den jeweiligen dürftigen oder gehobenen Lebenszuschnitt solcher Frauen mit einem Geldbetrag bezifferbar. Ein Problem ergibt sich jedoch daraus, daß zwischen dem betreuungsbedingten Bedarf der Mutter und der von ihr nicht zu erwartenden Erwerbstätigkeit mit entsprechendem Einkommensausfall ein Kausalzusammenhang[70]) bestehen muß. Dieser Zusammenhang wird kraft Gesetzes unwiderleglich und losgelöst vom Erwerbsausfall nur angenommen, soweit unter Berücksichtigung der von der Mutter erzielten Einkünfte (vgl. § 1615l I i. V. mit § 1602 I BGB) noch ein Bedarf offen bleibt und dieser Bedarf in der Zeitspanne zwischen sechs Wochen vor und acht Wochen nach der Geburt anfällt[71]). Für die Zeit danach ist der Kausalzusammenhang notfalls nachzuweisen, was für die bedürftige Mutter auf Schwierigkeiten stoßen kann. So wird die Schülerin ihre von ihren Eltern gemäß § 1610 II BGB geschuldete Schulausbildung alsbald nach der Entbindung fortsetzen. Das Ziel, den Schulabschluß zu erreichen, dürfte oft ausschlaggebend dafür sein, daß die Schülerin nicht erwerbstätig ist, nicht aber die von der Schülerin auch wahrgenommene Betreuungsaufgabe. Die verheiratete, von ihrem Ehemann vollen Umfangs unterhaltene Mutter, die ehel. Kinder betreut, wird dies weiterhin tun und darüber hinaus das

---

[70]) *Palandt/Diederichsen* [Fn. 66], § 1615l Rz. 7.
[71]) *OLG Hamm*, FamRZ 1991, 979.

von einem anderen Mann stammende ne. Kind mit großziehen, ohne daß es wegen der Geburt dieses ne. Kindes zur Scheidung und zum Ausschluß von Unterhaltsansprüchen gemäß § 1579 BGB kommen muß[72]). Fehlt es in solchen Fällen an der Kausalität zwischen Bedürftigkeit und Nichterwerbstätigkeit wegen Kindesbetreuung? Gestützt auf die historische Entwicklung des § 1615l BGB meint das *OLG Hamm*[73]), daß die Kausalität von der Gläubigerin seit dem 1. 10. 1995, dem Zeitpunkt des Inkrafttretens des Schwangeren- und Familienhilfeänderungsgesetzes[74]), nicht mehr darzulegen und nachzuweisen sei. Der Gesetzgeber, so argumentiert das *OLG*, habe die persönliche Betreuung des ne. Kindes durch die Mutter während der ersten drei Lebensjahre des Kindes durch Unterhaltszahlungen des Erzeugers sicherstellen wollen; darauf, ob sie ohne die Kindesbetreuung eine Erwerbstätigkeit ausgeübt hätte, komme es nicht an. Diese Auffassung dürfte nicht zutreffen, denn der Gesetzgeber wollte mit der Reform per 1. 10. 1995 der Frau nur den nach der alten Gesetzeslage nicht immer einfach zu führenden Beweis ersparen, daß ihr Kind bei Erwerbstätigkeit „andernfalls nicht versorgt werden könnte"[75]).

d) Kausalität der Kindesbetreuung für Einbußen am Erwerbseinkommen

Die mithin von der Mutter für die Zeit nach der achten Woche seit der Geburt des Kindes darzulegende und gegebenenfalls zu beweisende (Mit-)Ursächlichkeit der Kindesbetreuung für die nicht zu erwartende Erwerbstätigkeit dürfte allerdings schon dann zu bejahen sein, wenn und soweit der Mutter des ne. Kindes keine Zeit und/oder Kraft bleibt, um neben der Kindes-betreuung voll- oder teilschichtig einer Erwerbstätigkeit nachzugehen, ohne daß es auf das Erwerbsverhalten der Mutter vor der Schwangerschaft und Entbindung ankäme[76]). Durch die von der Mutter übernommene Betreuungsaufgabe ändert sich das Leben der Mutter grundlegend. Selbst wenn sie wollte, könnte sie wegen Kindesbetreuung nicht oder nur insoweit erwerbstätig sein, wie die Wahrung der Kindesbelange dies gestattet. Auch

---

[72]) Vgl. dazu die Erwägungen des *OLG München*, FamRZ 1994, 1008, 1009, m.w.N.; *Soergel/Häberle* [Fn. 69], § 1615l Rz. 5.
[73]) *OLG Hamm*, FamRZ 1997, 632.
[74]) Vgl. Fn. 20.
[75]) Zum auch schon vor dem 1. 7. 1998 erforderlichen Kausalitätsbeweis vgl. *Palandt/Diederichsen* [Fn. 66], § 1615l Rz. 7.
[76]) Vgl. Fn. 75.

eine vor der Entbindung herumvagabundierende nichterwerbstätige Frau muß ihre bisherigen Lebensgewohnheiten aufgeben, wenn sie ihr Kind betreuen will, da sie anderenfalls Gefahr liefe, daß ihr das Sorgerecht wegen Kindeswohlgefährdung entzogen wird (vgl. § 1666 BGB). Vor dem Hintergrund eines wegen des Kindes neugeordneten Lebens ist die aus der Sicht des Kindes erforderliche Kindesbetreuung zumindest mitursächlich dafür, daß die Mutter einer Erwerbstätigkeit nicht (mehr) nachgehen kann, auch wenn sie vorher eine solche wegen ihres anderen Lebensstils abgelehnt und nicht ausgeübt hat. Die ehel. Kinder betreuende Ehefrau kann aufgrund der Betreuung des weiteren ne. Kindes erst recht nicht erwerbstätig sein, ebensowenig die Schülerin, die neben der Schulausbildung ihr ne. Kind betreut. Eine Frau, die vor ihrer ne. Mutterschaft von ihrem Vermögen gelebt hat, wird sich gemäß § 1602 I i. V. mit § 1615l III BGB auf ihren betreuungsbedingten Bedarf entsprechend ihrer Lebensstellung ohnehin ihre Einkünfte aus Vermögen bedarfsmindernd anrechnen lassen müssen. Desgleichen sind auf den betreuungsbedingten Bedarf solche Einkünfte anzurechnen, die zumutbarerweise trotz Kindesbetreuung erzielt werden. Erziehungsgeld, das die Mutter längstens für die Dauer von zwei Jahren i. H. bis zu 600 DM monatlich bezieht, ist gemäß § 9 BErzGG[77]) nicht auf ihren Unterhaltsbedarf anzurechnen, es sei denn die Voraussetzungen des § 1611 I i. V. mit § 1615l III S. 1 BGB greifen ein.

3. Haftung für den Anspruch auf Betreuungsunterhalt
a) Haftung mehrerer Schuldner für den Betreuungsbedarf

Den verschiedenen Ursachen für die Bedürftigkeit der Mutter wegen Kindesbetreuung (wie Schulbesuch trotz Kindesbetreuung oder Betreuung ehel. Kinder zusätzlich zum ne. Kind) muß haftungsrechtlich Rechnung getragen werden, wenn verschiedene Schuldner für die verschiedenen Ursachen unterhaltsrechtlich einzustehen haben. Das Rangverhältnis zwischen den verschiedenen Schuldnern ist unvollständig geregelt, weil § 1615l III S. 2 BGB die Haftung des Vaters des ne. Kindes für den Betreuungsunterhalt der Mutter nur im Verhältnis zu den Verwandten der Mutter, nicht aber zu deren Ehemann in eine Rangfolge bringt. § 1608 BGB ist in diesem Zusammenhang ebensowenig ergiebig[78]). Die Rangregelungen sind aber auch

---

[77]) BErzGG i. d. Neufassung v. 31. 1. 1994, BGBl I 180.
[78]) So auch *OLG München*, FamRZ 1994, 108, m.w.N.

sachlich unbefriedigend, weil sie auf die Alternative volle Haftung oder Haftungsausschluß hinauslaufen. So müßte die Schülerin sich wegen ihres auf mehrere Ursachen gestützten Lebensbedarfs vorrangig an den Vater des ne. Kindes wenden (§ 1615l III S. 2 BGB), was für die Spanne zwischen sechs Wochen vor und acht Wochen nach der Entbindung hingenommen werden kann, weil während dieser Zeit kein Schulbesuch stattfinden dürfte. Aber danach erscheint die alleinige Haftung des Vaters des ne. Kindes ungereimt, da die Schülerin ihrer Schulausbildung ebenfalls viel Zeit widmen dürfte und nicht nur der Kindesbetreuung nachkommt. Ebenso unangemessen erscheint die vorrangige Haftung des Vaters des ne. Kindes für den Betreuungsbedarf der Mutter, wenn diese in bestehender Ehe oder nach der Scheidung zwei weitere ehel. Kinder großzieht, da die Mutter ihre Betreuungszeit verteilt auf ein ne. Kind und auf zwei ehel. Kinder, für deren Betreuungsbedarf der Vater dieser zwei Kinder sorgen muß. Mir scheint, daß in diesen Fällen nicht das Rangverhältnis der Schuldner zu angemessenen Lösungen verhilft.

Vielmehr ist eine sinnvolle Lösung in § 1606 III S. 1 BGB vorgezeichnet, wonach mehrere für den Bedarf eines Gläubigers verantwortliche Schuldner verhältnismäßig zur Bedarfsdeckung heranzuziehen sind. Bei Anwendung dieses Gedankens können die für das jeweilige Unterhaltsrechtsverhältnis maßgeblichen Umstände berücksichtigt werden: So kann die Höhe des Bedarfs der Mutter im Verhältnis zu den verschiedenen Unterhaltsschuldnern differieren[79]). Auch die Haftungsgrenze kann bei den verschiedenen Unterhaltsschuldnern unterschiedlich gezogen sein[80]). Ebenso kann das unterschiedliche Gewicht der von den verschiedenen Kindern ausgehenden Betreuungsanforderungen für den betreuungsbedingten Bedarf der Gläubigerin die Haftungsanteile der verschiedenen Schuldner bestimmen, wenn man § 1606 III BGB entsprechend heranzieht[81]).

---

[79]) Das Gesetz unterscheidet einerseits ehel. Lebensverhältnisse mit oder ohne Vorsorgeunterhalt gemäß § 1578 I S. 1 und III, den vorehel. angemessenen Lebenszuschnitt gemäß § 1578 I S. 2 i. V. mit III sowie andererseits die Lebensstellung gemäß § 1615l III S. 1 i. V. mit § 1610 I und II BGB.
[80]) Wegen der unterschiedlichen Haftungsmaßstäbe vgl. einerseits § 1581 BGB und andererseits § 1603 I BGB.
[81]) So auch die dazu ergangene Entscheidung des *BGH* v. 21. 1. 1998 – XII ZR 85/96 –, FamRZ 1998, 541 = DAVorm 1998, 389; vgl. auch DIV-Gutachten, DAVorm 1997, 311 f.

b) Kindesbetreuung durch Vater und Mutter

Wenn beide Eltern ihr ne. Kind betreuen, stehen ihnen nicht wechselseitig Unterhaltsansprüche wegen Kindesbetreuung zu, obwohl § 1615l BGB n. F. jedem Elternteil gegen den anderen bei Vorliegen der entsprechenden Anspruchsvoraussetzungen einen Anspruch gibt. Vielmehr kann nur einer von ihnen einen Unterhaltsanspruch gegen den anderen haben, wie sich aus der problemlos möglichen Verrechnung im Sinne einer Saldierung ergibt. Wem der Anspruch wegen Kindesbetreuung zusteht, hängt von der Bedürftigkeit und der jeweiligen Leistungsfähigkeit ab[82]).

4. Rang des Anspruchs auf Betreuungsunterhalt

Der Anspruch der Mutter eines ne. Kindes auf Betreuungsunterhalt ist den Unterhaltsansprüchen aller minderjährigen unverheirateten Kinder und der ihnen gemäß § 1603 II S. 2 BGB n. F. gleichgestellten Volljährigen sowie den Ansprüchen des früheren und des derzeitigen Ehegatten auf Betreuungsunterhalt nachrangig mit der Folge, daß der Betreuungsbedarf des ne. Kindes bei eingeschränkter Leistungsfähigkeit des Schuldners nicht befriedigt werden kann. Dadurch wird das ne. Kind diskriminiert, weil sein Betreuungsbedarf gegenüber dem von ehel. minderjährigen unverheirateten Kindern des Schuldners vom Gesetzgeber ohne sachlichen Grund als nicht gleichbedeutend beurteilt wird. Mit seinem Betreuungsbedarf zurückstehen muß allerdings auch das aus einer neuen Ehe des Schuldners hervorgegangene Kind, wenn der Unterhaltsschuldner seinem geschiedenen Ehegatten unterhaltspflichtig ist, weil die geschiedene Ehe von langer Dauer war oder dem geschiedenen Ehegatten Unterhaltsansprüche wegen Betreuung eines gemeinschaftlichen ehel. Kindes oder aus Billigkeitsgründen i. S. des § 1576 BGB zustehen. Dies ist jedenfalls die Konsequenz, die der *BGH* in Mangelfällen aus der mißglückten, dringend korrekturbedürftigen Ausgestaltung des Rangverhältnisses zwischen früherem und derzeitigem Ehegatten in § 1582 BGB zieht[83]). Wenn nicht die Ausweitung des Betreuungsunterhaltsanspruchs zugunsten der Mutter eines ne. Kindes in vielen Fällen mangels Leistungsfähigkeit des Schuldners eine leere Verheißung[84]) bleiben

---

[82]) *BGH,* FamRZ 1983, 569, für den nachehel. Unterhalt gemäß § 1570 BGB.
[83]) *BGH,* FamRZ 1988, 705.
[84]) *Puls,* Verhandlungen des 59. DJT 1992, Abteilung Familienrecht, Band II (Sitzungsberichte), M 179 f.

soll, muß der Gesetzgeber das Rangverhältnis zwischen denjenigen, die Unterhaltsbedarf wegen Kindesbetreuung haben, neu regeln. Die Bundesregierung hat es jedoch in der Begründung des Entwurfs zu § 1615l BGB ausdrücklich abgelehnt, die Rangverhältnisse neu zu ordnen[85]).

Die geschilderten Rangzuweisungen sind bei konkurrierenden Ansprüchen wegen Kindesbetreuung m. E. unbefriedigend, weil dadurch das vom geschiedenen Ehegatten an die Ehe als Institution geknüpfte Vertrauen zwar geschützt wird, der Schutz von betreuungsbedürftigen Kindern aus anderen ne. oder späteren ehel. Beziehungen in Mangelfällen aber auf der Strecke bleibt. Die Zuspitzung des Problems auf die Frage, ob die aus der Ehe als Institution abgeleiteten Ansprüche auf Betreuungsunterhalt vorrangig sein sollen gegenüber den auf ne. Elternschaft beruhenden und ob durch einen Gleichrang solcher Ansprüche die Institution Ehe ihres besonderen verfassungsrechtlich gesicherten Schutzes (Art. 6 I GG) entkleidet wäre, würde wohl von einem fragwürdigen Ansatz her erfolgen, da sie die besondere Schutzbedürftigkeit von Kindern unabhängig von ihrem ehel. oder ne. Status vernachlässigt.

Mein Vorschlag de lege ferenda geht dahin, daß der elementare Lebensbedarf von unverheirateten minderjährigen und ihnen gleichgestellten[86]) volljährigen Kindern Vorrang haben sollte vor jedwedem anderen Unterhaltsbedarf[87]). In einer zweiten Rangstufe sollten die Unterhaltsansprüche wegen derzeitiger Betreuung ehel. und ne. Kinder gleichrangig geregelt werden, und zwar bis zur Grenze des jeweils notwendigen betreuungsbedingten Bedarfs der Mütter. Auf einer weiteren Rangstufe wären die übrigen Konkurrenzen von Unterhaltsansprüchen zu regeln. Soweit es darum geht, die den notwendigen Bedarf der Mütter übersteigenden Unterhaltsansprüche gegeneinander abzuwägen, müßte dem Unterhaltsanspruch eines ein ehel. Kind betreuenden derzeitigen oder geschiedenen Ehegatten ein statusrechtlich zu begründender Vorrang vor dem Unterhaltsanspruch derjenigen Mut-

---

[85]) Gesetzentwurf der Bundesregierung zum KindRG [Fn. 62], S. 99.
[86]) Kindesunterhaltsgesetz [KindUG] v. 6. 4. 1998, BGBl 1998 I 666, § 1603 II S. 2 BGB n. F.; in Kraft getreten am 1. 7. 1998.
[87]) Entgegen § 1609 BGB praktiziert das *OLG Dresden* zufolge Nr. 36 seiner Leitlinien (Stand: 1. 1. 1996) den Vorrang der minderjährigen unverheirateten Kinder vor allen anderen Unterhaltsansprüchen (Abdruck der Leitlinien in FamRZ 1996, 19, und *Kalthoener/Büttner* [Fn. 30], Rz. 13); die Änderung der Unterhaltsleitlinien des OLG Dresden (FamRZ 1998, 731) berührt Nr. 36 nicht.

ter zukommen, die ein ne. Kind des Schuldners betreut. Auf dieser Rangstufe könnte auch der Unterhaltsbedarf eines langjährig verheirateten, jetzt geschiedenen Ehegatten plaziert werden.

Der von mir de lege ferenda vorgeschlagene gleiche Rang aller Ansprüche auf Betreuungsunterhalt bis zur Grenze des notwendigen Bedarfs der jeweiligen Gläubigerinnen findet seine Rechtfertigung darin, daß betreuungsbedürftige Kinder auf Schutz – unabhängig von ihrem ehel. oder ne. Status – angewiesen sind.

Der bisherige Vorrang des ehel. und nachehel. Betreuungsunterhaltsanspruchs gegenüber dem Anspruch der Mutter eines ne. Kindes wegen Betreuung erscheint mir auch deshalb gesellschaftspolitisch fragwürdig, weil mit den Mitteln des Unterhaltsrechts dem verheirateten oder geschiedenen Ehegatten ein idealtypischer Ehepartner als Unterhaltsschuldner verschafft wird, der Pflichten wegen Betreuungsbedürftigkeit eines Kindes aus einer in der Ehe begründeten Elternschaft eher einzulösen hat als die durch ne. Elternschaft bedingten. Dieses Rangverhältnis ist irritierend, wenn man sich einmal den Fall vor Augen führt, daß ein verheirateter oder geschiedener Vater sein Einkommen und Vermögen verspielt oder sonstwie verschleudert und den Betreuungsbedarf seiner ehel. Kinder dadurch vernachlässigt, daß die Mutter und Ehefrau nunmehr, der Not gehorchend, auch durch Erwerbstätigkeit zum Familienunterhalt beitragen muß und sich der Betreuung der Kinder nur noch unzulänglich widmen kann. Warum sollte hier für die betreuungsbedürftigen ehel. Kinder dieses Mannes etwas anderes gelten als für ein ne. Kind, für dessen Betreuungsbedarf er verantwortlich ist?

VII. Weitere Reformüberlegungen

Abschließend möchte ich noch einige Punkte zur weiteren Reformbedürftigkeit des neugeregelten § 1615l BGB aufgreifen:

- Wenig plausibel erscheint mir, daß die Mutter eines ne. Kindes ihren Betreuungsunterhaltsanspruch nach dem **Verwirkungstatbestand** des § 1611 BGB, auf den § 1615l III S. 1 BGB verweist, ganz oder teilweise verlieren kann, ohne daß – anders als in § 1579 S. 1 BGB für das nachehel. Unterhaltsrecht – gewährleistet wäre, daß die Kindesbelange hinreichend berücksichtigt werden. Mit der vom Bundesrat vorgeschlagenen Gesetzesfassung wäre dieses Ergebnis wegen der § 1579 Hs. 1 BGB nachgebildeten negativen Billigkeitsklausel vermieden worden.

– Für ungereimt im Vergleich zum nachehel. Unterhaltsanspruch wegen Kindesbetreuung halte ich, daß die Mutter eines ne. Kindes nicht auf ihre künftigen Unterhaltsansprüche verzichten kann[88]), denn § 1614 S. 1 BGB i. V. mit § 1615l III S. 1 BGB steht dem entgegen, während § 1585c BGB den geschiedenen Ehegatten **Unterhaltsvereinbarungen für die Zukunft** gestattet. Ein zu vermeidender Verzicht zu Lasten der Allgemeinheit wäre gemäß § 138 BGB ohnehin unwirksam[89]). Auch im übrigen gilt wegen der Wirksamkeitskontrolle bei Verzichts- und Abfindungsverträgen § 138 BGB; desgleichen kommen die Regeln über Fehlen und Fortfall der Geschäftsgrundlage in Betracht. Will man die Mutter vor Unüberlegtheit und Übertölpelung anläßlich der Vereinbarung von Unterhaltsverzicht und Abfindungen bewahren, könnte man eine notarielle Beurkundung mit einhergehender Belehrungspflicht seitens des Notars vorschreiben (§ 17 BeurkG), wenngleich solche Formvorschriften vor Übervorteilung der Frau nicht schützen, wie die jüngst ergangenen Entscheidungen des *BGH* zu notariell beurkundeten Unterhaltsverzichtsvereinbarungen zwischen Ehegatten zeigen[90]). Die Genehmigungsbedürftigkeit solcher Abfindungs- und Verzichtsverträge durch das Familiengericht sollte daher vorgesehen werden.

– Harmonisierungsbedürftig erscheint auch der **Schutz** von ihre Kinder betreuenden Müttern **beim Tode des Vaters**[91]) ihrer Kinder. Die Erben des Vaters haften für die nachehel. Unterhaltsansprüche der Ehefrau des Vaters als Nachlaßverbindlichkeit gemäß § 1586b BGB nicht über den Betrag hinaus, der dem Pflichtteil entspricht, welcher der Ehefrau zustünde, wenn die Ehe nicht geschieden wäre, wobei Besonderheiten des zwischen den Ehegatten maßgeblichen Güterstandes außer Betracht bleiben. Hingegen sollen die Erben des Vaters eines ne. Kindes für auf § 1615l III S. 5 BGB gestützte Ansprüche der Mutter dieses Kindes unbeschränkt gemäß § 1615n BGB n. F. einstehen müssen – ausnahmsweise eine (gerechtfertigte?) Besserstellung der Mutter eines ne. Kindes gegenüber der Mutter eines ehel. Kindes.

---

[88]) Vgl. auch *Schwab*, FamRZ 1997, 521, 525.
[89]) *BGH*, FamRZ 1992, 1403; 1991, 306; *Heß*, FamRZ 1996, 981 ff., plädiert für die Heranziehung von § 242 BGB statt § 138 BGB.
[90]) Vgl. *BGH*, FamRZ 1996, 1536, und 1997, 156, mit satirischer Anm. von *Büttner*, FamRZ 1997, 600 f.; *ders.*, FamRZ 1998, 1, 8 zu VIII 4.
[91]) Dazu *Schwab*, FamRZ 1997, 521, 526.

– Eine solche (gerechtfertigte?) Besserstellung ist auch festzustellen bei **Heirat der Mutter**: Die Mutter eines ne. Kindes verliert den Unterhaltsanspruch nicht, wenn sie einen Mann heiratet, der nicht der Vater des Kindes ist, anders dagegen gemäß § 1586 BGB die Mutter eines ehel. Kindes bei Wiederheirat.

VIII. Schlußbemerkung

Der Anspruch des Gesetzgebers, rechtliche Unterschiede zwischen ehel. und ne. Kindern soweit wie möglich abzubauen, ist mit der Reform des Anspruchs der Mutter auf Betreuungsunterhalt gegen den Vater ihres ne. Kindes nicht vollständig eingelöst worden, denn die Neuregelung ist, anders als der Tatbestand wegen nachehel. Betreuungsunterhalts, wesentlich geprägt durch den Status der Mutter und weniger an den Belangen des ne. Kindes orientiert, dessen Betreuungsbedarf sich von dem eines ehel. Kindes nicht unterscheidet. Allerdings stellt sich die von Verfassungs wegen vom Gesetzgeber zu bewältigende Aufgabe als gesellschaftspolitisch brisant und sehr komplex dar, wie die erörterten privatrechtlichen Aspekte des Anspruchs zeigen. Der Gegenstand birgt auch öffentlichrechtlichen Zündstoff, wenn man etwa die Frage aufwirft, wie Unterhaltsleistungen des Vaters an die Mutter wegen Betreuung seines ne. Kindes steuerrechtlich behandelt werden sollen – Ausweitung der Höchstbeträge für außergewöhnliche Belastungen des Unterhaltsschuldners gemäß §§ 33, 33a EStG oder gar Einführung des begrenzten Realsplittings zwischen Eltern, die nie miteinander verheiratet waren? Zu begrüßen ist, daß der Gesetzgeber das Reformziel trotz der nicht leicht zu lösenden Probleme angesteuert und sich der rechtlichen Gleichbehandlung ehel. und ne. Kinder wieder ein Stück genähert hat.

Der Unterhaltsanspruch des Vaters eines nichtehelichen Kindes gegen die Kindesmutter

Von Prof. Dr. Ulrich Büdenbender, Dresden

Übersicht

I. Einführung
II. Geschichtliche Entwicklung der elterlichen Unterhaltsansprüche im Nichtehelichenrecht
   1. Rechtsentwicklung des mütterlichen Anspruchs
   2. Das Konzept des KindRG für den mütterlichen Anspruch
   3. Unterhaltsansprüche des Vaters gegen die Kindesmutter
III. Einordnung des väterlichen Unterhaltsanspruchs in die allgemeine Entwicklung des Nichtehelichenrechts
   1. Zusammenhang zwischen dem Unterhaltsanspruch des Vaters und der Neuregelung des Sorgerechts
   2. Kontext zur geschichtlichen Entwicklung des Nichtehelichenrechts
IV. Die Ausgestaltung des väterlichen Unterhaltsanspruchs
   1. Unterhaltsrechtliche Kriterien
   2. Keine Geltung des Aufwendungsersatzanspruchs nach § 1615k a. F. BGB
V. Wesentliche Auslegungsfragen für den väterlichen Unterhaltsanspruch
   1. Dauer des Anspruchs
   2. Elterliche Sorge des Vaters als Voraussetzung für einen Unterhaltsanspruch?
   3. Ersatzfähigkeit der Aufwendungen für einen Berufsvertreter?
   4. Entscheidungsfreiheit des Vaters zugunsten der Kindesbetreuung
   5. Synoptische Darstellung der Anspruchsvoraussetzungen
VI. Prozessuales
   1. Hauptsache
   2. Vorläufiger Rechtsschutz
      a) Ansprüche der Mutter
      b) Ansprüche des Vaters
VII. Zusammenfassung

I. Einführung

Das Kindschaftsrechtsreformgesetz [KindRG][1]) führt durch § 1615l V BGB erstmals einen Unterhaltsanspruch des Vaters eines nichtehelichen [ne.] Kindes gegen die Kindesmutter aus Anlaß der Kindesbetreuung ein. Rechts- wie gesellschaftspolitisch bedeutet dies einen wichtigen Schritt zur Gleichstellung beider Elternteile. In den Voraussetzungen folgt der Anspruch demjenigen der Kindesmutter gegen den Vater, wobei jedoch einige „vaterspezifische" Auslegungsfragen zu lösen sind. Dies gilt sowohl für die materiell-rechtlichen Elemente des Anspruchs als auch für dessen Durchsetzung im Wege des einstweiligen Rechtsschutzes.

Seit Inkrafttreten des BGB kennt das Nichtehelichenrecht – mit verschiedentlichen Änderungen, insbesondere Erweiterungen – ausschließlich Unterhaltsansprüche der Kindesmutter gegen den Vater eines ne. Kindes[2]). Maßgeblich hierfür war die jeweilige Vorstellung des Gesetzgebers, daß das ne. Kind typischerweise bei der Kindesmutter lebt, so daß sich allein die Frage stellt, ob und unter welchen Voraussetzungen der Kindesvater für den Unterhalt der Kindesmutter aufzukommen hat.

Die gesellschaftlichen Rahmenbedingungen für das Nichtehelichenrecht haben sich jedoch erheblich geändert. Während früher ne. Kinder in der überwiegenden Zahl der Fälle ungeplant geboren wurden und die Eltern im Regelfall nicht zusammenlebten, sind – auch auf Dauer angelegte – ne. Lebensgemeinschaften inzwischen weit verbreitet. Aus Gründen, die hier nicht näher beleuchtet werden sollen, ist die Entscheidung für eine Lebensgemeinschaft mit zunehmender Tendenz nicht mehr stets mit der Entscheidung für eine Eheschließung verbunden[3]). Viele ne. Kinder werden in solche Lebensgemeinschaften hineingeboren. Trotz vielfältiger Möglichkeiten der Geburtenkontrolle ist die Zahl der ne. Kinder in den alten Bundesländern stetig angestiegen, so z. B. von knapp 60.000 Geburten i. J. 1986 auf etwa 86.000 i. J. 1994. Prozentual bedeutet dies eine Zunahme von 9,6 % auf 12,4 % aller Geburten. In den neuen Bundesländern hat sich der Anteil der ne. Kinder in dem genannten Zeitraum noch deut-

---

[1]) BGBl 1997 I 2942; vgl. ferner die Gesetzesmaterialien, zitiert in Fn. 4.
[2]) Vgl. hierzu neben den Kommentaren zu § 1615l BGB insbesondere *Brüggemann*, FamRZ 1971, 140 ff.; *Körting*, MDR 1971, 263 ff.; *Brühl*, FamRZ 1967, 130 ff.; *Christian*, ZfJ 1975, 449 ff. und zuletzt *BGH*, FamRZ 1998, 541.
[3]) Zu den einschlägigen Rechtsfragen vgl. *Palandt/Diederichsen*, BGB, vor § 1297 Rz. 8 ff., m. w. N.

licher von rund 35 % auf etwas mehr als 41% erhöht, hier allerdings verbunden mit einem erheblichen Rückgang aller Geburten von etwa 220.000 auf knapp 80.000[4]). Gerade in ne. Lebensgemeinschaften kann es im Falle des Scheiterns dazu kommen, daß sich der Vater und nicht die Mutter um das Kind kümmert. Damit aber stellt sich die Frage, inwieweit dem Vater Unterhaltsansprüche gegen die Kindesmutter zustehen. Unter dem Aspekt der Gleichbehandlung von Vater und Mutter sowie der Verwirklichung des Auftrages zur Schaffung möglichst gleicher Lebensbedingungen für ne. Kinder nach Art. 6 V GG im Verhältnis zu den ehelichen [ehel.] Kindern, deren Eltern selbstverständlich über wechselseitige Unterhaltsansprüche verfügen (vgl. §§ 1360 ff., 1568 ff. BGB), ist die erstmalige Begründung eines väterlichen Unterhaltsanspruchs gegen die Mutter schlüssig. Im folgenden soll dieser Unterhaltsanspruch in das Gesamtgefüge des Nichtehelichenrechts eingeordnet und hinsichtlich seiner Voraussetzungen im einzelnen untersucht werden.

II. Geschichtliche Entwicklung der elterlichen Unterhaltsansprüche im Nichtehelichenrecht

1. Rechtsentwicklung des mütterlichen Anspruchs

Das BGB sah bereits in seiner ursprünglichen Fassung (§ 1715 a. F. BGB) einen Unterhaltsanspruch der Mutter gegen den Vater eines ne. Kindes vor. Er war jedoch zeitlich eng begrenzt und beschränkte sich auf die Zeit der ersten sechs Wochen nach der Geburt. Obwohl der Anspruch inhaltlich auf Unterhalt gerichtet war, handelte es sich rechtlich um einen von unterhaltsrechtlichen Kategorien unabhängigen schuldrechtlichen Anspruch. Er stand der Mutter daher losgelöst davon zu, ob sie bedürftig und der Mann leistungsfähig war[5]). Darüber hinaus existierte ein Anspruch auf Ersatz weiterer schwangerschafts- oder entbindungsbedingter Aufwendungen, § 1615k BGB vergleichbar, gleichfalls nach § 1715 a. F. BGB. Erst das Nichtehelichengesetz von 1969[6]) [NEG] begründete eine erhebliche Erweiterung des mütterlichen Unterhaltsanspruches, der jetzt ausdrücklich unterhaltsrechtlich ausgestaltet wurde (§ 1615l III S. 1 BGB). Dabei legte das Gesetz in § 1615l I BGB einen Basisanspruch fest, wonach der

---

[4]) Datenmaterial in der amtlichen Begründung zum KindRG, BT-Drucks. 13/4899, S. 37.
[5]) *Staudinger/Eichenhofer*, BGB, § 1615l Rz. 2.
[6]) BGBl 1969 I 1243.

Vater der Mutter für die Dauer von sechs Wochen vor und acht Wochen nach der Geburt des Kindes Unterhalt zu gewähren hat. Dieser Zeitraum ist mit dem arbeits- und sozialrechtlichen Mutterschutz (§§ 3, 6 MuSchG) vollständig harmonisiert. Voraussetzung für den unterhaltsrechtlichen Basisanspruch war und ist gemäß § 1615l III S. 1 BGB, daß die allgemeinen unterhaltsrechtlichen Kriterien der Bedürftigkeit der Kindesmutter (§ 1602 BGB) und der Leistungsfähigkeit des Kindesvaters (§ 1603 BGB) erfüllt sind. Im Hinblick auf die umfassende mutterschutzrechtliche Absicherung für den genannten Zeitraum durch das Arbeits-, Sozial- sowie Beamtenrecht und die daraus resultierende fehlende Bedürftigkeit der Kindesmutter beschränkt sich die praktische Bedeutung auf nicht berufstätige und freiberuflich tätige Kindesmütter[7]). Über den Basisanspruch hinaus steht der Mutter seit 1970 nach § 1615l II BGB ein erweiterter Unterhaltsanspruch zu, wenn hierfür besondere Voraussetzungen vorliegen: Geht die Mutter einer Erwerbstätigkeit nicht nach, weil sie infolge der Schwangerschaft oder einer durch die Schwangerschaft verursachten Krankheit dazu außerstande ist, beginnt die Unterhaltspflicht bereits über den genannten Sechs-Wochen-Zeitraum hinaus vier Monate vor der Entbindung. Ferner verlängerte das NEG die Bezugszeit nachgeburtlich über acht Wochen hinaus auf ein Jahr, wenn die Mutter wegen einer durch die Entbindung verursachten Krankheit nicht berufstätig ist. Das gleiche galt, wenn die Mutter nicht oder nur beschränkt erwerbstätig ist, weil das Kind andernfalls nicht versorgt werden konnte (§ 1615l II S. 2 a. F. BGB).

Diese Rechtslage wurde durch das Schwangeren- und Familienhilfeänderungsgesetz von 1995[8]) noch einmal in zwei Aspekten zugunsten der Kindesmutter verbessert. Einmal wurde der nachgeburtliche Zeitraum für einen Unterhaltsanspruch von einem Jahr auf längstens drei Jahre erweitert (§ 1615l II S. 3 BGB). Damit sollte der Kindesmutter die Möglichkeit gegeben werden, eine Betreuung des Kindes im familiären Umfeld bis zu dem Zeitpunkt vorzunehmen, in dem das Kind in einem Kindergarten untergebracht werden kann[9]). Darüber hinaus wurde die materiell-rechtliche Voraussetzung für den Unterhaltsbezug abgemildert: Kam es bis 1995 darauf an, ob das Kind anderenfalls (d. h. ohne die Mutter) nicht versorgt werden konnte, ist nunmehr entscheidend, ob eine Erwerbstätigkeit der Mutter wegen der

---

[7]) Staudinger/Eichenhofer, BGB, § 1615l Rz. 1.
[8]) BGBl 1995 I 1050.
[9]) BT-Drucks. 13/1850, S. 24.

Kindesbetreuung nicht erwartet werden kann[10]). Damit ist die Voraussetzung für Betreuungsunterhalt im Nichtehelichenrecht derjenigen für geschiedene Ehegatten angeglichen; der Wortlaut des § 1615l II S. 2 BGB entspricht demjenigen in § 1570 BGB. Die zu der bis 1995 gültigen Gesetzesfassung bestehende Kontroverse[11]), inwieweit sich die Mutter frei für eine eigene Kindesbetreuung zu Lasten ihrer Berufstätigkeit entscheiden kann, ist insoweit überholt[12]).

2. Das Konzept des KindRG für den mütterlichen Anspruch

Das KindRG strebt eine nochmalige Verbesserung für die Rechtsstellung der Mutter an. § 1615l II S. 3 n. F. BGB sieht nunmehr zwar für den Normalfall unverändert gegenüber der seit 1995 gültigen Regelung ein Ende des Unterhaltsanspruches drei Jahre nach der Geburt des Kindes vor. Die Beschränkung auf drei Jahre gilt jedoch nicht, wenn es unter Berücksichtigung der Belange des Kindes grob unbillig wäre, einen Unterhaltsanspruch nach Ablauf dieser Frist zu versagen. Eine Höchstdauer ist dabei nicht vorgesehen[13]). Die amtliche Begründung[14]) erwähnt als Beispiel, daß das Kind behindert und deshalb auf eine intensivere, längere Betreuung durch die Mutter angewiesen ist.

Der *Bundesrat*[15]) plädierte sogar noch weitergehend dafür, §§ 1570, 1577 BGB als Normen des Geschiedenenunterhalts für entsprechend anwendbar zu erklären. Zur Begründung wurde darauf verwiesen, daß die zeitliche und materiell-rechtliche Einschränkung in dem Regierungsentwurf die Unterschiede zwischen den elterlichen [elterl.] Unterhaltsansprüchen bei ehel. und ne. Kindern im wesentlichen aufrechterhalte. Hierfür gebe es keinen sachlichen Grund. Die Regelung des § 1570 BGB ohne zeitliche Grenze müsse auch für den wechselseitigen Anspruch der Eltern eines ne. Kindes gelten, wofür ausdrücklich Art. 6 V GG herangezogen wird.

---

[10]) *Palandt/Diederichsen*, BGB, § 1615l Rz. 6; *BGH*, FamRZ 1998, 541.
[11]) Vgl. Fn. 44–46.
[12]) A. A. *Palandt/Diederichsen*, BGB, § 1615l Rz. 6, wonach sich trotz Wortlautidentität der §§ 1570, 1615l II S. 2 BGB „zwangsläufig" Differenzen in der Anwendung ergeben, ohne daß dieser Standpunkt argumentativ näher unterlegt wird.
[13]) BT-Drucks. 13/4899, S. 90, 149, 167.
[14]) BT-Drucks. 13/4899, S. 90.
[15]) BT-Drucks. 13/4899, S. 149.

In ihrer Erwiderung lehnte die *Bundesregierung*[16]) den Vorschlag als zu weitgehend ab. Die vom Bundesrat geforderte Ausweitung des Betreuungsunterhaltsanspruches berücksichtigte nach Auffassung der Bundesregierung nicht, daß dieser Anspruch kein Anspruch des Kindes, sondern ein Anspruch des das Kind betreuenden Elternteils gegen den anderen Elternteil sei. Für den Geschiedenenunterhalt nach §§ 1570 ff. BGB sei maßgeblich, daß die Kindeseltern mit der Eheschließung eine ihre Beziehung überdauernde rechtliche Verantwortung füreinander übernommen haben, woran es bei den Eltern eines ne. Kindes fehle. Dem Verfassungsauftrag des Art. 6 V GG sei bereits durch die erhebliche Ausweitung des Betreuungsunterhaltes durch Art. 6 des Schwangeren- und Familienhilfeänderungsgesetzes von 1995 Rechnung getragen worden. Damit werde in den ersten drei Lebensjahren des Kindes unter den gleichen Voraussetzungen wie im Falle des § 1570 BGB Betreuungsunterhalt eingeräumt. Für eine grundsätzliche Beschränkung des Unterhaltsanspruches auf den Zeitraum von drei Jahren spreche, daß danach die Betreuung des Kindes im Regelfall in anderer Weise gewährleistet werden könne, insbesondere durch einen Kindergartenplatz am Vormittag. Im übrigen sehe der Entwurf des KindRG eine Verlängerung der Unterhaltsgewährung über drei Jahre hinaus vor, wenn eine Versagung des Anspruches nach Ablauf von drei Jahren unter Berücksichtigung der Belange des Kindes grob unbillig wäre. Damit sei Sondersituationen genügend Rechnung getragen. Im weiteren Gesetzgebungsverfahren hat sich dieser Standpunkt durchgesetzt.

3. Unterhaltsansprüche des Vaters gegen die Kindesmutter

Unterhaltsansprüche des Vaters werden erstmals durch das KindRG begründet. Sie waren dem Familienrecht bisher unbekannt. Dabei fällt auf, daß § 1615l V n. F. BGB nur § 1615l II S. 2, III und IV BGB, nicht aber Abs. I und § 1615n BGB in Bezug nimmt. Nur für die Zeit des erweiterten Unterhaltsanspruches, nicht jedoch für die Zeitspanne des Basisanspruches ist/scheint der Anspruch des Vaters gegeben. Zum Teil leuchtet dies unmittelbar ein. Ein unterhaltsrechtlicher Basisanspruch des Kindesvaters nach § 1615l I BGB für die Zeit vor der Geburt scheidet bereits nach der Natur der Sache aus. Aber auch für den Fall, daß ein Kindesvater sich sofort nach der Geburt der Betreuung seines ne. Kindes widmet und infolgedessen seine Berufs-

---

[16]) BT-Drucks. 13/4899, S. 167.

tätigkeit ganz oder teilweise einschränkt, scheint in dem durch Abs. I erfaßten nachgeburtlichen Zeitraum von acht Wochen keine Rechtsgrundlage für einen Anspruch auf Unterhalt gegen die Kindesmutter zu bestehen. Erst für die Zeit danach begründet § 1615l V n. F. BGB eindeutig einen Anspruch des Vaters, der ihm für den Fall einer Kindesbetreuung dieselben Rechte wie der Mutter einräumt. Auf Einzelheiten wird später noch einzugehen sein[17]).

III. Einordnung des väterlichen Unterhaltsanspruches in die allgemeine Entwicklung des Nichtehelichenrechts

1. Zusammenhang zwischen dem Unterhaltsanspruch des Vaters und der Neuregelung des Sorgerechts

Die Regelung eines Unterhaltsanspruches des Vaters gegen die Kindesmutter ist eine logische Konsequenz einer jahrzehntelangen generellen Entwicklung des Nichtehelichenrechts weg von einer Sonderrechtsmaterie mit vielfältigen Schlechterstellungen der Kindeseltern und des Kindes im Vergleich zu ehel. Kindern hin zu einer möglichst weitgehenden Angleichung der Rechtslage. Darin liegt verfassungsrechtlich eine **konsequente Beachtung des Auftrages aus Art. 6 V GG**, ne. Kindern für ihre leibliche und seelische Entwicklung und für ihre Stellung in der Gesellschaft die gleichen Bedingungen zu schaffen wie den ehel. Kindern[18]). Dies wird nicht nur durch Rechtsansprüche und sonstige rechtliche Regelungen zugunsten der Kinder selbst, sondern auch durch die Regelung der Rechtsbeziehungen zwischen den Eltern verwirklicht, wenn den Kindern dies zugute kommt[19]). Gesellschaftspolitisch liegt ein weiterer Beitrag zur **Akzeptanz ne. Abstammung und Lebensgemeinschaft** darin, daß nunmehr wechselseitige Unterhaltsansprüche aus Anlaß der Kindesbetreuung jedenfalls für den in § 1615l II BGB geregelten Zeitraum in ähnlicher Form wie nach Beendigung ehel. Lebensgemeinschaften gegeben sind. Ferner bedeutet die Schaffung eines väterlichen Unterhaltsanspruches eine legislatorische Anerkennung ne. Vaterschaft mit all ihren Folgen. Zugleich ist dies eine konsequente Weiterentwicklung der Rechtsprechung des *BVerfG*[20]) zur elterl. Sorge des Vaters. Das höchste Gericht hat den völligen Ausschluß des Vaters von der

---

[17]) S. Kapitel V 1.
[18]) Vgl. dazu *Bonner Kommentar/Jestaedt*, GG, Art. 6 Rz. 52 ff.
[19]) Vgl. Fn. 18.
[20]) *BVerfGE* 84, 168 = FamRZ 1991, 913; *BVerfG*, FamRZ 1995, 789.

elterl. Sorge in § 1705 a. F. BGB jedenfalls in den Fällen für verfassungswidrig erklärt, in denen eine ne. Lebensgemeinschaft besteht und beide Elternteile eine gemeinsame Sorge wünschen. § 1626a BGB ermöglicht nunmehr die **Begründung eines gemeinsamen Sorgerechts** durch beiderseitige Erklärungen von Vater und Mutter. § 1672 I BGB sieht darüber hinaus vor, daß das FamG in Fällen gemeinsamer Sorge auf Antrag des Vaters mit Zustimmung der Mutter die elterl. Sorge umfassend oder zu einem Teil (Personen- oder Vermögenssorge) auf ihn überträgt. Kümmert sich der Vater auf der Grundlage elterl. Sorgerechts anstelle der Mutter um das Kind, so ist es konsequent, ihn unterhaltsrechtlich im Verhältnis zur Mutter ebenso zu stellen wie die Mutter, wenn diese das Kind betreut und deshalb Unterhalt vom Vater verlangen kann. Insoweit ist § 1615l V BGB auch (nicht nur) als **konsequente Umsetzung der neuen Sorgerechtsregelungen** in §§ 1626a, 1672 I BGB zu begreifen[21]).

2. Kontext zur geschichtlichen Entwicklung des Nichtehelichenrechts

Rechtspolitisch fügt sich das KindRG in eine langjährige Entwicklung des Nichtehelichenrechts ein. Das BGB in seiner Ausgangsfassung enthielt in § 1589 II a. F. noch die Fiktion, daß Vater und ne. Kind (seinerzeit als unehelich bezeichnet) nicht miteinander verwandt seien. Zur Begründung von Unterhaltsansprüchen zugunsten des Kindes wurde daher die Rechtsfigur einer besonderen Zahlvaterschaft in § 1717 a. F. BGB geschaffen und ein spezialrechtlicher Unterhaltsanspruch in §§ 1708 ff. a. F. BGB statuiert. Erst das NEG beseitigte die gesetzliche Leugnung einer Abstammungsbeziehung zwischen Vater und Kind und begründete die Möglichkeit einer Vaterschaftsfeststellung durch Anerkennung seitens des Mannes (§ 1600a a. F. BGB) oder durch Gerichtsurteil (§ 1600o a. F. BGB), an die sich – mit Ausnahme vorläufigen Rechtsschutzes nach §§ 1615o BGB, 641d ZPO[22]) – alle Rechtswirkungen der Vaterschaft knüpfen (§ 1600a S. 2 a. F., §§ 1594 I, 1600d IV n. F. BGB). Hierzu zählt nicht nur der Unterhaltsanspruch, für den neben den allgemeinen unterhaltsrechtlichen Regelungen der

---

[21]) Zur Neuregelung der elterlichen Sorge im Nichtehelichenrecht *Büdenbender*, AcP 197 (1997), 197 ff.; vgl. ferner Kap. V 2.
[22]) Vgl. dazu *Büdenbender*, Der vorläufige Rechtsschutz im Nichtehelichenrecht durch einstweilige Verfügung und einstweilige Anordnung, 1975; *ders.*, FamRZ 1981, 320 ff.; zur Neuregelung des vorläufigen Rechtsschutzes durch das KindRG vgl. *Büdenbender*, ZZP 110 (1997), 33 ff.

§§ 1601 ff. BGB die spezialgesetzliche Ausformung der §§ 1615a ff. BGB, insbesondere das Rechtsinstitut des Regelunterhalts (§ 1615f BGB), besteht, sondern darüber hinaus ein wechselseitiges Erbrecht. Das Gesetz zur erbrechtlichen Gleichstellung nichtehelicher Kinder v. 16. 12. 1997 hat im Erbrecht wichtige Verbesserungen für das ne. Kind gebracht und maßgeblich zur Rechtsvereinheitlichung beigetragen.[23]). Ein Recht auf elterl. Sorge stand dem Kindesvater bisher ebensowenig zu wie ein Umgangsrecht mit dem Kind. Das väterliche Sorgerecht wird erst durch §§ 1626a, 1672 I BGB geschaffen[24]).

Die vorstehend kurz skizzierte Entwicklung des Nichtehelichenrechts über Jahrzehnte hinweg ist als Hintergrund für den hier zu behandelnden väterlichen Unterhaltsanspruch wichtig. Es zeigt sich, daß über viele Zwischenabschnitte eine weitgehende Angleichung des für ne. Kinder gültigen rechtlichen Rahmens einschließlich der dafür wichtigen Rechtsbeziehungen zwischen den Kindeseltern an die Gesetzeslage erfolgt, die für ehel. Kinder gültig ist.

IV. Die Ausgestaltung des väterlichen Unterhaltsanspruches
1. Unterhaltsrechtliche Kriterien

Der Unterhaltsanspruch des Vaters wird nicht eigenständig geregelt, sondern **demjenigen der Kindesmutter angepaßt** (§ 1615l V n. F. BGB). Der Anspruch der Kindesmutter ist nach § 1615l I BGB für sechs Wochen vor bis acht Wochen nach der Geburt einerseits und für die Zeit von vier Monaten vor bis i. d. R. drei Jahre nach der Geburt bei Vorliegen der qualifizierten Voraussetzungen des § 1615l II BGB andererseits zu unterscheiden. Zukünftig kann der Unterhaltsanspruch in Härtefällen sogar über drei Jahre hinausgehen. Der in § 1615l V BGB abschließend erfaßte Unterhaltsanspruch des Vaters wird allein durch eine Verweisung auf § 1615l II S. 2 BGB geregelt. § 1615l V BGB verweist nicht auf die gesamte Regelung des mütterlichen Unterhaltsanspruchs in § 1615l I und II BGB, sondern bezieht sich nur auf Abs. II. Für den vorgeburtlichen Unterhaltsanspruch ist der Ausschluß selbstverständlich; der Vater kann **erst vom Zeitpunkt der Geburt an** infolge der Kindesbetreuung geltend machen, unter-

---

[23]) In Kraft seit 1. 4. 1998, BGBl 1997 I 2968. Dazu *Böhm*, NJW 1998, 10.
[24]) Auch die Mutter erfährt eine Verbesserung des Sorgerechts: vgl. KindRG, Art. 1 Nr. 37, der den 6. Titel des 2. Abschnittes des Familienrechts, also §§ 1705–1712 BGB aufhebt. In der statt dessen vorgenommenen Neuregelung (§§ 1626a ff. BGB) finden sich vergleichbare Einschränkungen der elterl. Sorge nicht.

haltsbedürftig zu sein. Allerdings ist eine Kindesbetreuung durch den Vater bereits unmittelbar nach der Geburt denkbar, wenn sie seitens der Mutter nicht geleistet wird, z. B. weil diese das Kind sofort nach der Geburt verläßt. Für die Dauer von acht Wochen nach der Geburt des Kindes erfaßt der eindeutige Text des § 1615l V BGB den § 1615l I BGB nicht und schließt die Existenz eines Unterhaltsanspruches offenbar aus. Denn nach § 1615l II BGB steht der Kindesmutter Unterhalt nur „über die in Abs. I bezeichnete Zeit hinaus" zu, also für die Zeit nach Ablauf von acht Wochen seit der Kindesgeburt.

Da § 1615l V BGB uneingeschränkt auf § 1615l II S. 2 und III BGB verweist, gelten für den Unterhaltsanspruch des Vaters gegen die Kindesmutter im einzelnen dieselben Voraussetzungen wie für den reziproken Anspruch der Kindesmutter gegen den Kindesvater. Erforderlich ist einmal aufgrund der §§ 1615l III, 1602, 1603 BGB die **Bedürftigkeit des Kindesvaters** und die **Leistungsfähigkeit der Kindesmutter**. Ferner darf der Vater **nicht oder nur beschränkt erwerbstätig** sein, weil er das Kind versorgt und eine Berufstätigkeit (ganz oder teilweise) von ihm wegen der Pflege oder Erziehung des Kindes nicht erwartet werden kann. Auf die Bedeutung dieser Voraussetzungen wird noch einzugehen sein[25]).

Wegen der Gleichbehandlung von mütterlichem und väterlichem Betreuungsunterhalt müssen einige weitere Normen zur Geltung kommen. Dies ergibt sich aufgrund der Verweisung in § 1615l V S. 2 n. F. BGB auf grundlegende unterhaltsrechtliche Normen in § 1615l III BGB. Hierzu zählt die **Regelung der Unterhaltskonkurrenz** nach § 1615l III S. 2–4 BGB. Danach geht für den mütterlichen Unterhaltsanspruch die Verpflichtung des Vaters der Verpflichtung der Verwandten der Mutter vor. Bestehen mehrere Bedürftige (§ 1609 BGB), gehen die Ehefrau und minderjährige Kinder des Vaters des ne. Kindes dem Anspruch der Mutter nach § 1615l BGB vor. Im übrigen geht die Mutter den übrigen Verwandten des Vaters vor. Schließlich bestimmt § 1615l III S. 4 BGB, daß der Anspruch bei Tod des Vaters nicht erlischt, sondern als Verpflichtung auf dessen Erben übergeht (§ 1967 BGB). Dies gilt sogar, wenn der Vater vor der Geburt des Kindes gestorben ist (§ 1615n BGB). Alle diese vom Wortlaut auf den Anspruch der Mutter gegen den Vater zugeschnittenen Regeln müssen **naturgemäß auch für den Anspruch des Vaters gegen die Mutter gelten** (§ 1615l V S. 2 BGB). In diesem Falle ist in den genannten Normen der §§ 1615l III, 1615n BGB das Wort „Vater"

---

[25]) S. Kapitel V 4.

durch das Wort „Mutter" zu ersetzen. Dies gilt auch für alle Fragen der **Anwendung unterhaltsrechtlicher Kriterien im Einzelfall**, so z. B. bezüglich der Ermittlung der Leistungsfähigkeit der Mutter, der Bedürftigkeit des Vaters[26]) (§§ 1602 I, 1603 I BGB), der Bemessung des Unterhalts nach der Lebensstellung des Vaters[27]), der Unterhaltsgewährung in Geld durch Vorschuß (§ 1612 I, III BGB) und der Unterhaltsgewährung für einen Sonderbedarf (§§ 1610, 1613 II BGB), die alle über § 1615l III S. 1, V S. 2 BGB nach den Vorschriften des Verwandtenunterhalts zu behandeln sind.

2. Keine Geltung des Aufwendungsersatzanspruches nach § 1615k a. F. BGB[28])

Von Bedeutung ist weiter, daß § 1615l V BGB – schon von der Systematik als Unterhaltsanspruch konsequent – lediglich den der Mutter gegen den Kindesvater eröffneten Unterhaltsanspruch nach § 1615l II S. 2 BGB zugunsten des Vaters für entsprechend anwendbar erklärt, nicht aber den unabhängig von unterhaltsrechtlichen Kriterien bestehenden Aufwendungsersatzanspruch nach § 1615k a. F. BGB[29]). Dies ist insoweit unmittelbar einleuchtend, als dort zugunsten der Kindesmutter ein Anspruch auf Ersatz der Kosten für die Entbindung und weiterer Aufwendungen infolge der Schwangerschaft und der Entbindung geregelt ist, also für **Aufwendungen, die typischerweise nur für die Kindesmutter anfallen.** Insoweit sind Kosten für Vor-

---

[26]) Die Bedürftigkeit kann nicht nur im Falle ehel. Lebensgemeinschaft und dadurch sichergestellten Lebensunterhalts, sondern auch bei ne. Lebensgemeinschaft mit einer anderen Frau als der Kindesmutter eingeschränkt sein: vgl. *LG Oldenburg*, FamRZ 1990, 1034, für den Parallelfall des mütterlichen Anspruches auf Betreuungsunterhalt.

[27]) Vgl. für den Anspruch der Mutter *MünchKomm/Köhler*, BGB, § 1615l Rz. 3. Zur analogen Anwendung des § 1606 III S. 1 BGB auf die Väter eines ehel. und eines ne. Kindes derselben, beide Kinder betreuenden Mutter *BGH*, FamRZ 1998, 541 (bejahend).

[28]) § 1615k a. F. BGB wurde durch das KindUG v. 6. 4. 1998, BGBl 1998 I 666, aufgehoben und in § 1615l I S. 2 BGB „transferiert". Die sich daraus für die im Text behandelte Thematik ergebenden Folgefragen konnten nicht mehr berücksichtigt werden. Zum KindUG s. *Schumacher/Grün*, S. 291 ff.; *Strauß*, S. 349 ff.; *Gerhardt*, FuR 1998, 97, 145.

[29]) Zu § 1615k a. F. BGB vgl. neben der einschlägigen Kommentarliteratur *Brüggemann*, FamRZ 1971, 140 ff.; *Büdenbender*, FamRZ 1974, 410 ff.; *Christian*, ZfJ 1975, 449 ff.

und Nachsorgeuntersuchungen, Aufwendungen für Arztkosten wegen der Entbindung und für einen Klinikaufenthalt, für Umstandskleidung etc. angesprochen. Unter § 1615k a. F. BGB fallen jedoch auch solche Aufwendungen, die im übrigen adäquat-kausal durch die Geburt des Kindes verursacht sind. Hierzu zählt nach zum Teil vertretener Auffassung[30]) im Falle freiberuflich tätiger Mütter (als Anwältin, Steuerberaterin, Ärztin, Apothekerin, Geschäftsinhaberin, Architektin etc.) der Aufwand für die **Beschäftigung einer Ersatzkraft** während der Spätphase der Schwangerschaft und in der ersten Zeit nach der Geburt. Allerdings sind derartige Aufwendungen nach einer Gegenmeinung[31]) aufgrund der Gesetzessystematik der §§ 1615l, 1615k a. F. BGB dem Unterhaltsanspruch zuzuordnen, weil sie das verfügbare Einkommen aus selbständiger Tätigkeit reduzieren und damit bei Unterschreiten einer bestimmten Grenze die Frage der Bedürftigkeit i. S. des Unterhaltsrechts (§ 1602 BGB) aufwerfen. Diese Thematik stellt sich nach der erstmaligen Begründung eines Unterhaltsanspruchs zugunsten des ne. Vaters auch für diesen, soweit er selbständig tätig ist, sich selbst um die Betreuung seines Kindes (anstelle der Mutter) kümmert und dafür einen Mitarbeiter zum Ausgleich für die von ihm nicht mehr geleistete Arbeit einstellt. Auf diese Thematik wird noch einzugehen sein[32]).

V. Wesentliche Auslegungsfragen für den väterlichen Unterhaltsanspruch

Da sich der Unterhaltsanspruch des Vaters gegen die Kindesmutter nach deren reziprokem Anspruch richtet, gelten die hierfür gefundenen Auslegungskriterien insoweit grundsätzlich uneingeschränkt. Für Einzelfragen kann auf die vielfältige Literatur und die bereits vereinzelt vorliegende Rechtsprechung zum Betreuungsunterhaltsanspruch im Nichtehelichenrecht verwiesen werden[33]). Darüber hinaus ergeben

---

[30]) *LG Waldshut,* FamRZ 1971, 320 = NJW 1971, 1417; *Gernhuber/Coester-Waltjen,* Familienrecht, 4. Aufl. 1994, § 60 I 1; *Odersky,* NEG, 4. Aufl. 1978, § 1615k Anm. II 5.

[31]) *LG Hamburg,* FamRZ 1983, 301, m. zust. Anm. *Büdenbender; ders.,* FamRZ 1974, 410 (diese Auffassung erstmals begründend); *Palandt/Diederichsen,* BGB, § 1615l Rz. 19; *Soergel/Häberle,* BGB, § 1615k Rz. 5; *Staudinger/Eichenhofer,* BGB, § 1615k Rz. 11.

[32]) S. Kapitel IV 3.

[33]) Vgl. die Nachweise bei *Palandt/Diederichsen,* BGB, § 1615l Rz. 3 ff; zuletzt *BGH,* FamRZ 1998, 541.

sich einige spezifische Fragen, die sich nur für den Unterhaltsanspruch des Mannes stellen. Ihnen soll im folgenden nachgegangen werden.

1. Dauer des Anspruches

a) Die Dauer des Anspruches ist insoweit eindeutig, als sie den Zeitraum nach Ablauf von acht Wochen seit der Geburt bis zur Vollendung des dritten Lebensjahres des Kindes umfaßt, ggf. noch weiter verlängert, falls eine Versagung des Unterhaltsanspruches nach diesem Zeitpunkt grob unbillig wäre. Dies ergibt sich aus der in § 1615l V BGB ausgesprochenen Verweisung auf § 1615l II BGB. Allerdings enthält die Regelung insoweit eine Ungenauigkeit, als sie in Abs. V S. 1 nur Abs. II S. 2 in Bezug nimmt, der zwar die materiellen Voraussetzungen für einen Betreuungsunterhaltsanspruch regelt, nicht aber dessen zeitliche Begrenzung. Letztere ist in Abs. II S. 3 geregelt. Gleichwohl ist es wegen des untrennbaren Zusammenhanges der Sätze 2 und 3 zweifelsfrei, daß **auch für den väterlichen Anspruch die zeitlichen Aspekte des mütterlichen Anspruches Gültigkeit haben.** Anderenfalls würde es insoweit an einer Regelung fehlen; die diesbezügliche Lücke könnte nicht anders als durch die für die Mutter gültigen zeitlichen Vorgaben geschlossen werden. Auch insoweit ist die gesetzestechnische Ungenauigkeit des KindRG zu beanstanden[34]).

b) Zweifelhaft ist, ob der Anspruch auf Betreuungsunterhalt für **die ersten acht Wochen nach der Geburt des Kindes** stets ausgeschlossen sein soll. Hierfür sprechen Wortlaut und Systematik des § 1615l I und II BGB, ergänzt um Abs. V S. 1[35]). Der Basisunterhaltsanspruch für die Mutter, beginnend sechs Wochen vor der Geburt und endend acht Wochen danach, ist allein in § 1615l I BGB geregelt. § 1615l II BGB erfaßt nur die darüber hinausgehenden Zeiträume. Dies hätte die Konsequenz, daß der Vater im Falle der Betreuung des Kindes in den ersten acht Wochen nach der Geburt keinen Unterhaltsanspruch geltend machen kann. Zwar wird eine Betreuung des Kindes durch den Mann kurz nach der Geburt selten sein; gleichwohl ist sie denkbar, z. B. im Falle einer unmittelbar nach der Geburt

---

[34]) Klarer als der Regierungsentwurf insoweit der Änderungsvorschlag des *Bundesrates* (BT-Drucks. 13/4899, S. 149), der allerdings von der Bundesregierung aus materiellrechtlichen Gründen (vgl. Kapitel III 2) zurückgewiesen wurde.

[35]) Die amtliche Begründung [Fn. 4] spricht die Thematik nicht an. Es ist zu vermuten, daß sie von den Gesetzesverfassern nicht erkannt worden ist.

gescheiterten ne. Lebensgemeinschaft. Im übrigen geht es um eine den Anforderungen der Gleichbehandlung von Mutter und Vater genügende Regelung (Art. 3 GG) sowie um die Schlüssigkeit der Gesamtkonzeption für den Betreuungsunterhalt.

c) Eine solche Interpretation ließe sich zwar formal durch Wortlaut und Systematik des Gesetzes untermauern, ginge jedoch an deren Sinn und Zweck vorbei. Dies ergibt sich aus folgendem:

Die zeitliche Abschichtung der Phasen des mütterlichen Betreuungsunterhaltsanspruchs gegen den Vater mit differenzierten Anspruchsvoraussetzungen soll dem unterschiedlichen Schutzbedürfnis der Kindesmutter in den jeweiligen Zeiträumen vor und nach der Geburt Rechnung tragen. Der Basisunterhaltsanspruch des § 1615l I BGB begründet wegen der zeitlichen Nähe zur Geburt insoweit eine nicht von weiteren Voraussetzungen als den allgemeinen unterhaltsrechtlichen Kriterien der §§ 1602, 1603 BGB abhängige Unterhaltspflicht des Vaters. Der Gesetzgeber sieht die Mutter während der **Mutterschutzfristen** als besonders schutzwürdig und den Kindesvater insoweit als für ihren Unterhalt verantwortlich an. Maßgeblich hierfür sind die Belastungen, die die Mutter am Ende der Schwangerschaft und in der ersten Zeit nach der Geburt trägt. Sie soll sich unbelastet auf die Geburt vorbereiten bzw. von den Anstrengungen der Niederkunft erholen und ganz dem neugeborenen Kind widmen können. Folglich spielen hierfür die Kriterien des § 1615l II BGB keine Rolle. Erst wenn die Mutter den Kindesvater früher als sechs Wochen vor der Geburt und länger als acht Wochen danach für ihren Unterhalt in Anspruch nehmen möchte, besteht keine grundsätzliche Einstandspflicht des Kindesvaters. Vielmehr ist die Mutter in diesem Fall für die Sicherstellung ihres Unterhaltes grundsätzlich selbst verantwortlich. Diese Obliegenheit besteht jedoch nicht, wenn sie einer Erwerbstätigkeit nicht nachgeht, weil sie infolge der Schwangerschaft oder einer durch die Schwangerschaft oder die Entbindung verursachten Krankheit dazu außerstande ist. Entsprechendes gilt, wenn die Mutter nicht oder nur beschränkt erwerbstätig ist, weil dies wegen der Kindesbetreuung von ihr nicht erwartet werden kann.

Diese Situation erleichterter und erschwerter Anspruchsvoraussetzungen stellt sich für die Unterhaltpflicht der Kindesmutter im Verhältnis zum Vater nicht. Der Vater ist zu keiner Zeit in der generellen Form schutzwürdig, wie dies für die Mutter im Rahmen des § 1615l I BGB der Fall ist. Er wird durch die Schwangerschaft und Entbindung der Kindesmutter nicht wie die Mutter körperlich und seelisch in

Anspruch genommen. Die Legitimation für einen Anspruch auf Betreuungsunterhalt zugunsten des Kindesvaters ist somit nur dann gegeben, wenn hierfür die **qualifizierten Voraussetzungen des § 1615l II BGB** bezüglich der Kindesbetreuung vorliegen. Ist dies der Fall, besteht allerdings kein Sachgrund dafür, den Anspruch erst mit Ablauf von acht Wochen nach der Geburt des Kindes einzuräumen.

Für die Mutter dient die Zäsur zwischen Abs. I und II des § 1615l BGB einer Erleichterung in der Durchsetzung ihres Unterhaltsanspruches; für den Vater macht eine solche Abschichtung keinen Sinn. Das Gesetz läßt sich auch so verstehen, daß nach § 1615l I BGB für den Zeitraum von insgesamt 14 Wochen wegen der dann gegebenen bzw. normativ unterstellten Situation der Mutter von den erschwerten Voraussetzungen des § 1615l II BGB abgesehen wird. Für den Kindesvater kann es nur darauf ankommen, ob er überhaupt die **qualifizierten Voraussetzungen für einen Betreuungsunterhalt** vorweisen kann. Sind diese gegeben, ist es rechtspolitisch wie auch unter dem Aspekt des Gleichheitssatzes für Vater und Mutter zwingend, diesen Anspruch einzuräumen. Anders gewendet: Der Umstand, daß die Kindesmutter in dem besonders geregelten Zeitraum des § 1615l I BGB Betreuungsunterhalt von dem Vater ohne Vorliegen der qualifizierten Voraussetzungen des § 1615l II BGB verlangen kann, ist kein sachlicher Grund dafür, dem Kindesvater bei Vorliegen dieser Voraussetzungen den Anspruch in dem nachgeburtlichen Zeitraum des § 1615l I BGB zu versagen.

2. Elterliche Sorge des Vaters als Voraussetzung für einen Unterhaltsanspruch?

a) § 1615l V BGB stellt als Anspruchsvoraussetzung entscheidend darauf ab, daß der Vater das Kind „betreut". Dies wirft die Frage auf, welche rechtliche Qualität diese Betreuung haben muß. Ist es erforderlich, daß die **Betreuung des Vaters** durch dessen elterl. Sorge **rechtlich abgesichert** ist, oder aber genügt es, daß er das Kind **rein tatsächlich betreut**? Wäre die erste Alternative zutreffend, käme ein Betreuungsunterhaltsanspruch des Vaters gegen die Mutter nur in Betracht, wenn der Vater aufgrund der Abgabe beiderseitiger Sorgerechtserklärungen von Vater und Mutter nach § 1626a BGB mitsorgeberechtigt ist oder aber wenn ihm auf seinen Antrag, mit Zustimmung der Kindesmutter, nach § 1672 I BGB seitens des FamG das alleinige Sorgerecht übertragen wird. Verläßt die allein sorgeberechtigte Mutter den Mann und das Kind, so stünde ihm trotz faktischer Pflege/Erziehung des Kindes kein Betreuungsunterhalt gegen die Mutter zu. Entsprechendes würde gelten, wenn die Mutter – z. B. wegen Krankheit oder Berufstätigkeit – zur Betreuung nicht in der Lage ist.

Die Thematik stellt sich durch die Neueinführung eines väterlichen Unterhaltsanspruches erstmals. In der Vergangenheit stand der Mutter nach § 1705 a. F. BGB allein die elterl. Sorge zu, so daß die durch sie wahrgenommene Betreuung des Kindes rechtlich abgesichert war. Nachdem das KindRG nunmehr dem Vater gleichfalls einen Anspruch auf Betreuungsunterhalt einräumt, ihm jedoch – anders als der Mutter – nicht von vornherein die elterl. (Mit-)Sorge kraft Gesetzes zugesteht, fallen die **rechtliche Kompetenz** zur Betreuung des Kindes und deren **faktische Vornahme** durch den Vater auseinander, solange Maßnahmen nach §§ 1626a, 1666, 1672 I BGB nicht erfolgt sind. Dies gibt Veranlassung, die aufgeworfene Frage rechtlich zu beantworten.

b) Der Gesetzestext gibt keine eindeutige Antwort. Mit dem Tatbestandsmerkmal „betreut" scheint er zunächst eher auf eine rein tatsächlich vorgenommene Versorgung des Kindes abzustellen. Hiergegen ließe sich jedoch einwenden, daß eine Betreuung durch den Vater rechtlich nur zulässig ist, wenn er über die notwendige elterl. (Mit-)Sorge bzw. Verantwortung verfügt. In dieser Situation ist maßgeblich auf den Sinn und Zweck des § 1615l V BGB abzustellen. Er soll sicherstellen, daß ein betreuungswilliger Vater die Möglichkeit hat, die Betreuung aufgrund einer Absicherung des eigenen Unterhaltsbedarfs vornehmen zu können[36]. In Fällen, in denen die Mutter über die elterl. Alleinsorge verfügt, weil beiderseitige Sorgeerklärungen nach § 1626a BGB nicht abgegeben werden, und sie sich anschließend ihren Verpflichtungen gegenüber dem Kind aus der elterl. Sorge entzieht, kommt es auf eine schnelle Hilfe für das Kind an. Ein Verfahren nach § 1666 BGB, auch als Eilverfahren, mit dem Ziel, der Mutter die elterl. Sorge zu entziehen und auf den Vater zu übertragen, ist regelmäßig zeitaufwendig. In der Zwischenzeit muß jedoch die Versorgung des Kindes sichergestellt werden. Ist der Vater hierzu bereit und in der Lage, besteht unter dem **Aspekt des Kindesschutzes** keine Notwendigkeit, die faktische Betreuung des Kindes durch den Vater i. S. des § 1615l V BGB nur anzuerkennen, wenn diese durch elterl. Sorge/Verantwortung abgesichert ist. Eine Kindesmut-

---

[36] BT-Drucks. 13/4899, S. 90.

ter, die zwar über die elterl. Sorge/Verantwortung verfügt, sich jedoch um ihr Kind nicht kümmern kann oder will, verdient den Schutz der Rechtsordnung durch Berufung auf eine fehlende elterl. Sorge/Verantwortung des Kindesvaters nicht. Insbesondere dürfte das Verhalten, sich der elterl. Sorge/Verantwortung für das Kind zu entziehen, dem betreuenden Vater aber dessen fehlende rechtliche Befugnis zur Abwehr eines Anspruches nach § 1615l BGB vorzuhalten, ein eindeutiger Mißbrauchsfall bzw. ein widersprüchliches Handeln sein. Selbst wenn man grundsätzlich entgegen dem hier vertretenen Standpunkt eine elterl. Sorgeberechtigung des Vaters als ungeschriebenes Tatbestandsmerkmal verlangen wollte, würde ein entsprechender Einwand der Kindesmutter regelmäßig an § 242 BGB scheitern, der Geltung auch für das Familienrecht beansprucht[37]). Zwar birgt die hier vertretene Auffassung die Gefahr in sich, daß der Vater das Kind nur betreut, um auf diese Weise in den Genuß des Betreuungsunterhaltes zu kommen. Dieses Phänomen kann jedoch auch in anderen Fällen des Betreuungsunterhaltes bestehen und muß von der Rechtsprechung wirksam bekämpft werden.

3. Ersatzfähigkeit der Aufwendungen für einen Berufsvertreter?

Grundsätzlich ist das Verhältnis der §§ 1615k a. F.[38]), 1615l BGB zueinander eindeutig: § 1615k a. F. BGB beinhaltet einen vom Unterhaltsrecht unabhängigen Aufwendungsersatzanspruch für schwangerschafts- und entbindungsbedingte Aufwendungen[39]); demgegenüber gewährleistet § 1615l BGB einen Anspruch auf Unterhalt, der von den üblichen unterhaltsrechtlichen Kategorien der Bedürftigkeit des Empfängers und der Leistungsfähigkeit des Schuldners (§§ 1615l III S. 1, 1602 I, 1603 I BGB) abhängt. Bereits für das geltende Recht wird jedoch bis heute die Ersatzfähigkeit der Kosten für die **Beschäftigung eines Berufsvertreters einer selbständig tätigen Mutter** nicht einvernehmlich beurteilt. Ist letztere als Rechtsanwältin, Steuerberaterin, Ärztin, Apothekerin, Betreiberin eines Einzelhandelsgeschäftes o. ä. tätig, kann sich die Notwendigkeit ergeben, infolge

---

[37]) *BGHZ* 5, 189; *BGHZ* 84, 280 = FamRZ 1982, 898 = NJW 1982, 1999; FamRZ 1985, 158 = NJW 1985, 732, 733, und FamRZ 1989, 718 = NJW 1989, 1990, 1991.
[38]) Vgl. Fn. 28.
[39]) *Staudinger/Eichenhofer*, BGB, § 1615k Rz. 7 ff., m. zahlr. w. N., auch zu der abzulehnenden Gegenmeinung (z. B. einen von §§ 1602, 1603 BGB bestimmten spezialgesetzlichen Unterhaltsanspruch anzunehmen – so *Göppinger*, DRiZ 1970, 149).

Schwangerschaft oder Entbindung einen Berufsvertreter zu beschäftigen, der sich insbesondere in der Schlußphase der Schwangerschaft und in den ersten Wochen nach der Entbindung um die Führung des Geschäftes kümmert. Betrachtet man den Aufwand für die Vergütung eines solchen „Berufsvertreters", so ist nicht zu leugnen, daß es sich insoweit um schwangerschafts- oder entbindungsbedingte Aufwendungen handelt, die unter den Wortlaut des § 1615k a. F. BGB fallen[40]). Eine genauere Analyse der Problematik zeigt jedoch, daß die Beschäftigung eines solchen Berufsvertreters allein der weiteren Erzielung von Einkünften aus selbständiger Berufstätigkeit dient. Einkünfte aus selbständiger Berufstätigkeit aber haben den Zweck, den allgemeinen Lebensunterhalt zu bestreiten. Die Beschäftigung eines Berufsvertreters mindert die Einkünfte aus selbständiger Tätigkeit, ohne an der Zuordnung zur Bestreitung des allgemeinen Lebensunterhalts etwas zu ändern. Sie können daher nicht anders betrachtet werden als eine **schwangerschafts- oder entbindungsbedingte Reduzierung der Arbeitskraft der Kindesmutter** (z. B. durch Verzicht auf eine vergütungspflichtige Mehrarbeit als Arbeitnehmerin), die ebenfalls nicht nach § 1615k a. F. BGB zu einem Erstattungsanspruch führt, sondern nur dann einen Unterhaltsanspruch nach § 1615l BGB auslöst, wenn infolge der Minderung der Einkünfte die **Bedürftigkeitsgrenze unterschritten** wird. Wegen weiterer Einzelheiten zu den einschlägigen Argumenten sei auf die eingehende Erörterung an anderer Stelle verwiesen[41]).

Das rechtspolitisch Interessante an dieser Thematik ist, daß sich ihre Ergebnisse für den Betreuungsunterhalt der Mutter gleichsam mit umgekehrtem Vorzeichen im Verhältnis zu dem Anspruch des Vaters darstellen. Für die Kindesmutter begründet der hier abgelehnte Rechtsstandpunkt, den Aufwand für einen Berufsvertreter § 1615k a. F. BGB zuzuordnen, einen uneingeschränkten Erstattungsanspruch selbst dann, wenn die der Mutter verbleibenden Einkünfte die Grenze der unterhaltsrechtlichen Bedürftigkeit nicht unterschreiten[42]). Die vom *Verf.* für richtig erachtete Zuordnung der Thematik zum Unterhaltsanspruch nach § 1615l BGB[43]) hat hingegen die Konsequenz, nur dann Anspruch auf Unterhalt zu gewähren, wenn Bedürftigkeit der Kindesmutter nach §§ 1615l III S. 1, 1602 I BGB gegeben ist. Fehlt es

---

[40]) Vgl. Fn. 30.
[41]) S. die Nachw. in Fn. 31.
[42]) So die in Fn. 30 genannte Rspr. und Literatur.
[43]) S. Fn. 31.

daran, steht der Mutter ein Anspruch nicht zu. Aus der Sicht der Kindesmutter ist daher die Anwendung des § 1615l BGB auf die angesprochenen Fälle die härtere und die Heranziehung des § 1615k a. F. BGB die günstigere Lösung.

Genau umgekehrt stellt sich die Situation für den Kindesvater dar. Fielen die Aufwendungen für den Berufsvertreter unter § 1615k a. F. BGB, so stünde ihm kein Ersatzanspruch gegen die Kindesmutter zu. Denn die Vorschrift gilt allein für sie; eine Verweisungsnorm, die die Regelung zugunsten des Kindesvaters für entsprechend anwendbar erklärte, enthält § 1615k a. F. BGB – anders als § 1615l V BGB für den Unterhaltsanspruch – nicht. Dies hätte das inakzeptable Ergebnis zur Folge, daß selbst im Falle der Bedürftigkeit des Kindesvaters infolge der Beschäftigung eines Berufsvertreters ein Zahlungsanspruch nicht bestünde. Damit aber liefe der eindeutige gesetzgeberische Zweck des neuen § 1615l V BGB leer, auch dem freiberuflichen Kindesvater die Entscheidung zu ermöglichen, sich zugunsten der Kindesbetreuung beruflich zurückzunehmen, wenn eine Betreuung des Kindes anderweitig nicht sichergestellt werden kann. Letztlich folgt aus den erwähnten Zusammenhängen ein zusätzliches neues Argument für die Auffassung, daß Aufwendungen für einen Berufsvertreter nicht § 1615k a. F. BGB zugeordnet werden können, sondern eine berücksichtigungsfähige Position im Rahmen der Bedürftigkeitsprüfung des Unterhaltsberechtigten bilden. Infolge des neuen § 1615l V BGB ist die gegenteilige Auffassung auch für den Anspruch der Mutter auf Betreuungsunterhalt nicht mehr vertretbar.

4. Entscheidungsfreiheit des Vaters zugunsten der Kindesbetreuung

Von besonderer Bedeutung ist die Frage, inwieweit sich der Vater frei zugunsten einer Kindesbetreuung mit einer entsprechenden **Einschränkung, ggf. einem gänzlichen Fortfall seiner Erwerbstätigkeit** anstelle der Unterbringung in einer Kindertagesstätte oder bei versorgungsbereiten Verwandten entscheiden kann, um auf dieser Basis Betreuungsunterhalt von der Kindesmutter zu verlangen. Zur Beurteilung der Problematik ist es hilfreich, sich die Rechtsentwicklung und den bisherigen Diskussionsstand für die parallele Problematik des mütterlichen Betreuungsunterhaltes zu vergegenwärtigen.

a) In den Gesetzesmaterialien zum NEG, das erstmals einen Anspruch auf Betreuungsunterhalt begründete, wurde die Thematik für den Anspruch der Kindesmutter deutlich angesprochen. Die amtliche Begründung plädierte für objektive Kriterien als Voraussetzungen eines solchen Anspruchs[44]). Allein der Wunsch der Kindesmutter, sich ganz der Pflege des Kindes zu widmen, könne nicht ausschlaggebend sein und vermöge eine Fortdauer der Unterhaltsverpflichtung des Vaters über den in § 1615l I BGB genannten Zeitraum hinaus nicht zu begründen. Um diesen Standpunkt für die spätere Praktizierung des Gesetzes abzusichern, hatte der *Rechtsausschuß des deutschen Bundestages*[45]) die Formulierung des § 1615l II BGB nochmals im Sinne der bis zum Inkrafttreten des Schwangeren- und Familienhilfeänderungsgesetzes von 1995 gültigen Fassung präzisiert. Damit sollte klargestellt werden, daß es eben nicht im Ermessen der Mutter liegt, ob sie nach Abschluß des Zeitraumes zur Gewährung des Basisunterhalts eine Erwerbstätigkeit aufnimmt oder sich der Pflege des Kindes widmet. Nur soweit das Kind anderweitig nicht versorgt wäre, sollte ihr nach § 1615l II S. 2 BGB ein Unterhaltsanspruch zustehen. Maßgeblich gestützt auf diese Gesetzesgeschichte, aber auch auf die unterschiedliche Formulierung in §§ 1615l II S. 2, 1570 BGB wurde in Rechtsprechung[46]) und Literatur[47]) die Meinung vertreten, daß ein Anspruch auf Betreuungsunterhalt entfalle, wenn das Kind durch Verwandte oder in einer Tagesheimstätte betreut werden könne. Allerdings wurde auch der gegenteilige Standpunkt mit dem Argument eingenommen, daß das Interesse der Mutter, ihr Kind zu betreuen, schutzwürdig sei[48]). Dabei kann diese Auffassung sich maßgeblich auf die Erkenntnisse der Kinderpsychologie und Kinderpädagogik stützen, die bereits seit etlichen Jahren die Bedeutung der frühjährigen Kindeserziehung durch die Mutter für dessen weitere Entwicklung bewiesen hat[49]). Gleichwohl begegnete der Standpunkt den angesprochenen Bedenken aus der Gesetzesgeschichte, aus dem Wortlaut des § 1615l II S. 2 a. F. BGB und insbesondere aus der systematischen Auslegung vor dem Hintergrund der anderen Formulierung für den Betreuungsunterhalt zwischen geschiedenen Ehegatten nach § 1570 BGB.

---

[44]) BT-Drucks. 5/2370, S. 56.
[45]) BT-Drucks. 5/4179, S. 12.
[46]) Vgl. dazu *MünchKomm/Köhler*, BGB, § 1615l Rz. 7.
[47]) *Brüggemann*, FamRZ 1971, 140, 146; *Gernhuber/Coester-Waltjen* [Fn. 30], § 60 I 2; *Palandt/Diederichsen*, BGB, § 1615l Rz. 2 (bis zur 56. Aufl. 1996).
[48]) *AmtsG Karlsruhe/Durlach*, FamRZ 1989, 315; *Soergel/Häberle*, BGB, § 1615l Rz. 10.
[49]) *Grasnick*, NJW 1966, 1389.

Die Situation hat sich durch das Schwangeren- und Familienhilfeänderungsgesetz von 1995[50]) grundlegend geändert; dieses hat den Text des § 1615l II S. 2 BGB an die Formulierung des § 1570 BGB angeglichen. Damit sollte die Entscheidungskompetenz der Mutter eines ne. Kindes zugunsten der persönlichen Betreuung verbessert und ein Beitrag zur Gleichstellung mit dem Anspruch auf Betreuungsunterhalt für ehel. Kinder nach der Ehescheidung geleistet werden. Dies kommt durch die Formulierung – in enger Anlehnung an § 1570 BGB – deutlich zum Ausdruck, wonach ein Anspruch auf Betreuungsunterhalt nach § 1615l II S. 2 BGB besteht, solange und soweit von der Mutter wegen der Pflege oder Erziehung des Kindes eine Erwerbstätigkeit nicht erwartet werden kann. Damit sind Rechtsprechung[51]) und Literatur[52]) zu § 1570 BGB für die Interpretation des § 1615l II S. 2 BGB einschlägig.

b) Das Verständnis und die Rechtspraxis zu §1570 BGB lassen sich wie folgt zusammenfassen[53]): Voraussetzung für den Anspruch auf Betreuungsunterhalt ist die **Betreuungsbedürftigkeit** des gemeinschaftlichen Kindes. Grundsätzlich besteht ein **Recht, die eigenen Kinder selbst zu betreuen,** und keine Verpflichtung, Pflege und Erziehung Familienangehörigen, dem Hauspersonal, sonstigen Dritten oder einer Kindertagesstätte zu überlassen. Die Pflege und Erziehung des Kindes müssen aber **objektiv erforderlich** sein; der bloße Betreuungswille eines Elternteils unabhängig von der objektiven Notwendigkeit genügt daher nicht. Es besteht Einvernehmen, daß Pauschalaussagen für Kinder unabhängig von deren Alter nicht gemacht werden können. Vielmehr reduziert sich die Intensität von Betreuung und Erziehung der Kinder mit deren zunehmendem Alter, d. h. sie ist nicht mehr ganztägig erforderlich. Je älter ein Kind wird, desto mehr gehört es auch zur Erziehung, es zur Selbständigkeit anzuhalten und ihm Freiräume für die persönliche Entwicklung ohne kontinuierliche Elternaufsicht zu gewähren. Die Anwesenheit der Kinder im Kindergarten, in der Schule, in Sportvereinen und sonstigen Freizeiteinrichtungen sowie das Zusammenkommen mit Gleichaltrigen reduzieren das Maß der elterl. Betreuung. Dabei hat die Rechtsprechung hinsichtlich des **Zusammenhanges von Kindesalter und elterl. Betreuung** folgende Regeln entwickelt: Ein Kleinkind bis zum

---

[50]) BGBl 1995 I 1050.
[51]) Vgl. die Nachw. bei *Palandt/Diederichsen*, BGB, § 1570 Rz. 10 ff.
[52]) S. Fn. 51; vgl. dazu sehr klar *BGH*, FamRZ 1998, 541.
[53]) S. Fn. 51.

Kindergartenalter erfordert eine durchgehende elterl. Betreuung[54]). Der *BGH*[55]) hat dies im Hinblick auf Schulausfall und Krankheit sogar für Kinder unter acht Jahren als Faustformel formuliert. Allerdings ist in Einzelfällen auch bei vier- bis sechsjährigen Kindern eine halbtägige Berufstätigkeit für zumutbar erachtet worden, wenn günstige Betreuungsmöglichkeiten durch Kindertagesstätten oder Verwandte, ggf. auch Lebensgefährten gegeben sind[56]). Dies zeigt die Notwendigkeit, stets eine Prüfung aller maßgeblichen Aspekte des Einzelfalls vorzunehmen. Pauschalaussagen verbieten sich; bei Kindern in dem von § 1615l II S. 3 BGB erfaßten Lebensabschnitt bis zu drei Jahren besteht im Zweifel jedoch das Recht zur Betreuung des Kindes[57]). Dabei hat die Rechtsprechung klargestellt, daß Vater und Mutter im Rahmen des § 1570 BGB uneingeschränkt gleich zu behandeln sind[58]). Eine Priorität der Erziehung durch die Mutter mit dem Hinweis, daß diese dazu grundsätzlich besser geeignet sei als der Vater, kann daher auch vor dem Hintergrund der verfassungsrechtlichen Gewährleistungen in Art. 3 II, 6 II GG nicht angenommen werden. Dies schließt selbstverständlich im Einzelfall nicht aus, z. B. auf die **innere Bereitschaft zur nachhaltigen Betreuung und Erziehung** des Kindes abzustellen und einen Betreuungsunterhalt mit dem Hinweis zu versagen, daß es einem Elternteil nicht wirklich um die Erziehung des Kindes gehe, sondern daß diese nur mit dem Ziel der Erlangung von Betreuungsunterhalt vorgeschoben werde[59]).

c) Überträgt man die dargelegten Kriterien auf den Unterhaltsanspruch nach § 1615l II BGB, so zeigt sich, daß sich die Mutter des bis zu dreijährigen Kindes im Regelfall für die persönliche Kindesbetreuung entscheiden kann, mit der Konsequenz, daß ihr ein Unterhaltsanspruch gegen den Vater zusteht. Hierfür sprechen insbesondere die Motivation des Gesetzgebers im Rahmen der Novelle von 1995 und

---

[54]) *BGH*, FamRZ 1988, 145, und FamRZ 1989, 487 = NJW 1989, 1083; vgl. ferner den Überblick über die OLG-Rspr. bei *Kalthoener/Büttner*, NJW 1989, 804; *Münch-Komm/Köhler*, BGB, § 1570 Rz. 10 ff. Sehr deutlich *OLG Karlsruhe*, FamRZ 1981, 559, wonach für Mütter mit einem fünfjährigen Kind grundsätzlich keine Erwerbsobliegenheit besteht, auch nicht bezüglich einer Teilzeittätigkeit. Ebenso *OLG Hamm*, NJW-RR 1994, 773 = FamRZ 1994, 963 [LSe], für siebenjährige Kinder.

[55]) Vgl. Fn. 54.

[56]) *OLG Koblenz*, FamRZ 1987, 1269; *OLG Celle*, NJW-RR 1992, 776.

[57]) Vgl. Fn. 54, 56.

[58]) *KG*, FamRZ 1982, 386.

[59]) Zum Kausalitätserfordernis *Palandt/Diederichsen*, BGB, § 1615l Rz. 7; *BGB-RGRK/Mutschler*, § 1615l Rz. 4; *LG Verden*, FamRZ 1991, 481.

die textliche Angleichung der §§ 1615l II S. 2 und 1570 BGB[60]). Wegen der Gleichbehandlung von Mann und Frau, die für § 1570 BGB bereits anerkannt ist und die zukünftig auch für den Anspruch auf Betreuungsunterhalt im Nichtehelichenrecht infolge des § 1615l V BGB i. d. F. des KindRG Gültigkeit hat, muß Entsprechendes für den **Anspruch des Vaters auf Betreuungsunterhalt** akzeptiert werden. Allerdings wird vielfach die Prüfung angezeigt sein, ob der Mann das Kind wirklich nachhaltig betreut (betreuen kann und will) und wie seine **persönlichen Lebensumstände** sind. Lebt er z. B. mit einer neuen Partnerin zusammen, die ein minderjähriges Kind erzieht, und ist diese zur Mitbetreuung des ne. Kindes bereit und in der Lage, kann der Anspruch auf Betreuungsunterhalt entfallen[61]). Darüber hinaus ist das Erfordernis der **Kausalität zwischen fehlender/eingeschränkter Erwerbstätigkeit und der Versorgung des Kindes** wichtig[62]). Geht der Mann – aus welchen Gründen auch immer – ohnehin einer Erwerbstätigkeit nicht oder nur eingeschränkt nach, so kann er diesen Umstand nicht nachträglich als Folge der Kindesbetreuung geltend machen, um auf dieser Grundlage Betreuungsunterhalt von der Kindesmutter zu erlangen. Weiterhin ist zwingend, daß der Mann **sich tatsächlich dem Kind widmet**. Geschieht dies nur anfangs, um den Unterhaltsanspruch durchzusetzen, fehlt es an dem Tatbestandsmerkmal „wegen" der Pflege oder Erziehung des Kindes – mit der Konsequenz, daß ein Anspruch auf Betreuungsunterhalt nicht besteht bzw. fortfällt.

Die **„Härtefallregelung"** in § 1615l II BGB begründet **ab vollendetem dritten Lebensjahr des Kindes** einen grundlegenden Unterschied zwischen dem Betreuungsunterhalt nach § 1615l II BGB einerseits und demjenigen für Kinder aus geschiedenen Ehen nach § 1570 BGB andererseits. Die Härteklausel bedeutet, daß im Normalfall mit vollendetem dritten Lebensjahr des Kindes der Unterhaltsanspruch entfällt und dieser nur bei Vorliegen besonderer Voraussetzungen gegeben ist[63]). Der Wunsch nach persönlicher Betreuung des Kindes wie auch deren Bedeutung für die Kindesentwicklung reichen nicht aus, um einen

---

[60]) Amtliche Begründung zum KindRG, Erwiderung der Bundesregierung auf die Änderungsvorschläge des Bundesrates, BT-Drucks. 13/4899, S. 167.
[61]) *LG Oldenburg*, FamRZ 1990, 1034.
[62]) S. Fn. 59. Diese Kausalität scheitert nicht an einer bereits erfolgenden Betreuung eines ehel. Kindes von einem anderen Partner: *BGH*, FamRZ 1998, 541.
[63]) So auch die amtliche Begründung zum KindRG, BT-Drucks. 13/4899, S. 89, 149, 167.

Anspruch auf Betreuungsunterhalt anzuerkennen. Vielmehr müssen besondere, über den Normalfall einer jeden Kindeserziehung hinausgehende Aspekte vorliegen, die einen solchen Anspruch auf Betreuungsunterhalt über das dritte Lebensjahr des Kindes hinaus rechtfertigen. Die amtliche Begründung nennt hier als Beispiel eine Behinderung des Kindes mit der Notwendigkeit einer intensiveren und längeren Betreuung durch die Mutter[64]. Darüber hinaus ist an schwere psychische Fehlentwicklungen des Kindes, an Entwicklungsstörungen oder an ständig wiederkehrende Erkrankungen (z. B. Allergien) mit der Notwendigkeit gleichbleibender Versorgung zu denken.

5. Synoptische Darstellung der Anspruchsvoraussetzungen

Der Anspruch von Vater und Mutter auf wechselseitigen Betreuungsunterhalt läßt sich vor dem Hintergrund der sorgfältig zu unterscheidenden Zeiträume und Anspruchsvoraussetzungen tabellarisch erfassen (siehe Tabelle auf Seite 445).

VI. Prozessuales

Für die gerichtliche Durchsetzung des väterlichen Anspruches auf Betreuungsunterhalt gilt folgendes:

1. Hauptsache

Bisher war das AmtsG im Rahmen seiner Spezialzuständigkeit für Ansprüche aus §§ 1615k bis 1615m BGB entscheidungsbefugt (§ 23a Nr. 3 GVG). Eine Kompetenz der FamGe gemäß § 23b GVG bestand nicht. Das KindRG verfolgt die generelle Linie, die **Kompetenzen des FamG erheblich zu erweitern**[65]. Dies gilt insbesondere für Streitfragen bezüglich der elterl. Sorge, aber auch für die Ansprüche aus § 1615l BGB. Nach § 23b I S. 2 Nr. 13 GVG i. d. F. des KindUG unterliegen der Kompetenz des FamG auch Streitigkeiten über Ansprüche aus §§ 1615l und 1615m BGB. Entsprechend wird § 621 I ZPO durch eine inhaltsgleiche Nummer 11 ergänzt. Zur Begründung

---

[64] Amtliche Begründung zum KindRG, BT-Drucks. 13/4899, S. 89. Instruktiv z. B. der zu § 1570 BGB entschiedene Fall *OLG Frankfurt*, FamRZ 1987, 1038, wonach bei taubstummen Kindern bis zur Volljährigkeitsgrenze keine Erwerbsobliegenheit des betreuenden Elternteils besteht. Dies ist zugleich ein Härtefall des § 1615l II, V BGB!

[65] Eingehend dazu *Büdenbender*, FuR 1996, 300 ff.

Unterhaltsanspruch des Vaters eines ne. Kindes gegen die Kindesmutter 445

Wechselseitige Unterhaltsansprüche der Eltern nichtehelicher Kinder – Synopse –

Anspruchsverhältnis	Rechtsgrundlagen/ Voraussetzungen	I 4 Monate bis 6 Wochen vor der Geburt	II 6 Wochen vor der Geburt bis zur Geburt	III Von der Geburt bis 8 Wochen nach der Geburt	IV 8 Wochen bis zu 3 Jahre nach der Geburt	V Über das 3. Jahr nach der Geburt hinaus
A. Betreuungs-unterhaltsanspruch der Mutter gegen den Vater	a) Rechtsgrundlagen	§§ 1615l II S. 1 und 3, 1602 I, 1603 I, 1615l III S. 1 BGB	§§ 1615l I, 1602 I, 1603 I, 1615 III S. 1 BGB	§§ 1615l I, 1602 I, 1603 I, 1615l III S. 1 BGB	§§ 1615l II S. 2 und 3, 1602 I, 1603 I, 1615l III S. 1 BGB	§§ 1615l II S. 2, 1602 I, 1603 I, 1615l III S. 1 BGB
	b) Allgemeine Voraussetzungen	Bedürftigkeit der Mutter, Leistungsfähigkeit des Vaters	wie A I b	wie A I b	wie A I b	wie A I b
	c) Besondere Voraussetzungen	Fehlende Erwerbstätigkeit wegen Schwangerschaft oder durch Schwangerschaft verursachte Krankheiten	keine (Basisunterhalt)	keine (Basisunterhalt)	a) wie A I c oder b) keine/beschränkte Erwerbstätigkeit wegen Pflege/Erziehung des Kindes	a) wie A IV c *und* b) Grobe Unbilligkeit eines Wegfalls des Unterhaltsanspruches
B. Betreuungs-unterhaltsanspruch des Vaters gegen die Mutter	a) Rechtsgrundlagen	–	–	§ 1615l V BGB (teleologische Auslegung)	§ 1615l V BGB (klare Textfassung)	§ 1615l II S. 2 und 3, V BGB
	b) Allgemeine Voraussetzungen	–	–	wie A I b	wie A I b	wie A I b
	c) Besondere Voraussetzungen	–	–	Keine/beschränkte Erwerbstätigkeit wegen Pflege/Erziehung des Kindes	wie B III c	a) wie B III c *und* b) Grobe Unbilligkeit eines Wegfalls des Unterhaltsanspruches

wird ausgeführt, daß wegen des oft engen Zusammenhangs der auf Geburt und Betreuung des gemeinschaftlichen ne. Kindes beruhenden Ansprüche eines Elternteils mit der Unterhaltsklage des Kindes eine einheitliche Zuständigkeit der FamGe sachgerecht sei[66]). Diese Argumentation überzeugt. Das bisherige Auseinanderfallen der Zuständigkeit des FamG und des für allgemeine Zivilsachen entscheidungsbefugten AmtsG bei Streitigkeiten aus ne. Geburt führte zur Mehrfachbefassung verschiedener Gerichte mit einheitlichen Lebenssachverhalten und damit zu einer Erschwerung der Rechtsverfolgung sowie Doppelarbeit.

2. Vorläufiger Rechtsschutz

a) Ansprüche der Mutter

Zugunsten der Kindesmutter bestehen verschiedene Möglichkeiten, ihren Unterhaltsanspruch gegen den Vater im Wege des vorläufigen Rechtsschutzes durchzusetzen. § 1615o II BGB erstreckt die Möglichkeit einstweiliger [einstw.] Verfügungen [Vfg.] gegen den Mann neben dem Normalfall des Kindesunterhalts (§ 1615o I BGB) ausdrücklich auch auf Ansprüche der Mutter aus § 1615l BGB. Sowohl der Unterhalt des Kindes als auch der Unterhalt der Mutter sind im Wege einstweiliger Verfügung nur für die ersten drei Monate nach der Geburt durchsetzbar (§ 1615o I und II BGB i. d. F. des KindRG)[67]).

Außerdem wird erstmals zugunsten der Kindesmutter die Möglichkeit begründet, ihren **Unterhaltsanspruch** gegen den Mann im Wege der **einstw. Anordnung** [AO] nach § 641d ZPO geltend zu machen. Während sich die einstw. AO nach § 641d ZPO bisher allein auf den Anspruch des Kindes gegen seinen Vater im Rahmen eines Annexverfahrens zum Vaterschaftsfeststellungsprozeß beschränkte[68]), bezieht die Vorschrift nunmehr auch die Mutter mit ein. Sobald ein Rechtsstreit auf Feststellung des Bestehens der Vaterschaft anhängig oder ein entsprechender Antrag auf Bewilligung der Prozeßkostenhilfe eingereicht ist, kann das Gericht auf Antrag der Mutter ihren Unterhalt durch einstw. AO regeln[69]). Dabei kommt sowohl eine Anordnung auf Zahlung des Unterhalts als auch auf Leistung von

---

[66]) Amtliche Begründung zum KindRG, BT-Drucks. 13/4899, S. 120.
[67]) Dazu amtliche Begründung zum KindRG, BT-Drucks. 13/4899, S. 90.
[68]) Umfassend dazu *Büdenbender,* Der vorläufige Rechtsschutz im Nichtehelichenrecht durch einstweilige Verfügung und einstweilige Anordnung, 1975, S. 76 ff.
[69]) S. dazu *Büdenbender,* ZZP 1997, 33 ff.

Sicherheit in Betracht. Die Neufassung des § 641d ZPO schließt in wesentlichem Umfang die Lücke, die im Rahmen des Verfahrens der einstw. Vfg. nach § 1615o II BGB infolge der neu eingeführten Begrenzung auf die ersten drei Monate nach der Geburt entstanden ist.

b) Ansprüche des Vaters

Ansprüche des Kindesvaters gegen die Mutter auf Betreuungsunterhalt nach § 1615l V BGB sind weder im Wege der speziellen einstw. Vfg. noch durch einstw. AO durchsetzungsfähig. Der Mann wird in beiden Normen nicht erwähnt. Zwar enthält die amtliche Begründung dafür keine nähere Argumentation. Es ist jedoch zu vermuten, daß folgende Aspekte maßgeblich sind: Die einstw. Vfg. zugunsten der Mutter ist ohnehin auf die ersten drei Monate nach der Geburt beschränkt, also auf einen Zeitraum, für den überwiegend (nämlich für die ersten acht Wochen nach der Geburt) ein Anspruch auf väterlichen Betreuungsunterhalt ohnehin fragwürdig ist. Nach der hier vertretenen Auffassung ist ein solcher Anspruch zwar anzuerkennen[70]; er ist nach der textlichen Fassung jedoch nicht gesichert. Für den eng limitierten Zeitraum zwischen acht Wochen und drei Monaten nach der Geburt, für den § 1615l II BGB uneingeschränkt gilt und wofür somit auch infolge der durch Abs. V ausgesprochenen Verweisung ein Betreuungsunterhaltsanspruch des Vaters zweifelsfrei gegeben ist, mag man die tatsächliche Basis für den Erlaß einer einstw. Vfg. nach § 1615o II BGB als zu schmal ansehen[71]. Eine väterliche Betreuung des Kindes in dieser kurzen Zeit nach der Geburt wird ohnehin selten sein.

Die einstw. AO nach § 641d ZPO ist ein unselbständiger Annex des **Vaterschaftsfeststellungsprozesses.** Üblicherweise wird dieser gegen einen Mann angestrengt, der die Vaterschaft bestreitet. Ein Vater, der das Kind betreuen möchte, wird normalerweise die Vaterschaft anerkennen, so daß für einen Statusprozeß mangels Rechtsschutzbedürfnisses kein Raum mehr ist. Die Anerkennung der Vaterschaft setzt jedoch nach bisherigem Recht die Zustimmung des Kindes (alter § 1600c I BGB), nach neuem Recht die Zustimmung der Mutter (neuer § 1595 I BGB) und bei Fehlen der elterl. Sorge der Mutter zusätzlich des Kindes (§ 1595 II BGB) voraus. Liegen diese Zustimmungen nicht vor, so kann der Kindesvater sein Begehren auf Vater-

---

[70]) Vgl. Kapitel V 1.
[71]) Dazu *Büdenbender,* ZZP 1997, 33 ff.

schaftsfeststellung nur durch Erhebung des Statusprozesses verfolgen[72]). In diesem Verfahren wäre dann durchaus Raum für den Erlaß einer einstw. AO zu seinen Gunsten auf Betreuungsunterhalt gegen die Kindesmutter. Es ist nicht ersichtlich, ob der Gesetzgeber diese Möglichkeit in Erwägung gezogen hat, die sicherlich wegen der Seltenheit einer solchen Fallkonstellation fernliegend ist. Jedenfalls fehlt sie im neuen Text des § 641d ZPO.

Insgesamt bleibt somit festzustellen, daß eine spezialgesetzliche Möglichkeit **vorläufigen Rechtsschutzes zugunsten des Kindesvaters** nicht besteht. Dies ist rechtspolitisch, aber auch verfassungsrechtlich fragwürdig. Gerade in den Fällen, in denen die Betreuung des Kindes durch den Kindesvater für dessen Entwicklung wichtig ist und damit die Voraussetzungen für einen Anspruch auf Betreuungsunterhalt eindeutig sind, wird der Vater durchaus auf schnelle Durchsetzung angewiesen sein. Hier wäre zur Abrundung des mit dem KindRG verfolgten Ziels eine spezialrechtliche Möglichkeit einstw. Rechtsschutzes konsequent und begrüßenswert. Ihr Fehlen führt gleichwohl nicht zu einer Rechtsschutzlücke, weil der **Erlaß einer Unterhaltsverfügung nach § 940 ZPO** unter den hierfür generell entwickelten Voraussetzungen möglich ist[73]). Eine solche, auf allgemeines Zivilprozeßrecht gestützte Vorgehensweise scheitert nicht an der Spezialität des vorliegenden Rechtsschutzes im Nichtehelichenrecht gemäß §§ 1615o BGB, 641d ZPO. Nach den dortigen Normen ist eine solche Vorgehensweise eben nur zugunsten des Kindes und der Mutter gegeben, nicht aber zugunsten des Vaters. Darin läßt sich folglich auch keine abschließende, für den Vater negative Sonderregelung sehen, die den Erlaß einer auf § 940 ZPO gestützten einstw. Vfg. ausschlösse. Hierfür ist weder ein Wille des Gesetzgebers erkennbar noch ein objektiver Grund gegeben.

VII. Zusammenfassung

1. Das KindRG begründet erstmals eine Möglichkeit des Vaters, von der Mutter Betreuungsunterhalt wegen Pflege und Erziehung eines gemeinschaftlichen ne. Kindes zu verlangen. Die Voraussetzungen entsprechen denjenigen, die auch für einen derartigen Anspruch der Mutter gegen den Vater bestehen. Dies ist unter dem Aspekt der Gleichbehandlung von Vater und Mutter sachgerecht.

---

[72]) *Büdenbender*, ZZP 1997, 33 ff.
[73]) Vgl. Fn. 69.

2. Die Schaffung eines solchen Anspruches liegt in der Logik der Entwicklung des Nichtehelichenrechts. Diese ist seit Jahrzehnten in Etappen von der Zielsetzung geprägt, nicht sachgerechte Unterschiede in dem Recht der ehel. und der ne. Kinder zu beseitigen, um auf diese Weise den Verfassungsauftrag aus Art. 6 V GG zu verwirklichen. Insbesondere die Möglichkeit, die elterl. Sorge des Vaters allein oder gemeinsam mit der Kindesmutter zu begründen, läßt die Schaffung eines väterlichen Anspruchs auf Betreuungsunterhalt als zwingend erscheinen.

3. Nach dem Wortlaut des § 1615l V BGB kommt der Anspruch des Vaters nicht in dem Zeitraum der ersten acht Wochen nach der Geburt, sondern nur für die Zeit danach in Betracht. Soweit der Mann bereits in den ersten acht Wochen eine Betreuung des Kindes vornimmt, ist eine solche Begrenzung sachwidrig. Sie läßt sich im Wege teleologischer Auslegung überwinden.

4. Die elterl. Sorge zugunsten des Kindesvaters ist keine rechtliche Voraussetzung für die Durchsetzung des Anspruchs auf Betreuungsunterhalt. Vielmehr genügt die faktische Pflege und Erziehung des Kindes. Dies ist insbesondere für gescheiterte ne. Lebensgemeinschaften von Bedeutung.

5. Das Recht des Vaters wie der Mutter, sich in den ersten Jahren nach der Geburt des Kindes für die persönliche Pflege und Erziehung zu entscheiden, ist in weitem Umfang auch im Rahmen des § 1615l BGB schutzwürdig. Die für § 1570 BGB entwickelten Kriterien gelten entsprechend, jedoch wegen der geplanten Härteklausel nicht nach Ablauf von drei Jahren seit der Geburt. Hier kommt ein Unterhaltsanspruch nur bei Vorliegen besonderer Voraussetzungen in Betracht (z. B. bei Behinderungen, chronischen Krankheiten, Entwicklungsstörungen).

6. Ein spezialgesetzlicher vorläufiger Rechtsschutz zugunsten des Vaters besteht nicht. Jedoch kann der Erlaß einer einstw. Vfg. auf § 940 ZPO gestützt werden.

Die Düsseldorfer Tabelle, Stand: 1. 7. 1998

Von Harald Scholz, Vors. Richter am OLG Düsseldorf

Übersicht
I. Einführung
II. Neuer Geltungsbereich der Düsseldorfer Tabelle
III. Die Tabelle Kindesunterhalt
   1. Der Aufbau der Tabelle
   2. Altersstufen
   3. Abstimmung mit der Berliner Tabelle
   4. Bedarfskontrollbeträge, Höher- und Herabgruppierung
   5. Volljährigenunterhalt
IV. Sonstige Änderungen in Teil A und B der Tabelle
   1. Warmmiete
   2. Ehegattenunterhalt
V. Mangelfälle
VI. Verwandtenunterhalt und Unterhalt nach § 1615l BGB
   1. Elternunterhalt
   2. Unterhalt nach § 1615l BGB

I. Einführung

Zum 1. 7. 1998 wird das Familienrecht in weiten Bereichen reformiert. Für das Unterhaltsrecht sind vor allem das Gesetz zur Vereinheitlichung des Unterhaltsrechts minderjähriger Kinder [Kindesunterhaltsgesetz – KindUG][1]) und das Gesetz zur Reform des Kindschaftsrechts [Kindschaftsrechtsreformgesetz – KindRG][2]) von Bedeutung. Beide Gesetze sollen hier nicht im einzelnen vorgestellt und erläutert werden. Hierzu sind in der FamRZ Abhandlungen von *Schumacher* und *Grün*[3]) und *Strauß*[4]) erschienen. In diesem Aufsatz sollen allein

---

[1]) Vom 6. 4. 1998, BGBl I 666.
[2]) Vom 16. 12. 1997, BGBl I 2942.
[3]) FamRZ 1998, 778 = S. 291.
[4]) FamRZ 1998, 993 = S. 349.

die Änderungen dargestellt werden, die die *Düsseldorfer Tabelle* infolge des Inkrafttretens der beiden Gesetze zum 1. 7. 1998 erfahren wird[5]). Auf die *Düsseldorfer Leitlinien* (Stand: 1. 1. 1996, FamRZ 1996, 472) wird nicht eingegangen, da diese noch nicht überarbeitet worden sind. Die ab 1. 7. 1998 geltenden Leitlinien der anderen OLGe waren bei Erstellung des Manuskripts noch nicht bekannt und konnten demgemäß nicht berücksichtigt werden. Lediglich auf die Unterhaltsrechtlichen Leitlinien der *Familiensenate in Bayern* [BayL][6]), die ab 1. 7. 1998 von den *OLGen Bamberg, München* und *Nürnberg*[7]) angewendet werden und die *Münchener Leitlinien*[8]), sowie die *Nürnberger Tabelle*[9]) ablösen, konnte an einigen Stellen noch hingewiesen werden.

Die neue Tabelle wurde wiederum von den Familienrichtern des *OLG Düsseldorf* erarbeitet, diesmal in besonders enger Abstimmung mit dem *AmtsG Tempelhof-Kreuzberg*, das die *Berliner Vortabelle* herausgibt (vgl. unten III 3). Die *OLGe Hamm* und *Köln* wurden frühzeitig beteiligt. Die Unterhaltskommission des Deutschen Familiengerichtstages hat in einer Umfrage alle OLGe des Bundesgebiets nach ihren Vorstellungen hinsichtlich der vorzunehmenden Änderungen befragt. Die Vorschläge wurden in einer Sitzung der Unterhaltskommission beraten. Die neue Tabelle wurde dann abschließend vom Plenum der Familiensenate des *OLG Düsseldorf* verabschiedet. Sie wurde am 30. 3. 1998 der Presse vorgestellt.

II. Neuer Geltungsbereich der Düsseldorfer Tabelle

In verfahrensrechtlicher Hinsicht weist § 23b I Nr. 4 GVG i.d.F. des KindRG den gesamten Verwandtenunterhalt und damit auch den Unterhalt nichtehelicher [ne.] Kinder den Familiengerichten zu. Auch über Unterhaltsansprüche nach § 1615l BGB (in der Regel der Mutter eines ne. Kindes gegen den Vater)[10]) werden künftig die Familiengerichte entscheiden (§ 23b I Nr. 13 GVG n. F.). In zweiter Instanz wer-

---

[5]) *Düsseldorfer Tabelle*, Stand: 1. 7. 1998, FamRZ 1998, 534.
[6]) FamRZ 1998, 600.
[7]) Vgl. aber die Modifikationen des *7. Senates des OLG Nürnberg* zu den Bayerischen Leitlinien, Stand: 1. 7. 1998, FamRZ 1998, 885.
[8]) Stand: 1. 10. 1997, FamRZ 1997, 1200.
[9]) Vgl. hierzu *Riegner*, Grundzüge der Nürnberger Tabelle 1996, in: *Kemnade/Scholz/Zieroth*, Familienrecht '96, S. 550.
[10]) In Ausnahmefällen kommt auch ein Anspruch des Vaters, der das Kind betreut, gegen die Mutter in Betracht (§ 1615l V BGB n. F.); vgl. dazu unten VI 2.

den daher die Familiensenate der OLGe und in dritter Instanz bei Zulassung der Revision der BGH zuständig sein.

Im materiellen Recht **beseitigt das KindUG die Unterschiede zwischen ehel. und ne. Kindern** auf dem Gebiet des Unterhaltsrechts fast vollständig. Das BGB enthält nach Aufhebung der §§ 1615b bis 1615k durch das KindUG[11]) in §§ 1615a, 1615l bis 1615o nur noch wenige „Besondere Vorschriften für das Kind und seine nicht miteinander verheirateten Eltern"[12]). Diese Bestimmungen betreffen aber nicht die Bemessung des Kindesunterhalts. Auch die verfahrensrechtlichen Vorschriften über den Regelunterhalt ne. Kinder (§§ 642 ff. ZPO a. F.) werden aufgehoben und durch einen neuen „Sechsten Abschnitt – Verfahren über den Unterhalt" ersetzt[13]); damit entfällt die Bemessung des Unterhalts ne. Kinder durch Zuschläge oder Abschläge beim Regelunterhalt (§ 642d ZPO a. F.). Demgemäß rechtfertigt das Gesetz eine unterschiedliche Bemessung des Unterhalts ehel. und ne. Kinder nicht mehr. Der Bedarf des ne. Kindes und die Leistungsfähigkeit seiner Eltern richten sich künftig ausschließlich nach §§ 1601 ff. BGB. Dies hat zur Folge, **daß die Düsseldorfer Tabelle ab 1. 7. 1998 auch für ne. Kinder gilt.**

Die erweiterte Zuständigkeit der Familiengerichte erfordert nunmehr einen **neuen Abschnitt** der *Düsseldorfer Tabelle,* der sich mit dem **Verwandtenunterhalt und** mit dem **Unterhalt nach § 1615l BGB** befaßt.

III. Die Tabelle Kindesunterhalt

1. Der Aufbau der Tabelle

Die *Düsseldorfer Tabelle* baute bisher auf dem Regelunterhalt für ne. Kinder auf, der nach § 1615f II BGB a. F. von der Bundesregierung durch die RegelunterhaltVO festgesetzt wurde, zuletzt durch VO v. 25. 9. 1995[14]). Dieser Regelunterhalt war nach § 1610 III BGB a. F. zugleich der Mindestbedarf ehel. Kinder. Durch § 1612 I BGB i.d.F. des KindUG wird der Begriff des Regelunterhalts abgeschafft und für

---

[11]) Art. 1 Nr. 16 KindUG.
[12]) Überschrift vor § 1615a BGB i.d.F. des Art. 1 Nr. 3 KindRG.
[13]) Art. 3 Nr. 9 KindUG.
[14]) BGBl 1995 I 1190.

alle Kinder durch einen **Regelbetrag** ersetzt, der – getrennt für das alte Bundesgebiet und das Beitrittsgebiet – durch die RegelbetragVO festgesetzt wird. Diese ist derzeit Bestandteil des KindUG, kann aber durch Rechtsverordnung geändert werden (Art. 2, 7 des Gesetzes). Die Regelbeträge verändern sich erstmals zum 1. 7. 1999, danach zum 1. Juli jedes zweiten Jahres entsprechend der Veränderung der Renten in der gesetzlichen Rentenversicherung ohne die sog. demographische Komponente. Die Bundesregierung hat die RegelbetragVO durch Rechtsverordnung, die nicht der Zustimmung des Bundesrates bedarf, rechtzeitig anzupassen (§ 1612a IV BGB n. F.).

Die **Regelbeträge** nach § 1612a BGB n. F. sind künftig **Grundlage der** *Düsseldorfer Tabelle.* Sie entsprechen den Richtsätzen der ersten Einkommensgruppe und betragen in der ersten Altersstufe 349 DM, in der zweiten 424 DM und in der dritten 502 DM monatlich. Sie sind daher mit dem bisherigen, seit 1. 1. 1996 geltenden Regelunterhalt identisch. Man könnte auf den ersten Blick die Auffassung vertreten, daß eine Änderung der Tabelle erst bei der Anhebung der Regelbeträge zum 1. 7. 1999 erforderlich werde. Dabei würde jedoch vor allem übersehen, daß der Kindesunterhalt künftig im vereinfachten Verfahren nach §§ 645 ff. ZPO n. F. geltend gemacht werden kann. Auf Antrag des Kindes, des prozeßführungsbefugten Elternteils (§ 1629 III S. 1 BGB) oder des Sozialleistungsträgers kann der Rechtspfleger ab 1. 7. 1998 den Kindesunterhalt durch Beschluß bis zur Höhe des Eineinhalbfachen, also bis zu 150 % des Regelbetrages festsetzen, wenn der Schuldner nicht in qualifizierter Weise Einwendungen erhebt (§ 648 ZPO n. F.).

Ob sich das vereinfachte Verfahren angesichts der umfangreichen und gerade *nicht* einfach zu handhabenden Vorschriften der §§ 645 ff. ZPO n. F. bewähren wird, bleibt abzuwarten. Seine Vorgänger, das „Vereinfachte Verfahren zur Änderung von Unterhaltstiteln" (§§ 641 ff. ZPO a. F.) und das „Verfahren über den Regelunterhalt nichtehelicher Kinder" (§§ 642 ff. ZPO a. F.), sind jedenfalls im westdeutschen Raum kaum praktiziert worden. Ich habe trotz dreizehnjähriger Praxis in Familiensachen nie einen in derartigen Verfahren erlassenen Unterhaltstitel gesehen. Ein gutwilliger Schuldner zahlt freiwillig oder errichtet durch Erklärung vor dem Jugendamt (§ 59 I Nr. 3 SGBVIII) ohne Kosten einen Vollstreckungstitel. Der böswillige läßt sich nicht durch ein vereinfachtes Verfahren, sondern nur durch ein Urteil beeindrucken. Jedenfalls unter diesen Umständen führt die Einreichung einer Klage oder eines PKH-Gesuchs, verbunden mit dem

Antrag auf Erlaß einer einstweiligen Anordnung nach § 644 ZPO n. F., schneller zum Ziel als das vereinfachte Verfahren.

Wie dem auch sei: Die *Düsseldorfer Tabelle* muß dem neu eingeführten vereinfachten Verfahren Rechnung tragen. So gibt das Gesetz keinen Aufschluß darüber, welchen Prozentsatz des Regelbetrages das berechtigte Kind in diesem Verfahren beantragen soll. Andererseits besteht ein dringendes Bedürfnis dafür, ihm Hilfen an die Hand zu geben. Es kann kaum im Interesse des Kindes liegen, im vereinfachten Verfahren stets den Höchstbetrag von 150 % des Regelbetrages zu verlangen und erst nach Festsetzung dieses Betrages durch den Rechtspfleger im anschließenden streitigen Verfahren (§ 651 ZPO n. F.) vom Richter zu erfahren, daß dieser Betrag angesichts des Einkommens des Schuldners weit übersetzt ist. Die *Düsseldorfer Tabelle* enthält daher künftig eine Einkommensgruppe, und zwar die **achte Gruppe,** deren Richtsätze genau **150 % des Regelbetrages** entsprechen. Zudem ist bei jeder Einkommensgruppe in einer **neuen Spalte „Vomhundertsatz"** angegeben, wie hoch die Steigerung des jeweiligen Richtsatzes im Verhältnis zum Regelbetrag ist.

Die Richtsätze von der zweiten Einkommensgruppe ab sind in der Weise errechnet worden, daß der Regelbetrag mit dem Vomhundertsatz der jeweiligen Gruppe vervielfältigt und der sich ergebende Betrag auf volle Deutsche Mark aufgerundet worden ist (§ 1612a II S. 2 BGB n. F.; vgl. auch Anmerkung A 2 der Tabelle). So ergibt sich in der ersten Altersstufe der achten Einkommensgruppe ein Richtsatz von 349 x 150 % = 523,50 DM, aufgerundet 524 DM. Genau dieser Betrag von 524 DM wird in der Beschlußempfehlung des Rechtsausschusses zum KindUG[15]) als das Eineinhalbfache des Regelbetrages bezeichnet, das im vereinfachten Verfahren höchstens gegen den Schuldner festgesetzt werden darf (§ 645 ZPO n. F.). Würde man dagegen von dem – bereits aufgerundeten – Tabellenbetrag von 524 DM ausgehen und diesen zu dem Regelbetrag von 349 DM ins Verhältnis setzen, so ergäbe sich ein Faktor von 524 : 349 x 100 = 150,1. Auch diese Rechenweise sieht die Beschlußempfehlung des Rechtsausschusses vor[16]). Folgte man ihr, so wäre aber das vereinfachte Verfahren unzulässig, da in diesem – wie dargelegt – nur 150 % des Regelbetrages zugesprochen werden dürfen.

---

[15]) BT-Drucks. 13/9596, S. 31.
[16]) BT-Drucks. 13/9596, S. 32.

Die Frage, wie man § 1612a II S. 1 BGB n. F. auslegt und welchen Rechenweg man für zulässig hält, hat daher durchaus praktische Bedeutung. Verlangt der Anwalt für das Kind den Unterhalt als Vomhundertsatz des Regelbetrages, so kann er, folgt man dem ersten Rechenweg, den sich die *Düsseldorfer Tabelle* zu eigen gemacht hat, den Vomhundertsatz ohne weiteres aus der entsprechenden Spalte der Tabelle ablesen und ihn in seinen Antrag übernehmen. Geht man dagegen den zweiten Rechenweg, so muß der Anwalt den Vomhundertsatz in einem weiteren Schritt errechnen. Auf diese Weise gelangt man allenfalls zu einem um 0,2 % höheren Unterhalt, der sich bei der nächsten Anpassung der Regelbeträge in einem Unterhalt bemerkbar machen wird, der bestenfalls um rund 1 DM höher liegen kann. Da § 1612a II S. 1 BGB n. F. nicht eindeutig ist und jedenfalls die Rechenweise der *Düsseldorfer Tabelle* nicht verbietet[17]), sollte die Praxis diesen deutlich einfacheren Weg einschlagen und den Vomhundertsatz ohne weiteren Rechenschritt der entsprechenden Spalte der Tabelle entnehmen.

Der gesetzliche Vertreter des Kindes, der vielfach jedenfalls ungefähr die Höhe des Einkommens des Verpflichteten kennen wird, kann sich daher an der Tabelle orientieren, welchen Prozentsatz des Regelbetrages er im vereinfachten Verfahren geltend machen soll. Dadurch kann er Kostennachteile vermeiden, die bei einer Reduzierung des Unterhalts im streitigen Verfahren drohen (vgl. § 651 V ZPO n. F.).

Der Regelbetrag kann sowohl im vereinfachten wie im ordentlichen Verfahren **unterschritten** werden. Dies gilt auch bei Bemessung des Unterhalts in einem Vomhundertsatz des Regelbetrages. So kann das Kind z. B. Unterhalt in Höhe von 80 % des Regelbetrages verlangen. Dies ist von besonderer Bedeutung im Mangelfall (vgl. unten V).

2. Altersstufen

Nach § 1612a I BGB n. F. kann das Kind im vereinfachten Verfahren, aber auch im ordentlichen Rechtsstreit nicht nur den Regelbetrag oder einen Vomhundertsatz davon verlangen, sondern auch den Unterhalt nach dem **jeweiligen Regelbetrag**. Es kann also den Antrag stellen, derzeit den Regelbetrag der ersten Altersstufe, ab Vollendung des sechsten Lebensjahres den der zweiten und ab Vollendung des zwölften Lebensjahres denjenigen der dritten Altersstufe festzusetzen. Diese gesetzliche Regelung erfordert, daß die Richtsätze der *Düssel-*

---

[17]) Vgl. Fn. 12.

dorfer Tabelle in allen Altersstufen der jeweiligen Einkommensgruppe um denselben Prozentsatz gegenüber dem Regelbetrag steigen. Da dies in der Tabelle Stand: 1. 1. 1996 nicht der Fall war[18]), mußten bereits deshalb die Richtsätze geändert werden.

Die Altersstufen werden in der Tabelle zur Vermeidung von Mißverständnissen anders bezeichnet als bisher. In Anlehnung an den allgemeinen Sprachgebrauch gelten die Altersstufen von 0–5, von 6–11, von 12–17 Jahren und ab 18 Jahre. Damit ist, wie durch Verweis auf § 1612a III BGB in der Kopfzeile klargestellt wird, nichts anderes als bisher gemeint, nämlich daß die nächste Altersstufe mit der Vollendung des 6., 12. bzw. 18. Lebensjahres erreicht wird. Anders als bisher ist der Regelbetrag einer **höheren Altersstufe vom Beginn des Monats** maßgebend, in dem das Kind das betreffende Lebensjahr vollendet (§ 1612a III S. 2 BGB n. F.).

3. Abstimmung mit der Berliner Tabelle

Die wichtigste Neuerung der Tabelle Stand: 1. 7. 1998 ist die **Erhöhung der Einkommensgruppen von neun auf zwölf**. Diese Änderung ist erforderlich, um die Übereinstimmung der *Düsseldorfer Tabelle* mit den für das Beitrittsgebiet geltenden Tabellen, insbesondere der *Berliner Tabelle,* aufrecht erhalten zu können. Seit der Wiedervereinigung gilt die *Düsseldorfer Tabelle* auch im Beitrittsgebiet. Lediglich für Einkommen unterhalb der ersten Einkommensgruppe der *Düsseldorfer Tabelle* sehen die ab 1. 1. 1996 geltenden Tabellen und Leitlinien des Beitrittsgebiets[19]) zwei Vorgruppen vor, und zwar für Einkommen bis 1.800 DM die Gruppe a) und von Einkommen zwischen 1.800 und 2.100 DM die Gruppe b). Ab 2.100 DM gelten auch im Beitrittsgebiet die Richtsätze der ersten Einkommensgruppe der *Düsseldorfer Tabelle*. Die Sätze der Gruppe a) entsprechen dem Regelunterhalt Ost[20]), der etwa 90 % des Regelunterhalts West

---

[18]) Ursache war vor allem die Anhebung des Kindergeldes durch das Jahressteuergesetz 1996, die zu einer linearen Anpassung der Tabellensätze in allen Altersstufen führte; vgl. dazu *Scholz,* FamRZ 1996, 65, 69; *ders.* [Fn. 6], S. 522, 525.

[19]) *Berliner Tabelle,* Stand: 1. 7. 1998, FamRZ 1998, 537, Stand: 1. 1. 1996, FamRZ 1995, 1325; *Thüringer Tabelle,* FamRZ 1996, 91; *Unterhaltsleitlinien des OLG Brandenburg,* FamRZ 1996, 17, des *OLG Dresden,* FamRZ 1996, 19, des *OLG Naumburg,* FamRZ 1995, 1555, des *OLG Rostock,* FamRZ 1996, 24.

[20]) § 2 der RegelunterhaltVO v. 25. 9. 1995, BGBl I 1190.

beträgt. Hieran wird sich auch nach Inkrafttreten des KindUG nichts Wesentliches ändern; jedoch wird – wie dargelegt – der Begriff „Regelunterhalt" durch „Regelbetrag" ersetzt.

Zwischen den Verfassern der *Berliner Tabelle* und der *Düsseldorfer Tabelle* bestand Einigkeit, daß es bei dem bisherigen Aufbau der *Berliner Tabelle* und damit voraussichtlich der sonstigen Tabellen und Leitlinien des Beitrittsgebiets[21]) bleiben soll und **daß diese Einheit zwischen Ost und West,** wenn irgend möglich, **nicht aufgegeben werden darf.** Die Bemessung des Unterhalts im Osten nach anderen Richtsätzen als im Westen, und zwar beim selben Einkommen, würde beim Unterhaltsberechtigten wie beim Verpflichteten schlicht auf Unverständnis stoßen. Sie würde in der gerichtlichen Praxis in Berlin und in Brandenburg zu erheblichen Schwierigkeiten führen, da Umzüge der Beteiligten, insbesondere des Schuldners, von Ost nach West und umgekehrt immer wieder vorkommen.

Es erwies sich jedoch als überaus schwierig, die einheitliche Unterhaltsbemessung in Ost und West, von den Vorgruppen im Beitrittsgebiet abgesehen, aufrecht zu erhalten. Nach § 1612a I BGB n. F. kann das minderjährige Kind „den Unterhalt als Vomhundertsatz eines oder des jeweiligen Regelbetrages nach der RegelbetragVO verlangen". Die RegelbetragVO sieht aber unterschiedliche Regelbeträge für West und Ost vor. Der Gesetzgeber hat nicht die Chance genutzt, die Regelbeträge West im gesamten Bundesgebiet der Dynamisierung zugrunde zu legen. Er hätte es der Praxis überlassen können, den derzeit noch geringeren Einkommen im Beitrittsgebiet durch Bildung von Vorgruppen zur *Düsseldorfer Tabelle* Rechnung zu tragen, die 90 % bzw. 95 % des Regelbetrages West ausmachen könnten. Auch ein solcher Unterhalt könnte bereits nach der ab 1. 7. 1998 geltenden Fassung des § 1612a I BGB dynamisiert werden (vgl. oben III 1 a. E.).

Nach der gesetzlichen Regelung muß aber ab 1. 7. 1998 der Regelbetrag Ost den dortigen Tabellen als Ausgangspunkt zugrunde gelegt werden. Daher mußte in der *Berliner Tabelle* eine Einkommensgruppe, die neue Gruppe 6, geschaffen werden, die 150 % des Regelbetrages Ost als Obergrenze für den Unterhalt vorsieht, den die Gerichte des Beitrittsgebiets im vereinfachten Verfahren höchstens festsetzen dürfen. Dies sind rund 135 % des Regelbetrages West. Um

---

[21]) Vgl. hierzu die mit dem Zahlenwerk der Berliner Tabelle weitgehend identischen, zum 1. 7. 1997 neugefaßten Unterhaltsleitlinien des *OLG Brandenburg*, FamRZ 1998, 883, und des *OLG Dresden*, FamRZ 1998, 731.

die Übereinstimmung zwischen der *Düsseldorfer Tabelle* und der *Berliner Tabelle* aufrecht erhalten zu können, mußte demgemäß in die *Düsseldorfer Tabelle* nicht nur eine Gruppe mit einem **Richtsatz von 150 % des Regelbetrages West**, sondern auch eine Gruppe mit einem **Richtsatz von 135 % des Regelbetrages West (= 150% Ost)** aufgenommen werden. Da ein Steigerungsbetrag von 135 % auf 150 %, also von 15 % von einer Gruppe zur anderen zu hoch wäre und die Symmetrie der gesamten Tabelle stören würde, mußte eine Zwischengruppe mit einem Vomhundertsatz von 142 % eingefügt werden. Dies bedingt einen **anderen Zuschnitt sämtlicher Einkommensgruppen und eine Vermehrung der Gruppen von neun auf zwölf**. Die Richtsätze der *Düsseldorfer Tabelle* steigen nunmehr von 100 % jeweils um 7 % über 135 % bis 142 %, dann um 8 % auf 150 % und von da an um jeweils 10 % bis auf 190 %, um dort mit Richtsätzen von 664 DM in der ersten, von 806 DM in der zweiten, von 954 DM in der dritten und von 1.102 DM in der vierten Altersstufe zu enden. Diese Beträge entsprechen weitgehend den Richtsätzen der neunten Einkommensgruppe der Tabelle Stand: 1. 1. 1996. Die Vermehrung der Gruppen bedingt naturgemäß einen anderen Zuschnitt der Einkommen, die den jeweiligen Gruppen zugeordnet werden. So steigen die Einkommen von der dritten bis achten Gruppe nur um jeweils 400 DM statt wie bisher in diesem Bereich um bis zu 700 DM. Erst ab der neunten Gruppe umfassen die Gruppen Einkommensbereiche von jeweils 700 DM, in der zwölften Gruppe von 800 DM. Die Änderung der Einkommensgruppen ermöglicht eine individuellere Bemessung des Kindesunterhalts. Dies wird freilich dadurch erkauft, daß im Kindesunterhaltsprozeß der Streit über die genaue Höhe des Einkommens des Verpflichteten künftig größere Bedeutung gewinnen wird. Ein weiterer – unvermeidbarer – Nachteil des anderen Zuschnitts der Tabelle liegt darin, daß sich bei bestimmten Einkommen die Tabellensätze ermäßigen oder erhöhen können. Die Abweichungen erreichen jedoch nie den für § 323 ZPO kritischen Grenzwert von 10 %. Insgesamt gesehen heben sich Erhöhungen und Ermäßigungen aber auf. Die Tabelle beginnt in der ersten Gruppe mit den bisherigen Sätzen von 349 DM, 424 DM, 502 DM und 580 DM. Sie endet in der zwölften Gruppe mit 190 % des Regelbetrages, wie dies in der Tabelle Stand: 1. 1. 1996 im wesentlichen auch der Fall war. Die Abweichungen gegenüber der früheren Tabelle beruhen nur darauf, daß die Richtsätze nunmehr in allen Altersstufen auf genau 190 % der Regelbeträge, aufgerundet auf volle Deutsche Mark, festgesetzt werden (vgl. dazu oben III 2).

Nach dieser Umgestaltung der *Düsseldorfer Tabelle* konnten deren Sätze wie bisher für Einkommen ab 2.100 DM in die *Berliner Tabelle* übernommen werden. Jedoch steigen deren Richtsätze um andere Prozentsätze als diejenigen der *Düsseldorfer Tabelle*. Der Preis, der für diese Übereinstimmung zu zahlen war, besteht darin, daß die sechste Gruppe der *Düsseldorfer Tabelle* nicht Beträge ausweist, die rechnerisch genau 135 % des Regelbetrages West ausmachen. Dies beruht darauf, daß die Regelbeträge Ost nicht exakt 90 % der Regelbeträge West betragen. Bei Aufrundung nach § 1612a II BGB n. F. hätten die Regelbeträge Ost rechnerisch richtig in der ersten Altersstufe auf 315 DM statt auf 314 DM, in der zweiten auf 382 DM statt auf 380 DM und in der dritten Altersstufe auf 452 DM statt auf 451 DM festgesetzt werden müssen. Diese Differenz wird sich bei den künftigen Anpassungen der Regelbeträge nach § 1612a IV BGB n. F. immer stärker bis zu einer endgültigen Angleichung des Unterhalts in Ost und West auswirken. Der Gesetzgeber sollte daher möglichst bald prüfen, ob die Regelbeträge Ost dem Westniveau angepaßt und damit abgeschafft werden können. Die dadurch entstehende Mehrbelastung der öffentlichen Haushalte[22]) könnte jedenfalls teilweise dadurch aufgefangen werden, daß die aller Voraussicht nach geringfügige Anpassung der Regelbeträge zum 1. 7. 1999 hinausgeschoben wird.

4. Bedarfskontrollbeträge, Höher- und Herabgruppierung

Die Vermehrung der Einkommensgruppen führt dazu, daß auch die den jeweiligen Einkommensgruppen zugeordneten **Bedarfskontrollbeträge neu bemessen** werden müssen. Diese Bedarfskontrollbeträge wurden bisher nicht von allen OLGen angewandt, insbesondere nicht vom *OLG München* (jedenfalls in der Regel)[23]). Es ist zu begrüßen, daß sie nunmehr von den *Bayerischen Leitlinien* (Nr. 11)[24]) übernommen werden. Die Bedarfskontrollbeträge sind ein wichtiges Hilfsmittel für eine richtige Einstufung in die jeweiligen Einkommensgruppen. Sie führen, richtig angewandt, zu einem Ergebnis, das dem Schuldner einen Betrag beläßt, der in einem angemessenen Verhältnis zu seinem Einkommen steht[25]). Wird der Be-

---

[22]) Nach § 2 I S. 1 UVG richtet sich die Höhe des Unterhaltsvorschusses nach den Regelbeträgen.
[23]) *Münchener Leitlinien* [Fn. 8], Nr. 11.
[24]) Vgl. Fn. 6.
[25]) Zur Bedarfskontrolle eingehend *Wendl/Scholz*, Unterhaltsrecht, 4. Aufl., § 2 Rz. 239 ff.; *Scholz* [Fn. 9], S. 445, 472.

darfskontrollbetrag der jeweiligen Einkommensgruppe unterschritten, ist der Kindesunterhalt einer niedrigeren Gruppe zu entnehmen, deren Bedarfskontrollbetrag gewahrt ist (Anmerkung A 6). Die Bedarfskontrollbeträge dienen daher gerade der **Angemessenheitskontrolle**, die der *BGH*[26]) bei jeder Unterhaltsbemessung verlangt. Wenn der *BGH* in seiner Mangelfallentscheidung v. 16. 4. 1997[27]) nicht auf den Bedarfskontrollbetrag abgestellt hat, so beruht dies offenbar darauf, daß die Vorinstanz, das *OLG Karlsruhe*, die *Düsseldorfer Tabelle* – jedenfalls bisher – ohne Bedarfskontrolle anwendet. Von einer Mißbilligung der Bedarfskontrollbeträge durch den *BGH* kann jedenfalls nicht die Rede sein. Nachdem nunmehr auch alle bayerischen OLGe die Bedarfskontrollbeträge übernehmen wollen, ist zu hoffen, daß diese Art der Angemessenheitskontrolle demnächst vom *BGH* ausdrücklich anerkannt wird.

Die Vermehrung der Einkommensgruppen von neun auf zwölf führt dazu, daß die bisherige Praxis der Höher- und Herabgruppierung überdacht werden muß. Das *OLG Düsseldorf* hat durch die Fassung der Anmerkung A 1 der Tabelle klargestellt, daß Zuschläge oder Abschläge zum Tabellenunterhalt nicht durch die Richtsätze der nächsthöheren oder nächstniedrigeren Gruppe beschränkt sind. Zu prüfen ist jedoch, ob der Bedarfskontrollbetrag der Einkommensgruppe, aus der der Unterhalt schließlich entnommen wird, gewahrt ist[28]). Nach der Neufassung der Tabelle wird die bisherige auch vom *BGH*[29]) gebilligte Praxis überprüft werden müssen, **ob bei Unterhaltspflicht für nur ein Kind um zwei oder ob um drei Gruppen höherzustufen ist.**

Bis zur dritten Einkommensgruppe entsprechen die Richtsätze der Tabelle 1998 im wesentlichen denjenigen der Tabelle 1996. Sie steigen erst ab der vierten Gruppe in deutlich geringeren Einkommensschritten an. Demgemäß ist die Differenz zwischen den Richtsätzen der einzelnen Gruppen in diesem Bereich ab 1. 7. 1998 geringer als bisher.

So beträgt nach der Tabelle 1996 der Unterschied zwischen dem Unterhalt der dritten Gruppe (2.700 bis 3.100 DM) und der ersten Gruppe (bis 2.400 DM) in der ersten Altersstufe 400 – 349 = 51 DM, nach der Tabelle 1998 398 – 349 = 49 DM. In der dritten Altersstufe

---

[26]) FamRZ 1990, 266, 269; 1992, 539, 541.
[27]) FamRZ 1997, 806.
[28]) *Wendl/Scholz* [Fn. 25], § 2 Rz. 233, 240.
[29]) FamRZ 1994, 696.

lauten die Zahlen: 565 − 502 = 63 DM (1996) bzw. 573 − 502 = 71 DM (1998). Die Unterschiedsbeträge weichen daher nicht erheblich voneinander ab. Dies bedeutet, daß es in diesem Bereich der Tabelle bei einer Höhergruppierung um bis zu zwei Gruppen bleiben sollte.

Anders liegt es dagegen bei Einkommen ab der vierten Gruppe. Die Differenz zwischen dem Unterhalt der sechsten Gruppe (3.900 bis 4.300 DM) und der vierten Gruppe (3.100 bis 3.500 DM) beträgt in der ersten Altersstufe der Tabelle 1998 471 − 423 = 48 DM und in der dritten Altersstufe 677 − 608 = 69 DM. Nach der Tabelle 1996 waren demgegenüber bei Höhergruppierung aus der vierten Einkommensgruppe (3.100 bis 3.600 DM) in die sechste (4.200 bis 4.900 DM) in der ersten Altersstufe 80 DM mehr (515 statt 435 DM) und in der dritten Altersstufe 120 DM mehr (735 statt 615 DM) zu zahlen. Nach der Tabelle 1998 ergeben sich Steigerungen des Unterhalts, die der Höhergruppierung um zwei Gruppen nach der Tabelle 1996 vergleichbar sind, erst bei Höhergruppierung um drei Gruppen. So steigt der Unterhalt in der siebten gegenüber der vierten Einkommensgruppe in der ersten Altersstufe um 496 − 423 = 73 DM, in der dritten Altersstufe um 713 − 608 = 105 DM. In diesen Fällen wird man bei einer Unterhaltspflicht gegenüber nur einem Kind eine Höhergruppierung um bis zu drei Gruppen in Betracht ziehen müssen.

5. Volljährigenunterhalt

§ 1603 II S. 2 BGB i. d. F. des KindUG bestimmt ab 1. 7. 1998, daß den minderjährigen unverheirateten Kindern hinsichtlich der verschärften Unterhaltspflicht **volljährige** unverheiratete **Kinder bis** zur Vollendung des **21. Lebensjahres** gleichstehen, solange sie **im Haushalt der Eltern** oder eines Elternteils leben **und sich in der allgemeinen Schulausbildung befinden.** Diese Kinder werden auch hinsichtlich des Rangverhältnisses minderjährigen Kindern gleichgestellt (§ 1609 I BGB n. F.). Diesen volljährigen Kindern gegenüber kann sich der Pflichtige daher grundsätzlich nicht mehr auf seinen angemessenen Selbstbehalt (§ 1603 I BGB) berufen, der nach wie vor 1.800 DM beträgt. Ebensowenig kann er künftig geltend machen, daß der Unterhalt seines (zweiten) Ehegatten diesen Kindern gegenüber vorgeht. Der Unterhaltspflichtige haftet den volljährigen Kindern, die Minderjährigen gleichgestellt sind, vielmehr **bis zum notwendigen Selbstbehalt**, der unverändert 1.500 DM bei einem Erwerbstätigen und 1.300 DM bei einem Nichterwerbstätigen beträgt. Dies wird nunmehr in Anmerkung A 5 I der Tabelle klargestellt. **Der angemessene**

Selbstbehalt von mindestens 1.800 DM **gilt dagegen gegenüber anderen volljährigen Kindern**, also insbesondere gegenüber Kindern, die das Elternhaus verlassen haben und einen eigenen Haushalt führen, und in jedem Fall gegenüber Kindern, die das 21. Lebensjahr vollendet haben (vgl. Anmerkung A 5 II).

Die Begründung des Regierungsentwurfs des KindUG[30]) stellt eindeutig klar, daß **§ 1606 III S. 2 BGB für volljährige Kinder** i. S. des § 1603 II S. 2 BGB **nicht heranzuziehen ist**. Der Elternteil, bei dem das Kind lebt, erfüllt also seine Unterhaltspflicht nicht durch Betreuung. Dies bedeutet insbesondere, daß die Mutter, die das Kind auch nach seiner Volljährigkeit bis zum Abitur weiter in ihrer Wohnung versorgt, gemäß § 1606 III S. 1 BGB entsprechend den Einkommens- und Vermögensverhältnissen beider Elternteile u. U. auch dann zum Unterhalt des Kindes herangezogen werden kann, wenn sie weniger als 1.800 DM bereinigt im Monat verdient[31]). Hier ist allerdings zu beachten, daß die verschärfte Unterhaltspflicht nach § 1603 II S. 3 BGB n. F. (bisher § 1603 II S. 2 BGB) nur einsetzt, wenn kein anderer unterhaltspflichtiger Verwandter vorhanden ist, der den Kindesunterhalt ohne Gefährdung seines eigenen angemessenen Bedarfs von 1.800 DM aufbringen kann. Dieser andere Verwandte kann auch der Vater sein, wenn er deutlich mehr als die Mutter verdient[32]).

Der **Bedarf eines volljährigen Kindes**, das noch **im Elternhaus** lebt und noch keine selbständige Lebensstellung erlangt hat, richtet sich wie bisher **nach der vierten Altersstufe der Tabelle.** Dies wird in Anmerkung A 7 I eindeutiger als bisher klargestellt. Auch der *BGH*[33]) hat sich inzwischen für eine Bemessung des Unterhalts des noch bei einem Elternteil lebenden volljährigen Kindes nach den Einkommensverhältnissen der Eltern ausgesprochen und den Ansatz eines festen Bedarfssatzes von damals 950 DM mißbilligt. Auch für die den Minderjährigen gleichgestellten volljährigen Kinder bis zum vollendeten 21. Lebensjahr, die eine allgemeine Schule besuchen und im Elternhaus leben, wird der Unterhalt der vierten Altersstufe entnommen, da Anmerkung A 7 I für diese Kinder keine Sonderregelung vorsieht.

---

[30]) BR-Drucks. 959/96, S. 27, zu Art. 1 Nr. 7 (§ 1609 BGB-E).
[31]) Zur Berechnung des Kindesunterhalts bei Barunterhaltspflicht beider Elternteile im Falle des § 1603 II S. 1 BGB vgl. *Wendl/Scholz* [Fn. 25], § 2 Rz. 289, 299.
[32]) So bereits nach dem bis 30. 6. 1998 geltenden Recht für Eltern minderjähriger Kinder: *BGH*, FamRZ 1998, 286, 288.
[33]) FamRZ 1997, 281, 283 f.

Der „**Studentenunterhalt**", der auch für ein Kind mit eigenem Haushalt angesetzt werden kann, soll ab 1. 7. 1998 **1.100 DM** betragen (Anmerkung A 7 II). Diese Anhebung beruht insbesondere auf der Erhöhung der Ausbildungsförderung nach dem BAföG. Diesen Schritt haben bereits in der Vergangenheit die OLGe *München*[34]) und *Hamburg*[35]) vollzogen.

IV. Sonstige Änderungen in Teil A und B der Tabelle

1. Warmmiete

In Anmerkung A 5 I wurde die Warmmiete bisher als „Miete einschließlich umlagefähiger Nebenkosten" definiert. Künftig wird von „Unterkunft einschließlich umlagefähiger Nebenkosten und Heizung (Warmmiete)" gesprochen. Damit lehnt sich die Tabelle an den Wortlaut des § 115 I S. 3 Nr. 3 ZPO an. Eine sachliche Änderung ist damit nicht verbunden. Zu den Kosten der Unterkunft gehören auch die Mietnebenkosten[36]).

2. Ehegattenunterhalt

Der **Erwerbstätigenbonus beträgt weiterhin** $^1/_7$ [37]), der Quotenunterhalt daher $^3/_7$ des Erwerbseinkommens des allein erwerbstätigen Ehegatten bzw. bei beiderseitiger Berufstätigkeit $^3/_7$ der Differenz zwischen den Erwerbseinkünften beider Ehegatten (B I der *Düsseldorfer Tabelle*, Stand: 1. 7. 1998). Die Ermäßigung des Bonus auf $^1/_{10}$ ist sowohl von der Unterhaltskommission des Deutschen Familiengerichtstages (vgl. oben I) als auch vom Plenum der Familienrichter des *OLG Düsseldorf* mit eindeutiger Mehrheit abgelehnt worden. Es ist zu bedauern, daß die *bayerischen OLGe* diese bisher weitgehend einheitliche Rechtsprechung[38]) verlassen und in Nr. 16b der *Bayerischen Leitlinien*[39]) den Erwerbstätigenbonus ab 1. 7. 1998 auf $^1/_{10}$ festsetzen[40]).

---

[34]) Nr. 15b der *Münchener Leitlinien* [Fn. 23], ebenso Nr. 15b BayL [Fn. 6].
[35]) Nr. 4 der *Unterhaltsrechtlichen Grundsätze des OLG Hamburg*, Stand: 1. 1. 1996, FamRZ 1996, 87.
[36]) *Zöller/Philippi*, ZPO, 20. Aufl., § 115 Rz. 37.
[37]) So auch *BGH*, FamRZ 1989, 842, 843; 1990, 1085, 1087.
[38]) Der Bonus von $^1/_7$ wurde von allen OLGen mit Ausnahme des *OLG Frankfurt* (zum Teil), des *OLG Nürnberg* und des *OLG Stuttgart* angewandt; vgl. dazu *Wendl/Gerhardt* [Fn. 25], § 4 Rz. 380.
[39]) Vgl. Fn. 6.
[40]) Zum Erwerbstätigenbonus von $^1/_7$ vgl. *BGH*, FamRZ 1989, 843; 1990, 1085, 1087; eingehend *Scholz* [Fn. 9], S. 445, 482, 486 ff.

Die **Mindestbedarfssätze,** die die Tabelle in B V und B VI für den Ehegatten des Schuldners festlegt, bleiben unverändert. *Luthin*[41]) hat überzeugend nachgewiesen, daß auf diese Richtsätze auch dann nicht verzichtet werden kann, wenn man den Einsatzbetrag für den Ehegattenunterhalt im Mangelfall entsprechend der Rechtsprechung des *BGH*[42]) nicht nach Mindestsätzen bemißt; vgl. dazu auch unten V.

In Teil B III der Tabelle wird klargestellt, daß vor Berechnung des Ehegattenunterhalts der **Tabellenunterhalt auch für volljährige Kinder,** die Minderjährigen gleichgestellt sind (vgl. oben III 5), vom Einkommen des Pflichtigen abgezogen wird.

V. Mangelfälle

Die Berechnung des Ehegatten- und Kindesunterhalts in Mangelfällen ist nach wie vor umstritten. Die Entscheidung des *BGH* v. 16. 4. 1997[43]) hat nur in Teilbereichen zu einer Klärung geführt. Sie war aber Veranlassung, den Abschnitt C der Tabelle neu zu fassen.

Beim *Kindesunterhalt* ist weiterhin in der Regel der Richtsatz der ersten Einkommensgruppe, also der **Regelbetrag,** als Einsatzbetrag zugrunde zu legen, da der Bedarfskontrollbetrag einer höheren Gruppe nicht gewahrt ist. Der *BGH*[44]) hat zwar den Kindesunterhalt einer höheren Einkommensgruppe entnommen, sich aber, wie oben bei III 4 dargelegt, mit der Bedarfskontrolle nicht auseinandergesetzt. Nachdem ab 1. 7. 1998 alle *bayerischen OLGe* den Regelbetrag beim Kindesunterhalt zugrunde legen wollen[45]), wird der *BGH* hoffentlich bald Gelegenheit haben, seine Auffassung zu überprüfen.

Wie die Beratungen in der Unterhaltskommission ergeben haben, bemessen nach wie vor einige Familiensenate den Einsatzbetrag für den Ehegattenunterhalt mit festen Mindestbedarfssätzen nach B V der *Düsseldorfer Tabelle.* Die Tabelle folgt dem *BGH* insoweit, als ab 1. 7. 1998 nach Teil C Abs. 3 der **Einsatzbetrag für den Ehegattenunterhalt mit einer Quote** des Einkommens des Pflichtigen angenommen wird. Diese Quote wird aber nicht zwingend auf $^{3}/_{7}$ des anrechenbaren Einkommens des Unterhaltspflichtigen festgeschrieben. Vielmehr

---

[41]) Der Mindestbedarf beim Ehegattenunterhalt – Kein Nachruf, FamRZ 1997, 1391.
[42]) FamRZ 1997, 806.
[43]) FamRZ 1997, 806.
[44]) FamRZ 1997, 806.
[45]) Nr. 21 *BayL* [Fn. 6]; anders bisher Nr. 21 *Münchener Leitlinien* [Fn. 8].

kann der Erwerbstätigenbonus von ¹/₇ ermäßigt werden, z. B. wie im Falle der zitierten *BGH*-Entscheidung auf ¹/₉ [46]); er kann entsprechend einem anderen Urteil des *BGH*[47]) auch ganz entfallen, wenn berufsbedingte Aufwendungen z. B. mit der Pauschale von 5 % nach Anmerkung A 3 anderweit berücksichtigt worden sind. Trennungsbedingter Mehrbedarf kommt hinzu, wenn für ihn hinreichende Anhaltspunkte bestehen. Die Tabelle schließt auch nicht aus, in Mangelfällen vom Vorwegabzug des Kindesunterhalts bei Berechnung des Einsatzbetrages für den Ehegattenunterhalt abzusehen[48]).

Angesichts der ungeklärten Fragen beim Ehegattenunterhalt sieht die *Düsseldorfer Tabelle* davon ab, ein Rechenbeispiel zu bringen, in dem die Berechnung des Ehegatten- und des Kindesunterhalts erläutert wird. Das **Beispiel** in Teil C der neuen Tabelle betrifft nur den **Kindesunterhalt**. In diesem Beispiel wird verdeutlicht, daß auch volljährige Schüler i. S. des § 1603 II S. 2 BGB n. F. im Mangelfall den minderjährigen unverheirateten Kindern gleichstehen. Das Kindergeld ist nicht mehr in die Verteilungsmasse einzubeziehen. **Vielmehr unterbleibt die Anrechnung des Kindergeldes, soweit der Unterhaltspflichtige außerstande ist, den Unterhalt in Höhe des Regelbetrages zu leisten** (§ 1612b V BGB n. F.). Dies bedeutet, daß Kindergeld nicht angerechnet wird, wenn der Schuldner nicht wenigstens den Regelbetrag abzüglich des hälftigen Kindergeldes zahlen kann, bei einem fünfjährigen Kind also nicht wenigstens 349 – 110 = 239 DM. Kann z. B. der Schuldner nach seinem Einkommen nur 300 DM zahlen, so übersteigt dieser Betrag zusammen mit dem hälftigen Kindergeld den Regelbetrag von 349 DM um (300 + 110 – 349 =) 61 DM. Nur dieser Betrag ist anzurechnen, so daß (300 – 61 =) 239 DM zu zahlen sind[49]).

Es ist künftig unzulässig, das Kindergeld für mehrere Kinder zusammenzurechnen und dann den hälftigen Anteil jedes Kindes zwischen den Eltern über den Kindesunterhalt auszugleichen. Vielmehr ist nach § 1612b I BGB **das auf das (jeweilige) Kind entfallende Kindergeld** zur Hälfte auszugleichen, bei einem dritten Kind also in

---

[46]) FamRZ 1997, 806.
[47]) FamRZ 1992, 539, 541.
[48]) So *OLG Düsseldorf* v. 28. 11. 1997 – 6 UF 35/97 –, FamRZ 1998, 851; *OLG Bamberg*, FamRZ 1993, 1093; Nr. 14 II, 47, 49 der *Kölner Leitlinien*, Stand: 1. 7. 1996, FamRZ 1996, 1061; *Scholz* [Fn. 9], S. 445, 516.
[49]) Vgl. BR-Drucks. 959/96, S. 35.

Höhe von 150 DM⁵⁰). Die Konsequenzen für den Mangelfall sind aus dem Rechenbeispiel der Tabelle ersichtlich.

Auch im Mangelfall kann der **Unterhalt in einem Vomhundertsatz** des Regelbetrages bemessen werden, der dann aber unter 100 % liegen muß (vgl. dazu oben III 1). Ob allerdings Unterhalt in Höhe eines Vomhundertsatzes des **Regelbetrages der jeweiligen Altersstufe** zuerkannt werden darf, erscheint **fraglich**, da bei Erreichung einer höheren Altersstufe sich der Einsatzbetrag für den Unterhalt des Kindes erhöht und sich damit die Grundlagen der Berechnung des Unterhalts bei mehreren Berechtigten verändern.

VI. Verwandtenunterhalt und Unterhalt nach § 1615l BGB

Die *Düsseldorfer Tabelle* wird ab 1. 7. 1998 um einen Abschnitt D erweitert, der den Verwandtenunterhalt und den Unterhalt nach § 1615l BGB regelt. Hier stellte sich insbesondere die Frage, ob die OLGe, die bisher für diese Bereiche nicht zuständig waren, die Legitimation haben, hier Leitlinien zu erlassen. Nach langen Diskussionen hat sich aber beim *OLG Düsseldorf* und in der Unterhaltskommission die Auffassung durchgesetzt, daß die Festlegung von Richtsätzen erforderlich ist, um ein Auseinanderdriften der Rechtsprechung von vornherein zu vermeiden. Jeder Familienrichter und jeder Familiensenat hat so die Möglichkeit, sich mit den in der Tabelle festgelegten Richtsätzen auseinanderzusetzen. Sollte sich ergeben, daß die Richtsätze nicht die notwendige Akzeptanz finden, müssen sie bei einer Neufassung der Tabelle ggf. geändert werden.

1. Elternunterhalt

Beim Elternunterhalt ist die Linie bereits durch eine Entscheidung des *BGH*⁵¹) vorgezeichnet. Der *BGH* hat ausgesprochen, daß der angemessene Unterhalt, der einem unterhaltspflichtigen Kind gegenüber einem unterhaltsbedürftigen Elternteil verbleiben muß, **maßvoll** den Satz übersteigen darf, der nach der *Düsseldorfer Tabelle* dem Schuldner als angemessener Selbstbehalt gegenüber seinem unterhaltsberechtigten volljährigen Kind zu verbleiben hat. Geht man hiervon aus, so ist zunächst ein Betrag von 1.800 DM (Anmerkung A 5 II) zugrunde zu legen und maßvoll zu erhöhen. Unter Berücksichtigung

---

⁵⁰) Regierungsentwurf zum KindUG, BR-Drucks. 959/96, S. 34, zu § 1612c BGB-E.
⁵¹) FamRZ 1992, 795, 797.

des Umstandes, daß die heutige sog. Sandwich-Generation in besonderer Weise durch den Unterhalt für ihre Kinder belastet ist, die ihre Ausbildung häufig erst jenseits des 27. Lebensjahres abschließen, erscheint es nicht angemessen, sie im gleichen Umfang für die oft überaus hohen Kosten heranzuziehen, die durch den Unterhalt für einen bedürftigen Elternteil entstehen, vor allem, wenn sich dieser in einem Pflegeheim befindet. Eine **Erhöhung des Richtsatzes von 1.800 DM um 25 % auf 2.250 DM** erscheint daher angemessen[52]).

Es ergibt sich unmittelbar aus § 1609 I und II BGB, daß den bedürftigen Eltern sowohl der frühere als auch der jetzige Ehegatte des Unterhaltspflichtigen, minderjährige Kinder, ihnen gleichgestellte volljährige Kinder i. S. des § 1603 II S. 2 BGB n. F., aber auch sonstige volljährige Kinder vorgehen. Der danach vorrangig zu berücksichtigende Kindesunterhalt kann aus der Tabelle ohne weiteres entnommen werden. Der Unterhalt des getrennt lebenden und des geschiedenen Ehegatten des Schuldners ergibt sich aus Teil B der Tabelle. Dagegen muß nunmehr der **Familienunterhalt des mit dem Unterhaltspflichtigen zusammenlebenden Ehegatten** in der Tabelle festgelegt werden. Es erscheint angezeigt, ihn vom angemessenen Selbstbehalt des Schuldners von 2.250 DM abzuleiten und ihn mit **1.750 DM** anzunehmen. Dies bedeutet, daß einem **Ehepaar 4.000 DM** zu verbleiben haben, bevor einer von ihnen für den Unterhalt eines Elternteils in Anspruch genommen werden kann. Um überhöhten Mietkosten, deren Reduzierung dem Pflichtigen beim Elternunterhalt möglicherweise nicht zugemutet werden kann, Rechnung zu tragen, ist im angemessenen Selbstbehalt des Schuldners eine **Warmmiete** von 800 DM enthalten. Der angemessene Bedarf des mit dem Pflichtigen zusammenlebenden Ehegatten umfaßt eine Warmmiete von 600 DM. Unter Warmmiete sind die Kosten der Unterkunft einschließlich umlagefähiger Nebenkosten und Heizung zu verstehen (vgl. Anmerkung A 5 I). Inwieweit der Selbstbehalt von 2.250 DM wegen besonderer Belastungen, insbesondere wegen Schulden, erhöht werden kann, muß der Entscheidung im Einzelfall vorbehalten bleiben. Hier kann auf die gefestigte Rechtsprechung des *BGH*[53]) verwiesen werden, nach der die Berücksichtigung von Schulden eine Abwägung der Interessen aller Beteiligter voraussetzt.

---

[52]) Die bisher zuständigen LGe haben in letzter Zeit Zuschläge bis zu 30 % zugebilligt; vgl. z. B. *LG Düsseldorf*, FamRZ 1998, 50, und die Nachweise bei *Wendl/Pauling* [Fn. 25], § 2 Rz. 620.
[53]) FamRZ 1996, 160, 162, m.w.N.

2. Unterhalt nach § 1615l BGB

Beim Unterhalt der Mutter, die ein ne. Kind betreut und von der deshalb eine Erwerbstätigkeit nicht erwartet werden kann (§ 1615l II S. 2 BGB), richtet sich der **Bedarf** zunächst **nach ihren Lebensverhältnissen, also nach ihrem früheren Einkommen**[54]). Gleiches gilt für den Vater, wenn er ausnahmsweise das Kind betreut und deshalb nach § 1615l V BGB n. F. einen Unterhaltsanspruch hat[55]). Unklar ist, wie der Anspruch der Mutter zu bemessen ist, wenn sie noch keine selbständige Lebensstellung erlangt hat, insbesondere wenn sie noch nicht über eigenes bedarfsdeckendes Einkommen verfügt. Es erscheint nicht angemessen, den Bedarf der Mutter in Höhe des Unterhalts anzusetzen, den sie vor der Geburt des Kindes als Schülerin oder Studentin von ihren Eltern erhalten hat. Die Betreuung des Kindes erfordert, daß einer solchen Mutter ein **Mindestbedarf** zusteht, mit dessen Hilfe sie ein selbständiges Leben unabhängig von ihren Eltern führen kann. Dieser Mindestbedarf wird in Anlehnung an B V, VI und Anmerkung A 5 I der Tabelle mit 1.300 DM angesetzt. Geht die Mutter neben der Kindesbetreuung einer nicht bedarfsdeckenden Erwerbstätigkeit nach, beträgt der Mindestbedarf 1.500 DM. Auf diesen Betrag ist ggf. ihr Erwerbseinkommen anzurechnen. Ein Erwerbstätigenbonus von $1/7$ steht der Mutter nicht zu, da das Gesetz in § 1615l III S. 1 BGB nicht auf die Vorschriften über den Ehegattenunterhalt, sondern auf die Bestimmungen über den Verwandtenunterhalt (§ 1601 ff. BGB) verweist. Aus demselben Grund darf der Selbstbehalt, der dem Vater des ne. Kindes gegenüber der unterhaltsbedürftigen Mutter zu verbleiben hat, trotz der Anlehnung des Wortlauts des § 1615l II S. 2 BGB an § 1570 BGB nicht nach § 1581 BGB bemessen werden. Anzuwenden ist vielmehr § 1603 I BGB. Es erscheint angezeigt, den angemessenen Selbstbehalt wie gegenüber einem volljährigen Kind auf 1.800 DM festzusetzen. Dieser Betrag ist anders als beim Elternunterhalt nicht zu erhöhen, da Mutter und Vater gegenüber einem minderjährigen ne. Kind eine besondere Verantwortung haben und der Unterhalt nach § 1615l BGB der Mutter, in Ausnahmefällen auch dem Vater (§ 1615l V BGB n. F.), gerade die Betreuung dieses Kindes ermöglichen soll. Daß der Vater des ne. Kindes sich gegenüber dem Unterhaltsanspruch des Kindes selbst nur auf den notwendigen Selbstbehalt berufen kann, ergibt sich unmittelbar aus § 1603 II S. 1 BGB und Anmerkung A 5 I zur Tabelle.

---

[54]) Vgl. *Palandt/Diederichsen*, BGB, 57. Aufl., § 1615l Rz. 10.
[55]) Vgl. dazu *Büdenbender*, FamRZ 1998, 129.

Änderungen im Familienverfahrensrecht durch das Kindschaftsrechtsreformgesetz

Von Dr. Helmut Büttner, Vors. Richter am OLG Köln

Übersicht
I. Kein einheitliches Familienverfahrensrecht
II. Zuständigkeit der FamGe
  1. Sachliche Zuständigkeit
     a) Allgemeines
     b) Sorge-, Umgangs- und Herausgabeverfahren
     c) Unterhaltsverfahren
     d) Kindschaftsverfahren
     e) Verbleibende Zuständigkeit des VormG und Überschneidungen mit der Zuständigkeit des FamG
  2. Örtliche Zuständigkeit
     a) Ehesachen
     b) Kindschaftssachen
  3. Rechtsmittelzug
  4. Geschäftsverteilung
III. Selbständige Sorge- und Umgangsverfahren
  1. Erstmalige Verfahren
  2. Insbesondere Anhörung und Mitwirkung des Jugendamts
  3. Einschreiten des Gerichts von Amts wegen
  4. Änderungsverfahren nach § 1696 BGB
  5. Weiteres Umgangsverfahren
  6. Zwangsgeld und unmittelbarer Zwang
  7. Verfahrenspfleger (Anwalt des Kindes)
IV. Änderungen des Sorge- und Umgangsverfahrens bei anhängiger Ehesache
  1. Inhalt des Scheidungsantrags
  2. Anhörung zur elterlichen Sorge
  3. Einverständliche Scheidung nach § 630 ZPO
  4. Antragsverbund beim Sorgerecht
  5. Sorgerecht als amtswegige Folgesache
  6. Abtrennung von Folgesachen und einstweilige Anordnungen
  7. Antragsverbund beim Umgangsrecht
  8. Verhältnis des selbständigen Verfahrens zum Verbundverfahren

V. Geltendmachung von Unterhaltsansprüchen minderjähriger Kinder
VI. Verfahren in Kindschaftssachen
   1. Klagebefugnis
   2. Prozeßfähigkeit
   3. Beiladung und Streitverkündung
   4. Keine isolierte Vaterschaftsfeststellung
   5. Einstweiliger Rechtsschutz
VII. Verfahrensrechtliche Übergangsvorschriften
   1. Am 1. 7. 1998 in erster Instanz anhängige neue Familiensachen
   2. Rechtsbehelfe in neuen Familiensachen
   3. Verfahrensfortsetzung in Kindschafts- und Sorgerechtssachen

I. Kein einheitliches Familienverfahrensrecht

Der Gesetzgeber hat bewußt davon abgesehen, mit der Reform ein neues einheitliches Familienverfahrensrecht zu schaffen[1]). Es bleibt bei der unterschiedlichen Behandlung der Familiensachen je nach Materie im ZPO-Verfahren oder FGG-Verfahren. In der Entwurfsbegründung wird der Verzicht auf die Schaffung eines einheitlichen Familienverfahrensrechts damit gerechtfertigt, daß der endgültige Umfang der Familiengerichtsbarkeit noch nicht feststehe und weitere Umstellungsschwierigkeiten vermieden werden sollten[2]).

II. Zuständigkeit der Familiengerichte
1. Sachliche Zuständigkeit
a) Allgemeines

Kernstück der Reform ist die verfahrensrechtliche Gleichstellung ehelicher [ehel.] und nichtehelicher [ne.] Kinder. Das Gesetz verwendet diese Begriffe nicht mehr, sondern spricht nur noch von „Kindern", erforderlichenfalls mit dem Zusatz „deren Eltern nicht verheiratet sind oder waren".

Familiensachen sind künftig auch:
– Sorge-, Umgangs- und Herausgabeverfahren betreffend ne. Kinder (§§ 23b I Nr. 2–4 GVG, 621 I Nr. 1–3 ZPO)[3]); ebenso tritt bei Gefährdung des Kindeswohls gemäß §§ 1666, 1666a, 1667 BGB für alle Kinder an die Stelle des VormG das FamG. Auch in den Fällen

---

[1]) BT-Drucks. 13/4899, S. 74.
[2]) *Kemper*, DAVorm 1998, 215: „Respekt jedem, der mit der Anwendung zahlreicher neuer Vorschriften keine Probleme hat."
[3]) Zur materiellen Seite des elterlichen Sorgerechts für das ne. Kind vgl. *Lipp*, S. 151 ff.

des § 1631b BGB (Genehmigung bestimmter Rechtsgeschäfte für das Kind), § 1643 I BGB (Genehmigung der Unterbringung des Kindes)[4]), und der §§ 1644, 1645 BGB (Überlassung von Gegenständen zur Erfüllung eines Vertrages; Erwerbsgeschäft im Namen des Kindes) ist schließlich im Gesetzgebungsverfahren noch die Zuständigkeit des FamG begründet worden[5]). Ferner sind die FamGe für weitere bisherige Aufgaben des VormG zuständig geworden, z. B. bei der Namensbestimmung nach §§ 1617 II, 1618 BGB. Auf den Katalog in § 49a FGG (i.d.F. des Eheschließungsrechtsgesetzes) wird verwiesen.

– Sämtliche Streitigkeiten, die die auf Ehe und Verwandtschaft beruhende gesetzliche Unterhaltspflicht betreffen (§§ 23b I Nr. 5 GVG, 621 I Nr. 4 ZPO).

– Ansprüche der ne. Mutter und des ne. Vaters nach §§ 1615l–n BGB (§§ 23b I Nr. 13 GVG, 621 I Nr. 11 ZPO).

– Kindschaftssachen (§§ 23b I Nr. 12 GVG, 621 I Nr. 10 ZPO).

Die Reform, die die Zuständigkeit der FamGe gemäß §§ 23a GVG, 64 FGG, 621 I ZPO beträchtlich[6]) erweitert, bringt nicht das „große" FamG[7]), da die Zuständigkeit der allgemeinen Zivilgerichte für vermögensrechtliche Streitigkeiten außerhalb des Familienvermögensrechts zwischen Eheleuten und alle vermögensrechtlichen Streitigkeiten nicht miteinander verheirateter Partner unverändert bleibt. Dies ist angesichts der familienrechtlichen Überlagerung dieser Streitigkeiten damit zu erklären, daß die – nach der Konzeption der Kindschaftsrechtsreform naheliegende – Einbeziehung vermögensrechtlicher Streitigkeiten unverheirateter Partner zu schwer lösbaren Abgrenzungsschwierigkeiten geführt hätte[8]).

---

[4]) Soweit *v. Luxburg*, Das neue Kindschaftsrecht, 1998, Rz. 266, insoweit noch eine Zuständigkeit der VormG bejaht, berücksichtigt dies nicht die Änderungen im Gesetzgebungsverfahren.

[5]) BT-Drucks. 13/4899, S. 72, argumentierte wegen größerer Sachkunde noch für die Zuständigkeit des VormG; anders dann BT-Drucks. 13/8511, S. 76, aufgrund des Vorschlags des Bundesrates.

[6]) Vgl. Gesamtüberblick über alle Änderungen bei *Künkel*, S. 499; §§ 23a GVG, 64 FGG regeln die sachliche Zuständigkeit der FamGe und aus § 621 ZPO ergibt sich deren ausschließliche sachliche Zuständigkeit; § 23b GVG regelt die gerichtsinterne Zuständigkeit: *BGH*, FamRZ 1978, 582.

[7]) Dazu grundlegend *Bosch*, FamRZ 1980, 1, 9 f.

[8]) Die Forderungen von *Diederichsen*, ZZP 91 (1978), 408, und *Bosch*, FamRZ 1980, 1, 9, bezogen sich auf sonstige vermögensrechtliche Streitigkeiten der Ehegatten gegeneinander.

b) Sorge-, Umgangs- und Herausgabeverfahren

Die schwierige und oft unsinnige[9]) Zuständigkeitsabgrenzung und -überschneidung zwischen VormG und FamG findet zugunsten einer einheitlichen Zuständigkeit des FamG im gesamten Sorge- und Umgangsverfahren mit dem 1. 7. 1998 ihr Ende. Das gilt auch für die Fälle, in denen eine Übertragung der elterlichen Sorge auf einen Vormund oder Pfleger in Betracht kommt. Einbezogen sind die Verfahren zwischen nicht miteinander verheirateten Eltern; die Beschränkung der Zuständigkeit der FamGe auf eheliche Familienstreitigkeiten ist entfallen. Ebenso sind alle Verfahren auf Herausgabe eines Kindes, das unter elterlicher Sorge steht, auch gegenüber Dritten[10]), nunmehr Familiensachen.

Da das Gesetz in § 1685 BGB Dritten, wenn es dem Wohl des Kindes dient, Umgangsrechte einräumt[11]), sind die Familiengerichte auch für diese Verfahren zuständig[12]).

c) Unterhaltsverfahren

Das FamG ist ab 1. 7. 1998 für alle familienrechtlich begründeten Unterhaltssachen zuständig. Die Erweiterung der Zuständigkeit betrifft den Unterhalt für ne. Kinder, den für die ne. Mutter (§ 1615l I, II BGB) und den ne. Vater (§ 1615l V BGB)[13]). Auch die Sonderbedarfsansprüche der Mutter gemäß § 1615l I S. 2 BGB (Entbindungsaufwendungen sind nach dem KindUG nunmehr in § 1615l I S. 2 BGB geregelt und nicht mehr gesondert in § 1615k BGB, der gestrichen worden ist[14])) und die Ansprüche nach § 1615m (Beerdigungskosten) und § 1615n BGB (Tod des Vaters, Tot- und Fehlgeburt) fallen in die Zuständigkeit des FamG.

Ferner ist das FamG ab 1. 7. 1998 für die Ansprüche der Kinder gegen die ferneren Verwandten in gerader Linie (Großeltern und Urgroßeltern) und die umgekehrten Ansprüche der Eltern oder Großeltern gegen die Kinder zuständig.

---

[9]) Vgl. *Schwab*, Handbuch des Scheidungsrechts, 3. Aufl. 1995, III Rz. 20 ff.
[10]) BT-Drucks. 13/4899, S. 117.
[11]) Nach *Lipp* S. 151, 180, nur ein Reflexrecht des Rechts des Kindes.
[12]) *Greßmann*, Neues Kindschaftsrecht, 1998, FamRZ-Buch 6, Rz. 337.
[13]) Vgl. dazu *Büdenbender*, Der Unterhaltsanspruch des Vaters eines nichtehelichen Kindes gegen die Kindesmutter, S. 421 ff., und *Puls*, Der Betreuungsunterhalt der Mutter eines nichtehelichen Kindes, S. 385 ff.
[14]) Zur Aufspaltung zusammenhängender Regelungen in verschiedene Gesetze treffend *Schwab*, Gesetzgebung als Verwirrspiel, FamRZ 1997, 406. Aber: Ende gut, alles gut – das Kindesunterhaltsgesetz [KindUG] tritt ebenfalls am 1. 7. 1998 in Kraft.

Was hinsichtlich der ne. Kinder aufgrund einer Entscheidung des *BVerfG*[15]), das die Gleichstellung des Rechtszuges mit dem für ehel. Kinder gegebenen Rechtszug gefordert hatte, verfassungsrechtlich geboten war, ergibt sich hinsichtlich der anderen Unterhaltssachen nicht nur aus der „besseren Vertrautheit" der FamGe mit Unterhaltssachen[16]), sondern vor allem aus der Einheitlichkeit der Anspruchsgrundlage (§ 1601 BGB) und den Wechselwirkungen der Unterhaltsansprüche.

Glücklicherweise ist auch die Zuständigkeit für die Abänderung der Unterhaltsbestimmung nach § 1612 II BGB vom VormG auf das FamG verlagert worden, was der unpraktikablen Zuständigkeitsüberschneidung bei Unterhaltsklagen von Kindern ein Ende macht. Dieses Recht ist unverändert nicht als Ausfluß des Erziehungsrechts anzusehen[17]), sondern als Ausfluß der Unterhaltspflicht[18]). Daran hat sich durch die Zuständigkeitsänderung nichts geändert, denn die Bestimmung ist in erster Linie für volljährige Kinder von Bedeutung, gegenüber denen kein Erziehungsrecht mehr besteht. Leider ist versäumt worden, die unmittelbare richterliche Zuständigkeit für die Abänderung zu begründen, denn nach § 14 RpflG ist das Geschäft – anders als Maßnahmen nach § 1666 BGB (§ 14 Nr. 8 RpflG)[19]) – nicht dem Richter vorbehalten[20]). In der Praxis wird das hoffentlich selten zu Verzögerungen führen, da der Richter gemäß § 6 RpflG die Zuständigkeit an sich ziehen kann, wenn das wegen des Zusammenhangs mit dem Unterhaltsrechtsstreit sachdienlich ist. Durch das KindUG ist § 1612 II BGB nur dahin ergänzt worden, daß nach § 1612 II S. 1 BGB bei der Bestimmung durch die Eltern „auf die Belange des Kindes die gebotene Rücksicht zu nehmen" ist; beim Unterhaltsbestimmungsrecht auch gegenüber volljährigen Kindern ist es aber geblieben[21]).

---

[15]) *BVerfG*, FamRZ 1992, 157.
[16]) So BT-Drucks. 13/4899, S. 72.
[17]) Anders *Greßmann* [Fn. 12], Rz. 420.
[18]) Nachweise zum Streitstand bei *Buchholz*, Zum Unterhaltsbestimmungsrecht der Eltern gegenüber volljährigen Kindern nach § 1612 II BGB, FamRZ 1995, 705 ff.
[19]) Obwohl der Bundesrat, auf dessen Vorschlag die Zuständigkeitsänderung in § 1612 II BGB beruht (BT-Drucks. 13/4899, S. 159; BT-Drucks. 13/8511, S. 76), gerade auf die Parallele zu § 1666 BGB hingewiesen hatte.
[20]) Kritisch dazu auch *Kleinle/Weychardt*, DAVorm 1996, 824.
[21]) Bericht des Rechtsausschusses, BT-Drucks. 13/9596, S. 42; *Knittel*, DAVorm 1998, 178, 188.

Die restliche Zuständigkeit der allgemeinen Abteilung der AmtsGe bzw. der LGe für Unterhaltssachen beschränkt sich ab 1. 7. 1998 auf vertragliche Ansprüche zwischen Personen, zwischen denen keine familienrechtlichen Unterhaltsansprüche bestehen (z. B. zwischen Geschwistern, Leibrentenfälle). Auch eine erheblich vom Gesetz abweichende vertragliche Ausgestaltung eines gesetzlichen Unterhaltsanspruchs ändert nichts an der Zuständigkeit des FamG.

d) Kindschaftsverfahren

Kindschaftssachen sind Abstammungsverfahren nach § 640 II Nr. 1 (Feststellung des Bestehens oder Nichtbestehens eines Eltern-Kind-Verhältnisses; künftig auch auf Klage der Mutter) und Nr. 2 (Anfechtung der Vaterschaft, die bisherige Ehelichkeitsanfechtung geht darin auf) ZPO sowie die seltenen Verfahren auf Feststellung des Bestehens oder Nichtbestehens der elterlichen Sorge der einen Partei für die andere (§ 640 II Nr. 3 ZPO)[22]).

Die ausschließliche sachliche Zuständigkeit der FamGe ist unabhängig davon, ob die Kindschaftssachen nach den Vorschriften der ZPO oder des FGG zu behandeln sind. Das Gesetz behandelt sie weiterhin als streitiges Verfahren nach der ZPO, mit Ausnahme der Fälle, in denen es gemäß § 1600e II BGB wegen des Todes der Partei, gegen die die Klage zu richten wäre, an sich gegenüberstehenden Parteien fehlt[23]). In diesem Fall wird das Verfahren nach FGG-Vorschriften durchgeführt (§ 56c FGG), dies ist aber nach § 640 II ZPO nunmehr ebenfalls Kindschaftssache[24]).

e) Verbleibende Zuständigkeit des VormG; Überschneidungen mit der Zuständigkeit des FamG

Dem VormG verbleiben nur die Bestellung (bis auf die Auswahl nach § 1697 BGB) und Überwachung des Vormunds oder Pflegers und das Betreuungsrecht sowie Zuständigkeiten im Adoptionsrecht[25]). Daß dem VormG außerdem die Zuständigkeit nach § 2 III des Geset-

---

[22]) Vgl. *Zöller/Philippi*, ZPO, 20. Aufl. 1997, § 640 Rz. 28; z. B. Streit um Eintritt der Volljährigkeit; nicht dagegen Streit um Ruhen der elterlichen Sorge gemäß § 1673 BGB.
[23]) *Greßmann* [Fn.12], Rz. 505.
[24]) BT-Drucks. 13/4899 – in § 640 II ZPO ist daher von „Verfahren" und nicht mehr von „Rechtsstreitigkeit" die Rede.
[25]) Dazu näher *Frank*, Neuregelung des Adoptionsrechts, FamRZ 1998, 393 ff.

zes über die religiöse Kindererziehung verbleibt, ist eine Kuriosität[26]). Die Beibehaltung der teilweise schon als obsolet angesehenen Vorschrift[27]) damit zu rechtfertigen, daß sie vor allem bei Vormundschaften von Bedeutung sei[28]), kann nicht überzeugen.

Wenn aufgrund einer Maßnahme des FamG eine Vormundschaft oder Pflegschaft anzuordnen ist, „kann" das FamG gemäß § 1697 BGB auch diese Anordnung treffen und den Vormund oder Pfleger auswählen, wofür sonst gemäß § 1779 BGB das VormG zuständig ist. Damit ist eine schon vor langer Zeit erhobene Forderung[29]) erfüllt, denn das FamG hat durch das vorangegangene Verfahren die bessere Sachkenntnis und Verzögerungen werden vermieden[30]). Die förmliche Bestellung (§§ 1773, 1774 BGB), Beratung und Beaufsichtigung des Vormunds oder Pflegers (§§ 1837, 1915 I BGB) verbleiben auch dann dem VormG[31]). Für die Änderung von gerichtlichen Anordnungen nach § 1696 BGB – die Eingriffsvoraussetzungen sind enger gefaßt[32]) – sind VormG und FamG zuständig (§ 18 FGG), je nachdem, wer die abzuändernde Anordnung erlassen hat („haben ihre Anordnungen zu ändern")[33]).

2. Örtliche Zuständigkeit

a) Ehesachen

Für die örtliche Zuständigkeit ist gemäß § 621 II ZPO danach zu unterscheiden, ob eine Ehesache anhängig ist oder nicht. Ist eine Ehesache nicht anhängig, ergibt sich die örtliche Zuständigkeit nach dem unveränderten § 621 II S. 2 ZPO aus den allgemeinen Vorschriften. Während der Anhängigkeit einer Ehesache wird gemäß § 621 II S. 1 ZPO nunmehr differenziert: In den Fällen des § 621 I Nr. 5–9 ZPO bleibt es uneingeschränkt bei der ausschließlichen Zuständigkeit des Gerichts, bei dem die Ehesache anhängig ist, denn in diesen Fällen geht es um Ansprüche zwischen den Eheleuten. In den Fällen des § 621 I Nr. 1–4 ZPO, die nach der Neufassung nicht nur ehel. Kinder

---

[26]) Dazu *Schwab*, FamRZ 1998, 345.
[27]) *MünchKomm/Hinz*, BGB, 3. Aufl. 1992, § 2 RelKG Rz. 1.
[28]) *Greßmann* [Fn. 12], Rz. 422.
[29]) *Bosch*, FamRZ 1980, 1, 9 f.; *BGH*, FamRZ 1981, 1048, 1049.
[30]) BT-Drucks. 13/4899, S. 110.
[31]) *Greßmann* [Fn. 12], Rz. 431.
[32]) BT-Drucks. 13/4899, S. 109.
[33]) Vgl. z. B. *Fehmel*, Handbuch der Familiengerichtsbarkeit, § 1696 Rz. 18.

betreffen, mußte die ausschließliche örtliche Zuständigkeit auf gemeinschaftliche[34]) Kinder beschränkt werden, denn nur bei ihnen besteht ein Sachzusammenhang mit der Ehesache.

Beim Kindesunterhalt ist gemäß § 621 II S. 1 Nr. 4 ZPO das vereinfachte Verfahren zur Abänderung von Unterhaltstiteln von der Zuständigkeit des Gerichts der Ehesache ausgenommen, weil es nicht in den Verbund fällt[35]). Sobald eine Überleitung in das streitige Verfahren erfolgt, ist § 621 II, III ZPO aber anwendbar (§ 642 II ZPO).

Im übrigen ist gemäß § 642 I ZPO[36]) für alle Kindesunterhaltsverfahren das Gericht ausschließlich zuständig, bei dem das Kind oder der Elternteil, der das Kind vertritt, seinen allgemeinen Gerichtsstand hat[37]). Dort können gemäß § 642 III ZPO i. d. F. des KindUG auch Unterhaltsansprüche der Elternteile gegeneinander geltend gemacht werden[38]).

Nach § 621 III ZPO erfolgt unverändert bei nachfolgender Rechtshängigkeit einer Ehesache Verweisung (im ZPO-Verfahren) oder Abgabe (im FGG-Verfahren) der Familiensachen an das Gericht der Ehesache nach § 621 II S. 1 ZPO, wodurch die Herstellung des Verbundes und die Entscheidungskonzentration erreicht werden. In den Verbund treten diese Verfahren nach § 623 V ZPO aber nur ein, wenn ein entsprechender Antrag gemäß § 623 I, II ZPO gestellt wird und soweit eine Entscheidung für den Fall der Scheidung zu treffen ist, andernfalls bleibt es eine selbständige Familiensache beim Gericht der Ehesache.

b) Kindschaftssachen

Für Kindschaftssachen sind die Regelungen der örtlichen Zuständigkeit in § 640a ZPO enthalten. Für alle Abstammungsverfahren gilt

---

[34]) Darunter werden alle biologisch gemeinschaftlichen Kinder zu verstehen sein, da das Gesetz zwischen Ehelichkeit und Nichtehelichkeit nicht mehr differenziert und die Legitimation abgeschafft ist. Vgl. aber *BGH*, FamRZ 1998, 426 = NJW 1998, 1065, zu § 1570 BGB.
[35]) *Greßmann* [Fn. 12], Rz. 441.
[36]) Noch vor Inkrafttreten des Kindschaftsrechtsreformgesetzes [KindRG] wurde die Vorschrift durch das KindUG geändert, BGBl 1998 I 666.
[37]) BT-Drucks. 13/9596, S. 49: Die Vorschrift beschränkt sich auf Inlandsfälle, eine ausschließliche internationale Zuständigkeit wird nicht begründet.
[38]) Damit wird sichergestellt, daß über beide Unterhaltsansprüche dasselbe Gericht entscheidet, falls das vereinfachte Verfahren in ein streitiges Verfahren gemäß § 651 ZPO n. F. übergeht: BT-Drucks. 13/9596, S. 50.

wegen der Gleichstellung der ehel. und ne. Kinder nunmehr (anders als nach §§ 640a, 641a ZPO a. F.) eine einheitliche örtliche Zuständigkeit des FamG, in dessen Bezirk das Kind seinen Wohnsitz oder gewöhnlichen Aufenthalt hat. Wenn die Mutter die Klage erhebt, ist gemäß § 640a I S. 2 ZPO auch deren Wohnsitz- oder Aufenthaltsgericht zuständig. Nur wenn Kind und Mutter keinen Wohnsitz oder gewöhnlichen Aufenthalt im Inland haben, ist das Wohnsitz- oder Aufenthaltsgericht des Mannes zuständig. Diese Zuständigkeitsregelung gilt auch für einstweilige Verfügungen nach § 1615o BGB.

3. Rechtsmittelzug

Der bisher für Familiensachen geltende Rechtsmittelzug vom AmtsG zum OLG in Berufungs- und Beschwerdesachen (§ 119 I Nr. 1 und 2 GVG) gilt auch für die neu hinzugekommenen Familiensachen. Für Kindschaftssachen, für die bisher ein Zivilsenat des OLG zuständig war (§ 119 I Nr. 1 und 2 GVG), wird nunmehr ein Familiensenat zuständig, im übrigen bleibt der Rechtsmittelzug unverändert. In bisherigen Vormundschaftssachen (z. B. nach §§ 1666, 1667 BGB und solcher ne. Kinder) führt der Rechtszug nun vom FamG zum Familiensenat, nicht mehr vom VormG zum LG als Beschwerdeinstanz und dann zum Zivilsenat des OLG als Rechtsbeschwerdeinstanz.

Bedeutsam ist die Änderung des Rechtszuges für die neuen Unterhaltssachen, für die bisher das LG zweit- und letztinstanzlich zuständig war. Glücklicherweise wurde die gebotene Gleichbehandlung der ne. Kinder[39]) nicht dadurch verwirklicht, daß die Familiensachen an die LGe als Berufungs- und Beschwerdegerichte „zurückverlagert" wurden, denn damit wäre der Rechtszersplitterung Tor und Tür geöffnet worden, und es wäre darin eine Abwertung der Familiensachen zu sehen gewesen[40]). Die große Uneinheitlichkeit der Rechtsprechung der LGe Deutschlands auf dem Gebiet des Elternunterhalts – insbesondere beim Selbstbehalt[41]) und beim Verhältnis zum Sozialrecht[42]) – war insoweit Warnung genug. Sie wird mit der Zuständigkeit der OLGe und dem damit über die Revisionszulassung (§ 546 I

---

[39]) *BVerfG,* FamRZ 1992, 157.
[40]) *Schubert,* FPR 1997, 185, 187, die mit Recht fordert, daß der Gedanke an eine „Zurückverlagerung" nicht weiterverfolgt oder wiederaufgegriffen werden sollte.
[41]) Vgl. zuletzt *Menter,* FamRZ 1997, 919.
[42]) Vgl. *Schellhorn,* BSHG, 15. Aufl. 1998, § 91 Rz. 35 ff.

ZPO) geöffneten Weg zum BGH voraussichtlich bald ihr Ende finden[43]). Auch bei den Unterhaltssachen ne. Mütter und Väter gemäß §§ 1615l–n BGB wird der Zugang zum BGH zu einer baldigen Klärung zahlreicher strittiger Fragen[44]) führen.

An der nicht überzeugenden unterschiedlichen Rechtsmittelfähigkeit einstweiliger Anordnungen im isolierten FGG-Verfahren einerseits (Beschwerde nach § 19 FGG) und der eingeschränkten Anfechtbarkeit einstweiliger Anordnungen im Eheverfahren nach § 620c ZPO andererseits hat sich nichts geändert.

4. Geschäftsverteilung

Gemäß §§ 23b II, 119 II GVG sollen alle Familiensachen, die denselben Personenkreis betreffen, derselben Abteilung bzw. demselben Senat zugeteilt werden. Es fragt sich, ob diese Sollbestimmung einer Konzentration der neuen Familiensachen auf eine bestimmte Abteilung des FamG oder einen Familiensenat entgegensteht. Sinn der Sollbestimmung ist die Wahrung des Verbundes nach § 623 ZPO und der einheitlichen Zuständigkeit für ein- und dieselbe Familie[45]). Die neuen Unterhaltssachen sollten wegen der Verzahnung mit Unterhaltsansprüchen anderer Familienangehöriger durch das Präsidium nicht einer bestimmten Abteilung zugewiesen werden. Aus diesen Gründen und wegen der Abgrenzungsprobleme wird auch eine Konzentration von Verfahren nach § 1666 BGB bei einer bestimmten Abteilung nicht empfehlenswert sein[46]). Bei Abstammungssachen[47]) kommt eine solche Verzahnung ebenfalls in Betracht (da die Abstammungsklage mit der Unterhaltsklage verbunden werden kann), sie ist aber doch deutlich seltener. Das Interesse an einer einheitlichen Rechtsprechung zum Abstammungsrecht wird höher zu bewerten sein, ansonsten käme es vor allem bei größeren OLGe zu einer zahlenmäßig geringfügigen Beschäftigung mit diesen Fällen, was der Spezialisierung und Einheitlichkeit der Rechtsprechung abträglich ist.

---

[43]) Die Neufassung der Düsseldorfer Tabelle zum 1. 7. 1998, FamRZ 1998, 534, sieht auch einen Selbstbehaltswert für den Elternunterhalt (2.400 DM) vor.
[44]) Vgl. dazu *Büdenbender* S. 421 ff.
[45]) *Zöller/Gummer* [Fn. 22], § 23b GVG Rz. 11; *Thomas/Putzo*, ZPO, 20. Aufl. 1997, § 23b GVG Rz. 1.
[46]) Dafür aber *Raack*, Kind-Prax 1998, 49.
[47]) Hierzu ist zu bemerken, daß die Abstammungssachen als künftige Familiensachen pensenmäßig wegen der ungünstigeren Bewertung der Familiensachen abgewertet werden. Das gilt auch für die früheren Vormundschaftssachen.

III. Selbständige Sorge- und Umgangsverfahren

1. Erstmalige Verfahren

Bei nicht nur vorübergehend getrenntlebenden Eltern ist zur Sorge- und Umgangsregelung gemäß den §§ 1671 (Fall der gemeinsamen Sorge), 1672 (Fall der Alleinsorge der Mutter) und 1684 (Umgang mit den Eltern) BGB n. F. ein isoliertes Verfahren möglich[48]). Die materiell-rechtliche Sonderregelung für die Scheidung in § 1671 BGB a. F. ist entfallen; die verfahrensrechtlichen Vorschriften für den Fall der Anhängigkeit eines Eheverfahrens ergeben sich aus § 621 II, 623 ZPO n. F. (dazu IV). Das Zusammenfallen der Scheidungssache mit der Sorgerechtssache und deren Einbeziehung in den Verbund wird nur als verfahrensmäßiger Sonderfall verstanden.

Zielsetzung der verfahrensrechtlichen Änderungen in Sorge- und Umgangsverfahren war es, die eigenverantwortliche Konfliktlösung durch die Eltern zu fördern[49]). Gemäß § 52 FGG n. F. soll das Gericht in einem die Person des Kindes betreffenden Verfahren so früh wie möglich und in jeder Lage des Verfahrens auf ein Einvernehmen der Beteiligten hinwirken[50]). Es soll die Beteiligten so früh wie möglich anhören (der Gesetzeswortlaut wiederholt beschwörend diese Worte, obgleich ein Hinwirken auf ein Einvernehmen ohne Anhörung doch kaum möglich ist) und auf die Beratungsmöglichkeiten bei Trägern der Jugendhilfe hinweisen. Damit ist auf die Beratung nach §§ 17, 18 KJHG (SGBVIII) Bezug genommen, die den Schwerpunkt der Tätigkeit der Jugendhilfe auf die außergerichtliche Konfliktberatung verlagert. Allerdings sieht das Gesetz gemäß § 17 III KJHG nur in Scheidungssachen vor, daß die Gerichte den Jugendämtern Name und Anschrift der Parteien mitteilen, wenn gemeinschaftliche Kinder vorhanden sind, damit das Jugendamt [JA] die Eltern über das Leistungsangebot nach § 17 II KJHG (Entwicklung eines Konzepts für die Wahrnehmung der elterlichen Sorge) unterrichtet[51]), weil man den bloßen Hinweis des Gerichtes auf die Beratungsangebote nicht für ausreichend hält. In isolierten Sorge- und Umgangssachen ist eine solche Mitteilung nicht vorgesehen. Dieser Unterschied ist sachlich nicht

---

[48]) Eingehend zu den materiell-rechtlichen Fragen *Schwab*, Elterliche Sorge bei Trennung und Scheidung der Eltern, S. 187 ff.

[49]) *Mühlens/Kirchmeier/Greßmann*, Das neue Kindschaftsrecht, 1998, S. 59.

[50]) Das kann aber für Verfahren nach § 1666 BGB nicht gelten: *Johannsen/Henrich/Brudermüller*, Eherecht, 3. Aufl. 1998, § 1666 BGB Rz. 5.

[51]) Nach der Begründung in BT-Drucks. 13/4899, S. 82, soll durch die Unterrichtung sichergestellt werden, daß das Beratungsangebot den Adressaten erreicht.

gerechtfertigt, auch in isolierten Verfahren wäre eine Mitteilung angebracht.

Nach § 52 II Nr. 1 FGG kann das Gericht alle die Person eines Kindes betreffenden Verfahren mit Rücksicht auf die außergerichtliche Beratung aussetzen und in diesem Fall gemäß § 52 III FGG von Amts wegen einstweilige Anordnungen erlassen (die dann nach § 19 FGG anfechtbar sind). Grundgedanke ist dabei die unbestreitbar richtige Erkenntnis, daß die außergerichtliche freiwillige Regelung der gerichtlichen Entscheidung vorzuziehen ist[52]), weil das gerichtliche Verfahren insbesondere für die Kinder eine erhebliche Belastung ist und der Konflikt der Eltern, unter dem die Kinder leiden, durch Zwangslösungen und deren zwangsweise Durchsetzung nicht entschärft werden kann. Man kann zweifeln, ob es nicht – außer in Eilfällen – besser gewesen wäre, die Wahrnehmung des Beratungsanspruchs nach § 17 I KJHG, der schon vor der Trennung einen Beratungsanspruch in familiären Konfliktfällen begründet, zur Voraussetzung für die Durchführung eines isolierten Verfahrens bzw. der Einreichung eines Scheidungsantrags zu machen. Insoweit ist im Gesetz die Erkenntnis, daß bei Einleitung des gerichtlichen Verfahrens die Fronten in Konfliktfällen meist schon unheilbar verhärtet sind, nur unvollständig umgesetzt. Jedenfalls werden Anwälte beim ersten Mandantengespräch auf diesen Beratungsanspruch hinweisen müssen, und das Gericht wird über § 17 III KJHG hinaus Mitteilungen an das JA machen können, auch wenn die Voraussetzungen eines Einschreitens von Amts wegen nicht gegeben sind. Das ergibt sich schon daraus, daß das JA vor einer Entscheidung gemäß § 49a I Nrn. 6–10 FGG angehört werden muß.

2. Insbesondere Anhörung und Mitwirkung des Jugendamts

Entsprechend der geänderten Zuständigkeitsabgrenzung zwischen VormG und FamG sind die Vorschriften der §§ 49, 49a FGG[53]) geändert worden, die die Anhörung des JA im Verfahren betreffen. Sachlich geändert worden ist § 49 IV FGG (der gemäß § 49a II FGG entsprechend im familiengerichtlichen Verfahren gilt), wonach nunmehr bei ohne Anhörung des JA ergangenen Eilentscheidungen die Anhörung des JA unverzüglich nachzuholen ist. Dem Anhörungsrecht des

---

[52]) BT-Drucks. 13/4899, S. 133.
[53]) Neufassung des KindRG durch das Eheschließungsrechtsgesetz v. 4. 5. 1998 (BGBl I 833).

JA vor einer Entscheidung entspricht weiterhin eine Beteiligungs- und Berichtspflicht gemäß §§ 50 KJHG, 49a I FGG[54]).

3. Einschreiten des Gerichts von Amts wegen

Nach § 1672 S. 2 BGB a. F. konnte das Gericht bei Trennung der Eltern auch von Amts wegen einschreiten, wenn andernfalls das Wohl des Kindes gefährdet gewesen wäre und die Eltern nicht in der Lage oder gewillt waren, die Gefahr abzuwenden. Diese Eingriffsvoraussetzung lag deutlich niedriger[55]) als die Eingriffsvoraussetzung nach § 1666 BGB (mißbräuchliche Ausübung der elterlichen Sorge, Vernachlässigung des Kindes). In Zukunft kann von Amts wegen nur noch unter den Voraussetzungen des § 1666 BGB eingeschritten werden; bei dringendem Bedürfnis können auch vorläufige Anordnungen ergehen[56]). Daraus ergibt sich die Frage, ob zum Schutz des Kindes die Eingriffsvoraussetzungen nach § 1666 BGB anders interpretiert werden müssen (dazu unter IV 5)[57]).

4. Änderungsverfahren nach § 1696 BGB

Die Neufassung des § 1696 I BGB stellt klar, daß eine Änderung der Sorge- oder Umgangsentscheidung nur bei triftigen, das Wohl des Kindes nachhaltig berührenden Gründen möglich ist[58]). Es handelt sich um ein selbständiges Verfahren, dessen Einleitung von einem Antrag unabhängig ist. Die Neufassung macht auch deutlicher, daß die Erstentscheidung eine gewisse Bestandskraft hat[59]) und für eine Änderung eine Veränderung der Sachlage (auch das Bekanntwerden alter Tatsachen) erforderlich ist; das Verfahren dient nicht der nochmaligen Überprüfung nach Erschöpfung des Rechtsweges.

5. Weiteres Umgangsverfahren

§ 52a FGG enthält besondere Vorschriften für ein Vermittlungsverfahren bei Streit über die Durchführung einer gerichtlichen Verfü-

---

[54]) *Mühlens/Kirchmeier/Greßmann* [Fn. 49], S. 368.
[55]) So auch BT-Drucks. 8/2788, S. 64.
[56]) *OLG Brandenburg*, NJW-RR 1998, 148.
[57]) Zum Verhältnis des Verfahrens nach § 1666 BGB zu Anträgen nach § 1671 BGB vgl. *Schwab* [Fn. 48], S. 466.
[58]) BT-Drucks. 13/4899, S. 109.
[59]) *OLG Zweibrücken*, FamRZ 1997, 45; *OLG Bamberg*, FamRZ 1990, 1135; vgl. weiter *Schwab*, S. 226.

gung über den Umgang mit dem gemeinschaftlichen Kind[60]). Im Vorfeld von Zwangsmaßnahmen zur Durchsetzung der gerichtlichen Umgangsregelung oder von Verfahren zur Änderung von Umgangs- und Sorgeregelungen[61]) sollen Konflikte durch vermittelnde Tätigkeit des Gerichts gelöst werden. Nach § 52a II FGG werden die Eltern zu einem Vermittlungstermin geladen, in dem das Gericht gemäß § 52a III FGG auf Beratungsmöglichkeiten durch die Jugendhilfe hinweist, aber auch selbst die Gesamtlage und die Rechtsfolgen einer Vereitelung oder Erschwerung des Umgangs mit den Eltern erörtert und auf eine einvernehmliche Regelung hinwirken soll (§ 52a IV FGG). Nach § 52a IV S. 4 FGG „bittet" das FamG in geeigneten Fällen das Jugendamt um Teilnahme an dem Termin. Die Wortwahl erscheint unangebracht, da es sich um eine Mitwirkungspflicht des Jugendamts handelt, wenn das Gericht diese für erforderlich hält. Wird ein Einvernehmen erzielt, ist die Umgangsregelung als Vergleich zu protokollieren, der an die Stelle der bisherigen gerichtlichen Verfügung tritt. Damit ist die bisherige Rechtsprechung, die für eine Vollstreckung eine einvernehmliche Regelung nicht ausreichen ließ, sondern stets forderte, daß das Gericht diese Vereinbarung als eigene Entscheidung billigte[62]), überholt. Die als Vergleich protokollierte Einigung ist Vollstreckungsgrundlage nach § 33 FGG, wobei es aber vor der Vollstreckung weiterhin stets der Androhung nach § 33 III FGG bedarf. In § 52a IV FGG kommt nicht zum Ausdruck, daß das Gericht der Einigung eine Androhung nach § 33 III FGG hinzufügen kann und jedenfalls dann zur Vermeidung von Verzögerungen bei Nichteinhaltung der Vereinbarung auch sollte, wenn irgendwelche Zweifel an der Befolgung der Einigung bestehen[63]).

Das Verfahren ist bewußt nicht für die erstmalige Befassung des Gerichts mit einer Sorge- oder Umgangssache konzipiert, denn in diesem Fall soll die Vermittlung den außergerichtlichen Beratungsstellen überlassen bleiben[64]). Diese Beschränkung erscheint wenig praktikabel. Es gibt zahlreiche Fälle, in denen ein außergerichtliches Verfahren erfolglos bleibt und die vermittelnde Tätigkeit eines Gerichts erfor-

---

[60]) Dazu instruktiv *Klenner*, Rituale der Umgangsvereitelung bei getrenntlebenden oder geschiedenen Eltern, FamRZ 1995, 1529 ff.
[61]) BT-Drucks. 13/4899, S. 133.
[62]) Vgl. aber *OLG Köln*, FamRZ 1998, 961.
[63]) Verzögerung durch Androhungsverfahren mit Beschwerdemöglichkeit mindestens zwei Monate!
[64]) BT-Drucks. 13/4899, S. 133 ff.

derlich wird. Aber auch dann, wenn die außergerichtliche Vermittlung zunächst Erfolg hatte und es später erstmalig zum gerichtlichen Streit kommt, kann ein gerichtliches Vermittlungsverfahren vonnöten sein. § 52 I FGG geht auch für das erstmalige Verfahren von einer Vermittlungspflicht des Gerichts aus, die sich inhaltlich nicht von der Tätigkeit nach § 52a FGG unterscheidet.

Wenig praktikabel erscheint das in § 52a V FGG für den Fall des Nichtzustandekommens einer Einigung vorgesehene Verfahren. Das Gericht muß zunächst durch nicht anfechtbaren Beschluß feststellen, daß das Vermittlungsverfahren erfolglos geblieben ist. Es prüft sodann, ob Zwangsmittel ergriffen, Änderungen der Umgangsregelung vorgenommen oder Maßnahmen in bezug auf die Sorge ergriffen werden sollen. Nach § 52a V S. 3 FGG kann es ein „entsprechendes" Verfahren von Amts wegen oder auf den binnen eines Monats gestellten Antrag eines Ehegatten einleiten[65]). In der Praxis dürfte eine solche Verfahrensverschachtelung kaum akzeptiert werden, denn bei einem Scheitern der Vermittlungsbemühungen ist eine alsbaldige gerichtliche Entscheidung notwendig und zweckmäßig. Es läßt sich vorhersagen, daß nach Scheitern des Vermittlungsverfahrens noch im selben Termin das Scheitern festgestellt und das „entsprechende" Verfahren auf Antrag oder von Amts wegen eingeleitet und aufgrund der Erkenntnisse im Vermittlungsverfahren entschieden wird.

6. Zwangsgeld und unmittelbarer Zwang

§ 33 II FGG ist durch Einfügung eines neuen Satzes 2 in Abs. II geändert worden. Danach darf eine Gewaltanwendung gegen das Kind nicht zugelassen werden, wenn das Kind herausgegeben werden soll, um das Umgangsrecht auszuüben.

Es ist entgegen von im Gesetzgebungsverfahren erhobenen Forderungen[66]) aber dabei geblieben, daß gegen den Elternteil, der gerichtliche Anordnungen in bezug auf den Umgang nicht befolgt, Zwangsmaßnahmen durchgeführt werden können[67]). Das erscheint auch unverzichtbar, weil die Befolgung richterlicher Anordnungen (wenn

---

[65]) In diesem Fall werden die Kosten des Vermittlungsverfahrens als Teil der Kosten des anschließenden Verfahrens behandelt.
[66]) So Beschluß des 59. Deutschen Juristentages, Abteilung Familienrecht, E IV, FamRZ 1992, 1275, 1277.
[67]) *OLG Köln* [Fn. 62]; weiter *Rauscher,* Das Umgangsrecht im Kindschaftsrechtsreformgesetz, S. 233, 268.

das Gericht nicht gemäß § 1684 IV BGB den Vollzug materiell-rechtlich eingeschränkt oder ausgeschlossen hat) nicht nur von der Gutwilligkeit des Betroffenen abhängen darf, sondern das gerichtliche Verfahren der Durchsetzung (der materiellen Grundrechtsposition) wirkungsvoll dienen muß[68]).

7. Verfahrenspfleger (Anwalt des Kindes)

Nach § 50 I FGG kann dem minderjährigen Kind ab 1. 7. 1998 ein Pfleger für ein seine Person betreffendes Verfahren bestellt werden, soweit dies zur Wahrnehmung seiner Interessen erforderlich ist[69]). Für die Durchführung des gerichtlichen Verfahrens tritt der Verfahrenspfleger an die Stelle des gesetzlichen Vertreters (einer teilweisen Entziehung der gesetzlichen Vertretung bedarf es nicht) und ist entsprechend am Verfahren zu beteiligen.

§ 50 II FGG enumeriert drei Fälle, in denen die Bestellung in der Regel erforderlich ist: (1) erheblicher Interessengegensatz zwischen Kind und gesetzlichen Vertretern, (2) Maßnahmen wegen Gefährdung des Kindeswohls und Familientrennung bzw. Sorgerechtsentziehung, (3) Wegnahme des Kindes.

Daraus ergibt sich, daß auch in anderen streitigen Sorge- und Umgangsrechtsfällen nach dem Ermessen des Gerichts ein Pfleger – häufig Anwalt des Kindes genannt – bestellt werden kann.

In der Begründung des Regierungsentwurfs heißt es dazu: „In Verfahren vor den Familien- und Vormundschaftsgerichten können im Einzelfall trotz der vorhandenen verfahrensrechtlichen Bestimmungen, die eine nach materiellem Recht am Kindeswohl zu orientierende Gerichtsentscheidung ermöglichen (Amtsermittlungsgrundsatz, Anhörung des Kindes und des Jugendamts, Beschwerderecht für Minderjährige über 14 Jahre), Defizite bei der Wahrung der Interessen der von diesen Verfahren besonders betroffenen Kinder auftreten."[70]) Die weitere Begründung zeigt, daß dabei an solche Verfahren gedacht ist, in denen wegen eines Konflikts der anderen Beteiligten, insbesondere der Eltern, mit den Interessen des Kindes die Wahrnehmung der Interessen der minderjährigen Kinder nicht ausreichend gesichert erscheint.

---

[68]) So überzeugend *BVerfG*, FamRZ 1993, 662.
[69]) Dazu auch *Rauscher*, S. 264.
[70]) BT-Drucks. 13/4899, S. 129 f.

In der kontroversen Diskussion[71]) ist das Für und Wider ausführlich erörtert worden. Es läßt sich schwerlich leugnen, daß das Kind unter dem Streit und der Trennung der Eltern leidet. In der Lebenswirklichkeit ist nicht möglich, eine „Gleichbehandlung" von Kindern in glücklichen und unglücklichen Familien zu erreichen, den Streit der Eltern auf diese selbst zu beschränken und die Kinder davon freizuhalten[72]). Kindes- und Elterninteressen sind untrennbar miteinander verquickt[73]). Insoweit ist der Anwalt des Kindes Gewissensberuhigung beim schöngefärbten Bild der – bei richtiger Beratung – trotz allen Streits untereinander dem Kind eine heile Welt bietenden Eltern. Es ist schwerlich zu erwarten, daß die Gerichte von der Möglichkeit, außerhalb der enumerierten Fälle in einem streitigen Sorge- oder Umgangsverfahren einen Verfahrenspfleger für das Kind zu bestellen, häufig Gebrauch machen werden. Nur in den enumerierten Fällen muß das Gericht in der Entscheidung begründen, warum es von der Bestellung eines Verfahrenspflegers abgesehen hat. Ein eigenständiger Rechtsbehelf gegen die Nichtbestellung eines Verfahrenspflegers ist nicht vorgesehen. Allerdings wird mit den Rechtsbehelfen gegen die Entscheidung (Beschwerderecht des Kindes nach § 59 FGG) geltend gemacht werden können, es sei verfahrensfehlerhaft gewesen, einen Anwalt des Kindes nicht zu bestellen.

IV. Änderungen des Sorge- und Umgangsverfahrens bei anhängiger Ehesache

1. Inhalt des Scheidungsantrags

§ 622 ZPO ist dahin geändert, daß nunmehr in der Scheidungsantragsschrift – über die allgemeinen Vorschriften für die Klageschrift hinaus – nur noch angegeben werden muß, ob gemeinschaftliche Kinder vorhanden sind und ob Familiensachen nach § 621 II S. 1 ZPO anderweitig anhängig sind. Angaben, ob Vorschläge zur elterlichen Sorge gemacht werden, entfallen, da diese nicht mehr notwendige Folgesache ist. Die Angabe, ob gemeinschaftliche Kinder vorhanden sind,

---

[71]) Vgl. Nachweise bei *Will,* Der Anwalt des Kindes im Sorgerechtsverfahren – Garant des Kindeswohls?, ZfJ 1998, 1 ff., die die Einführung ablehnt (allerdings war das Gesetz bei Erscheinen des Aufsatzes schon verabschiedet).

[72]) *Menne/Weber,* Beratung in Fragen der Partnerschaft, Trennung und Scheidung (§ 17 KJHG), ZfJ 1998, 85, 89: Verhaltensauffälligkeiten haben meist ihren Grund in der Verarbeitung der Trennungs- und Scheidungsprobleme.

[73]) *Schwab,* Wandlungen der „gemeinsamen elterlichen Sorge", FS Gaul 1997, S. 717, 728 f.

dient dem Zweck, dem Gericht zu ermöglichen, seinen Anhörungs- und Hinweispflichten nachzukommen[74]).

2. Anhörung zur elterlichen Sorge

Dementsprechend ist § 613 I ZPO um eine Anhörungspflicht zur elterlichen Sorge mit der Hinweispflicht auf die Möglichkeiten der Beratung durch die Beratungsstellen und Dienste der Träger der Jugendhilfe ergänzt worden. Es heißt dazu in der Stellungnahme des Bundesrats[75]): „Die (hierdurch) gestärkte Verantwortung der Eltern setzt aber voraus, daß diese das Wohl ihrer gemeinsamen Kinder nicht aus dem Blick verlieren..., sondern zur Wahrung des Kindeswohls eine bewußte Entscheidung für den Fortbestand der gemeinsamen Sorge oder für den Wunsch nach einer gerichtlichen Regelung treffen. [Durch die Anhörung] wird zugleich sichergestellt, daß das Gericht die notwendigen Informationen erhält, sollte im Einzelfall zur Wahrung des Kindeswohls aufgrund schwerwiegender Interventionsgründe die Einleitung eines Verfahrens von Amts wegen nötig werden." Die weitere Stellungnahme des Rechtsausschusses[76]) sagt: „Bei der vorgeschriebenen Anhörung wird von den Eltern keineswegs die Vorlage eines Sorgeplans erwartet."

Diese Ausführungen zeigen das Dilemma des möglichen Widerspruchs zwischen Elternautonomie und Kindeswohlsicherung, zumal die Unterrichtung des Gerichts durch einen Bericht des JA gleichfalls entfällt, denn nach § 49a FGG wird das JA nur noch vor einer Entscheidung zum Umgang (Nr. 4) oder zur elterlichen Sorge (Nr. 6) gehört. Die Trennungs- und Scheidungsberatung nach § 17 II KJHG beruht auf freiwilliger Basis; die Mitteilung der Gerichte von der Rechtshängigkeit der Scheidungssache gemäß § 17 III KJHG dient nur dem Zweck, daß das JA die Eltern vom Leistungsangebot der Jugendhilfe unterrichtet. Die Regelung versucht, allen alles zu geben: Den Eltern die volle Autonomie und den Kindern den vollen Schutz vor Mißbrauch der Autonomie; der Staat soll sich heraushalten, aber bei jeder Gefahr doch zur Stelle sein und eingreifen (dazu weiter unter IV 5).

---

[74]) So BT-Drucks. 13/4899, S. 121; nach *Johannsen/Henrich/Sedemund-Treiber* [Fn. 50], § 623 ZPO Rz. 3, dient die Mitteilung auch der Nachprüfung, ob Anlaß besteht, aus Kindeswohlgründen von Amts wegen einzuschreiten. Aber wie soll das Gericht das bei bloßer Namens- und Anschriftenangabe prüfen?

[75]) BT-Drucks. 13/4899, S. 160.

[76]) BT-Drucks. 13/8511, S. 78.

Die Anhörung nach § 613 ZPO[77]) wird trotz § 52 FGG („so früh wie möglich") nicht in einem frühen ersten Termin stattfinden müssen. Die Hinweise auf § 17 KJHG können auch im schriftlichen Verfahren gegeben werden. Erst wenn Anträge zum Sorge- und Umgangsrecht vorliegen, ist eine alsbaldige mündliche Erörterung geboten, ansonsten kann z. B. der Eingang der Auskünfte zum Versorgungsausgleich abgewartet werden.

3. Einverständliche Scheidung nach § 630 ZPO

Auch § 630 ZPO ist entsprechend dem Wegfall der notwendigen Sorgeentscheidung durch das Gericht geändert worden. Es genügt nach § 630 I Nr. 2 ZPO jetzt die übereinstimmende Erklärung, daß Sorge- und Umgangsrechtsanträge nicht gestellt werden, „weil sich die Ehegatten über das Fortbestehen der Sorge und den Umgang einig sind". So soll vermieden werden, daß diese Fragen bei bestehendem Streit von den Ehegatten durch Nichtstellen von Anträgen ausgeklammert werden[78]). Die Gesetzesbegründung geht mit keinem Wort darauf ein, daß eine „offene Konventionalscheidung" gemäß dem formalisierten Verfahren nach § 630 ZPO praktisch bedeutungslos ist, denn über das Scheitern der Ehe wird nach Ablauf des Trennungsjahrs auch ohne die Erfüllung der Voraussetzungen des § 630 ZPO bei übereinstimmender Erklärung der Parteien zum Scheitern keine Beweisaufnahme durchgeführt[79]). Das „Ausklammerungsproblem" wird durch die geforderte Erklärung zur „Einigkeit" nicht wirklich gelöst, denn ein Sorgeplan oder eine detaillierte Umgangsregelung muß nicht vorgelegt werden. Die Erklärung verhindert also nicht eine gewollte Ausklammerung, sondern stellt nur eine Rechtfertigung für das Gericht dar, nicht weiter zu untersuchen. Hat das Gericht aber Anhaltspunkte dafür, von Amts wegen tätig zu werden, muß es das auch in den Fällen des § 630 ZPO tun. Es läßt sich unschwer voraussagen, daß auch ab 1. 7. 1998 das Verfahren nach § 630 ZPO bedeutungslos bleiben wird.

4. Antragsverbund beim Sorgerecht

Ein nicht von einem Antrag abhängiger Verbund besteht gemäß § 623 I S. 3 ZPO nur noch zwischen der Scheidung und der Durch-

---

[77]) *Willutzki*, Kind-Prax 1998, 37, 39, betont mit Recht die Wichtigkeit der Anhörung, äußert sich aber nicht zum Zeitpunkt.
[78]) BT-Drucks. 13/4899, S. 124.
[79]) *Zöller/Philippi* [Fn. 22], § 630 Rz. 2; *MünchKomm/Klauser*, ZPO, § 630 Rz. 2; *Greßmann* [Fn. 12] Rz. 466, bedauert, daß § 630 ZPO nicht gestrichen wurde.

führung des Versorgungsausgleichs. Die elterliche Sorge, die nach § 623 III ZPO a. F. gleichfalls im amtswegigen Verbund stand, ist nur noch Antragsfolgesache[80]). Das ist die zwingende Konsequenz daraus, daß über die elterliche Sorge im Scheidungsverfahren nur noch auf Antrag entschieden wird und es ohne Antrag bei der gemeinsamen Sorge der Eltern bleibt.

Sorge-, Umgangs- und Herausgabeverfahren betreffend gemeinschaftliche Kinder bleiben aber gemäß § 623 II S. 1 ZPO Folgesachen, wenn ein Ehegatte diese rechtzeitig (d. h. bis zum Schluß der mündlichen Verhandlung in der Scheidungssache – § 623 IV ZPO) anhängig macht, so daß durch den Antrag eine einheitliche Entscheidung über Scheidung und die genannten Folgeverfahren bewirkt werden kann. Der Antrag kann sich auch auf einen Teil der elterlichen Sorge – z. B. das Aufenthaltsbestimmungsrecht – beziehen, denn § 621 II Nr. 1 ZPO nimmt auf § 1671 I BGB Bezug, der auch den Antrag auf Übertragung eines Teils der elterlichen Sorge erwähnt. Bei Abgabe einer vor Anhängigkeit der Ehesache begonnenen Sorgesache (§ 621 III ZPO) steht auch die abgegebene Sache (bei entsprechendem Antrag) im Verbund gemäß § 623 II ZPO, da es infolge der Streichung des § 1672 BGB a. F. keine isolierte Entscheidung für das Getrenntleben mehr gibt.

5. Sorgerecht als amtswegige Folgesache

Nach § 623 III S. 1 ZPO sind auch die rechtzeitig von Amts wegen wegen Kindeswohlgefährdung eingeleiteten Sorgerechtsverfahren Verbundsachen. Die Voraussetzungen für ein amtswegiges Sorgerechtsverfahren ergeben sich aus § 1666 BGB. Nach der zum 1. 7. 1998 geänderten Vorschrift sind die Voraussetzungen für den Eingriff des FamG (früher des VormG) weiterhin eng gesteckt[81]), denn inhaltlich sollte das geltende Recht nicht angetastet werden.

Im Gesetzgebungsverfahren ist die Streichung der engen Eingriffsvoraussetzungen erörtert worden; es ist dazu aber nicht gekommen, weil sich die Auffassung durchgesetzt hat, auch die bisherige Formulierung habe nicht dazu geführt, daß die Gerichte zur Abwendung von Gefahren für das Kindeswohl erforderliche Maßnahmen nicht hätten treffen können[82]). Für die Praxis wird sich aber die Frage stel-

---

[80]) Zu materiell-rechtlichen Fragen zum Sorgerecht bei Trennung und Scheidung vgl. *Schwab*, S. 187 ff.
[81]) Nach BT-Drucks. 13/4899, S. 64.
[82]) BT-Drucks. 13/4899, S. 65.

len, ob die Aufgabe des „Zwangs"verbundes und der Möglichkeit, nach § 620 II ZPO a. F. auch von Amts wegen einstweilige Anordnungen zu erlassen, nicht doch eine andere Interpretation der Eingriffsvoraussetzungen erforderlich macht, zumal auch § 1631a II BGB als neben § 1666 BGB entbehrlich gestrichen worden ist[83]). In der Begründung des Entwurfs heißt es: „Auch durch § 1666 können offensichtliche Fehleinschätzungen, die eine nachhaltige und schwere Beeinträchtigung der Entwicklung des Kindes besorgen lassen, korrigiert werden." Damit wird davon ausgegangen, daß der notwendige Schutz des Kindes unverändert gewährleistet ist, § 1666 BGB also die bisherigen Eingriffsmöglichkeiten abdeckt, obwohl die Voraussetzungen des § 1666 BGB bisher strenger (unmittelbare oder nahe bevorstehende Gefahr) gesehen worden sind[84]). Der Schutz der Kinder gebietet es, die bisher nach §§ 1631a II, 620 II ZPO a. F. von Amts wegen zulässigen und erforderlichen – vor allem einstweiligen – Maßnahmen nunmehr im Rahmen des § 1666 BGB vorzunehmen[85]). Andernfalls bleiben die goldenen Worte des eigens eingefügten § 1697a BGB (Kindeswohl als allgemeiner Entscheidungsmaßstab) in wichtigen Fällen leer.

6. Abtrennung von Folgesachen und einstweilige Anordnungen

Um eine Entscheidung vor der Rechtskraft der Scheidung zu ermöglichen – die früher im selbständigen Hauptsacheverfahren nach § 1672 BGB erreicht werden konnte –, gibt § 623 II S. 2 ZPO jedem Ehegatten die Möglichkeit, einen Antrag auf Abtrennung der Folgesachen nach § 623 II Nr. 1–3 ZPO zu stellen, so daß nach Abtrennung schon vor der Rechtskraft der Scheidungssache eine Sorge- bzw. Umgangsentscheidung im nunmehr selbständigen Verfahren ergehen kann. Das Gericht kann gemäß § 623 III S. 2 ZPO auch die Abtrennung einer amtswegig eingeleiteten Sorgesache anordnen, gleichfalls zum Zweck einer baldigen Entscheidung[86]).

So verständlich diese Zielrichtung des Gesetzes ist, so ungünstige Folgen kann sie als Entwertung des Verbundverfahrens für den sozial schwächeren Ehegatten haben. Nach dem Gesetzeswortlaut („auf

---

[83]) BT-Drucks. 13/4899, S. 115.
[84]) *BayObLG*, FamRZ 1982, 634; anders wohl *Greßmann* [Fn. 12], Rz. 213.
[85]) *Bergmann/Gutdeutsch*, Der Anspruch des Kindes auf Beteiligung am Scheidungsverfahren, FamRZ 1996, 1187, 1190, plädierten für eine gesetzliche Klarstellung.
[86]) *Mühlens/Kirchmeier/Greßmann* [Fn. 49], S. 282, und BT-Drucks. 13/4899, S. 122 ff.; *Johannsen/Henrich/Sedemund-Treiber* [Fn. 50], § 623 ZPO Rz. 14a.

Antrag eines Ehegatten trennt das Gericht ab") muß das Gericht eine Antragsfolgesache abtrennen, ohne daß der andere Ehegatte das verhindern könnte. Nach § 623 II S. 3 ZPO kann der Antragsteller dabei den Antrag auf Abtrennung der Sorgesache mit dem Antrag auf Abtrennung der Ehegatten- und Kindesunterhaltssache verbinden. Auch gegen diese Abtrennung steht dem anderen Ehegatten (anders als bei der Abtrennung nach § 628 ZPO)[87]) kein Rechtsschutz zur Verfügung. Nun wäre das nicht zu seinem Nachteil, wenn sichergestellt wäre, daß es vor dem Scheidungsausspruch tatsächlich zu einer Entscheidung über die jetzt gemäß § 623 II S. 4 ZPO selbständigen Familiensachen kommt. Das ist aber nur dann sichergestellt, wenn die Gerichte wegen der Funktion der Abtrennung nach § 623 II ZPO (Ermöglichung der Entscheidung vor Scheidung) einen Scheidungsausspruch vorher ablehnen. Ausdrücklich ist das aber nicht im Gesetz geregelt; im Gegenteil spricht § 623 II S. 4 ZPO dafür, daß das Gesetz eine Fortdauer über den Zeitpunkt der Scheidung hinaus in Kauf nimmt. Die Abtrennung kann daher durchaus zu einer Verzögerung der Entscheidung über die Sorge- und Umgangssachen sowie über Ehegatten- und Kindesunterhalt über den Zeitpunkt der Scheidung hinaus führen. Durch die Streichung des § 628 II ZPO a. F.[88]) ist auch nicht mehr gewährleistet, daß jedenfalls eine Übergangsregelung durch einstweilige Anordnung geschaffen wird, wenn auch bereits erlassene einstweilige Anordnungen nach § 620 ZPO weitergelten.

Es ist daher zu befürchten, daß durch § 623 II ZPO die Warn- und Schutzfunktion des § 628 ZPO[89]) wesentlich entwertet wird. Man kann überlegen, ob das Gericht entgegen dem Gesetzeswortlaut nicht Abtrennungsanträge jedenfalls in Mißbrauchsfällen zurückweisen kann[90]). In der Praxis kann weiter u. U. damit geholfen werden, daß rechtzeitig Zugewinnausgleichsanträge gestellt werden, denn deren Abtrennung ermöglicht § 623 II ZPO nicht.

Eine Vorwegentscheidung über die elterliche Sorge ist unverändert gemäß § 627 ZPO erforderlich, wenn das Gericht von dem Antrag eines Ehegatten nach § 1671 I BGB, dem der andere Ehegatte gemäß

---

[87]) *BGH*, FamRZ 1996, 1071.
[88]) An sich konsequent, weil die Sorgerechtsregelung keine notwendige Folgesache mehr ist: BT-Drucks. 13/4899, S. 123.
[89]) *BGH*, FamRZ 1991, 687; *OLG Köln*, FamRZ 1997, 1488.
[90]) *Bergerfurth*, FF 1998, 3, 4; *ders.*, Der Ehescheidungsprozeß, 11. Aufl. 1998, Rz. 23a–23c.

§ 1671 II Nr. 1 ZPO zustimmt, gemäß § 1671 III BGB abweichen will[91]).

7. Antragsverbund beim Umgangsrecht

Das Umgangsrecht ist gemäß § 623 II Nr. 2 ZPO Antragsfolgesache; auch nach § 623 III S. 2 ZPO a. F. war darüber im Verbund im allgemeinen nur zu entscheiden, wenn ein Ehegatte dies anregte. Fraglich erscheint, ob in Zukunft über das Umgangsrecht auch bei Kindeswohlgefährdung nicht mehr von Amts wegen im Verbund entschieden werden kann, weil § 623 III ZPO nur die Übertragung der elterlichen Sorge oder eines Teils der elterlichen Sorge nennt.

8. Verhältnis des selbständigen Verfahrens zum Verbundverfahren

Mit der Abtrennungsmöglichkeit wird die bisherige Möglichkeit, eine Hauptsacheentscheidung für die Zeit der Trennung zu erreichen (§ 1672 BGB), kompensiert[92]), allerdings mit dem Unterschied, daß nach neuem Recht die Entscheidung dann über die Scheidung hinaus fortgilt. Daß die Sorgerechtsentscheidung für die Trennungszeit und die Entscheidung für den Fall der Scheidung damit zusammengefaßt wird (beim Ehegattenunterhalt ist dann vor Rechtskraft der Scheidung § 1361 BGB maßgebend, danach § 1570 BGB), ist als Fortschritt anzusehen, denn es handelt sich um ein und denselben Gegenstand. Daraus folgt, daß nach neuem Recht das bisherige Nebeneinander von einstweiligen Anordnungen in der Ehesache und der Durchführung eines selbständigen Verfahrens für die Trennungszeit[93]) nicht mehr möglich ist. Eine Entscheidung vor Rechtskraft des Scheidungsausspruchs (§ 629d ZPO) kann nur über den Abtrennungsantrag erreicht werden.

Eine bereits vor Anhängigkeit der Ehesache ergangene Entscheidung über elterliche Sorge oder Umgang nach der Trennung behält ihre Wirksamkeit. Soll eine Änderung herbeigeführt werden, müssen die Abänderungsvoraussetzungen nach § 1696 BGB erfüllt sein bzw. können im Abänderungsverfahren einstweilige Anordnungen beantragt und erlassen werden[94]).

---

[91]) Vgl. Zöller/Philippi [Fn. 22], § 627 Rz. 1 ff.; Schwab/Maurer [Fn. 9], Teil I, Rz. 224.
[92]) BT-Drucks. 13/4899, S. 122.
[93]) Vgl. zum Streitstand Zöller/Philippi [Fn. 22], § 620 Rz. 33, 34.
[94]) Streitig, a. A. Johannsen/Henrich/Sedemund-Treiber [Fn. 50], § 620 ZPO Rz. 12, m. w. N.

V. Geltendmachung von Unterhaltsansprüchen minderjähriger Kinder

Die gesetzliche Neuregelung stellt durch § 1629 II BGB klar, daß bei gemeinschaftlicher elterlicher Sorge der Elternteil, in dessen Obhut sich das Kind befindet, Unterhaltsansprüche gegen den anderen Elternteil geltend machen kann. Obhüter ist der Elternteil, bei dem der Schwerpunkt der tatsächlichen Betreuung liegt[95]. Darauf sollte man auch abstellen, wenn beim Wechselmodell ein Elternteil nur geringfügig mehr betreut[96]. Damit ist der Streit, ob bei gemeinschaftlicher elterlicher Sorge ein Pfleger bestellt werden muß[97], überholt. § 1629 III BGB sorgt im Fall des Getrenntlebens und bei anhängiger Ehesache unverändert durch eine gesetzliche Prozeßstandschaft dafür, daß das Kind aus dem Streit der Eltern herausgehalten und nicht formell Partei des Scheidungsverfahrens wird. Unterhaltsansprüche des Kindes gegen den anderen Elternteil können dann nur im eigenen Namen geltend gemacht werden.

VI. Verfahren in Kindschaftssachen[98]

1. Klagebefugnis

Aktiv- und Passivlegitimation für die Feststellungs- und Anfechtungsklage ist in § 1600e I BGB geregelt, was der Regelung in § 1600l I BGB a. F. entspricht. Es bleibt dabei, daß der Mann gegen das Kind und Mutter oder Kind gegen den Mann klagen können. Eine Klagebefugnis der Mutter gegen das Kind besteht nicht, denn die Frau, die das Kind geboren hat, ist stets als Mutter anzusehen (§ 1591 BGB). Auch eine zivilprozessuale Feststellungsklage nach § 256 ZPO auf Feststellung der genetischen Abstammung des Kindes wird damit als ausgeschlossen anzusehen sein, da § 1600e I BGB insoweit als abschließende Spezialregelung anzusehen sein wird.

2. Prozeßfähigkeit

Nach § 640b S. 1 ZPO sind unverändert auch beschränkt geschäftsfähige Parteien prozeßfähig, was dem Anfechtungsrecht nach

---

[95] *Oelkers*, FamRZ 1997, 779, 782.
[96] *Johannsen/Henrich/Jaeger* [Fn. 50], § 1629 BGB Rz. 6, hält dann eine Entscheidung nach § 1628 BGB oder eine Pflegerbestellung für erforderlich.
[97] So OLG Frankfurt, FamRZ 1993, 228; anders OLG Frankfurt, FamRZ 1995, 754.
[98] Eingehend zur Neuregelung des Abstammungsrechts durch das Kindschaftsrechtsreformgesetz *Gaul*, S. 49 ff.

§ 1600a II BGB entspricht. Für das minderjährige Kind wird nach
§ 640b S. 2 ZPO der Rechtsstreit durch den gesetzlichen Vertreter
geführt, der gemäß § 1600a III, IV BGB allein anfechtungsbefugt ist.
Dieser bedarf nicht mehr der Genehmigung des VormG (§ 1597 BGB
a. F.), denn gemäß § 1600a IV BGB muß das jetzt zuständige FamG
im Anfechtungsverfahren prüfen, ob die Anfechtung dem Wohl des
Vertretenen dient.

3. Beiladung und Streitverkündung

§ 640e ZPO a. F. regelte nur die Beiladung des am Rechtsstreit
nicht beteiligten Elternteils; § 641b ZPO a. F. gab dem Kind nur im
Vaterschaftsfeststellungsverfahren[99]) die Möglichkeit der Streitverkündung. Beide Möglichkeiten sind nun in § 640e ZPO n. F. geregelt und
gleichzeitig erweitert worden. Das Kind (und auch die Mutter nach
§ 640e II S. 2 ZPO) können in einem Rechtsstreit auf Feststellung der
Vaterschaft einem Dritten bis zur rechtskräftigen Entscheidung den
Streit verkünden, wenn sie ihn als Vater in Anspruch nehmen zu können glauben. Eine Beiladung nach § 640e I ZPO scheidet in diesen
Fällen aus, wenn der als Vater in Betracht kommende Dritte (noch)
kein „Elternteil" im Sinne des Abs. I ist.

4. Keine isolierte Vaterschaftsfeststellung

Die Feststellung der genetischen Vaterschaft im Wege einer isolierten Feststellungsklage, ohne die rechtliche Zuordnung zwischen dem
Kind und dem (Schein-)Vater zu ändern, sieht das neue Recht nicht
vor[100]).

5. Einstweiliger Rechtsschutz[101])

Das Gesetz stellt für das ne. Kind und seine Mutter weiterhin die
einstweilige Verfügung nach § 1615o BGB und einen einstweilen
Unterhaltsrechtsschutz im Statusverfahren gemäß § 641d ZPO zur
Verfügung. Daneben besteht nach dem KindUG ab 1. 7. 1998 die

---

[99]) So jedenfalls nach der Stellung des § 641b ZPO im Gesetz, da § 641 ZPO a. F. nur die Feststellungsklagen erfaßte. Es wurde aber eine analoge Anwendung auf die anderen Statusverfahren gefordert, vgl. z. B. *MünchKomm/Coester-Waltjen*, ZPO, § 641b Rz. 1.
[100]) Vgl. *Greßmann* [Fn. 12], Rz. 517 f., der die Schwierigkeiten, die sich aus der Zulassung einer solchen isolierten Klage ergäben, im einzelnen darstellt.
[101]) Eingehend dazu *Büdenbender*, ZZP 110 (1997), S. 33 ff.

Möglichkeit, im Unterhaltsprozeß eine einstweilige Anordnung gemäß § 644 ZPO n. F. zu erwirken.

§ 1615o II BGB ist noch vor dem Inkrafttreten des KindRG durch das KindUG wieder geändert worden[102]). Da § 644 ZPO i. d. F. des Unterhaltsänderungsgesetzes nur Unterhaltsklagen nach § 621 Nr. 4, 5 und 11 ZPO erfaßt, ist die besondere Regelung des einstweiligen Rechtsschutzes nicht durch das Unterhaltsänderungsgesetz überflüssig geworden.

VII. Verfahrensrechtliche Übergangsvorschriften

1. Am 1. 7. 1998 in erster Instanz anhängige neue Familiensachen

Nach Art. 15 § 1 I KindRG bleibt in Verfahren nach § 621 I Nrn. 1–4, 10 und 11 ZPO das bisher befaßte Gericht (Prozeßabteilung oder VormG) zuständig – das Verfahren kann nicht an das FamG abgegeben werden. So wird vermieden, daß es zu Verzögerungen und Wiederholungen von Verfahrenshandlungen kommt[103]). Ansonsten gilt ab 1. 7. 1998 auch in den Altverfahren das neue Recht.

2. Rechtsbehelfe in neuen Familiensachen

Nach Art. 15 § 1 II KindRG bleibt es beim bisherigen Rechtsmittelzug für alle Verfahren, in denen die Entscheidung vor dem 1. 7. 1998 verkündet oder an Stelle einer Verkündung zugestellt worden ist (§ 16 FGG). Das gilt auch dann, wenn die Rechtsmittelfrist erst nach dem 1. 7. 1998 abläuft. Bei Entscheidungen ab dem 1. 7. 1998 gilt dagegen der Rechtsmittelzug für Familiensachen, so daß z. B. die Berufung gegen eine von der Prozeßabteilung des AmtsG entschiedene Elternunterhaltssache dann beim OLG einzulegen ist.

3. Verfahrensfortsetzung in Kindschafts- und Sorgerechtssachen

Nach Art. 15 § 2 I KindRG werden am 1. 7. 1998 anhängige Verfahren, die die Anfechtung der Ehelichkeit oder die Anfechtung der Anerkennung der Vaterschaft betreffen, als Verfahren auf Anfechtung der Vaterschaft nach §§ 1600 ff. BGB n. F. fortgeführt. Nach Art. 15 § 2 II–V KindRG werden Verfahren, die das neue Recht nicht mehr kennt (z. B. Anfechtung der Vaterschaft durch die Eltern des Mannes),

---

[102]) Vgl. BGBl 1998 I 666.
[103]) BT-Drucks. 13/4899, S. 144; vgl. weiter *Künkel*, S. 499, 504.

als in der Hauptsache erledigt angesehen. Das gilt auch dann, wenn das Verfahren schon im zweiten Rechtszug anhängig ist. Daß nach Art. 15 § 2 VI KindRG in erledigten Verfahren keine Gerichtsgebühren erhoben werden – wohl aber Auslagen[104] –, ist für die Betroffenen ein schwacher Trost, wenn z. B. in Anfechtungsverfahren der Eltern des verstorbenen Mannes hohe Gutachterkosten entstanden sind. Wegen der Rückwirkung, die der Regelung in diesen Fällen zukommt, erscheint sie verfassungsrechtlich nicht unbedenklich.

Für Sorgeverfahren im Rahmen des Scheidungsverbundes, die jetzt nicht mehr Zwangsfolgesachen sind, muß nach Art. 15 § 2 IV KindRG bis zum Ablauf von drei Monaten ein Elternteil beantragen, ihm die elterliche Sorge oder einen Teil derselben allein zu übertragen. Die Begründung[105] hebt hervor, daß ein solcher Antrag auch in einem vor dem 1. 7. 1998 gestellten eindeutigen Verlangen gesehen werden kann und das Gericht in Zweifelsfällen zur Klarstellung auffordern muß. Ansonsten ist die Folgesache als in der Hauptsache erledigt anzusehen.

---

[104] BT-Drucks. 13/4899, S. 146.
[105] BT-Drucks. 13/4899, S. 146; vgl. weiter *Künkel*, S. 499, 506.

Neue Zuständigkeiten des Familiengerichts ab 1. 7. 1998

Von Bernd Künkel, Richter am OLG Hamburg

Übersicht
1. Einleitung
2. Neue FGG-Familiensachen
3. Neue ZPO-Familiensachen
4. Übergangsvorschriften zum 1. 7. 1998
   a) Art. 15 KindRG
   b) Art. 5 KindUG

1. Einleitung

Auf dem Weg zum großen FamG wurde der Zuständigkeitskatalog der §§ 23b GVG, 621 ZPO durch das Kindschaftsrechtsreformgesetz [KindRG] wesentlich erweitert[1]). Elterliche [elterl.] Sorge und Umgang sind umfassend dem FamG anvertraut. Für das VormG bleiben die Bereiche Adoption, Vormundschaft und Betreuung. Die Klärung der Abstammung sowie alle gesetzlichen Unterhaltspflichten einschließlich derjenigen gegenüber dem nichtehelichen [ne.] Elternteil sind dem FamG anstelle der bisher zuständigen allgemeinen Prozeßabteilung des AmtsG zugewiesen. Der Rechtsmittelzug zum OLG erfaßt auch die dem FamG neu übertragenen Bereiche. In der Übergangszeit wird sogar vom Prinzip der formellen Anknüpfung in § 119 Nr. 1 GVG abgewichen: Zum Familiensenat des OLG gelangen auch Rechtsmittel gegen Entscheidungen, die nach dem 1. 7. 1998 noch von dem bisher zuständigen VormG oder der allgemeinen Prozeßabteilung getroffen worden sind.

Für die Familiensachen ist der Rechtspfleger entweder nach der Positivliste des § 20 RPflG oder der Generalklausel des § 3 Nr. 2a RPflG zuständig, sofern die Sachen nicht ausdrücklich durch § 14

---

[1]) Siehe hierzu auch *Büttner,* Änderungen im Familienverfahrensrecht durch das Kindschaftsrechtsreformgesetz, S. 472.

RPflG dem Richter vorbehalten sind. Die Richtervorbehalte müssen als Ausnahmevorschriften eng ausgelegt werden.

2. Neue FGG-Familiensachen

Elterl. **Sorge, Umgang** und **Herausgabe** eines Kindes, für das die elterl. Sorge besteht, sind umfassend dem FamG zugewiesen worden, ohne daß zwischen ehelichen [ehel.] und ne. Kindern unterschieden wird (§ 23b I S. 2 Nrn. 2–4 GVG = § 621 I Nrn. 1–3 ZPO). Diese Komplexe werden z. B. in *Rahm/Künkel*[2]) als „Kindschaftsrechtliche Regelungen" oder als „Kindessachen" bezeichnet. Unter „Kindschaftssachen" versteht das Gesetz hingegen Verfahren, in denen es um die Abstammung des Kindes geht (§ 640 II ZPO; § 23b I S. 2 Nr. 12 GVG = § 621 I Nr. 10 ZPO). Neue Zuständigkeiten enthält auch das Eheschließungsrechtsgesetz [EheschlRG][3]).

Folgende Zuständigkeiten aus dem Bereich der freiwilligen Gerichtsbarkeit sind (vorwiegend) **vom VormG auf das FamG** übergegangen (vgl. auch Art. 1 Nr. 46 KindRG):

– Befreiung vom Erfordernis der Volljährigkeit bei der Eheschließung (**§ 1303 II BGB**; Richtervorbehalt, § 14 I Nr. 18 RPflG).

– Befreiung vom Eheverbot der durch die Annahme als Kind begründeten Verwandtschaft (**§ 1308 II BGB**; Richtervorbehalt, § 14 I Nr. 18 RPflG).

– Genehmigung einer ohne Befreiung vom Erfordernis der Volljährigkeit vorgenommenen Eheschließung (**§ 1315 I S. 1 Nr. 1 BGB**; Richtervorbehalt, § 14 I Nr. 18 RPflG).

– Feststellung oder Anfechtung der Vaterschaft nach dem Tod der Partei, die zu verklagen gewesen wäre (**§ 1600e II BGB**; Richtervorbehalt, § 14 I Nr. 3 RPflG).

– Ersetzung der elterl. Unterhaltsbestimmung (**§ 1612 II S. 2 BGB**; Rechtspfleger, § 3 Nr. 2a RPflG).

– Übertragung des Namensbestimmungsrechts (**§ 1617 II BGB**; Rechtspfleger, § 3 Nr. 2a RPflG).

– Ersetzung der Einwilligung in die Namensänderung (**§ 1618 BGB**; Rechtspfleger, § 3 Nr. 2a RPflG).

---

[2]) *Rahm/Künkel*, Handbuch des Familiengerichtsverfahrens, Kap. III B bzw. Kap. X.
[3]) BGBl 1998 I 833.

- Ersetzung der Zustimmung des gesetzlichen Vertreters eines beschränkt geschäftsfähigen Elternteils zu einer Sorgeerklärung (§ 1626c II BGB; Richtervorbehalt, § 14 I Nr. 9 RPflG).
- Übertragung des Entscheidungsrechts bei gemeinsamer Sorge (§ 1628 I BGB; Richtervorbehalt, § 14 I Nr. 5 RPflG).
- Entzug der Vertretungsmacht eines Elternteils (§ 1629 II S. 3 BGB; Rechtspfleger, § 3 Nr. 2a RPflG, da es nicht um Meinungsverschiedenheiten geht).
- Streit zwischen Pfleger und Eltern (§ 1630 II BGB; Richtervorbehalt, § 14 I Nr. 5 RPflG[4])).
- Übertragung von Sorgeangelegenheiten auf die Pflegeperson (§ 1630 III BGB; Richtervorbehalt, § 14 I Nr. 6a RPflG).
- Unterstützung der Eltern bei Personensorge (§ 1631 III BGB; Rechtspfleger, § 3 Nr. 2a RPflG).
- Unterbringung des Kindes mit Freiheitsentziehung (§ 1631b BGB; Richtervorbehalt, § 4 II Nr. 2 RPflG).
- Verlangen der Herausgabe des Kindes von Dritten (§ 1632 I BGB) und Herausgabe der Sachen des Kindes nach § 50d FGG (Richtervorbehalt, § 14 I Nr. 7 RPflG).
- Streit über Umgang des Kindes mit Dritten (§ 1632 II BGB; Richtervorbehalt, § 14 I Nr. 16 RPflG).
- Anordnung des Verbleibens des Kindes bei Pflegeperson (§ 1632 IV BGB; Richtervorbehalt, § 14 I Nr. 7 RPflG).
- Einreichung des Vermögensverzeichnisses; Anordnung anderweitiger Aufstellung des Verzeichnisses (§ 1640 I, III BGB; Rechtspfleger, § 3 Nr. 2a RPflG).
- Genehmigung von Rechtsgeschäften (§§ 1643 I, 1644, 1645 BGB; Rechtspfleger, § 3 Nr. 2a RPflG).
- Maßnahmen bei Kindeswohlgefährdung nach § 1666 BGB (Richtervorbehalt, § 14 I Nr. 8 RPflG).
- Maßnahmen bei Gefährdung des Kindesvermögens (§ 1667 BGB; Rechtspfleger, § 3 Nr. 2a RPflG).

---

[4]) *MünchKomm/Hinz*, BGB, 3. Aufl., § 1630 Rz. 9.

- Sorgerechtsänderungen nach gemeinsamer Sorgeerklärung nicht verheirateter Eltern (§ **1671 BGB**; Richtervorbehalt, § 14 I Nr. 15 RPflG)[5]).
- Sorgerecht zugunsten des nicht mit der Mutter verheirateten Vaters (§ **1672 BGB**; Richtervorbehalt, § 14 I Nr. 15 RPflG).
- Feststellung, daß elterl. Sorge ruht bzw. nach Ruhen wiederaufgelebt ist (§ **1674 I, II BGB**; Rechtspfleger, § 3 Nr. 2a RPflG).
- Übertragung der elterl. Sorge auf Vater, wenn elterl. Sorge der ne. Mutter nicht wiederaufleben kann (§ **1678 II BGB**; Richtervorbehalt, § 14 I Nr. 15 RPflG).
- Übertragung der elterl. Sorge auf den überlebenden Elternteil (§ **1680 II BGB**); Rückübertragung, wenn der Elternteil nur vermeintlich tot war (§ **1681 BGB**); Richtervorbehalt, § 14 I Nr. 15 RPflG.
- Anordnung des Verbleibens bei dem Stiefelternteil (§ **1682 BGB**; Richtervorbehalt, § 14 I Nr. 7 RPflG).
- Vermögensverzeichnis bei Wiederheirat (§ **1683 I, II, III BGB**; Rechtspfleger, § 3 Nr. 2a RPflG).
- Umgangsrecht auch der ne. Kinder (§ **1684 BGB**) sowie von Großeltern, Geschwistern, Stiefeltern, Pflegeeltern (§ **1685 BGB**); Richtervorbehalt, § 14 I Nr. 16 RPflG.
- Streitigkeiten über das Auskunftsrecht des nichtsorgeberechtigten Elternteils (§ **1686 BGB**). Der Rechtspfleger ist zuständig (§ 3 Nr. 2a RPflG), da § **1686 BGB** in § 14 I Nr. 16 RPflG nicht genannt wird.
- Einschränkung und Ausschluß der Sorgebefugnisse in Angelegenheiten des täglichen Lebens (§§ **1687, 1687a BGB**; Richtervorbehalt, § 14 I Nr. 16 RPflG).
- Einschränkung und Ausschluß der Vertretungsbefugnisse von Pflegeeltern (§ **1688 BGB**). Die Bestimmung wird in § 14 I Nr. 16 RPflG nicht genannt; daher ist nach § 3 Nr. 2a RPflG der Rechtspfleger zuständig.

---

[5]) § 1671 BGB ist auch Rechtsgrundlage für Sorgerechtsanträge getrennt lebender oder geschiedener Ehegatten, da über das Sorgerecht im Scheidungsverfahren nicht mehr von Amts wegen entschieden wird (§ 623 ZPO).

- Eingreifen des FamG bei Verhinderung der Eltern (§ **1693 BGB**; Rechtspfleger, § 3 Nr. 2a RPflG).
- Abänderungsverfahren (§ **1696 BGB**). Die funktionelle Zuständigkeit (Richter oder Rechtspfleger) richtet sich nach dem Ersterfahren.
- Auswahl und Bestellung von Pflegern und Vormündern, soweit das FamG eine Pflegschaft oder Vormundschaft angeordnet hat (§ **1697 BGB**). Nach § 6 RPflG wird der Richter auch die Auswahl des Vormunds oder Pflegers übernehmen, kann sie aber auch dem nach § 3 Nr. 2a RPflG zuständigen Rechtspfleger überlassen.

Hauptrechtsmittel in den neuen FGG-Familiensachen ist nicht mehr die einfache Beschwerde nach § 19 FGG, sondern die befristete Beschwerde nach § 621e ZPO[6]), wie sich aus § 621a I ZPO ergibt, der die FGG-Vorschriften – und damit auch den § 19 FGG – nur für anwendbar erklärt, soweit sich aus der ZPO oder dem GVG nichts Besonderes ergibt. Eine Sondervorschrift ist § 621e ZPO, der vom Wortlaut her sogar alle FGG-Entscheidungen erfaßt, nach seinem Zweck aber nur für die Entscheidungen gilt, die im Falle ihres Erlasses in einem zivilprozessualen Verfahren in der Form eines Urteils ergehen würden. Entscheidungen in den selbständigen Zusatz- und Nebenverfahren wie Prozeßkostenhilfeverfahren, Anordnungsverfahren und Vollstreckungsverfahren nach § 33 FGG gehören nicht hierzu[7]). Gegen solche Entscheidungen findet weiter die einfache Beschwerde nach § 19 FGG statt. Ob die Rechtspflegererinnerung nach § 11 I RPflG in den selbständigen FGG-Familiensachen innerhalb der Monatsfrist des § 621e I, III ZPO einzulegen oder unbefristet ist, ist str.[8]) Als sicherster Weg ist die Monatsfrist einzuhalten.

3. Neue ZPO-Familiensachen

Streitigkeiten, die die durch Verwandtschaft begründete gesetzliche **Unterhaltspflicht** betreffen, fallen umfassend in die Zuständigkeit des FamG (§ 23b I S. 2 Nr. 5 GVG = § 621 I Nr. 4 ZPO). Darunter fallen zusätzlich zu den Klagen ehel. Kinder gegen ihre Eltern:

- Unterhaltsklagen von (und gegen) ne. Kinder einschließlich der Abänderungsklagen und des einstweiligen Rechtsschutzes nach § 1615o BGB und § 641d ZPO sowie

---

[6]) *Rahm/Künkel* [Fn. 2], Kap. VII Rz. 350.
[7]) *Rahm/Künkel* [Fn. 2], Kap. VII Rz. 392 ff.
[8]) Vgl. *Klüsener*, Rpfleger 1998, 229: Monatsfrist gilt.

- der Unterhalt von Eltern gegen Kinder und Kinder gegen Großeltern (und umgekehrt).
- Die Klage des ne. Elternteils auf Betreuungsunterhalt und Entbindungskosten (§ 1615l BGB) ist ebenfalls den FamGen zugewiesen (§ 23b I S. 2 Nr. 13 GVG = § 621 I Nr. 11 ZPO).
- In allen Unterhaltsverfahren sind jetzt einstweilige Anordnungen möglich (§ **644 ZPO**).
- Der Rechtspfleger des FamG ist gemäß § 20 Nr. 10 RPflG i.d.F. des Kindesunterhaltsgesetzes [KindUG][9]) zuständig für die Verfahren zur
  - Festsetzung von Unterhalt nach den §§ 645 bis 650 ZPO (Festsetzung bis zum 1,5fachen der Regelbeträge im vereinfachten Verfahren);
  - Abänderung von Vollstreckungstiteln nach § 655 I bis IV, VI ZPO bezüglich der Anrechnung von Kindergeld;
  - Festsetzung von Unterhalt und Abänderung von Unterhaltstiteln nach Art. 5 §§ 2 und 3 des KindUG (Abschluß laufender Verfahren nach altem Recht und Umstellung von Alttiteln in Regelbetragstitel, um eine fortlaufende Dynamisierung zu ermöglichen).

Kindschaftssachen nach § 640 II ZPO sind Verfahren, welche zum Gegenstand haben:
- die Feststellung der Vaterschaft oder die Wirksamkeit eines Vaterschaftsanerkenntnisses (Nr. 1);
- die Anfechtung der Vaterschaft (Nr. 2); unter diesen Begriff fallen sowohl die Anfechtung der Vaterschaftsanerkennung als auch der Ehelichkeit;
- die (selten praktische) Feststellung des Bestehens oder Nichtbestehens der elterl. Sorge der einen Partei für die andere (Nr. 3); Verfahren nach § 1671 BGB sind nicht gemeint.

4. Übergangsvorschriften zum 1. 7. 1998

Für die Übergangszeit vom 1. 7. 1998 bis längstens 30. 6. 2003 ergibt sich die Zuständigkeitsabgrenzung zwischen FamG, VormG, Prozeßabteilung und den Rechtsmittelgerichten für das Sorge-, Abstammungs- und Unterhaltsrecht aus **Art. 15 §§ 1 und 2 KindRG**.

---

[9]) BGBl 1998 I 666.

Besondere **Übergangsvorschriften für Kindesunterhaltsverfahren** enthalten **Art. 5 §§ 2 und 3 KindUG**, um möglichst vielen Kindern zu dynamischen Unterhaltstiteln zu verhelfen. Die Übergangsvorschriften zum neuen materiellen Recht ergeben sich aus dem EGBGB, nämlich aus **Art. 223 EGBGB** für das Beistandschaftsgesetz und aus **Art. 224 EGBGB** für die Abstammung (dort § 1), die elterl. Sorge (§ 2) und den Kindesnamen (§ 3). Soweit in Übergangsvorschriften nichts anderes bestimmt ist, sind ab 1. 7. 1998 in bereits anhängigen Verfahren sowohl das neue materielle Recht als auch das neue Verfahrensrecht anzuwenden.

a) Art. 15 KindRG

Anders als beim Inkrafttreten des 1. EheRG findet bis zum 30. 6. 2003 (vgl. Art. 17 § 2 KindRG) **keine Verfahrensüberleitung** auf das FamG statt. Das Gericht, bei dem am 1. 7. 1998 ein Verfahren nach § 621 I Nrn. 1 bis 4, 10 und 11 ZPO betreffend Sorgerecht, Umgangsrecht, Herausgabe, Kindesunterhalt, Abstammung, Betreuungsunterhalt anhängig (nicht rechtshängig!) geworden ist, bleibt weiterhin zuständig (Art. 15 § 1 I KindRG). Eine besondere Regelung war notwendig, weil der Grundsatz der perpetuatio fori zwischen zwei Spruchkörpern desselben Gerichts nicht gilt. Abweichend von § 23b III S. 2 GVG dürfen auch Richter auf Probe in ihrem ersten Tätigkeitsjahr die zu Familiensachen gewordenen Verfahren abschließen. Bei **Zurückverweisung** müssen sich die Abteilungen des AmtsG einigen, wer das Verfahren fortzusetzen hat. Einen etwaigen Kompetenzkonflikt entscheidet das übergeordnete OLG. Das Rechtsmittelgericht kann nicht bindend an das VormG oder FamG verweisen.

Für die **Rechtsmittelzulässigkeit** und -zuständigkeit ist gemäß Art. 15 § 1 II KindRG zu unterscheiden zwischen Verfahren, in denen

(1) die Entscheidung nach dem Inkrafttreten des KindRG (1. 7. 1998) verkündet oder an Stelle einer Verkündung zugestellt oder – in den FGG-Sachen (§ 16 FGG) – bekanntgemacht worden ist, und

(2) den übrigen Verfahren.

In den zu (1) genannten Fällen – **Verkündung oder Bekanntgabe nach dem 30. 6. 1998** – sollen, auch wenn sie nicht in erster Instanz vom FamG entschieden worden sind, für die Berufungen und die Beschwerden die OLGe (§ 119 I Nrn. 1 und 2 GVG) sowie für die Revisionen und weiteren Beschwerden der BGH (§ 133 Nr. 1 GVG) zuständig sein (Art. 15 § 1 II S. 3 KindRG).

In allen übrigen Verfahren (2), in denen die **Verkündung oder Bekanntgabe vor dem 1. 7.** 1998 liegt, sind die bisherigen Regelungen über die Zulässigkeit von Rechtsmitteln und die Zuständigkeit für die Verhandlung und Entscheidung über Rechtsmittel weiterhin anzuwenden (Art. 15 § 1 II S. 1 und 2 KindRG). Ein Verfahren, das sich am 1. 7. 1998 bereits in der Rechtsmittelinstanz befindet, wird also nicht an den Familiensenat des OLG abgegeben. Ist in Unterhaltssachen die Entscheidung der Prozeßabteilung des AmtsG vor dem 1. 7. 1998 nur kurz verkündet worden oder läuft am 1. 7. 1998 die Rechtsmittelfrist noch, gelangen Berufungen und Beschwerden weiterhin an das LG (§§ 23a, 72 GVG). Ein weiteres Rechtsmittel kommt in diesen Verfahren nicht in Betracht. Eine Kindschaftssache gelangt weiterhin an den allgemeinen Zivilsenat, sofern nicht durch Änderung der Geschäftsverteilung einem Familiensenat ab 1. 7. 1998 die Altfälle – als allgemeiner Zivilsenat – zugewiesen worden sind. FGG-Sachen, zu denen auch die Ersetzung der elterlichen Unterhaltsbestimmung nach § 1612 II BGB gehört, gelangen in den Altfällen an das LG (§§ 19 ff. FGG) bzw. als weitere Beschwerde gemäß § 27 FGG zum OLG/BayObLG.

In Art. 15 § 2 KindRG ist die Fortführung bestimmter Verfahren geregelt. Wichtig ist die Behandlung der **Folgesachen Sorgerecht**. Ab 1. 7. 1998 fällt nur noch der Versorgungsausgleich ohne Antrag in den Verbund (§ 623 I S. 3 ZPO), während auch über das Sorgerecht nur noch auf Antrag eines Elternteils im Verbund entschieden wird (§ 623 II Nr. 1 ZPO), sofern es sich nicht um ein Verfahren nach § 1666 BGB wegen Gefährdung des Kindeswohls handelt (§ 623 III ZPO). Nach Art. 15 § 2 IV KindRG ist eine am 1. 7. 1998 anhängige Folgesache Sorgerecht als in der Hauptsache erledigt anzusehen, wenn nicht **bis zum Ablauf von drei Monaten nach dem 1. 7. 1998** ein Elternteil beantragt hat, daß ihm das FamG die elterl. Sorge oder einen Teil davon allein überträgt. Diese Voraussetzung kann auch erfüllt sein, wenn ein eindeutiger Antrag auf Alleinsorge schon vor dem Inkrafttreten des KindRG gestellt worden ist[10]).

b) Art. 5 KindUG

Unterhaltsverfahren, die am 1. 7. 1998 anhängig sind, können nach altem Recht fortgesetzt werden. Der Klagantrag kann aber – evtl. durch Wiedereröffnung der Verhandlung – dem neuen Recht angepaßt

---

[10]) Begründung des Regierungsentwurfs, BT-Drucks. 13/4899, S. 146.

werden, um einen dynamischen Unterhaltstitel zu erlangen (Art. 5 § 2 KindUG). Alttitel können ab 1. 7. 1998 in einem vereinfachten Beschlußverfahren vor dem Rechtspfleger in dynamische Regelbetragstitel umgestellt werden (Art. 5 § 3 KindUG). Da die nächste Anpassung der Regelbeträge zum 1. 7. 1999 erfolgt (§ 1612a IV S. 1 BGB), hat die Praxis genügend Vorlaufzeit. Auf Unterhalt für die Zeit vor Inkrafttreten des KindUG bleibt das bisherige Recht anwendbar[11]).

---

[11]) *BGH,* FamRZ 1998, 426, 427 = FuR 1998, 129, 131.

Kindschaftsrechtsreformgesetz und IPR

Von Prof. Dr. Dr. h. c. Dieter Henrich, Regensburg

Übersicht
I. Abstammung
II. Anfechtung der Abstammung
III. Wirkungen des Eltern-Kind-Verhältnisses
IV. Legitimation
V. Namensrecht

Bis zum Inkrafttreten des Kindschaftsrechtsreformgesetzes [KindRG] unterschied man nicht nur im materiellen, sondern auch im Internationalen Privatrecht zwischen ehelicher [ehel.] und nichtehelicher [ne.] Kindschaft. Art. 19 EGBGB a. F. handelte von der ehel. Abstammung und dem Rechtsverhältnis zwischen den Eltern und einem ehel. Kind, Art. 20 EGBGB a. F. von der Abstammung des ne. Kindes und dem Rechtsverhältnis zwischen den Eltern und einem ne. Kind. Ergänzend regelte Art. 21 EGBGB a. F. das auf die Legitimation anzuwendende Recht. Unterschiedliche Anknüpfungen gab es schließlich auch im internationalen Namensrecht für ehel. und ne. Kinder (Art. 10 III, IV EGBGB a. F.).

Seit dem 1. 7. 1998 ist im EGBGB nicht mehr von ehel. und ne. Kindern die Rede. Die neuen Kollisionsnormen zur Abstammung (Art. 19 EGBGB), zur Anfechtung der Abstammung (Art. 20 EGBGB) und zu den Wirkungen des Eltern-Kind-Verhältnisses (Art. 21 EGBGB) gelten für alle Kinder, die Kollisionsnorm zur Legitimation wurde gestrichen und auch im internationalen Namensrecht ist die Unterscheidung zwischen ehel. und ne. Kindern entfallen.

Insgesamt ist die Regelung damit schlanker geworden. Die Hoffnungen, daß die Anknüpfung damit auch einfacher werden würde, haben sich allerdings nur zum Teil erfüllt.

I. Abstammung

Das frühere Recht unterschied bei der Frage der Abstammung danach, ob die Mutter des Kindes bei dessen Geburt oder im Zeitpunkt der Empfängnis verheiratet war oder nicht. Im ersteren Fall ging es um die Ehelichkeit des Kindes, im zweiten Fall um die Feststellung der Vaterschaft (u. U. auch der Mutterschaft). Ob das Kind den Status eines ehel. Kindes hatte, richtete sich primär nach dem sog. Ehewirkungsstatut (Art. 14 I EGBGB). Hatten die Mutter und ihr Ehemann dieselbe Staatsangehörigkeit, so galt ihr gemeinsames Heimatrecht. Hatten sie nicht dieselbe Staatsangehörigkeit, so kam es auf das Recht des Staates an, in dem sie gemeinsam ihren gewöhnlichen Aufenthalt hatten. Alternativ konnte die Ehelichkeit des Kindes auch nach dem Heimatrecht der Mutter oder ihres Ehemannes – jeweils zur Zeit der Geburt des Kindes – festgestellt werden.

War die Mutter weder bei der Geburt des Kindes noch bei dessen Empfängnis verheiratet, so konnte die (ne.) Abstammung alternativ nach drei Rechten festgestellt werden: dem Recht des Staates, dem die Mutter bei der Geburt des Kindes angehörte, dem Recht des Staates, dem der Vater bei der Geburt des Kindes angehörte, und dem Recht des Staates, in dem das Kind (im Zeitpunkt der begehrten Feststellung) seinen gewöhnlichen Aufenthalt hatte (Art. 20 I EGBGB a. F.). Für die Feststellung der mütterlichen Abstammung kam es allein auf das Heimatrecht der Mutter an.

In der Neufassung des Art. 19 EGBGB wurden die früheren Anknüpfungen miteinander verschmolzen. Die augenfälligste Neuerung ist die Dominanz der Anknüpfung an den gewöhnlichen Aufenthalt des Kindes (Art. 19 I S. 1 EGBGB). Anders als bisher kann die Abstammung eines Kindes vom Ehemann seiner Mutter auch dann – z. B. – nach deutschem Recht festgestellt werden, wenn beide Ehegatten Türken sind und lediglich in Deutschland leben. Was schon bisher für ne. Kinder mit gewöhnlichem Aufenthalt in Deutschland die Regel war, nämlich die Feststellung der Vaterschaft nach deutschem Recht, ist nunmehr also auch bei Kindern möglich, die einer Ehe entstammen.

Eine zweite Neuerung ist die Wandelbarkeit der Anknüpfung. Die Art. 19 und 20 EGBGB a. F. stellten – unwandelbar – sowohl für die ehel. als auch für die ne. Abstammung eines Kindes auf das Ehewirkungsstatut, bzw. auf das Heimatrecht der Mutter, ihres Ehemannes oder des ne. Vaters im Zeitpunkt der Geburt des Kindes ab. Eine Änderung des Ehewirkungsstatuts oder des Heimatrechts eines Elternteils hatte keine Auswirkungen auf die Anknüpfung. Nur die Feststellung der Abstammung nach dem gewöhnlichen Aufenthalt des

Kindes konnte nach dem Recht am jeweiligen gewöhnlichen Aufenthalt erfolgen.

Nach der Neuregelung kommt es auf den Zeitpunkt der Geburt nur noch an, wenn an das Ehewirkungsstatut angeknüpft wird (Art. 19 I S. 3 EGBGB). Das leuchtet ein. Ist die Mutter verheiratet (oder ist ihre Ehe vor der Geburt des Kindes durch Tod aufgelöst worden), so hat das Kind schon bei seiner Geburt einen Vater. Nur bei einer unverheirateten Mutter kann es einige Zeit dauern, bis der Vater des Kindes festgestellt werden kann. Hat sich bis dahin die Staatsangehörigkeit des Vaters geändert, so erscheint es sinnvoll, an seine jetzige Staatsangehörigkeit und nicht an seine Staatsangehörigkeit zur Zeit der Geburt des Kindes anzuknüpfen.

Die Anknüpfung der Abstammung an den gewöhnlichen Aufenthalt des Kindes bedeutet zweifellos eine Erleichterung, von der insbesondere die deutschen Standesbeamten profitieren werden. Neben der Anknüpfung an den gewöhnlichen Aufenthalt bleibt aber – bei einem Kind, dessen Mutter im Zeitpunkt seiner Geburt verheiratet ist, oder, falls der Mann vor der Geburt des Kindes gestorben ist, bei der Empfängnis verheiratet war – weiterhin die Anknüpfung an das Ehewirkungsstatut (Art. 14 I EGBGB) möglich und darüber hinaus kann die Abstammung des Kindes im Verhältnis zu jedem Elternteil auch noch nach dessen Heimatrecht festgestellt werden. Das Nebeneinanderbestehen mehrerer Anknüpfungsalternativen soll dem Kind nach Möglichkeit zu einem Vater verhelfen. Es kann freilich auch dazu führen, daß das Kind zwei Väter bekommt.

Beispiel: Eine türkische Frau wird von ihrem ebenfalls türkischen Ehemann geschieden. Drei Monate nach der Scheidung bringt sie ein Kind zur Welt. Ihr neuer Lebenspartner erkennt die Vaterschaft zu dem Kind an. Alle Beteiligten leben in Deutschland.

Früher hätte man als erstes gefragt: Hat das Kind den Status eines ehel. Kindes? Diese Frage hätte man nach türkischem Recht (gemeinsames Heimatrecht der Eheleute bei Auflösung ihrer Ehe) bejaht; denn nach türkischem Recht hat ein Kind, das innerhalb von 300 Tagen nach Auflösung der Ehe seiner Mutter geboren wird, den früheren Ehemann zum Vater (Art. 241 türk. ZGB). Damit wäre eine Anerkennung des Kindes durch den jetzigen Lebenspartner der Mutter sowohl nach türkischem als auch nach deutschem Recht erst nach einer wirksamen Anfechtung der Ehelichkeit und der rechtskräftigen Feststellung der Nichtehelichkeit des Kindes in Frage gekommen.

Der neugefaßte Art. 19 I EGBGB sieht eine solche Prüfungsreihenfolge nicht mehr vor. Der Lebenspartner der Mutter kann – nach deutschem Recht – das Kind anerkennen, falls nicht ein anderer Mann als Vater des Kindes vermutet wird (§ 1594 II BGB). Letzteres ist – nach deutschem Recht – nicht der Fall, da die Ehe der Mutter nicht durch Tod, sondern durch Scheidung aufgelöst wurde (§§ 1592 Nr. 1, 1593 I S. 1 BGB). Die Anerkennung wäre damit – nach deutschem Recht – wirksam, falls die Mutter ihr zugestimmt hat (§§ 1592 Nr. 2, 1595 I BGB).

Nun kann aber die Abstammung eines Kindes im Verhältnis zu jedem Elternteil auch nach dem Recht des Staates bestimmt werden, dem dieser Elternteil angehört (Art. 19 I S. 2 EGBGB). Das bedeutet, daß die Abstammung des Kindes vom früheren Ehemann der Mutter auch nach dessen türkischem Heimatrecht festgestellt werden kann. Nach diesem gilt der frühere Ehemann als Vater des Kindes, weil das Kind innerhalb der Empfängniszeit nach Auflösung der Ehe zur Welt gekommen ist.

Kann also die Vaterschaft sowohl nach deutschem als auch nach türkischem Recht festgestellt werden, so hat das Kind zwei Väter: die Vaterschaft des einen wird nach türkischem Recht vermutet, die Vaterschaft des anderen ist durch Anerkennung nach deutschem Recht festgestellt worden.

Will man dieses Ergebnis vermeiden, so bieten sich zwei Wege an: Nach § 1594 II BGB ist die Anerkennung der Vaterschaft nicht wirksam, „solange die Vaterschaft eines anderen Mannes besteht." Ob eine solche anderweitige Vaterschaft besteht, muß nun nicht notwendigerweise gleichfalls nach deutschem Recht entschieden werden. Man könnte diese „Vorfrage" auch nach Art. 19 I EGBGB anknüpfen und bejahen, wenn auch nur nach einem der dort genannten Rechte eine Vaterschaftsvermutung besteht. Geht man diesen Weg, so würde die Anerkennung nach deutschem Recht ausscheiden, solange nicht die nach türkischem Recht bestehende Vaterschaft wirksam angefochten worden ist.

Der andere Weg ist der, einer der beiden Anknüpfungsalternativen den Vorrang einzuräumen, nämlich der, die für das Kind am günstigsten ist. Die für das Kind günstigste Lösung ist sicherlich die, die ihm ohne Umwege zu seinem wirklichen Vater verhilft. Würde man die Anerkennung nach deutschem Recht ausschließen (obwohl nach deutschem Recht keine Vermutung für die Vaterschaft eines anderen Mannes spricht), weil nach türkischem Recht der geschiedene Ehemann der Mutter noch als Vater gilt, so hinge die Feststellung des wirklichen Vaters davon ab, daß die nach türkischem Recht bestehende „Ehelichkeit" des Kindes zuvor beseitigt worden ist. Dieser Weg ist beschwerlicher und für das Kind ungünstiger (und dazu noch mit Kosten verbunden) als der, für den sich der deutsche Gesetzgeber bei der Regelung des materiellen Rechts entschieden hat. Das könnte dafür sprechen, die Anerkennung einschließlich ihrer Voraussetzungen allein dem deutschen Recht zu unterstellen, weil es die für das Kind günstigste Regelung darstellt.

Für die erstgenannte Lösung spricht, daß sie schulmäßig durchgeführt werden kann, ohne daß irgendwelche Wertungen berücksichtigt werden müßten. Es lassen sich auch durchaus Fälle bilden, in denen sie zu einem vernünftigen Ergebnis führt. Kommt beispielsweise in Deutschland ein Kind zur Welt, dessen Mutter ebenso wie ihr Ehemann deutsche Staatsangehörige sind, so ist schwer vorstellbar, daß ein deutscher Standesbeamter als Vater des Kindes einen Italiener eintragen würde, der vor der Eintragung des Kindes im Geburtenbuch als Kind seiner Mutter und ihres Ehemannes das Kind unter Berufung auf italienisches Recht anerkannt hat. Hier gilt nach dem eindeutig dominierenden deutschen Recht (Ehewirkungsstatut, Heimatrecht des Ehemannes der Mutter und Recht am gewöhnlichen Aufenthalt des Kindes) zunächst der Ehemann der Mutter als der Vater des Kindes (§ 1592 BGB). Ehe seine Vaterschaft nicht wirksam angefochten ist, kommt eine Anerkennung durch einen anderen Mann nicht in Frage.

Aber wie steht es, wenn alle Beteiligten Italiener sind? Nach italienischem Recht hängt die Anerkennung nicht davon ab, daß zuvor eine vermutete „Ehelichkeit" angefochten worden ist. Ein Kind erlangt nach italienischem Recht den Status eines ehel. Kindes erst, wenn die Tatsache, daß es von einer verheirateten Frau abstammt, vor dem Standesbeamten erklärt und die Erklärung in die Geburtsurkunde aufgenommen worden ist[1]). Vor diesem Zeitpunkt kann darum ein Dritter durchaus das Kind wirksam anerkennen. Bei dieser Fallgestaltung führt angesichts der Dominanz des italienischen Rechts nur der zweite Lösungsweg zu einem vernünftigen Ergebnis, nämlich die Wahl des für das Kind günstigeren Rechts, das heißt nach dem oben gesagten die Wahl des italienischen Rechts.

---

[1]) *Gabrielli*, Das italienische Kindschaftsrecht, in: *Schwab/Henrich*, Entwicklungen des europäischen Kindschaftsrechts, 2. Aufl. 1996, S. 59, 63.

Ein weiterer Fall: Eine Deutsche wird von ihrem türkischen Ehemann geschieden. Drei Monate später bringt sie ein Kind zur Welt, dessen Vater ein Deutscher ist. Würde man hier eine Vaterschaftsvermutung zugunsten des früheren Ehemannes annehmen, weil das türkische Recht dies vorsieht, so käme man zu einem Ergebnis, das weder der Regelung des deutschen Rechts (§§ 1592 f. BGB) entspricht, noch aus der Sicht des türkischen Rechts richtig wäre; denn die türkischen Gerichte würden das Bestehen einer Ehelichkeitsvermutung nach dem Ehewirkungsstatut beurteilen und kämen darum bei unterschiedlicher Staatsangehörigkeit der Ehegatten zur Maßgeblichkeit des deutschen Rechts (gemeinsamer Wohnsitz der Eheleute). Da diese Rückverweisung auf das deutsche Recht nach herrschender Meinung aber nicht beachtet werden dürfte, weil sie dem Sinn der alternativen Anknüpfung zuwiderliefe, müßte der Anerkennung des Kindes durch seinen wirklichen Vater ein Vaterschaftsanfechtungsverfahren vorgeschaltet werden. Daß dieses Ergebnis auf Unverständnis stoßen müßte, liegt auf der Hand. Auch hier führt nur der zweite Lösungsweg, die Wahl des für das Kind günstigeren Rechts, zu dem von allen Beteiligten gewünschten und auch von den betroffenen Rechtsordnungen gebilligten Ergebnis.

Wie die Gerichte Art. 19 I EGBGB interpretieren werden, bleibt abzuwarten. Der Weg zu einer vernunftgemäßen Lösung ist jedenfalls nicht verschlossen. Er setzt aber eine flexible Handhabung der Kollisionsnorm voraus.

II. Anfechtung der Abstammung

Bis zum 30. 6. 1998 galten unterschiedliche Regeln für die Anfechtung der Ehelichkeit und die Anfechtung einer Vaterschaftsanerkennung. Die Anfechtung der Ehelichkeit richtete sich grundsätzlich nach dem Abstammungsstatut, also nach dem Recht, das über die Voraussetzungen der Ehelichkeit entschied. Dabei hatte aber die Anknüpfung an Art. 19 I S. 1 EGBGB a. F. (Ehewirkungsstatut zur Zeit der Geburt des Kindes) einen gewissen Vorrang vor der Anknüpfung nach Art. 19 I S. 2 EGBGB a. F. (Heimatrecht der Mutter oder ihres Ehemannes). Nach dem Heimatrecht der Mutter oder nach dem Heimatrecht ihres Ehemannes sollte die Ehelichkeit nur dann angefochten werden können, wenn sie nur nach diesem Recht bestand. War das Kind dagegen nach dem Ehewirkungsstatut ehel., so sollte die Ehelichkeit nur nach diesem Recht angefochten werden können. War die Anfechtung nach diesem Recht nicht (mehr) möglich, so sollte nicht hilfsweise auf das Heimatrecht eines der Ehegatten zurückgegriffen werden können[2]). Daneben war aber stets die Anfechtung nach dem Recht am gewöhnlichen Aufenthalt des Kindes zugelassen.

Bei der Anfechtung einer Vaterschaftsanerkennung galt der Grundsatz: Die Anfechtung hat nach dem Recht zu erfolgen, nach dem das Anerkenntnis abgegeben wurde. Zweifel bestanden in den Fällen, in denen eine Anerkennung nach mehreren der in Art. 20 I EGBGB a. F. genannten Rechte wirksam war. Hier vertraten einige den Standpunkt, daß eine Anfechtung nur dann möglich sein sollte, wenn sie nach allen in Betracht kommenden Rechtsordnungen (noch) zulässig war, andere wollten dagegen die Anfechtung jedenfalls nach dem Recht zulassen, nach dem die Anerkennung tatsächlich erklärt worden war, auch wenn sie nach einem anderen Recht nicht (mehr) möglich sein sollte[3]).

Art. 20 EGBGB n. F. faßt beide Fallgruppen zusammen. Die Abstammung soll nunmehr nach jedem Recht angefochten werden können, aus dem sich ihre Voraussetzungen ergeben. Darüber hinaus soll das Kind die Abstammung in jedem Fall nach dem Recht des Staates anfechten können, in dem es seinen gewöhnlichen Aufenthalt hat.

Angefochten wird jetzt also die Abstammung, nicht mehr – bei einem Kind, dessen Eltern verheiratet sind – die Ehelichkeit. Das gilt auch dann, wenn das Kind nach einer ausländischen Rechtsordnung den Status eines ehel. Kindes hat. Hier folgt das EGBGB konsequent der Änderung des deutschen materiellen Rechts. Da die Ehelichkeit als Status nicht mehr existiert, gibt es auch keinen favor legitimitatis mehr. Die Argumente, die nach früherem Recht dazu führten, die Anfechtung der Ehelichkeit nicht nach allen Rechten zuzulassen, die für die positive Feststellung der Ehelichkeit herangezogen werden konnten, zählen nicht mehr. Das bedeutet: Steht die Abstammung nicht nur nach einem, sondern nach mehreren der in Art. 19 I EGBGB genannten Rechte fest, so kann sie nach jedem dieser Rechte angefochten werden.

Haben also z. B. die türkische Mutter und ihr deutscher Ehemann im Zeitpunkt der Geburt des Kindes ihren gewöhnlichen Aufenthalt in Österreich und lebt das Kind nunmehr in der Türkei, und wird nach all diesen Rechten der Ehemann als Vater vermutet, so kann er

---

[2]) *Staudinger/Henrich*, BGB, 1994, Art. 19 EGBGB Rz. 150.
[3]) *Staudinger/Kropholler*, BGB, 1996, Art. 20 EGBGB Rz. 43.

die Abstammung sowohl nach türkischem als auch nach deutschem oder österreichischem Recht anfechten. Der Anfechtung nach deutschem Recht kann also (z. B.) nicht entgegengehalten werden, die Anfechtungsfrist sei nach türkischem Recht bereits abgelaufen.

Ist ein Deutscher durch arglistige Täuschung einer türkischen Mutter zur Anerkennung des Kindes veranlaßt worden und steht aufgrund der Anerkennung sowohl nach deutschem als auch nach türkischem Recht seine Vaterschaft fest, so hindert ihn der Umstand, daß nach türkischem Recht die Anerkennung nicht angefochten werden könnte, nicht an der Anfechtung nach deutschem Recht.

Auf den ersten Blick befremdlich wirkt Art. 20 S. 2 EGBGB. Nachdem gemäß Art. 20 S. 1 EGBGB die Abstammung nach jedem Recht angefochten werden kann, aus dem sich ihre Voraussetzungen ergeben, und gemäß Art. 19 I S. 1 EGBGB die Abstammung eines Kindes dem Recht unterliegt, in dem das Kind seinen gewöhnlichen Aufenthalt hat, kann ein Kind seine Abstammung schon nach Art. 20 S. 1 EGBGB nach dem Recht seines gewöhnlichen Aufenthalts anfechten. Art. 20 S. 2 EGBGB scheint darum eine überflüssige Wiederholung zu sein. Bei genauerem Hinsehen ergibt sich indessen, daß dieser Satz doch eine eigenständige Bedeutung hat. Art. 20 S. 1 EGBGB läßt nämlich die Anfechtung nur nach einem Recht zu, aus dem sich die Voraussetzungen der Abstammung ergeben, m.a.W. einem Recht, das die Abstammung bejaht. Art. 20 S. 2 EGBGB gibt dem Kind dagegen die Möglichkeit, die Abstammung auch dann nach dem Recht seines gewöhnlichen Aufenthalts anzufechten, wenn die Abstammung sich nicht aus diesem Recht ergibt.

In dem Beispiel des Kindes einer türkischen Mutter, das drei Monate nach deren Scheidung von ihrem türkischen Ehemann geboren worden ist, könnte das Kind (mit gewöhnlichem Aufenthalt in Deutschland) nach Art. 20 S. 1 EGBGB seine Abstammung vom Ehemann seiner Mutter nur nach türkischem Recht anfechten, weil sich nur aus diesem Recht die Voraussetzungen seiner Abstammung ergeben. Ist danach die Anfechtung ausgeschlossen, steht dem Kind gemäß Art. 20 S. 2 EGBGB die Anfechtung nach deutschem Recht offen, obwohl nach deutschem Recht gar keine Abstammungsvermutung besteht. Hier wird das Kind also gegenüber dem (früheren) Ehemann seiner Mutter privilegiert. Während dieser die Abstammung nur nach türkischem Recht anfechten kann (wenn sich nur nach türkischem Recht eine Vaterschaftsvermutung ergibt), kann das Kind die Abstammung auch nach dem Recht an seinem (deutschen) gewöhnlichen Aufenthalt anfechten.

Es handelt sich bei Art. 20 S. 2 EGBGB also nicht – wie es auf den ersten Blick erscheint und wie auch ich bei einer ersten Betrachtung vermutet hatte[4]) – um ein Redaktionsversehen. Die Vorschrift hat vielmehr durchaus eigenständige Bedeutung.

III. Wirkungen des Eltern-Kind-Verhältnisses

Auch bei den Wirkungen des Eltern-Kind-Verhältnisses unterschied das EGBGB bis zum 30.6.1998 zwischen ehel. und ne. Kindern. Für die ersteren galt das Ehewirkungsstatut, bzw., wenn eine Ehe nicht (mehr) bestand, das Recht am gewöhnlichen Aufenthalt des Kindes (Art. 19 II EGBGB a. F.), für die letzteren war ausschließlich das Recht am gewöhnlichen Aufenthalt des Kindes maßgebend (Art. 20 II EGBGB a. F.). Nunmehr kommt es für alle Kinder nur noch auf das Recht an ihrem gewöhnlichen Aufenthalt an (Art. 21 EGBGB).

Unberührt geblieben ist das Haager Minderjährigenschutzübereinkommen [MSA] v. 5. 10. 1961. Geht es um Schutzmaßnahmen i.S. dieses Übereinkommens, z.B. um die Regelung der elterlichen Sorge oder des Umgangsrechts, so wird auch weiterhin die Anknüpfung nach dem EGBGB im Geltungsbereich des MSA durch dieses verdrängt.

Das bedeutet: Trennen sich die Eltern oder lassen sie sich scheiden und stellt kein Elternteil einen Antrag bezüglich der elterlichen Sorge, so richtet sich diese gemäß Art. 21 EGBGB nach dem Recht am gewöhnlichen Aufenthalt des Kindes. Lebt das Kind in Deutschland, so bleiben folglich beide Eltern gemeinsam sorgeberechtigt, wenn ihnen bis zur Trennung oder Scheidung das Sorgerecht gemeinsam zustand. Stellt ein Elternteil einen Antrag auf Übertragung der elterlichen Sorge (zur Gänze oder zu einem Teil) oder zur Regelung des Umgangsrechts, so entscheidet weiterhin – wie schon bisher – das MSA über die Zuständigkeit der deutschen Gerichte und das anzuwendende Recht. Ist das MSA nicht anwendbar, weil das Kind seinen gewöhnlichen Aufenthalt nicht in einem Vertragsstaat dieses Abkommens hat, so tritt Art. 21 EGBGB an die Stelle des Abkommens.

---

[4]) *Henrich*, Änderungen der internationalprivatrechtlichen Vorschriften im Regierungsentwurf zur Reform des Kindschaftsrechts, StAZ 1996, 353, 356; *ders.*, Das Kollisionsrecht im Kindschaftsrechtsreformgesetz, StAZ 1998, 1, 3.

Bisher war es streitig, ob bei der Regelung des Sorgerechts für die Zeit nach der Scheidung dann, wenn das Kind seinen gewöhnlichen Aufenthalt nicht in einem Vertragsstaat des MSA hatte, Art. 19 II S. 2 EGBGB anzuwenden war oder das Scheidungsstatut Vorrang beanspruchte. Es ging dabei jeweils um Fälle, in denen eine gemischtnationale Ehe nach deutschem Recht geschieden wurde, das Kind aber seinen gewöhnlichen Aufenthalt im Heimatstaat des Ehemannes hatte (Jordanien, Algerien)[5]). Diese Auffassung, die schon unter der Geltung des früheren Rechts auf einer unrichtigen Gesetzesinterpretation beruhte[6]), ist nach der Neuregelung durch das KindRG gänzlich unhaltbar geworden. Konnte man vor der Neuregelung immerhin noch darauf verweisen, daß auch nach der Scheidung der Gedanke der Familieneinheit und damit das Ehewirkungsstatut fortgelten solle[7]), so ist diese Argumentation nach der Rechtsreform nicht mehr möglich, weil die Eltern-Kind-Beziehungen auch bei bestehender Ehe nicht mehr dem Ehewirkungsstatut, sondern dem Recht am gewöhnlichen Aufenthalt des Kindes unterstehen.

Für ne. Kinder galt schon bisher das Recht an ihrem gewöhnlichen Aufenthalt. Insofern hat sich durch das KindRG nichts Neues ergeben. Die Änderungen des materiellen Rechts (Wegfall der Amtspflegschaft, Beteiligung des Vaters an der elterlichen Sorge) lassen aber neue Fragen im Fall eines Statutenwechsels entstehen.

Angeknüpft wird an den jeweiligen gewöhnlichen Aufenthalt. Das Statut des Eltern-Kind-Verhältnisses ist also wandelbar. Kam nach bisherigem Recht ein ne. Kind nach Deutschland und erwarb es hier einen neuen gewöhnlichen Aufenthalt, so trat gemäß § 1709 II BGB a. F. Amtspflegschaft ein, auch wenn das Kind nach dem Recht an seinem früheren gewöhnlichen Aufenthalt unter der unbeschränkten Sorge seiner Mutter (oder seiner Eltern) gestanden hatte[8]). Kommt heute ein Kind, dessen Eltern nicht miteinander verheiratet sind, nach Deutschland, so richten sich die Rechte und Pflichten der Eltern gleichfalls nach deutschem Recht, sobald aus dem vorläufigen Aufenthalt des Kindes ein gewöhnlicher Aufenthalt geworden ist. D. h., die

---

[5]) *OLG Hamm*, FamRZ 1990, 781 (Kind in Jordanien); *OLG Frankfurt*, FamRZ 1990, 783 (Kind in Algerien); *OLG Karlsruhe*, FamRZ 1992, 1465 (Kind in Algerien).
[6]) Vgl. *Klinkhardt*, IPRax 1991, 174; *Dörner*, IPRax 1993, 83, 87; *Staudinger/Henrich*, BGB, 1994, Art. 19 EGBGB Rz. 317, m.w.N.
[7]) *OLG Frankfurt*, FamRZ 1990, 783.
[8]) Vgl. (zum umgekehrten Fall der Verlegung des gewöhnlichen Aufenthalts ins Ausland) *KG*, FamRZ 1992, 472.

elterliche Sorge steht dann allein und unbeschränkt der Mutter zu, falls sie und der Vater des Kindes nicht erklären, die Sorge gemeinsam übernehmen zu wollen (§ 1626a BGB). Diese Sorgeerklärungen sind auch dann erforderlich, wenn nach dem früheren gewöhnlichen Aufenthalt des Kindes bereits beide Eltern – ohne entsprechende Sorgeerklärungen abgegeben zu haben – gleichberechtigte Inhaber des Sorgerechts waren.

Leben beispielsweise die Eltern eines Kindes in Belgien oder in Italien in ne. Lebensgemeinschaft mit dem Kind zusammen, so steht ihnen kraft Gesetzes die elterliche Sorge gemeinsam zu[9]). Übersiedeln sie mit dem Kind nach Deutschland, so behält der Vater des Kindes die elterliche Sorge nur dann, wenn er zusammen mit der Mutter eine entsprechende Sorgeerklärung abgibt. Trennt sich die Mutter von dem Vater des Kindes, so bleibt nach belgischem Recht die gemeinsame Sorge grundsätzlich bestehen (Art. 374 I Cc belge), nach italienischem Recht hat der Richter zu entscheiden, wem das Kind anzuvertrauen ist und wer künftig zur Ausübung der elterlichen Sorge berechtigt sein soll[10]). Belgisches oder italienisches Recht ist aber nicht mehr anwendbar, sobald das Kind seinen gewöhnlichen Aufenthalt in Deutschland hat. Wer sorgeberechtigt ist, ergibt sich dann allein aus § 1626a BGB. Die in Belgien oder Italien zurückgebliebenen Väter haben dann nur noch allenfalls die Möglichkeit, sich auf das Haager Kindesentführungsübereinkommen v. 25. 10. 1980 zu berufen, wenn die Mutter gegen ihren Willen das Kind nach Deutschland verbracht hat.

Anders ist es, wenn die Eltern im Ausland entsprechende Sorgeerklärungen abgegeben haben. Hat beispielsweise ein österreichisches Gericht auf gemeinsamen Antrag der Eltern verfügt, daß ihnen beiden die Obsorge für das Kind zukommt (§ 167 ABGB), so bedarf es nicht erneut gemeinsamer Sorgeerklärungen, wenn das Paar (oder auch nur die Mutter allein) mit dem Kind nach Deutschland übersiedelt. Die Abgabe der Sorgeerklärung im Ausland in der dort vorgeschriebenen Form steht der Abgabe im Inland gleich. Die gemeinsame Sorge bleibt auch nach dem Statutenwechsel so lange bestehen, bis sie auf Antrag eines Elternteils vom zuständigen Gericht geändert wird.

Hängt im Ausland die gemeinsame Sorge nicht von der Abgabe gemeinsamer Erklärungen ab, so kann nicht aus der bloßen Tatsache,

---

[9]) Art. 373 I Cc belge; Art. 261 i.V. mit Art. 316 II Cc it.
[10]) *Gabrielli* [Fn. 1], S. 76.

daß das Kind von beiden Eltern anerkannt worden ist, auf die konkludente Abgabe gemeinsamer Sorgeerklärungen geschlossen werden. Dies gilt auch dann, wenn die gemeinsame Anerkennung in dem Bewußtsein erfolgt ist, daß sie im Anerkennungsstaat die gemeinsame Sorge zur Folge hat. Sind im Ausland ausdrückliche Sorgeerklärungen nicht vorgesehen, so stehen gleichwohl dort abgegebene Sorgeerklärungen nur dann einer inländischen Sorgeerklärung gleich, wenn sie den inländischen Formvorschriften genügen, m. a. W. öffentlich beurkundet worden sind.

IV. Legitimation

Die Beseitigung der Unterschiede zwischen ehel. und ne. Kindern hat nicht nur im materiellen Recht, sondern auch im EGBGB zum Wegfall der Legitimation geführt. Das bedeutet aber nicht, daß eine Heirat der Eltern eines Kindes keine Rechtsfolgen mehr hätte. Im materiellen Recht führt sie zum Erwerb der gemeinsamen elterlichen Sorge (§ 1626a I Nr. 2 BGB). Im Kollisionsrecht kann sie – im Anwendungsbereich eines fremden Rechts – nach wie vor die Legitimation des Kindes bedeuten. Eine solche Legitimation kann Auswirkungen sowohl für die elterliche Sorge als auch für den Unterhalt, das Erbrecht oder den Namen des Kindes haben. Lebt das Kind in Deutschland, so ist im Fall einer Heirat seiner Eltern § 1626a I Nr. 2 BGB anzuwenden: Für die Eltern-Kind-Beziehungen gilt das Recht am gewöhnlichen Aufenthalt. Dasselbe trifft auch für Unterhaltsansprüche zu: Auch hier gilt für den Unterhaltsanspruch eines Kindes primär das Recht des Staates, in dem es seinen gewöhnlichen Aufenthalt hat (Art. 4 des Haager Übereinkommens über das auf Unterhaltspflichten anzuwendende Recht v. 2. 10. 1973). Nach deutschem Recht ist die Eheschließung der Eltern für den Unterhaltsanspruch des Kindes ohne Bedeutung. Hat das Kind seinen gewöhnlichen Aufenthalt im Ausland, so wird man die Folgen einer Heirat der Eltern aus der Sicht des Aufenthaltsstaates zu beurteilen haben, die für die elterliche Sorge oder für den Unterhaltsanspruch des Kindes aus der Sicht des Aufenthaltsstaates relevante Vorfrage einer wirksamen Legitimation also unselbständig anknüpfen[11]).

---

[11]) Bisher war diese Frage streitig; vgl. zur Anknüpfung von Vorfragen im Unterhaltsrecht *Staudinger/von Bar/Mankowski*, BGB, 1996, Anh. I zu Art. 18 EGBGB Rz. 18 ff.; zur Anknüpfung von Vorfragen im Bereich des Haager MSA *Staudinger/ Kropholler*, BGB, 1994, Vorbem. zu Art. 19 EGBGB Rz. 346 ff.

Macht z. B. ein in Zypern lebendes ne. geborenes 17jähriges Kind Unterhaltsansprüche gegen seinen in Deutschland lebenden Vater geltend, so hängt seine Unterhaltsberechtigung davon ab, ob es wirksam legitimiert worden ist; denn nur ein ehel. oder wirksam legitimiertes Kind hat nach zyprischem Recht einen Unterhaltsanspruch über das 16. Lebensjahr hinaus. Hier sollte also künftig das Unterhaltsstatut danach befragt werden, ob aus seiner Sicht eine Legitimation des Kindes stattgefunden hat.

Soweit das Erbrecht eines Kindes von seinem Status als ehel. oder ne. abhängt, wird man die Vorfrage einer Legitimation ebenfalls unselbständig anknüpfen, d.h. aus der Sicht des Erbstatuts beantworten[12]). Ob z. B. ein ne. geborenes Kind eines philippinischen Vaters einen vollen Kindesanteil erbt oder – als ne. Kind – nur einen halben Kindesanteil bekommt (Art. 176 philipp. Familiengesetzbuch) kann davon abhängen, ob es wirksam legitimiert worden ist. Aus philippinischer Sicht entscheidet darüber das Heimatrecht der Beteiligten (Art. 15 philipp. ZGB).

Nach § 31 I PStG a. F. war die Legitimation eines Kindes in das Geburtenbuch einzutragen. § 31 II PStG a. F. statuierte für den Standesbeamten eine Vorlagepflicht, wenn für die Legitimation die Anwendung ausländischen Rechts in Betracht kam. Das KindRG hat auch diese Vorschrift ersatzlos aufgehoben. Geblieben ist aber § 30 PStG, wonach ein Randvermerk u.a. einzutragen ist, wenn sich der Personenstand eines Kindes geändert hat. Damit stellt sich nunmehr die Frage, ob ein Randvermerk künftig auch dann noch einzutragen ist, wenn nach ausländischem Recht ein ne. Kind durch Legitimation den Status eines ehel. Kindes erlangt hat. Die Antwort lautet nein.

Die Eintragung eines Randvermerks nach § 30 PStG ist dann erforderlich, wenn ein zunächst richtiger Eintrag durch einen späteren rechtlichen Vorgang unrichtig geworden ist. Das ist nach geltendem Recht nicht mehr der Fall, wenn die Eltern eines ne. geborenen Kindes einander heiraten.

Wird ein Kind ne. geboren und hat der Vater das Kind vor der Beurkundung der Geburt anerkannt, so werden beide Eltern in das Geburtenbuch eingetragen. Ob sie verheiratet sind oder nicht, spielt

---

[12]) Für eine unselbständige Anknüpfung von Vorfragen insbesondere im Erbrecht: *MünchKomm/Sonnenberger*, BGB, 3. Aufl., Einl. IPR Rz. 501; a. A. *Staudinger/Dörner*, BGB, 1995, Art. 25 EGBGB Rz. 153; vermittelnd: *MünchKomm/Birk*, BGB, 3. Aufl., Art. 25 EGBGB Rz. 81.

keine Rolle. Das Kind hat den Status eines Kindes seiner Eltern und nicht etwa den Status eines ne. Kindes. Heiraten dann später seine Eltern, so bleibt der Status des Kindes unverändert; es tritt also keine Personenstandsänderung ein. Damit erübrigt sich die Eintragung eines Randvermerks. Eine Personenstandsänderung, die nur nach ausländischem Recht erfolgt, braucht den deutschen Standesbeamten nicht zu interessieren.

Die Statusänderung nach ausländischem Recht kann jedoch Folgen haben, z. B. für den Namen des Kindes. Eine solche Namensänderung ist – weil hierfür das Heimatrecht des Kindes gilt (Art. 10 I EGBGB) – auch im Inland wirksam und darum im Geburtenbuch zu vermerken. Bei diesem Vermerk ist auf den Grund der Namensänderung hinzuweisen, etwa durch die Formulierung: „Das Kind führt aufgrund der Eheschließung seiner Eltern, die am . . . stattgefunden hat, nach italienischem Recht den Namen seines Vaters."

V. Namensrecht

Nach dem internationalen Namensrecht unterliegt der Name einer Person grundsätzlich ihrem Heimatrecht (Art. 10 I EGBGB). In bestimmten Grenzen kann jedoch ein anderes Recht für die Namensführung gewählt werden. Das bisher geltende Recht stellte dabei unterschiedliche Wahlmöglichkeiten für ehel. und ne. Kinder zur Verfügung (Art. 10 III, IV EGBGB a. F.).

Das KindRG hat diese unterschiedlichen Wahlmöglichkeiten durch eine einheitliche Norm ersetzt (Art. 10 III EGBGB). Die wichtigste Neuerung: Für ne. Kinder konnte bisher statt ihres Heimatrechts nur das Heimatrecht eines Elternteils oder des den Namen Erteilenden als Namensstatut gewählt werden. Nunmehr ist auch – ebenso wie schon bisher bei ehel. Kindern – die Wahl deutschen Rechts möglich, wenn auch nur ein Elternteil seinen gewöhnlichen Aufenthalt im Inland hat.

Kommt also z.B. in Deutschland ein Kind österreichischer Eltern zur Welt, die in ne. Gemeinschaft leben, so kam nach bisherigem Recht eine Rechtswahl nicht in Frage, weil alle Beteiligten österreichische Staatsangehörige waren. Nach neuem Recht kann die Mutter als Sorgeberechtigte (oder können die Eltern, wenn sie beide sorgeberechtigt sind) bestimmen, daß das Kind seinen Namen nach deutschem Recht (Recht des gewöhnlichen Aufenthalts) erhalten soll. Nach österreichischem Recht hätte das Kind den Namen seiner Mutter zu führen (§ 165 ABGB). Nach deutschem Recht kann dann, wenn beide Eltern sorgeberechtigt sind, auch der Name des Vaters zum Geburtsnamen des Kindes bestimmt werden (§ 1617 BGB).

Ob die Wahl des deutschen Rechts als Recht des gewöhnlichen Aufenthalts allerdings sinnvoll ist, wenn alle Beteiligten Ausländer sind, läßt sich bezweifeln. Die Folge einer solchen Rechtswahl wird nämlich in der Mehrzahl der Fälle eine hinkende Namensführung sein. Die meisten Staaten werden die Rechtswahl nicht anerkennen. Im Paß des Kindes steht dann ein anderer Name als im deutschen Geburtsregister.

Es kann freilich Situationen geben, in denen die Eltern des Kindes und insbesondere seine Mutter eine solche hinkende Namensführung bewußt in Kauf nehmen. Will z. B. eine türkische Mutter, die in Deutschland lebt und hier auch bleiben möchte, daß ihr Kind ihren Namen führt und nicht denjenigen seines ebenfalls türkischen Vaters (mit dem sie nichts mehr zu tun haben will), so kann sie dies nur mit Hilfe einer Rechtswahl nach Art. 10 III Nr. 2 EGBGB erreichen. Nach türkischem Recht erhält nämlich ein Kind, das von seinem Vater anerkannt worden ist, den Familiennamen des Vaters. Wählt die Mutter dagegen (falls sie allein sorgeberechtigt ist) deutsches Recht zum Namensstatut, dann gilt für die Namensführung des Kindes § 1617a I BGB: Das Kind erhält, wie von der Mutter gewünscht, ihren Namen.

Die Neufassung des Art. 10 EGBGB hat nicht nur Auswirkungen auf die Namensführung von Kindern unverheirateter Eltern, sondern betrifft auch die Namensführung von Kindern, die einer Ehe entstammen. Art. 10 III EGBGB a. F. ließ bei ehel. Kindern eine Rechtswahl nur vor der Beurkundung der Geburt des Kindes zu, nach der Neufassung kann auch nach diesem Zeitpunkt noch eine Rechtswahl stattfinden. Außerdem trägt die Neufassung dem Umstand Rechnung, daß nunmehr auch für Kinder, die einer Ehe entstammen, eine Namenserteilung möglich ist (§ 1618 BGB). Die Mutter des Kindes, die sich nach Auflösung ihrer Ehe erneut verheiratet hat, kann dem Kind zusammen mit ihrem jetzigen Ehemann durch Erklärung gegenüber dem Standesbeamten ihren Ehenamen erteilen. Es bedarf für diese Namensänderung also nicht mehr eines behördlichen Namensänderungsverfahrens. Im Hinblick darauf heißt es jetzt in Art. 10 III EGBGB: „Der Inhaber der Sorge kann gegenüber dem Standesbeamten bestimmen, daß ein Kind den Familiennamen erhalten soll . . . 3. nach dem Recht des Staates, dem ein den Namen Erteilender angehört." Auch wenn also das Kind und seine Mutter Ausländer sind, kann gleichwohl eine Namenserteilung nach deutschem Recht stattfinden, wenn der jetzige Ehemann der Mutter ein Deutscher ist und die Mutter als Sorgeberechtigte das deutsche Recht zum Namensstatut bestimmt.

Eine leidige Rolle spielen im internationalen Namensrecht seit jeher die familienrechtlichen Vorfragen. Früher fragte man: Ist das Kind ehel. oder ne.? Ist es im letzteren Fall wirksam anerkannt oder ist die Vaterschaft auf andere Weise wirksam festgestellt worden? Hat der Vater eines ne. Kindes eine wirksame Einbenennungserklärung abgegeben? Nach der Rechtsprechung des *BGH* waren familienrechtliche Vorfragen im internationalen Namensrecht grundsätzlich unselbständig anzuknüpfen. Nur bei der Statusfrage (ehel. oder ne.) sollte eine Ausnahme gemacht werden. Weil es sich hier um eine „Weichenstellung" handelte (die auch für die Frage wichtig war, ob die Wahlmöglichkeiten nach Art. 10 III oder nach Art. 10 IV EGBGB a. F. eröffnet waren), sollte darüber selbständig, also unter Anknüpfung an die deutsche Kollisionsnorm, entschieden werden[13]).

Diese „Weichenstellung" ist nunmehr entfallen. Statusunterschiede gibt es nicht mehr und auch bei der Anknüpfung wird in Art. 10 EGBGB nicht mehr zwischen ehel. und ne. Kindern unterschieden. Das könnte dafür sprechen, es künftig in allen Fällen bei der vom *BGH* aufgestellten Regel zu belassen, Vorfragen im internationalen Namensrecht also unselbständig anzuknüpfen.

Indessen ist auch hier das letzte Wort noch nicht gesprochen. Über Ausnahmen von der Regel wird man insbesondere bei den „Kindern mit zwei Vätern" nachdenken müssen. Das Kind einer türkischen Mutter, das drei Monate nach deren Scheidung von ihrem türkischen Ehemann geboren und von einem italienischen Staatsangehörigen anerkannt wurde, hat nach dem Günstigkeitsprinzip den Anerkennenden zum Vater. Ist seine effektive Staatsangehörigkeit nach wie vor die türkische, so müßte sich seine Namensführung nach türkischem Recht richten. Würde man hier die Vorfrage der Abstammung unselbständig, d. h. nach den Kollisionsnormen des türkischen Rechts, anknüpfen, so hätte das Kind den früheren Ehemann seiner Mutter zum Vater und demzufolge auch dessen Namen zu führen. Ein solches Ergebnis wäre aber nicht akzeptabel. Aus diesem Grund wird man auch im internationalen Namensrecht einzelne Vorfragen weiterhin selbständig anknüpfen müssen, nämlich solche, die über die Zuord-

---

[13]) *BGH*, FamRZ 1986, 984 = IPRax 1987, 22, m. Anm. *Sturm,* IPRax 1987, 1 ff.

nung zu einem von zwei möglichen Vätern entscheiden. Hier bleiben also die Argumente weiterhin gültig, die den *BGH* früher dazu bestimmten, für die Statusfrage (heute wird man sagen müssen: für die Zuordnung zum Ehemann der Mutter oder zu einem Dritten) eine Ausnahme von der Regel zu machen.

Die erbrechtliche Stellung der nichtehelichen Kinder und ihrer Väter nach Inkrafttreten des Erbrechtsgleichstellungsgesetzes

Von Prof. Dr. Dr. h. c. Wilfried Schlüter und Wiss. Mitarb. Susanne Fegeler, Münster

Übersicht

A. Einleitung und Überblick über das Erbrechtsgleichstellungsgesetz
B. Der Eintritt des Erbfalls nach Inkrafttreten des ErbGleichG (1. 4. 1998)
   I. Die erbrechtliche Stellung der nicht in einer Ehe geborenen Kinder
      1. Die erbrechtliche Stellung der nach dem Inkrafttreten des ErbGleichG (1. 4. 1998) geborenen Kinder
      2. Die erbrechtliche Stellung der nach Wirksamwerden des Beitritts (3. 10. 1990) geborenen Kinder
      3. Die erbrechtliche Stellung der vor dem Wirksamwerden des Beitritts (3. 10. 1990), vor allem vor dem 1. 7. 1949 geborenen Kinder
         a) Art. 12 § 10 II NEhelG
         b) Die Rechtsspaltung durch den Beitritt
         c) Die Voraussetzungen des Art. 235 § 1 II EGBGB
            aa) Der gewöhnliche Aufenthalt des Erblassers
            bb) Der Beitritt als maßgeblicher Zeitpunkt für den gewöhnlichen Aufenthalt des Erblassers
         d) Die Sonderregelung des § 25 II RAG für in der ehemaligen DDR belegene Grundstücke
      4. Zusammenfassung
   II. Die erbrechtliche Stellung des nichtehelichen Vaters
      1. Die erbrechtliche Stellung beim Tod eines nach dem Inkrafttreten des ErbGleichG (1. 4. 1998) geborenen Kindes
      2. Die erbrechtliche Stellung beim Tod eines nach dem Wirksamwerden des Beitritts (3. 10. 1990) geborenen Kindes
      3. Die erbrechtliche Stellung beim Tod eines vor dem Wirksamwerden des Beitritts (3. 10. 1990), vor allem vor dem 1. 7. 1949 geborenen Kindes
      4. Zusammenfassung

C. Der Eintritt des Erbfalls vor dem Inkrafttreten des ErbGleichG (1. 4. 1998), aber nach Wirksamwerden des Beitritts (3. 10. 1990)
   I. Die erbrechtliche Stellung der nicht in einer Ehe geborenen Kinder
      1. Die erbrechtliche Stellung der nach dem Wirksamwerden des Beitritts (3. 10. 1990) geborenen Kinder
      2. Die erbrechtliche Stellung der vor dem Wirksamwerden des Beitritts (3. 10. 1990) und ab dem 1. 7. 1949 geborenen Kinder
      3. Die erbrechtliche Stellung der vor dem 1. 7. 1949 geborenen Kinder
  II. Die erbrechtliche Stellung des nichtehelichen Vaters
      1. Die erbrechtliche Stellung beim Tod eines nach dem Wirksamwerden des Beitritts geborenen Kindes
      2. Die erbrechtliche Stellung beim Tod eines vor dem Wirksamwerden des Beitritts und ab dem 1. 7. 1949 geborenen Kindes
      3. Die erbrechtliche Stellung beim Tod eines vor dem 1. 7. 1949 geborenen Kindes
D. Der Eintritt des Erbfalls vor dem Wirksamwerden des Beitritts (3. 10. 1990)

A. Einleitung und Überblick über das Erbrechtsgleichstellungsgesetz

Durch das ErbGleichG v. 16. 12. 1997[1]), das nach dessen Art. 8 am 1. 4. 1998 in Kraft getreten ist, sind die §§ 1934a–1934e, 2338a BGB a. F. gestrichen worden. Damit sind die Rechtsinstitute des Erbersatzanspruchs (§ 1934a BGB a. F.) und des vorzeitigen Erbausgleichs (§ 1934d BGB a. F.) für alle Erbfälle, die nach dem 31. 3. 1998 eintreten, ersatzlos beseitigt worden. Eheliche [ehel.] und ne. Kinder sind damit künftig erbrechtlich gleichgestellt. Mit der Streichung dieser Bestimmungen steht auch den ne. Kindern und deren Abkömmlingen nach dem Tod des Vaters ein gesetzlicher Erbteil und gegebenenfalls ein Pflichtteilsanspruch zu, selbst wenn die Ehefrau des Erblassers und gemeinsame Abkömmlinge des Erblassers und seiner Ehefrau vorhanden sind (vgl. § 1934a I BGB a. F.). Umgekehrt ist auch der Vater eines ne. Kindes nach dessen Tod nicht mehr auf einen Erbersatzanspruch verwiesen, wenn das verstorbene Kind seine Mutter und ihre ehel. Abkömmlinge (vgl. § 1934a II BGB a. F.) und/oder seine Ehefrau (§ 1934a III BGB a. F.) hinterläßt.

Das ErbGleichG hat auch die noch bestehende Benachteiligung ne. Kinder im Höferecht beseitigt, indem es § 5 S. 2 HöfeO i.d.F. v.

---
[1]) BGBl I 2968.

26. 7. 1976[2]) ersatzlos gestrichen hat. Hiernach waren Kinder des Erblassers und deren Nachkommen nur dann zum Hoferben berufen, wenn sie nach den Vorschriften des allgemeinen Rechts Erben waren. Stand ne. Kindern lediglich ein Erbersatzanspruch und kein Erbteil zu, konnten sie nicht Hoferbe werden. Sie waren auf Abfindungsansprüche der weichenden Erben (§ 12 HöfeO) angewiesen, die nur auf der Basis des Einheitswerts errechnet wurden (§ 12 II HöfeO).

Art. 225 I EGBGB, der durch Art. 2 ErbGleichG eingefügt ist, stellt klar, daß die bis zum 1. 4. 1998 geltenden Vorschriften über das Erbrecht des ne. Kindes weiter anzuwenden sind, wenn der Erblasser vor diesem Zeitpunkt gestorben ist (Nr. 1) oder wenn er nach diesem Zeitpunkt stirbt, aber vorher über den Erbausgleich eine wirksame Vereinbarung getroffen oder der Erbausgleich durch rechtskräftiges Urteil zuerkannt worden ist (Nr. 2). Art. 225 I EGBGB folgt der intertemporalen Grundregel, daß Altfälle nach dem bisherigen Recht zu beurteilen sind, und scheint daher auf den ersten Blick kaum Schwierigkeiten zu bereiten. Es wäre jedoch verfehlt, aus dieser Übergangsregelung des Art. 225 EGBGB zu schließen, daß bei allen Erbfällen nach dem 31. 3. 1998 alle ne. Kinder und deren Väter uneingeschränkt erb- und pflichtteilsberechtigt sind. Ebensowenig trifft es zu, daß bei allen Erbfällen vor dem 1. 4. 1998 die §§ 1934a–1934e, 2338a BGB a. F. anzuwenden sind. Nach Art. 225 I EGBGB sind die bis zum 1. 4. 1998 geltenden Vorschriften der §§ 1934a–1934e, 2338a BGB a. F. nur weiter anzuwenden. Das setzt voraus, daß sie bis dahin überhaupt anzuwenden waren. Das trifft dann nicht zu, wenn das ne. Kind vor dem 1. 7. 1949 geboren war (vgl. Art. 12 § 10 I NEhelG). Bei Erbfällen mit Bezug zum Beitrittsgebiet richtet sich die Anwendung dieser Vorschriften nach den komplizierten Übergangsbestimmungen des Art. 235 EGBGB und den damit zusammenhängenden Regeln des interlokalen Privatrechts.

Bei der Darstellung der erbrechtlichen Stellung des ne. Kindes und seines Vaters ist demnach danach zu unterscheiden, ob der Erbfall nach (dazu unter B.) oder vor Inkrafttreten des ErbGleichG (1. 4. 1998) (dazu unter C., D.) eingetreten ist. Bei Erbfällen, die vor dem 1. 4. 1998 eingetreten sind, ist im Hinblick auf Art. 235 EGBGB weiterhin danach zu differenzieren, ob sie vor dem Wirksamwerden des Beitritts (dazu unter D.) oder danach (dazu unter C.) eingetreten sind.

---

[2]) BGBl I 1933.

B. Der Eintritt des Erbfalls nach Inkrafttreten des ErbGleichG (1. 4. 1998)

Das ErbGleichG beschränkt sich darauf, durch Streichung der Sonderregelungen der §§ 1934a–1934e, 2338a BGB das bis dahin schon im Grundsatz bestehende Erbrecht ehel. und ne. Kinder einheitlich auszugestalten. Auch bisher stand dem ne. Kind gegenüber seinem Vater und dem ne. Vater gegenüber seinem ne. Kind grundsätzlich ein gesetzliches Erbrecht (§ 1924 BGB) und damit ein Pflichtteilsrecht zu. Nur für den Fall des Zusammentreffens mit bestimmten anderen nahen Angehörigen in einer Erbengemeinschaft mußten sich das ne. Kind oder sein Vater anstelle eines gesetzlichen Miterbenanteils mit einem Erbersatzanspruch begnügen. Das ErbGleichG bezweckt nicht, für Personen, die bis dahin nicht erb- und pflichtteilsberechtigt waren, ein Erb- und Pflichtteilsrecht zu schaffen. Das bedeutet, daß ne. Kinder und deren Väter, die bis dahin nicht erb- und pflichtteilsberechtigt waren und denen auch kein Erbersatzanspruch zustand, durch das ErbGleichG kein uneingeschränktes gesetzliches Erb- und Pflichtteilsrecht erlangen können. Angesichts der schwierigen Übergangsregelungen, die mit dem Beitritt der früheren DDR zur Bundesrepublik (3. 10. 1990) entstanden sind, ist in diesem Zusammenhang zwischen der Rechtsstellung ne. Kinder und deren Väter und ferner danach zu differenzieren, ob die Kinder vor oder nach dem Inkrafttreten des ErbGleichG bzw. vor oder nach dem Beitritt der DDR zur Bundesrepublik geboren sind.

I. Die erbrechtliche Stellung der nicht in einer Ehe geborenen Kinder

1. Die erbrechtliche Stellung der nach dem Inkrafttreten des ErbGleichG (1. 4. 1998) geborenen Kinder

Den Kindern, die nach dem 1. 4. 1998 nicht in einer Ehe geboren sind, steht dasselbe uneingeschränkte gesetzliche Erb- und Pflichtteilsrecht zu wie den ehel. Kindern, weil die ihr Erbrecht einschränkenden §§ 1934a–1934e BGB a. F. nicht weitergelten. Als Abkömmlinge des Erblassers (§ 1589 S. 1 BGB) gehören sie nach § 1924 I BGB zu den gesetzlichen Erben erster Ordnung und sind auch nach § 2303 I BGB pflichtteilsberechtigt.

2. Die erbrechtliche Stellung der nach Wirksamwerden des Beitritts (3. 10. 1990) geborenen Kinder

a) Für die nach dem Wirksamwerden des Beitritts geborenen ne. Kinder galten bis zum Inkrafttreten des ErbGleichG in jedem Fall die erbrechtlichen Normen des BGB und damit auch die §§ 1934a–1934e, 2338a BGB a. F. Nach Art. 230 II EGBGB gilt mit dem Wirksamwerden des Beitritts am 3. 10. 1990 auch für das Beitrittsgebiet und damit für das gesamte vereinigte Deutschland das Bürgerliche Gesetzbuch. Die Ausnahmeregel des Art. 235 § 1 II EGBGB, nach der unter bestimmten Voraussetzungen die Anwendung der §§ 1934a–1934e, 2338a BGB a. F. ausgeschlossen ist, bezieht sich nur auf Kinder, die bereits vor dem Wirksamwerden des Beitritts geboren waren. Mit dem Wegfall der Bestimmungen des Nichtehelichenerbrechts mit dem 1. 4. 1998 steht auch diesen nicht in einer Ehe geborenen Kindern ein uneingeschränktes gesetzliches Erbrecht zu.

b) Ist allerdings eine wirksame Vereinbarung über den Erbausgleich getroffen oder der Erbausgleich durch rechtskräftiges Urteil zuerkannt worden, gelten die §§ 1934a–1934e, 2338a BGB a. F. ausnahmsweise auch für Erbfälle nach dem 1. 4. 1998 weiter (Art. 225 I Nr. 2 EGBGB). Eine Vereinbarung über den Erbausgleich schließt ebenso wie ein rechtskräftiges Urteil hierüber das gesetzliche Erb- und Pflichtteilsrecht aus (§ 1934e BGB a. F.). Das ausgeschlossene gesetzliche Erbrecht soll nicht – schon gar nicht in verbesserter, da uneingeschränkter Form – wieder aufleben. Ist ein Erbausgleich nicht zustande gekommen, hat der Vater dem Kind aber Zahlungen im Hinblick auf den Erbausgleich geleistet und nicht zurückgefordert, so sind diese Zahlungen auf das gesetzliche Erbteil (§§ 2050 I, 2051 I BGB) und den Pflichtteil (§ 2315 BGB) anzurechnen (Art. 225 II EGBGB).

3. Die erbrechtliche Stellung der vor dem Wirksamwerden des Beitritts (3. 10. 1990), vor allem vor dem 1. 7. 1949 geborenen Kinder

a) Art. 12 § 10 II NEhelG

Die bis zum Beitritt bestehende Rechtsspaltung hinsichtlich des Erbrechts ne. Kinder kann sich auch in der Zukunft auswirken. Das gilt vor allem für die vor dem 1. 7. 1949 geborenen ne. Kinder. Für sie ist, auch wenn der Erbfall erst nach dem 1. 4. 1998 eintritt, entscheidend, ob sie aufgrund der Übergangsregelung des Art. 235 § 1 II EGBGB i. d. F. des Art. 2 Nr. 2 ErbGleichG schon die erbrechtliche Stellung eines ehel. Kindes erhalten hatten, oder ob sie nach dem Beitritt nach wie vor den Bestimmungen des Nichtehelichenerbrechts des BGB unterworfen waren. Das bis zum Beitritt in der Bundesrepublik maßgebliche Nichtehelichenerbrecht beruhte auf dem Gesetz über die rechtliche Stellung der nichtehelichen Kinder (NEhelG) v. 19. 8.

1969[3]). Nach Art. 12 § 10 II NEhelG waren für die erbrechtlichen Verhältnisse eines vor dem 1. 7. 1949 geborenen ne. Kindes und seiner Abkömmlinge zu dem Vater und dessen Verwandten die bisher geltenden Vorschriften auch dann maßgeblich, wenn der Erblasser nach dem Inkrafttreten des NEhelG (1. 7. 1970) stirbt. Diese Übergangsregelung, die vom *BVerfG* für verfassungsgemäß erachtet worden ist[4]), führte für die vor dem 1. 7. 1949 geborenen Kinder nicht nur dazu, daß die §§ 1934a ff. BGB a. F. für sie nicht galten, sondern daß sie gegenüber ihrem Vater und ihr Vater ihnen gegenüber nicht erb- und pflichtteilsberechtigt waren. Vor Inkrafttreten des NEhelG waren ne. Kinder in der Bundesrepublik zwar mit ihrer Mutter, nicht aber mit ihrem Vater verwandt (vgl. § 1589 II BGB a. F.). Sie beerbten daher weder ihren Vater noch dessen Verwandte. Da diesen Kindern weder ein gesetzliches Erbrecht noch ein Erbersatzanspruch zustand, konnten sie auch durch die Streichung der §§ 1934a–1934e BGB a. F. durch das ErbGleichG keine erbrechtliche Stellung erlangen.

Das ErbGleichG hat, wie bereits ausgeführt, nicht die Aufgabe, erbrechtliche Positionen für bis dahin nicht erbberechtigte Personen zu begründen, sondern nur bestehende erbrechtliche Rechtsstellungen der ne. Kinder denen der ehel. anzupassen. Bei den parlamentarischen Beratungen des ErbGleichG ist zwar erwogen worden, Art. 12 § 10 II NEhelG aufzuheben und damit auch für die vor dem 1. 7. 1949 geborenen ne. Kinder künftig ein gesetzliches Erbrecht zu begründen. Anträge des Bundesrats[5]) und der Fraktionen der SPD und des Bündnis 90/Die Grünen[6]) fanden jedoch im Bundestag keine Mehrheit. Der Gesetzgeber des ErbGleichG hat sich nach langer kontroverser Diskussion[7]) nicht bereit gefunden, diese Entscheidung des NEhelG zu revidieren und auch den vor dem 1. 7. 1949 geborenen ne. Kindern ein gesetzliches Erbrecht und damit ein Pflichtteilsrecht nach ihrem Vater einzuräumen, wenn der Erbfall nach dem 1. 4. 1998 eintritt.

Durch Art. 14 § 14 des Gesetzes zur Reform des Kindschaftsrechts [Kindschaftsrechtsreformgesetz – KindRG] v. 16. 12. 1997[8]) ist aber für die Zeit nach Inkrafttreten dieses Gesetzes (1. 7. 1998) durch Einfügung des Art. 12 § 10a NEhelG die Möglichkeit eröffnet worden,

---

[3]) BGBl I 1243.
[4]) *BVerfG*, FamRZ 1977, 446 = NJW 1977, 1677.
[5]) BT-Drucks. 13/4183, S. 15.
[6]) BT-Drucks. 13/8557.
[7]) Dazu BT-Drucks. 13/9083, und BT-Drucks. 13/9328.
[8]) BGBl I 2942.

daß der ne. Vater und sein Kind durch Vereinbarung die Wirkungen des Art. 12 § 10 II NEhelG ausschließen und dadurch gegenseitige gesetzliche Erb- und Pflichtteilsrechte begründen können. Die Vereinbarung kann von dem Kind und seinem Vater nur persönlich geschlossen werden und bedarf der notariellen Beurkundung (Art. 12 § 10a II NEhelG). Zum Schutz des erbberechtigten Ehegatten ist die Zustimmung des jeweiligen Ehegatten erforderlich, falls der Vater oder das Kind verheiratet ist (Art. 12 § 10a III NEhelG). Sofern die Vereinbarung wegen eines Einwilligungsvorbehalts nach § 1903 I BGB der Einwilligung eines Betreuers bedarf, ist auch die Genehmigung des Vormundschaftsgerichts erforderlich (Art. 12 § 10a II NEhelG).

Ist eine Vereinbarung nach Art. 12 § 10a NEhelG jedoch nicht geschlossen worden, haben die vor dem 1. 7. 1949 geborenen ne. Kinder auch nach dem 1. 4. 1998 keine erbrechtliche Position nach ihrem Vater, sofern sie dem Regelungsbereich des NEhelG unterfallen.

b) Die Rechtsspaltung durch den Beitritt

Anders als in der Bundesrepublik hatten alle ne. Kinder in der DDR nach § 365 I S. 1 ZGB ebenso wie ehel. Kinder ein uneingeschränktes gesetzliches Erbrecht nach ihrem Vater und, sofern sie im Zeitpunkt des Erbfalls gegenüber dem Erblasser unterhaltsberechtigt waren, auch ein Pflichtteilsrecht (§ 396 I Nr. 2 ZGB). Aufgrund der Übergangsregelung des Art. 235 § 1 II EGBGB behielten diese Kinder die erbrechtliche Stellung eines ehel. Kindes auch nach dem Beitritt. Ihr Erbrecht richtete sich nach dem Beitritt daher zwar nach dem BGB, allerdings nur nach den erbrechtlichen Vorschriften für ehel. Kinder. Die §§ 1934a–1934e, 2338a BGB waren nicht anwendbar. Das gilt auch für die von Art. 235 § 1 II EGBGB erfaßten, vor dem 1. 7. 1949 geborenen Kinder.

Der Bundesrat hatte während des Gesetzgebungsverfahrens im Zusammenhang mit dem ErbGleichG gefordert, Art. 235 § 1 II EGBGB als inzwischen gegenstandslos aufzuheben[9]). Der Bundestag ist dieser Anregung aber mit Recht nicht gefolgt. Wäre dem Anliegen des Bundesrats entsprochen worden, dann hätte Art. 235 § 1 II EGBGB zwar nach Art. 225 I EGBGB weiterhin für die bis zum 31. 3. 1998 eingetretenen Erbfälle (Altfälle), nicht aber für die nach dem

---

[9]) BR-Drucks. 219/94.

1. 4. 1998 eingetretenen Erbfälle (Neufälle) gegolten[10]). Da Art. 12 § 10 II NEhelG fortgilt, hätte eine Streichung des Art. 235 § 1 II EGBGB durch das ErbGleichG dazu geführt, daß die durch diese Übergangsbestimmung zunächst bis zum 31. 3. 1998 erhaltene Erbaussicht mit dem Inkrafttreten des ErbGleichG am 1. 4. 1998 entfallen wäre. Das aber war, wie die Beibehaltung und klarstellende Fassung des Art. 235 § 1 II EGBGB i.d.F. von Art. 2 Nr. 2 ErbGleichG erkennen läßt, gerade nicht beabsichtigt. Es ist also davon auszugehen, daß die vor dem Beitritt geborenen ne. Kinder, auch wenn sie schon vor dem 1. 7. 1949 geboren waren, bei Erbfällen nach dem 1. 4. 1998 ihr gesetzliches Erb- und Pflichtteilsrecht behalten, das für sie durch die Übergangsvorschrift des Art. 235 § 1 II EGBGB begründet war.

c) Die Voraussetzungen des Art. 235 § 1 II EGBGB

Darzustellen ist nunmehr, welche vor dem Beitritt geborenen ne. Kinder aufgrund des Art. 235 § 1 II EGBGB die volle erbrechtliche Stellung eines ehel. Kindes erlangt haben, die über den 1. 4. 1998 fortdauert, und welche (zunächst) nur dem durch das NEhelG begründeten Nichtehelichenerbrecht unterworfen waren. Aus dem Wortlaut des Art. 235 § 1 II EGBGB: „Ist der Erblasser nach dem Wirksamwerden des Beitritts gestorben, so gelten in Ansehung eines ne. Kindes, das vor dem Beitritt geboren ist, die für die erbrechtlichen Verhältnisse eines ehel. Kindes geltenden Vorschriften." könnte geschlossen werden, daß alle vor dem Beitritt geborenen ne. Kinder den ehel. Kindern gleichzustellen sind. Durch die Ausnahmeregelung des Art. 235 § 1 II EGBGB sollte aber nur sichergestellt werden, daß durch den Beitritt der DDR zur Bundesrepublik die Erbaussicht eines vor dem 3. 10. 1990 geborenen ne. Kindes nicht verschlechtert wird.

aa) Der gewöhnliche Aufenthalt des Erblassers

Aus dem Sinn und Zweck des Art. 235 § 1 II EGBGB ist daher zu folgern, daß für die vor dem Beitritt geborenen ne. Kinder anstelle der Bestimmungen des Nichtehelichenerbrechts die für ehel. Kinder geltenden Vorschriften des BGB nur, aber auch immer dann anzuwenden sind, wenn das vor dem 3. 10. 1990 geborene ne. Kind ohne die Wiedervereinigung weiterhin einem ehel. Kind erbrechtlich gleichgestellt gewesen wäre. Das wiederum wäre aber nur dann der Fall gewesen, wenn sein Vater in diesem Zeitpunkt nach den Regeln des internatio-

---

[10]) *Rauscher*, ZEV 1998, 41, 45.

nalen Privatrechts nach dem in der DDR geltenden ZGB beerbt worden wäre. Da in beiden Teilen Deutschlands vor der Wiedervereinigung unterschiedliche Vorstellungen hinsichtlich des interlokalen Erbrechts bestanden[11]), war streitig, ob auch nach dem 3. 10. 1990 ein gespaltenes[12]) oder ein einheitliches[13]) interlokales Privatrecht gelten sollte. Durch den *BGH* ist dieser Streit für die Praxis in dem Sinne eines einheitlichen interlokalen Privatrechts, wie es vor der Wiedervereinigung in der Bundesrepublik angewandt wurde, gelöst worden[14]). Aus der Sicht der Bundesrepublik war die an die Staatsangehörigkeit des Erblassers anknüpfende Kollisionsnorm der Art. 25 und 26 EGBGB nicht anwendbar, weil sie einen Auslandssachverhalt voraussetzen. Die DDR war aber nach der Verfassungsordnung der Bundesrepublik kein Ausland[15]). Die Bundesrepublik kannte nur eine einheitliche deutsche Staatsangehörigkeit[16]). Deshalb wurden von der h. M. in Analogie zu den Normen des internationalen Privatrechts des EGBGB besondere innerdeutsche Kollisionsregeln entwickelt. Soweit die analog angewendeten Kollisionsnormen an die Staatsangehörigkeit anknüpften, sollte statt dessen in den deutsch-deutschen Rechtsbeziehungen der gewöhnliche Aufenthalt des Erblassers maßgebend sein[17]). In analoger Anwendung der Art. 25, 26 EGBGB bestimmt sich das Erbstatut nach dem gewöhnlichen Aufenthalt des Erblassers[18]).

bb) Der Beitritt als maßgeblicher Zeitpunkt für den gewöhnlichen Aufenthalt des Erblassers

Für die erbrechtliche Stellung der vor dem 3. 10. 1990 geborenen ne. Kinder kommt es also darauf an, ob der Erblasser (hier der Vater) seinen gewöhnlichen Aufenthalt in der Bundesrepublik oder im Gebiet der ehemaligen DDR hatte. Für die hier zu beurteilenden, erst

---

[11]) Hierzu *Schlüter*, Erbrecht, BGB, 8. Aufl. 1994, Rz. 1291.
[12]) *Henrich*, FamRZ 1991, 873, 874; *Hoffmann*, IPRax 1991, 1, 3; *Staudinger/Dörner*, BGB, Art. 236 §§ 1–3 EGBGB Rz. 79 ff.
[13]) *Adlerstein/Desch*, DtZ 1991, 193, 195; *Bosch*, FamRZ 1992, 993, 994; *Drobnig*, RabelsZ 1991, 268, 281; *Magnus*, JuS 1992, 456, 461.
[14]) BGHZ 124, 270 = FamRZ 1994, 304.
[15]) *Staudinger/Dörner*, BGB, Art. 236 §§ 1–3 EGBGB Rz. 72.
[16]) BVerfGE 36, 1, 29 ff.; BGHZ 84, 17 = FamRZ 1982, 785.
[17]) BGHZ 40, 32, 34 f. = FamRZ 1963, 512; BGHZ 85, 16, 22 = FamRZ 1982, 1189; BGHZ 91, 186, 192 = FamRZ 1984, 674; *Schlüter* [Fn. 11], Rz. 1292; *Staudinger/Dörner*, BGB, Art. 236 §§ 1–3 EGBGB Rz. 72.
[18]) BGHZ 124, 270, 273 = FamRZ 1994, 304; *Lange/Kuchinke*, Erbrecht, 4. Aufl. 1995, § 3 V 1; *Schlüter* [Fn. 11], Rz. 1294.

nach Inkrafttreten des ErbGleichG (1. 4. 1998) eintretenden Erbfälle muß zusätzlich die Frage beantwortet werden, ob auf den gewöhnlichen Aufenthalt im Zeitpunkt des Wirksamwerdens des Beitritts (3. 10. 1990) oder des Eintritts des Erbfalls abzustellen ist. Diese Frage ist höchstrichterlich noch nicht geklärt, weil sich der *BGH*[19]) mit einem Erbfall vor dem Beitritt (Altfall) zu beschäftigen hatte. Um den vor dem 3. 10. 1990 geborenen ne. Kindern den Schutz des Art. 235 § 1 II EGBGB zuteil werden zu lassen, hält es ein Teil des Schrifttums für erforderlich und ausreichend, daß der ne. Vater am 3. 10. 1990 seinen gewöhnlichen Aufenthalt in dem Gebiet der ehemaligen DDR hatte[20]). Andere wiederum erachten es als ausreichend, daß der Erblasser im Zeitpunkt des Erbfalls seinen gewöhnlichen Aufenthalt im Beitrittsgebiet hatte[21]). Vereinzelt wird sogar die Auffassung vertreten, Art. 235 § 1 II EGBGB sei nur anwendbar, wenn der Erblasser sowohl zum Zeitpunkt seines Todes als auch des Beitritts seinen gewöhnlichen Aufenthalt in der ehemaligen DDR hatte[22]).

Beispiel 1: Das ne. Kind ist am 1. 1. 1949 in Leipzig geboren und hat auch immer hier gelebt. Sein Vater lebte am Beitrittstag in Köln, ist danach aber im Juli 1998 nach Dessau verzogen. Dort ist er auch verstorben.

Der Geburts- oder Wohnort des Kindes ist für die Festlegung des Erbrechts unerheblich, weil das Erbstatut (gewöhnlicher Aufenthalt des Erblassers) maßgebend ist. Ist als Anknüpfungspunkt der Zeitpunkt des Beitritts maßgebend, so ist Art. 235 § 1 II EGBGB nicht einschlägig. Das ne. Kind hat wegen Art. 12 § 10 NEhelG nach seinem Vater kein Erbrecht. Gleiches gilt, wenn verlangt wird, daß der Erblasser sowohl zum Zeitpunkt seines Todes als auch zum Zeitpunkt des Beitritts seinen gewöhnlichen Aufenthalt im Beitrittsgebiet gehabt hat. Nur wenn allein auf den Zeitpunkt seines Todes abgestellt wird, ist im Beispielsfall Art. 235 § 1 II EGBGB anzuwenden. Das ne. Kind hätte dann nach seinem Vater ein gesetzliches Erbrecht wie ein ehel. Kind, das ihm nach Inkrafttreten des ErbGleichG erhalten geblieben wäre.

Dieser Beispielsfall zeigt, daß nach dem Sinn und Zweck des Art. 235 § 1 II EGBGB nicht allein auf den Todeszeitpunkt abgestellt wer-

---

[19]) *BGHZ* 124, 270 = FamRZ 1994, 304.
[20]) *OLG Köln*, DtZ 1993, 125; *Bosch*, FamRZ 1992, 993, 994; *Heß*, JR 1994, 273, 274; *Schotten/Johnen*, DtZ 1991, 225, 233; *MünchKomm/Leipold*, BGB, Ergänzungsband, Loseblattsamml., 3. Aufl. 1995 ff., Art. 235 § 1 EGBGB Rz. 50.
[21]) *Henrich*, IPRax 1991, 14, 19.
[22]) *Wähler*, ROW 1992, 103, 111.

den kann. Diese Vorschrift soll dem ne. Kind über den Vereinigungszeitpunkt hinaus eine beim Beitritt bereits bestehende Erbaussicht, nicht aber eine neue (bessere) Rechtsposition verschaffen[23]). Wäre der Erblasser vor der Wiedervereinigung verstorben, wäre das Kind nach Art. 12 § 10 I NEhelG gar nicht erbberechtigt gewesen. Allein der Umstand, daß der Erblasser nach dem Beitritt in das Beitrittsgebiet umgezogen ist, rechtfertigt nach der ratio des Art. 235 § 1 II EGBGB kein Erb- und Pflichtteilsrecht des Kindes.

Beispiel 2: Der Vater lebte am Beitrittstag in Leipzig, ist nach dem Beitritt aber nach Köln verzogen, wo er im Juli 1998 verstorben ist.

Vor der Wiedervereinigung hatte das ne. Kind nach seinem Vater ein volles Erbrecht (§ 365 I ZGB). Wird im Hinblick auf Art. 235 § 1 II EGBGB auf den Beitrittszeitpunkt abgestellt, ändert sich hieran nichts. Anders ist es hingegen, wenn zumindest auch der Todestag als maßgeblich angesehen wird. Da der Erblasser hier im alten Bundesgebiet seinen gewöhnlichen Aufenthalt hatte, ist nach dieser Auffassung Art. 235 § 1 II EGBGB nicht anwendbar. Das ne. Kind hätte nach Art. 12 § 10 I NEhelG kein gesetzliches Erbrecht.

Dieser Beispielsfall macht deutlich, daß allein auf das Erbstatut (gewöhnlicher Aufenthalt des Erblassers) im Zeitpunkt des Beitritts abgestellt werden muß. Der gewöhnliche Aufenthalt im Zeitpunkt des Todes ist unerheblich. Hatte der ne. Vater zum Zeitpunkt des Beitritts seinen gewöhnlichen Aufenthalt in der DDR, so hatte sein ne. Kind nach den damaligen Bestimmungen des ZGB ebenso wie ein ehel. Kind die Aussicht auf ein volles gesetzliches Erbrecht. Diese Erbaussicht könnte – stellt man für die Anwendung des Art. 235 § 1 II EGBGB (auch) auf den Todeszeitpunkt ab – der Erblasser einseitig dadurch zerstören, daß er nach der Wiedervereinigung seinen gewöhnlichen Aufenthalt in das Gebiet der alten Bundesländer verlegt. Dieses der ratio des Art. 235 § 1 II EGBGB nicht entsprechende Ergebnis läßt sich nicht mit dem Hinweis rechtfertigen, jeder Erbe müsse damit rechnen, daß der Erblasser seinen gewöhnlichen Aufenthalt in ein anderes Rechtsgebiet verlegt. Deshalb gebe es insoweit keinen Bestandsschutz[24]). Diesen Bestandsschutz will Art. 235 § 1 II EGBGB gerade sicherstellen[25]). Das ne. Kind soll sich darauf verlassen

---

[23]) *Soergel/Stein*, BGB, Ergänzungsband, Loseblattsamml., 12. Aufl. 1993 ff., Einl. §§ 1922–2385 Rz. 93b; a. A. *Lück*, JR 1994, 45, 49, der nur eine Verschlechterung ausschließt, eine Besserstellung aber durchaus für möglich hält.
[24]) So aber *Henrich*, IPRax 1991, 14, 19.
[25]) *Staudinger/Rauscher*, BGB, Art. 235 § 1 EGBGB Rz. 118.

können, daß seine schon bestehenden Erbaussichten nicht durch die Wiedervereinigung negativ beeinträchtigt werden. Die erbrechtliche Stellung des ne. Kindes soll mindestens so „konserviert" werden, wie sie zum Zeitpunkt des Beitritts bestand.

Zusammenfassend ist somit festzustellen, daß das ne. Kind immer dann, auch wenn es vor dem 1. 7. 1949 geboren ist, nach Art. 235 § 1 II EGBGB in erbrechtlicher Hinsicht voll einem ehel. Kind gleichgestellt ist, wenn der Erblasser im Zeitpunkt des Wirksamwerdens des Beitritts seinen gewöhnlichen Aufenthalt im Beitrittsgebiet hatte.

Hatte er hingegen zu diesem Zeitpunkt seinen gewöhnlichen Aufenthalt in den alten Bundesländern, so gilt das Nichtehelichenerbrecht des BGB und damit auch Art. 12 § 10 II NEhelG.

d) Die Sonderregelung des § 25 II RAG für in der ehemaligen DDR belegene Grundstücke

Auch nach dem – jetzt allein maßgeblichen[26]) – in der Bundesrepublik entwickelten interlokalen Privatrecht war anerkannt, daß für die erbrechtlichen Verhältnisse in bezug auf das Eigentum und andere Rechte an Grundstücken, die sich auf dem Gebiet der früheren DDR befanden, immer das Erbrecht der DDR galt. In analoger Anwendung des Art. 3 III EGBGB war für das in der ehemaligen DDR belegene Grundvermögen § 25 II des Rechtsanwendungsgesetzes [RAG] v. 5. 12. 1975[27]) maßgeblich, nach dem das Erbrecht der DDR anzuwenden war. Damit trat eine Nachlaßspaltung ein. Die Erbfolge hinsichtlich des in der ehemaligen DDR befindlichen Grundvermögens richtete sich nach dem ZGB, hinsichtlich des übrigen Vermögens nach dem BGB und seinem Nichtehelichenerbrecht[28]). Diese Nachlaßspaltung bleibt auch für Erbfälle nach Inkrafttreten des ErbGleichG bestehen. Durch Art. 235 § 1 II EGBGB soll – wie bereits ausgeführt – verhindert werden, daß die Erbaussicht eines ne. Kindes zur Zeit des Beitritts nachträglich verschlechtert wird. Zu dieser Zeit hatte das ne. Kind, dessen Vater seinen gewöhnlichen Aufenthalt in der Bundesrepublik hatte, hinsichtlich des in der DDR belegenen Grundvermögens die Aussicht auf ein volles gesetzliches Erbrecht, selbst wenn es hinsichtlich des anderen Vermögens nach Art. 12 § 10 II NEhelG

---

[26]) *BGHZ* 124, 270 = FamRZ 1994, 304.
[27]) GBl I 748.
[28]) *Schlüter* [Fn. 11], Rz. 1295; *Bestelmeyer*, Rpfleger 1992, 321, 325; *Köster*, Rpfleger 1992, 369, 373; *Staudinger/Rauscher*, BGB, Art. 235 § 1 EGBGB Rz. 120 ff.

von der Erbfolge gänzlich ausgeschlossen war oder nach den §§ 1934a ff. BGB a. F. nur einen Erbersatzanspruch hatte. Die Erbaussicht hinsichtlich des in dem Gebiet der früheren DDR belegenen Grundvermögens darf nach dem Sinn und Zweck des Art. 235 § 1 II EGBGB nicht nachträglich im Interesse einer einheitlichen Behandlung des Nachlasses beeinträchtigt werden. Gegen ein volles gesetzliches Erbrecht des ne. Kindes hinsichtlich des in der früheren DDR belegenen Grundvermögens spricht auch nicht, daß es wegen der Aufhebung des vom Geist des Sozialismus geprägten § 25 II RAG inzwischen an einer gesetzlichen Grundlage für diese Nachlaßspaltung fehle[29]). Gesetzliche Grundlage ist Art. 235 § 1 II EGBGB, der eine Anwendung der Vorschriften des Erbrechts des ehel. Kindes anordnet, sofern das Kind am Beitrittstag die Erbaussicht eines ehel. Kindes hatte. Aufgrund von § 25 II RAG war das im Hinblick auf das in der DDR belegene Grundvermögen der Fall. Ob diese Vorschrift vom „Geiste des Sozialismus" beseelt war oder nur notgedrungen von der Bundesrepublik respektiert wurde[30]), ist hierfür unerheblich. Die Bundesrepublik hat diese Vorschrift analog Art. 3 III EGBGB respektiert und damit anerkannt, daß das ne. Kind hinsichtlich des in der DDR befindlichen Grundvermögens voll erbberechtigt war. Diese Rechtsposition sollte durch die Wiedervereinigung nicht geschmälert werden. Auch der Einwand, das BGB kenne keine Nachlaßspaltung[31]), ist nicht berechtigt, wie Art. 3 III EGBGB erkennen läßt.

Da Art. 235 § 1 II EGBGB nur eine Schlechterstellung verhindern, nicht aber eine Besserstellung des ne. Kindes bewirken will, ist es auch nicht angängig, im Interesse einer Nachlaßeinheit dem ne. Kind hinsichtlich des gesamten Nachlasses, und nicht nur hinsichtlich des in dem Beitrittsgebiet belegenen Grundvermögens ein volles gesetzliches Erbrecht einzuräumen[32]).

4. Zusammenfassung

– Bei Erbfällen nach dem 1. 4. 1998 hat das ne. Kind nach seinem Vater grundsätzlich ein uneingeschränktes gesetzliches Erb- und Pflichtteilsrecht. Nur wenn zuvor eine wirksame Vereinbarung über den Erbausgleich getroffen oder ein rechtskräftiges Urteil über

---

[29]) *Schotten/Johnen*, DtZ 1991, 225, 233 f.; *Lück*, JR 1994, 45, 47.
[30]) So *Schotten/Johnen*, DtZ 1991, 225, 334.
[31]) *Lück*, JR 1994, 45, 47.
[32]) So aber *Eberhardt/Lübschen*, DtZ 1992, 206, 210.

den Erbausgleich erwirkt worden ist, bleiben die §§ 1934a–1934e BGB a. F. weiterhin anwendbar (Art. 225 I Nr. 2 EGBGB).

- Hatte der Erblasser zum Zeitpunkt des Beitritts seinen gewöhnlichen Aufenthalt in der ehemaligen DDR, so greift Art. 235 § 1 II EGBGB ein. Damit sind nach der Wiedervereinigung auch die vor dem 1. 7. 1949 geborenen Kinder gesetzliche Erben ihres Vaters.

- Hatte der Erblasser hingegen zum Zeitpunkt des Beitritts seinen gewöhnlichen Aufenthalt in der Bundesrepublik, so ist Art. 12 § 10 I NEhelG anzuwenden. Ne. Kinder, die vor dem 1. 7. 1949 geboren waren, haben kein Erb- und Pflichtteilsrecht. Eine Ausnahme hiervon gilt allerdings für das im Beitrittsgebiet belegene Grundvermögen des Erblassers. Insoweit ist Art. 12 § 10 I NEhelG selbst dann nicht anzuwenden, wenn der Erblasser beim Beitritt seinen gewöhnlichen Aufenthalt in der Bundesrepublik hatte.

- Nach Art. 12 § 10a NEhelG kann das ne. Kind allerdings seit dem 1. 7. 1998 durch Vereinbarung mit seinem Vater die Anwendung des Art. 12 § 10 I NEhelG ausschließen und auf diese Weise ein gesetzliches Erb- und Pflichtteilsrecht nach seinem Vater erhalten.

II. Die erbrechtliche Stellung des nichtehelichen Vaters

1. Die erbrechtliche Stellung beim Tod eines nach dem Inkrafttreten des ErbGleichG (1. 4. 1998) geborenen Kindes

Verstirbt ein nach dem 1. 4. 1998 nicht in einer Ehe geborenes Kind, hat der Vater grundsätzlich ein uneingeschränktes gesetzliches Erb- und Pflichtteilsrecht nach dem Kind wie der ehel. Vater.

2. Die erbrechtliche Stellung beim Tod eines nach dem Wirksamwerden des Beitritts (3. 10. 1990) geborenen Kindes

Auch wenn das verstorbene Kind vor dem 1. 4. 1998 geboren worden ist, hat der Vater bei einem Erbfall nach Inkrafttreten des ErbGleichG grundsätzlich ein uneingeschränktes gesetzliches Erb- und Pflichtteilsrecht. Die sein gesetzliches Erb- und Pflichtteil einschränkenden §§ 1934a–1934e, 2338a BGB a. F. gelten nach Art. 225 I Nr. 2 EGBGB nur weiter, wenn eine wirksame Vereinbarung über den Erbausgleich getroffen oder der Erbausgleich durch rechtskräftiges Urteil zuerkannt worden ist.

3. Die erbrechtliche Stellung beim Tod eines vor dem Wirksamwerden des Beitritts, vor allem vor dem 1. 7. 1949 geborenen Kindes

Wegen Art. 12 § 10 II NEhelG steht dem ne. Vater eines vor dem 1. 7. 1949 geborenen Kindes keine gesetzliche erbrechtliche Stellung nach dem Tod dieses Kindes zu. Er hat weder ein gesetzliches Erb- oder Pflichtteilsrecht nach dem Kind, noch gelten die §§ 1934a–1934e, 2338a BGB a. F. Es stellt sich aber die Frage, ob die gesetzliche Erbenstellung des Vaters auch dann ausgeschlossen ist, wenn der Vater zum Zeitpunkt des Wirksamwerdens des Beitritts (3. 10. 1990) wegen der Geltung des DDR-Erbrechts die Aussicht auf ein volles gesetzliches Erbrecht nach dem Kind hatte. Insoweit wird vertreten, Art. 235 § 1 II EGBGB erhalte nicht nur die erbrechtliche Stellung des Kindes über den Beitrittszeitpunkt hinaus, sondern auch die des Vaters[33]). Im Vordergrund der Regelung des Art. 235 § 1 II EGBGB stehe zwar die Rechtsstellung des Kindes, die Ausdehnung auf den Vater sei aber als „Nebenprodukt", gewissermaßen aus Gründen der Symmetrie, anzusehen[34]). Andernfalls würde eine Regelung „ohne Gegenseitigkeit" gegen den Gleichheitsgrundsatz des Art. 3 I GG verstoßen[35]). Durch die Einbeziehung des Vaters in den Schutzbereich des Art. 235 § 1 II EGBGB soll also verhindert werden, daß das gesetzliche Erbrecht des Vaters eine andere Qualität haben kann als das entgegengesetzte Erbrecht seines Kindes.

Selbst wenn auch das Erbrecht des ne. Vaters von Art. 235 § 1 II EGBGB erfaßt wäre, würde das aber noch nicht dazu führen, daß das Erbrecht des Vaters und das seines Kindes immer dieselbe rechtliche Qualität haben. Nach dem interlokalen Erbrecht ist an das Erbstatut – also den gewöhnlichen Aufenthalt des jeweiligen Erblassers – anzuknüpfen.

Beispiel: Das am 1. 1. 1949 geborene Kind lebte vor der Wiedervereinigung in Köln, sein Vater in Leipzig. Am 10. 4. 1998 ist das Kind verstorben.

Da maßgeblicher Stichtag für die Anwendung des Art. 235 § 1 II EGBGB der 3. 10. 1990 ist, kann über Art. 235 § 1 II EGBGB nur die gesetzliche Erbenstellung geschützt werden, die zu diesem Zeitpunkt

---

[33]) *Adlerstein/Desch*, DtZ 1991, 193, 197; *Staudinger/Rauscher*, BGB, Art. 235 § 1 EGBGB Rz. 125; *Rauscher*, ZEV 1998, 41, 45; *Wandel*, BwNotZ 1991, 1, 27.
[34]) *MünchKomm/Leipold* [Fn. 20], Art. 235 Rz. 52; *Wandel*, BWNotZ 1991, 1, 27, spricht von der Geltung für den Vater „vice versa".
[35]) *Bestelmeyer*, Rpfleger 1992, 321, 325.

bestand. Zum Zeitpunkt des Wirksamwerdens des Beitritts hatte das ne. Kind seinen gewöhnlichen Aufenthalt in der Bundesrepublik. Die erbrechtlichen Verhältnisse nach dem Kind richteten sich also nach dem bundesdeutschen Recht und damit auch nach Art. 12 § 10 II NEhelG. Am Stichtag (3. 10. 1990) hatte der Vater also keine Aussicht auf ein gesetzliches Erbrecht nach dem Kind. Eine Erbenstellung, die über Art. 235 § 1 II EGBGB geschützt werden könnte, bestand nicht. Selbst wenn man Art. 235 § 1 II EGBGB also auch auf die Rechtsstellung ne. Väter erstreckt, bestand für den Vater kein gesetzliches Erbrecht nach seinem vor dem 1. 7. 1949 geborenen Kind. Wäre auf der anderen Seite der Vater verstorben, so hätte das Kind ein uneingeschränktes Erbrecht nach dem Vater. Vor dem Beitritt hätte das Kind den Vater nach dem ZGB beerbt, da der Vater seinen gewöhnlichen Aufenthalt in der ehemaligen DDR hatte. Die einem ehel. Kind entsprechende erbrechtliche Stellung wird durch Art. 235 § 1 II EGBGB auch über den Beitritt hinweg geschützt. Auch nach dem 1. 4. 1998 hat das Kind also ein uneingeschränktes Erbrecht nach seinem Vater, obwohl der Vater wegen Art. 12 § 10 II NEhelG kein gesetzliches Erbrecht nach seinem Kind hat.

Allein eine Einbeziehung des Vaters in den Schutzbereich des Art. 235 § 1 II EGBGB reicht also nicht aus, um eine „Gegenseitigkeit" der Erbrechte des Vaters und seines Kindes zu gewährleisten. Daher wird teilweise noch einen Schritt weitergegangen: Handelt es sich um die Beerbung des ne. Kindes, soll im Rahmen des für anwendbar erachteten Art. 235 § 1 II EGBGB von den allgemeinen Grundsätzen des interlokalen Erbrechts abgewichen werden. Nicht der gewöhnliche Aufenthalt des Erblassers soll zur Bestimmung des anwendbaren Erbrechts herangezogen werden, es soll vielmehr ein „Gesamtstatut" maßgeblich sein, das sowohl für die Beerbung des Vaters als auch des Kindes gilt[36]. Auch wenn das Kind Erblasser ist, soll sich das Erbstatut nach dem gewöhnlichen Aufenthalt des Vaters, also des Erben richten[37]. Hier muß die Frage aufgeworfen werden, warum die Vertreter dieser Ansicht nur in diesem Fall für ein „Gesamtstatut" plädieren. Um die „Gegenseitigkeit" der Erbrechte von Vater und ne. Kind herbeizuführen, müßten sie konsequenterweise auch in allen Fällen, in denen es aufgrund des interlokalen (und auch internationalen) Erbrechts je nach der Person des Erblassers zu einer unterschiedlichen

---

[36] *MünchKomm/Leipold* [Fn. 20], Art. 235 Rz. 52; *Staudinger/Rauscher*, BGB, Art. 235 § 1 EGBGB Rz. 125.
[37] *Staudinger/Rauscher*, BGB, Art. 235 § 1 EGBGB Rz. 125.

Qualität des Erbrechts kommt, für ein Gesamtstatut plädieren. Daß eine solch weitgehende Forderung aber nicht gestellt wird, zeigt, daß die „Symmetrie", die „Gegenseitigkeit" der Erbrechte nicht zwangsläufig gegeben sein muß. Zumindest in Fällen mit internationalem oder interlokalem Bezug können erbrechtliche Positionen immer eine unterschiedliche Qualität haben, je nachdem, wer verstorben ist und wessen Erbstatut hiernach maßgebend ist (§ 25 I EGBGB).

Abgesehen davon, daß eine „Symmetrie" der „gegenseitigen" Erbrechte in dem vorausgesetzten Sinne nicht zwangsläufig ist, steht der Ansicht, Art. 235 § 1 II EGBGB erfasse auch das Erbrecht des Vaters, der Wortlaut der Vorschrift als gewichtiges Argument entgegen[38]), der in seiner bis zum 1. 4. 1998 geltenden Fassung von der Geltung des „Erbrechts des ehelichen Kindes" sprach. Auch aufgrund der Neufassung des Art. 235 § 1 II EGBGB durch das ErbGleichG kann nicht auf einen Willen des Gesetzgebers geschlossen werden, die Vorschrift solle (nun) auch das Erbrecht des Vaters erfassen. Zwar spricht Art. 235 § 1 II EGBGB in seiner ab dem 1. 4. 1998 geltenden Fassung nicht mehr vom „Erbrecht des ehelichen Kindes", sondern von den Vorschriften für „die erbrechtlichen Verhältnisse eines ehelichen Kindes". Doch sollen diese nur „in Ansehung eines nichtehelichen Kindes" gelten. Auch hier wird nur die erbrechtliche Perspektive des Kindes betrachtet. Zudem sollte die Neufassung des Art. 235 § 1 II EGBGB der Vorschrift keine neue Reichweite geben. Es sollte allein klargestellt werden, daß die Vorschrift sich auch auf die vor dem 1. 7. 1949 geborenen Kinder erstreckt[39]).

Auch der Zweck des Art. 235 § 1 II EGBGB spricht dafür, die Vorschrift in dem Sinne zu verstehen, daß sie lediglich die erbrechtliche Position des Kindes betrifft. In der Begründung zum Einigungsvertrag zu Art. 235 § 1 II EGBGB wird ausdrücklich festgehalten, daß die Vorschriften des BGB über das Erbrecht des ehel. Kindes „für nichteheliche Kinder, die vor dem Stichtag geboren worden sind", gelten[40]). Geschützt werden soll also allein die Erbaussicht des Kindes, nicht auch des Vaters. Daher ist die Vorschrift des Art. 235 § 1 II EGBGB nach wie vor (dem Inkrafttreten des ErbGleichG) dahin zu verstehen, daß sie nur die Erbaussicht des Kindes, nicht aber die des Vaters erhalten soll.

---

[38]) So auch *Soergel/Stein* [Fn. 23], Einl. §§ 1922–2385 Rz. 91.
[39]) BT-Drucks. 13/4183, S. 13.
[40]) BT-Drucks. 11/7817, S. 47.

4. Zusammenfassung

– Bei Erbfällen nach dem 1. 4. 1998 hat der ne. Vater grundsätzlich ein uneingeschränktes gesetzliches Erbrecht nach seinem Kind. Nur wenn eine wirksame Vereinbarung über den Erbausgleich getroffen oder ein rechtskräftiges Urteil über den Erbausgleich erwirkt worden ist, gelten die §§ 1934a–1934e, 2338a BGB a. F. weiter (Art. 225 I Nr. 2 EGBGB).

– Verstirbt ein vor dem 1. 7. 1949 geborenes Kind nach dem 1. 4. 1998, so hat der ne. Vater wegen Art. 12 § 10 II NEhelG weder ein gesetzliches Erb- noch Pflichtteilsrecht. Art. 235 § 1 II EGBGB ist auf den ne. Vater nicht anwendbar. Allerdings kann der Vater seit dem 1. 7. 1998 die Anwendung des Art. 12 § 10 II NEhelG nach Art. 12 § 10a NEhelG durch Vereinbarung mit seinem Kind ausschließen und auf diese Weise ein gesetzliches Erb- und Pflichtteilsrecht nach seinem Kind erhalten.

C. Der Eintritt des Erbfalls vor dem Inkrafttreten des ErbGleichG (1. 4. 1998), aber nach Wirksamwerden des Beitritts (3. 10. 1990)

I. Die erbrechtliche Stellung der nicht in einer Ehe geborenen Kinder

1. Die erbrechtliche Stellung der nach dem Wirksamwerden des Beitritts (3. 10. 1990) geborenen Kinder

Für alle nach dem Wirksamwerden des Beitritts nicht in einer Ehe geborenen Kinder galt beim Tode des Vaters vor dem 1. 4. 1998 (Erb-GleichG) das Nichtehelichenerbrecht des BGB. Beim Zusammentreffen mit bestimmten nahen Angehörigen des Erblassers waren die Kinder also wegen der Geltung der §§ 1934a–1934e, 2338a BGB a. F. auf den Erbersatzanspruch beschränkt.

2. Die erbrechtliche Stellung der vor dem Wirksamwerden des Beitritts und ab dem 1. 7. 1949 geborenen Kinder

Hatte der Erblasser beim Wirksamwerden des Beitritts seinen gewöhnlichen Aufenthalt in der Bundesrepublik, so richtete sich das Erbrecht seines ne. Kindes nach dem Nichtehelichenerbrecht des BGB. Gehörte allerdings in der DDR belegenes Grundvermögen zum Nachlaß, so konnte das Kind wegen § 25 II RAG i. V. mit Art. 3 III EGBGB nicht auf den Erbersatzanspruch verwiesen werden. Es trat eine Nachlaßspaltung ein, indem das Kind hinsichtlich des in der

DDR belegenen Grundvermögens ein volles gesetzliches Erbrecht hatte, hinsichtlich des übrigen Vermögens allerdings auf einen Erbersatzanspruch verwiesen sein konnte.

Hatte der Erblasser am 3. 10. 1990 seinen gewöhnlichen Aufenthalt in der DDR, so hatte das Kind vor Wirksamwerden des Beitritts die Aussicht auf ein uneingeschränktes gesetzliches Erbrecht wie ein ehel. Kind. Diese Erbaussicht wurde durch Art. 235 § 1 II EGBGB über den Beitrittszeitpunkt hinaus geschützt. Auch bei einem Erbfall nach dem 3. 10. 1990 kann das Kind nicht auf einen Erbersatzanspruch verwiesen werden, sondern seine erbrechtlichen Verhältnisse richten sich nach dem Erbrecht des BGB für ehel. Kinder.

3. Die erbrechtliche Stellung der vor dem 1. 7. 1949 geborenen Kinder

Hatte der Erblasser zum Zeitpunkt des Wirksamwerdens des Beitritts seinen gewöhnlichen Aufenthalt in der Bundesrepublik, so hat sein vor dem 1. 7. 1949 nicht in einer Ehe geborenes Kind wegen Art. 12 § 10 II NEhelG kein gesetzliches Erb- oder Pflichtteilsrecht. Diese Wirkung des Art. 12 § 10 II NEhelG kann auch nicht durch eine Vereinbarung ausgeschlossen werden, da Art. 12 § 10a NEhelG nur für Erbfälle ab dem 1. 7. 1998 gilt (Art. 12 § 10a I S. 2 NEhelG).

Hatte der Erblasser am 3. 10. 1990 seinen gewöhnlichen Aufenthalt im Beitrittsgebiet, so ist Art. 12 § 10 II NEhelG wegen Art. 235 § 1 II EGBGB auch für Erbfälle nach dem Beitritt nicht anwendbar. Die vor dem 1. 7. 1949 nicht in einer Ehe geborenen Kinder des Erblassers haben auch bei Erbfällen nach dem Beitritt gesetzliche Erb- und Pflichtteilsrechte nach dem BGB wie ehel. Kinder.

II. Die erbrechtliche Stellung des nichtehelichen Vaters

1. Die erbrechtliche Stellung beim Tod eines nach Wirksamwerden des Beitritts geborenen Kindes

Verstirbt ein nach dem 3. 10. 1990 geborenes Kind vor dem 1. 4. 1998, so gelten für das Erbrecht des Vaters die §§ 1934a–1934e, 2338a BGB a. F.

2. Die erbrechtliche Stellung beim Tod eines vor dem Wirksamwerden des Beitritts und ab dem 1. 7. 1949 geborenen Kindes

Auch wenn das Kind vor dem 3. 10. 1990 geboren worden ist, kann der Vater bei einem Erbfall nach dem Wirksamwerden des Beitritts auf den Erbersatzanspruch verwiesen werden. Das gilt selbst dann, wenn das Kind vor der Wiedervereinigung seinen gewöhnlichen Aufenthalt im Beitrittsgebiet hatte und der Vater daher wegen der Anwendbarkeit des DDR-Erbrechts die Aussicht auf ein uneingeschränktes Erbrecht hatte. Ein Schutz dieser Erbaussicht über den Beitrittszeitpunkt hinaus könnte nur über Art. 235 § 1 II EGBGB bewirkt werden. Art. 235 § 1 II EGBGB ist auf das Erbrecht des Vaters aber nicht anwendbar[41]).

3. Die erbrechtliche Stellung beim Tod eines vor dem 1. 7. 1949 geborenen Kindes

Verstirbt ein vor dem 1. 7. 1949 nicht in einer Ehe geborenes Kind nach dem 3. 10. 1990, so hat der Vater wegen Art. 12 § 10 II NEhelG kein gesetzliches Erb- oder Pflichtteilsrecht. Auch insoweit gibt es keine Ausnahme, da Art. 235 § 1 II EGBGB auf den Vater nicht anwendbar ist.

D. Der Eintritt des Erbfalls vor dem Wirksamwerden des Beitritts (3. 10. 1990)

Vor der Wiedervereinigung bestand in beiden Teilen Deutschlands ein unterschiedliches interlokales Erbrecht. Die Bundesrepublik stellte analog der Art. 25, 26 EGBGB auf den gewöhnlichen Aufenthalt des Erblasssers ab, respektierte über Art. 3 III EGBGB analog aber die Vorschrift des § 25 II RAG, wonach in der DDR belegenes Grundvermögen immer dem ZGB unterstellt wurde. Die DDR knüpfte nach § 25 I RAG an die Staatsangehörigkeit des Erblassers an, da aus ihrer Sicht auch die Bundesrepublik Ausland war[42]).

In der Bundesrepublik hatte wegen Art. 12 § 10 II NEhelG ein vor dem 1. 7. 1949 geborenes Kind nach seinem ne. Vater und dessen Verwandten nie ein gesetzliches Erb- und Pflichtteilsrecht, sowie auch umgekehrt der Vater und seine Verwandten keine gesetzliche Erbenstellung nach dem Kind hatten (und haben). Nach Inkrafttreten des NEhelG v. 19. 8. 1969[43]) stand den ne. Kindern sowie ihrem Vater gegenseitig ein gesetzliches Erbrecht zu, das allerdings durch die

---

[41]) Vgl. oben B. II. 2.
[42]) Vgl. zum Interlokalen Erbrecht *Bosch*, FamRZ 1992, 869, 874; 993, 995; *Schlüter* [Fn. 11], Rz. 1293.
[43]) BGBl I 1243.

§§ 1934a–1934e BGB a. F. auf einen Erbersatzanspruch beschränkt sein konnte.

Das am 1. 1. 1976 in Kraft getretene ZGB der DDR unterschied in Übereinstimmung mit Art. 33 der Verfassung der DDR nicht mehr zwischen ehel. und ne. Kindern (§ 365 I ZGB)[44]). Ne. Kindern stand daher wie ehel. Kindern nach ihrem Vater ein uneingeschränktes gesetzliches Erbrecht zu, so wie auch umgekehrt der ne. Vater gesetzlicher Erbe nach seinem Kind war.

---

[44]) Vgl. zum Erbrecht in der DDR umfassend *Bosch*, FamRZ 1992, 869 und 993.

Stichwortverzeichnis

A

Abänderungsklage, 338 ff., 374, 380, 478

Abstammung, 49 ff.
- Abstammungsverfahren, 120, 476, 478, 480, 494 ff., 504
- Anfechtung s. Vaterschaftsanfechtung
- Internationales Privatrecht, 509 ff.
- Recht auf Kenntnis der eigenen Abstammung, 53, 101

Adoption, 273 ff.
- Beratung durch das Jugendamt, 282
- des eigenen ne. Kindes, 282 ff.
- durch einen Ehegatten, 284
- Einfache Adoption, 290
- Einwilligung der Eltern, 275 ff.
- Einwilligung des Kindes, 285 ff.
- Einwilligung des ne. Vaters, 275 ff., 280
- Einwilligung des präsumtiven Vaters, 276, 279
- Einwilligung des Vertreters, 286
- Sperrwirkung des Sorgerechtsantrags, 281
- Stiefkind, 287 ff.
- Volladoption, 287
- Volljährige, 290 ff.

- Voraussetzungen, 274 ff.
- Wirkungen, 287 ff.
- Zuständigkeit, 476

Alleinentscheidungsbefugnis, 171, 221 ff., 501

Alleinsorge, 154, 159, 162, 172, 189, 194, 198, 200, 202, 208 ff., 215, 225

Amtspflegschaft s. Beistandschaft

Anerkennung, s. Vaterschaftsanerkennung, Drittanerkennung

Anerkennungsanfechtung, s. Vaterschaftsanfechtung

Anhörung des Kindes
- Sorgerecht, 201, 208
- Umgangsrecht, 249

Anknüpfung, 510 ff.

Anpassungsverordnung, 303 ff., 321

Anspruchsübergang auf Sozialleistungsträger, 328

Anwalt des Kindes, 194, 264, 486

Aufenthaltsbestimmungsrecht, 196

Aufenthaltsehen, 19 ff., 28

Aufwendungsersatzanspruch, 431, 437

Auseinandersetzungszeugnis, 30

Auskunftspflicht, 317, 332, 344, 372, 375, 378

Auskunftsrecht, 262 ff., 266, 502

B

Barunterhalt, 310, 356, 363, 365

Bedarfskontrollbetrag, 460 ff.

Beistandschaft, 74 ff., 80 ff., 181 ff., 518

Beiwohnungsvermutung, 65, 67, 86

Beschwerderecht des Kindes, 487

Bestandsschutz, 537

Betreuungsbedürftigkeit des Kindes, 399 ff., 441

Betreuungsunterhalt
– als Anspruch des Kindes, 397
– Aufwendungsersatz, 431, 437
– Bemessung, 410 ff., 453
– Billigkeitsklausel, 407 ff.
– Dauer, 393 ff., 429, 433 ff., 445
– des ne. Vaters, 394, 421 ff., 426 ff., 469
– der ne. Mutter, 319, 375, 385 ff., 423 ff., 469
– Haftung, 414 ff.
– Rang des Anspruchs, 416 ff., 430
– Tod des Vaters, 419
– Übergangsvorschriften, 505
– Verfahren, 375, 444 ff., 452, 473, 474, 503
– Verwirkung, 418
– Vorläufiger Rechtsschutz, 446 ff.
– Wiederheirat, 420

D

Doppelnamen, 131, 132, 148

Drittanerkennung, 70, 88 ff., 109

Dynamisierung von Unterhaltstiteln, 300 ff., 359 ff.

E

Ehe
– fehlerhafte, 6, 38 ff.
– aufhebbare, 42 ff.
– Nichtehe, 38 ff.

Eheanmeldung, 8, 30 ff.

Eheaufhebung, 7, 23 ff., 42 ff.
– Aufhebungsfolgen, 45
– Aufhebungsgründe, 42 ff.
– Aufhebungsverfahren, 44
– Heilung, 44
– Kollisionsrecht, 27

Ehefähigkeit, 11, 42, 500

Ehefähigkeitszeugnis, 15 ff., 32, 43

Ehehindernisse, 10, 31

Ehekonsens, 35

Ehelicherklärung, 155

Ehelichkeitsanfechtung, 53, s. auch Vaterschaftsanfechtung

Ehelichkeitsvermutung s. Vaterschaftsvermutung

Ehemündigkeit s. Ehefähigkeit

Ehename, 33, 127

Ehenichtigkeit, 192

Ehescheidungsverfahren
- Abtrennung, 491
- Antrag, 190, 487
- Anhörung der Eltern zur elterl. Sorge, 190, 488
- einverständliche Scheidung, 489
- Mitteilung an das Jugendamt, 190, 481, 488
- Sorgerechtsregelung, 192
- Verbund, 489 ff.
- Zuständigkeit, 477

Eheschließung
- Anmeldung, 8, 30 ff.
- Aufgebot, 8, 31
- Mängel, 42
- Mißbrauch, 19 ff.
- Mitteilung an die Verlobten, 8, 31
- Überleitungsvorschriften, 47
- Willenserklärung, 19, 35
- Zeremoniell, 37
- Zuständigkeit des Standesbeamten, 9, 32, 36

Eheschließungshandlung, 34 ff.

Eheschließungshindernisse, 6, 10, 30, 31

Eheschließungsvoraussetzungen, 11 ff.

Eheschließungswillen, 19, 23 ff., 35, 43

Eheverbote, 12 ff., 42 ff., 500

Ehewirkungsstatut, 510 ff.

Eigenbedarf, 358, 365, 462, 467

Einbenennung, 126, 134, 142 ff.

Einfache Adoption, 290

Einigungsvertrag, 543

Eispende, 114

Elterliche Sorge, 151 ff., 187 ff.
- Adoption, 155, 276 ff., 288
- Betreuungsunterhalt, 435
- Ehescheidung, 188, 187 ff.
- Feststellung des Bestehens oder Nichtbestehens, 476, 504
- Internationales Privatrecht, 517 ff.
- Kindesnamensbestimmung, 128 ff.
- Vaterschaftsanerkennung, 73
- Vaterschaftsfeststellung, 83
s. auch Gemeinsame Sorge, Sorgerecht

Elternunterhalt, 467, 474

Empfängnisvermutung, 65

Empfängniszeit, 66, 79

Erbersatzanspruch, 528

Erbrecht
- des ehel. Kindes, 543
- des ne. Kindes, 527 ff., 544 ff.
- des ne. Vaters, 540 ff., 545 ff.

Erbstatut, 534 ff.

Erwerbstätigenbonus, 464, 466

Erwerbstätigkeit
- der ne. Mutter, 393, 395, 399 ff., 406, 407
- des ne. Vaters, 430, 439

Erziehungseignung, 207

Erziehungsrecht, 257

Existenzminimum, 295 ff., 351, 367

F

Familienleistungsausgleich, 309, 364, 370

Familienzuschlag, 308

Feststellung des Bestehens oder Nichtbestehens der elterlichen Sorge, 476, 504

Förderungsprinzip, 209

G

Geburtsname, 127, 133, 134, 141

Gemeinsame Sorge, 162, 163, 169 ff., 190, 195, 199, 220 ff., 428
- Alleinentscheidungsbefugnis, 171, 221 ff., 501
- Änderung, 169, 171, 172, 226 ff.
- Angelegenheiten des täglichen Lebens, 222 ff., 502
- Angelegenheiten von erheblicher Bedeutung, 222 ff.
- Aufenthaltsbestimmungsrecht, 196, 220
- Aufhebung, 203, 205 ff.
- Ausschluß, 173
- bei Getrenntleben, 162, 169, 171, 173, 189, 220 ff.
- bei Zusammenleben, 162
- Meinungsverschiedenheiten, 217
- Sorgeerklärung, s. dort
- Teilsorge, 195, 218
- Tod eines Elternteils, 172, 176
s. auch Elterliche Sorge, Sorgerecht

Geschiedenenunterhalt, 394 ff., 464

Geschwistername, 132

Getrenntleben, 162, 169, 171, 173, 189, 220 ff.

Gewaltanwendung, 208

Gewöhnlicher Aufenthalt
- des Kindes, 510 ff.
- des Erblassers, 534 ff.

Gleichgültigkeit eines Elternteils, 207

Grundvermögen, 538

Günstigkeitsprinzip, 524

H

Haager Adoptionsübereinkommen, 284

Haager Minderjährigenschutzabkommen, 517

Haager Unterhaltsübereinkommen, 520

Halbteilungsgrundsatz, 310

Heimatrecht, 510 ff.

Herausgabeverfahren
- sachliche Zuständigkeit, 472, 474, 500, 501
- Verbund, 490
- Übergangsvorschriften, 505

Höferecht, 528

I

Individualunterhalt, 300, 302

Interlokales Privatrecht, 529 ff.

Internationales Privatrecht, 509 ff.
- Abstammung, 509 ff.
- Amtspflegschaft, 518
- Anfechtung der Abstammung, 514 ff.

Stichwortverzeichnis

– elterliche Sorge, 517
– Erbrecht, 521
– Eintragung im Geburtenbuch, 513, 521
– Legitimation, 520 ff.
– Namensrecht, 522
– Sorgeerklärungen, 519
– Umgangsrecht, 517
– Unterhalt, 520
IPR s. Internationales Privatrecht

J

Jugendamt, 184, 190, 251, 266, 269, 282, 481 ff.

K

Kindbezogene Leistungen, 306 ff., 363 ff.
– im Ausland, 314
– für NATO- und EU-Beschäftigte, 315
Kinderfreibetrag, 306 ff.
Kindergeld
– Anrechnung auf den Unterhalt, 306 ff., 363 ff., 381, 466
– mehrere Kinder, 312, 364
– Zählkindvorteil, 311
Kinderzuschuß, 308
Kindesbetreuung
– durch die Mutter, 399 ff.
– durch den Vater, 405, 435, 439 ff.
– durch Dritte, 405

Kindesname, 125 ff.
s. auch Namensänderung, Namensbestimmung
Kindesunterhalt
– Beratung durch das Jugendamt, 184
– Berechnung, 295 ff., 35 ff., 451 ff.
– Beurkundung durch das Jugendamt, 377, 454
– Dynamisierung, 300 ff., 359 ff.
– Erlaß, 317, 374
– für die Vergangenheit, 317, 352, 372
– Internationales Privatrecht, 520
– Minderjährige, 291 ff., 349 ff., 451 ff., 494
– ne. Kinder, 318, 453
– statischer Unterhalt, 301, 362 ff.
– Stundung, 317, 374
– Übergangsvorschriften, 345 ff.
– Volljährige in Ausbildung, 315, 355 ff., 365, 462 ff.
s. auch Unterhaltsberechnung
Kindesunterhaltsverfahren
– Abänderungsklage nach § 654 ZPO, 338
– Abänderungsklage nach § 656 ZPO, 341
– Auskunftsmöglichkeiten der Gerichte, 332, 343, 376
– Einstweilige Anordnung, 343, 377, 380, 496
– Übergangsvorschriften, 345 ff., 506
– Verbund, 337, 354, 492
– Vereinfachtes Abänderungsverfahren, 339, 380, 478

– Zuständigkeit, 342, 352, 452, 473, 474, 478, 479, 480, 503

Kindeswohl
– Adoption, 281, 284
– Sorgerecht, 169, 174, 188, 201, 203 ff., 212 ff., 226, 486, 488 ff., 501
– Umgangsrecht, 179, 249, 254, 256, 486
– Vaterschaftsanfechtung, 98, 106
– Verfahren, 472, 486

Kindschaftsverfahren
– örtliche Zuständigkeit, 478
– Rechtsmittelzug, 479
– sachliche Zuständigkeit, 473, 476
– Übergangsvorschriften, 505

Kontinuität der Namensführung, 126

Kontinuitätsprinzip, 210

Kooperationsfähigkeit der Eltern, 205

Künstliche Befruchtung, 120

L

Lebensverhältnisse des Kindes, 207, 227

Leihmutter, 116

Leistungsfähigkeit, 331, 356, 369, 430

M

Mangelfälle, 313, 363, 367 ff., 379, 381, 465 ff.

Mediation im Umgangsrechtsverfahren, 265

Mutterschaft, 114 ff.

N

Nachlaßspaltung, 538

Name
– Ehename, 33, 127
– Geschwistername, 132
– Internationales Privatrecht, 522
– Kindesname, 125 ff.

Namensänderung des Kindes, 136 ff., 500
– nachträgliche gemeinsame Sorge, 136
– Namenswechsel der Eltern, 139 ff.
– Neubestimmung, 137
– Scheinvaterschaft, 138

Namensbestimmung (Kindesname)
– bei Alleinsorge, 133 ff.
– bei gemeinsamer Sorge, 128 ff., 137
– Sorgerechtsänderungen, 129, 136
– Streitentscheid, 133
– Zuständigkeit, 473, 500

Namensstatut, 522

Namenswahl, 128, 131 ff., 147

Naturalunterhalt, 356, 363, 365, 366

Nettolohnentwicklung, 303, 352, 360

Nichtehe, 38 ff.
Noteheschließung, 10

O

Ortszuschlag, 308

P

Pater-est-Regel, 63
Paternitätsvermutung, 65
Personensorge, 130, 196, 220, 247, 501
Pflegefamilie, 260
Pflichtteil, 528

R

Rechtsausübungssperre, 68, 72, 79
Rechtswahl, 522
Regelbedarfssätze, 294, 295
Regelbedarf-Verordnung, 295
Regelbetrag, 294, 295 ff., 302, 323, 351, 360, 367, 454 ff., 465
Regelbetrag-Verordnung, 294, 300, 303, 351, 454
Regelunterhaltsverfahren, 324, 351
Regelunterhalt-Verordnung, 295, 453

S

Scheinehe, 19 ff., 43
Selbstbehalt s. Eigenbedarf

Selbstbestimmungsrecht des Kindes, 211
Sorge s. Alleinsorge, Elterliche Sorge, Gemeinsame Sorge, Personensorge, Teilsorge
Sorgeerklärung, 162, 163, 167, 175, 191
- Adoption, 278
- Bedingung, 164
- Befristung, 164
- Beurkundung, 164, 166
- Geschäftsfähigkeit, 164, 167, 501
- Internationales Privatrecht, 519
- Willenserklärungen, 164, 167, 170
- Wirksamkeit, 165
Sorgerecht
- Entzug, 172, 176, 215, 486
- Pfleger, 215
- Ruhen, 172, 176, 502
- Übergangsvorschriften, 229 ff.
- Verhinderung, 172, 176
- Vormund, 216
Sorgerechtsentscheidung
- Alleinsorge, 198 ff.
- Änderung, 197, 226 ff., 483 ff., 493, 502
- Antrag, 169, 171, 172, 189, 198, 200
- Anhörung des Kindes, 201, 208, 486
- Adoption, 281 ff.
- Kindeswohlgefährdung, 212 ff.
- Meinungsverschiedenheiten der Eltern, 217 ff.
- Scheidung, 192 ff., 220 ff.
- Trennung, 192 ff., 220 ff.

– Verzicht, 282
– Zustimmung, 171, 172, 189, 200, 202

Sorgerechtsübertragung
s. Sorgerechtsentscheidung

Sorgerechtsverfahren, 481 ff.
– Beschwerderecht des Kindes, 487
– einstweilige Anordnung, 491
– Entscheidungsmöglichkeiten, 211, 214, 226
– Mitwirkung des Jugendamtes, 190, 481 ff.
– Übergangsvorschriften, 229 ff., 505
– Verbund, 193, 213, 219, 489 ff.
– Verfahrenspfleger, 194, 486
– Vermittlungsverfahren, 483 ff.
– Zuständigkeit, 193, 217, 472, 474, 500 ff.

Sozialhilfe, 328, 390

Stieffamilie, 261, 287

T

Teilsorge, 189, 195, 215, 218

Tod eines Elternteils, 172, 176

Todeserklärung, 46

Trauzeugen, 37

U

Übergangsvorschriften
– Eheschließungsrecht, 47
– Erbrecht des ne. Kindes, 529
– Kindesunterhalt, 345 ff.
– Sorgerecht, 229 ff.

– Verfahrensrecht, 496 ff., 504 ff.

Umgangsbestimmungsrecht, 247

Umgangsrecht, 163, 177, 191, 233 ff.
– als Recht des Kindes, 178, 240 ff.
– der Geschwister, 180, 255, 502
– der Großeltern, 180, 255, 502
– der Pflegeeltern, 180, 255, 260, 261, 502
– der Stiefeltern, 180, 255, 261, 502
– des ne. Vaters, 154, 238
– Dritter, 180, 239, 246, 255 ff., 266, 502
– Internationales Privatrecht, 517
– nach Ehescheidung, 236, 245 ff.
– nichtverheirateter Eltern, 251 ff.

Umgangsrechtsregelung
– Änderung, 483 ff.
– beschützter Umgang, 250
– Mitwirkung des Jugendamtes, 251, 266
– Vollstreckung, 244, 254, 268 ff., 485

Umgangsrechtsverfahren, 264 ff., 481 ff.
– Abtrennung, 491
– Aussetzung des Verfahrens, 267
– Beteiligung des Kindes, 264
– Mitwirkung des Jugendamtes, 269, 481 ff.
– sachliche Zuständigkeit, 472, 474, 500 ff.
– Übergangsvorschriften, 505

Stichwortverzeichnis 557

– Verfahrenspfleger, 264, 486
– Verbund, 490, 493
– Vermittlungsverfahren, 269, 483
– Vollstreckung, 244, 254, 268 ff., 485
– Zwang, 268 ff., 485

UN-Kinderrechtskonvention, 58, 76, 241

Unterhalt s. Kindesunterhalt, Betreuungsunterhalt, Elternunterhalt, Naturalunterhalt, Verwandtenunterhalt

Unterhaltsberechnung, 295 ff., 355 ff., 451 ff.
– Altersstufen, 456 ff.
– Bedürftigkeit, 430
– Bedarfskontrollbetrag, 358, 371, 460 ff.
– Eigenbedarf, 358, 365, 462, 467, 469
– Einkommen des Unterhaltsverpflichteten, 332, 357, 372, 375, 430, 455 ff.
– Einkommen des Unterhaltsberechtigten, 412 ff., 430
– Erwerbstätigenbonus, 464, 466
– Leistungsfähigkeit, 331, 356, 369, 430
– Mindestbedarfssätze, 465, 469
– Vomhundertsatz, 361, 455 ff.
s. auch Unterhaltstabellen

Unterhaltsbestimmungsrecht, 475, 500

Unterhaltstabellen, 302, 321 ff., 355, 451 ff.
– Bayerische Leitlinien, 452, 460, 464
– Berliner Tabelle, 323, 452, 457

– Düsseldorfer Leitlinien, 357, 452
– Düsseldorfer Tabelle, 322, 355, 451 ff.
– Münchener Leitlinien, 452
– Nürnberger Tabelle, 452

Unterhaltsvereinbarungen, 419

Unterhaltsverfahren s. Kindesunterhaltsverfahren, Regelunterhaltsverfahren, Vereinfachtes Verfahren

Unterhaltsvorschußgesetz, 299

V

Vaterschaft, 62 ff., 84
Vaterschaftsanerkennung, 71 ff.
– durch einen Dritten, 70, 88 ff., 109
– Form, 78
– Frist, 78
– Rechtsausübungssperre, 68, 72, 79
– Widerruf, 78
– Wirksamkeit, 78
– Zustimmungen, 73, 74, 83

Vaterschaftsanfechtung, 87 ff.
– Anfechtungsfrist, 104, 110
– durch die Eltern des Mannes, 107
– durch den Erzeuger, 108
– durch das Kind, 100 ff., 494
– durch den Mann, 95, 494
– durch die Mutter, 96 ff., 494
– Verhältnis zur Drittanerkennung, 88 ff.

- Internationales Privatrecht, 514
- Vetretung des Kindes, 105, 495
- Zuständigkeit, 476, 504

Vaterschaftsbeweis, 85, 113

Vaterschaftsfeststellung, 79 ff.
- Beiladung, 495
- Beratung durch das Jugendamt, 184
- isolierte Klage, 495
- Klagebefugnis, 79 ff., 494
- Streitverkündung, 495
- Zuständigkeit, 476, 504

Vaterschaftsvermutung, 64, 67, 79, 84 ff., 112 ff.

Vaterschaftszurechnung, 62 ff.

Vereinfachtes Verfahren, 294, 324 ff., 353, 377 ff., 454
- Abänderungsklage, 338, 380 ff.
- Antrag, 327 ff., 333
- Ausschluß, 326
- Einwendungen, 329 ff., 333, 336
- Festsetzungsbeschluß, 334 ff., 338
- mündliche Verhandlung, 334
- Gegenstand, 325
- Parteien, 325
- Rechtsmittel, 335
- streitiges Verfahren, 336
- Unterhaltsumfang, 326
- vereinfachtes Abänderungsverfahren, 339
- Verfahrensverbindung, 333
- Vordrucke, 328, 354

Verfahren auf Festellung des Bestehens oder Nichtbestehens eines Eltern-Kind-Verhältnisses s. Vaterschaftsfeststellung

Verfahren s. Abstammungsverfahren, Herausgabeverfahren, Kindschaftsverfahren, Sorgerechtsverfahren, Kindesunterhaltsverfahren, Umgangsrechtsverfahren, Vermittlungsverfahren

Verfahrenspfleger für das Kind, 194, 264, 486

Verfahrensrecht, 471 ff., 499 ff.
- Abtrennung, 491
- Einschreiten von Amts wegen, 483
- Geschäftsverteilung, 480
- örtliche Zuständigkeit, 477
- Rechtsmittelzug, 479
- sachliche Zuständigkeit, 472, 499 ff.
- selbständiges Verfahren, 493
- Übergangsvorschriften, 496 ff., 504 ff.
- Verbund, 478, 489 ff., 493

Vermittlungsverfahren, 269, 483 ff.

Vermögen des Unterhaltsschuldners, 332, 372

Vermögensgefährdung, 214

Vermögenssorge für voreheliche Kinder, 30

Vertretung des Kindes, 73, 165, 224 ff., 501

Verwandtenunterhalt, 453, 467

Volladoption, 287

Vomhundertsatz, 360, 455 ff.

Vormund, 215, 476

Vorzeitiger Erbausgleich, 528

W

Wiederheirat nach Todeserklärung, 46

Wiedervereinigung, 530 ff.

Wohlverhaltensgebot, 259

Z

Zählkindvorteil, 311

Paragraphenverzeichnis

BGB

§ 1303: 11, 42, 500
§ 1304: 42
§ 1306: 14, 42
§ 1307: 14, 42
§ 1308: 15, 43, 500
§ 1309: 15 ff., 43
§ 1310 I: 19, 23, 25, 27, 32, 34 ff.
§ 1310 II: 34 ff., 41
§ 1310 III: 38 ff.
§ 1311: 21, 34, 36, 42
§ 1312: 35
§ 1313: 42 ff.
§ 1314 II: 23, 25, 27 ff., 42
§ 1315: 23, 44, 500
§§ 1318–1320: 46
§ 1353 I: 19, 35
§ 1355 III: 34
§ 1355 IV: 132
§ 1361b: 199
§ 1493 II: 30
§ 1567 II: 226
§ 1570: 394 ff., 425, 440
§ 1577: 425
§ 1585c: 419

§ 1586: 420
§ 1586b: 419
§ 1589: 115 ff.
§ 1591: 114 ff.
§ 1592: 13, 62 ff., 87, 512
§ 1593 I: 13, 67, 87
§ 1594 I: 69, 72
§ 1594 II: 73, 512
§ 1594 III: 73
§ 1595: 73 ff.
§ 1597: 78
§ 1598: 78
§ 1599 I: 69, 87
§ 1599 II: 70, 88 ff., 103, 109
§ 1600: 56, 91, 95 ff., 100
§ 1600a II: 95, 495
§ 1600a III: 105, 495
§ 1600a IV: 106, 495
§ 1600b I, II: 110
§ 1600b III: 56, 91, 100, 111
§ 1600b IV: 111
§ 1600b V: 103 ff., 111
§ 1600c I: 64, 71, 112
§ 1600d I: 84 ff.
§ 1600d II: 65, 67, 84 ff., 114
§ 1600d III: 67
§ 1600d IV: 69
§ 1600e I: 80 ff., 494

§ 1600e II: 81, 500
§ 1602: 318
§ 1603: 315, 355 ff., 462
§ 1605: 332
§ 1606: 415, 463
§ 1607: 318
§ 1609: 315, 355 ff., 462, 468
§ 1610: 410
§ 1612 I: 453
§ 1612 II: 316, 475, 500
§ 1612a I: 300 ff., 351, 359, 360 ff., 454 ff.
§ 1612a II: 302 ff., 351, 359, 454 ff.
§ 1612a III: 361, 454 ff.
§ 1612a IV: 300, 303 ff., 351, 361, 454 ff.
§ 1612b I: 306 ff., 310, 352, 363, 466
§ 1612b II: 306 ff., 310, 352, 365, 366
§ 1612b III: 306 ff., 311, 352, 366
§ 1612b IV: 306 ff., 311, 352
§ 1612b V: 306 ff., 312, 352, 367, 369, 466
§ 1612c: 306 ff., 314, 352
§ 1613: 317, 318, 352, 372 ff.
§ 1614: 419
§ 1615a: 319
§ 1615l II: 319, 394 ff., 425, 429, 433, 442, 469, 473, 474, 504
§ 1615l III: 319, 430
§ 1615l V: 319, 422 ff., 469, 473, 474, 504
§ 1615m: 319, 473, 474

§ 1615n: 319, 419, 473, 474
§ 1615o: 320, 446, 495, 503
§ 1616: 127, 131
§ 1617: 128 ff., 500
§ 1617a: 133, 134 ff., 523
§ 1617b: 136 ff.
§ 1617c: 128, 139 ff.
§ 1618: 142 ff., 500, 523
§ 1626 I: 169
§ 1626 III: 249, 256 ff.
§ 1626a I: 162, 163 ff., 252, 428, 435, 519
§ 1626a II: 172, 252, 428, 435, 519
§ 1626b I: 164, 167 ff.
§ 1626c: 164, 167, 501
§ 1626d I: 164
§ 1626e: 165, 167
§ 1627: 169, 221
§ 1628: 217 ff., 501
§ 1629 I: 165, 169, 220, 224, 226
§ 1629 II: 494, 501
§ 1629 III: 494
§ 1630: 501
§ 1631 I: 220
§ 1631 II: 207
§ 1631 III: 501
§ 1631b: 473, 501
§ 1632 I: 501
§ 1632 II: 247
§ 1640: 501
§ 1643 I: 473, 501
§ 1644: 473, 501

§ 1645: 473, 501
§ 1666: 207, 212 ff., 227, 258, 472, 483, 490, 501
§ 1666a: 214, 472
§ 1667: 472, 501
§ 1671 I: 162, 171, 192 ff., 198 ff., 211, 216, 218, 227, 481, 502
§ 1671 II: 162, 171, 192 ff., 200 ff., 211, 216, 218, 227, 481, 502
§ 1671 III: 218, 481, 502
§ 1672 I: 162, 172, 428, 435, 481, 502
§ 1672 II: 162, 174, 481, 502
§ 1674: 502
§ 1678: 176, 227, 502
§ 1680: 176, 227, 502
§ 1681: 176, 227, 502
§ 1682: 261, 503
§ 1683: 30, 502
§ 1684 I: 177 ff., 211, 245 ff., 481, 502
§ 1684 II: 177 ff., 246 ff., 259, 481, 502
§ 1684 III: 177 ff., 249, 481, 502
§ 1684 IV: 177 ff., 249, 253, 270, 481, 502
§ 1685 I: 177, 180, 255 ff., 474, 502
§ 1685 II: 177, 180, 255 ff., 260, 474, 502
§ 1685 III: 260, 474, 502
§ 1686: 211, 262, 263, 502
§ 1687 I: 133, 171, 221 ff., 502
§ 1687 II: 220, 225, 502
§ 1687a: 225, 248, 502
§ 1688: 261, 502

§ 1693: 503
§ 1696: 227 ff., 477, 483, 503
§ 1697: 217, 477, 503
§ 1697a: 491
§§ 1712–1717: 182
§ 1741: 284
§ 1743 III: 276
§ 1746: 285, 286
§ 1747 I: 275 ff.
§ 1747 III: 280 ff.
§ 1748: 275 ff.
§ 1749: 282
§ 1751 I: 276
§ 1756 II: 287 ff.
§ 1766: 15, 43
§ 1770: 290
§ 1772 I: 290
§ 1773: 477
§ 1774: 477
§ 1776: 182
§ 1779: 477
§ 1837: 477
§ 1915: 477
§ 1924: 530
§ 2303: 530

BGB a.F.

§ 1591: 63 ff., 113
§ 1592: 63 ff.
§ 1593: 53, 113

§ 1595a: 107
§ 1596: 53, 100 ff.
§ 1597: 105, 495
§ 1598: 53
§ 1600a: 72
§ 1600c: 73, 97
§ 1600d: 74
§ 1600e: 78
§ 1600f: 78
§ 1600g: 74, 97, 107
§ 1600i: 105
§ 1600l: 494
§ 1600n: 84
§ 1600o: 65, 84 ff., 113
§ 1610: 453
§§ 1615b–i: 318
§ 1615f: 296, 318, 453
§ 1615k: 318, 319, 431, 437
§ 1616: 129, 131
§ 1618a: 106
§ 1631a: 491
§ 1634: 154, 236, 245, 263
§ 1671: 192, 227
§ 1672: 227
§ 1685: 181
§ 1686: 181
§ 1690: 181
§ 1691: 181
§ 1705: 154, 159 ff., 175
§ 1706: 83, 181

§ 1709: 83
§ 1711: 154, 159 ff., 238, 245, 262
§ 1715: 423
§§ 1719–1740g: 162
§ 1723: 155
§ 1738: 52
§ 1741: 282
§ 1747: 52, 273
§ 1748: 277
§ 1754: 155
§ 1773: 175
§ 1779: 175
§ 1909: 175
§ 1915: 175
§§ 1934a–e: 530 ff.
§ 2338a: 530 ff.

BSHG

§ 18: 390
§ 91: 328, 344

EGBGB

Art. 3: 539, 544
Art. 5: 15, 42
Art. 10: 522 ff.
Art. 13 I: 11, 15, 27, 35
Art. 13 III: 27, 35, 42
Art. 14: 510 ff.
Art. 19: 509 ff.
Art. 20: 509, 515 ff.

Art. 21: 509, 517 ff.
Art. 25: 535, 543, 546
Art. 26: 535, 546
Art. 222: 183
Art. 223: 505
Art. 224 § 3: 132, 505
Art. 225: 531, 540
Art. 226: 47
Art. 230 II: 531
Art. 235 § 1: 531 ff.

EGBGB a.F.

Art. 10, 19–21: 509

EheG

§§ 1–3: 11
§§ 4–10: 13, 15 ff., 30
§ 11: 37
§ 13: 19, 21, 34
§ 13a: 33
§ 14: 37
§§ 16–26: 21, 34, 42 ff.
§§ 28 ff.: 21, 42
§ 30: 11, 42
§ 31–34: 43
§ 38, 39: 46

EStG

§ 31: 306, 364

§ 32: 306, 365
§ 36: 307
§ 64: 366
§ 65: 314, 364
§ 74: 365, 369

FGG

§ 12: 200, 204
§ 18: 477
§ 19: 480, 503
§ 33: 269, 484, 485
§ 49: 482
§ 49a: 194, 482, 488
§ 50 I: 194, 265, 486
§ 50 II: 264, 486
§ 50a: 194
§ 50b: 194, 208, 249
§ 52: 267, 481, 485
§ 52a: 269, 483
§ 59: 487
§ 64: 473

GG

Art. 1 I, 2 I: 54, 74, 76, 83, 101
Art. 3 II: 97
Art. 6 I: 101 ff.
Art. 6 II: 97, 153, 159, 164, 170, 200, 239, 257, 275
Art. 6 V: 51 ff., 82, 161, 392, 425, 427

GVG

§ 23a: 473
§ 23b: 472, 473, 480
§ 119: 479, 480

KindRG

Art. 1: 500
Art. 14: 532
Art. 15 § 1: 496, 504, 505
Art. 15 § 2: 496, 504, 505

KindUG

Art. 2: 300, 454
Art. 5: 326, 345, 504, 505, 506
Art. 7: 454
Art. 8: 347

NEhelG

Art. 12 § 10 II: 531 ff.
Art. 12 § 10a: 532

PStG

§ 4: 9
§ 5 II: 9, 10, 31
§ 5 IV: 23 ff.
§ 6: 9, 18, 22, 31 ff.
§ 7: 10
§ 9: 38
§ 15a: 42

§ 30: 521
§ 45: 27, 32

PStG a.F.

§ 3: 8, 11
§ 5: 8, 31
§ 31: 521

RPflG

§ 3: 500 ff.
§ 6: 475
§ 11: 503
§ 14: 475, 500 ff.

SGBVIII (KJHG)

§ 17: 481, 488
§ 18: 251, 266, 362, 481
§ 50: 483
§ 52a: 184
§ 58a: 166
§ 59 I: 164, 377, 454

UN-Kinderrechtskonvention

Art. 3: 59
Art. 7: 59, 76
Art. 8: 59
Art. 9: 60, 241
Art. 12: 76, 264
Art. 18: 60

ZPO

§ 40: 342

§ 93d: 344

§ 323: 374, 459

§ 546: 479

§ 613 I: 194, 247, 488

§§ 620a–g: 343

§ 620c: 343, 480

§ 621 I: 472, 473, 477
§ 621 II: 477, 481

§ 621e: 503

§ 622: 487

§ 623 I: 478, 481, 489
§ 623 II: 193, 478, 481, 490, 491, 493
§ 623 III: 213, 481, 490, 491
§ 623 V: 478, 481

§ 627 I: 193, 492

§ 629d: 493

§ 630: 489

§ 640 II: 476, 504

§ 640a: 478

§ 640b: 494

§ 640c II: 82

§ 640d: 94

§ 640e: 495

§ 641d: 446, 503

§ 642: 342, 352

§ 643: 343, 375, 378

§ 644: 343, 377, 496, 504

§ 645: 325, 326, 353, 377 ff., 454, 504

§ 646: 327, 328, 333, 353

§ 647: 333, 334

§ 648: 329 ff., 353, 354, 378

§ 649: 334, 335

§ 650: 336

§ 651: 336

§ 652 I: 335

§ 653: 337, 354

§ 654: 338, 380

§ 655: 339, 380 ff., 504

§ 656: 341

§ 659: 354

§ 660: 354

§ 940: 448

ZPO a.F.

§ 620: 491

§ 640e: 495

§ 641b: 495

§§ 641l–t: 345, 346

§§ 642–644: 324, 337, 345, 346

§ 643a: 346